Simchi-Levi —— 개념, 전략과 사례연구

공급망 설계와 관리 4판

Designing and Managing the Supply Chain, 4th Edition

1 2 3 4 5 6 7 8 9 10 GMP 20 24

Original: Designing and Managing the Supply Chain, 4th Edition © 2022
By David Simchi-Levi
ISBN 978-0-07-340336-6

This authorized Korean translation edition is jointly published by McGraw-Hill Education Korea, Ltd. and GYOMOON Publisher. This edition is authorized for sale in the Republic of Korea.

This book is exclusively distributed by GYOMOON Publisher.

When ordering this title, please use ISBN 978-89-363-2582-4

Printed in Korea

Simchi-Levi

개념, 전략과 사례연구

공급망 설계와 관리 4판

David Simchi-Levi, Philip Kaminsky, Edith Simchi-Levi 지음

문일경 감수 문일경, 김병수, 신영철, 옥창수, 정태수 옮김

Mc Graw Hill

교문사

역자 소개(대표역자 외 가나다순)

문일경 서울대학교 산업공학과
김병수 인천대학교 산업경영공학과
신영철 아주대학교 산업공학과
옥창수 홍익대학교 산업·데이터공학과
정태수 고려대학교 산업경영공학부

Simchi-Levi 개념, 전략과 사례연구
공급망 설계와 관리 4판

4판 발행 2024년 8월 20일

지은이 David Simchi-Levi, Philip Kaminsky, Edith Simchi-Levi
감 수 문일경
옮긴이 문일경, 김병수, 신영철, 옥창수, 정태수
펴낸이 류원식
펴낸곳 **교문사**

편집팀장 성혜진 | **책임진행** 김성남 | **디자인·본문편집** 김도희

주소 10881, 경기도 파주시 문발로 116
대표전화 031-955-6111 | **팩스** 031-955-0955
홈페이지 www.gyomoon.com | **이메일** genie@gyomoon.com
등록번호 1968.10.28. 제406-2006-000035호

ISBN 978-89-363-2582-4 (93320)
정가 39,000원

잘못된 책은 바꿔 드립니다.

역자 서문

오늘날 기업들은 경쟁력 있는 공급망을 구축하여 시장에서 우위를 확보하려고 노력한다. 공급망관리는 이러한 목표를 달성하는 데 있어 핵심적인 도구로, 기업의 성공을 좌우하는 중요한 역할을 한다. 공급망관리란 원자재 조달부터 최종 소비자에게 제품이 전달되기까지의 전체 과정을 최적화하는 관리 기법으로, 물자의 이동, 저장, 재고관리 및 관련 정보의 흐름을 관리하는 데 중점을 두는 물류관리보다 포괄적인 개념이다. 최근 글로벌 시장의 확장과 소비자 요구의 다양화로 인해 기업 간 경쟁이 치열해지면서, 공급망관리의 중요성이 더욱 커지고 있다.

지난 수십 년 동안 공급망관리는 다양한 기술 발전과 함께 빠르게 변화했으며, 관련 연구 또한 발전해 왔다. 1980년대와 1990년대 초반에는 생산관리, 재고관리, 물류관리와 관련된 최적화에 집중한 연구가 많았고, 주로 비용 절감과 효율성 향상을 목표로 하였다. 이후 자동화 기술이 급격히 발전하면서, 자동화 시스템과 로봇 기반 물류 연구가 활발해졌다. 또한 정보통신기술이 발달하면서 공급망관리 기술에도 큰 변화가 일어났다. 인터넷과 클라우드 컴퓨팅 기술 덕분에 실시간 데이터 공유와 협업이 가능해졌고, 공급망 내 정보 흐름과 의사결정 속도가 크게 향상될 수 있었다. 2000년대 이후로는 빅데이터와 머신러닝이 발전하면서, 공급망관리에서 데이터 분석이 중요한 연구 주제가 되었다. 대량의 데이터를 분석해 수요 패턴을 파악하고 예측 모델을 구축함으로써 재고관리의 정확성이 크게 높아졌다. 또한 사물인터넷(IoT) 기술도 공급망관리에 큰 영향을 미쳤다. IoT를 통해 물자의 실시간 위치 추적과 상태 모니터링이 가능해지면서, 공급망 내 프로세스의 투명성과 효율성이 극대화되었다. 최근에는 공급망 유연성과 회복탄력성에 대한 연구가 주목받고 있다. 복잡하고 예측하기 어려운 환경에서 공급망이 더 안정적이고 빠르게 대응할 수 있는 능력을 키우려는 움직임이 반영된 것이다.

이러한 변화를 반영하여 Simchi-Levi의 공급망관리는 다음과 같은 세 가지 관점에서 풍부한 공급망관리 관련 지식을 제공한다.

- ✓ 첫째, 공급망관리의 전통적인 주제들을 현대적 관점에서 재조명하여 독자들이 이 분야의 기본 개념과 원리를 명확히 이해할 수 있도록 구성되어 있다. 이는 독자들이 기본기를 탄탄히 다지고, 이를 바탕으로 실제 비즈니스 상황에서 효과적인 의사결정을 내릴 수 있는 능력을 기르는 데 도움이 될 것이다.

- ✓ 둘째, 최신 기술과 트렌드를 반영하여 정보통신기술(ICT), RFID, 사물인터넷(IoT), 블록체인 등이 공급망관리에 미치는 영향을 구체적으로 설명한다. 이를 통해 독자들이 현대의 급변하는 환경 속에서 어떻게 이러한 기술들을 활용하여 공급망을 최적화할 수 있는지에 대한 통찰을 제공한다.

- ✓ 셋째, 실제 사례 연구와 실무에 적용 가능한 도구들을 통해, 이론을 넘어 실무적 적용 가능성을 탐색한다. 이를 통해 독자들이 학문적 지식을 실무에 직접 적용할 수 있는 능력을 키울 수 있도록 도와줄 것이다.

번역을 진행하면서, 원서의 내용을 최대한 충실하게 전달하려고 노력하였다. 공급망관리 분야의 전문 용어를 한국어로 적절히 번역하는 데 주의를 기울였으며, 가능한 한 널리 사용되는 용어를 선택하였다. 그럼에도 불구하고 번역문에 오류가 있다면 이는 전적으로 역자들의 책임이며, 지속적으로 수정할 것을 약속한다.

마지막으로 이 책을 출판하기까지 애써 주신 교문사 대표님 이하 직원분들에게 진심으로 감사드린다.

2024년 8월

역자 일동

저자 소개

David Simchi-Levi는 MIT 시스템 공학과 교수이자 MIT 데이터과학 연구소 소장이며, 공급망 관리 및 비즈니스 애널리틱스 분야에서 가장 저명한 학자 중 한 명으로 평가받는다. 그가 가르친 박사 졸업생들은 UC 버클리 대학교, 카네기멜론 대학교, 컬럼비아 대학교, 듀크 대학교, 조지아 공과대학교, 하버드 대학교, 어바나 샴페인 일리노이 대학교, 미시간 대학교, 퍼듀 대학교, 버지니아 공과대학교 등 주요 학술 기관에서 교수직을 맡고 있다. 현재 INFORMS의 대표 저널 중 하나인 《Management Science》의 편집장이기도 한 Simchi-Levi 교수는 《Naval Research Logistics》의 편집장(2003-2005)과 INFORMS의 또 다른 대표 저널인 《Operations Research》(2006~2012)의 편집장을 역임한 바 있다. 그는 또한 《Manufacturing & Service Operations Management》 저널의 펠로우이며, 글로벌 공급망의 리스크 식별 및 완화를 위한 새롭고 매우 영향력 있는 패러다임을 개발하고 전파하는 데 중요한 역할을 한 공로로 2020년 INFORMS Impact Prize를 수상했다. 또한 군사 운용 연구 분야에서 뛰어난 출판물에 수여되는 INFORMS Koopman Award(2020)를 비롯, Ford Motor Company 엔지니어링 우수상(2015), INFORMS Daniel H. Wagner Prize for Excellence in Operations Research Practice(2014), INFORMS Revenue Management and Pricing Section Practice Award(2014), INFORMS Revenue Management and Pricing Section Prize(2009)를 수상했다. 공동 창업한 LogicTools는 공급망 최적화를 위한 소프트웨어 솔루션 및 전문 서비스를 제공하는 업체로 2009년 IBM에 인수되었다. 2012년에는 운영 분석 컨설팅 회사인 OPS Rules를 공동 창업했으며, 2016년 Accenture에 인수되었다. 2014년에는 운영 및 공급망 지능화에 초점을 두는 클라우드 분석 플랫폼 회사인 Opalytics를 공동 창업했으며, 2018년 Accenture Applied Intelligence에 인수되었다.

Philip Kaminsky는 UC버클리 산업공학과 교수이며 UC버클리 공과대학에서 부학장 및 학생처 부처장을 역임했다. 그 전에는 Sutardja 창업 및 기술 센터의 학과장, 생명공학 운영 연구 이니셔티브의 디렉터, 산업공학 및 운영연구학과의 학과장을 지냈다. 현재 《IISE Transactions Scheduling and Logistics》의 집중 이슈 편집자로 활동 중이다. 그의 연구는 물류 시스템 및 공급망 설계, 운영, 리스크 관리에 있어 효율적인 도구와 기법의 분석 및 개발에 중점을 두고 있다.

Edith Simchi-Levi는 뉴욕에서 스타트업 고문 및 투자자로 활동하고 있다. 그녀는 2009년 IBM에 인수된 LogicTools와 2018년 Accenture에 인수된 Opalytics의 공동 창업자이자 부사장이었다. 소프트웨어 개발 분야에서 풍부한 경험을 가지고 있으며 물류 및 공급망 관리 분야의 여러 프로젝트에 참여해 왔다. 텔아비브 대학교에서 수학 및 컴퓨터 과학 학사 학위를 받았다.

이 책이 지나온 길

1999년에 출판된 이 책의 초판은 노스웨스턴 대학교에서 진행한 다양한 공급망 관리 과정 및 경영자 교육 프로그램과 더불어 1995년에 설립된 LogicTools에서 개발한 수많은 컨설팅 프로젝트 및 공급망 의사결정 지원 시스템에서 시작되었다.

초판이 출간된 이후에 저자들은 MIT 대학교와 UC버클리 대학교에서 경영자 과정과 일반 과정을 계속 가르치며 다양한 공급망 의사결정 지원 도구를 개발하였다. 이러한 과정은 수많은 혁신적이고 효과적인 공급망 교육 개념을 낳았다. 이 프로그램의 초점은 공급망 설계, 제어 및 운영에 중요한 최신 모델과 해결 방법을 쉽게 접근할 수 있는 방식으로 제시하는 것이었다. 마찬가지로, LogicTools에서 개발한 컨설팅 프로젝트와 의사결정 지원 시스템은 이러한 고급 기술을 적용하여 고객이 직면한 특정 문제를 해결하는 데 중점을 두었다.

이러한 발전을 기반으로 2002년과 2007년에 두 번의 후속판을 출간하였으며, 계속해서 새로운 접근 방식, 모델과 기법을 추가하고 특히 공급망 통합 프레임워크를 소개하고 강조하였다. 개정판에 대한 학생, 경영자와 컨설턴트의 반응은 엄청났으며 저자들 또한 이러한 성공에 기뻤다.

산업계와 학계에서 공급망 관리에 대한 관심이 증가함에 따라 많은 기업들이 적시 생산, 린 생산, 오프쇼어링, 다빈도 주문 등의 전략을 채택했다. 이러한 전략은 기업이 비용을 절감하는 데는 도움이 되었을지 모르지만 공급망 위험을 극적으로 증가시켰다. 이는 2008년 글로벌 금융 위기, 2011년 일본 쓰나미와 태국 홍수, 2020년 전 세계 COVID-19 팬데믹과 같은 사건 동안 입증되었다.

이러한 발전에 따라 David Simchi-Levi는 2011년에 경영 서적《Operations Rules: Delivering Customer Value through Flexible Operations》를 출간하였다. 이 책에서는 운영 성과를 획기적으로 향상할 수 있는 과학과 경험에 기반한 규칙을 경영진이 따를 수 있도록 제시한다. 이 책은 기업 성공의 핵심 요소를 다음과 같이 식별한다: 제공하는 가치와 공급망 전략 간의 연결, 공급망 전략을 혁신할 수 있게 하는 중요한 능력인 유연성, 효과적인 지속 가능성과 위험 완화 전략.《Designing and Managing the Supply Chain》의 제4판에는 이러한 중요한 주제를 심도 있게 다루는 새로운 장들이 포함되었다.

마지막으로, 디지털화, 고급 분석, 특히 머신 러닝과 인공지능, 그리고 자동화와 같은 최근의 기술 동향은 기업이 비즈니스를 관리하는 방식을 변화시키고 있다. 이러한 변화는 수요 계획 및 판촉 결정부터 재무 계획에도 영향을 미친다. 이 분야에서는 학술 연구뿐만 아니라 우리가 설립한 두 회사, Ops Rules와 Opalytics에서 개발하고 구현한 디지털 솔루션들로부터 많은 혜택을 받았다. Ops Rules는 2016년에, Opalytics는 2018년에 각각

Accenture에 인수되었다. 이러한 발전을 감안하여, 제4판에는 우리가 개별적으로 그리고 공동으로 수행한 비즈니스 분석 분야의 작업을 바탕으로 한 자료를 포함하였다.

이 책의 목적

이 책은 다음과 같은 목적으로 저술되었다.

- MBA 수준의 물류 및 공급망 관리 과정을 위한 교과서
- 물류 및 공급망 관리에 관한 산업공학 학사 및 석사 과정을 위한 교과서
- 공급망을 구성하는 다양한 과정에 관여하는 강사, 컨설턴트, 실무자를 위한 참고서

이 책은 경영진과 실무자뿐만 아니라 관련 산업 분야에서 경력을 쌓고자 하는 학생들도 접근하기 쉬운 형식을 취한다. 이를 위해 거의 모든 장은 몇 가지 공급망 문제를 제기하는 사례연구로 시작하며, 해당 장에서 논의된 문제들을 다룬다. 마찬가지로, 각 장의 끝에는 해당 장에서 다룬 내용을 심도 있게 논의할 수 있도록 사례연구가 포함되어 있다.

이 책의 내용

공급망 관리는 매우 광범위한 분야이며, 단일 책으로 모든 관련 영역을 깊이 있게 다루는 것은 불가능하다. 실제로 학계와 산업계에서는 이러한 관련 영역이 정확히 무엇인지에 대해 상당한 의견 차이가 있다. 그럼에도 불구하고 공급망 관리의 많은 중요한 측면에 대해 폭넓게 소개하고자 노력했다. 많은 필수적인 공급망 관리 이슈들이 상호 관련되어 있지만, 가능한 한 각 장을 독립적으로 구성하여 독자가 관심 있는 주제를 다루는 장을 직접 참고할 수 있도록 했다.

이 책은 4개의 상호 관련된 부분으로 구성되어 있다.

Part I(2~5장) : 기본 개념에 초점을 맞추며, 재고 관리, 물류 네트워크 계획, 공급 계약, 채찍 효과, 공급망에서 정보의 가치와 같은 주제를 다룬다.

Part II(6~11장) : 조정 및 통합을 다루며, 푸시-풀(Push-Pull) 전략, 유통 전략, 판매자 관리 재고와 같은 전략적 제휴, 조달 및 아웃소싱 전략, 제품 설계, 제품 설계와 공급망 전략 간의 인터페이스, 공급망 유연성과 같은 주제에 초점을 맞춘다.

Part III(12~15장) : 공급망 전략에 관한 내용으로, 고객 가치 제안과 공급망 전략의 조정부터 위험 관리, 지속가능성, 기업의 사회적 책임, 스마트 가격 책정에 대해 다룬다.

Part IV(16~17장) : 기술에 중점을 두고 있으며, 영업 및 운영 계획과 같은 비즈니스 프로세스, 공급망을 위한 정보 기술, 의사결정 지원 시스템, 인프라, 아키텍처, 사물 인터넷(IoT), RFID, 블록체인과 관련된 기술 표준을 포함한다.

각 장은 수많은 사례연구와 예제를 활용하고 있으며, 수학적 및 기술적 부분을 건너뛰어도 내용의 연관성을 잃지 않도록 구성되어 있다.

제4판의 새로운 점

이번 제4판은 이전 판과 동일한 구조와 철학을 유지하면서도 새로운 장을 추가함으로써 상당한 개정을 반영하였다.

- **제11장** 유연성
- **제13장** 위기 관리
- **제14장** 지속가능한 공급망

기존 장들은 새로운 개념을 도입하기 위해 개정되었다. 예를 들어, 12장에서는 고객 가치와 공급망 전략 간의 연관성을, 15장에서는 비즈니스 분석과 스마트 가격 책정을, 17장에서는 사물 인터넷(IoT), 블록체인과 같은 신기술과 이들이 급망에 미치는 영향을 다룬다.

요약 차례

Chapter 1	공급망 관리 소개	16
Chapter 2	재고 관리와 리스크 풀링	45
Chapter 3	네트워크 계획	89
Chapter 4	공급 계약	140
Chapter 5	정보의 가치	161
Chapter 6	공급망 통합	189
Chapter 7	유통 전략	222
Chapter 8	전략적 제휴	236
Chapter 9	조달 및 아웃소싱 전략	262
Chapter 10	조율된 제품 및 공급망 디자인	295
Chapter 11	유연성	318
Chapter 12	고객 가치	338
Chapter 13	위기 관리	351
Chapter 14	지속가능한 공급망	388
Chapter 15	스마트 가격 책정	404
Chapter 16	정보 기술과 비즈니스 프로세스	437
Chapter 17	기술 표준	476

차례

역자 서문 5
저자 소개 7
저자 서문 8

1 공급망 관리 소개

1.1 공급망 관리란 무엇인가 16
1.2 제품 개발 체인 18
1.3 전역 최적화 19
1.4 불확실성과 위험 관리 21
1.5 공급망 세분화와 고객 가치 제안 23
1.6 공급망 관리의 진화 24
1.7 복잡성 29
1.8 공급망 관리의 핵심 이슈 30
1.9 이 책의 목적과 개요 34
사례 : 메디텍 서지컬 37

2 재고 관리와 리스크 풀링

사례 : 스틸웍스 45
2.1 개요 49
2.2 단일 단계 재고 관리 52
2.2.1 안정적인 수요–경제적 로트 크기 결정 모델 52
2.2.2 시간에 따른 알려진 수요의 변동 55
2.2.3 수요 불확실성의 영향 56
2.2.4 단일 기간 모델 57
2.2.5 초기 재고 60
2.2.6 신문판매원 모델 62
2.2.7 다수 주문 기회 63
2.2.8 연속재고검토 정책 64
2.2.9 가변 리드 타임 67
2.2.10 정기재고검토 정책 68
2.2.11 서비스 수준 최적화 70
2.3 리스크 풀링 72
사례 : 리스크 풀링 72
2.4 중앙집중형 시스템과 분산형 시스템 75
2.5 공급망에서의 재고 관리 76
2.6 실무적인 이슈 80
2.7 예측 81
2.7.1 전문가 예측 기법 82
2.7.2 시장 조사법 83
2.7.3 시계열 방법 83
2.7.4 인과관계 방법 84
2.7.5 적절한 예측 기법의 선택 84

3 네트워크 계획

사례 : 비스 코퍼레이션 89
3.1 개요 91
3.2 네트워크 설계 92
3.2.1 데이터 수집 94
3.2.2 데이터 집계 95
3.2.3 운송 요금 98
3.2.4 마일리지 추정 100
3.2.5 창고 비용 101
3.2.6 창고 용량 102
3.2.7 잠재적인 창고 위치 103
3.2.8 서비스 수준 요구사항 103
3.2.9 미래 수요 103
3.2.10 모델 및 데이터 유효성 검사 104
3.2.11 솔루션 기법 105
3.2.12 SCP 네트워크 구성의 주요 특징 108
3.3 재고 포지셔닝 및 물류 조정 108
3.3.1 전략적 안전 재고 109
사례 : 일렉콤 111
3.3.2 재고 포지셔닝과 네트워크 설계의 통합 117
3.4 자원 할당 118
사례 : H.C. 스타크 124

4 공급 계약

사례 : 아메리칸 툴 웍스 140

4.1 개요 141
4.2 전략적 구성 요소 142
4.2.1 공급 계약 143
4.2.2 한계점 147
4.3 재고 생산/주문 생산 방식 공급망에 대한 계약 148
4.4 비대칭 정보하에서의 계약 154
4.5 비전략적 부품에 대한 계약 154

5 정보의 가치

5.1 개요 161
5.2 채찍 효과 162
5.2.1 채찍 효과의 측정 165
5.2.2 채찍 효과에 대한 집중화된 정보의 영향 167
5.2.3 채찍 효과에 대처하는 방법 169
5.3 정보 공유와 인센티브 170
5.4 효과적인 예측 173
5.5 시스템 조정을 위한 정보 173
5.6 원하는 제품 찾기 174
5.7 리드 타임 단축 175
5.8 정보와 공급망 절충 175
5.8.1 공급망의 상충되는 목표 176
5.8.2 상충되는 목표를 위한 공급망 설계 176
5.9 정보의 한계 가치 감소 179
사례 : 리복 NFL 레플리카 저지 : 지연 전략의 사례 182

6 공급망 통합

사례 : 델 : 데스크톱 PC 공급망의 유연성 향상 189
6.1 개요 199
6.2 푸시, 풀, 푸시-풀 시스템 199
6.2.1 푸시 기반 공급망 199
6.2.2 풀 기반 공급망 200
6.2.3 푸시-풀 공급망 201
6.2.4 적합한 공급망 전략 식별하기 202
6.2.5 푸시-풀 전략 실현하기 205
6.3 리드 타임의 영향 206
6.4 수요 기반 전략 208
6.5 인터넷이 공급망 전략에 미치는 영향 210
6.5.1 e-비지니스란 무엇인가 212
6.5.2 식료품 산업 212
6.5.3 도서 산업 213
6.5.4 소매업계 214
6.5.5 이송 및 출하에 대한 영향 214
사례 : 위대한 재고 수집 217

7 유통 전략

7.1 개요 222
7.2 직접 배송(직송) 유통 전략 223
7.3 중간 재고 보관 지점 전략 223
7.3.1 전통적인 창고 운용 방식 224
7.3.2 크로스도킹 225
7.3.3 재고 풀링 226
7.4 환적 231
7.5 역물류 232
7.6 적절한 전략 선택 233

8 전략적 제휴

사례 : 킴벌리-클라크의 코스트코 기저귀 공급 사례 236
8.1 개요 240
8.2 전략적 제휴를 위한 프레임워크 242
8.3 3자 물류 244
8.3.1 3PL이란 무엇인가 244
8.3.2 3PL의 장점과 단점 244
8.3.3 3PL 이슈 및 요구사항 247
8.3.4 3PL 구현 이슈 248
8.4 소매업자-공급업자 파트너십 249
8.4.1 RSP 유형 249
8.4.2 RSP 요구사항 250
8.4.3 RSP의 재고 소유권 251

8.4.4 RSP 구현 이슈 252
8.4.5 RSP 구현 단계 253
8.4.6 RSP의 장점과 단점 253
8.4.7 성공과 실패 254
8.5 유통업체 통합 256
8.5.1 유통업체 통합 유형 256
8.5.2 유통업체 통합 이슈 257
사례 : 오디오 듀플리케이션 서비스 주식회사(ADS) 259
사례 : 스미스 그룹 260

9 조달 및 아웃소싱 전략

사례 : 자라의 조달 및 아웃소싱 전략 262
9.1 개요 276
9.2 아웃소싱의 이익과 위험 277
9.3 구매/생산 결정을 위한 프레임워크 279
9.4 조달 전략 282
9.4.1 공급업체 영향력 284
9.5 전자 조달 287

10 조율된 제품 및 공급망 디자인

10.1 일반적인 프레임워크 296
10.2 물류 디자인 299
10.2.1 개관 299
10.2.2 경제적 포장 및 운송 300
10.2.3 동시 및 병렬 처리 301
10.2.4 표준화 303
10.2.5 표준화 전략의 선택 306
10.2.6 중요한 고려사항 307
10.2.7 푸시-풀 경계 308
10.2.8 사례 분석 309
10.3 신제품 개발에의 공급업체 통합 311
10.3.1 공급업체 통합 스펙트럼 311
10.3.2 효과적인 공급업체 통합의 핵심 312
10.3.3 기술과 공급업체의 '서재' 313
10.4 대량 맞춤 생산 313
10.4.1 대량 맞춤 생산이란 무엇인가 313
10.4.2 대량 맞춤 생산 작업 314
10.4.3 대량 맞춤 생산과 공급망 관리 315

11 유연성

11.1 개요 318
11.2 개념 319
11.3 영향 320
11.4 유연한 운영 325
11.5 프로세스 유연성 326
11.5.1 작업준비 시간과 비용 328
11.5.2 U자형 생산 라인 329
11.5.3 인력 교차 훈련 330

12 고객 가치

사례 : 자라의 고객 가치 제안 338
12.1 개요 340
12.2 제품 혁신 342
12.3 제품 선택 및 가용성 343
12.4 가격과 브랜드 345
12.5 부가가치 서비스 347
12.6 관계와 경험 348

13 위기 관리

사례 : 닛산 자동차 회사 : 운영 회복탄력성 구축 351
13.1 개요 359
13.2 많은 위기의 원천 359
13.3 위기 노출 방법 362
13.3.1 포드 자동차 회사 366
13.4 unknown-unknown에 대한 관리 368
13.4.1 공급 능력 중복 369
13.4.2 위기 감지 및 대응 속도 370
13.4.3 유연 공급망 공동체 371
13.5 글로벌 위기 관리 373
사례 : 통신 산업의 공급망 회복탄력성 379

14 지속가능한 공급망

사례 : 이케아가 '순환형' 운영을 구축하기 위해 공급망을 겨냥하다 388
14.1 개요 391
14.2 기업의 사회적 책임 393
14.3 공급망 배출량 감축 396
14.3.1 단기 기회 399
14.3.2 장기 기회 401
14.3.3 분석 401

15 스마트 가격 책정

사례 : 루랄라 404
15.1 개요 408
15.2 가격과 수요 409
15.3 가격 최적화의 새로운 영역 410
15.3.1 도전 과제와 접근 방안 411
15.3.2 루랄라의 예측 및 가격 최적화 412
15.3.3 그루폰에서의 학습 및 가격 최적화 414
15.4 가격 할인 417
15.5 가격 차별화 418
15.6 수익 경영 419
15.7 스마트 가격 책정 422
15.7.1 차등 가격 책정 423
15.7.2 동적 가격 책정 425
15.8 전략적 소비자 행동의 영향 428
15.9 인터넷의 영향 429
15.10 주의사항 430
사례 : 리베이트 대란 432

16 정보 기술과 비즈니스 프로세스

사례 : 공급망 소용돌이 437
16.1 개요 440
16.2 비즈니스 프로세스의 중요성 441
16.3 공급망 IT의 목표 448
사례 : 세븐일레븐의 기술 요령 452
16.4 공급망 관리 시스템 구성 요소 457
16.4.1 의사결정 지원 시스템 458
16.4.2 공급망 우수성을 위한 IT 465
16.5 판매 및 운영 계획 468
사례 : 아드트란의 판매 및 운영 계획(S&OP) '진화' 468
16.6 공급망 정보 기술 통합 471
16.6.1 기업 자원 계획과 의사결정 지원 시스템의 구현 472
16.6.2 '동종 최고' vs 단일 벤더 기업 자원 계획 솔루션 473

17 기술 표준

사례 : 센트라테크 시스템즈(CTS) 현장 기술자의 생산성 50% 증대 476
17.1 개요 479
17.2 IT 표준 479
17.3 정보 기술 인프라 481
17.3.1 인터페이스 장치 482
17.3.2 시스템 구성 482
17.3.3 전자 비즈니스 484
17.4 웹 서비스와 비즈니스 프로세스 487
17.4.1 서비스 지향 아키텍처(SOA) 487
17.4.2 SOA와 BPM 488
17.4.3 마이크로서비스 489
17.5 블록체인 491
17.5.1 이점 492
17.5.2 어려움 493
17.5.3 응용 493
17.5.4 공급망에서 블록체인의 응용 496
17.6 사물 인터넷(IoT) 497
17.6.1 블록체인과 사물 인터넷(IoT) 498
17.6.2 무선 주파수 식별(RFID) 498
17.6.3 RFID와 판매 시점(POS) 데이터 501
17.6.4 비즈니스 혜택 502
17.6.5 공급망 효율성 504

찾아보기 507

CHAPTER 1

공급망 관리 소개

1.1 공급망 관리란 무엇인가

오늘날 글로벌 시장의 치열한 경쟁, 짧아진 제품 수명, 증가한 위험(예 : 날씨, 전염병, 사이버), 고객의 높아진 기대는 기업이 공급망에 더 투자하고 집중하도록 했다. 인공지능, 사물인터넷, RFID, 블록체인 기술, 그리고 좀 더 일반적으로는 디지털화되고 고도화된 분석 기술 및 자동화와 같은 새로운 기술의 발전이 공급망과 공급망 관리 기술의 지속적인 발전을 불러일으켜 왔다.

일반적으로 공급망에서는 원자재가 조달되고 제품이 하나 또는 그 이상의 공장에서 생산된 후, 보관을 위해 창고로 운송되고 소매업자나 고객에게 배송된다. 따라서 발생하는 비용을 줄이고 서비스 수준을 향상하기 위해 공급망 내 여러 단계에서의 상호 작용을 고려한 효율적인 전략이 필요하다. **물류 네트워크**(logistics network)라고도 불리는 공급망은 공급업체, 제조업체, 창고, 유통센터, 소매점은 물론 원자재, 작업 중인 재고, 완성품을 포함하여 시설 간의 모든 흐름을 일컫는다(그림 1-1 참조).

이 책에서는 효과적인 공급망 관리를 위한 통찰력, 실용적인 도구, 의사결정 지원 시스템을 제시하고 설명하고자 한다. 그렇다면 **공급망 관리**란 정확히 무엇일까? 우리는 다음과 같이 정의한다.

> 공급망 관리는 서비스 수준 요구사항을 충족하면서 시스템 전체 비용을 최소화하기 위해 공급업체, 제조업체, 창고, 매장이 상품을 적절한 수량으로, 적절한 위치에, 적절한 시간에 생산하고 분배하도록 통합하기 위한 접근방식의 집합체이다.

이러한 정의는 다음과 같은 여러 관찰 결과로 이어진다. 첫째, 공급망 관리는 공급업체와 제조시설부터 창고와 유통센터를 거쳐 소매점과 매장에 이르는 모든 비용에 영향을 미치고, 고객 요구사항에 맞게 제품을 만드는 모든 시설을 고려한다. 실제로 공급망을 분석할 때는 공급업체의 공급업체와 고객의 고객까지 고려해야 할 때가 있다. 왜냐하면 그들 모두 공급망 성과에 영향을 미치기 때문이다.

둘째, 공급망 관리의 목표는 고객 서비스와 가치 요구사항, 원자재의 운송과 유통에서 처리되는 재고까지 시스템 전체 비용을 고려하여 효율적이고 효과적이어야 한다. 따라서 단순히 운송 비용을 최소화하거나 재고를 줄이는 것이 아니라 **시스템적인 접근**을 취해야 한다.

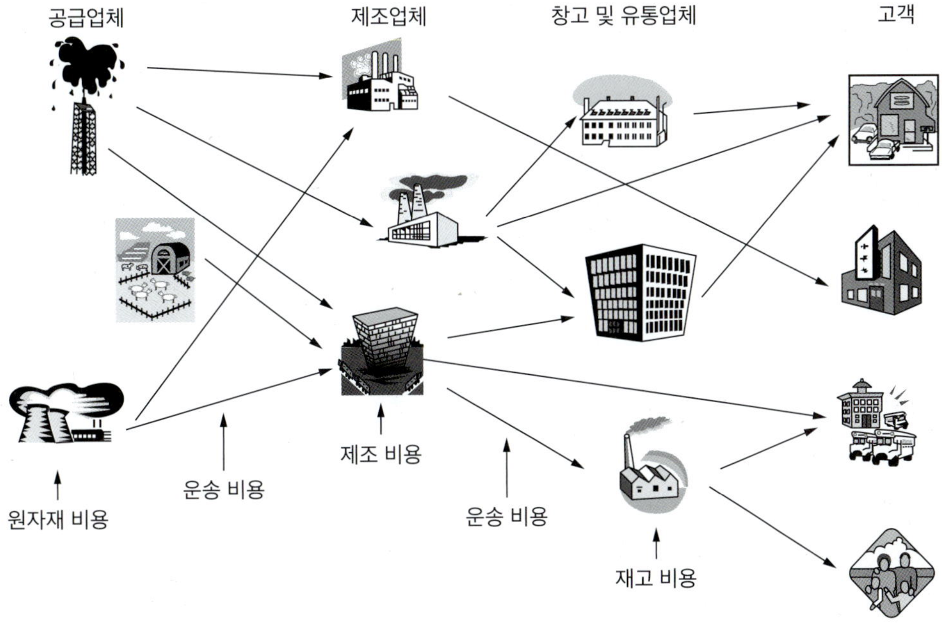

그림 1-1 물류 네트워크

마지막으로, 공급망 관리는 공급업체, 제조업체, 창고, 매장의 효율적인 통합을 중심으로 이루어지기에 전략적 수준에서 전술적 수준을 통해 운영적 수준까지의 기업 활동을 모두 포괄한다.

물류 관리, 가치 사슬 관리, 수요 사슬 관리는 어떠한가? 다양한 기업, 컨설턴트, 학자들은 공급망 관리에서 중요한 문제로 여기는 다양한 용어와 개념을 개발했다. 이러한 개념은 유용하고 통찰력이 있지만, 이 책에서는 '공급망 관리'를 관련된 개념, 접근법, 전략, 아이디어를 포괄하는 일반적인 용어로 사용할 것이다.

공급망 관리를 어렵게 만드는 것은 무엇인가? 다양한 이유를 논의하겠지만, 다음의 관찰 중 하나 또는 모두와 관련될 수 있다.

1. **공급망 전략은 고립되어 결정될 수 없다.** 대부분의 조직이 가지고 있는 또 다른 사슬(망), 즉 **제품 개발 체인**에 의해 직접적으로 영향을 받는다. 이는 새로운 제품 도입과 관련된 일련의 활동을 포함한다. 마찬가지로, 제품 개발 체인에 대한 결정, 예를 들어 제품 디자인과 도입은 공급망 특성에 의해 영향을 받는다. 따라서 이 두 사슬(즉, 공급망과 제품 개발 체인)은 비즈니스 성능을 향상하기 위해 통합되어야 한다.
2. **시스템 전체 비용이 최소화되고 시스템 전체 서비스 수준이 유지되도록 공급망을 설계하고 운영하는 것은 매우 어려운 일이다.** 실제로 비용이 최소화되고 서비스 수준이 유지되도록 단일 시설을 운영하는 것조차 매우 어렵다. 전체 시스템이 고려될 때 어려움은 기하급수적으로 증가한다. 최적의 시스템 전략

을 찾는 과정은 **전역 최적화**(global optimization)로 알려져 있다.

3. **모든 공급망에는 불확실성과 위험이 존재한다.** 고객 수요는 정확히 예측될 수 없고, 운송 시간은 결코 확실하지 않으며, 기계와 차량은 고장 날 수 있다. 비슷하게, 아웃소싱, 해외생산(offshoring), 린 제조를 포함한 최근 산업 동향은 공급망 비용을 줄이려는 노력으로 공급망의 위험 수준을 높이고 있다. 따라서 공급망은 가능한 불확실성과 위험을 제거하고 남아 있는 불확실성과 위험을 효과적으로 처리하도록 설계되고 관리되어야 한다.
4. **모든 상황에 맞는 전략을 추구하는 것은 적절하지 않다.** 실제로 서로 다른 고객에 대한 시장 세분화, 채널 또는 제품은 다양한 공급망 전략을 필요로 할 수 있다. 이는 같은 회사 내에서 서로 다른 고객 가치에 중점을 둘 수 있는 다양한 공급망이 필요하다는 것을 의미하며 **공급망 세분화**(supply chain segmentation)의 필요성을 불러일으킨다. 불행히도, 세분화는 복잡성을 증가시키고 규모의 경제에서 얻을 수 있는 이점을 얻지 못할 수 있다.

다음 절에서 이러한 네 가지 문제를 더 자세히 논의할 것이다.

1.2 제품 개발 체인

제품 개발 체인(development chain)은 새로운 제품 도입과 관련된 활동과 과정의 집합이다. 제품 설계 단계, 관련 능력 및 지식 내부 개발, 조달, 생산 계획을 모두 포함한다. 구체적으로는 제품 구조, 내부적으로 만들 것과 외부 공급업체로부터 구매할 것(제조/구매 결정), 공급업체 선정, 초기 공급업체 참여, 전략적 파트너십을 포함한다.

제품 개발 체인과 공급망은 생산 지점에서 교차하며, 그림 1-2에 보이듯 제품 개발 체인에서 내려진 특성과 결정은 명확하게 공급망에 영향을 미친다. 마찬가지로, 공급망 특성이 제품 설계 전략에 영향을 미쳐야 한다는 것도 직관적으로 명확하다.

예시 1-1

> HP(Hewlett Packard)는 제품 개발 체인과 공급망의 교차점을 인식한 최초의 회사 중 하나였다. 잉크젯 프린터 도입이 그 한 예로, 제품 구조에 대한 결정은 노동 및 재료 비용뿐만 아니라 제품 수명 주기 전반에 걸친 총 공급망 비용을 고려하여 내려졌다. 최근에 HP는 디자인 활동을 아웃소싱하고 아웃소싱 디자인 프로세스를 관리하기 위해 필요한 조직 구조를 고려하는 결정에 중점을 두고 있다.

불행히도, 대부분의 조직에서는 서로 다른 관리자들이 공급망에서의 서로 다른 활동을 담당한다. 일반적으로, 엔지니어링 부문의 부사장은 제품 개발 체인을, 제조 부문의 부사장은 생산 부분을, 공급망이나 물류 부문의 부사장은 고객 수요 충족을 위한 물류를 담당한다. 주의 깊게 다루지 않는다면, 이러한 조직 구조의 전형적인 영향은 제품 디자인과 공급망 전략의 불일치로 이어질 수 있다.

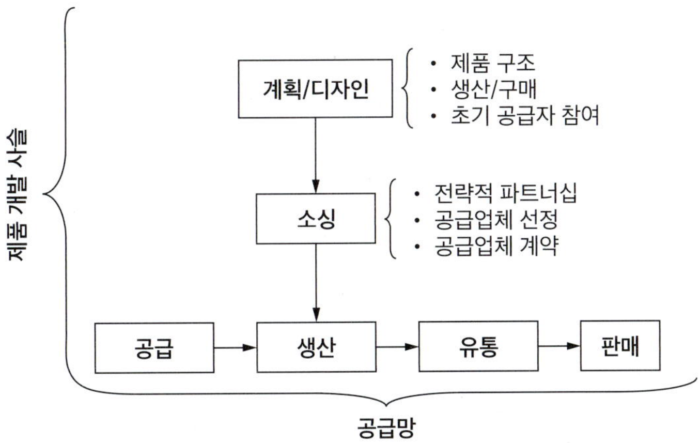

그림 1-2 전사적 개발 및 공급망

문제를 더 악화시키는 것은, 많은 조직에서 여러 사슬이 제품 개발 사슬 및 공급망과 교차한다는 것이다. 이것은 제품이나 부품의 반품과 관련된 역물류, 그리고 예비 부품 사슬을 포함할 수 있다.

이 책에서는 제품과 공급망 전략에 미치는 영향을 더 잘 이해하도록 각 공급망의 다양한 특성을 탐구한다. 이러한 특성이 제품과 전략을 매칭하는 데 도움을 줄 수 있는 프레임워크 개발로 이어지는 방법을 설명한다.

1.3 전역 최적화

시스템 전체적으로 최적화된, 전 세계적으로 통합된 해결책을 찾는 것이 왜 어려운가? 다양한 요소가 이 문제를 어렵게 만든다.

1. **공급망은 지리적으로 넓게 퍼져 있고, 많은 경우에 전 세계적으로 분산된 복잡한 시설의 네트워크이다.** 다음 예시는 오늘날 글로벌 기업의 전형적인 네트워크를 보여준다.

예시 1-2

인텔(Intel Corporation)은 주요 경쟁사가 삼성전자인 세계 최대 반도체 칩 제조업체 중 하나이다. 현재 총 7개국에 걸쳐 북미, 아시아, 유럽, 중동에 11개의 제조시설과 5개의 조립/테스트 공장을 가지고 있다. 이러한 제조시설은 전 세계 고객에게 하루에 약 100만 개의 제품을 배송하며 약 30개의 글로벌 유통센터에 의해 지원된다. 반도체 칩뿐만 아니라 무선 컨트롤러부터 소프트웨어 솔루션에 이르는 다양한 제품을 제공한다. 해당 산업이 매우 경쟁적인 만큼 인텔은 공급망 관리가 성공에 중요하다는 것을 인식하고 리드 타임 단축, 비용 효과적인 성능, 환경 지속 가능성 향상과 같은 다양한 노력에 집중하고 있다. 이 모든 목표는 제품 믹스와 수량이 크게 증가한 것과 동시에 달성되어야 한다.

2. **공급망의 상충되는 점은 최적화하기 쉽지 않다.** 공급망 전략은 비용, 시간, 서비스 수준 등 다양한 성과 지표에 영향을 미친다. 불행히도, 이러한 측정치는 서로 상충되며, 그림 1-3의 곡선에서 볼 수 있

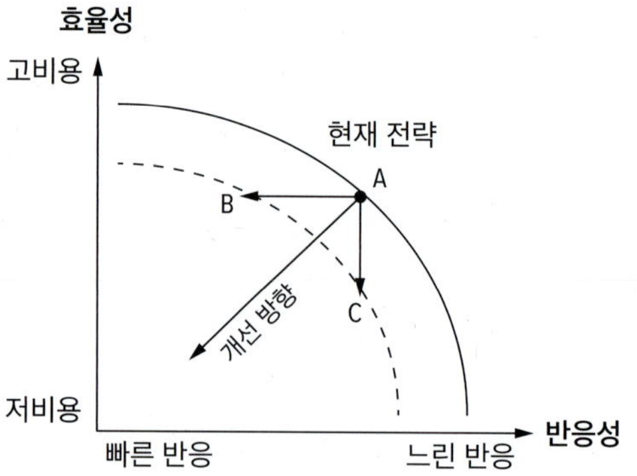

그림 1-3 효율성과 반응성 간 트레이드 오프

듯이 효율성과 반응성은 트레이드 오프(trade-off, 절충)를 보인다. 효율성은 비용을 의미하며 반응성은 고객 서비스에 대한 속도 또는 시간을 의미한다. 이 곡선은 때때로 효율적 투자 기회선(efficient frontier)으로 언급되며, 비용(효율성)과 응답 시간(반응성) 사이의 가능한 다양한 전략 범위를 나타낸다. 예를 들어, 매우 효율적인 전략은 비용은 줄이지만 고객 응답 시간을 증가시킬 수 있다. 반대로, 매우 반응성이 높은 전략은 비용을 증가시키지만 고객 응답 시간을 줄인다. 적절한 절충점을 찾는 것은 어려운 도전이다.

물론 효율성과 반응성 사이의 트레이드 오프는 유일한 것이 아니다. 유연성 대 비용, 비용 대 위험 노출, 재고 대 서비스 수준, 품질 대 가격 모두 결정해야 할 트레이드 오프의 예이다. 각각의 절충은 그림 1-3과 유사한 형태를 보인다. 공급망 혁신은 이러한 트레이드 오프가 존재함에도 불구하고 성능을 향상하는 것에 관한 것이다. 이 아이디어를 설명하기 위해 그림 1-3을 다시 보고 현재 전략이 효율적 투자 기회선 곡선상의 A점이라고 가정해 보자. 이 전략은 물론 효율성과 반응성 사이의 특정 트레이드 오프에 투자한다.

이제 어떻게든 효율적 투자 기회선을 낮추는 새로운 전략을 고안할 수 있다고 상상해 보자. 만약 이것이 가능하다면 동일한 효율성 수준에서 반응 시간을 향상할 수 있다, B점을 보라. 마찬가지로, 동일한 반응성 수준에서 운영 비용을 줄일 수 있다, C점을 보라. 더 중요한 것은 B와 C 사이의 전략 범위가 있어 회사가 효율성과 반응성을 모두 향상할 수 있다는 것이다. 물론 도전은 이러한 전략을 식별하는 것이다.

3. **공급망의 다른 시설들은 종종 서로 다른 상충되는 목표를 가진다.** 예를 들어, 공급업체는 일반적으로 제조업체가 안정적인 수량으로 대량 구매하고 유연한 납기일을 가지길 희망한다. 하지만 불행히도 대부분의 제조업체는 생산 시간을 길게 가져가고 싶지만, 고객의 요구와 변화하는 수요에 유연하게 대응해야 한다. 따라서 공급업체의 목표는 제조업체의 유연성에 기대와 직접적으로 충돌한다. 실제로, 생산 결정은 일반적으로 정확한 고객 수요의 정보 없이 이루어지며, 수요 정보가 도착했을 때 공급량을 변경

할 수 있는 능력에 크게 의존한다. 마찬가지로, 제조업체의 '대량의 제품 배치를 조정하는' 목표는 일반적으로 '유통센터의 재고를 줄이는' 목표와 충돌한다. 상황을 더 악화시키는 것은 재고 수준을 줄이려는 후자의 목표가 일반적으로 운송 비용 증가를 의미한다는 것이다.

4. **공급망은 시간이 지남에 따라 진화하는 동적 시스템이다.** 실제로 고객 수요와 공급업체의 능력이 시간에 따라 변화할 뿐만 아니라 공급망 관계 또한 시간이 지나면서 진화한다. 예를 들어, 고객의 힘이 커짐에 따라 제조업체와 공급업체에 대한 압박이 커져 고품질의 다양한 제품을 생산하고, 궁극적으로는 맞춤형 제품을 생산하도록 요구한다.
5. **시간에 따른 시스템 변화 또한 중요한 고려사항이다.** 심지어 수요가 정확히 알려져 있을 때에도(예 : 계약에 의해), 계획 수립 과정은 계절 변동성, 경향성, 광고 및 프로모션, 경쟁사의 가격 전략 등으로 인해 시간에 따라 변하는 수요와 비용 매개변수를 고려해야 한다. 이러한 시간에 따라 변하는 수요와 비용 매개변수는 고객의 요구를 충족하면서 시스템 전체 비용을 최소화하는 가장 효과적인 공급망 전략을 결정하기 어렵게 만든다.

물론 전역 최적화는 공급망 시설 전반에 걸쳐 최적화하는 것뿐만 아니라 제품 개발 체인과 공급망의 과정을 최적화하는 것도 의미한다. 즉, 두 사슬을 동시에 최적화하거나, 또는 동기화하는 프로세스와 전략을 식별하는 것이 중요하다.

1.4 불확실성과 위험 관리

공급망은 불확실한 환경에서 설계되고 운영되기 때문에 전역 최적화는 더욱 어렵다. 여기에는 다음과 같은 다양한 요인이 기여한다.

1. **공급과 수요의 일치는 매우 어려운 문제다.**
   a. 2002년, 시스코(Cisco)는 통신 산업의 침체로 $22억 5,000만의 재고 손실을 발표했다.
   b. 2014년 4월, 월마트(Walmart)는 2014년도에 재고 비용이 매출 수익보다 빠르게 증가하는 와중에 원하는 상품을 재고로 보유하지 못해 $30억의 손실이 발생했다.
   c. 회로보호기 제조업체 리텔퓨즈(Littelfuse)는 2019년 7월 31일 시장 개장 전에 2분기 실적을 보고했다. 매출과 이익은 무역 긴장, 자동차 시장 약세, 불어난 재고로 인해 어려움을 겪었다. 높은 재고는 올해 잔여 기간 동안의 문제가 될 것이며, 이는 하반기의 반등 가능성을 어렵게 만들 것이다.

   물론 이러한 어려움은 수요가 실현되기 몇 달 전에 제조업체들이 특정 생산 목표에 매진해야 한다는 사실에서 기인한다. 이는 엄청난 재정적 위험 및 공급 위험을 수반한다.
2. **재고 수준과 백오더(back-order, 부재고) 수준은 공급망 전반에 걸쳐 상당한 변동성을 지닌다.** 이 문제를 설명하기 위해 그림 1-4를 살펴보자. 이는 전형적인 공급망에서 유통업체의 주문이 실제 소매

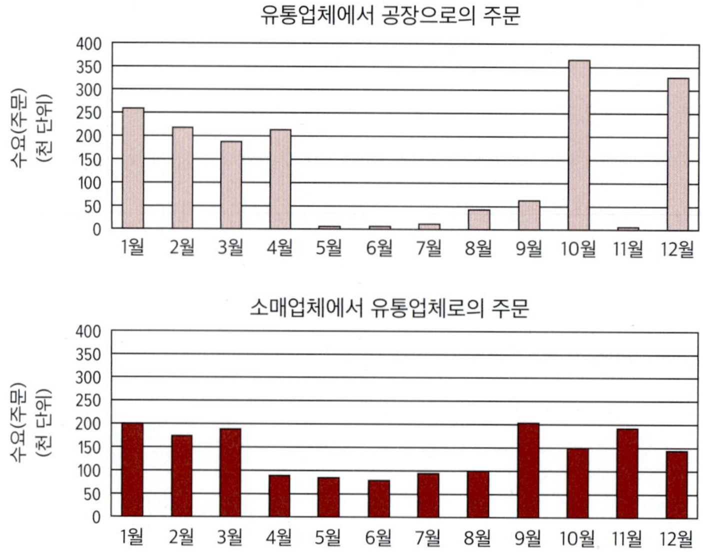

그림 1-4 공급망에서의 주문 변동성

업자의 수요보다 훨씬 더 변동성을 가진다는 것을 의미한다.

3. **예측은 문제를 해결해 주지 않는다.** 실제로, 예측의 첫 번째 원칙은 "예측은 항상 틀리다"는 것이다. 따라서 가장 발전된 예측 기술을 사용하더라도 특정 항목에 대한 정확한 수요를 예측하는 것은 불가능하다.

4. **수요는 불확실성의 유일한 원천이 아니다.** 배송 리드 타임, 제조 지연, 운송 시간, 구성 요소의 가용성 또한 불확실성의 중요한 원인이 될 수 있다.

5. **린 제조, 아웃소싱, 해외생산과 같은 비용 절감에 중점을 둔 트렌드는 위험을 크게 증가시킨다.** 예를 들어, 부품 공급업체가 캐나다와 멕시코에 있는 자동차 제조업체를 생각해 보자. 운송에서의 불확실성이 거의 없고 공급 일정이 안정적이기 때문에 부품은 고정된 생산 일정에 따라 조립 공장에 '정시'에 배송될 수 있다. 그러나 9/11 테러 공격, COVID-19 팬데믹, 항구 파업, 날씨 관련 재해와 같은 예상치 못한 재난이 발생한 경우, 이러한 전략을 고수함으로써 부품 부족으로 인한 생산 라인의 정지가 발생할 수 있다.

아웃소싱과 해외생산은 공급망을 지리적으로 다양하게 함으로써 자연재해와 인적 재해의 영향을 크게 받게 한다는 것을 의미한다.

예시 1-3

- 2011년 3월 11일, 일본 해안에서 발생한 규모 9.0의 지진으로 인해 40미터가 넘는 쓰나미가 10킬로미터 내륙까지 도달했고, 후쿠시마 다이이치의 3개 원자력 반응로에서 레벨 7의 노심 용융(meltdown : 방사능 유출로 이어지는 심각한 사고)이 일어났다. 이 복합 재난의 영향은 참혹했으며, 2만 5,000명 이상이 사망, 실종 또는 부상을 당했다. 이

- 사건은 인도주의적 위기일 뿐만 아니라 일본 경제에도 큰 타격을 주었다. 건물 12만 5,000채가 파괴되고 $2,000억이 넘는 경제적 손실이 예상되었다. 재난 발생 후 몇 주 동안 일본 자동차 공장의 약 80%가 생산을 중단했으며, 미쓰비시 UFJ 모건 스탠리 증권은 다른 공장의 이용률이 10% 이하일 것으로 추정했다(자세한 내용은 13장의 닛산 사례 연구 참조).
- 2005년 8월 29일, 허리케인 카트리나가 뉴올리언스와 멕시코만 해안을 강타했다. 폴저스(Folgers) 같은 브랜드와 함께 P&G(Procter and Gamble) 커피 제조는 절반 이상을 공급받는 뉴올리언스에 일어난 허리케인으로 심각한 영향을 받았다. 6개월 후, 《New York Times》에 따르면 P&G의 한 임원은 여전히 P&G 브랜드가 있어야 할 선반에 '구멍'이 있다고 말했다.
- 2002년 서해안 파업으로 시애틀부터 샌디에이고에 이르는 항구가 폐쇄되었다. 경제학자들은 이 파업이 하루 최대 $10억의 경제 손실을 초래했다고 추정한다. 상점은 재고를 채울 수 없었고, 과일과 채소는 썩었으며, 부품 부족으로 인해 공장이 폐쇄되었다.
- 2001년 1월 26일, 인도 구자라트(Gujarat)주에서 발생한 지진으로 인해 인도에서의 직물 출하가 지연되었으며, 이는 많은 미국 의류 제조업체에 영향을 미쳤다.

물론 불확실성과 위험은 완전히 제거될 수 없다. 그러나 제품 설계, 네트워크 모델링, 정보 기술, 조달 및 재고 전략이 불확실성을 줄이거나 그 영향을 최소화하는 데 어떻게 사용되는지 보여주는 다양한 사례를 탐구할 것이다. 마찬가지로, 공급망에 숨겨진 위험을 식별하는 새로운 방법으로서 위험 노출 지수(Risk Exposure Index)로 불리는 것을 소개하고, 공급망의 위험을 줄이거나 완화하기 위해 사용되는 생산용량 조정, 유연성, 감지 및 대응 속도를 다양한 사례를 통해 탐구할 것이다.

1.5 공급망 세분화와 고객 가치 제안

패션, 세련된 디자인, 제품 다양성으로 유명한 스페인 대형 의류 회사 자라(Zara)를 고려해 보자. 1974년, Amancio Ortega Gaona가 첫 매장을 열었을 때, 목표는 가격 경쟁뿐만 아니라 고객에게 그들이 좋아하는 유행하는 패션 제품을 제공하는 것이었다. 이를 위해 갭(Gap Inc.) 같은 세계 최대의 전문 의류 소매업자들과는 다른 비즈니스 모델을 구축하는 것이 필요했다.

갭과 같은 소매업자들은 제조를 대부분 극동지역으로 아웃소싱(외주)함으로써 관련 비용을 줄이지만, 자라는 제조부터 유통센터를 포함한 소매점에 이르기까지 전체 공급망을 소유하고 있다. 패셔너블하고 트렌디한 제품에 중점을 두는데, 그 수요가 매우 불확실하므로 자라는 특정 색상이나 프린트에 필요한 부품을 소비자 선호도가 명확해질 때까지 조달하지 않는다. 소매점은 IT 인프라를 통해 회사 본사에 직접 피드백을 제공하여 디자이너들이 트렌드, 새로운 디자인과 스타일을 식별할 수 있게 한다.

해당 전략을 사용하여 자라는 새로운 스타일의 시장 출시 기간을 3~4주로 줄일 수 있으며, 이는 경쟁사보다 훨씬 짧다. 반면에 극동지역에서 저비용 제조에 중점을 둔 갭의 경우 재고가 많이 쌓인 긴 파이프라인을 가지며, 이는 새로운 제품을 자주 시장에 내놓을 수 있는 능력을 감소시킨다.

자라와 갭의 이야기는 강력한 메시지를 전달한다. 같은 분야에서 운영하지만 다른 **고객 가치 제안**

(customer value propositions)을 제공하는 회사는 서로 다른 운영 및 공급망 전략이 필요하다. 실제로 경쟁적인 가격 책정에 중점을 둔 갭의 경우 효율성에 초점을 맞춘 운영 전략이 필요하며, 비용 절감에 중점을 둔 운영 전략을 가진다. 반면, 자라는 고객에게 트렌디한 패션 제품을 제공하므로 속도에 중점을 둔 수직적으로 통합된 공급망이 필요하다.

델(Dell)도 또 다른 예로서, 1988년부터 1996년까지 8년간 주주 가치에서 경쟁사보다 3,000% 이상의 성장률을 기록했다. 델의 성공은 공급업체, 제조업체, 최종 사용자 간의 전통적 경계를 흐리게 하는 가상 통합 전략에 기인할 수 있다. 델은 다른 제조업체가 생산한 부품으로 컴퓨터를 판매하고, 대규모 인력을 관리하고 연구 및 개발, 고객 서비스를 수행함으로써 자산 소유 및 직접 판매 모델을 통해 소비자가 주문에 맞게 구성할 수 있게 한다. 이러한 가치 제안은 델에 짧은 응답 시간으로 완전히 맞춤화된 주문을 처리할 수 있는 공급망을 디자인하도록 요구한다.

델이 2000년대 후반 어려움을 겪은 이유는 PC 시장의 변화 때문이었다. 이 시장의 성장은 온라인에서 소매로, 그리고 개발도상국으로 옮겨 갔고, 이런 국가의 소비자들은 온라인 구매에 익숙하지 않거나 불편해했다. 앞으로 보듯(12장), 이러한 변화는 공급망 전략을 다시 생각하게 만든다. 특히 소매 채널과 직접 거래할 때 고객 가치 제안이 다르기 때문이다. 실제로 소매 채널과의 거래에서는 효율성에 중점을 두는 전략이 비효율적일 수 있으며, 이는 소매점에서 직접 판매하는 것과 관련된 가치 제안이 다르기 때문이다. 따라서 하나는 반응성에 중점을 두고 다른 하나는 효율성에 중점을 두는 공급망 전략의 개발이 필요하다.

델의 사례는 공급망 경영진에게 중요한 교훈을 제시한다. 모든 상황에 맞는 일률적인 공급망 전략은 적절하지 않다는 것이다. 제품 특성, 고객 및 채널은 세분화된 공급망 전략의 구현을 요구할 수 있다. 도전 과제는 물론 적절한 수의 세그먼트를 식별하는 것이다. 너무 많은 세분화는 공급망의 복잡성을 증가시키는 반면, 단일 세그먼트는 오직 평균에만 효과적인 전략을 의미하며, 다양한 고객 가치 요구, 제품 특성 및 채널을 다루기에 맞춤화되지 않는다.

1.6 공급망 관리의 진화

1980년대에 회사들은 비용을 줄이고 다양한 시장에서 더 잘 경쟁하기 위한 새로운 제조 기술과 전략을 발견했다. 적시 생산, 칸반, 린 제조, 전체 품질 관리 등의 전략이 매우 인기를 얻었으며, 이러한 전략을 구현하기 위해 많은 자원이 투입되었다. 1990년대에는 많은 회사가 가능한 한 제조 비용을 최소화했다. 이들은 효과적인 공급망 관리가 이익과 시장 점유율을 증가시키기 위해 취해야 할 다음 단계임을 발견하고 있다.

실제로 물류와 공급망 비용은 미국 경제에서 중요한 역할을 한다. 미국 공급망관리전문가협의회가 후원하고 1989년에 처음 발행된 연간《물류 상태 보고서(State of Logistics Report)》는 국가의 총 물류 비용을 회계하고 운송 비용, 재고 유지 비용, 총 물류 비용의 추세를 추적한다. 그림 1-5에서 볼 수 있듯이, 미국의 물류 비용은 1980년대 초 GDP의 12% 이상으로 시작하여 2003년까지 꾸준히 감소했다. 절대 수치는 꽤 놀랍다. 1998년에는 $8,840억이었고, 2005년에는 $1조 1,800억이었다. 이 $1조 1,800억은 2004년 대비 $1,560억 증가한 것으로, 미국 경제가 2005년에 둔화되었음에도 불구하고 물류 비용은 약 15% 증가했다. 《물류 상태 보고서》에 따르면 이 증가는 "높은 연료 비용, 트럭 운전사 및 철도 용량 부족, 해외 아웃소싱 및 용역, 그리고 보안 비용"에 의해 주도되었다.

2008년과 2009년에 물류 비용은 미국 GDP의 비율로도, 절댓값으로도 감소했으며, 2007년 $1조 4,000억에서 2009년에는 $1조 1,000억으로 줄었다. 이는 물론 2008년 금융 위기와 관련이 있다. 그러나 위기 이후, 물류 비용은 꾸준히 증가하여 2018년에는 $1조 6,300억에 이르렀다.

미국의 물류 비용을 구성하는 다양한 요소를 이해하는 것은 흥미롭다. 그림 1-6에 나타낸《물류 상태 보고서》 데이터는 운송 비용이 가장 큰 비용임을 보여준다. 재고 비용은 운송 비용의 절반을 약간 넘는다. 두 비용은 꾸준히 증가하였으며 2009년에 약간 감소하는 모습을 보였다.

불행히도, 이 거대한 투자는 공급망에서 불필요한 재고, 비효율적인 운송 전략, 그리고 기타 낭비적인 관행으로 인해 많은 불필요한 비용 구성 요소를 포함하고 있다. 예를 들어, 전문가들은 저마진 산업으로 악명 높은 식료품 산업이 더 효과적인 공급망 전략을 사용함으로써 연간 운영 비용의 약 10%인 $300억을 절약할 수 있다고 믿는다.

이 문제를 설명하기 위해 다음 두 가지 예를 고려해 보자.

1. 일반적인 시리얼 박스가 공장에서 슈퍼마켓까지 가는 데 3개월 이상이 걸린다.
2. 평균적으로 새 차가 공장에서 딜러십까지 이동하는 데 15일이 걸린다. 이 리드 타임은 실제 이동 시간인 4~5일과 비교해야 한다.

따라서 1990년대에 많은 회사는 자신들의 비용뿐만 아니라 공급망 파트너의 비용을 줄이기 위한 전략에 집중했다.

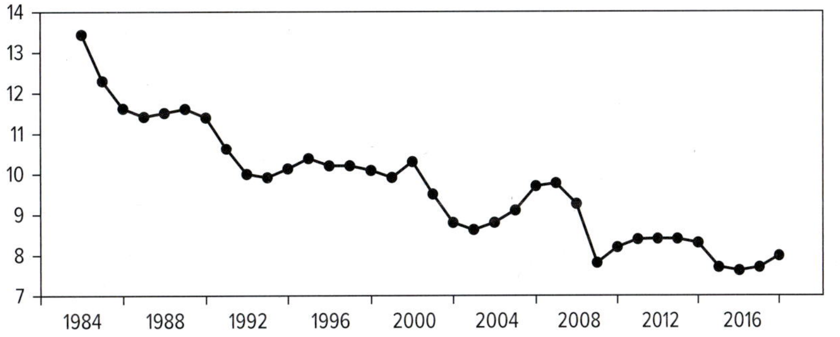

그림 1-5 미국 경제의 물류 비용 점유율

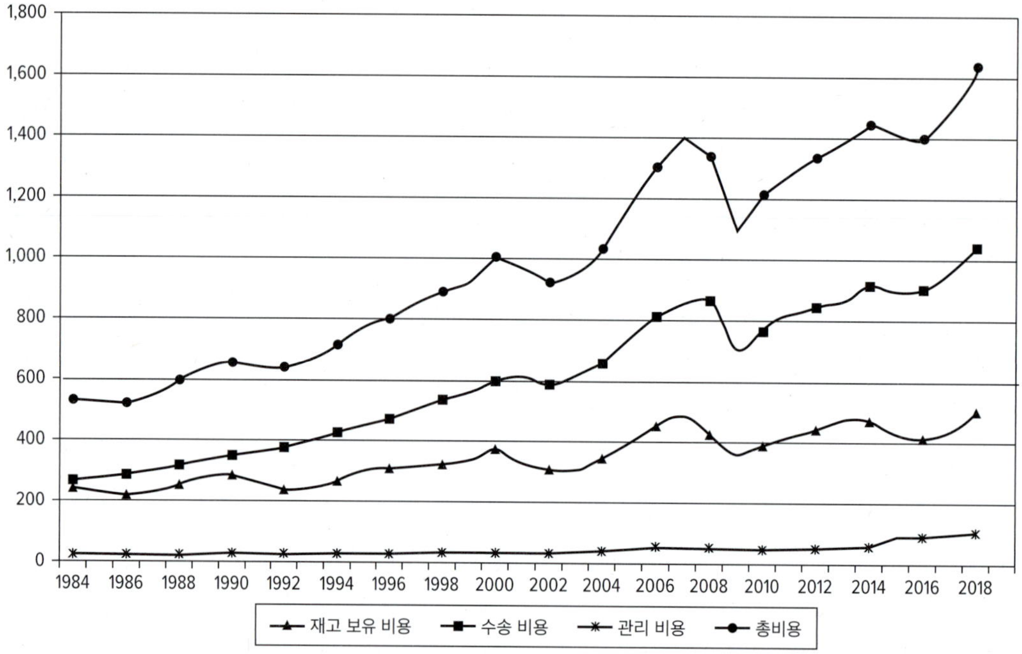

그림 1-6 1984년에서 2018년 사이 미국의 총 물류 비용

예시 1-4

P&G는 최근 18개월간의 공급망 이니셔티브에서 소매 고객에게 $6,500만을 절약한 것으로 추정한다. P&G에 따르면, 그들의 접근방식의 핵심은 제조업체와 공급업체가 긴밀하게 협력하여 … 전체 공급망 전반에 걸친 낭비적인 관행의 근원을 제거하기 위한 공동 비즈니스 계획을 만드는 데 있다.

예시가 보여주듯 효과적인 공급망 전략에서 중요한 구성 요소 중 하나는 공급업체와 구매자 간의 **전략적 파트너십**(strategic partnership)이다.

예를 들어 P&G와 킴벌리 클라크(Kimberly-Clark) 같은 제조업체들과 월마트와 같은 대형 소매업자들은 전략적 파트너십을 사업 전략의 중요한 요소로 활용해 왔다. 3M, 이스트먼 코닥(Eastman Kodak), 다우 케미컬(Dow Chemical), 타임 워너(Time Warner), 제너럴 모터스(General Motors) 같은 회사들도 물류 운영을 제3자 물류 제공업체에 맡겼다.

이러한 회사는 제조업체가 소매업자의 최신 판매 데이터를 활용하여 수요를 더 잘 예측하고 리드 타임을 줄이는 **정보 공유**(information sharing)에 참여한다. 이 정보 공유는 또한 제조업체들이 공급망 변동성(소위 '채찍 효과'라고 불림, 5장 참조)을 통제하고, 그에 따라 생산을 평활화하고 줄일 수 있도록 도와준다.

예시 1-5

> 실시간 정보를 활용하는 최초의 회사 중 하나는 섬유 및 화학 회사 밀리켄 앤 컴퍼니(Milliken and Company)였다. 밀리켄은 여러 의류 공급업체 및 주요 백화점과 협력하여 POS 데이터를 활용했으며, 이를 통해 백화점에서 최종 의류 수령까지의 리드 타임을 18주에서 3주로 줄였다.

1990년대 동안 비용 절감 및 이익 증대 압박은 많은 산업 제조업체를 아웃소싱으로 밀어붙였고, 기업은 조달 부문을 전형적인 회사의 총 판매 비율로 늘렸다. 실제로 90년대 중반에 조달 부문이 크게 증가했다. 마찬가지로, 1998년과 2000년 사이에 전자 산업에서 아웃소싱은 15%에서 40%로 증가했다.

1990년대 말과 2000년대 초, 인터넷과 이와 관련된 e비즈니스(e-business) 모델은 많은 공급망 문제가 이 새로운 기술과 비즈니스 모델만으로 해결될 것이라는 기대를 만들었다. e비즈니스 전략은 비용을 줄이고, 서비스 수준을 증가시키고, 유연성을 높이며, 물론 이익을 증가시키는 것을 목표로 했지만, 많은 e비즈니스 기업이 실패하면서 이 기대는 종종 충족되지 않았다. 인터넷 기업 중 일부가 실패한 주요 원인은 그들의 물류 전략 때문이었다.

예시 1-6

> 퍼니처닷컴(Furniture.com)은 1999년 1월에 출범하여 비록 몇몇 브랜드 이름뿐이지만 수천 개의 제품을 여러 가구 제조업체로부터 제공했다. 2000년 처음 9개월 동안 약 $2,200만의 매출을 기록하고 웹사이트 방문자는 월 100만 명에 이르렀다. 그러나 2000년 11월의 실패는 물류 세부 사항, 특히 비효율적인 배달 프로세스 때문이었다. 초기에 퍼니처닷컴은 중앙 창고에서 고객에게 직접 제품을 배송하기 위해 운송업체를 이용했다. 운송 비용이 너무 높아 회사는 이 관계를 유지하는 데 어려움을 겪었고, 수리와 반품을 포함한 많은 문제가 해결되지 않은 채로 남았다.

인터넷은 물론 직접 소비자 비즈니스 모델을 가능하게 하는 새로운 채널을 도입했으며, 이 새로운 채널은 많은 회사로 하여금 기존 공급망에 복잡성을 더하고 새로운 기술을 배우도록 요구했다.

예시 1-7

> 스턴 스튜어트(Stern Stewart) EVA 1000 데이터베이스에 따르면, 델 컴퓨터는 1988년부터 1996년까지 8년간 주주 가치 면에서 경쟁사를 3,000% 이상 능가했다. 델의 성공은 공급업체, 제조업체, 최종 사용자 간의 전통적인 경계를 흐리게 하는 가상 통합 전략에 기인할 수 있다. 델이 다른 제조업체가 생산한 부품으로 컴퓨터를 판매하기로 결정함으로써 회사는 자산 소유, 연구 개발 및 대규모 인력 관리의 부담에서 벗어날 수 있었다. 동시에 델은 직접 판매 모델을 통해 소비자가 주문을 완전히 맞춤 설정하고 생산에 대한 주문을 거의 없애는 것을 가능하게 했다. 이러한 비즈니스 결정은 델이 경쟁사보다 훨씬 빠르게 성장할 수 있게 했다.

놀랍게도, 2000년대 중반에 델과 같은 닷컴(dot-com) 회사들은 소매점을 통해 그들의 제품을 판매하기 시작했고, 동시에 많은 전통적 소매업자들(예 : 월마트)은 자체 가상 매장을 설립했다. 이는 공급망 세분화 전략을 필요로 하는데, 앞서 보았듯이 다른 채널은 다른 고객 가치 제안에 초점을 맞출 수 있으므로 다른 공급망 전략이 필요하다.

이러한 개발은 2000년대 후반과 2010년 초반에 다양한 채널을 통합하는 소위 **옴니채널 전략**(omnichannel strategy)의 필요성을 높였다. 이러한 전략에서는 소비자가 어떤 채널을 사용하고 있는지와 상관없이 고객 경험을 향상하는 데 초점을 맞춘다. 옴니채널 전략에서 온라인으로 주문한 고객은 매장에서 제품을 받거나, 소매업자의 DC에서 제품을 받거나, 고객을 위해 제품이 예약된 매장에서 제품을 찾을 수 있는 여러 방법으로 배송을 받을 수 있다. 이는 옴니채널 전략에서 재고가 모든 채널에 걸쳐 공유되고, **리스크 풀링 효과**(risk pooling effect)를 활용하여 비용을 줄이고 서비스 수준을 증가시킨다는 것을 의미한다(2장 참조).

이러한 모든 개발은 주로 지난 2~5년간 일부 회사들이 공급망을 디지털화하는 데 동기를 부여했다. **공급망 디지털화**(supply chain digitization)는 디지털화, 고급 분석 및 자동화의 이점을 활용하는 것에 관한 것이다. 디지털화는 마스터 데이터를 확립하는 데 중점을 두며(통계의 통합에 중점을 두는 분석 수준), 기계 학습(예측) 및 최적화(처방)를 통해 공급망 계획을 개선하기 위해 세 가지 수준의 분석 통합에 중점을 둔다. 이 세 가지 수준의 초점은 고객 또는 공급업체의 행동 이해(통계), 미래 행동 예측(기계 학습), 개선된 의사결정(최적화)에 있다. 마지막으로, 자동화는 비용을 절감하고, 수익을 증가시키고, 고객 경험을 개선하는 데 관한 것이다.

최근 업계 조사에 따르면 공급망 디지털화는 비용 절감, 매출 증가, 이익 증가뿐만 아니라 고객 경험 개선 및 브랜드 신뢰성 강화에도 이점을 가져다준다고 보고되었다. 초기 디지털화를 도입한 대부분의 연구는 수요 예측과 종단 간 가시성에 중점을 두었다.

이러한 발전과 함께 많은 산업이 아웃소싱, 해외생산, 린 제조 및 적시 생산과 같은 추세가 제조 및 공급망 비용을 줄이는 데 초점을 맞추고 있지만, 공급망에서 위험 수준을 크게 증가시킨다는 것을 인식하고 있다. 결과적으로, 지난 몇 년 동안 진보적인 기업들은 비용 절감과 위험 관리 사이의 올바른 균형을 찾는 전략에 초점을 맞추기 시작했다.

공급망에서 위험을 관리하기 위해 여러 기업이 적용한 접근방식은 다음과 같다.

- 공급망에 중복성을 구축하여 일부가 실패해도(예 : 창고 화재나 항구 폐쇄 등) 공급망이 여전히 수요를 충족할 수 있도록 한다.
- 실시간 정보를 활용하여 방해 사건에 더 잘 감지하고 대응한다.
- 공급과 수요를 더 잘 맞추고 위험을 다루기 위해 공급 계약에 유연성을 통합한다.
- 위험 평가 조치를 포함하여 공급망 프로세스를 개선한다.

이러한 접근법 대부분은 공급업체의 성과를 평가하고 공급망 내 재고 위치를 더 잘 배치하는 기술에 크게 의존한다. 마찬가지로, 이러한 시스템은 제품 설계 대안이 공급망 비용과 위험에 미치는 영향을 더 잘 이해하는 데 도움을 줌으로써 제품 개발 체인과 공급망의 통합을 용이하게 한다.

예시 1-8

UTC(United Technologies Corp.)는 제3자 벤더 소프트웨어를 사용하여 공급업체의 성과를 지속적으로 측정하고 평가한다. 이 소프트웨어는 역사적 배송 데이터뿐만 아니라 각 공급업체에 대한 외부 재무 데이터에도 의존하여 공급업체 위험 경보를 생성한다. UTC는 1차 공급업체들이 공급망을 개선하고 위험을 줄일 수 있도록 돕는 팀과 함께 공급업체 성과 및 위험 경보 시스템을 보완한다. UTC에 따르면, 이러한 이니셔티브는 재고 회전율을 크게 증가시키고 비품질(계획되지 않은 초과 근무, 폐기 등)의 비용을 줄였다.

요약하면, 공급망 도전을 해결할 필요성은 시간이 지남에 따라 줄어들지 않았다. 사실 최근 비즈니스 트렌드는 공급망 관리가 더 어려워졌음을 의미한다. 이러한 비즈니스 트렌드에는 글로벌 공급망과 긴 리드 타임, 개발도상국의 노동 비용 증가, 물류 비용 증가, 공급망 안정성 증가, 전자상거래의 중요성 증가 등이 있다. 이 책을 통해 새로운 기술과 공급망 전략이 이러한 도전을 어떻게 해결할 수 있는지 보여줄 것이다.

1.7 복잡성

앞에서는 P&G, 월마트, UTC 등 여러 회사의 공급망 관리 성공 사례를 설명한다. 이러한 사례는 일부 산업, 특히 많은 제조업체들이 동일한 공급업체와 기술을 사용하는 산업에서는 회사가 비용과 서비스 수준의 두 가지 핵심 요소에 집중한다는 것을 제안한다.

이러한 공급망 관리의 복잡성은 중요한 질문을 제기한다. 만약 이러한 회사가 전략적 파트너십, 정보 공유, 위험 완화 전략에 중점을 둠으로써 공급망 성능을 향상할 수 있다면, 다른 회사들은 왜 동일한 기술을 채택하여 자신들의 공급망 성능을 개선하지 않는가?

앞에서의 논의는 성공적인 회사가 가져야 할 세 가지 핵심 능력을 제안한다.

- 제품 특성에 맞는 공급망 전략을 매칭할 수 있는 능력. 제품과 산업이 기술 변화가 잦은 소위 '패스트 클록 속도' 제품인 경우 공급망 전략은 근본적으로 느린 클록 속도 제품과는 완전히 달라야 한다는 것이 분명하다. 제품 디자인 전략과 그 공급망 특성과의 관계는 제품 클록 속도에 따라 달라진다. 따라서 제품 개발 체인과 공급망의 교차점은 제품 디자인과 공급망 전략에 영향을 미친다.
- 전통적인 공급망 전략을 대체할 수 있는 능력, 즉 공급망의 각 부분이나 시설이 그들의 영향에 대해 조금의 고려 없이 결정을 내리는 능력을 말한다.
- 불확실성과 위험을 효과적으로 관리할 수 있는 능력. 위에서 관찰한 바와 같이, 아웃소싱과 해외생산 및 제조 전략과 같은 이니셔티브는 기업 전체의 위험 수준을 상당히 증가시켰다. 이는 상대적으로 제품 수명 주기가 짧은 새로운 모델에 대한 정확한 고객 수요를 예측하기 어렵게 하고, 동시에 다양한 제품의 증가는 특정 모델에 대한 수요를 예측하기 어렵게 한다. 동시에 이 산업에서는 제품의 가치가 수명 주기 동안 감소하는 것이 일반적이다.

예시 1-9

산업용 계전기와 같은 전기 제품을 제조하는 한국의 제조업체는 대략 70%의 서비스 수준을 보이고 있다. 즉, 주문의 약 70%만이 정시에 배송된다. 한편, 재고는 계속 쌓이며, 이는 주로 수요가 없는 제품들이다. 이 제조업체의 재고 회전율, 즉 제조업체의 주요 창고에서 연간 유입량 대비 평균 재고 비율은 약 4이다. 그러나 전자 산업의 선도 기업들은 연간 약 9회의 재고 회전율을 기록하고 있다. 만약 이 제조업체가 이 수준으로 재고 회전율을 증가시킬 수 있다면 재고 수준을 크게 줄일 수 있을 것이다. 따라서 이 제조업체는 향후 3년 동안 서비스 수준을 약 99%까지 향상하고 동시에 재고 수준과 비용을 상당히 줄일 수 있는 새로운 전략을 찾고 있다.

몇 년 전만 해도, 대부분의 분석가들은 이 두 목표, 즉 서비스 향상과 재고 수준 감소를 동시에 달성할 수 없다고 말했을 것이다. 실제로, 전통적인 재고 이론은 서비스 수준을 높이기 위해서는 회사가 재고를 늘리고 따라서 비용도 증가해야 한다고 말한다. 놀랍게도, 정보 및 통신 기술의 발전과 공급망 전략에 대한 더 나은 이해는 이 두 목표를 동시에 향상할 수 있는 혁신적인 접근법으로 이끌었다. 이 책의 나머지 부분에서는 특정 전략이 채택되는 이유, 다양한 전략 간의 트레이드 오프가 무엇인지, 특정 전략이 실제로 어떻게 구현되는지에 대해 자세히 설명할 것이다.

1.8 공급망 관리의 핵심 이슈

이 절에서는 전략적 이슈부터 운영적 이슈에 이르기까지 회사의 공급망 관리와 관련된 몇 가지 주요 문제를 소개하고, 나머지 장에서 이러한 문제에 대해 더 자세히 논의한다.

- **전략적 수준**(strategic level)은 회사에 장기적인 영향을 미치는 결정을 다루며, 제품 설계, 무엇을 내부에서 만들고 무엇을 아웃소싱할지, 공급업체 선택, 전략적 파트너십뿐만 아니라 창고의 수, 위치, 용량 및 물류 네트워크를 통한 자재 흐름에 대한 결정을 포함한다.
- **전술적 수준**(tactical level)은 보통 분기마다 혹은 매년 업데이트되는 결정을 포함한다. 이는 구매 결정, 재고 정책, 운송 전략 등을 포함하며 이는 고객이 얼마나 자주 방문하는지를 포함한다.
- **운영적 수준**(operational level)은 일일 결정을 다루며, 일정 계획, 리드 타임 견적, 루트 설정, 트럭 로딩 등을 포함한다.

아래에서는 다양한 결정과 관련된 주요 문제, 질문 및 트레이드 오프를 소개하고 논의한다.

유통 네트워크 구성 여러 공장에서 제품을 생산하여 지리적으로 분산된 소매업자에게 서비스를 제공하는 경우를 고려하자. 현재 창고 세트는 부적절하다고 판단되며, 경영진은 유통 네트워크를 재조직하거나 재설계하고자 한다. 이는 예를 들어, 수요 패턴의 변화나 임대 계약 종료 등으로 인한 것일 수 있다. 또한 수요 패턴의 변화는 공장 생산 수준의 변화, 기존 창고의 새로운 패턴에 대한 임대 계약의 필요성 및 새로운 창고의 선택을 필요로 할 수 있다. 경영진은 어떻게 창고 위치와 용량을 선택하고, 각 공장에서 각 제품의 생산 수준을 결정하며, 시설 간 운송 흐름을 설정해야 하는가? 이는 총 생산 비용, 재고 비용, 운송 비용을 최소화하고 서비스 수준 요구사항을 만족시키는 복잡한 최적화 문제이며, 해결책을 찾기 위해서는 고급 분석 및 기술이 필요하다.

재고 관리 특정 제품의 재고를 관리하는 소매업자를 고려해 보자. 고객 수요가 시간에 따라 변화하기 때문에 소매업자는 과거 데이터만을 사용해 수요를 예측할 수 있다. 소매업자의 목표는 어느 시점에 제품의 새 배치를 재주문하고 얼마나 주문해야 하는지를 결정하는 것이다. 이는 재고 주문 및 유지 비용을 최소화하기 위함이다. 보다 근본적으로, 소매업자는 왜 처음에 재고를 보유해야 하는가? 고객 수요의 불확실성 때문인가, 아니면 다른 이유 때문인가? 고객 수요의 불확실성 때문이라면 이 불확실성을 줄이는 데 도움이 되는 것은 무엇인가? 예측 도구를 사용하여 고객 수요를 예측하는 것이 효과적인가? 소매업자는 더 많이, 더 적게, 아니면 정확히 수요 예측과 동일한 양을 주문해야 하는가? 마지막으로, 어떤 재고 회전율을 사용해야 하는가? 이는 산업마다 다른가?

공급망 유연성 유연성은 경쟁 우위를 얻고 비용을 줄이며 서비스를 개선하는 강력한 도구가 될 수 있다. 실제로, 토요타(Toyota)의 린 제조 또는 델의 직접 소비자 상대 모델, 또는 11장에서 볼 PBG(Pepsi Bottling Group)의 가장 최근 성공 사례와 같이 확립된 비즈니스 전략의 핵심에는 종종 유연성이 있다. 그렇다면 유연성(flexibility)이란 정확히 무엇인가? 이 책에서는 유연성을 시장 조건이나 생산 및 물류 환경의 변화에 대응할 수 있는 능력으로 정의한다. 운영 비용이나 공급망 비용을 증가시키지 않으면서도 변경에 대응할 수 있다. 공급망 유연성을 달성하기 위해 적용된 전략은 시스템 디자인, 프로세스 디자인, 제품 디자인의 세 가지 범주로 나눌 수 있다. 시스템 디자인은 용량 중복이나 유연한 인력, 린 제조, 조직 및 관리 구조, 유연한 계약과 같은 조달 전략을 포함하여 유연성을 달성하는 것에 초점을 맞춘다. 제품 디자인은 모듈식 제품 구조, 표준화된 부품 및 인터페이스, 유예 전략, 부품 대체를 통해 회사가 유연성을 달성할 수 있도록 한다.

제품 조달 많은 산업에서는 운송 비용과 제조 비용 간 균형을 신중하게 조정할 필요가 있다. 특히 생산 비용을 줄이는 것은 일반적으로 각 제조시설이 상당량의 제품을 담당하여 대량 생산을 하게 함으로써 생산 비용을 감소시키는 것을 의미한다. 불행히도, 이는 높은 운송 비용으로 이어질 수 있으며, 이는 각 시설이 유연하고 대부분 또는 모든 제품을 생산할 수 있음을 의미한다. 이는 작은 묶음(batch)을 생성하지만, 생산 비용을 증가시킨다. 이 두 비용 구성 요소 사이의 올바른 균형을 찾는 것은 어렵지만 월간 또는 분기별로 수행해야 한다.

공급 계약 전통적인 공급망 전략에서 체인의 각 당사자는 자신의 이익에만 중점을 두고 공급망에 미치는 영향에 대해서는 거의 고려하지 않고 결정을 내린다. 공급업체와 구매자 간의 관계는 가격 및 수량 할인, 배송 시간, 품질, 반품 등을 지정하는 공급 계약을 통해 수립된다. 질문은 물론 공급 계약을 사용하여 공급망 성능을 최적화하는 하나의 체인 전략을 대체할 수 있는지 여부이다. 특히 볼륨 할인과 수익 공유 계약이 공급망 성능에 어떤 영향을 미치는지, 공급업체가 구매자에게 더 많은 제품을 주문하면서 동시에 공급업체의 이익을 증가시키는 가격 전략이 있는지 여부이다.

유통 전략 많은 조직이 직면한 중요한 도전 과제는 그들의 유통 시스템을 어떻게 중앙화(또는 분산화)할 것인가이다. 재고 수준과 운송 비용에 미치는 영향은 무엇인가? 서비스 수준에 미치는 영향은 어떤가? 마지막으로, 제품은 언제 어떤 전략에 따라 운송되어야 하는가? 이러한 질문은 쉽지 않지만, 예를 들어, 경쟁하는 소매업자들이 얼마나 협력해야 할지, 또는 경쟁하는 딜러들이 동일한 브랜드의 재고를 공유해야 하는지와 같은 결정을 내릴 필요가 있는 소매업자에게 중요하다. 만약 그렇다면 그들의 경쟁 우위는 무엇인가?

공급망 통합과 전략적 파트너십 글로벌하게 최적화된 공급망을 설계하고 구현하는 것은 그 복잡성과 상충하는 목표로 인해 매우 어렵다. 그럼에도 불구하고, 델, 월마트, P&G의 성공 사례는 통합되고 글로벌하게 최적화된 공급망이 가능하며 회사의 성과와 시장 점유율에 큰 영향을 미칠 수 있다는 것을 보여준다. 물론 이러한 사례는 해당 산업에서 가장 큰 회사들과 관련이 있으며, 이러한 회사는 다른 회사들이 적용할 수 없는 기술과 전략을 구현할 수 있는 능력을 갖추고 있다. 그러나 현재의 경쟁 시장에서 대부분의 회사는 선택의 여지가 없고, 통합된 공급망을 성공적으로 구현하기 위해 정보 공유와 운영 계획이 핵심이다. 그렇다면 어떤 정보를 공유해야 하며, 어떻게 사용해야 하는가? 정보는 공급망의 설계와 운영에 어떤 영향을 미치는가? 조직 내부와 외부 파트너와의 통합 수준은 얼마나 되어야 하는가? 마지막으로, 어떤 종류의 파트너십이 구현되어야 하며, 어떤 상황에서 어떤 유형이 적용되어야 하는가?

아웃소싱 전략과 해외생산 전략 공급망 전략을 재고하는 것은 공급망의 다양한 활동을 조정하는 것뿐만 아니라 내부에서 무엇을 만들고 외부에서 무엇을 구매할 것인지 결정하는 것도 포함한다. 기업은 자사의 핵심 역량에 속하는 제조 활동을 어떻게 식별할 수 있을까? 이것은 핵심 역량이 아닌 활동으로부터 아웃소싱해야 한다는 것을 의미한다. 이러한 결정은 어떤 연관성이 있는가? 제품 아키텍처와 아웃소싱 및 해외생산 전략 간의 관계는 무엇인가? 아웃소싱과 해외생산의 위험은 무엇이며, 기업은 어떻게 이러한 위험을 최소화할 수 있는가? 그리고 기업이 같은 부품에 대해 이중 원천을 유지해야 하는 때는 언제인가? 마지막으로, 기업이 아웃소싱 활동을 하지 않기로 결정하더라도 아시아로 시설을 이전하는 것이 합리적인 때는 언제인가? 해외생산이 재고 수준과 자본 비용에 미치는 영향은 무엇이며, 그 위험은 무엇인가?

제품 디자인 효과적인 디자인은 공급망에서 매우 중요한 역할을 한다. 분명히, 특정 제품 디자인은 재고 보유 또는 운송 비용을 증가시킬 수 있는 반면, 다른 디자인은 제조 리드 타임을 단축시킬 수 있다. 불행하게도, 제품 재디자인에는 종종 비용이 많이 든다. 물류 비용 또는 공급망 리드 타임을 줄이기 위해 제품을 재디자인할 가치가 있는지 어떻게 결정할 수 있을까? 고객 수요의 불확실성을 보상할 수 있는 방법이 있는가? 이러한 전략으로부터 얻을 수 있는 절감액을 어떻게 정량화할 수 있을까? 공급망에서 새로운 제품 디자인의 이점을 최대화하기 위해 어떤 변화를 해야 하는가? 마지막으로, 점점 인기를 끌고 있는 맞춤형 제조와 같은 새로운 개념을 성공적으로 구현하는 데 공급망 관리는 어떤 역할을 하는가?

정보 기술 및 의사결정 지원 시스템 정보 기술은 효과적인 공급망 관리를 가능하게 하는 중요한 촉매제이다. 실제로 현재 공급망 관리에 대한 관심의 많은 부분은 이러한 데이터의 풍부함과 이를 통한 절약 가능성 때문이다. 공급망 관리에서의 주된 문제는 데이터를 받을 수 있는지가 아니라 어떤 데이터를 전달해야 하는지, 즉 어떤 데이터가 중요하고 어떤 데이터는 무시해도 되는지에 대한 것이다. 데이터는 얼마나 자주 전송되고 분석되어야 하는가? 인터넷의 영향은 어떠한가? 전자상거래의 역할은 무엇인가? 공급망 파트너 간 내부적으로도 필요한 인프라는 무엇인가? 마지막으로, 정보 기술 및 의사결정 지원 시스템이 가능하다면, 이러한 기술을 시장에서 경쟁 우위를 얻는 주요 도구로 볼 수 있는가? 만약 그렇다면 다른 사람들이 같은 기술을 사용하지 않는 이유는 무엇인가?

고객 가치 고객 가치는 회사가 제품, 서비스 및 무형자산의 전체 범위를 통해 고객에게 제공하는 기여도를 측정한다. 최근 몇 년 동안 이 지표는 품질과 고객 만족도와 같은 기존 측정치를 대체했다. 분명하게도, 회사가 고객의 필요를 충족하고 가치를 제공하길 원할 때 효과적인 공급망 관리는 필수적이다. 하지만 고객 가치는 어떻게 측정되며, 고객 가치 제안과 공급망 전략 사이의 관계는 무엇일까? 서로 다른 고객 세분화, 제품 또는 채널이 서로 다른 고객 가치와 연관되어 있을 때 회사는 무엇을 해야 할까? 전통적인 세계와 온라인 세계에서 제품 가격과 브랜드명의 관계는 어떠한가?

스마트 가격 책정 매출 관리 전략은 항공사, 호텔, 렌터카 산업에서 성공적으로 적용되었다. 최근 몇 년 동안 여러 제조업체, 소매업자, 운송업체가 공급망 성능을 개선하기 위해 이러한 기술의 변형을 적용했다. 이 경우 회사는 시장 수요에 영향을 주고 이익을 개선하기 위해 가격과 재고(또는 사용 가능한 용량)를 통합한다. 이는 어떻게 이루어지는가? 기계 학습 및 최적화 기술이 비즈니스 성능을 향상하는 데 어떤 역할을 하는가? 스마트 가격 전략이 공급망 성능을 향상하는 데 사용될 수 있는가? 리베이트 전략이 공급망에 미치는 영향은 무엇인가?

지속 가능성 최근 몇 년 동안 정부, 고객 및 거래 파트너의 압력으로 일부 고위 관리자들은 공급망이 환경에 미치는 영향에 대한 기업의 사회적 책임에 초점을 맞추기 시작했다. 물론 기업의 사회적 책임은 단지 '녹색' 공급망만이 아니라 사회적 및 환경적 혜택을 제공하는 결정의 범위를 포함한다. 불행히도, 대부분의 고위 관리자들은 기업의 사회적 책임을 자선이나 기부, 또는 단순한 규제 준수의 형태로만 여기지만 사실은 그렇지 않다. 상호 교환 가능한 상품에서 기업의 사회적 책임은 새로운 수익 스트림, 추가적인 효율성 및 독특한 브랜딩의 기회를 제공한다.

이러한 각 이슈와 전략은 나머지 장에서 상세히 논의될 것이다. 곧 보겠지만, 각 경우에서 초점은 제품 개발 체인이나 공급망을 전역 최적화하거나, 공급망 내의 위험과 불확실성을 관리하는 데 있거나, 둘 다

표 1-1 주요 공급망 관리 이슈

	사슬	전역 최적화	위험과 불확실성 관리
배송 네트워크 구성	공급	Y	
재고 관리	공급		Y
제품 조달	공급	Y	
공급 계약	양쪽	Y	Y
유통 전략	공급	Y	
전략적 파트너십	제품 개발	Y	
아웃소싱과 해외생산	제품 개발	Y	
제품 디자인	제품 개발		Y
정보 기술	공급	Y	Y
고객 가치	양쪽	Y	Y
스마트 가격 책정	공급	Y	

에 있다. 이에 대한 요약을 표 1-1에 정리했다.

1.9 이 책의 목적과 개요

근래 몇 년간 물류와 공급망 관리에 대한 관심이 폭발적으로 증가했다. 이러한 관심은 많은 회사들이 자사의 공급망을 분석하도록 이끌었다. 1990년대와 2000년대 초반에는 경험과 직관에 기반하여 이러한 분석이 수행되었으며, 이 과정에서 분석 모델이나 설계 도구는 거의 사용되지 않았다. 그러나 지난 수십 년 동안 다양한 기술과 도구가 개발되고 배포되어 공급망 관리를 돕게 되었다.

동시에 병렬적으로, 학계는 지리, 문화, 제품과 관계없이 항상 참인 '물리 법칙'이라 불리는 여러 공급망 규칙을 개발했다. 이 책의 모든 규칙은 과학적 기원을 가지고 있으며, 수학적 또는 경험적 접근에 기반을 두고 있다. 여기서 수학적이라 함은 자세한 수학적 모델에서 유도된 규칙을 의미한다. 예를 들어, 변동성과 공급망 성능 사이의 관계, 재고와 서비스 수준, 유연성과 비용 또는 정보, 리드 타임, 변동성 사이의 원칙이 포함된다.

경험적 접근은 회사의 다양한 전략과 성과를 관찰하는 세심한 연구에 기반한 규칙을 만든다. 이러한 규칙도 보편적이지만, 수학적 대응과 달리 경험적 연구이므로 데이터의 기원 맥락에서 고려해야 한다. 예를 들어, 채널 특성, 제품 속성, 고객 가치, 공급망 전략 간의 관계에 대한 깊은 이해를 제공하는 원칙들이 있다.

이 책은 이러한 '물리 법칙'을 설명하고 저자들의 공급망 경험에 기반한 모범 사례도 함께 제공한다. 이 책이 MBA 수준의 물류 및 공급망 강좌의 교재로 유용할 뿐만 아니라 교사, 컨설턴트, 그리고 공급망 구성의 모든 과정에 관여하는 관리자들을 위한 참고 자료로도 유용하기를 바란다. 각 장에는 사례연구, 다수의 예시, 토론 질문이 포함되어 있다. 또한 각 장은 대부분 독립적으로 구성되어 있으며, 수학적 및 기술적 내용에 관한 절은 생략하더라도 연속성을 해치지 않는다. 따라서 공급망 관리의 여러 측면에 관심이 있는 누구나 이 책에 접근할 수 있다고 믿는다. 예를 들어, 비용 증가 없이 서비스 수준을 높이기 위한 유연한 전략에 중점을 두는 제조 경영진, 공급망에서 숨겨진 위험을 식별하려는 공급망 경영진, 사용할 운송 모드를 결정하는 운송 관리자, 가능한 한 적은 재고로 원활한 생산을 보장하려는 재고 관리자, 회사의 공급업체 및 고객과 계약을 설계하는 구매/공급 관리자, 회사의 공급망을 담당하는 물류 관리자 등 모두 이 책의 내용에서 이득을 얻을 수 있다.

이 책의 각 장에서는 다음과 같은 주제를 다룬다.

- 재고 관리
- 물류 네트워크 계획
- 전략적 및 상품 구성 요소를 위한 공급 계약
- 공급망에서 정보의 가치와 정보의 효과적 사용
- 공급망 통합
- 중앙집중식 및 분산식 배포 전략
- 전략적 제휴
- 아웃소싱, 해외 조달, 조달 전략
- 공급망 관리와 제품 디자인
- 공급망 유연성
- 고객 가치
- 공급망 위험 관리
- 지속가능한 공급망
- 수익 관리 및 가격 책정 전략
- 정보 기술 및 비즈니스 프로세스
- 기술 표준 및 공급망에 미치는 영향

토론 질문

1. 국내 자동차 공급망을 고려하자.
   a. 자동차의 공급망 구성 요소는 무엇인가?
   b. 공급망에 관련된 다양한 회사는 무엇인가?
   c. 이들 회사의 목표는 무엇인가?
   d. 이 공급망에서 상충하는 목표의 예를 제시하시오.
   e. 드물거나 예상치 못한 사건이 이 공급망에 어떤 위험을 제기하는가?

2. 은행에서 제공하는 소비자 모기지를 고려하자.
   a. 모기지의 공급망 구성 요소는 무엇인가?
   b. 공급망에 둘 이상의 회사가 관여하는가? 이들 회사의 목표는 무엇인가?
   c. 제품과 서비스 공급망 사이의 유사점과 차이점은 무엇인가?
3. 시간이 지남에 따라 진화한 공급망의 예는 무엇인가?
4. 수직 통합 기업은 모든 비즈니스 기능을 소유, 관리, 운영하는 회사이다. 수평 통합 기업은 독립적으로 활동하는 여러 회사로 구성된 기업이다. 이 기업은 브랜딩, 방향성 및 일반 전략을 제공한다. 두 유형의 회사의 공급망 전략을 비교하고 대조하시오.
5. 회사가 완전히 수직 통합된 경우에도 효과적인 공급망 관리가 여전히 중요한가?
6. 주요 식품 가공 회사에서 판매하는 통조림 복숭아의 공급망을 고려하자. 이 공급망의 불확실성 원인은 무엇인가?
7. 물류 네트워크를 재설계하는 회사를 고려하자. 중앙에 위치한 소수의 창고를 가지고 있는 것의 장점은 무엇인가? 최종 고객과 가까운 창고를 더 많이 가지고 있는 것의 장점은 무엇인가?
8. 운송 서비스 공급업체를 선택하는 회사를 고려하자. 트럭 운송업체를 이용하는 것의 장점은 무엇인가? UPS와 같은 택배 회사를 이용하는 것의 장점은 무엇인가?
9. 높은 재고 수준을 갖는 회사의 장점은 무엇인가? 단점은 무엇인가? 낮은 재고 수준을 가지는 것의 장점은 무엇인가? 단점은 무엇인가?
10. 공급망에 중복을 구축하는 몇 가지 방법은 무엇인가? 공급망에 중복을 구축하는 것의 장단점은 무엇인가?
11. 그림 1-6을 고려하자. 운송 비용이 증가하는 이유는 무엇인가? 재고 비용의 경우는 어떠한가? 한 요소가 다른 요소에 영향을 미치는가? 어떻게 그렇게 되는가?

CASE

메디텍 서지컬

메디텍 서지컬(Meditech Surgical)은 모회사로부터 분리되고 3년 후부터 내시경 수술 기구 시장의 대부분을 장악했다. 주요 경쟁사인 내셔널 메디컬 코퍼레이션(National Medical Corporation)은 10년 전에 $8억 규모의 시장을 사실상 창조했다. 그러나 메디텍은 적극적으로 경쟁하며 새롭고 혁신적인 기구를 개발하고 일류 영업 팀을 통해 판매했다. 이러한 결합은 빠른 시간 내에 메디텍을 놀라운 성공으로 이끌었다. 그럼에도 불구하고 고객 서비스 및 유통 관리자인 Dan Franklin은 증가하는 고객 불만에 대해 우려하고 있었다. 메디텍은 최근에 전체 제품 라인에 중심이 되는 여러 신제품을 출시했다. 빠른 제품 개발이라는 메디텍 전략의 핵심인 신제품 도입은 메디텍의 명성과 다른 제품의 판매를 보호하기 위해 완벽하게 이루어져야 했다. 그러나 메디텍은 초기 주문의 쏟아지는 수요를 따라가지 못하는 일이 지속되었다. 고객이 주문을 받기까지 6주 이상을 기다리면서 생산 능력에 무리가 왔다. 건강 관리 산업에서는 치명적인 불량 배송 서비스가 메디텍의 명성을 위협하고 있었다.

기업의 배경

내시경 수술 기법은 '최소 침습적'이라고 불리는 수술 절차 범주에 속한다. 전통적인 개방 수술과 달리 최소 침습 수술은 작은 절개만으로 수술을 수행한다. 결과적으로, 내시경 기법을 사용하는 절차는 종종 환자에게 신체적, 재정적으로 상당한 혜택을 제공한다. 이러한 절차는 종종 환자의 회복 기간을 단축하며, 이는 전반적으로 수술 비용을 줄일 수 있다. 내시경 기술의 수십 년 역사와 이점에도 불구하고, 이러한 절차는 지난 10년 동안만 인기를 얻었다. 3년 전만 해도 내시경 수술 기구 시장은 5년 안에 규모가 2배로 증가할 것으로 예상되었었다. 5년 후에도 성장은 유망해 보였다. 메디텍의 모회사인 라르고 헬스케어 컴퍼니(Largo Healthcare Company)는 내시경 수술 기구만 생산하고 판매하는 독립 회사로 메디텍을 분리하기로 결정했다. 라르고 경영진은 새 회사가 다른 라르고 사업의 방해 없이 번창하고 가능한 한 빨리 내시경 기구 시장 점유율을 차지할 것을 기대했다.

6년 전에 설립된 이래로 메디텍은 혁신적이고 저렴한 제품을 생산했다. 새 제품은 시장에 빠르게 출시되었으며 적극적인 영업 팀에 의해 홍보되었다. 구 제품들은 혁신적인 기능으로 업데이트되어 새 제품으로 시장에 선보여졌다. 결과적으로, 메디텍과 내셔널 메디컬 간의 경쟁은 두 회사 모두에 의한 새 제품의 지속적인 개발과 도입에 중점을 두었다. 메디텍은 보통 한 해에 12개 이상의 신제품을 출시했다.

개발 전략이 비슷했지만, 영업 전략은 크게 달랐다. 내셔널 메디컬은 외과의사를 대상으로 한 판매에 집중했다. 메디텍의 영업 팀은 병원 물품 관리자뿐만 아니라 외과의사에 대한 판매에도 집중했다. 물품 관리자는 비용과 배송 성능에 더 많은 관심을 기울인 반면, 외과의사는 제품 기능에 중점을 두었다. 건강 관리 비용에 대한 압력이 증가함에 따라 물품 관리자의 구매 위치의 중요성도 증가했다. 메디텍은 이 중요한 변화를 활용하는 데 잘 자리해 있었다.

메디텍 전략의 성공은 금세 분명해졌다. 6년 내에 메디텍은 내시경 수술 기구 시장에서 선도적인 점유율을 차지했다. 이는 어떤 시장 기준으로도 작은 성과가 아니었지만, 특히 수술 기구에서는 더욱 인상적이었다. 전문 보건 의료 산업에서의 시장 점유율 변화는 점진적으로 이루어지는 경향이 있었다. 외과의사와 의사들은 종종 선호하는 제조업체에 집착했다. 병원은 공급업체와의 장기 계약을 활용하는 그룹 구매 조직(GPO, Group Purchasing Organization)을 자주 사용했다. 새 공급업체로 병원을 '전환'하는 과정은 협상과 설득을 통해 몇 달이 걸렸다.

내시경 수술 기구는 대부분 외과의사의 손바닥 안에 들어갈 정도로 작다. 이들은 기계적인 특성을 가지고 있으며, 일반적으로 필요한 기능을 제공하기 위한 여러 복잡한 메커니즘이 있다. 기구를 생산하는 데 사용되는 재료에는 플라스틱 사출 성형 부품, 금속 날, 스프링 등이 포함된다. 모든 사용 사례에서 외과의사들은 한 번의 수술에 기구를 사용한 다음 즉시 폐기한다. 기구는 소독되어 다른 환자에게 재사용되지 않는다. 전반적으로 메디텍 제품 라인은 200개가 넘는 별도의 최종 제품으로 구성된다.

유통

메디텍은 모든 제품을 중앙 창고에서 유통하며, 두 가지 주요 채널인 국내 딜러와 국제 계열사를 통해 중앙 창고에서 최종 고객(즉, 병원)에게 제품을 유통한다. 첫 번째 채널인 국내 판매는 국내 유통업체 또는 딜러를 통해 병원에 제품을 배송한다. 딜러들은 메디텍을 포함한 여러 제조업체로부터 제품을 주문하고 받으며, 일반적으로 수백 가지의 다양한 제품을 보유한다. 재고에는 외과용 장갑 및 아스피린과 같은 상품 품목부터 내시경 수술 기구에 이르기까지 다양한 제품이 포함된다. 딜러를 통해 제품을 공급함으로써 병원은 다양한 필요에 대해 직접 제조업체로부터 주문할 필요가 없다. 또한 딜러들이 미국 전역에 지역 창고를 유지하기 때문에 대부분의 병원과 딜러 창고 사이의 거리가 상당히 짧다. 짧은 거리는 병원 재고의 빈번한 보충을 허용한다. 경우에 따라서는 딜러의 트럭이 하루에 한 번 또는 두 번 물품을 배송하기도 한다. 병원은 빈번한 보충을 선호하여 병원 재고를 줄이고, 결과적으로 자재 비용을 줄인다.

지역 딜러 창고는 독립적인 기관으로 작용하여 새로운 공급을 언제 얼마나 주문할지 자율적으로 결정한다. 따라서 메디텍이 4개 또는 5개의 주요 유통 회사만 사용하더라도, 수백 개의 지역적으로 개별 운영되는 창고로부터 주문을 받고 배송한다. 각 창고는 다시 약 10개 또는 그 이상의 병원에 배송하여 수천 개의 병원이 메디텍 제품을 받는다.

해외 판매를 위한 유통 채널은 라르고 헬스케어의 국제 계열사를 이용한다. 국제 계열사는 라르고 헬스케어의 완전 소유 자회사로 미국 외부에 위치한다. 국내 딜러처럼 계열사는 지역 내 병원에 제품을 배포한다. 그러나 고객 병원에서 몇 마일 이내에 위치할 수 있는 국내 딜러와는 달리 계열사는 전체 국가에 제품을 배송한다. 메디텍의 관점에서 볼 때 계열사의 주문은 딜러의 것과 별반 다르지 않다. 국제 계열사는 메디텍에 주문을 제출하고 메디텍은 가능한 제품으로 채워서 배송한다.

내부 운영

내시경 기구를 제조하는 생산 과정은 세 가지 주요 단계로 구성된다 : 구성 부품을 개별 또는 '대량' 기구로 조립, 하나 이상의 대량 기구를 포장된 제품으로 포장, 포장된 제품의 멸균 처리. 이러한 각 단계는 아래에서 설명한다.

조립

조립 과정은 수동으로 집중적으로 이루어진다. 구성 부품은 품질보증(QA, Quality Assurance)에 의한 간단한 검사를 거친 후 조립 영역으로 공급된다. 부품은 사용 준비가 될 때까지 재고에 보관된다. 각 조립 라인은 여러 제품군 내에서 몇 가지 기구를 생산할 수 있는 교차 훈련을 받은 생산 직원 팀에 의해 운영된다. 한 제품군 내에서 라인 변경은 빠르고 저렴하며, 단지 생산 팀 리더의 경고와 적절한 구성 부품의 공급만이 필요하다. 일반적인 배치 조립 사이클 시간, 즉 구성 부품 재고에서 가능한 부품을 가정하고 배치 조립을 예약하고 실제로 조립하는 데 필요한 시간은 약 2주 정도이다. 구성 부품의 리드 타임은 2~16주 정도이다. 조립된 기구는 조립 영역에서 대량 기구 재고로 이동하며, 포장될 때까지 대기한다.

포장

포장 과정은 여러 대의 큰 포장 기계를 사용한다. 기계는 대량 기구를 플라스틱 용기로 이동시키고 그 위에 유연한 재료 시트를 부착한다. 전체 플라스틱 용기는 완성된 종이 상자에 넣어져 즉시 멸균 장비로 배송된다. 포장 영역에서의 용량은 출력을 제한하지 않는다.

멸균

멸균 과정에서는 대형 코발트 방사선 멸균기를 사용한다. 포장된 기구(종이 상자, 플라스틱 용기 및 기구)의 배치를 멸균기에 넣은 후 멸균기는 약 1시간 동안 켜진다. 방사선은 종이와 플라스틱을 관통하여 잠재적으로 유해한 오염 물질을 파괴한다. 멸균기는 내부의 네 벽 안에 들어갈 수 있는 만큼의 제품을 멸균할 수 있다. 용량 제한은 지금까지 문제가 되지 않았다. 멸균된 기구는 즉시 완제품 재고로 이동한다.

운영 조직

전체 운영 조직은 운영 부사장 Kenneth Strangler에게 보고된다(운영 조직도는 그림 1-6 참조). Strangler에게 직접 보고하는 부서에는 여러 공장 관리자(메디텍의 네 곳의 제조시설 각각), 공급업체 관리 이사, 그리고 계획, 유통 및 고객 서비스 이사가 포함된다. 마케팅 및 영업, 제품 개발, 재무 등 다른 부사장(그림에는 표시되지 않음)도 존재한다. 모든 부사장은 메디텍 회사의 최고 임원인 사장에게 보고한다. 조직 내의 공장 관리자들은 각자의 시설에 대한 생산 인력, 엔지니어링 기술자, 품질보증, 지원 서비스 및 재료 공급에 대한 책임이 있다. 각 공장 관리자에게 직접 보고하는 것은 여러 사업 부문이다. 각 사업 부문은 특정 제품군의 조립 또는 포장 및 멸균의 경우 전체 생산 과정에 대한 전체 책임을 가진다. 각 조립 사업 부문의 가장 중요한 업무는 매주 생산 일정을 충족하는 것이다. 일정을 맞추면 포장/멸균 과정에 대량 기구의 지속적인 공급이 보장된다. 조립 및 포장/멸균 일정 계획 과정은 아래에서 논의할 것이다.

또한 운영 부사장에게 보고하는 것은 공급업체 관리 및 계획, 유통 및 고객 서비스 부서이다. 공급업체 관리는 공급업체와의 관계, 구매 계약 체결, 필요한 경우 새로운 공급업체 찾기 등을 다룬다. 계획, 유통 및 고객 서비스 부서는 고객이 필요할 때 제품을 받을 수 있도록 모든 노력을 기울인다. 고객 서비스 부서의 직책에는 고객 서비스 및 유통 관리자(Dan Franklin)와 중앙 계획 관리자, 재고 관리자 및 물류 관리자가 포함된다. 고객 서비스는 가끔 발생하는 고객 불만 처리부터 배송 서비스 개선 전략 수립에 이르기까지 모든 것을 다룬다. 고객 서비스 담당자는 제품 배송 일정 및 문제에 대해 딜러와 계열사를 최신 상태로 유지한다. 이 책임은 종종 고객 서비스 담당자가 병원 직원과 직접 접촉하게 만든다.

고객 서비스가 완제품 재고에서 제품의 이동에 관한 문제를 처리하는 동안 중앙 계획은 들어오는 주문을 감당할 만큼 충분히 사용 가능한 완제품을 보장한다. 그들은 사업 부문이 주간 및 일일 일정을 결정하는 데 사용하는 월별 생산 계획을 개발한다.

재고 관리자인 Charles Stout는 완제품 재고 정책을 결정하고 사업 부문을 위한 부품 및 대량 재고 지침을 설정한다. 관리 고위급에서 재고 감축 명령이 내려오면 재고 관리자는 어디서 재고를 줄일 수 있는지를 결정하고 그 감축을 시작해야 한다. 최근 노력을 통해 Stout는 수백만 달러에 달하는 오래되고 판매가 느린 재고를 성공적으로 제거했다.

생산 계획 및 일정 계획

생산 계획 및 일정 계획 과정은 두 부분으로 나뉘는데, 월간 예측에 기반한 조립 및 구성 부품 주문의 계획 및 완제품 재고 수준에 기반한 포장 및 멸균의 일일 스케줄링이 그것이다. 매 회계연도의 4분기 동안 마케팅 및 재무 조직은 연간 예측을 결정한다. 연간 예측은 그달의 주 수에 비례하여 월간 예측으로 나뉜다. 연도가 진행됨에 따라 중앙 계획자들은 시장 동향과 사건에 따라 마케팅 조직과 함께 예측 조정을 수행한다. 매달 초에는 해당 달의 예측이 조정되어 마케팅 조직과 중앙 계획자에 의해 합의된다.

특정 기구의 조립 계획은 월간 수요 예측으로 시작된다. 해당 달의 예측에 기반하여 중앙 계획자들은 예상 수요를 '충족'하기 위해 대량 재고에서 완제품 재고로 이전해야 할 제품의 양을 결정한다. 이 양은 완제품 '이전 요구량(transfer requirement)'이라고 하며, 현재 완제품 재고 수준에서 (1) 그달의 수요 예측과 (2) 필요한 안전 재고를 뺀 값으로 결정된다. (현재 안전 재고 정책은 수요의 3주치를 유지하는 것이다.)

이전 요구량이 200개 이상의 제품 코드에 대해 완료되면 승인을 위해 조직 전체에 전달된다. 이 과정은 일반적으로 현재 달의 첫째 주 또는 둘째 주에 이루어진다. 이전 요구량은 조립을 스케줄링하거나 포장 및 멸균 과정을 변경하는 데 직접적으로 사용되지는 않지만, 그달에 필요한 전체 생산량의 추정치를 제공한다. 계획에 따라 제공하는 데 문제가 있을 경우 이를 확인하고 해결할 수 있다.

조립 일정과 부품 보충 주문은 월간 수요 예측과 현재 재고 수준을 기반으로 한다. 월 중반에 완성된 월간 계획, 즉 월간 예측이 조립 사업 부문에 전송된다. 사업 부문 계획자는 예측을 자재 요구 계획(MRP, Materials Requirement Planning) 시스템에 입력하며, 이 시스템은 각 완제품에 대한 주간 생산 일정과 구성 부품 주문을 결정한다. MRP 시스템은 (1) 월간 예측, (2) 조립, 포장 및 멸균의 리드 타임, (3) 현재 부품, 대량, 완제품 재고 수준을 기반으로 조립 일정과 부품 주문을 결정한다. 비록 MRP 계산은 매주 여러 번 실행될 수 있지만, 계획자는 1주일 미만의 통지로 주간 생산 일정을 변경하지 않도록 주의한다. (일정 변경에는 종종 근로자의 재스케줄링과 추가 부품 조달이 필요하다. 따라서 사업 부문 관리자들에 의해 적절하다고 간주된 1주일의 통지가 일정 변경에 대응하는 데 충

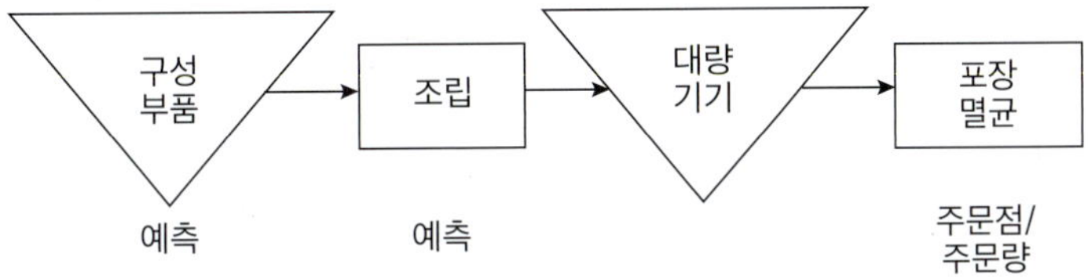

그림 1-7 메디텍 생산 프로세스. 일정 계획[예측 또는 주문점/주문량(OP/OQ)] 방법은 각 프로세스 아래에 나와 있다.

분하다.)

조립 작업의 예측 기반 일정 계획과 달리 포장 및 멸균 작업은 필요에 따라 완제품 재고를 보충하는 기준으로 스케줄링된다. 일정 계획을 위한 목적으로, 포장 및 멸균 작업은 대량 기구가 포장을 통해 멸균기로 이동하고 완제품으로 재고 처리되지 않는다는 점에서 하나의 작업으로 간주된다(전체 생산 과정의 다이어그램은 그림 1-7 참조). 전체 포장/멸균 과정은 한 배치의 기구에 대해 약 1주일이 소요된다. 포장/멸균의 일정 계획은 주문점/주문량(OP/OQ, Order Point/Order Quantity) 기준으로 이루어진다[즉, 완제품 재고가 사전에 결정된 주문점(OP) 아래로 떨어지면 포장/멸균 제품의 추가 보충 주문이 시작된다. 주문의 크기는 항상 사전에 결정된 주문량(OQ)과 동일하다].

일정 계획 과정을 다른 방식으로 생각해 보면, 재료가 조립을 통해 대량 기구 재고로 '밀려나고(pushed)' 포장/멸균을 통해 완제품 재고로 '당겨진다(pulled)'고 할 수 있다. 조립을 통한 밀어내기는 그 달의 수요가 실제로 도착하기 전에 결정된 월간 예측을 기반으로 한다. 포장/멸균을 통한 끌어당기기는 전날 완제품에서 판매된 것을 단순히 보충한다.

메디텍의 새 제품 출시, 높은 재고 수준, 그리고 낮은 서비스 수준

지난 몇 년 동안 메디텍은 시장에 수십 개의 새 제품을 출시했으며, 대부분은 기존 제품을 업데이트하는 방식으로 이루어졌다. 메디텍은 지속적으로 혁신을 도입함으로써 자사 제품을 구식화하는 전략을 계속할 계획이다. 혁신적인 제품은 시장에서 잘 받아들여졌지만, 새로운 제품 출시는 공급 문제의 악몽으로 이어졌다. Dan Franklin은 고객이 각 출시로 인한 불량 서비스에 지쳐가고 있음을 느꼈다. 병원 물품 관리자들과의 많은 회의를 통해 그는 고객 불만의 전체 범위를 이해하기 시작했다.

Franklin은 메디텍이 왜 매번 출시 때마다 제품 부족을 겪는지 이해할 수 없었다. 예측이 확실히 문제였지만, 그 정도를 파악하기가 어려웠다. 예측 정확도를 측정할 데이터는 이전에 추적되지 않았으며, 예측과 수요 정보도 유지되지 않았다. 데이터 수집은 이전 월간 계획의 하드 카피를 통해 되돌아가서 컴퓨터에 수동으로 정보를 입력하는 긴 과정을 요구한다. 더 나은 방법을 결정할 수 있더라도 예측은 어느 정도까지만 개선될 수 있다.

새 제품 출시 문제 외에도 완제품 재고 수준은 놀랍도록 높아 보였다. 최근에 컨설턴트가 고용되어 메디텍의 재고를 연구했다. 그 결과 전체 재고가 배송 서비스 수준[1]에 영향을 미치지 않고도 적어도 40%까지 줄일 수 있음이 밝혀졌다(그림 1-8 참조). 높은 재고 수준에도 불구하고 지난해 실제 서비스 수준은 실망스럽고 회사 목표에도 미치지 못했다. 경영진은 재고를 줄일 경우 이미 불만족스러운 수준의 성과를 더욱 악화시키게 될 것을 우려했다.

문제의 또 다른 가능한 원인은 딜러와 계열사들의 '패닉 주문'이다. 패닉 주문은 딜러나 계열사가 제품이 제때 도착할지 확신할 수 없을 때 주문 크기를 늘려 메디텍이 적어도 일부 주문을 배송하기를 바라는 경우에 발생한다. 증가된 주문은 일시적으로 수요가 증가하게 만들어 메디텍이 지속적으로 공급을 초과하는 수요 문제를 설명할 수 있다. 이전 배송 문제를 알고 있는 딜러와 계열사들은 패닉 주문을 원할 만한 모든 이유가 있었다. 메디텍의 가장 큰 딜러 대표와의 한 대화에서 그 대표는 패닉 주문의 가능성이 있다고 지적했다. 지역 창고의 분산된 특성으로 인해 딜러는 개별 창고가 실제로 주문하는 것을 거의 통제할 수 없다. 따라서 창고는 중앙 딜러의 지식 없이 패닉 주문을 할 수 있다. 반면에 패닉 주문의 가능성이 있다고 해서 실제로 발생한다는 의미는 아니다. 더 나쁜 것은 그 존재를 증명하거나 반증하는 데이터를 찾기가 어렵다는 것이다.

Dan은 자신의 직원 중 한 명에게 새 제품 출시 문제와 재고/서비스 수준의 역설을 조사하도록 요청했다. 이 직원은 수요 패턴, 생산 속도, 예측에 대한 정보를 수집하는 데 몇 달을 보냈다. 메디텍의 분산된 특성에 따라 정보는 조직의 여러 다른 영역에서 여러 다른 시

1 서비스 수준이란 완제품 재고로부터 주문 이행이 된 비율을 뜻한다.

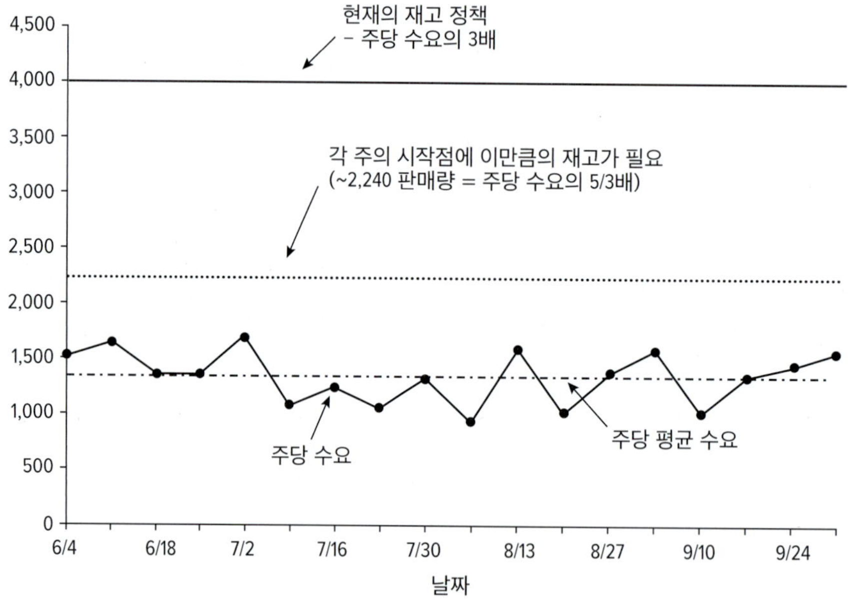

그림 1-8 현재 재고 수준 대 컨설턴트가 권장하는 재고 정책을 보여주는 대표적인 안정적인 제품의 주간 수요 패턴

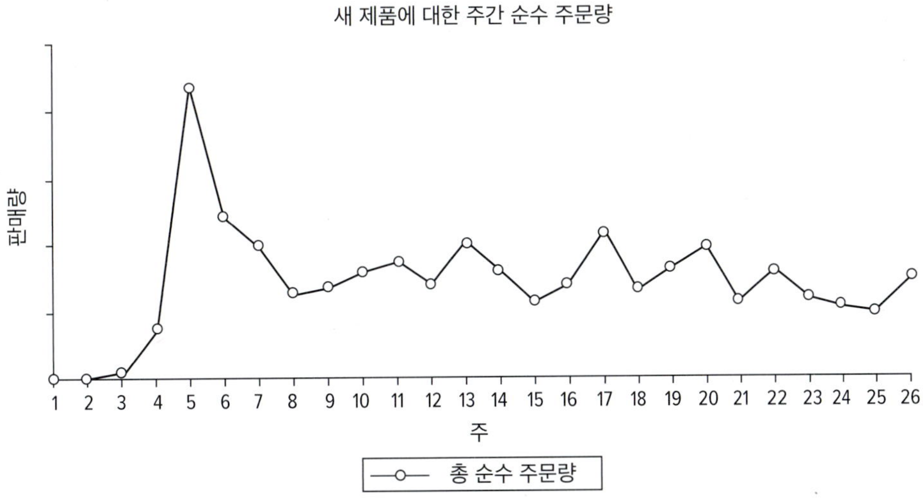

그림 1-9 새 제품 생산에 대한 전형적인 수요 패턴. 제품은 공식적으로 4주 말 근처에 생산되었다.

스템에 존재했다. 특정 기구에 대해 들어오는 수요, 재고 또는 생산 속도를 볼 수 있는 정기적인 방법은 없었다. 데이터에 대한 공통 형식을 개발하는 것도 어려웠다. 일부 데이터는 달력에 월별로 표현되었고, 다른 데이터는 주별로, 또 다른 데이터는 기업 재무 달력(4주, 4주, 5주 교대 월)에 따라 표현되었다. 한데 모아진 정

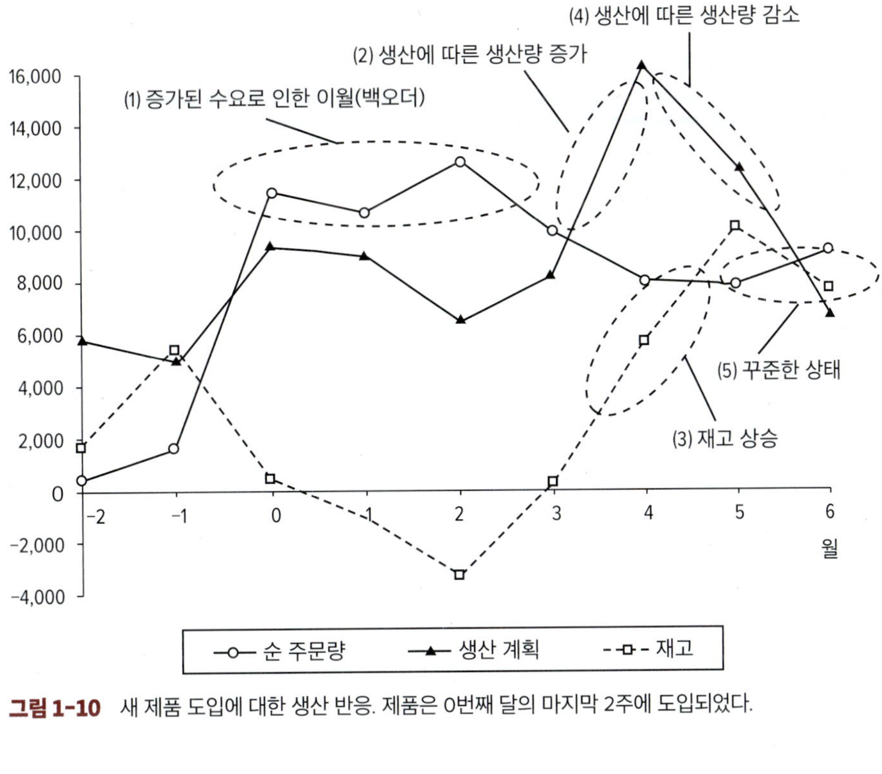

그림 1-10 새 제품 도입에 대한 생산 반응. 제품은 0번째 달의 마지막 2주에 도입되었다.

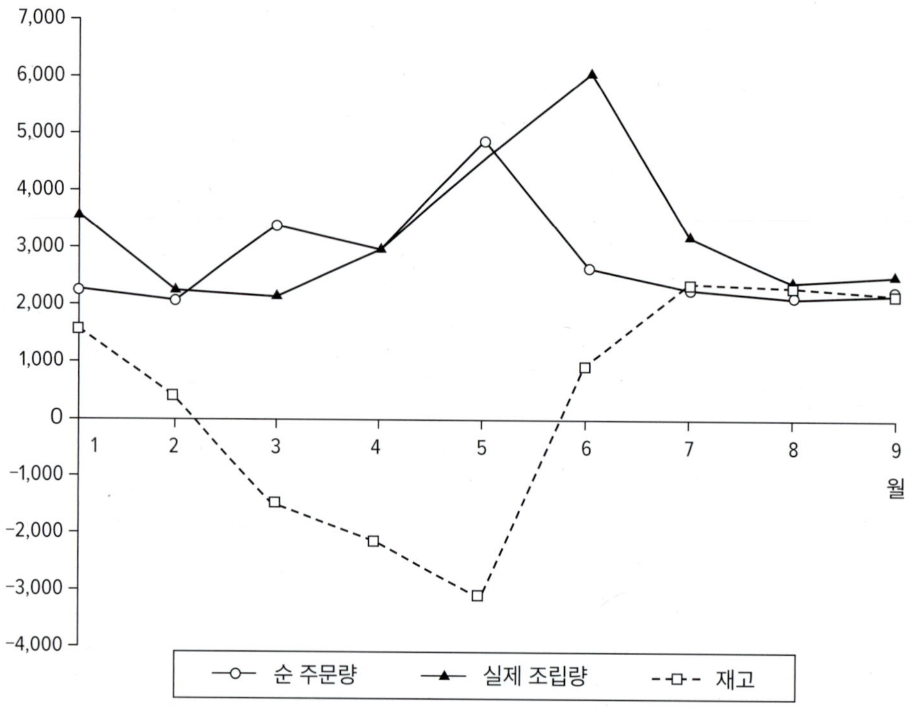

그림 1-11 (새 제품 도입이 아닌) 예상하지 못한 높은 수요로 인한 생산량 변화

보는 다음과 같은 내용을 전달했다.

- 새 제품 수요는 출시 후 처음 몇 주 동안 높은 정점에 도달하는 일관된 패턴을 보였지만, 이후에는 상대적으로 안정적이었다(그림 1-9 참조).
- 생산 일정의 변동은 종종 수요 변동을 초과했다(그림 1-10과 1-11 참조).
- 월간 예측은 과거 데이터를 통한 선형 회귀를 생성하는 단순한 통계적 방법을 사용하여 크게 개선될 수 있었다.

이러한 정보를 염두에 두고, Dan Franklin은 메디텍의 배송 문제를 해결하는 방법에 대해 고민하기 시작했다.

사례 토론 질문

1. 메디텍이 새 제품을 도입하는 데 있어 문제는 무엇인가? 모든 제품을 제조하는 데 있어 문제는 무엇인가?
2. 이러한 문제는 시스템적으로나 조직적으로 어떤 이유 때문에 유발되는가?
3. 고객 서비스 관리자가 주요 문제를 맨 처음 인식하는 사람인 이유는 무엇인가?
4. 이러한 문제를 어떻게 해결할 수 있는가?

재고 관리와 리스크 풀링

CASE 스틸웍스

Gary Lemming은 새로운 사무실 구석 자리에 앉아 연필로 책상 위를 두드렸다. Lemming은 스틸웍스(Steel Works, Inc.)의 새로운 중앙집중형 물류그룹 책임자로 임명되었다. 10년 동안 회사 제조시설 전반에 대한 MRP(자재 소요 계획) 시스템을 구현한 경험이 있는 Lemming은 이 업무를 잘 처리할 수 있다고 확신했다. 오늘 아침, "재고 수준이 말도 안 돼!"라고 회사의 최고 재무 책임자인 Jean Du Blanc이 외치기 전까지는 말이다.

"우리의 고객 서비스는 업계 최악이며 점점 더 악화되고 있다."고 CEO인 Kirk Callow가 투덜거렸다. Lemming은 "이미 이 모든 것을 살펴볼 팀을 구성했다."고 설명하기 시작했다. 하지만 그가 말을 마치기도 전에 Callow가 자리에서 일어났다. "매출은 30% 감소하고 비용은 25% 증가했다. 우리 최고 고객이 나에게 전화를 걸어 경쟁업체로 갈 거라고 말하고 있고, 현재 시장 점유율 감소 속도라면 1년 안에 사업을 접어야 할지도 모른다. 팀에 대한 얘기는 듣고 싶지 않으니 일주일 내에 다시 와서 이 문제를 어떻게 해결할지 말해 주길 바란다."

Lemming은 이번 주에 만나자고 요청한 사람들의 목록을 살펴봤다. 그는 고개를 절레절레 흔들었다. 어떻게 하면 비용을 절감하고 성과를 개선할 수 있을까? 어떻게 하면 정답을 찾을 수 있을까?

배경

스틸웍스는 1993년 연 매출 $4억을 기록한 맞춤형 및 특수용 강재 제조업체이다. 1980년 MIT 출신의 뛰어난 재료 과학자 3명이 설립한 이 회사는 현재 5개 지사에서 2,500명 이상의 직원을 고용하고 있다. 첫 번째 제품인 DuraBend™를 통해 첨단기술 제공업체라는 명성을 얻었으며, 일반적으로 원자재 시장으로 간주되는 틈새 시장에서 빠르게 입지를 구축했다. 특수 제품 사업부와 맞춤형 제품 사업부는 분리된 별개의 사업부이다.

맞춤형 제품

오전에 진행된 Lemming의 첫 면담은 맞춤형 사업부 사장인 Stephanie Williams와의 인터뷰였다. "우리의 모토는 '첫째도 고객, 둘째도 고객, 셋째도 고객이지만 결코 마지막이 아니다'이다."라고 Williams는 설명했다. "맞춤형 사업부는 대부분의 제품을 한 고객과 계약을 맺고 그 고객에게만 독점적으로 판매하기 위해 개발하며, 제품 개발 이전부터 제품이 고객 제품의 일부가 될 때까지 고객과 긴밀히 협력한다. 우리는 세계 최고의 과학자와 엔지니어를 보유하고 있으며, 이것이 바로 미국의 대기업들이 우리를 찾는 이유이다. 우리는 고객의 제품이 훌륭하게 동작하도록 해주는 금속을 설계했다. 그렇기 때문에 우리는 일반적으로 원래 고객 외에는 제품을 판매할 수 없다. 우리 고객의 경쟁업체는 우리 제품을 구매하고 싶어 한다."

Williams는 이어서 어떤 제품이 더 이상 최첨단 제품이 아닌 경우, 고객 맞춤형 사업부에서 고객과의 협상을 통해 스틸웍스가 그 제품을 누구에게나 판매할 수 있도록 허용한다고 설명했다. "이러한 논의는 예술의 한 형태"라고 설명하며 Stephanie는 다음과 같이 덧붙였다. "하지만 판매 수익에 큰 차이를 가져올 수 있다."

"예를 들어 DuraFlex™ R23을 생각해 보자. 우리는 3대 자동차 회사 중 한 곳과 계약을 맺고 이 제품을 개발했다. 개발하는 데 1년이 넘게 걸렸고, 아직 시장에 이와 유사한 제품은 없다. 하지만 우리는 고객을 설득하여 우리가 청구하는 가격보다 30% 더 높은 가격으로 시장에 공개적으로 판매할 수 있도록 허용할 수 있었다. 우리는 여전히 고객에게 대량으로 판매하고 있으며, 특수 제품(Specialty Products)은 정확히 동일한 강철을 제조하여 네 곳의 다른 자동차 제조업체와 복사기 회사에 더 높은 가격으로 판매하여 많은 돈을 벌고 있다."

Williams는 맞춤형 제품(Custom Products)의 제조 시스템 도식을 보여주었다. 세 곳의 제조 현장은 각각 미국 서부, 중서부, 동부 지역에 서비스를 제공하는 맞춤형 제품의 세 곳의 R&D 센터 중 한 곳에서 몇 마일 이내에 위치해 있었으며, 제품은 각각 특정 공장 및 R&D 센터에 배정되었다. 스틸웍스는 공장 근처에 여러 개의 창고를 운영했다.

Lemming의 머릿속에는 재고 수준이 왜 그렇게 높은지에 대한 의문만 남았다. 대답은 간단명료했다. "고객을 만족시켜야 한다. 배송을 위해 3주를 기다려야 한다고 하면 고객은 만족하지 않는다! 우리는 1991년 기업의 재고 감축 명령에 귀를 기울여 재고를 20% 줄였는데, 매주 제품이 부족했다!"

특수 제품

"한 가지 이야기할 것이 있다." Barry White가 회의실로 들어오면서 말했다. "우리는 맞춤형과는 전혀 다르다." White는 최근 몇 달 동안 매출에 가장 큰 타격을 입은 특수 제품 사업부의 사장이었다.

"맞춤형 사업부는 하루 종일 실험실에서 노는 것 말고는 할 일이 없다. 우리는 매일 시장에서 제품을 판매하고 회사 매출의 67%를 가져오는 사람들이다. 최고의 영업 인력을 보유하고 있으며, 이들이 이 비즈니스를 운영하는 원동력이다."

"맞춤형은 대형 고객을 보유하고 있기 때문에 자신들이 특별하다고 생각하지만, 사실 우리도 마찬가지다. 특수 부문에서 가장 큰 고객은 회사 매출의 10%를 가져다주며, 우리는 피, 땀과 눈물을 흘리며 이 고객과 다른 모든 고객을 우리의 고객으로 유지하고 있다. 문제를 해결하고 싶은가? 문제가 있는 곳이 바로 제조 현장이니 그들과 대화해야 한다. 창고에 배송할 철강재가 없어서 고객이 CSR(고객 서비스 담당자)에게 소리를 지른다고 공장 관리자들이 매일 나에게 소리치고 있다. 이는 CSR의 잘못이 아니라 제조사의 잘못이다."

"지난주에 IS 부서에서 스틸웍스 전체가 공유 컴퓨터 시스템을 사용하면 얼마나 좋을지를 말하면서 우리 부서에 $1,200만을 지불해 달라고 문을 두드렸다. 그들은 우리 비즈니스를 이해한다고 생각하지만 그렇지 않다. 우리는 중앙집중형 컴퓨터 시스템이 필요한 것이 아니라 제조를 고쳐야 한다!"

White는 맞춤형 제품 사업부와 마찬가지로 특수 제품도 단일 공장에서 제품을 생산하려고 시도했다고 설명했다. 이 사업부는 6개의 서로 다른 제품 라인을 제조하는 3개의 공장을 운영했다. 이 사업부의 일반적인 전략은 생산에서 규모의 경제를 활용하고 물류 네트워크에 의존하여 제품을 전국적으로 유통하는 것이었다. 효율성을 더 높이기 위해 제품군은 제조 비용 절감을 위해 거의 항상 동일한 공장에서 제조했다. 같은 제품군에 속하는 제품 간 전환 비용(change-over cost)은 다른 제품군에 속하는 제품보다 훨씬 낮은 경우가 많았다. 제품은 순환 순서로 생산되었다. 예를 들어, DuraFlex™ R23은 항상 매월 첫째 주에 생산된다.

그리고 Lemming이 알아채기도 전에 White는 방을 뛰쳐나갔다.

분석

화요일이 되어 한 주의 20%가 지나가고 있었다. 수석 물류분석가인 Debby Klein이 Lemming의 맞은편에 앉았다.

"당신이 말한 대로다. 맞춤형에는 많은 제품이 있고 그중 90% 정도는 한 고객에게만 판매된다. 반면에 특수 제품은 약 120개 제품에 대해 130명의 고객을 보

대형 고객(> $2천5백만)	5
소규모 고객(< $1백만)	107
기타	18
합계	130

그림 2-1 특수 제품 고객 프로필

유하고 있다. 셀 수도 없을 만큼 많은 제품을 보유하고 있다!"

이어서 Debby는 고객 서비스 수준에 대한 암울한 소식을 전했다. "주문 입력 시스템에서 수집한 데이터에 따르면, 시스템에 입력된 주문의 약 70%가 48시간 이내에 재고에서 배송될 예정이다. 나머지 주문(30%)은 고객이 입력 시점에 취소하거나 이월 주문 파일에 넣는다. 이월 주문 중 얼마나 많은 주문이 취소되었는지 알 수 없었고, 우리가 이 사실을 알아야 하는지 확신할 수 없었다."

그러자 Lemming은 대형 고객에 대해 물었다. "맞다, 그들은 대형 고객이다. 그들은 1993년 특수 제품 매출의 15% 정도를 차지하지만, 다양한 제품을 구매한다. 하지만 다른 대형 고객도 있다. 소규모 고객도 있고 중간 규모의 고객도 있다(그림 2-1 참조). 감사드린다." Lemming이 그 어느 때보다 혼란스러워하며 말했다.

점심 식사 후 Lemming은 특수 제품을 생산하는 오하이오 공장의 생산 계획을 팩스로 전송받았다. 오하이오 공장은 DuraBend™와 DuraFlex™ 제품군을 제조한다. 이 공장의 생산은 정기적으로 순환하는 일정에 따라 각 제품군을 한 달에 한 번 정도 생산했다. 이 계획은 사업부의 제조 전략에 대한 Barry White의 설명과 일치하는 것처럼 보였다.

하루가 끝날 무렵 Maria라는 젊은 예측 전문가가

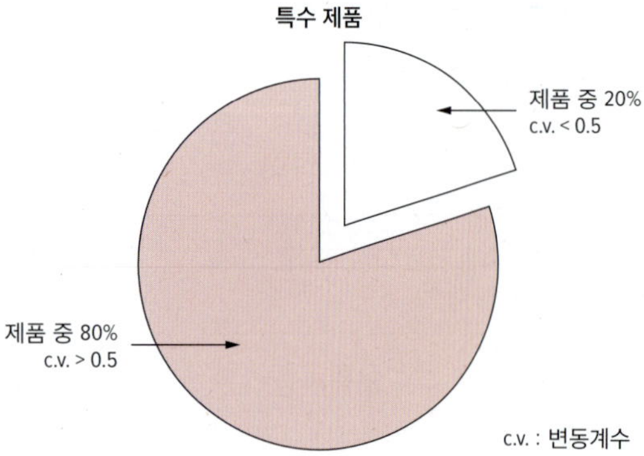

그림 2-2 특수 제품의 수요 변동성

상당히 화가 난 표정으로 찾아왔다. "요청한 대로 모든 상품을 살펴봤는데, 당신 말처럼 80%의 제품이 '변동성이 높은' 범주에 속하는 엉망진창이다(그림 2-2 참조). 표준편차가 이렇게 크면 수요 예측 도구가 큰 도움이 되지 않을 것 같다."

컨설팅

수요일 아침 이른 시간, 물류 컨설턴트인 Fred Chow가 Lemming의 사무실로 들어섰다. "전화로 설명한 내용을 보면 해답은 매우 간단하다. 세 가지만 하면 된다.

1. 모든 제품을 제거한다. 연간 매출이 수천 달러에 불과한 제품도 있고, 전혀 팔리지 않는 제품도 있을 것이다. 이러한 제품을 중단하고 마진이 높고 판매량이 많은 제품에 집중하여 수익을 극대화하라.
2. 통계적 예측 패키지를 사용하여 수요를 예측하면 필요한 재고량을 줄일 수 있다. 보유해야 하는 재고 수준은 최소 제곱 회귀와 그에 따른 리드 타임의 수요 오차 표준편차의 함수다. 따라서 이를 줄이면 재고를 줄일 수 있다. 짜잔!
3. 창고가 너무 많을 수 있다. 창고가 적을수록 재고가 줄어든다는 것은 누구나 알고 있다."

Lemming은 이제 흥분했다. 비록 그가 최소 제곱 등에 대해 이해하지 못했고, 어제 Maria가 예측이 효과가 없을 것이라고 말했지만, 이제 그는 무언가 실마리를 알아가고 있었다. 실수로 컨설턴트를 'Jonah'라고 불렀던 Lemming은 그에게 영원히 감사했다.

현실이 시작되다

기업은 판매 속도가 낮은 제품을 중단하자는 아이디어를 완전히 거부했다. "그렇게 할 수 없어! 우리의 가장 중요한 고객이 그 제품을 구매한다고!" 그 아이디어는 이제 끝났다.

그것으로 충분하지 않았는지, Debby는 다시 돌아왔다. "창고 수를 줄인다니? 무슨 말인가? 더 적은 수의 창고에서 배송해야 한다면 시간이 더 오래 걸리고 비용도 더 많이 들고 부서원들이 정말 화를 낼 거다. 게다가 창고 두 개를 합친다고 해서 그렇게 많은 비용을 절약할 수 있는 것은 아니다. 물론 일부 고정 비용이 절감될 수는 있지만, 그렇다고 해서 추가적으로 부담해야 하는 운송비용을 만회할 수는 없다."

Lemming은 이를 믿지 못했고, 창고 통합 문제의 원인을 파악하기 위해 노력했다. 몇 시간 동안 수백 장의 문서를 검토한 후, Lemming은 이러한 유형의 분석과 관련된 데이터 수집과 숫자 계산을 과소평가했다는 사실을 깨달았다. 이 아이디어는 비용을 절감할 수 있는 잠재력을 가지고 있었지만, 그의 팀은 이번 주에 이것을 검토할 시간이 충분하지 않았다.

11시를 알리는 시계 종소리가 울리다

자정이 가까워진 목요일, Lemming은 땀을 흘리고 있다. Debby, Maria, 최근 MIT Sloan을 졸업한 John Thompson이 모두 사무실 구석에 모여 있다. 이들은 칠판에 12가지 내외의 아이디어를 적어 내려갔다. ABC 분석, 고객 세분화, EOQ 등의 아이디어를 나열하고 모두 지워나갔다. Lemming은 Callow의 화난 얼굴을 보게 될 것이고, 이제 자신의 경력에 문제가 생길 수 있음을 인지한다.

이제 어떻게 할까, John Thompson?

이 장을 마치고 나면 다음 문제를 이해할 수 있다.

- 기업은 고객 수요의 변동성에 어떻게 대처하는가?
- 서비스와 재고 수준 간의 관계는 무엇인가?
- 리드 타임과 리드 타임 변동성이 재고 수준에 미치는 영향은 무엇인가?
- 효과적인 재고 관리 정책이란 무엇인가?
- 미래 수요를 예측하기 위해 어떠한 접근 방법을 사용할 수 있는가?

2.1 개요

많은 산업과 공급망에서 재고는 전체 비용 중 상당 부분을 차지한다. 예를 들어, 미국에서는 $1조 이상이 재고에 투자되고 있다. 많은 관리자에게 효과적인 공급망 관리는 공급망 재고 수준을 낮추는 것과 같은 것으로 이해되고 있다. 물론 이는 공급망 관리를 매우 단순하게 바라보는 것이다. 실제로 공급망에서 효과적인 재고 관리의 목표는 제때 필요한 곳에 정확한 재고를 보유하여 시스템 비용을 최소화하는 동시에 고객 서비스 요구사항을 충족하는 것이며, 부적절하게 감소한 재고 수준은 분명히 고객 서비스에 악영향을 미치게 된다. 실제로 재고와 관련한 의사결정은 고객 서비스 수준과 공급망 시스템 전체 비용에 상당한 영향을 미칠 수 있으며, 복잡한 공급망에서의 재고 관리는 일반적으로 매우 어려운 문제이다.

1장에서 설명한 바와 같이, 일반적인 공급망은 공급업체, 제조업체, 유통업체와 창고로 구성된다. 재고는 공급망 어느 곳에나 존재하며 다음과 같은 여러 형태를 가진다.

- 원자재 재고
- 부품 재고
- 재공품 재고(제조 과정 중에도 지속적으로 가치가 발생되므로)
- 완제품 재고

서로 다른 형태의 재고에는 각기 고유한 재고 관리 메커니즘 또는 접근방식이 필요하다. 안타깝게도 시스템 전반의 비용을 절감하고 서비스 수준을 개선하는 효율적인 생산, 유통 및 재고 관리 전략은 공급망의 다양한 단계와 공급망에서 역할을 하는 모든 제품 간의 상호 작용을 고려해야 하므로 이러한 메커니즘을 결정하는 것은 어렵다. 그럼에도 불구하고 이러한 재고 관리 메커니즘을 개선함으로써 얻을 수 있는 이점은 엄청날 수 있다.

예시 2-1

제너럴 모터스(General Motors, 이하 GM)는 전 세계에서 가장 큰 생산 및 유통망을 보유하고 있으며, 수년 동안 보다 나은 공급망상의 재고 관리를 위해 첨단 기술을 사용하는 것에 주력해 왔다. 1984년 GM의 유통망은 20,000개의 공급업체 공장, 133개의 부품 공장, 31개의 조립 공장, 11,000명의 딜러로 구성되어 있었다. 화물 운송 비용은 약 $41억이었으며 이 중 60%가 자재 운송에 사용되었다. 또한 당시 GM의 재고는 $74억에 달했으며, 이 중 70%는 재공품 재고(WIP)이고 나머지는 완성차였다. GM은 재고와 운송을 합친 기업 비용을 절감할 수 있는 의사결정 도구를 구현했다. 실제로 선적 규모(즉, 재고 정책)와 경로(즉, 운송 전략)의 조정을 통해 재고 비용을 연간 약 26% 절감할 수 있었다.

일반적으로 재고가 비싸고 관리하기 어려운데, 재고를 보유하는 이유는 무엇일까? 기업은 다양한 이유로 재고를 보유하며, 재고 관리 메커니즘은 이러한 이유를 고려해야 한다. 재고를 보유하는 이유는 다음과 같다.

1. **예상치 못한 고객 수요의 변화.** 고객 수요는 항상 예측하기 어려웠으며, 지난 몇 년간 다음과 같은 이유로 고객 수요의 불확실성이 증가했다.
   a. 짧은 수명 주기의 제품 증가 : 이는 고객 수요에 대한 과거 데이터가 부재하거나 상당히 제한적일 수 있음을 의미한다(1장 참조).
   b. 시장 내 수많은 경쟁 제품의 존재 : 제품의 확산으로 인해 특정 모델에 대한 수요를 예측하기가 점점 더 어려워지고 있다. 실제로 제품 그룹 전체의 수요를 예측하는 것, 즉 동일한 시장에서 경쟁하는 모든 제품의 수요를 예측하는 것은 비교적 쉽지만 개별 제품의 수요를 예측하는 것은 매우 어렵다. 이와 관련해서는 2.3절과 6장 및 10장에서 더 자세히 설명한다.
2. **불확실성.** 공급량과 품질, 공급업체 비용 및 배송 시간 등에 상당한 불확실성이 존재하는 경우가 많다.
3. **리드 타임.** 수요나 공급의 불확실성이 존재하지 않더라도 제조 및 운송 리드 타임으로 인해 부득이 재고를 보유해야 한다.
4. **운송 및 제조에서의 규모의 경제.** 운송이 내부 또는 아웃소싱을 통해 공급되는 경우, 만차트럭 운송은 일반적으로 소량 운송보다 비용 효율적이다. 이로 인해 기업은 가능하다면 대량으로 물품을 운송하게 되고 이로 인해 많은 재고를 보유하게 된다. 실제로 많은 운송업체들은 화주에게 각종 할인혜택을 제공하여 대규모 운송을 장려한다(3장 참조). 마찬가지로 제조 공정은 대부분의 경우 제품을 대량으로 생산하는 것이 가장 (비용)효율적이기 때문에, 제조업체는 원자재와 완제품 모두 재고를 보관해야 한다. 이는 결국 제조업체가 구매자의 대량 구매를 유도하기 위해 유통업체와 소매업체에 제공하는 인센티브로 이어져 높은 재고 수준의 결과를 가져온다.

앞으로 살펴보겠지만, 수요 불확실성, 공급 불확실성, 리드 타임 또는 규모의 경제를 줄이면 필요한 재고를 줄일 수 있지만, 궁극적으로 이러한 요소를 완전히 제거할 수는 없다. 고객이 마지막 순간에 결정을 내리거나 예측하기 어려운 날씨 또는 교통 상황이 발생하거나 제품이 판매지와 다른 곳에서 제조되거나 트럭을 빈 상태로 보내든 만차 상태로 보내든 비용이 거의 같은 경우에는 재고를 보유하는 것에 대한 동기나 이점이 있다. 안타깝게도, 이처럼 재고를 보유하는 이유는 명확하지만, 적재적소에 적절한 양의 재고를 보유하는 것은 어려운 일이다.

- 2014년 4월, 월마트(Walmart)는 원하는 상품의 재고 보유에 문제가 발생하여 매출이 $30억 감소했으며, 이로 인해 재고 비용이 매출 수익보다 더 빠르게 증가했다고 인정했다.
- 2014년 "재고 누적으로 인해 룰루레몬 주식 15% 급락"이라는 제목의 기사에 따르면, 룰루레몬(Lululemon Athletic)은 대중의 변화하는 취향을 고려하지 않아 원치 않는 제품의 재고가 급속히 증가함에 따라 수익 추정치를 낮추어야 했다.
- 재고 문제의 영향은 단순히 재정적인 측면에만 그치지 않는다. 미국 의약품 산업에서 약품 부족에 따른 문제는 증가하고 있으며, 미국의 의료 품질에 광범위한 영향을 미치고 있다.

이러한 사례는 재고 관리와 수요 예측에서 두 가지 중요한 문제를 제기한다. 대부분의 경우 수요는 불확실하기 때문에 수요 예측은 무엇을 주문해야 하는지와 언제 주문해야 하는지를 결정하는 것이 중요하다. 그렇다면 수요 예측과 최적 주문량 사이에는 어떠한 관계가 존재할까? 단일 숫자가 예측됐다면 주문량은 예측된 수요와 같아야 할까? 더 많아야 할까? 아니면 더 적어야 할까? 또한 주문량이 예측된 수요와 다르다면 그 차이는 얼마나 되어야 할까? 이 장에서는 이러한 문제에 대해 알아보고자 한다.

기업의 **재고 정책**이란 기업이 재고를 관리하는 방법, 전략 또는 일련의 기법을 말한다. 효과적인 재고 정책을 결정하기 위해 경영진은 다음과 같은 공급망의 여러 특성을 고려해야 한다.

1. 가장 중요한 것으로서 고객 수요의 성격. 이는 사전에 알려져 있거나 상대적으로 안정적일 수도 있고, 또는 불확실하며 시간이 지남에 따라 급격하게 변할 수도 있다. 후자의 경우, 과거 데이터가 있는 경우에는 고객 수요의 평균과 수요의 변동성(표준편차로 측정되는 경우가 많음)을 추정하기 위해 예측 도구가 사용될 수 있다.
2. 시스템 내 리드 타임. 제조 및 운송 시간뿐만 아니라 공급업체로부터의 리드 타임을 포함한다. 이들은 사전에 알려져 있거나 안정적일 수도 있고, 불확실할 수도 있다.
3. 고려되는 다양한 제품의 수. 이러한 제품은 생산 용량, 예산 및 공간을 두고 경쟁할 수도 있고, 더 자주 주문하거나 운송하는 것이 더 경제적일 수 있다. 따라서 각 제품에 대한 재고 정책은 종속적이다.
4. 계획 수립 기간의 길이
5. 주문 비용 및 재고 보유 비용을 포함한 비용
   a. 일반적으로 주문 비용은 두 가지 구성 요소인 제품 비용과 운송 비용으로 구성된다. 제품 비용은 규모의 경제를 나타낼 수 있는데, 주문량이 클수록 개별 단가가 낮아진다.

b. 재고 보유 비용은 다음의 요소들로 구성된다.

i. 재고에 대한 각종 세금 및 보험

ii. 유지보수 비용

iii. 노후화 비용. 부패하기 쉬운 품목(예 : 식품) 또는 시장의 변화(예 : 패션 아이템)로 인해 그 가치의 일부 또는 전부를 잃을 위험에서 비롯되는 비용이다.

iv. 기회 비용. 이는 재고 대신 다른 곳에 투자되었다면 얻을 수 있는 기대 수익을 의미한다.

6. 서비스 수준 요구사항. 고객 수요가 불확실한 상황에서는 고객 주문을 100% 만족시키는 것이 불가능하거나 많은 비용이 소요되기 때문에 경영진은 수용 가능한 서비스 수준을 명시해야 한다.

2.2 단일 단계 재고 관리

우선 단일 공급망 단계에서의 재고 관리에 대해 알아보자. 단일 단계에서 재고를 관리하는 것에는 해당 단계의 특성에 따라 효과적인 다양한 기법과 접근방식이 있다.

2.2.1 안정적인 수요 – 경제적 로트 크기 결정 모델

1915년 Ford W. Harris가 제안한 고전적인 **경제적 로트 크기 결정 모델**(economic lot size model)은 주문 비용과 보관 비용 간의 균형을 설명하는 간단한 모델이다. 단일 품목에 대해 지속적으로 안정적인 수요가 발생하는 창고가 있고, 창고는 해당 제품의 수량을 무제한으로 보유하고 있다고 가정한 공급업체로부터 제품을 공급받는다고 하자. 이 모델에 대한 가정은 다음과 같다.

- 수요는 하루에 D개로 단위기간당 수요량이 일정하다.
- 주문량은 주문당 Q개로 고정되어 있다. 즉, 매번 창고에서 주문할 때마다 Q개씩 주문한다.
- 창고에서 주문할 때마다 고정 비용 K가 발생한다.
- 재고 보유 비용 h는 단위당 재고를 보유하는 동안 하루에 발생하는 비용이다.
- 주문과 수령 사이에 경과하는 시간인 리드 타임은 0이다.
- 초기 재고는 0이다.
- 계획 수립 기간은 충분히 긴(무한) 기간이다.

이 모델의 목적은 연간 구매 및 운송 비용을 최소화하면서 모든 수요를 충족하는(즉, 재고 부족 없이) 최적의 주문 정책을 찾는 것이다.

이것은 실제 재고 시스템을 단순화한 모델이다. 장기간 고정된 수요를 가정하는 것은 분명히 비현실적이다. 제품에 대한 재고를 재보충하는 데 며칠이 소요될 가능성도 매우 높으며, 주문량을 고정한다는 것 또한 제한적이다. 그럼에도 불구하고 이 모델은 재고 시스템, 특히 비교적 안정적인 수요를 가진 재고 시

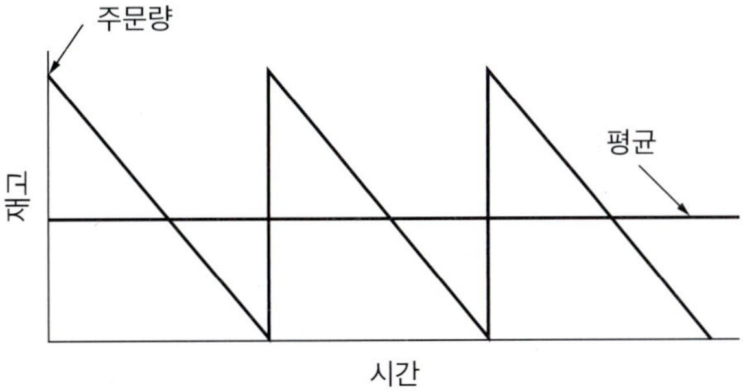

그림 2-3 시간에 따른 재고 수준

스템의 주요 상충관계 중 많은 부분을 반영하고 있으며, 이 모델에서 도출된 인사이트는 보다 복잡한 현실 시스템을 위한 효과적인 재고 정책을 개발하는 데 도움이 될 것이다.

위에서 설명한 모델의 최적 정책은 재고 수준이 0으로 떨어질 때 정확히 창고에서 발주가 이루어지고 바로 제품을 수령(재고 수준이 0일 때 즉각적으로 재고 재보충이 이뤄짐)해야 하는 것임을 쉽게 알 수 있다. 이를 **무재고 주문 특성**(zero inventory ordering property)이라고 하며, 재고 수준이 0이 아닐 때 제품을 주문하고 수령하는 정책과 비교해서 보면 최적 정책에 해당 특성이 있음을 알 수 있다. 분명히 이보다 더 비용이 낮은 정책은 재고가 0이 될 때까지 기다렸다가 주문하는 것으로, 재고 보유 비용을 절감할 수 있다.

경제적 로트 크기 결정 모델에서 최적의 주문 정책을 찾기 위해 시간의 경과에 따른 재고 수준을 살펴보자(그림 2-3 참조). 이를 톱니 모형 재고 유형이라고 한다. 두 번의 연속적인 보충 사이의 시간을 **주기 시간**(cycle time)이라고 한다. 따라서 길이 T의 주기 동안 총 재고 비용은 다음과 같다.

$$K + \frac{hTQ}{2}$$

이는 주문 비용은 주문당 한 번 부과되고, 재고 보유 비용은 개당, 단위기간당 재고 보유 비용 h, 평균 재고 수준 $Q/2$, 주기 길이 T의 곱으로 볼 수 있기 때문이다.

길이 T의 주기 동안 재고 수준은 Q에서 0으로 변하고 수요는 단위 시간당 D개의 비율로 일정하기 때문에 $Q = TD$가 되어야 한다. 따라서 위의 비용을 T로 나누면, 즉 Q를 D로 나누면 단위시간당 평균 총비용을 구할 수 있다.

$$\frac{KD}{Q} + \frac{hQ}{2}$$

간단한 계산을 통해 상기 비용함수를 최소화하는 주문량 Q^*는 다음과 같다는 것을 쉽게 알 수 있다.

$$Q^* = \sqrt{\frac{2KD}{h}}$$

이와 같은 간단한 모델을 통해 다음 두 가지 중요한 사실을 알 수 있다.

1. 최적 정책에서는 단위시간당 재고 보유 비용과 단위시간당 주문 비용이 균형을 이룬다. 실제로 단위시간당 주문 비용 = KD/Q이고, 단위시간당 재고 보유 비용 = $hQ/2$이다(그림 2-4 참조). 따라서 주문량 Q가 증가하면 단위시간당 재고 보유 비용은 증가하는 반면 단위시간당 주문 비용은 감소한다. 최적 주문량은 단위시간당 주문 비용(KD/Q)이 단위시간당 재고 보유 비용($hQ/2$)과 같아지는 지점에서 결정된다. 즉,

$$\frac{KD}{Q} + \frac{hQ}{2}$$

또는

$$Q^* = \sqrt{\frac{2KD}{h}}$$

와 같다.

2. 총 재고 비용은 주문량에 민감하지 않다. 즉, 주문량의 변화가 연간 주문 비용과 재고 보유 비용에 미치는 영향도가 비교적 낮다. 이를 설명하기 위해 최적 주문량 Q^*에 b를 곱한 수량을 Q라 하고, 매번 Q만큼 주문하는 의사결정자를 생각해 보자. 즉, 주어진 b에 대해 주문량은 $Q = bQ^*$이다. 따라서 $b = 1$은 의사결정자가 경제적 주문량을 주문한다는 것을 의미한다. 반면 $b = 1.2(b = 0.8)$인 경우 의사결정자는 최적 주문량보다 20% 더 많이(더 적게) 주문함을 의미한다. 표 2-1은 b의 변화에 따른 연간 총비용

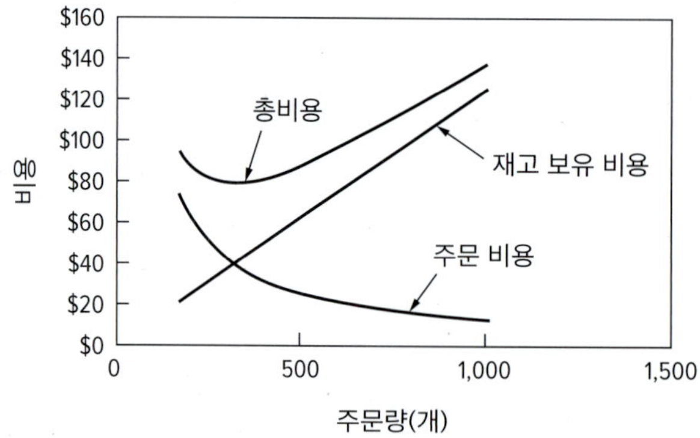

그림 2-4 경제적 로트 크기 결정 모델 : 단위시간당 총비용

표 2-1 민감도 분석

b	0.5	0.8	0.9	1	1.1	1.2	1.5	2
비용 증가	25%	2.5%	0.5%	0	0.4%	1.6%	8.9%	25%

에 미치는 영향을 나타낸다. 예를 들어 의사결정자가 최적 주문량보다 20% 더 많이 주문하는 경우(b = 1.2), 최적의 총비용 대비 총 재고 비용의 증가는 1.6%를 넘지 않는다.

예시 2-2

매주 1,000개의 특수 패스너(fastener)를 현지 제조회사에 공급해야 하는 계약상 의무가 있는 하드웨어 공급 창고가 있다고 가정하자. 창고가 공급업체에 이러한 품목을 주문할 때마다 창고에는 $20의 주문 및 운송 수수료가 부과된다. 창고에서는 각 패스너당 $1을 지불하고 현지 제조회사에는 $5를 청구한다. 연간 재고 보유 비용은 재고 가치의 25%, 즉 연간 제품당 $0.25이다. 이때 창고 관리자는 재고 수준이 0이 되었을 때 얼마만큼의 제품을 주문해야 할지 결정하고자 한다.

이를 위해 상기에 정의된 공식을 활용할 수 있다. 연간 수요(제조 공장이 연간 50주 동안 운영된다고 가정)는 50,000개, 연간 재고 보유 비용은 단위당 $0.25, 단위당 주문 비용은 $20이다. 따라서 창고에서 주문할 때마다 최적 주문량은 2,828개이다.

2.2.2 시간에 따른 알려진 수요의 변동

시간에 따라 수요가 변동하는 경우에도 앞선 경우와 비슷한 상충관계가 존재하지만, 이 경우에 주문량은 시간이 지남에 따라 변한다. 예를 들어 창고에서 매 기간(예 : 매주)에 발생한 수요를 충족하기 위해 매 기간별 발주를 하는 모델에 대해 알아본다. 이 모델에서의 가정은 다음과 같다.

- 이 모델은 T기간 동안 각 기간별 주문량을 결정하는 데 사용한다[이를 모델의 '계획 수립기간(time horizon)'이라고 함].
- 기간 t의 수요는 D_t이다.
- 주문량은 시간이 지남에 따라 변경될 수 있으며, 기간 t에서 Q_t만큼 주문한다.
- 경제적 로트 크기 결정 모델의 경우와 마찬가지로
  - 창고에서 주문할 때마다 매번 고정 비용(주문 비용) K가 발생한다.
  - 재고 보유 비용 h는 재고가 보유되는 기간마다 재고 보관 단위당 발생한다.
  - 리드 타임은 0이다.
  - 초기 재고는 0이다.

이 경우 본 모델의 목표는 모든 수요를 충족하면서(즉, 재고 부족이 발생하지 않으면서) 구매 및 운송 비용을 최소화하는 매 기간별 주문량을 결정하는 것이다. 이전 모델과 마찬가지로 이 모델은 실제 모델을 단순화한 버전으로, 동일한 제약사항이 많이 있다. 그러나 이 모델은 경제적 로트 크기 결정 모델의 주요 제약사항인 수요와 관련된 가정을 다소 완화하여 시간에 따른 수요 변동을 반영하여 시간에 따라 주문량 또한 변동 가능하다.

이 모델에서 효과적인 기간별 주문량을 결정하는 데 있어 핵심 아이디어는 다음과 같은 사실에 기초한다. 어떤 기간에서도 이전 기간의 재고를 보유하면서 동시에 주문하는 것은 절대 합리적이지 않다는 점이다. 왜냐하면 주문을 하면 반드시 고정 비용 K가 발생하므로 이 경우에는 해당 기간에 필요한 모든 물량을 한꺼번에 주문하는 것이 합리적이기 때문이다. 따라서 t시점에 주문을 하게 될 경우, 주문량은 현재 시점부터 미래 수요의 일부 합계(D_t, 또는 $D_t + D_{t+1}$ 또는 $D_t + D_{t+1} + D_{t+2}$ 등)와 같아야 할 것이다. 이러한 조건이 주어지면 다양한 수학적 기법을 활용하여 최적의 주문 계획을 결정할 수 있다.

예시 2-3

이전 예시의 하드웨어 공급창고를 상기해 보자. 이제 이 회사는 매주 1,000개의 특수 패스너를 현지 제조회사에 납품하는 대신 10주 동안 매주 다른 개수의 제품을 납품하기로 계약했다고 하자.

주	1	2	3	4	5	6	7	8	9	10
수요	500	700	1,000	800	900	500	300	400	800	1,100

창고에서 공급업체에 주문할 때마다 창고에 매번 $20의 주문 및 운송 수수료가 부과된다. 창고에서는 패스너 하나당 $1을 지불하고 현지 제조회사에 패스너 하나당 $5를 청구한다. 연간 재고 보유 비용은 재고 가치의 25%, 즉 연간 $0.25이다(주당 약 $0.005). 창고 관리자는 10주 동안 매주 얼마만큼을 주문해야 하는지 알고 싶다.

이 문제는 수학적 최적화 방법론을 활용하여 계산할 수 있으며, **1주(2,200개), 4주(2,900개), 9주(1,900개)**에 주문하는 것이 최적이며, 이와 같은 주문 전략에 따른 총비용은 $7,099.43이다. 참고로 매주 해당 주 수요만큼 주문하는 전략은 $7,200, 격주로 주문하는 전략은 $7,116.83, 첫 주에 주문하여 10주 수요를 모두 충족하는 전략은 $7,174.33의 비용이 소요된다.

2.2.3 수요 불확실성의 영향

이전 모델들은 주문 비용과 재고 보유 비용 간의 상충관계를 설명한다. 하지만 이전 모델들에서는 수요 불확실성 및 수요 예측과 같은 이슈는 고려하지 않는다. 실제로 많은 기업은 마치 세상 모든 일이 예측 가능한 것처럼 여기고, 판매 시즌보다 훨씬 앞서 수요 예측에 근거하여 생산 및 재고에 관한 의사결정을 내린다. 이러한 기업은 수요 예측을 할 때 수요 불확실성을 잘 인지하고 있지만, 초기 예측이 실제를 정확하게 반영한 것처럼 여기고 계획 프로세스를 설계한다. 이 경우 모든 예측에 대해서는 다음의 원칙을 기억해야 한다.

1. 예측은 항상 틀릴 수 있다.
2. 예측 기간이 길어질수록 예측은 더 부정확해진다.
3. 총괄 예측이 더 정확하다.

첫 번째 원칙은 수요와 공급을 일치시키는 것이 어렵다는 것을 의미하고, 두 번째 원칙은 예를 들어 향후 12~18개월과 같이 장기간의 고객 수요를 예측해야 하는 경우가 훨씬 더 어렵다는 것을 의미한다. 세 번째 원칙은, 예를 들어 개별 SKU에 대한 고객 수요를 예측하기는 어렵지만, 한 제품군 내 모든 SKU에 대한 총수요를 예측하는 것은 상대적으로 쉽다는 것을 의미한다. 이 원칙은 **리스크 풀링**(risk pooling) 개념의 한 예로 볼 수 있다(2.3절 참조).

2.2.4 단일 기간 모델

수요 불확실성의 영향을 더 잘 이해하기 위해, 점점 더 세밀하고 복잡한 일련의 상황을 고려하고자 한다. 먼저 수명 주기가 짧아 주문 기회가 단 한 번밖에 없는 제품이 있다고 가정해 보자. 따라서 해당 제품에 대한 수요가 발생하기 전에 기업은 수요를 충족하기 위해 재고를 얼마나 확보할지 결정해야 한다. 기업이 재고를 너무 많이 보유하면 초과(과잉)재고를 처리해야 하는 상황에 처하게 되고, 재고를 너무 적게 보유하면 재고를 초과하는 많은 수요에 대해서는 판매를 못하게 되어 수익이 줄어들게 된다.

기업은 일반적으로 과거 데이터를 사용하여 다양한 수요 시나리오를 식별하고 각 시나리오가 발생할 가능성 또는 확률을 정할 수 있다. 특정 재고 정책이 주어지면 기업은 특정 시나리오별 이익을 계산할 수 있다. 따라서 특정 주문량이 주어지면 회사는 각 시나리오별 발생 가능성을 각 시나리오별 이익의 가중치로 사용하여 특정 주문량에 대한 평균 이익 또는 기대 이익을 계산할 수 있다. 따라서 회사가 평균 이익을 극대화하는 수량을 주문하는 것은 자연스러운 일이다.

예시 2-4

수영복과 같은 여름 패션 품목을 디자인, 생산, 판매하는 기업이 있다. 이 회사는 여름이 시작되기 약 6개월 전에 모든 제품의 생산량을 확정해야 한다. 새로운 디자인에 대해 시장이 어떻게 반응할지 명확하게 알 수 없기 때문에 다양한 도구를 사용하여 각 디자인에 대한 수요를 예측하고 그에 따라 생산 및 공급 계획을 수립해야 한다. 이러한 상황에서 고객 수요를 과대평가하면 판매되지 않은 재고가 발생하고, 반대로 고객 수요를 과소평가하면 재고 부족과 잠재 고객 손실로 이어질 수 있다는 분명한 상충관계가 존재한다.

마케팅 부서는 이러한 경영진의 의사결정을 지원하기 위해 지난 5년간의 과거 데이터, 현재 경제 상황 및 기타 요인을 고려하여 수영복 수요를 확률적으로 예측하기 위한 자료를 구성한다. 그리고 가능한 날씨 패턴과 경쟁 환경 등과 같은

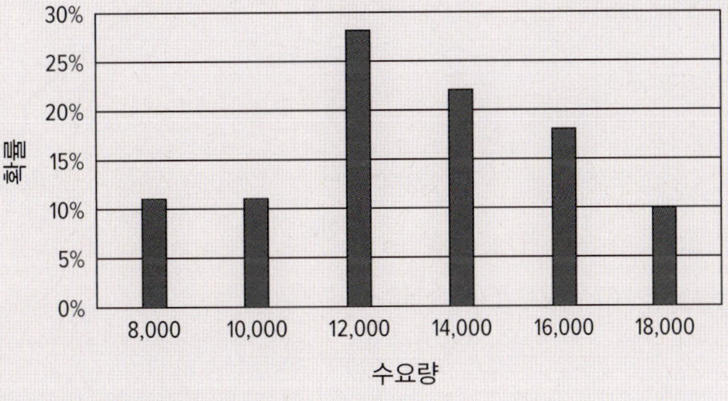

그림 2-5 확률적 수요 예측

요소에 근거하여 다음 시즌의 몇 가지 가능한 판매 시나리오를 도출하고 각 시나리오별 확률, 즉 발생 가능성을 부여한다. 예를 들어, 마케팅 부서에서는 8,000대가 판매되는 시나리오가 발생할 확률이 11%이고, 판매 수준별로 다른 시나리오들이 발생할 확률도 각기 다르다. 이러한 시나리오는 그림 2-5와 같다. 이 확률적 수요 예측에 따르면 평균 수요는 약 13,000개이지만 수요가 평균보다 크거나 작을 수 있는 확률이 존재한다.

관련된 추가 정보는 다음과 같다.

- 생산을 시작하려면 제조업체는 생산량과 관계없이 $10만을 투자해야 한다. 이 비용을 고정 생산 비용이라고 한다.
- 단위당 변동 생산 비용은 $80이다.
- 여름 시즌 동안 수영복의 판매 가격은 개당 $125이다.
- 여름 시즌에 판매되지 않은 수영복은 할인점에서 $20에 판매된다. 이를 잔존가치(salvage value)라고 한다.

최적 생산량을 결정하기 위해 기업은 생산량, 고객 수요 및 이익 간의 관계를 이해해야 한다.

제조업체가 10,000벌의 수영복을 생산하는데 12,000벌의 수요가 발생했다고 가정해 보자. 이익은 여름철 판매 수익(매출)에서 변동 생산 비용과 고정 생산 비용을 뺀 값과 같다는 것을 쉽게 확인할 수 있다.

$$
\begin{aligned}
\text{이익} &= 125(10{,}000) - 80(10{,}000) - 100{,}000 \\
&= 350{,}000
\end{aligned}
$$

반면에 수영복 10,000벌을 생산하는데 수요가 8,000벌에 불과하다면 이익은 여름철 판매 수익에 잔존가치를 더한 값에서 변동 생산 비용과 고정 생산 비용을 뺀 값이 된다.

$$
\begin{aligned}
\text{이익} &= 125(8{,}000) + 20(2{,}000) - 80(10{,}000) - 100{,}000 \\
&= 140{,}000
\end{aligned}
$$

마케팅 부서의 예측에 따르면 수요가 8,000벌일 확률은 11%이고 12,000벌일 확률은 28%이다. 따라서 수영복 10,000벌을 생산하면 28%의 확률로 $350,000의 이익이 발생하고 11%의 확률로 $140,000의 이익이 발생한다. 비슷한 방식으로 제조업체가 수영복 10,000벌을 생산한다고 가정하면 각 시나리오별 이익을 계산할 수 있다. 이를 통해 10,000벌 생산 시 기대 이익(또는 평균 이익)을 계산할 수 있다. 이 기대 이익은 각 시나리오별 발생 확률을 가중치로 한 모든 시나리오의 총이익이다.

기업은 물론 평균 이익을 극대화하는 주문량을 찾고자 한다. 그림 2-6은 평균 이익을 생산량의 함수로 나타낸 것이다. 최적 생산량, 즉 평균 이익을 극대화하는 수량은 약 12,000벌임을 알 수 있다.

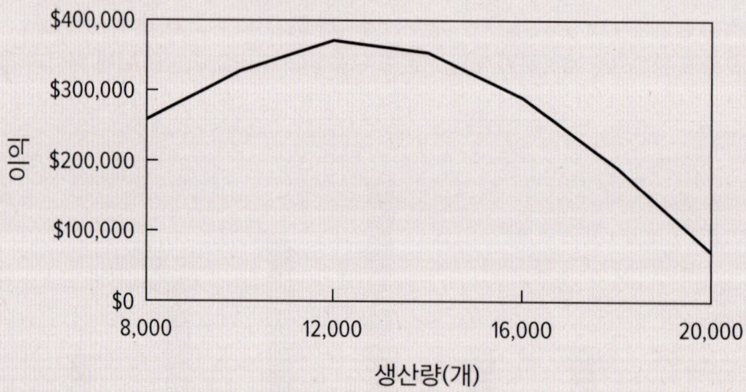

그림 2-6 생산량에 따른 평균 이익

흥미롭게도 총 기대 이익을 극대화하는 주문량이 반드시 평균 수요와 같지는 않다. 실제로 앞선 예시에서 총 기대 이익을 극대화하는 주문량은 12,000벌이고 평균 수요는 13,000벌이다.

그렇다면 최적 주문량, 혹은 최적 생산량과 평균 수요 간의 관계는 무엇일까? 앞의 예시와 같이 최적 주문량은 항상 평균 수요 이하일까? 이러한 질문에 답하기 위해 추가 주문에 대한 한계수익과 한계비용을 비교하고자 한다. 추가 수영복을 판매할 경우의 한계수익은 단위당 판매가격에서 단위당 변동 주문(또는 생산) 비용을 뺀 값이며, 판매 시즌에 추가 수영복을 판매하지 못했을 경우의 한계비용은 변동 생산 비용에서 단위당 잔존가치를 제외한 값이다. 추가 판매를 하지 못했을 경우의 비용이 추가 판매로 인한 수익보다 크면 일반적으로 최적 주문량은 평균 수요보다 작고, 그 반대의 경우 일반적으로 최적 주문량은 평균 수요보다 크다.

예시 2-5

이전 예시에서 평균 수요는 13,000벌이다. 반면 앞서 최적 생산량은 약 12,000벌이라는 것을 확인했다. 왜 이러한 상황이 발생한 것일까?

이를 이해하기 위해 수영복 한 벌을 추가로 생산할 때의 한계수익과 한계비용을 계산해 보자. 추가 생산한 이 수영복이 여름 시즌에 판매되는 경우 한계수익은 $45이다. 반면 추가 수영복이 판매되지 않으면 이때의 한계비용은 $60이다. 따라서 여름 시즌에 이 수영복을 추가로 판매하지 못했을 때의 비용이 해당 시즌에 판매하여 얻는 수익보다 크므로 최적 생산량은 평균 수요보다 적다.

물론 이는 평균 이익을 최대화하는 것이 실제로 기업의 목표인 경우에만 해당된다. 다른 유형의 투자와 마찬가지로, 재고에 대한 투자는 판매가 기대에 미치지 못할 경우 하방 위험(downside risks)을 수반하고, 수요가 기대치를 초과할 경우 상방 보상(upside rewards)을 수반한다. 흥미로운 점은 우리 모델에서 상방 보상과 하방 위험을 특정하는 것이 가능하여 경영진의 재고 투자 의사결정을 지원할 수 있다는 것이다.

예시 2-6

다시 한번 앞선 예시로 되돌아가 보자. 그림 2-6은 평균 이익을 생산량의 함수로 나타낸 것이다. 앞에서 언급했듯이 최적 생산량, 즉 평균 이익을 최대화하는 수량은 약 12,000벌임을 보여준다. 또한 9,000벌을 생산하거나 16,000벌을 생산해도 평균 이익이 $294,000로 거의 동일하다는 것을 보여준다. 어떤 이유로 9,000벌 생산과 16,000벌 생산 중 하나를 선택해야 한다면 어떤 것을 선택해야 할까?

이 질문에 답하려면 어떤 결정과 관련된 위험을 보다 정확하게 이해하기 위해 주어진 생산량인 9,000벌과 16,000벌의 잠재적 이익에 대한 정보를 제공하는 빈도 히스토그램(그림 2-7 참조)을 구성해야 한다. 예를 들어 생산량이 16,000벌일 경우의 이익을 생각해 보자. 그래프는 이익 분포가 대칭이 아님을 보여준다. $220,000의 손실은 약 11%의 빈도로 발생하는 반면, 최소 $410,000의 이익은 50%의 빈도로 발생한다. 반면 생산량이 9,000벌일 때 이익의 빈도 히스토그램을 보면 분포에 가능한 결과가 두 가지뿐임을 알 수 있다. 이익은 약 11%의 확률로 $200,000 혹은 약 89%의 확률로 $305,000이다. 따라서 16,000벌을 생산해도 평균 이익은 9,000벌을 생산할 때와 같지만, 생산 규모가 커질수록 잠재적 위험과 보상 가능성은 증가한다. 기업의 선호도에 따라 더 높은 이익의 가능성을 높이기 위해 손실 위험의 증가를 감수하는 것이 적절할 수도 있고 그렇지 않을 수도 있다.

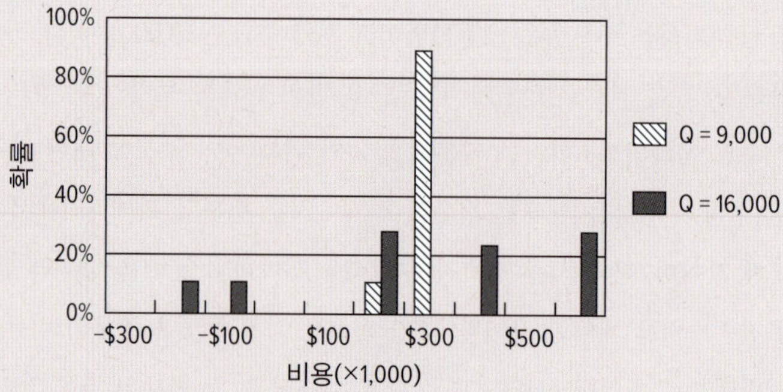

그림 2-7 이익의 빈도 히스토그램

요약하면,

- 최적 주문량이 반드시 예측 수요 혹은 평균 수요와 같지는 않다. 실제로 최적 주문량은 추가 판매로 얻을 수 있는 한계수익과 한계비용 간의 관계에 따라 달라진다. 더 중요한 것은 고정 비용은 생산량에는 영향을 미치지 않고 생산 여부 결정에만 영향을 미친다는 점이다. 따라서 생산하기로 결정하면 생산량은 고정 생산 비용과 무관하게 동일하다.
- 주문량이 증가하면 일반적으로 생산량이 특정 값에 도달할 때까지 평균 이익은 증가하고, 그 이후에는 평균 이익이 감소하기 시작한다.
- 생산량이 증가하면 위험(risk), 즉 큰 손실이 발생할 확률은 언제나 증가한다. 동시에 큰 이익이 발생할 확률 또한 증가한다. 이것이 바로 위험과 보상 간의 상충관계이다.

2.2.5 초기 재고

이전 모델에서는 기업이 짧은 판매 기간 동안 수요를 충족하기 위해 주문 또는 생산 기회가 단 한 번만 있는 상황을 고려했다. 이제 비슷한 상황을 고려하지만, 기업이 이전 판매 기간에 재고가 남은 경우와 같이 이미 해당 제품의 재고를 일부 보유하고 있는 경우를 고려해 보자. 추가 주문이나 생산이 없는 경우 보유 재고를 사용하여 수요를 충족할 수 있지만, 물론 이 초기 재고 수준보다 더 많이 판매할 수는 없다. 반면에 주문이 이루어지면 고정 비용이 발생하게 되고 추가 재고를 확보할 수 있게 된다. 따라서 초기 재고가 가용한 경우, 고정 비용 발생을 피하면서 제한된 수량의 재고만 보유하는 것과 고정 비용을 지불하며 더 높은 재고 수준을 보유하는 것 사이에서 절충안을 찾아야 한다.

예시 2-7

이전 예시에서 지금 논의하고 있던 수영복은 작년에 생산된 모델이고 제조업체의 초기 재고가 5,000개라고 가정해 보자. 이 모델에 대한 수요가 이전과 동일한 패턴의 시나리오를 따른다고 가정할 때 제조업체는 생산을 시작해야 하는가? 그렇다면 몇 벌의 수영복을 생산해야 하는가?

제조업체가 수영복을 추가로 생산하지 않는다면 5,000벌을 초과하여 판매할 수 없을 것이고 추가 고정 비용 또한 발생하지 않을 것이다. 그러나 제조업체가 생산하기로 결정하면 생산량과 무관하게 고정 생산 비용이 발생한다.

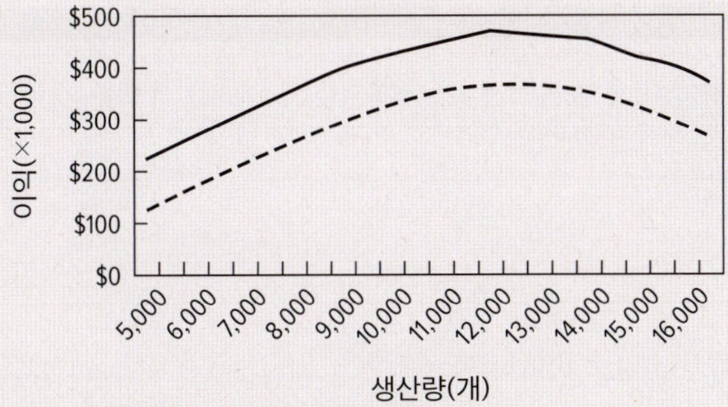

그림 2-8 이익과 초기 재고의 영향

이 문제를 이해하기 쉽게 그림 2-8을 보자. 실선은 고정 생산 비용을 포함한 평균 이익을 나타내고, 점선은 고정 생산 비용을 제외한 평균 이익을 나타낸다. 점선은 그림 2-6의 곡선과 일치하며, 실선은 모든 생산량에 대해 점선 위에 있고 두 선의 차이는 고정 생산 비용이다. 따라서 아무것도 생산하지 않는다면 평균 이익은 그림 2-8의 실선을 참조해야 하며 이는 다음과 같다.

225,000(그림에서) + 5,000 × 80 = 625,000

여기서 마지막 항은 $225,000에 이미 포함된 변동 생산 비용이다(여기서는 변동 생산 비용을 이전 기간에서 고려했다고 가정한다. 그렇지 않다면 이번 기간에 해당 비용을 다시 추가하지 않고 고려할 수 있다).

반면 제조업체가 생산하기로 결정한 경우 생산으로 인해 재고가 5,000개에서 12,000개로 증가하게 된다. 따라서 이 경우의 평균 이익은 점선을 참조해서 구할 수 있으며 다음과 같다.

371,000(그림에서) + 5,000 × 80 = 771,000

(여기서 다시 한번 초기 5,000개에 대한 비용을 이미 고려했다고 가정한다.) 재고를 12,000개로 증가시켰을 때의 평균 이익이 아무것도 생산하지 않았을 때의 평균 이익보다 크므로 최적 정책은 7,000개(= 12,000개 - 5,000개)를 생산하는 것이다. 이제 초기 재고가 10,000개인 경우를 생각해 보자. 이전과 동일한 분석에 따르면, 초기 재고 10,000개와 관련된 평균 이익이 재고를 12,000개로 늘리기 위해 생산할 때 얻을 수 있는 이익보다 크므로 추가적으로 생산할 필요가 없다는 점을 쉽게 알 수 있다. 이는 생산을 하지 않으면 고정 비용이 발생하지 않고, 생산을 하면 생산량과 무관하게 고정 비용을 지불해야 하기 때문이다(이 분석은 두 경우 모두 일관성이 유지되는 한 초기 5,000개의 생산 비용을 빼든 빼지 않든 사실이다).

따라서 생산을 한다면 평균적으로 얻을 수 있는 최대 이익은 $375,000이다. 이는 초기 재고가 약 8,500개이고 아무것도 생산하지 않기로 결정했을 때 얻을 수 있는 평균 이익과 동일하다. 따라서 초기 재고가 8,500개 미만인 경우 생산을 통해 재고 수준을 12,000개로 높인다. 반면에 초기 재고가 8,500개 이상이면 아무것도 생산하지 않아야 한다.

앞선 예시는 실제 재고 관리를 위해 사용되는 강력한 재고 정책을 도출하는 데 도움을 준다. 재고 수준 검토 시 특정 값(예 : s) 미만이면 재고를 S수준까지 늘리기 위해 주문(또는 생산)을 한다. 이러한 정책을 (s, S) 정책 또는 **최소-최대 정책**이라 한다. 일반적으로 s를 **재주문점** 또는 **최솟값**, S를 **목표 재고 수준**(order - up - to level) 또는 **최댓값**이라 한다. 마지막으로, 고정 비용이 없는 경우 최적 재고는 하나의 숫자, 즉 목표 재고 수준이며, 항상 재고를 목표 재고 수준까지 높일 수 있을 만큼만 주문해야 한다는 점에 유의해야 한다.

예시 2-8

수영복 생산 예시에서 재주문점은 8,500개이고 목표 재고 수준은 12,000개이다. 이 두 수준 간의 차이는 주문, 생산 또는 운송과 관련된 고정 비용으로 인해 정해진다.

2.2.6 신문판매원 모델

앞의 예시(예시 2-4부터 시작)에서는 일련의 가능한 수요 시나리오와 각 시나리오별 확률이 주어졌을 때 재고 의사결정을 내리는 방법에 대해 살펴보았다. 때로는 시나리오가 아닌 분포의 형태로 수요 정보가 주어질 수도 있다. 예를 들어, 수요는 주어진 평균과 표준편차를 가진 정규분포를 따르는 것으로 가정할 수 있다. 즉, 확률적 수요는 평균과 표준편차로 완전히 설명할 수 있는 유명한 종 모양의 곡선을 따른다고 가정할 수 있다.

이 경우 일반적으로 유명한 신문판매원 모델(newsvendor model)을 활용하여 적절한 주문량을 결정한다. 이 모델은 매일 아침 당일 수요를 충족하기 위해 얼마나 많은 신문을 주문할지 결정해야 하는 신문판매원이 직면한 상황에서 그 이름이 유래되었다. 이 모델의 가정은 다음과 같다.

- 불확실한 수요에 대응하기 위해 단일 제품 Q개를 주문해야 한다.
- 수요는 누적확률분포 $F(x)$를 따르는 연속확률변수이다. 여기서 임의의 Q에 대해 $F(Q)$는 수요가 Q보다 작거나 같을 확률이다.
- 각 제품 단위는 원가(생산 비용) c를 지불하고 구입한 후 가격 p에 판매할 수 있으므로, 각 판매가 이루어진 제품별로 $(p - c)$만큼의 이익이 발생한다.

미적분을 사용하면, 수요가 Q^*보다 작거나 같을 확률이 다음과 같도록 수량 Q^*를 주문하는 것이 최적임을 쉽게 알 수 있다.

$$F(Q^*) = \frac{p-c}{p}$$

여기서 위 방정식의 우변에서 분자는 제품 한 단위 부족 시 발생하는 비용(이 경우 이익 손실)이고, 분모는 분자에 제품 한 단위를 더 보유했을 시 발생하는 비용(이 경우 단위 비용)을 더한 값이다.

예시 2-9

생산 비용이 \$80, 판매 가격이 \$125인 수영복 예시로 돌아가보자. 수요가 평균 13,000, 표준편차 4,000인 정규분포를 따르는 경우 최적 주문량 Q*는 다음 방정식을 만족시키는 값이다.

$$F(Q^*) = \frac{125-80}{125}$$

이후 엑셀을 사용하거나(다음 함수를 사용 = NORM.INV(*F*(*Q**),13000,4000)) 정규분포표를 사용하면 주문량이 11,566개임을 쉽게 확인할 수 있다.

2.2.7 다수 주문 기회

지금까지 살펴보았던 모델들은 모두 단일 주문 혹은 단일 생산 상황에 초점을 맞췄다. 판매 기간이 짧고 실현된 고객 수요에 기반해 제품을 재주문할 수 있는 두 번째 기회가 없는 패션 품목이 해당될 수 있다. 그러나 많은 실제 상황에서는 의사결정자가 1년 동안 언제든지 계속해서 제품을 주문할 수 있다.

예를 들어, 제품에 대한 불확실한 수요에 대응하기 위해 제조업체에 주문한 제품으로 그 수요를 충족하는 유통업체를 생각해 보자. 물론 제조업체가 유통업체의 주문을 즉각적으로 충족할 수는 없다. 이는 유통업체가 운송을 완료하기까지 정해진 운송 리드 타임이 있기 때문이다. 수요는 불확실성이 존재하고 제조업체는 고정된 운송 리드 타임을 가지고 있기 때문에 유통업체는 제품 주문에 대한 고정 주문 비용이 발생하지 않는다 할지라도 재고를 보유해야 한다. 유통업체는 다음의 최소 세 가지 이유로 재고를 보유해야 한다.

1. 리드 타임 동안 발생한 수요를 충족해야 하기 때문이다. 주문이 즉시 충족되는 것이 아니므로 유통업체가 주문한 시간과 주문한 재고가 도착하는 시간 동안 발생한 고객 수요에 대응하기 위해 재고를 보유해야 한다.
2. 수요의 불확실성에 대응해야 하기 때문이다.
3. 연간 재고 보유 비용과 고정 주문 비용 간의 균형을 맞춰야 하기 때문이다. 주문 빈도가 높을수록 재고 수준이 낮아져 재고 보유 비용이 낮아지지만, 대신 연간 고정 주문 비용이 높아지게 된다.

이러한 문제점은 직관적으로 명백하지만 유통업체가 적용해야 하는 구체적인 재고 정책은 그리 간단하지 않다. 재고를 효과적으로 관리하려면 유통업체는 주문 시점과 주문량을 결정해야 한다. 다음과 같이 두 가지 유형의 재고 정책으로 구분해서 살펴본다.

- **연속재고검토 정책(continuous review policy)** : 재고 수준을 지속적으로 검토하고 재고가 특정 수준 또는 재주문점에 도달하면 주문하는 정책이다. 이 유형의 정책은 재고를 지속적으로 검토할 수 있는 경우(예 : 전산화된 재고 관리 시스템을 사용하는 경우)에 가장 적합하다.
- **정기재고검토 정책(periodic review policy)** : 재고 수준을 정기적으로 검토하고 매번 검토 후 적절한 수량을 주문하는 정책이다. 이 유형의 정책은 재고를 자주 검토하고 필요한 경우 주문하는 것이 불가능하거나 어려운 시스템에서 적합하다.

2.2.8 연속재고검토 정책

우선 재고 수준을 지속적으로 검토하는 시스템을 살펴보자. 이러한 시스템은 일반적으로 정기재고검토 시스템보다 더 신속하게 대응할 수 있는 재고 관리 전략을 제공한다. 그 이유는 무엇일까?

다음과 같은 추가 가정을 고려해 보자.

- 일일 수요는 불확실성이 존재하고 정규분포를 따른다고 가정한다. 즉, 신문판매원 모델에서 논의했던 것과 마찬가지로 일일 수요에 대한 확률적 예측은 평균과 표준편차로 완전히 설명 가능하다고 가정한다.
- 유통업체가 제조업체에 주문할 때마다 유통업체는 고정 주문 비용인 K 및 주문량에 비례하는 금액을 지불한다.
- 재고 보유 비용은 단위시간당 각 품목별로 부과된다.
- 재고 수준은 지속적으로 검토되며, 주문이 접수되면 적절한 리드 타임이 지난 후에 주문이 도착한다.
- 주문을 처리할 수 없는 경우(즉, 유통업체의 재고가 모두 소진된 경우) 고객 주문이 도착하면 주문은 미충족되며 손실된다.
- 유통업체는 필요 **서비스 수준**(service level)을 명확히 한다. 서비스 수준은 리드 타임 동안 재고 고갈 상황이 발생하지 않을 확률을 나타낸다. 예를 들어, 유통업체는 재고 소진 시까지 수요가 충족되는 리드 타임의 비율을 95%로 보장하기를 원한다고 하자. 따라서 이 경우 요구되는 서비스 수준은 95%이다.

유통업체가 사용해야 하는 재고 정책을 수립하기 위해 다음과 같은 정보가 필요하다.

AVG = 유통업체가 직면한 일일 평균 수요

STD = 유통업체가 직면한 일일 수요의 표준편차

L = 공급업체에서 유통업체까지의 재고 보충 리드 타임(일)

h = 유통업체에서 제품 한 단위를 하루 동안 보유하는 데 소요되는 재고 유지 비용

α = 서비스 수준. 이는 품절 확률이 $1-\alpha$임을 의미한다.

또한 **재고 위치**(inventory position)의 개념을 정의할 필요가 있다. 특정 시점에서의 재고 위치는 창고에 있는 실제 보유 재고에 유통업체가 주문한 제품 중 아직 도착하지 않은 제품을 더한 값에서 이월주문(backorder)된 제품을 뺀 값이다.

유통업체가 사용해야 하는 재고 정책을 설명하기 위해, 초기 재고가 있는 단일기간 재고 모델을 살펴보았을 때 분석했던 내용을 상기해 보자. 이 모델에서는 재고 수준이 일정 수준 이하로 떨어지면 재고 수준을 더 높은 수준에 도달할 수 있도록 주문했다. 연속재고검토 모델의 경우, 재고 수준이 재주문점 R 이하로 떨어질 때마다 Q개를 주문하는 (Q, R) 정책으로 알려진 유사한 접근 방법을 사용한다.

재주문점인 R은 두 가지 요소로 구성된다. 첫 번째는 리드 타임 동안의 평균 재고로, 일일 평균 수요와 리드 타임의 곱이다. 이를 통해 유통업체가 주문할 때 시스템이 리드 타임 동안 기대 수요를 충족할 수 있는 충분한 재고를 확보할 수 있다. 리드 타임 동안의 평균 수요는 정확히 다음과 같다.

$$L \times AVG$$

두 번째 구성 요소는 **안전 재고**로, 유통업체가 리드 타임 동안 수요가 평균 수요로부터 벗어나는 경우에 대비하기 위해 창고와 파이프라인에 보관해야 하는 재고량이다. 이 수량은 다음과 같이 계산된다.

$$z \times STD \times \sqrt{L}$$

여기서 z는 **안전계수**(safety factor)라고 불리는 상수이며, 이는 서비스 수준과 관련이 있다. 따라서 재주문점은 다음과 같다.

$$L \times AVG + z \times STD \times \sqrt{L}$$

안전계수 z는 리드 타임 동안 품절 확률이 정확히 $1-\alpha$가 되도록 하는 값으로 통계표에서 선택한다. 이는 재주문점이 다음을 만족시켜야 함을 의미한다.

$$\Pr\{\text{리드 타임 동안의 총수요} \geq L \times AVG + z \times STD \times \sqrt{L}\} = 1-\alpha$$

표 2-2는 서비스 수준 α에 따른 z 값을 나타낸다.

주문량 Q는 어떨까? 이 모델에서 최적의 Q를 계산하는 것은 쉽지 않지만, 앞서 살펴본 EOQ 주문량은 이 모델에 매우 효과적이다. 이 모델에서의 주문량 Q는 다음과 같이 계산된다.

$$Q = \sqrt{\frac{2K \times AVG}{h}}$$

만약 고객 수요의 변동성이 없는 경우, 유통업체는 주문을 받는 데 L일이 소요되므로 재고가 $L \times AVG$ 수준일 때 Q만큼을 주문한다. 그러나 수요 변동성이 존재하는 경우, 유통업체는 재고 위치가 재주문점 R에 도달할 때마다 Q만큼을 주문한다.

그림 2-9는 이러한 유형의 정책을 구현할 때 시간 경과에 따른 재고 수준을 나타낸다. 이 정책의 평균 재고 수준은 얼마인가? 연속된 두 주문 사이에 최소 재고 수준은 주문을 수령하기 직전에 달성되는 반면 최대 재고 수준은 주문을 수령한 직후에 달성되는 것을 알 수 있다. 주문을 수령하기 전 예상 재고 수

표 2-2 서비스 수준과 안전계수, z

서비스 수준	90%	91%	92%	93%	94%	95%	96%	97%	98%	99%	99.9%
z	1.29	1.34	1.41	1.48	1.56	1.65	1.75	1.88	2.05	2.33	3.08

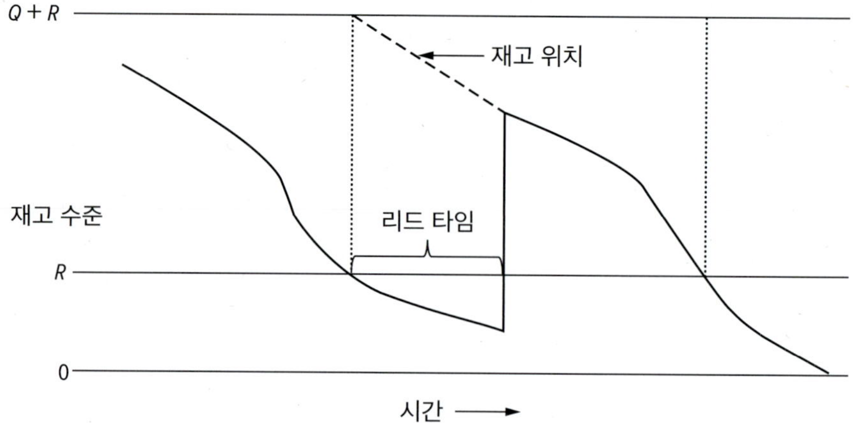

그림 2-9 (*Q*, *R*) 정책에서 시간에 따른 재고 수준

준은 안전 재고이다.

$$z \times STD \times \sqrt{L}$$

반면에 주문 수령 직후의 예상 재고 수준은 다음과 같다.

$$Q + z \times STD \times \sqrt{L}$$

따라서 평균 재고 수준은 이 두 값의 평균으로 다음과 같다.

$$\frac{Q}{2} + z \times STD \times \sqrt{L}$$

예시 2-10

제조업체로부터 주문하여 소매업체에 판매하는 TV 세트 유통업체가 있다고 가정해 보자. TV 세트 유통업체는 창고에서 TV 모델 중 하나에 대한 재고 정책을 수립하고자 한다. 유통업체가 TV 세트를 주문할 때마다 주문 규모와 무관하게 $4,500의 고정 주문 비용이 발생한다. 유통업체에 지불하는 TV 세트 비용은 $250이고 연간 재고 보유 비용은 제품 비용의 약 18%이다. 재고 보충 기간(즉, 리드 타임)은 약 2주이다.

표 2-3은 지난 12개월 동안 매달 소매업체에 판매된 TV 세트 수에 대한 데이터를 나타낸다. 유통업체가 97%의 서비스 수준을 보장하고자 한다고 가정할 때, 유통업체가 사용해야 하는 재주문점과 주문량은 어떻게 되는가?

표 2-3에 따르면 월 평균 수요는 191.17이고 월 수요의 표준편차는 66.53이다. 리드 타임이 2주이므로 평균과 표준편차를 다음과 같이 주 단위 값으로 변환한다(한 달을 4.3주로 가정).

표 2-3 이력 데이터

월	9월	10월	11월	12월	1월	2월	3월	4월	5월	6월	7월	8월
매출	200	152	100	221	287	176	151	198	246	309	98	156

$$\text{평균 주간 수요} = \frac{\text{평균 월 수요}}{4.3}$$

$$\text{주간 수요의 표준편차} = \frac{\text{월 표준편차}}{\sqrt{4.3}}$$

이 데이터는 표 2-4에서 제시하고 있다. 이를 통해 97%의 서비스 수준을 기준으로 표 2-2를 참조한 안전계수 z = 1.9(또는 더 정확하게는 1.88)를 사용하여 리드 타임 동안의 평균 수요와 안전 재고를 계산할 수 있다. 재주문점은 단순히 리드 타임 동안의 평균 수요에 안전 재고를 더한 값이다. 이 모든 데이터는 표 2-4에 제시되어 있다.

표 2-4 재고 분석

인자	평균 주간 수요	주간 수요의 표준편차	리드 타임 동안 평균 수요	안전 재고	재주문점
값	44.46	32.09	88.9	85.3	174

주문량 Q를 결정하기 위해 TV 세트당 주간 재고 보유 비용은

$$\frac{0.18 \times 250}{52} = 0.87$$

즉, 87센트이다. 이는 주문량 Q를 다음과 같이 계산해야 함을 의미한다.

$$Q = \sqrt{\frac{2 \times 4{,}500 \times 44.46}{0.87}} = 678$$

즉, 유통업체는 재고 수준이 174대에 도달할 때마다 TV 세트 678대를 주문해야 한다. 마지막으로 평균 재고 수준은

$$\frac{678}{2} + 85.3 = 424$$

즉, 유통업체는 평균적으로 약 9.5(= 424/44.46)주 분량의 재고를 창고에 보관한다.

2.2.9 가변 리드 타임

많은 경우 창고까지의 운송 리드 타임이 고정되어 있고 사전에 알 수 있다는 가정이 반드시 성립해야 하는 것은 아니다. 실제로 많은 경우 창고까지의 리드 타임은 불확실하거나 사전에 알 수 없는 경우가 많다. 이러한 경우 일반적으로 리드 타임은 평균 리드 타임이 $AVGL$, 표준편차가 $STDL$인 정규분포를 따른다고 가정한다. 이 경우 재주문점 R은 다음과 같이 계산된다.

$$R = AVG \times AVGL + z\sqrt{AVGL \times STD^2 + AVG^2 \times STDL^2}$$

여기서 $AVG \times AVGL$은 리드 타임 동안의 평균 수요를 나타내고

$$\sqrt{AVGL \times STD^2 + AVG^2 \times STDL^2}$$

은 리드 타임 동안 수요의 표준편차이다. 따라서 보유해야 하는 안전 재고는

$$z\sqrt{AVGL \times STD^2 + AVG^2 \times STDL^2}$$

와 같다. 이전과 마찬가지로 주문량 Q는

$$Q = \sqrt{\frac{2 \times K \times AVG}{h}}$$

이다.

2.2.10 정기재고검토 정책

많은 실제 현장에서는 재고 수준을 일정한 간격으로 주기적으로 검토하고 이후 적절한 수량을 주문한다. 이러한 간격이 비교적 짧은 경우(예 : 매일) 앞서 살펴본 (Q, R) 정책의 수정된 버전을 사용하는 것이 적절해 보일 수 있다. 그러나 안타깝게도 창고에서 주문할 때 재고 수준이 재주문점 아래로 떨어질 수 있으므로 (Q, R) 정책을 직접 구현할 수 없다. 이 문제를 극복하기 위해 두 개의 재고 수준 s와 S를 정의하고 각 재고 검토 시점에 만약 재고 수준이 s 이하로 떨어지면 재고 수준을 S 수준으로 올릴 수 있을 만큼 주문한다. 이 수정된 (Q, R) 정책을 (s, S) 정책이라고 부른다. s와 S의 최적값을 결정하는 것은 어렵지만, 매우 효과적인 근사치 중 하나는 이 문제를 연속재고검토 모델인 것처럼 Q와 R 값을 계산하여 s를 R로, S를 $R + Q$로 설정하는 것이다.

만약 연속된 두 번의 재고 수준을 검토하는 간격이 긴 경우(예 : 주간 또는 월간), 재고 수준 검토 후에 항상 주문하는 것이 합리적일 수 있다. 각 재고 수준 검토 후에 주문이 이루어지므로 주문에 따른 고정 비용은 매몰비용이므로 무시할 수 있으며, 아마도 고정 비용을 고려하여 재고 검토 간격을 결정했을 것이다. 주문량은 적절한 리드 타임 후에 도착한다.

이 경우 창고에서는 어떠한 재고 정책을 사용해야 할까? 이 환경에서는 고정 비용이 중요한 역할을 하지 않으므로, 재고 정책은 **기준 재고 수준**(base-stock level)이라는 단일 인자로 규정된다. 즉, 창고에서 목표 재고 수준인 기준 재고 수준을 결정하고 매 검토 시점마다 재고 위치를 검토하여 재고 위치를 기준 재고 수준까지 올릴 수 있을 만큼의 재고를 주문한다.

유효 기준 재고 수준(effective base-stock level)이란 무엇인가? 이를 위해 r을 검토 간격의 길이로 정하고, 주문이 매 r 기간마다 이루어진다고 가정한다. 이전과 마찬가지로 L은 리드 타임, AVG는 창고에서 마주하는 일일 평균 수요, STD는 일일 수요의 표준편차이다.

창고에서 주문할 때 이 주문으로 인해 재고 위치가 기준 재고 수준까지 올라간다. 이 재고 위치는 다음 주문이 도착할 때까지 재고 부족이 발생하지 않을 만큼 충분해야 한다. 다음 주문은 $r+L$일 후에 도착하므로, 현재 주문은 $r+L$일 동안의 수요를 만족시킬 만큼 충분해야 한다.

따라서 기본 재고 수준에는 두 가지 구성요소, 즉 $r+L$일 동안의 평균 수요(이는 $(r+L)\times AVG$와 같음)와 안전 재고($r+L$일 동안 평균 수요를 초과하는 경우에 대비하기 위해 창고에 추가적으로 보관해야 하는 재고량)를 포함해야 한다.

여기서 안전 재고는

$$z\times STD\times\sqrt{r+L}\ (\text{여기서 } z\text{는 안전계수})$$

와 같이 계산된다.

그림 2-10은 이러한 유형의 재고 정책을 실행할 때 시간에 따른 재고 수준 변동을 보여준다. 이 경우 평균 재고 수준은 얼마일까? 이전과 마찬가지로 최대 재고 수준은 주문 수령 직후에, 최소 재고 수준은 주문 수령 직전의 재고 수준과 같다. 주문 수령 직후의 기대 재고 수준은

$$r\times AVG+z\times STD\times\sqrt{r+L}$$

과 같고, 주문 도착 직전의 기대 재고 수준은 안전 재고

$$z\times STD\times\sqrt{r+L}$$

과 같다. 따라서 평균 재고 수준은 이 두 값의 평균으로 다음과 같다.

$$\frac{r\times AVG}{2}+z\times STD\times\sqrt{r+L}$$

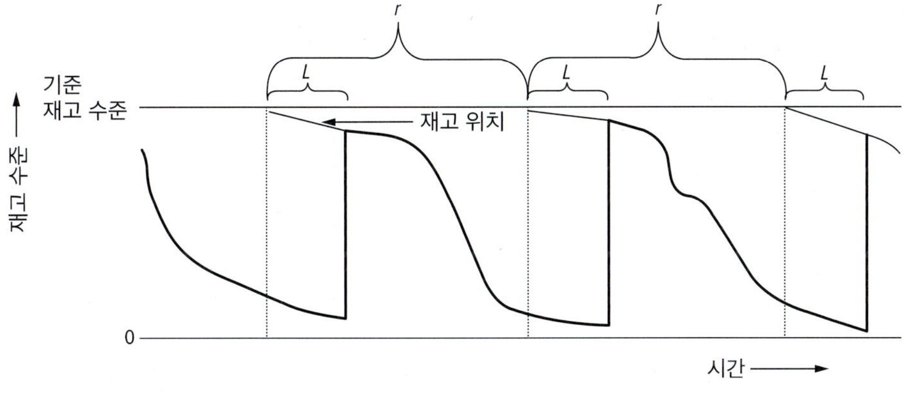

그림 2-10 정기재고검토 정책에서의 시간에 따른 재고 수준

예시 2-11

이전 예시 상황이 이어진다고 할 때, 유통업체가 매 3주마다 TV 세트를 주문한다고 가정해 보자. 리드 타임은 2주이므로 기본 재고 수준으로 5주에 해당하는 기간 동안의 수요에 대응해야 한다. 따라서 해당 기간 동안의 평균 수요는 $44.46 \times 5 = 222.3$이고, 서비스 수준 97%인 경우의 안전 재고는

$$1.9 \times 32.09 \times \sqrt{5} = 136.3$$

과 같다. 따라서 기본 재고 수준은 $222 + 136 = 358$이 되어야 한다. 즉, 유통업체가 3주마다 주문할 때 재고 위치를 TV 세트 358개 수준으로 올려야 한다. 이 경우 평균 재고 수준은

$$\frac{3 \times 44.46}{2} + 1.9 \times 32.09 \times \sqrt{5} = 202.98$$

과 같다. 이는 유통업체가 평균적으로 4.5주(= 202.98/44.46)의 공급량을 보유하고 있음을 의미한다.

2.2.11 서비스 수준 최적화

지금까지 재고 최적화의 목적은 특정 서비스 수준 목표가 주어졌을 때 최적 재고 정책을 결정하는 것이라고 가정해 왔다. 물론 문제는 시설에서 어떻게 적절한 서비스 수준을 결정해야 하는가이다. 때때로 이는 공급망 하류의 고객에 의해 결정되기도 한다. 즉, 소매업체가 공급업체와 같은 시설에 특정 서비스 수준을 유지하도록 요구할 수 있으며, 공급업체는 이 목표를 사용하여 자체 재고를 관리할 수 있다.

다른 경우에는 시설에서 적절한 서비스 수준을 유연하게 선택할 수 있다. 그림 2-11에 제시된 상충 관계는 분명하다. 다른 모든 조건이 동일하다면, 서비스 수준이 높을수록 재고 수준도 높아진다. 마찬가지로 동일한 재고 수준에서 시설까지의 리드 타임이 길수록 시설에서 제공하는 서비스 수준은 낮아진다. 마지막으로, 서비스 수준에 대한 한계 영향은 재고 수준에 따라 감소한다. 즉, 재고 수준이 낮을수록 재고 한 단위가 서비스 수준에 미치는 영향이 커지고 따라서 기대이익에 미치는 영향도 커진다.

따라서 소매업계에서 각 SKU에 대한 서비스 수준을 결정하는 데 사용할 수 있는 한 가지 전략은 전체 또는 일부 제품에 걸친 기대이익을 극대화하는 데 집중하는 것이다. 즉, 모든 제품에 대한 목표 서비스 수준이 주어지면 기대이익을 극대화할 수 있도록 각 SKU에 대한 서비스 수준을 결정한다. 다른 모든 조건이 동일하다면, 더 높은 서비스 수준을 유지하기 위해 더 저렴하거나 수익성이 높은 제품, 즉 다음과 같은 특징을 지닌 제품의 경우 서비스 수준이 더 높아진다.

- 높은 이익마진
- 높은 판매량
- 낮은 변동성
- 짧은 리드 타임

이익 최적화가 서비스 수준에 미치는 영향은 그림 2-12에 잘 설명되어 있다. 세로축은 연간 매출을

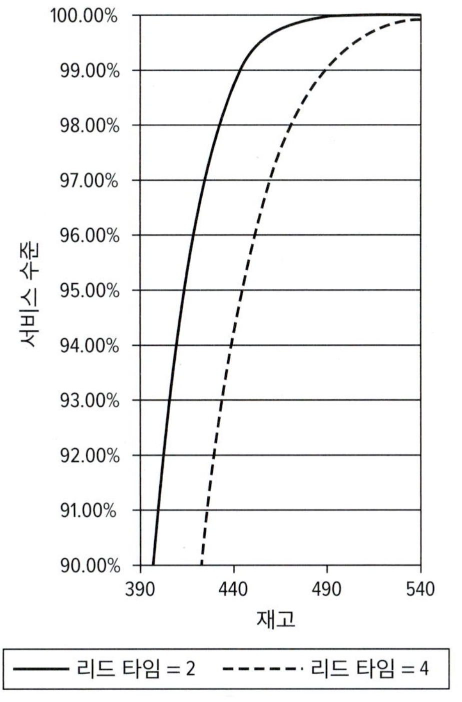

그림 2-11 리드 타임에 따른 서비스 수준 vs. 재고 수준

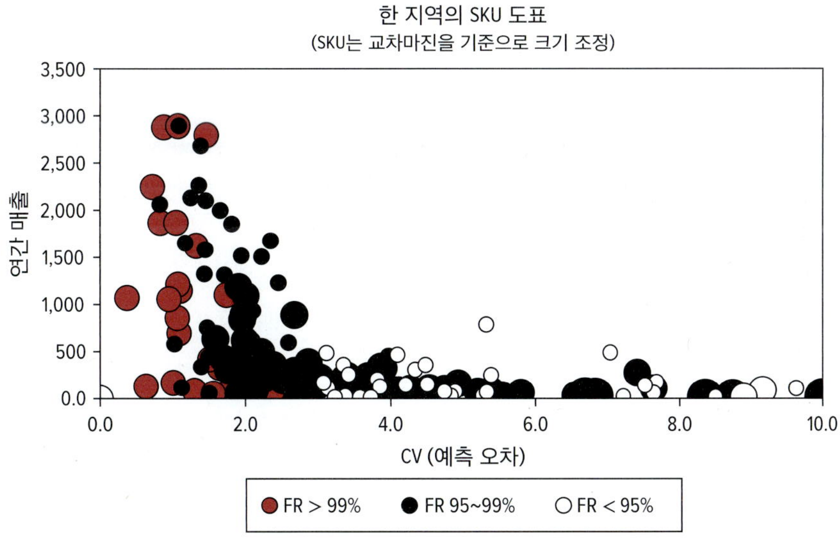

그림 2-12 SKU별 서비스 수준 최적화

나타내고 가로축은 수요 변동성을 나타낸다. 각 원은 제품과 연관되어 있으며 원의 크기는 이익마진과 비례한다. 목표 재고 수준은 모든 제품에 걸쳐 95%이다. 보다시피 이익마진이 높고 물량이 많으며 변동성

이 낮은 많은 제품의 서비스 수준은 99%(빨간색 원)보다 높다. 반면에 이익마진이 낮고, 물량이 적으며, 변동성이 높은 제품의 서비스 수준은 95%보다 낮다.

2.3 리스크 풀링

공급망상의 변동성을 해결하기 위해 사용되는 가장 강력한 도구 중 하나는 **리스크 풀링**(risk pooling) 개념이다. 리스크 풀링은 여러 지역의 수요를 통합하면 수요 변동성이 줄어드는 것을 의미한다. 여러 지역에 걸친 수요를 통합하면 한 고객의 높은 수요가 다른 고객의 낮은 수요로 상쇄될 가능성이 높아지기 때문이다. 이렇게 변동성이 감소하면 안전 재고를 줄일 수 있으므로 평균 재고가 감소한다.

리스크 풀링을 이해하려면 수요의 표준편차와 변동계수(coefficient of variation)의 개념을 이해하는 것이 필요하다. 표준편차는 수요가 평균을 중심으로 얼마나 변하는 경향이 있는지를 측정하는 척도이며, 변동계수는 평균 수요에 대한 표준편차의 비율이다.

$$\text{변동계수} = \frac{\text{표준편차}}{\text{평균 수요}}$$

이 시점에서 표준편차와 변동계수의 차이를 이해하는 것이 중요한데, 이 두 가지 모두 고객 수요의 변동성을 측정하는 척도이다. 실제로 표준편차는 고객 수요의 절대적인 변동성을 측정하는 반면, 변동계수는 평균 수요 대비 변동성을 측정하여 다양한 수준의 수요를 가진 제품을 비교하는 데 활용할 수 있다.

이러한 배경을 바탕으로 리스크 풀링의 효과를 알아보기 위해 다음 사례를 살펴보자.

CASE 리스크 풀링

미국 북동부에서 전자장비를 생산하고 유통하는 ACME는 유통 문제에 직면해 있다. 현재 유통 시스템은 북동부를 두 개의 시장으로 나누고 각 시장별 하나의 창고가 있다. 한 창고는 뉴저지주 파라머스에, 다른 창고는 매사추세츠주 뉴턴에 위치해 있다. 고객(일반적으로 소매업체)은 창고에서 직접 상품을 수령하지만, 현재 유통 시스템에서는 각 고객이 단일 시장에 배정되어 해당 창고에서 운송받는다.

이 물류창고는 시카고의 제조시설에서 물품을 수령한다. 각 창고로 배송하는 데 소요되는 리드 타임은 약 1주일이며, 제조시설은 어떤 창고 주문도 충족할 수 있는 충분한 생산 능력을 갖추고 있다. 현재 유통 전략은 97%의 서비스 수준을 제공한다. 즉, 각 창고에서 사용하는 재고 정책은 품절 확률이 3%가 되도록 설계되었다. 물론 미충족 주문은 경쟁업체로 넘어가 추후 운송을 통해 충족할 수 없다.

초기 유통 시스템은 7년 전에 설계되었기 때문에

표 2-5 제품 A의 과거 이력 데이터

주(Week)	1	2	3	4	5	6	7	8
매사추세츠	33	45	37	38	55	30	18	58
뉴저지	46	35	41	40	26	48	18	55
합	79	80	78	78	81	78	36	113

새로 임명된 이 회사의 CEO는 현 물류 및 유통 시스템을 재검토하기로 결정했다. ACME는 공급망에서 약 1,500개의 다양한 제품을 취급하며 북동부 지역의 약 10,000개 거래처에 서비스를 제공하고 있다. ACME는 다음과 같은 대안 전략을 고려하고 있다. 두 개의 창고를 파라머스와 뉴턴 사이에 위치한 단일창고로 대체하여 모든 고객 주문을 처리한다. 이 제안된 시스템을 중앙집중형 유통 시스템이라고 하자. CEO는 어떤 물류 전략을 사용하든 동일한 서비스 수준인 97%를 유지해야 한다고 주장한다.

물론 두 개의 창고로 운영하는 현형 유통 시스템은 각 창고가 특정 고객 하위집합에 가까워 배송시간이 단축된다는 점에서 단일창고 시스템에 비해 중요한 이점이 있다. 그러나 제안된 변경사항 또한 ACME가 훨씬 적은 재고로 동일한 서비스 수준인 97%를 달성하거나 동일한 총재고량으로 더 높은 서비스 수준을 달성할 수 있다는 중요한 이점도 있다.

이는 직관적으로 다음과 같이 설명할 수 있다. 불확실한 수요의 경우, 한 소매업체의 평균보다 높은 수요가 다른 소매업체의 평균보다 낮은 수요로 인해 상쇄될 가능성이 매우 높다. 창고에서 서비스를 제공하는 소매업체의 수가 증가함에 따라 이러한 가능성 또한 증가한다. 실제로 이것이 바로 2.2.2절의 서두에서 설명한 모든 예측의 세 번째 원칙(총괄 수요에 대한 예측이 더 정확하다)이다.

ACME가 중앙집중형 시스템으로 전환하기로 결정했지만 서비스 수준은 기존과 동일한 97%를 유지하고자 한다면, 재고를 얼마나 줄일 수 있을까?

이 질문에 답하기 위해서는 현재 시스템과 중앙집중형 시스템 모두에 대해 ACME가 사용해야 하는 재고 정책을 보다 엄격하게 분석해야 한다. 모든 제품에 대해 분석을 수행해야 하지만 여기서는 제품 A와 제품 B라는 두 가지 특정 제품에 대해 분석하고자 한다.

두 제품 모두 공장에서 주문하는 데 드는 비용은 주문당 $60이고, 재고 보유 비용은 주당 제품당 $0.27이다. 현 유통 시스템에서는 창고에서 고객까지 제품을 운송하는 데 소요되는 비용이 제품당 평균 $1.05이다. 중앙집중형 유통 시스템에서는 중앙 창고로부터의 운송 비용이 제품당 평균 $1.10이 될 것으로 추정된다. 이 분석에서는 두 시스템에서의 운송 리드 타임이 크게 다르지 않다고 가정한다.

표 2-5와 표 2-6은 각각 제품 A와 B에 대한 과거 이력 데이터를 나타내고 있다. 이 표에는 각 시장 지역에서 지난 8주 동안 각 제품에 대한 주간 수요 정보가 포함

표 2-6 제품 B의 과거 이력 데이터

주(week)	1	2	3	4	5	6	7	8
매사추세츠	0	2	3	0	0	1	3	0
뉴저지	2	4	0	0	3	1	0	0
합	2	6	3	0	3	2	3	0

표 2-7 과거 이력 데이터 요약

통계	제품	평균 수요	수요의 표준편차	변동계수
매사추세츠	A	39.3	13.2	0.3
매사추세츠	B	1.1	1.4	1.21
뉴저지	A	38.6	12.0	0.31
뉴저지	B	1.3	1.6	1.26
합	A	77.9	20.7	0.27
합	B	2.4	1.9	0.81

되어 있다. 제품 B는 느리게 판매되는(slow-moving) 제품이라는 것을 알 수 있다. 제품 B에 대한 수요는 제품 A에 대한 수요에 비해 상당히 작다.

표 2-7은 각 제품에 대한 주간 평균 수요와 주간 수요의 표준편차를 요약한 것이다. 이는 또한 각 물류창고가 직면한 수요의 변동계수도 나타내고 있다.

표준편차는 고객 수요의 절대적인 변동성을 측정하는 반면, 변동계수는 평균 대비 상대적인 변동성을 측정한다는 점을 기억하자. 예를 들어, 여기서 분석한 두 제품의 경우, 제품 A의 표준편차가 훨씬 더 큰 반면 제품 B의 변동계수가 훨씬 더 큰 것을 알 수 있다. 이러한 두 제품 간의 차이는 최종 분석에서 중요한 역할을 한다.

마지막으로, 각 제품에 대해 중앙집중형 유통 시스템에서 창고가 직면한 평균 수요는 기존 개별 창고가 마주한 평균 수요의 합이다. 그러나 표준편차 혹은 변동계수로 측정되는 중앙창고가 직면한 수요 변동성은 기존 두 창고가 직면한 변동성을 합친 것보다 훨씬 작다. 이는 현재 시스템과 제안된 시스템의 재고 수준에 큰 영향을 미친다. 이전 절에서 설명한 바와 같이 계산된 이러한 수준은 표 2-8에서 제시하고 있다.

뉴저지 파라머스에 있는 물류창고에 있는 제품 A의 평균 재고는 다음과 같다.

$$\text{안전 재고} + \frac{Q}{2} = 88$$

마찬가지로 동일 제품에 대한 매사추세츠주 뉴턴에 있는 물류창고의 평균 재고는 약 91개인 반면, 중앙집중형 물류창고의 평균 재고는 약 132개이다. 따라서 ACME가 현재 시스템에서 새로운 중앙집중형 시스템으로 전환하면 제품 A의 평균 재고가 약 36% 감소하여 평균 재고가 현저히 감소한다.

제품 B의 평균 재고는 파라머스에 있는 물류창고에서 15개, 뉴턴에 있는 물류창고에서 14개, 중앙집중형 물류창고에서 20개이다. 이 경우 ACME는 평균 재고가 약 43% 감소하게 된다.

표 2-8 재고 수준

	제품	리드 타임 동안 평균 수요	안전 재고	재주문점	Q
매사추세츠	A	39.3	24.8	64	132
매사추세츠	B	1.1	2.5	4	22
뉴저지	A	38.6	24.8	62	131
뉴저지	B	1.3	3.0	4	24
합	A	77.9	38.9	117	186
합	B	2.4	3.6	6	32

이 사례는 리스크 풀링의 개념을 극적으로 보여준다. 위에서 언급한 바와 같이, 리스크 풀링으로 인한 수요 통합은 수요 변동성을 감소시켜 안전 재고와 평균 재고의 감소로 이어진다. 예를 들어, 앞에서 설명한 중앙집중형 유통 시스템에서 창고는 모든 고객에게 서비스를 제공하므로 표준편차 또는 변동계수로 측정되는 변동성이 감소하게 된다.

리스크 풀링에 대한 세 가지 핵심 사항을 요약하면 다음과 같다.

1. 재고를 중앙집중화하면 시스템의 안전 재고와 평균 재고가 모두 감소한다. 이는 직관적으로 다음과 같이 설명할 수 있다. 중앙집중형 유통 시스템에서는 한 시장 지역의 수요가 평균보다 높고 다른 시장 지역의 수요가 평균보다 낮을 때마다 원래 한 시장에 할당된 창고 내 품목을 다른 시장으로 재할당할 수 있다. 서로 다른 창고가 서로 다른 시장에 서비스를 제공하는 분산형 유통 시스템에서는 재고를 재분배하는 프로세스가 불가능하다.
2. 변동계수가 높을수록 중앙집중형 시스템에서 얻을 수 있는 이익, 즉 리스크 풀링으로 인한 이익이 커진다. 이는 다음과 같이 설명할 수 있다. 평균 재고에는 주간 평균 수요에 비례하는 요소(Q)와 주간 수요의 표준편차에 비례하는 요소(안전 재고)가 포함된다. 평균 재고의 감소는 주로 안전 재고의 감소를 통해 이루어지므로, 변동계수가 커질수록 안전 재고가 재고 감소에 미치는 영향이 커진다.
3. 리스크 풀링의 이점은 한 시장의 수요와 다른 시장의 수요의 상관관계에 따라 달라진다. 한 시장의 수요가 평균보다 클 때 다른 시장의 수요도 평균보다 클 가능성이 매우 높으면, 두 시장의 수요는 **양의 상관관계가 있다**고 말한다. 마찬가지로 한 시장의 수요가 평균보다 작으면 다른 시장의 수요도 평균보다 작다. 직관적으로 두 시장 수요의 상관관계가 더 양의 값을 가질수록 리스크 풀링의 이점은 감소한다.

6장에서는 리스크 풀링의 다양한 예가 제시된다. 이 장에서는 고객 전체가 아닌 **제품 전체 또는 시간대별 수요를 집계**하여 리스크 풀링을 적용한다.

2.4 중앙집중형 시스템과 분산형 시스템

이전 절에서의 분석은 다음의 중요한 실무적 이슈를 제기했다. 재고가 유통망에 중앙집중화된 시스템과 재고가 네트워크에 더 많이 분산된 시스템을 비교할 때 고려해야 할 상충관계는 무엇일까?

- **안전 재고 :** 분명한 것은 기업이 더 분산된 시스템에서 덜 분산된 시스템으로 옮겨 갈수록 안전 재고가 감소한다는 점이다. 감소량은 변동계수 및 다양한 시장의 수요 간의 상관관계를 비롯한 여러 매개변수에 따라 달라진다.
- **서비스 수준 :** 중앙집중형 시스템과 분산형 시스템의 총 안전 재고가 동일한 경우, 중앙집중형 시스템에서 제공하는 서비스 수준이 더 높다. 이전과 마찬가지로 서비스 수준 증가의 크기는 변동계수와 다양한 시장의 수요 간의 상관관계에 따라 달라진다.

- **간접비** : 일반적으로 이러한 비용은 규모의 경제가 적기 때문에 분산 시스템에서 훨씬 더 크다.
- **고객 리드 타임** : 분산형 시스템에서는 창고가 고객과 훨씬 더 가깝기 때문에 반응 시간(response time)이 훨씬 더 짧다(3장 참조).
- **운송 비용** : 운송 비용에 미치는 영향은 상황에 따라 달라진다. 한편으로 창고 수가 증가할수록 창고가 시장 지역과 훨씬 더 가까워지기 때문에 아웃바운드(outbound) 운송 비용(창고에서 고객에게 물품을 운송하는 데 발생하는 비용)이 감소한다. 반면에 인바운드(inbound) 운송 비용(공급 및 제조시설에서 창고로 제품을 운송하는 데 소요되는 비용)은 증가한다. 따라서 총 운송 비용에 미치는 순 영향은 명확하지 않다.

2.5 공급망에서의 재고 관리

지금까지 고려한 대부분의 재고 모델과 사례는 단일시설(예 : 창고 또는 소매점)을 가정하고 자체 비용을 최대한 최소화하기 위해 재고를 관리한다.

이 절에서는 먼저 단일 기업에 속하는 다중설비 순차적 공급망(multifacility serial supply chain)을 고려한다. 순차적 공급망은 최종 고객 수요를 충족하는 최종 단계까지 각 단계별 하나의 하위 단계로 공급하는 일련의 단계로 구성된 공급망으로, 예를 들면, 단일 제조업체가 단일 유통업체의 주문을 충족하는 단일 도매업체에 공급하는 것을 들 수 있다. 마지막으로 유통업체는 고객 수요를 충족하는 단일 소매업체에 공급한다.

이러한 순차적 공급망을 단일 기업이 소유하는 경우, 해당 기업의 목표는 시스템 전체의 비용을 줄이기 위해 재고를 관리하는 것이므로 다양한 시설의 상호 작용과 이러한 상호 작용이 각 시설에서 사용해야 하는 재고 정책에 미치는 영향을 고려하는 것이 중요하다.

다음 사항을 가정한다.

1. 시스템 전체 비용을 최소화하는 것이 목표인 단일 의사결정권자가 재고 결정을 내린다.
2. 단일 의사결정권자는 각 소매업체와 물류창고의 재고 정보에 접근할 수 있다.

이 경우 **계층 재고 정책**의 개념에 기반한 접근방식이 시스템을 관리하는 효과적인 방법이다(이 문제에 대한 최적 정책을 찾는 것은 매우 어렵지만, 우리가 설명하는 정책은 매우 효과적이라는 점을 기억하자).

이 정책을 이해하려면 계층 재고(echelon inventory)의 개념을 소개할 필요가 있다. 유통 시스템에서 각 단계 또는 수준(예 : 창고 또는 소매업체)을 종종 계층(echelon)이라고 한다. 따라서 시스템의 모든 단계 또는 수준에서의 계층 재고는 해당 계층에서 보유하고 있는 재고에 모든 **공급망 하류의 재고**를 더한 값과 같다(공급망 하류는 공급망에서 고객과 가까운 부분을 의미).

예를 들어, 그림 2-13을 보면 유통업체의 계층 재고는 유통업체의 재고에 소매업체로 운송 중이거나

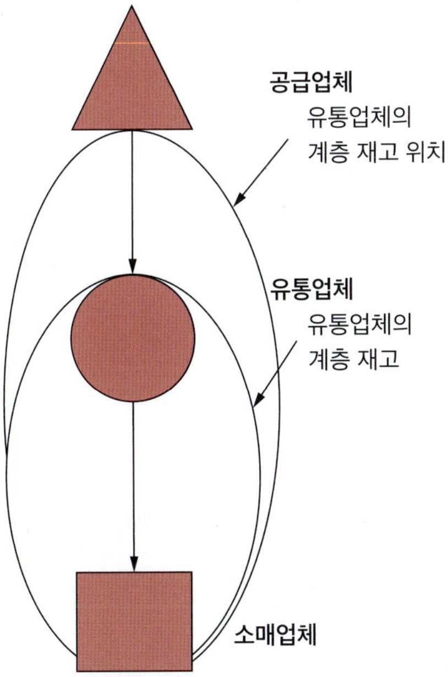

그림 2-13 순차적 공급망

소매업체 보유 재고를 더한 값이다. 마찬가지로 유통업체의 **계층 재고 위치**(echelon inventory position)는 유통업체 창고에 있는 계층 재고에 유통업체가 주문한 품목 중 아직 도착하지 않은 품목을 더한 후 이월 주문된 모든 품목을 뺀 값이다(그림 2-13 참조).

따라서 이러한 순차적 시스템을 관리하기 위한 효과적인 접근 방법은 다음과 같다. 첫째, 소매점 재고는 2.2.8절에서 설명된 (Q, R) 정책을 사용하여 관리한다. 소매업체의 재주문점과 주문량은 해당 절에서 설명한 공식을 사용하여 계산한다.

$$R = L \times AVG + z \times STD \times \sqrt{L}$$

$$Q^* = \sqrt{\frac{2KD}{h}}$$

이 경우 리드 타임 L은 창고에 재고가 충분하다고 가정할 때 소매업체가 주문한 시점부터 주문을 수령할 때까지의 시간이다. 소매업체의 재고 위치가 재주문점 R 아래로 떨어질 때마다 Q개를 주문한다. 마찬가지로 유통업체에 대한 재주문점 R과 주문량 Q를 계산한다. 그러나 이 경우에 유통업체의 재고 정책은 해당 유통업체의 계층 재고 위치를 제어하며, 유통업체의 계층 재고 위치가 R보다 낮아질 때마다 Q개만큼의 주문이 이루어진다.

유통업체의 계층 재고 위치와 연관된 재주문점은 어떻게 계산해야 할까? 이 경우 재주문점은 다음과 같다.

$$R = L^e \times AVG + z \times STD \times \sqrt{L^e}$$

여기서

L^e = 소매업체와 유통업체 간의 리드 타임에 유통업체와 그의 공급업체인 도매업체 간의 리드 타임을 더한 값으로 정의되는 계층 리드 타임

AVG = 소매업체의 평균 수요

STD = 소매업체 수요의 표준편차

다음으로, 리드 타임을 적절히 조정하고 적절한 계층 재고를 사용해서 유사한 접근방식을 통해 도매업체와 제조업체의 재고를 관리한다.

예시 2-12

위에서 설명한 4단계 공급망에서 단일 제조업체가 단일 도매업체에 공급하고, 이 도매업체는 다시 단일 유통업체의 주문을 충족시켜 고객 수요를 충족하는 단일 소매업체에 공급한다고 가정해 보자. 소매업체가 직면하는 주당 평균 수요가 45이고 표준편차가 32라고 가정하자. 또한 각 단계에서 경영진이 97%의 서비스 수준을 유지하려고 하고(z=1.88), 각 단계와 제조업체와 공급업체 간의 리드 타임이 1주일이며, 각 단계의 고정 주문 비용 및 재고 보유 비용이 표 2-9에 따라 주어지고 주문량도 그에 따라 결정된다고 가정하자.
다음으로, 각 단계의 서로 다른 계층 재고를 사용하여 다음과 같이 재주문점을 계산한다.

소매업체의 경우,

$$R = 1 \times 45 + 1.88 \times 32 \times \sqrt{1} = 105$$

유통업체의 경우,

$$R = 2 \times 45 + 1.88 \times 32 \times \sqrt{2} = 175$$

도매업체의 경우,

$$R = 3 \times 45 + 1.88 \times 32 \times \sqrt{3} = 239$$

제조업체의 경우,

$$R = 4 \times 45 + 1.88 \times 32 \times \sqrt{4} = 300$$

각 계층에서 계층 재고 위치가 해당 계층의 재주문점 아래로 떨어지면 적절한 Q만큼의 수량이 주문된다.

표 2-9 비용 매개변수와 주문량

	K	D	H	Q
소매업체	250	45	1.2	137
유통업체	200	45	0.9	141
도매업체	205	45	0.8	152
제조업체	500	45	0.7	255

공급망의 특정 계층에 두 개 이상의 시설이 있는 경우에는 어떻게 해야 할까? 예를 들어, 한 물류창고가 여러 소매업체에 제품을 공급하는 2단계 공급망은 어떨까? 이 경우에도 동일한 접근방식을 사용할 수

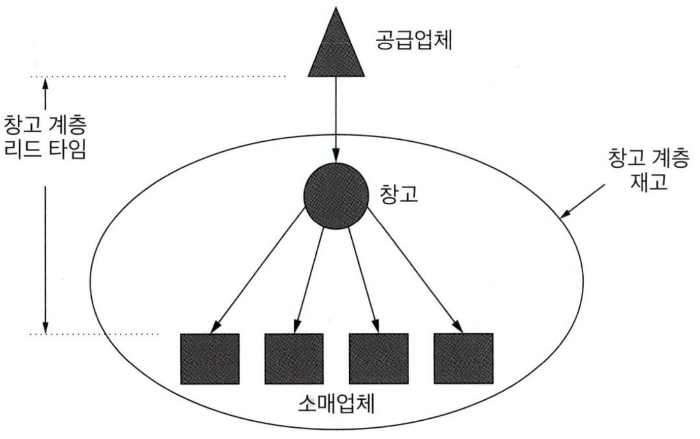

그림 2-14 창고 계층 재고

있지만, 이제 물류창고의 계층 재고는 물류창고에 있는 재고와 각 소매업체로 이동 중이거나 소매업체가 보유하고 있는 모든 재고를 더한 값이라는 점을 제외하면 동일하다. 마찬가지로 물류창고의 계층 재고 위치는 물류창고의 계층 재고에 물류창고에서 주문한 품목 중 아직 도착하지 않은 품목을 더하고 이월 주문된 모든 품목을 뺀 값이다(그림 2-14 참조).

이 시스템에서 재고를 관리하기 위해 이전과 마찬가지로 각 소매업체별로 재주문점(R)과 주문량(Q)을 계산하고, 소매업체의 재고 위치가 재주문점 R 이하로 떨어질 때마다 Q만큼의 수량에 대한 주문이 이루어진다.

창고 계층 재고 위치와 관련된 재주문점은 어떻게 계산해야 하는가? 이 경우 재주문점은 다음과 같다.

$$R = L^e \times AVG + z \times STD \times \sqrt{L^e}$$

여기서

L^e = 소매업체와 물류창고 간의 리드 타임에 물류창고와 공급업체 간의 리드 타임을 더한 값으로 정의되는 계층 리드 타임

AVG = 모든 소매업체의 평균 수요(즉, 총수요의 평균)

STD = 모든 소매업체의 (총)수요의 표준편차

예시 2-13

예시 2-10의 TV 유통업체를 생각해 보자. 해당 예시에서는 창고에 대한 재고 정책을 결정했다. 이제 창고에서 여러 소매업체를 대상으로 공급한다고 가정해 보자. 표 2-3에 제시된 과거 수요 데이터는 소매업체의 총 수요 데이터이다. 마지막으로 2주의 리드 타임은 주문이 창고에서 고객에게 도달하기까지 걸리는 시간인 계층 리드 타임이다. 따라서 유통업체는 창고로 가는 파이프라인, 창고에서 소매업체로 이동 중이거나 소매업체 등 시스템 어딘가에 총 174개의 재고, 즉 약 5주 분량의 재고가 있는지 확인해야 한다.

소매업체는 어떨까? 이 경우에도 정확히 동일한 계산을 수행해야 하지만, 이번에는 창고에서 소매업체까지의 관련된 리드 타임을 활용해야 한다.

예를 들어 특정 소매업체의 주당 평균 수요가 11.6이고 표준편차가 4.5라고 가정해 보자. 또한 상품이 창고에서 소매업체로 운송되는 데 1주일이 걸린다고 가정해 보자. 97%의 서비스 수준을 달성하기 위해 이전과 동일한 접근방식을 사용하면, 이 소매업체의 재주문점인 *R*이 20이라는 것을 알 수 있다. 따라서 소매업체의 재고 위치가 20이 될 때마다 주문 발주가 이루어진다. 물론 다른 소매업체의 수요나 리드 타임이 다르면 재주문점도 달라질 것이다.

이 기법은 공급망이 중앙집중형으로 제어되고 각 계층의 재고 정보가 의사결정권자에게 제공된다면 더 복잡한 공급망, 즉 추가 계층이 있는 공급망으로 확장될 수 있다.

2.6 실무적인 이슈

자재 및 재고 관리자가 효과적인 재고 감축 전략을 모색해 보라는 요청을 받으면 일반적으로 다음의 몇 가지 실무적인 전략을 찾는다.

1. **정기재고검토를 실시한다.** 이 전략(2.2.8절 참조)에서는 일정 시간 간격으로 재고를 검토하고 조사할 때마다 주문량에 대한 의사결정을 내린다. 정기재고검토 정책을 통해 판매 속도가 느리거나 단종된 제품을 식별할 수 있으며 경영진은 재고 수준을 지속적으로 줄일 수 있다.
2. **사용률, 리드 타임, 안전 재고를 엄격하게 관리한다.** 이를 통해 기업은 재고를 적절한 수준으로 유지할 수 있다. 이러한 재고 관리 프로세스를 통해 기업은 예를 들어 몇 달 동안 사용률이 감소하는 상황을 파악할 수 있다. 만약 적절한 조치를 취하지 않으면 이러한 사용률 감소는 같은 기간 동안 재고 수준이 증가한다는 것을 의미한다.
3. **안전 재고 수준을 낮춘다.** 이는 리드 타임 단축에 집중함으로써 달성할 수 있다.
4. **순환재고조사(cycle counting)를 도입하거나 강화한다.** 이 프로세스는 연간 실제 재고 실사를 매일 재고의 일부를 집계하고 각 품목이 1년에 여러 번 집계되는 시스템으로 대체한다.
5. **ABC 방법을 따른다.** 이 전략에서는 품목을 세 가지 범주로 분류한다. 클래스 A 품목에는 일반적으로 연간 매출의 약 80%를 차지하며 재고 SKU의 약 20%를 차지하는 모든 고수익 제품이 포함된다. 클래스 B 품목에는 연간 매출의 약 15%를 차지하는 제품이 포함되며, 클래스 C 품목은 매출의 5% 이하인 저수익 품목을 나타낸다. 클래스 A 품목이 비즈니스 대부분을 차지하므로 이 경우에는 빈도가 높은 정기재고검토 정책(예 : 주별 검토)이 적합하다. 마찬가지로, 검토 빈도는 A등급 제품만큼 높지 않지만 B등급 제품을 관리하기 위해 정기재고검토 정책을 적용한다. 마지막으로, 제품 가치에 따라 기업은 고가의 C등급 제품에 대한 재고를 보유하지 않거나 저렴한 C등급 제품의 재고를 많이 보유한다.
6. **더 많은 재고 또는 재고 소유권을 공급업체로 이전한다.**
7. **정량적 접근 방법을 따른다.** 이러한 접근 방법은 재고 보유 비용과 주문 비용 간의 적절한 균형에 초

표 2-10 산업 분야별 재고회전율

산업 분야	비율
기술	205.11
소비재	20.87
운송	12.01
서비스	11.29
헬스케어	10.94
소매	9.45
소비자 비순환	6.32

출처 : http://csimarket.com/screening/index.php?s=it&pageS=1&fis=.

점을 맞춘 이 장에서 설명한 접근 방법과 유사하다.

일반적으로 재고 관리자는 비용 절감보다는 재고 수준을 낮추는 데 중점을 둔다. 실제로 많은 산업에서 자재 관리자는 다음과 같이 정의되는 **재고회전율**을 높이기 위해 상당한 노력을 기울인다.

$$\text{재고회전율} = \frac{\text{연간 매출}}{\text{평균 재고 수준}}$$

이 정의는 재고회전율의 증가가 평균 재고 수준의 감소로 이어진다는 것을 의미한다. 예를 들어, 유통업계의 강자인 월마트는 경쟁사인 타깃(Target)보다 재고회전율이 훨씬 높다. 이는 월마트의 유동성이 높고, 재고가 노후화될 위험이 적으며, 재고에 대한 투자가 적음을 시사한다. 물론 낮은 재고 수준 자체가 판매기회 손실(lost sales)의 위험을 증가시키기 때문에 항상 적절한 것은 아니다.

따라서 질문은 기업이 실제로 사용해야 하는 적절한 재고회전율은 얼마인가이다. 일반적으로 재고회전율은 해마다, 그리고 산업마다 다르다. 표 2-10은 2020년 다양한 산업 분야별 재고회전율에 대한 몇 가지 예를 제시하고 있다.

2.7 예측

이 장 전반에 걸쳐 예측의 문제점 혹은 어려움에 대해 자세히 설명했다. 결국 예측의 세 가지 규칙은 다음과 같다.

1. 예측은 항상 틀릴 수 있다.
2. 예측 기간이 길수록 예측은 더 부정확해진다.
3. 총괄 예측이 더 정확하다.

그럼에도 불구하고 예측은 경영기법 중 중요한 도구이다. 재고를 올바르게 관리하면 예측의 내재적 어려움에도 불구하고 관리자가 예측을 최대한 활용할 수 있다는 것을 확인했다. 또한 예측은 재고 관련 의사결정뿐만 아니라 특정 시장에 진입할지 여부, 생산 능력을 확장할지 여부, 특정 프로모션 계획을 실행할지 여부에 대한 의사결정도 모두 효과적인 예측의 이점을 누릴 수 있다. 이 절에서는 예측을 생성하기 위해 개별적으로 또는 조합하여 사용할 수 있는 다양한 기법을 살펴본다. 물론 예측에 관해서 책 한 권을 통째로 쓸 수도 있겠지만(실제로 그러한 문헌이 많이 있다), 여기서는 예측에 대한 다양한 접근방식을 소개하고 언제 각 접근방식이 적절한지를 제안하는 것이 목표이다.

다양한 예측 도구와 방법이 있지만, 일반적으로 네 가지 범주로 나눌 수 있다.

- **전문가 예측 기법**(judgement methods)은 전문가 의견 수집을 포함한다.
- **시장 조사법**(market research methods)은 소비자 행동에 대한 질적 연구가 포함된다.
- **시계열 방법**(time-series methods)은 과거 실적을 바탕으로 미래 실적을 추정하는 수학적 방법이다.
- **인과관계 방법**(causal methods)은 다양한 시스템 변수를 기반으로 예측을 생성하는 수학적 방법이다.

각각에 대해 보다 자세히 살펴보자.

2.7.1 전문가 예측 기법

전문가 예측 기법에서는 다양한 전문가들의 의견을 체계적으로 취합하기 위해 노력한다. 예를 들어, 영업사원(혹은 딜러)은 시장에 가까이 있기 때문에 예상 매출을 잘 이해하는 경우가 많다. 각 영업사원의 판매 예상치를 논리적으로 결합한 **영업부 복합체**(sales-force composite)를 구성할 수 있다.

합의에 도달하기 위해 **전문가 패널**(panels of experts)을 구성할 수 있다. 이 접근방식은 소통하고 정보를 공개적으로 공유함으로써 더 나은 예측에 합의할 수 있다고 가정한다. 이러한 전문가는 외부 전문가일 수도 있고 회사 내 다양한 기능 영역의 내부 전문가일 수도 있다.

델파이 방법(Delphi method)은 전문가 패널을 한곳에 모으지 않고도 합의에 도달할 수 있는 구조화된 기법이다. 실제로 이 기법은 한 명 또는 소수의 강력한 의지가 의사결정 과정을 지배하는 위험을 없애기 위해 고안되었다. 델파이 방법에서는 전문가 그룹의 각 구성원에게 서면으로 의견을 묻는 설문조사를 실시한다. 의견은 취합되어 요약되고, 각 전문가는 요약본을 본 후 자신의 의견을 바꿀 수 있는 기회가 주어진다. 이 과정은 합의가 이루어질 때까지 반복된다.

예를 들어, 이 장에서 소개한 수영복 생산 사례를 떠올려 보자. 이 사례에서 한 수영복 제조업체는 확률적 예측을 사용하여 생산 및 재고 의사결정을 내렸다. 이 예측은 각각의 발생확률이 주어진 여러 개의 시나리오로 구성되었다. 마케팅 부서는 이 확률적 예측을 개발하기 위해 상기에 나열된 전문가 예측 기법 중 하나 이상을 사용했을 가능성이 높다.

2.7.2 시장 조사법

시장 테스트(market testing)와 **시장 조사**(market surveys)는 특히 새로 출시되는 제품에 대한 예측을 개발하는 데 유용한 도구가 될 수 있다. 시장 테스트에서는 잠재고객의 포커스 그룹을 구성하여 제품에 대한 반응을 테스트하고, 제품에 대한 수요를 추정하기 위해 이 반응을 전체 시장으로 외삽(extrapolate)한다. 시장 조사에는 일반적으로 인터뷰, 전화 기반 설문조사, 서면 설문조사 등을 통해 다양한 잠재 고객으로부터 이러한 데이터를 수집한다.

2.7.3 시계열 방법

시계열 방법은 다양한 과거 데이터(즉, 예측하고자 하는 값의 과거 값)를 사용하여 미래 데이터를 추정한다. 일반적으로 사용되는 다양한 기법이 있으며, 각 기법마다 장단점이 있다. 5장에서는 시계열 예측 방법과 채찍 효과 간의 관계에 대해 살펴본다.

다음은 몇 가지 일반적인 시계열 방법에 대한 설명이다.

이동평균 각 예측은 최근 몇 기간 동안 수요의 평균이다. 여기서 핵심은 데이터의 불규칙성으로 인한 영향을 최소화할 수 있도록 이동평균(moving average)에 사용되는 데이터 수(기간)를 선택하는 것이다. 이동평균 예측이 채찍효과에 미치는 영향은 5장을 참고한다. 이 경우 몇 개의 이전 기간의 수요 데이터(D_{t-1}, D_{t-2}, D_{t-3},⋯)를 사용하여 기간 t의 수요, F_t를 예측하는 경우 n-기간 이동평균 예측은 다음과 같이 계산된다.

$$F_t = \frac{\sum_{i=1}^{n} D_{t-i}}{n}$$

지수평활법 각 예측은 이전 예측과 마지막 수요 관측치의 가중평균이다. 따라서 이 방법은 이동평균과 유사하지만, 모든 과거 데이터 관측치들의 가중평균이라는 점과 최근 관측치에 더 많은 가중치를 부여한다는 점이 다르다. 지수평활법(exponential smoothing)은 이전 관측치에 부여된 가중치의 크기를 나타내는 0에서 1 사이의 매개변수 α를 사용하여 다음과 같이 계산된다.

$$F_t = \alpha D_{t-1} + (1-\alpha)F_{t-1}$$

추세가 있는 데이터에 대한 방법 앞선 두 가지 접근 방법은 데이터에 추세가 없다고 가정한다. 만약 추세가 있는 경우 **회귀 분석**(regression analysis) 및 **홀트 방법**(Holt's method)과 같은 방법이 데이터의 추세를 구체적으로 설명하므로 더 유용하다. 회귀 분석은 (일반적으로) 주어진 데이터 관측치에 가장 적합한 직선을 찾는데, 이때 시간을 독립변수로, 수요를 종속변수로 간주하고 선과 개별 데이터 간의 거리 제곱합을 최소화하는 선의 기울기와 절편을 결정한다. 홀트 방법은 지수평활법 개념을 사용하여 시간에 따른 회귀 직선의 절편과 기울기 추정치를 업데이트한다.

계절성을 지닌 데이터를 위한 방법 다양한 기법으로 계절성을 지닌 수요 변화를 설명할 수 있다. 예를 들어, **계절 분해**(seasonal decomposition) 방법은 데이터에서 계절적 패턴을 제거한 다음, 이렇게 처리된 데이터에 상기에 나열된 접근 방법을 적용한다. 마찬가지로 위에서 설명한 홀트 방법과 유사한 **윈터 방법**(Winter's method)은 지수평활법의 한 버전으로, '기본 수요'의 절편과 기울기를 추정하고 **계절적 요인**(특정 계절의 수요가 평균보다 높거나 낮은지를 반영하는 곱셈 요인)을 추정한다.

더욱 복잡한 방법 보다 복잡한 방법이 다양하게 제안되어 왔다. 그러나 이러한 복잡한 방법은 일반적으로 실제로는 사용되지 않으며, 실제로 복잡한 방법이 단순한 방법보다 더 나은 성능을 발휘하지 못한다는 증거도 있다.

2.7.4 인과관계 방법

위에서 설명한 시계열 방법에서 예측은 전적으로 예측 대상 데이터의 이전 값들에 기반한다는 점을 상기하자. 이와는 대조적으로, 인과관계 방법은 **예측되는 데이터 이외의** 데이터를 기반으로 예측을 생성한다. 좀 더 구체적으로 말하면, 예측은 다른 데이터의 함수이다. 예를 들어, 다음 분기의 인과관계 매출 예측은 인플레이션, GNP, 실업률, 날씨 또는 이번 분기의 매출 이외의 다른 데이터들의 함수가 될 수 있다.

2.7.5 적절한 예측 기법의 선택

수많은 예측 기법이 존재하는 상황에서 어떠한 기법이 주어진 상황에 적절할까? Chambers, Mullick, Smith(CMS)는 《Harvard Business Review》에 발표한 논문에서 이러한 결정을 내리는 데 도움이 되는 세 가지 질문을 제시했다.

- **예측의 목적은 무엇인가? 어떻게 사용될 것인가?** 총매출 예측으로 충분하다면 덜 복잡한 기법이 적합할 수 있지만, 세부적인 예측이 필요하다면 더 고급 기법이 필요할 수 있다.
- **예측이 이루어질 시스템의 역학관계는 무엇인가?** 시스템이 인과관계 모델이 타당하다는 것을 나타내는 경제 데이터 유형에 민감한가? 수요가 계절적인가, 아니면 상승 또는 하락 추세인가? 이 모든 것이 예측 도구의 선택에 영향을 미친다.
- **미래를 예측하는 데 과거가 얼마나 중요한가?** 과거가 매우 중요하다면 시계열 방법이 적합하다. 만약 시스템 전반의 중대한 변화로 인해 과거가 덜 중요해졌다면, 전문가 예측 기법 혹은 시장 조사법을 사용할 수 있다.

또한 CMS는 제품 수명 주기의 각 단계마다 다른 예측 기법이 적합하다고 지적한다. 제품 개발 단계에서는 시장 조사법을 통해 다양한 제품 및 디자인의 잠재적 판매량을 예측할 수 있다. 테스트 및 도입 단계에서는 추가적인 시장 조사가 유용할 수 있으며, 전문가 예측 기법은 제품의 미래 수요를 예측하는 데 유용할 수 있다. 제품 수명 주기의 급속한 성장 단계에서는 시계열 데이터가 가장 유용할 수 있다.

또한 제품이 성숙해지면 경제 데이터의 추정을 기반으로 장기적인 매출 실적을 예측하는 인과관계 방법과 마찬가지로 시계열 분석이 유용할 것이다.

마지막으로, 이 절에서 설명한 다양한 기법을 결합하여 예측의 품질을 개선할 수 있는 경우가 많다. Georgoff와 Murdick은 "결합된 예측의 결과는 전문가들이 읽고 분석해야 하는 대부분의 개별 예측, 기법을 훨씬 능가한다."고 말한다. 일반적으로 여러 예측 기법들 중 어떤 기법이 주어진 상황에 가장 적합한지 선험적으로 말하기 어렵기 때문에 특히 그렇다.

요약

공급망에서 수요와 공급을 일치시키는 것은 매우 중요한 과제이다. 비용을 절감하고 필요한 서비스 수준을 제공하려면 재고 보유 및 설정 비용, 리드 타임, 리드 타임 변동성을 고려하고 수요를 예측하는 것이 중요하다. 안타깝게도 재고 관리의 **첫 번째 규칙**이라고 불리는 **예측 수요는 항상 틀릴 수 있다.** 따라서 효과적인 재고 정책을 결정할 때 예측 수요라는 단일 수치만으로는 충분하지 않다. 실제로 이 장에서 설명하는 재고 관리 전략은 수요 변동성에 대한 정보도 고려한다.

재고 관리의 **두 번째 규칙**은 **예측 기간이 길수록 예측이 더 부정확해진다**는 것이다. 이는 예측 기간이 증가함에 따라 주간 예측의 정확도가 감소한다는 것을 의미한다.

재고 관리의 **세 번째 규칙**은 **총괄 수요 정보가 세분화된 데이터보다 항상 더 정확하다**는 것이다. 즉, 총괄 수요 데이터는 변동성이 훨씬 적다. 이것이 바로 서비스 수준에 영향을 주지 않으면서 재고 수준을 낮출 수 있는 리스크 풀링 개념의 기초이다.

물론 예측에는 많은 약점이 있지만, 가능한 한 효과적인 예측을 개발하는 것이 중요하다. 예측을 개선하는 데 유용한 다양한 접근 방법이 있다.

이 장에서는 중앙관리자가 있는 시스템에서의 재고 관리에 대해 설명했다. 물론 많은 경우 여러 관리자 또는 회사들이 공급망의 여러 부분을 소유하거나 운영한다. 4장에서는 이러한 분산형 시스템에서 재고를 효과적으로 관리하기 위한 계약과 전략에 대해 알아본다.

토론 질문

1. 기업은 고객 수요의 엄청난 변동성에 어떻게 대처할 수 있는가?
2. 서비스 수준과 재고 수준 간의 관계는 무엇인가?
3. 리드 타임과 리드 타임 변동성이 재고 수준에 미치는 영향은 무엇인가?
4. 목표 서비스 수준을 결정할 때 경영진은 어떤 요소를 고려해야 하는가?

5. 2.2.6절에서 분석한 (Q, R) 정책을 생각해 보자. 주문을 수령하기 직전 예상 재고 수준이

$$z \times STD \times \sqrt{L}$$

와 같고, 반면 주문을 수령한 직후의 예상 재고 수준은

$$Q + z \times STD \times \sqrt{L}$$

와 같음을 설명하시오.

6. 2.2.8절에서 분석한 기준 재고 정책을 상기해 보자. 주문을 수령한 이후 예상 재고 수준이

$$r \times AVG + z \times STD \times \sqrt{r + L}$$

와 같은 반면, 주문이 도착하기 전의 예상 재고 수준은

$$z \times STD \times \sqrt{r + L}$$

와 같음을 설명하시오.

7. 백화점을 운영한다고 가정해 보자. 판매하는 제품 5개를 나열하고 가장 낮은 목표 서비스 수준부터 가장 높은 목표 서비스 수준까지 주문한다. 왜 그러한 주문 결정을 내렸는지 설명하시오.
8. 하나의 제조시설, 크로스도크, 두 개의 소매점으로 구성된 공급망을 가정해 보자. 품목은 제조시설에서 크로스도크 시설로, 그리고 그곳에서 소매점으로 운송된다. 제조시설에서 크로스도크 시설까지의 리드 타임을 L_1, 크로스도크 시설에서 각 소매점까지의 리드 타임을 L_2라고 하자. $L = L_1 + L_2$로 할 때, 하기 분석에서는 L을 고정하고 L_1과 L_2를 변경한다.
   a. 크로스도크 시설에서 소매점까지의 리드 타임이 0인 시스템(즉, $L_1 = L$, $L_2 = 0$)과 제조시설에서 크로스도크 시설까지의 리드 타임이 0인 시스템(즉, $L_1 = 0$, $L_2 = L$), 이 두 시스템에서의 안전 재고를 비교하시오.
   b. 안전 재고를 줄이려면 크로스도크 시설을 제조시설 또는 소매점에 더 가깝게 배치해야 하는가? 이를 위해 L_1을 늘리고 그에 따라 L_2를 줄일 때 총 안전 재고에 미치는 영향을 분석하시오.
9. 공급업체를 선택한다고 가정해 보자. 운송 리드 타임이 짧지만 리드 타임 변동성이 큰 공급업체를 선호하는가? 아니면 리드 타임이 길지만 변동성이 작은 공급업체를 선호하는가?
10. 일반적으로 재고 관련 비용을 고정비 또는 변동비로 모델링하지만, 실제 상황은 더 복잡하다. 단기적으로는 고정적이지만 더 긴 기간을 고려하면 변동비로 간주될 수 있는 몇 가지 재고 관련 비용에 대해 논의하시오.
11. 불확실성을 고려하지 않는 경제적 로트 크기 결정 모델과 같은 모델은 언제 유용한가?
12. 변동성이 큰 수요에 직면했을 때의 불이익은 무엇인가? 어떤 장점이 있는가?

표 2-11 과거 이력 데이터

	주(Week)											
	1	2	3	4	5	6	7	8	9	10	11	12
애틀랜타	33	45	37	38	55	30	18	58	47	37	23	55
보스턴	26	35	41	40	46	48	55	18	62	44	30	45
시카고	44	34	22	55	48	72	62	28	27	95	35	45
댈러스	27	42	35	40	51	64	70	65	55	43	38	47
로스앤젤레스	32	43	54	40	46	74	40	35	45	38	48	56

13. (a) 위치 간, (b) 시간 간, (c) 제품 간 리스크 풀링의 구체적인 예를 제시하시오.
14. 두 매장의 제품 수요는 언제 양의 상관관계가 있을 것으로 예상하는가? 언제 음의 상관관계를 보일 것으로 예상하는가?
15. 소니가 처음 출시한 워크맨(Walkman™) 모델을 생각해 보자. 제품 수명 주기의 시작, 중간, 마지막에 어떤 예측 방법으로 접근하는 것이 가장 유용할지 논의하시오. 이제 더 최근의 애플 아이팟 모델을 생각해 보자. 적절한 예측 기법에 대한 평가는 어떻게 달라질까?
16. **기술적 질문** : KLF 일렉트로닉스(KLF Electronics)는 미국의 전자 장비 제조업체이다. 회사는 캘리포니아 산호세에 단일 제조시설을 보유하고 있다. KLF 일렉트로닉스는 애틀랜타, 보스턴, 시카고, 댈러스, 로스앤젤레스에 위치한 5개의 지역 창고를 통해 제품을 유통한다. 현재 유통 시스템에서 미국은 5개의 주요 시장으로 나뉘며, 각 시장은 단일 지역 창고에서 서비스를 제공한다. 고객(일반적으로 소매점)은 해당 시장의 지역 창고에서 직접 상품을 수령한다. 즉, 현재 유통 시스템에서는 각 고객이 하나의 시장에 배정되어 하나의 지역 창고에서 운송을 받는다.

    물류창고는 제조시설에서 상품을 수령한다. 일반적으로 각 지역 물류창고에서 주문이 들어오면 약 2주가 소요된다. 현재 KLF는 고객에게 약 90%의 서비스 수준을 제공하고 있다. 최근 몇 년 동안 KLF는 경쟁이 치열해지면서 서비스 수준을 개선하고 비용을 절감해야 한다는 고객의 압박을 크게 받고 있다. 서비스 수준을 개선하고 비용을 절감하기 위해 KLF는 5개의 지역 창고를 모든 고객 주문을 담당하는 하나의 중앙창고로 대체하는 유통 전략을 고려하고자 한다. 이 창고는 기존 창고 중 하나가 되어야 한다. 회사 CEO는 어떤 유통 전략을 사용하든 서비스 수준을 약 97%까지 높일 수 있도록 KLF가 전략을 설계할 것이라고 주장한다.

    다음 세 가지 질문에 답하시오.

    a. 5개 시장 지역의 고객 수요를 자세히 분석한 결과, 5개 지역의 수요가 매우 유사하다는 것을 알 수 있었다. 즉, 한 지역의 주간 수요가 평균보다 높으면 다른 지역의 주간 수요도 평균보다 높은 것이 일반적이다. 이러한 분석 결과는 새로운 시스템의 매력도에 어떤 영향을 미칠까?
    b. 엄격한 분석을 수행하기 위해 일반적인 제품인 제품 A를 선정했다. 표 2-11은 과거 데이터를 나타내며 각 시장별 지난 12주 동안의 해당 제품에 대한 주간 수요를 나타낸다. (창고에서 제조시설

표 2-12 단위 제품당 운송 비용

창고	인바운드	아웃바운드
애틀랜타	12	13
보스턴	11.50	13
시카고	11	13
댈러스	9	13
로스앤젤레스	7	13

표 2-13 중앙집중형 시스템에서의 단위당 운송 비용

창고	애틀랜타	보스턴	시카고	댈러스	로스앤젤레스
애틀랜타	13	14	14	15	17
보스턴	14	13	8	15	17
시카고	14	8	13	15	16
댈러스	15	15	15	13	8
로스앤젤레스	17	17	16	8	13

로의) 주문 비용은 주문당 $5,550이고, 재고 보유 비용은 주당 단위당 $1.25이다. 현재 유통 시스템에서 제품을 제조시설에서 창고로 운송하는 데 소요되는 비용은 표 2-12에 제시되어 있다('인바운드' 열 참조). 또한 각 창고에서 해당 시장 내 매장까지 단위당 운송 비용에 대한 정보를 제시하고 있다('아웃바운드' 열 참조). 마지막으로, 표 2-13은 해당 지역 창고가 중앙창고가 된다고 가정할 때 기존의 각 지역 창고에서 다른 모든 시장으로의 단위 제품당 운송 비용에 대한 정보도 제공한다.

제품 A에 대해서만 두 시스템을 비교해야 한다고 가정할 때 어떤 시스템을 추천할 것인가? 이 질문에 답하려면 과거 데이터에 따라 수요가 발생한다고 가정하고 두 전략의 비용과 평균 재고 수준을 비교해야 한다. 또한 중앙집중형 창고로 사용할 지역 창고도 결정해야 한다.

c. 중앙집중형 유통 전략, 즉 단일창고를 사용하는 전략에서는 제품이 3일(0.5주) 이내에 창고에 도착하도록 보장하는 UPS Ground Service를 사용하여 제품을 유통할 것을 제안했다. 물론 이 경우 제조시설에서 창고까지 단위 제품을 운송하는 데 소요되는 운송 비용이 증가한다. 실제로 이 경우 운송비는 50% 증가한다. 따라서 예를 들어 제조시설에서 애틀랜타까지 제품 하나를 운송하는 데 소요되는 비용은 $18이다. 이 전략을 사용하는 것을 추천하겠는가? 자신의 답을 설명하시오.

CHAPTER 3

네트워크 계획

CASE 비스 코퍼레이션

비스 코퍼레이션(Bis Corporation)은 페인트를 생산하고 유통하는 회사이다. 현재 애틀랜타, 덴버 등의 도시에 위치한 8개의 제조 공장에서 홈디포, 월마트, 비스 소유 매장을 포함한 약 2,000개의 소매점에 제품을 공급하고 있다. 현재 유통 시스템은 모든 제품이 공장에서 미국 전역에 위치한 17개 물류창고로 배송되고, 다시 물류창고에서 소매점으로 배송되는 단일 계층 네트워크로 구성되어 있다.

이 회사는 1964년에 가족 벤처로 설립되어 1970년대와 1980년대에 꾸준히 성장해 왔다. 비스는 현재 12명의 주주가 소유하고 있으며 새로 임명된 CEO가 경영하고 있다.

비스는 약 4,000개의 서로 다른 SKU(Stock-Keeping Units, 재고 관리 단위)를 비슷한 가격에 생산 및 판매하고 있으며, 페인트 업계에서 총마진은 약 20%이다. 높은 수익성에도 불구하고 신임 CEO는 현재의 공급망이 가장 효율적인 공급망이 아니라는 점을 우려하고 있다. 특히 인바운드 트럭 가동률, 재고 회전율, 서비스 수준이 너무 낮다고 지적했다. 최근 주주총회에서는 현재 비스가 사용하는 생산 및 유통 전략이 약 20년 전에 설계되었으며 이후로 한 번도 수정되지 않았다고 지적했다. 이 전략은 다음과 같은 단계로 구성되어 있다.

- 제조 공장에서의 생산 및 보관
- 물류센터로의 피킹, 적재 및 배송
- 창고에서의 하역 및 보관
- 매장으로의 피킹, 적재 및 배송

따라서 주주들은 물류 네트워크와 공급망 전략을 수정하는 데 외부의 도움을 받기로 결정했다. 회사는 영업 부서의 6개월에 걸친 지속적인 노력 끝에 계약을 체결할 수 있었다. 계약을 체결할 때 약속한 사항은 효율성을 개선하고 서비스 비용을 계정 수익성에 맞게 조정하는 것이었다. 원래 제안서에는 "생산, 재고 및 물류 기능을 리엔지니어링하여 이를 달성할 것"이라고 명시되어 있었다. 전체 공급망을 리엔지니어링한다는 개념과 함께 새로운 전략의 설계뿐만 아니라 실행에도 전념하겠다는 의지가 비스 주주들에게 매력적인 제안이 된 것으로 보인다.

팀에서 해결해야 할 세 가지 중요한 문제는 다음과 같다.

1. **비스가 사용해야 하는 최상의 네트워크 구성은 무엇인가?** 분석 초기에 발견한 중요한 사실은 현재 비스가 사용하는 단일 계층 네트워크는 트럭 활용률이 낮고 그 결과 운송 비용이 높다는 것이었다. 이에 물류 네트워크를 1차 창고와 2차 창고를 포함하는 2단계 물류 네트워크로 교체하는 것이 제안되었다. 이러한 네트워크에서 1차 창고는 공장에서 제품을 입고하고 재고를 2차 창고로 옮긴다. 이후 2차 창고는 제품을 소매점에 공급한다. 이 경우 1차 창고의 수가 상대적으로 적기 때문에 트럭 활용률이 높아져 운송비용을 절감할 수 있다. 이때 중요한 것은 1차 창고와 2차 창고의 수, 위치, 규모를 파악하는 것이다.
2. **새로운 네트워크 구성을 고려할 때 재고를 어디에 얼마만큼 배치해야 하는가?** 특히 이 공급망에 4,000개의 SKU가 있는 경우 재고를 어떻게 배치해야 할지가 명확하지 않다. 모든 SKU의 재고를 모든 시설에 배치해야 할까? 아니면 일부 SKU는 1차 창고에만 입고하고 다른 SKU는 2차 시설에만 입고해야 할까?
3. **어느 공장에서 무슨 제품을 생산해야 하는가?** 각 공장이 대량 생산을 위하여 몇 가지 제품을 전문적으로 생산하여 생산 비용을 절감해야 할까? 아니면 공장이 가까운 거리에 있는 모든 소매업체에 공급할 수 있도록 유연하게 생산하여 유통 비용을 절감해야 할까?

최상의 네트워크 구성을 파악하기 위해 소매점을 550개 구역으로, 다양한 제품을 5개 제품군으로 그룹화했다.

수집된 데이터는 다음을 포함한다.

1. 각 고객 구역의 제품군당 SKU별 2019년 수요
2. 각 제조 공장의 연간 생산 능력(SKU 단위)
3. 신규 및 기존 창고별 최대 용량(SKU 단위)
4. 제조 공장과 창고에서 제품을 유통하기 위한 마일당 제품군별 운송 비용
5. 창고 설립을 위한 기존 시설 폐쇄 및 신규 설치 비용
6. 신규 창고를 위한 잠재적 위치

시장에는 수많은 경쟁 제품이 있기 때문에 고객 서비스는 비스에게 특히 중요하다. 특정 서비스 수준에 대한 구체적인 수치를 제시할 수는 없지만, CEO는 경쟁력을 유지하려면 대부분의 소매점에서 배송 시간이 하루를 넘지 않아야 한다고 주장한다. 비스 코퍼레이션은 최근 종합적인 시장 조사를 마쳤으며, 그 결과 해당 시장에서 상당한 규모의 성장이 이루어지고 있는 것으로 나타났다. 이러한 성장은 여러 영역에 걸쳐 균일할 것으로 예상되지만 제품군마다 차이가 있었다. 2020년과 2021년에 예상되는 연간 성장률은 표 3-1에 나와 있다.

8개 제조시설의 변동 생산비는 제품과 제조 공장마다 다르다. CEO와 회사 주주들은 비용과 위험 때문에 새로운 제조 공장을 짓는 것에 반대하고 있다. 그러나 그들은 각 제조시설에 대하여 제조 비용뿐만 아니라 운송 비용을 포함한 전체 공급망 비용을 기준으로 생산할 적절한 제품을 선정하는 방안으로 변경할 의향이 있다.

비스 코퍼레이션은 다음과 같은 문제를 해결하고자 한다.

1. 비스가 현재 물류 네트워크에서 2단계 물류 네트워크로 전환해야 하는가? 1차와 2차 물류센터는 몇 개를 설립해야 하며 어디에 위치시켜야 하는가?

2. 이 과정에서 사용된 모델이 비스의 물류 네트워크를 제대로 대표할 수 있는가? 비스는 이 모델을 어떻게 검증할 수 있는가? 고객과 제품을 집계하는 것이 모델 정확성에 어떠한 영향을 미치는가?
3. 네트워크 내에서 최적의 재고 포지셔닝 전략은 무엇인가? 각 시설에서 모든 SKU의 재고를 보유해야 하는가?
4. 각 시설에서 몇 가지 제품을 전문적으로 생산하는 전략으로 비스 제조 전략을 변경해야 하는가? 운송 비용이 제조 전략에 어떠한 영향을 미치는가?

표 3-1 예상 연간 성장률

제품군	1	2	3	4	5
성장률	1.07	1.03	1.06	1.05	1.06

이 장을 마치고 나면 다음 문제를 이해할 수 있다.

- 기업이 어떻게 물류 네트워크를 대표하는 모델을 개발할 수 있는가?
- 기업이 어떻게 이 모델을 검증할 수 있는가?
- 고객과 제품의 집계가 모델의 정확도에 미치는 영향은 무엇인가?
- 기업은 재고를 어디에 배치할지 어떻게 결정하는가?
- 수요의 불확실성과 변동성은 재고 포지셔닝에 어떠한 영향을 미치는가?
- 다양한 제품을 생산할 수 있는 여러 시설을 갖춘 환경에서 어떻게 기업은 여러 공장에서 제품을 조달하는가?
- 기업은 생산 능력을 확장할지 여부와 그 시기와 장소를 어떻게 아는가?

3.1 개요

물리적 공급망은 공급업체, 공장, 창고, 유통센터, 소매점뿐만 아니라 이러한 시설 간에 이동하는 원자재, 재공품 재고, 완제품으로 구성된다. 2장에서는 기존 공급망에서 재고를 관리하기 위한 다양한 접근방식에 대하여 설명했다. 이 장에서는 더 큰 범위에서 **네트워크 계획**(network planning), 즉 기업이 다음과 같은 목적을 위해 공급망을 구성하고 관리하는 프로세스에 초점을 맞춘다.

- 재고, 운송, 제조 비용 간의 올바른 균형을 찾는다.
- 재고를 효과적으로 배치하고 관리하여 불확실한 상황에서 공급과 수요를 일치시킨다.
- 가장 적합한 제조시설에서 제품을 조달하여 자원을 효과적으로 활용한다.

물론 이는 비용을 절감하고 서비스 수준을 높이기 위해 네트워크 설계, 재고 포지셔닝과 관리, 자원 활용에 대한 의사결정을 결합하는 계층적 접근방식이 필요한 복잡한 프로세스이다. 네트워크 계획 프로세스를 다음 세 단계로 나누는 것이 유용하다.

1. **네트워크 설계** : 여기에는 제조 공장 및 물류창고의 수, 위치, 규모, 물류창고에 대한 소매점 할당 등의 결정이 포함된다. 주요 조달 결정도 이 단계에서 이루어지며 일반적인 계획 기간은 몇 년이다.
2. **재고 포지셔닝** : 여기에는 입고 지점을 확인하고 재고를 확보하여 재고를 보유할 시설과 주문에 따라 생산하여 재고를 보유하지 않을 시설을 선정하는 것이 포함된다. 물론 이러한 결정은 2장에서 설명한 재고 관리 전략과 밀접한 관련이 있다.
3. **자원 할당** : 물류 네트워크의 구조와 입고 지점의 위치를 고려할 때, 이 단계의 목표는 다양한 제품의 생산과 포장이 적절한 시설에서 이루어지고 있는지 여부를 결정하는 것이다. 예를 들어, 이 단계에서는 공장의 조달 전략은 무엇이어야 하는지, 계절별 수요를 충족하기 위해 각 공장의 생산 능력은 어느 정도여야 하는지 등의 결정이 이루어진다.

이 장에서는 이러한 각 단계를 분석하고 관련된 프로세스의 예를 제공한다.

3.2 네트워크 설계

네트워크 설계는 공급망의 물리적 구성과 인프라를 결정한다. 1장에서 설명한 것처럼 네트워크 설계는 기업에 장기적인 영향을 미치는 전략적 결정이다. 여기에는 공장 및 창고 위치, 유통 및 조달과 관련된 결정이 포함된다.

공급망 인프라는 일반적으로 수요 패턴, 제품 믹스, 생산 프로세스, 조달 전략 또는 시설 운영 비용의 변화로 인해 재평가할 필요가 있다. 또한 인수합병으로 인해 서로 다른 물류 네트워크를 통합해야 할 수도 있다.

아래에서는 다음과 같은 주요 전략적 의사결정에 대해 집중적으로 논의한다.

1. 공장 및 창고와 같은 시설의 적절한 수 결정
2. 각 시설의 위치 결정
3. 각 시설의 규모 결정
4. 각 시설에서 제품을 위한 공간 할당
5. 조달 요구사항 결정
6. 유통 전략, 즉 각 창고에 대한 고객 할당 결정

다양한 서비스 수준(service level) 요구사항에 따른 생산 및 구매 비용, 재고 보유 비용, 시설 비용(보관, 취급 및 고정 비용), 운송 비용을 포함한 연간 시스템 전체 비용을 최소화하기 위해 물류 네트워크를 설계하거나 재구성하는 것이 이러한 의사결정의 목표이다.

이 경우 명백한 상충 관계(trade-offs)가 있다. 창고 수를 늘리면 일반적으로 다음과 같은 결과를 가져온다.

- 고객까지의 평균 이동시간 단축으로 인한 서비스 수준 향상
- 고객 수요의 불확실성으로부터 각 창고를 보호하기 위해 필요한 안전 재고 증가로 인한 재고 비용 증가
- 간접비 및 설치 비용 증가
- 아웃바운드 운송 비용 감소 : 창고에서 고객까지의 운송 비용
- 인바운드 운송 비용 증가 : 공급업체 및/또는 제조업체에서 창고까지의 운송 비용

본질적으로 기업은 새로운 창고를 짓는 데 드는 비용과 고객과 가까워짐으로써 얻는 이점 간의 균형을 고려해야 한다. 따라서 창고 위치 결정은 공급망이 제품 유통을 위한 효율적인 채널인지 여부를 결정하는 중요한 요소이다.

아래에서는 최적화 모델에 필요한 데이터 수집 및 비용 계산과 관련된 이슈를 설명한다. 제공되는 정보 중 일부는 물류 교과서에서 발췌했다.

그림 3-1과 그림 3-2는 일반적인 공급망 계획(SCP, Supply Chain Planning) 도구의 두 가지 화

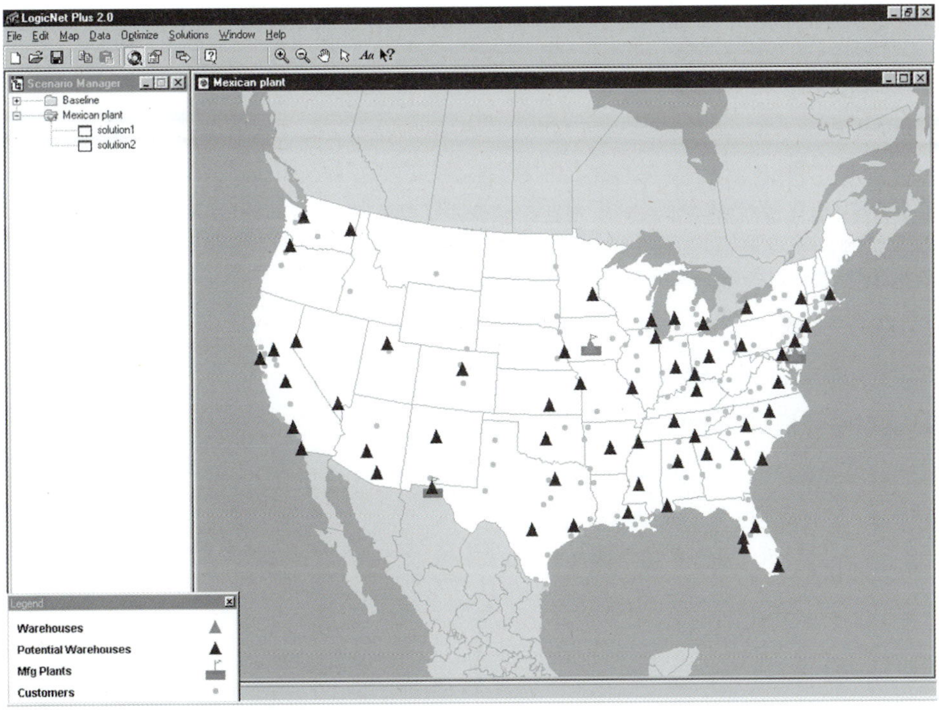

그림 3-1 최적화 전 데이터를 보여주는 SCP 화면

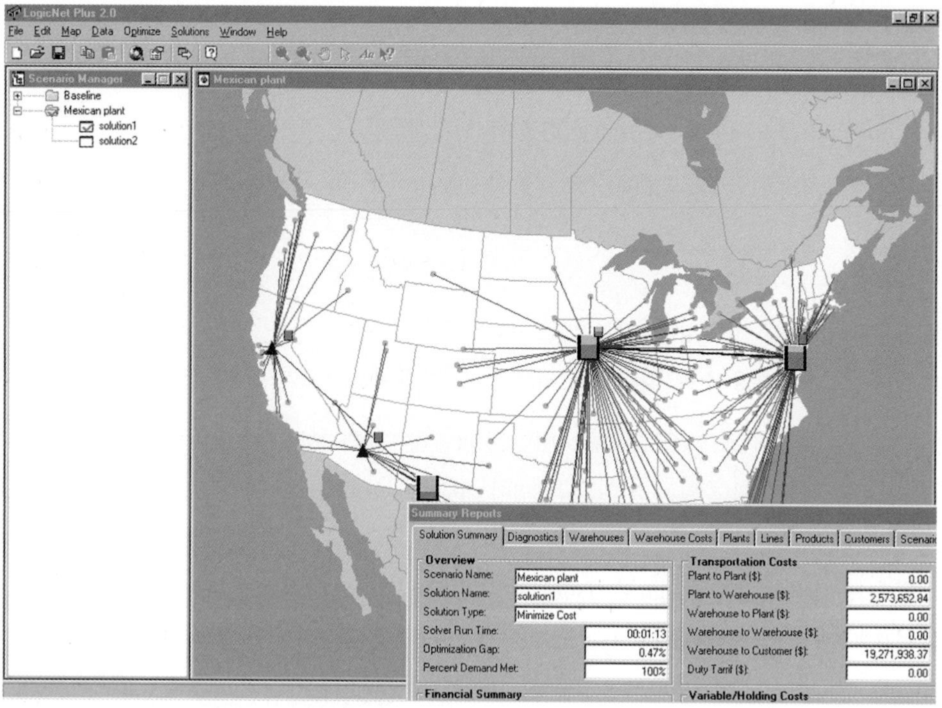

그림 3-2 최적화된 물류 네트워크를 보여주는 SCP 화면

면을 보여주며, 사용자는 최적화 단계별로 이 화면을 볼 수 있다. 한 화면은 최적화 이전의 네트워크를 나타내고 다른 화면은 최적화된 네트워크를 나타낸다.

3.2.1 데이터 수집

일반적인 네트워크 구성 문제에는 다음 정보를 포함한 대량의 데이터가 관련된다.

1. 고객, 소매업체, 기존 창고와 유통센터, 제조시설, 공급업체의 위치
2. 부피와 특수 운송 모드(예 : 냉장)를 포함한 모든 제품
3. 고객 위치별 각 제품에 대한 연간 수요
4. 모드별(수송 수단별) 운송 요금
5. 인건비, 재고 운반비, 고정 운영비를 포함한 창고 비용
6. 고객 배송을 위한 배송 규모와 빈도
7. 주문 처리 비용
8. 고객 서비스 요구사항과 목표
9. 생산 및 조달 비용과 용량

3.2.2 데이터 집계

앞의 목록을 간략히 살펴보면 이 문제에 대한 최적화 모델과 관련된 데이터 양이 압도적이라는 것을 알 수 있다. 예를 들어, 일반적인 청량음료 유통 시스템에는 1만 개에서 12만 개의 계정(고객)이 있다. 마찬가지로, 월마트(Walmart)나 타깃(Target) 같은 소매 물류 네트워크에서는 네트워크를 통해 유통되는 다양한 제품의 수가 수천 개 또는 수십만 개에 이른다.

따라서 필수적인 첫 번째 단계는 데이터 집계이다. 이 작업은 다음 절차에 따라 수행된다.

1. 그리드 네트워크 또는 기타 클러스터링 기법을 사용하여 서로 가까운 곳에 위치한 고객을 집계한다. 단일 셀 또는 단일 클러스터 내의 모든 고객은 셀 또는 클러스터 중앙에 위치한 단일 고객으로 대체된다. 이 셀 또는 클러스터를 고객 구역(customer zone)이라 부른다. 일반적으로 사용되는 매우 효과적인 기법은 다섯 자리 또는 세 자리 우편번호에 따라 고객을 집계하는 것이다. 고객이 서비스 수준이나 배송 빈도에 따라 구분되는 경우에는 클래스별로 집계된다. 즉, 같은 클래스 내의 고객은 다른 클래스와 독립적으로 집계된다.
2. 품목은 다음을 기준으로 적당한 개수의 제품 그룹으로 집계된다.
   a. **유통 패턴**. 동일한 출발지에서 픽업되어 동일한 고객에게 배송되는 모든 제품은 함께 집계된다. 때로는 유통 패턴뿐만 아니라 무게와 부피 같은 물류 특성에 따라 집계해야 할 때도 있다. 즉, 동일한 유통 패턴을 가진 모든 제품을 고려한다. 이러한 상품 내에서 부피와 무게가 비슷한 SKU를 하나의 상품 그룹으로 합산한다.
   b. **제품 유형**. 많은 경우 서로 다른 제품은 단순히 제품 모델이나 스타일의 변형일 수도 있고 포장 유형만 다를 수도 있다. 이러한 제품은 일반적으로 함께 집계된다.

물론 중요한 고려사항으로서 원래의 세부 데이터를 집계된 데이터로 대체하는 경우 모델의 효율성에 어떤 영향을 미치는지 확인해야 한다. 이는 다음 두 가지 방식으로 설명될 수 있다.

1. 원본 데이터로 물류 네트워크 설계 문제를 해결할 수 있는 기술이 존재하더라도 일반적으로 계정 및 제품 수준에서 고객 수요를 예측하는 것은 정확도가 떨어지기 때문에 데이터를 집계하는 것이 유용할 수 있다. 집계를 통한 변동성 감소로 집계된 수준에서 수요 예측이 훨씬 더 정확해진다.
2. 여러 연구자들에 따르면 고객을 약 150~200개의 구역으로 집계하면 일반적으로 오차가 1%를 넘지 않는 선에서 추정이 가능하다.

실제로 데이터를 집계할 때는 일반적으로 다음과 같은 방법이 사용된다.

- 수요 지점이 최소 200개 이상의 구역으로 집계된다. 고객이 서비스 수준이나 배송 빈도에 따라 등급으로 분류되는 경우 각 등급에는 최소 200개의 집계 포인트가 있다.

예시 3-1

집계가 변동성에 미치는 영향을 설명하기 위해 두 고객(예 : 소매점)이 집계되는 예를 고려하자. 표 3-2는 지난 7년간 이 고객들이 생성한 수요에 대한 데이터를 제공한다.

표 3-2 두 고객의 과거 데이터

	연도						
	2014	2015	2016	2017	2018	2019	2020
고객 1	22,346	28,549	19,567	25,457	31,986	21,897	19,854
고객 2	17,835	21,765	19,875	24,346	22,876	14,653	24,987
총합	40,181	50,314	39,442	49,803	54,862	36,550	44,841

이러한 데이터가 각 고객의 내년도 수요 분포를 정확하게 나타낸다고 가정하면 표 3-3은 각 고객과 집계된 고객에 대한 연평균 수요, 연평균 수요의 표준편차, 변동계수를 요약한 것이다. 표준편차와 변동계수의 차이에 대한 논의는 2장을 참조하라.

표 3-3 과거 데이터 요약

	통계		
	연간 수요의 평균	연간 수요의 표준편차	변동계수
고객 1	24,237	4,658	0.192
고객 2	20,905	3,427	0.173
총합	45,142	6,757	0.150

집계된 고객의 연평균 수요는 각 고객의 평균 수요의 합계이다. 그러나 표준편차 또는 변동계수를 사용하여 측정한 집계된 고객에 의한 변동성은 기존 두 고객의 개별 변동성을 합친 것보다 작다.

- 각 구역의 총수요량이 거의 동일한지 확인한다. 이는 구역의 지리적 크기가 다를 수 있음을 의미한다.
- 집계된 지점을 구역의 중앙에 배치한다.
- 제품을 20~50개의 제품 그룹으로 집계한다.

그림 3-3은 모두 북미에 위치한 3,220개 고객에 대한 정보를 보여주는 반면, 그림 3-4는 같은 데이터를 세 자리 우편번호를 사용하여 집계한 후 217개 지점으로 집계된 데이터를 보여준다.

마지막으로 그림 3-5는 단일 제조시설과 단일 제품을 보유한 공급망에서 고객 집계가 미치는 영향을 보여준다. 원래 공급망에는 세 자리 우편번호를 사용하여 800개 구역으로 집계된 1만 8,000개의 수요 지점이 있다. 그림에서 볼 수 있듯이 원래 공급망과 통합된 공급망 간의 비용 차이는 0.05%보다 작다. 마찬가지로 그림 3-6은 5개의 공장, 25개의 잠재적 창고 위치, 46개의 제품이 4개 제품으로 통합된 공급망에서 제품 통합의 영향을 테스트한다. 다시 말하지만, 원래 모델과 집계된 모델 간의 비용 차이는 0.03% 미만이다.

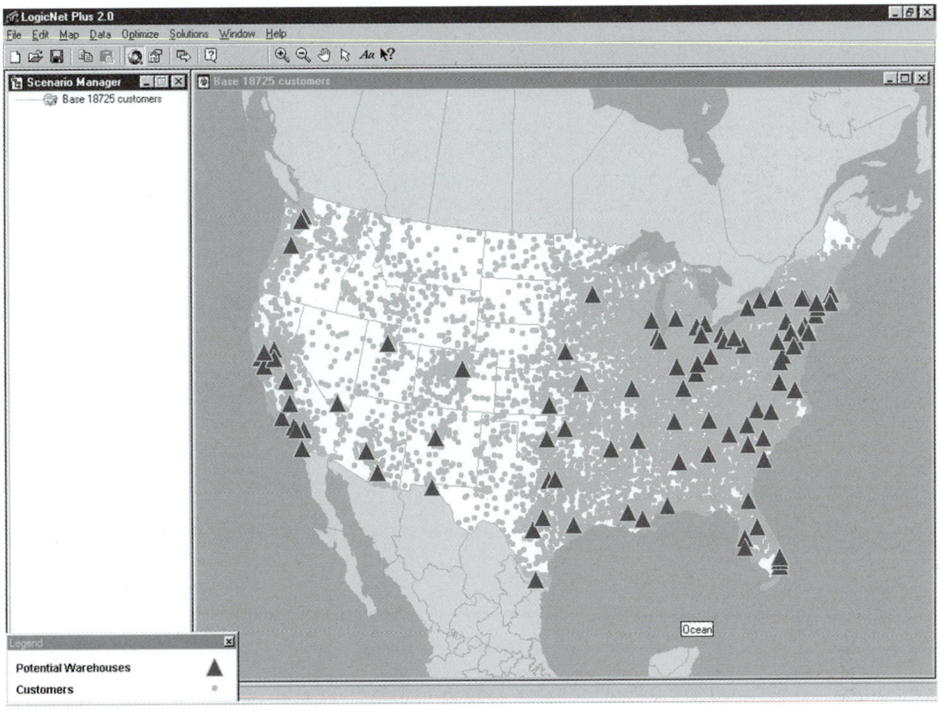

그림 3-3 집계 전 데이터를 보여주는 SCP 화면

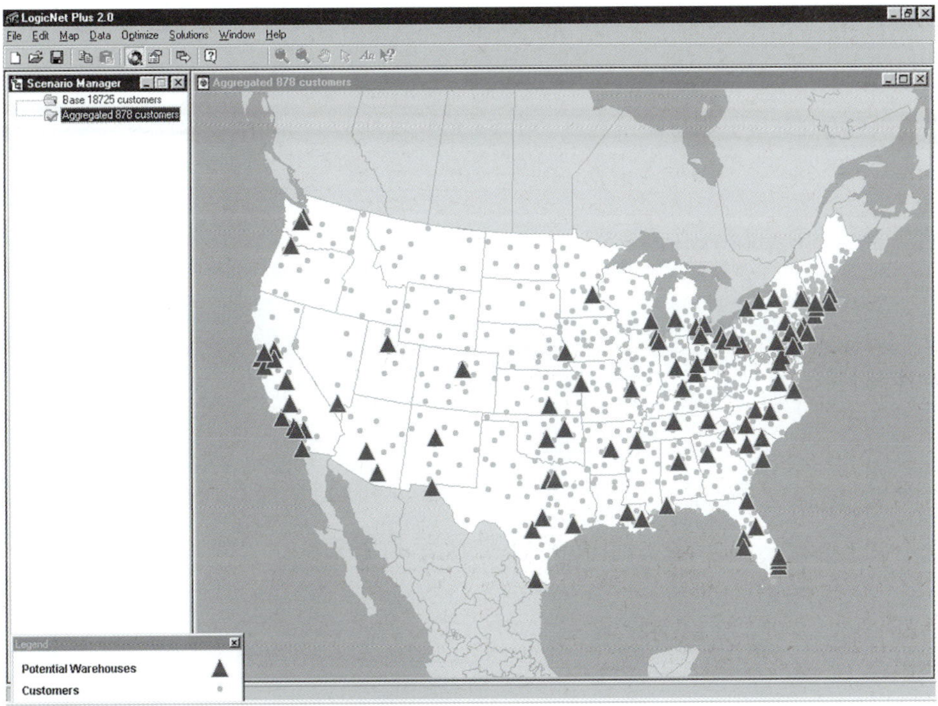

그림 3-4 집계 후 데이터를 보여주는 SCP 화면

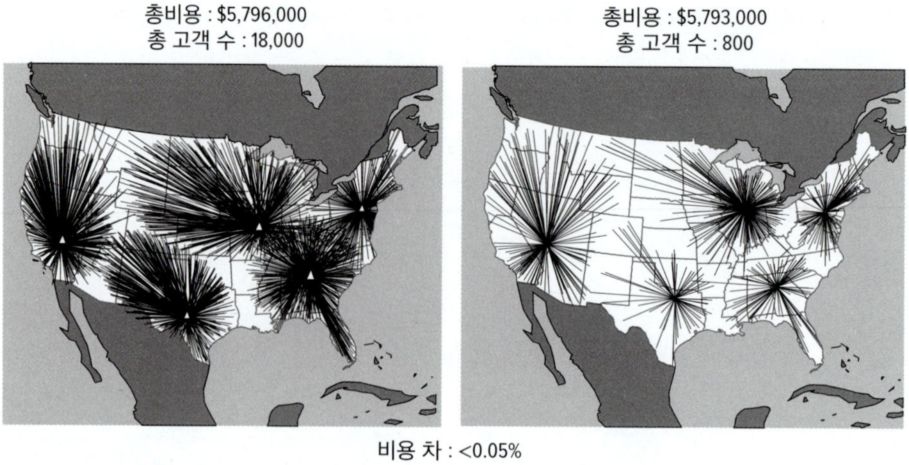

그림 3-5 모델 정확도에 대한 고객 집계의 영향

3.2.3 운송 요금

효과적인 유통망 설계 모델을 구축하는 다음 단계는 운송 비용을 추정하는 것이다. 트럭, 철도 등 대부분의 운송 요금은 거리에 따라 거의 선형적이지만 물량에 따라서는 그렇지 않다는 특징을 가지고 있다. 여기서는 **내부** 차량 및 **외부** 차량과 관련된 운송 비용을 구분한다.

회사 소유 트럭의 운송 비용을 추정하는 것은 일반적으로 간단하다. 이 비용에는 트럭당 연간 비용, 트럭당 연간 주행거리, 연간 배송량, 트럭의 유효 용량 등이 포함된다. 이 모든 정보를 사용하여 SKU당 마일당 비용을 쉽게 계산할 수 있다.

외부 차량에 대한 운송 요금의 경우 모델에 통합하는 것은 좀 더 복잡하다. 여기서는 트럭로드(TL,

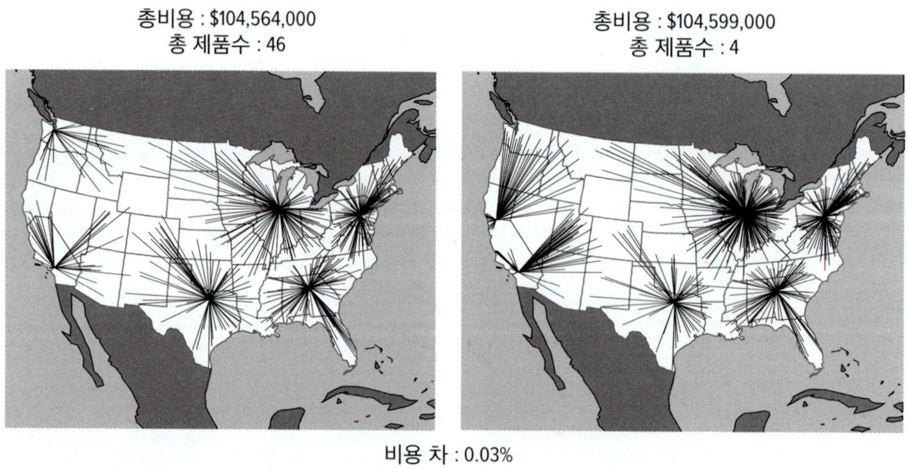

그림 3-6 모델 정확도에 대한 제품 집계의 영향

TruckLoad)와 한 트럭 물량보다 작은 트럭로드(LTL, Less than TruckLoad)의 두 가지 운송 모드가 있다.

미국에서는 TL 운송업체가 미국을 구역으로 세분화한다. 거의 모든 주는 단일 구역으로 구분되고 플로리다나 뉴욕과 같이 큰 주는 두 구역으로 나뉜다. 운송업체는 고객에게 구역 간 비용 테이블을 제시한다. 이 표는 두 구역 간 트럭로드당 마일당 비용을 제공한다. 예를 들어, 일리노이주 시카고에서 매사추세츠주 보스턴까지의 트럭로드 비용은 이 조합에 대한 마일당 비용에 시카고에서 보스턴까지의 거리를 곱해서 구한다. 트럭로드 비용 구조의 중요한 특성은 대칭적이지 않다는 것이다. 즉, 일반적으로 만재(fully loaded) 트럭을 일리노이에서 뉴욕으로 운송하는 것이 뉴욕에서 일리노이까지 운송하는 것보다 비용이 더 높다.

LTL 업계에서 운임은 일반적으로 **클래스**(class), **예외**(exception), **상품**(commodity)이라는 세 가지 기본 유형으로 구분된다. 클래스 요금은 거의 모든 제품 또는 상품 배송에 적용되는 표준 요금이다. 이 클래스 요금은 각 화물에 **등급** 또는 **클래스**를 부여하는 **분류 관세**에 따라 결정된다. 예를 들어, 철도 분류에서는 화물을 **통일 화물 분류**(Uniform Freight Classification)의 13개 등급(400에서 13까지)으로 구분한다. 한편, 국가 자동차 화물 분류는 23개의 등급(500에서 35까지)만 가지고 있다. 모든 경우에서 등급 또는 클래스가 높을수록 상품 운송에 대한 상대적 요금이 높아진다. 제품의 특정 등급을 결정하는 데는 여러 가지 요소가 관련되어 있는데 제품 밀도, 취급 및 운송의 용이성 또는 난이도, 파손에 대한 책임 등이 포함된다.

일단 등급이 결정되면 요금 기준 번호(rate basis number) 확인이 필요하다. 이 번호는 화물의 출발지와 도착지 사이의 대략적인 거리를 나타낸다. 상품 평점 또는 등급과 요금 기준 번호가 있으면 운송업체 관세율표(즉, 운임표)에서 100파운드(백중량 또는 cwt)당 구체적인 요금을 확인할 수 있다.

다른 두 가지 운임, 즉 **예외** 및 **상품** 운임은 더 저렴한 운임(예외) 또는 상품별 운임(상품)을 제공하는 데 사용되는 특수 운임이다. 이에 대한 보다 자세한 내용은 Johnson과 Wood가 저술한 《Contemporary Physical Distribution and Logistics》와 《The Distribution Management Handbook》에 실린 Patton의 기사를 참조하라. 대부분의 운송업체는 모든 운송 요금이 포함된 데이터베이스 파일을 제공하며, 이러한 데이터베이스는 일반적으로 의사결정 지원 시스템에 통합된다.

LTL 운송업체 요금제의 확산과 트럭 운송 산업의 고도로 세분화된 특성으로 인해 정교한 계산 프로그램이 필요해졌다. 널리 사용되는 평가 프로그램의 예로는 SMC3의 RateWare가 있다. 이 프로그램은 다양한 운송업체 요금표는 물론 가장 널리 사용되고 인정받는 전국 LTL 우편번호 기반 요금 형태 중 하나인 SMC3의 CzarLite와도 연동할 수 있다. 개별 운송업체의 요금과 달리 CZAR-Lite는 지역, 지역 간, 국가 단위의 LTL 가격 연구를 통해 도출된 시장 기반 가격표를 제공한다. 이를 통해 화주에게 공정한 가격 체계를 제공하고 개별 운송업체의 편향된 운영과 마케팅이 화주 선택에 영향을 미치는 것을 방지할

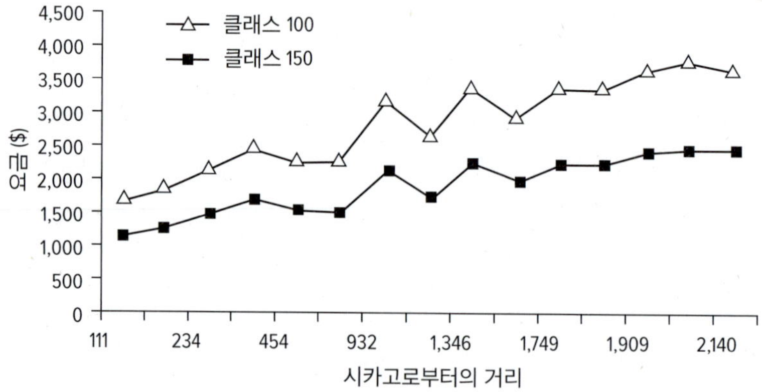

그림 3-7 4,000파운드의 배송에 대한 운송 요금

수 있다. 따라서 CZAR-Lite 요금은 종종 화주, 운송업체, 제3자 물류 제공업체 간의 LTL 계약 협상을 위한 기준으로 사용된다.

그림 3-7에서는 4,000파운드의 배송에 대해 한 배송업체가 부과한 LTL 비용을 시카고까지의 거리의 함수로 표현한다. 비용은 클래스 100과 클래스 150의 두 가지 클래스에 대해 제공된다. 보는 바와 같이 운송 비용 함수는 거리에 따라 선형적이지 않다.

3.2.4 마일리지 추정

앞서 설명한 바와 같이 특정 출발지에서 특정 목적지까지 제품 운송 비용은 두 지점 사이의 거리의 함수로 표현된다. 따라서 제품 운송 비용을 계산하기 위해서는 두 지점 간의 거리를 추정하는 방법이 필요하다. 거리 추정에는 거리 네트워크 또는 직선거리를 사용할 수 있다. 구체적으로, 두 점 A와 B 사이의 거리를 추정하고 싶다고 가정하자. 점 a와 b의 경도(lon_a과 lon_b)와 위도(lat_a와 lat_b)로 a에서 b까지의 직선거리, D_{ab}(마일)는 다음과 같이 계산된다.

$$D_{ab} = 69\sqrt{(lon_a - lon_b)^2 + (lat_a - lat_b)^2}$$

이 계산에서 경도와 위도는 도 단위로 주어지므로 마일 값으로 환산하기 위해 1도당 마일 수인 69를 곱한다. 이 식은 짧은 거리에서만 정확하며 지구의 곡률을 고려하지 않는다. 상당히 먼 거리를 측정하고 지구의 곡률을 보정하기 위해는 미국 지질조사국에서 제안한 다음의 근사치를 사용할 수 있다.

$$D_{ab} = 2(69)\sin^{-1}\sqrt{(\sin(\frac{lat_a - lat_b}{2}))^2 + \cos(lat_a) \times \cos(lat_b) \times (\sin(\frac{lon_a - lon_b}{2}))^2}$$

이 식은 매우 정확하게 거리를 계산하지만, 트럭이 직선이 아닌 도로를 따라 이동한다는 점을 고려하면 두 경우 모두 실제 도로 거리를 과소평가한다. 이를 보정하기 위해 일반적으로 대도시 지역의 경우 ρ =

1.3, 미국 대륙의 경우 $\rho = 1.14$의 순환계수인 ρ를 D_{ab}에 곱해야 한다.

예시 3-2

일리노이주 시카고에서 매사추세츠주 보스턴으로 화물을 가득 실은 트럭 한 대를 배송하는 제조업체를 고려하자. 이 제조업체는 트럭 한 대당 요금이 마일당 105센트인 TL 운송업체를 이용하고 있다. 이 배송의 운송 비용을 계산하려면 지리적 데이터가 필요하다. 표 3-4는 각 도시의 경도와 위도에 대한 정보를 제공한다.

앞의 식을 표 3-4의 데이터에 적용하면 시카고에서 보스턴까지의 직선거리는 855마일이다. 이 숫자에 순환계수(이 경우 1.14)를 곱하면 실제 도로 거리의 추정치는 974마일로 실제 도로 거리인 965마일과 비슷하다. 따라서 도로 거리 추정에 따라 이 경우의 운송 비용은 $1,023이다.

표 3-4 지리 정보

도시	경도	위도
시카고	−87.65	41.85
보스턴	−71.06	42.36

주 : 표의 도수는 십진법으로 표시되어 있으므로 종이 지도의 일반적인 도/분 표현에서 87.65는 87°39″가 된다. 경도는 동서 위치를 나타내며, 자오선 서쪽의 위치는 음수 값을 갖는다. 위도는 남북 위치를 나타내며, 적도 남쪽의 모든 위치는 음수 값을 갖는다.

보다 정확한 거리가 필요한 애플리케이션은 일반적으로 지리 정보 시스템(GIS, Geographic Information Systems)을 활용할 수 있다. 그러나 이러한 접근방식은 일반적으로 SCP(Supply Chain Planning) 도구의 작동 속도를 크게 저하시키므로 위에서 설명한 근사화 기법으로도 많은 애플리케이션에 충분한 정확도를 제공할 수 있다.

3.2.5 창고 비용

창고 및 물류센터 비용에는 세 가지 주요 구성 요소가 포함된다.

1. **취급 비용**. 창고의 연간 물동량에 비례하는 인건비와 유틸리티 비용이 포함된다.
2. **고정 비용**. 창고를 통과하는 자재량에 비례하지 않는 모든 비용 구성 요소가 포함된다. 고정 비용은 일반적으로 창고 크기(용량)에 비선형으로 비례한다(그림 3-8 참조). 그림에서 볼 수 있듯이 이 비용은 창고 크기의 특정 범위에서 고정되어 있다.
3. **보관 비용**. 평균 재고 수준에 비례하는 재고 보유 비용을 나타낸다.

사실 창고 취급 비용을 추정하기는 쉽지만 고정 및 보관 비용을 추정하는 것은 매우 어렵다. 이 차이를 이해하기 위해 한 해 동안 특정 고객이 1,000개의 제품을 필요로 한다고 가정해 보자. 고정 및 보관 비용 추정을 위해 창고 크기를 결정해야 하는데 이 1,000개의 제품이 동시에 물류창고에 있을 필요는 없으므로 평균 재고 수준은 이보다 훨씬 낮고 그에 따라 창고 크기도 작을 가능성이 높다. 따라서 SCP 도구의 데이터를 구성할 때 이러한 연간 흐름을 시간에 따른 실제 재고량으로 변환할 필요가 있다. 사실 제품의 연간 흐름과 평균 재고량은 창고에서 해당 제품을 보관하는 데 필요한 공간에 대한 정확한 정보를 주지

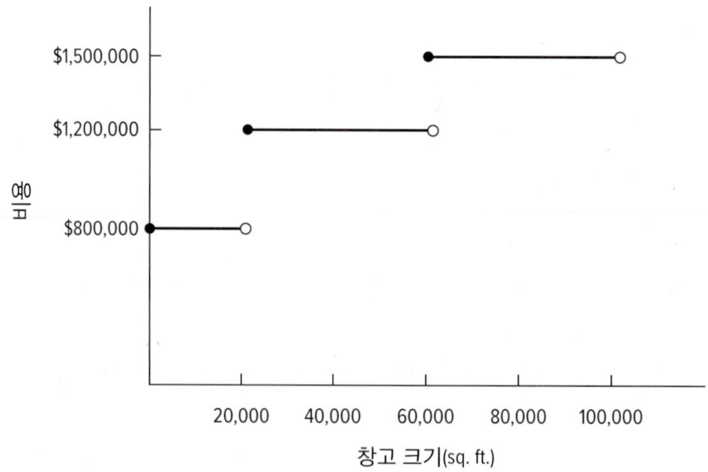

그림 3-8 창고 용량의 함수로서의 창고 고정 비용

못한다. 창고의 크기는 연간 흐름이나 평균 재고가 아니라 최대 재고에 비례하기 때문이다.

이러한 경우 **재고 회전율**(inventory turnover ratio)을 활용할 수 있다. 이는 다음과 같이 정의된다.

$$\text{재고 회전율} = \frac{\text{연간 매출}}{\text{평균 재고 수준}}$$

이와 같이 재고 회전율은 평균 재고 수준에 대한 창고에서 반출된 연간 총흐름의 비율이다. 따라서 평균 재고 수준은 연간 총흐름을 재고 회전율(λ)로 나눈 값이다. 이 평균 재고 수준에 재고 보유 비용을 곱하면 연간 보관 비용이 계산된다. 마지막으로 고정 비용을 계산하려면 창고 용량 추정이 필요한데 이 과정은 다음에 설명된다.

3.2.6 창고 용량

실제 창고 용량은 유통 네트워크 설계 모델의 또 다른 중요한 입력값이다. 그러나 창고를 통과하는 특정 자재의 연간 흐름에 대해 실제 필요한 공간을 추정하는 방법은 간단하지 않다. 이 경우에도 재고 회전율을 활용하여 계산할 수 있다. 앞에서와 같이 창고를 통과하는 연간 물동량을 재고 회전율로 나누면 평균 재고 수준을 계산할 수 있다. 그림 3-9와 같은 정기 배송과 배송 일정을 가정하면 필요한 저장 공간은 평균 재고 수준의 약 2배이다. 물론 창고에 보관된 모든 팔레트에는 접근 및 취급을 위해 빈 공간이 추가로 필요하고 통로, 피킹, 분류 및 처리 시설, AGV(Automatic Guided Vehicles, 자동 가이드 차량)를 위한 공간도 있어야 하므로 일반적으로 필요한 보관 공간에 1 이상의 계수(〉1)를 곱한다. 이 계수는 응용 분야에 따라 다르며 창고에서 필요한 공간을 보다 정확하게 계산할 수 있게 해준다. 실제로 사용되는 일반적인 계수는 3이고 다음과 같은 방식으로 사용된다. 창고를 통과하는 연간 물동량이 1,000개이고 재고 회전

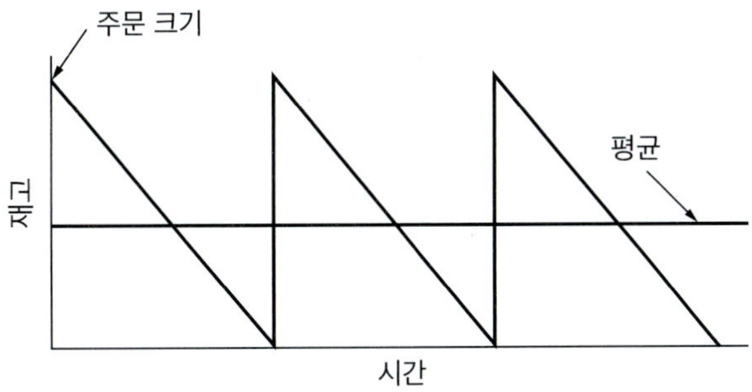

그림 3-9 시간의 함수로서의 재고 수준

율이 10.0인 상황을 가정하자. 이는 평균 재고 수준이 약 100개이므로 각 제품이 10제곱피트의 바닥 면적을 차지한다고 가정하면 제품에 필요한 공간은 2,000제곱피트이다. 따라서 창고에 필요한 총공간은 여기에 3을 곱한 약 6,000제곱피트가 된다.

3.2.7 잠재적인 창고 위치

새로운 창고를 위한 잠재적 위치를 효과적으로 파악하는 것도 중요하다. 일반적으로 창고 위치는 다음 조건을 만족시켜야 한다.

- 지리적 및 인프라 조건
- 천연 자원 및 노동력 가용성
- 현지 산업 및 세금 규정
- 공공의 이익

결과적으로 모든 요건을 충족하는 한정된 장소가 새로운 시설의 잠재적 입지 후보지가 된다.

3.2.8 서비스 수준 요구사항

서비스 수준을 정의하는 방법에는 여러 가지가 있다. 예를 들어, 각 고객과 서비스를 제공하는 창고 사이의 최대 거리를 설정하여 합리적인 시간 내에 고객에게 서비스를 제공하는 것을 보장할 수 있다. 때로 시골이나 고립된 지역에 있는 일부 고객에게는 다른 고객과 동일한 수준의 서비스를 제공하기가 어렵다는 점도 인식해야 한다. 이 경우 서비스 수준을 할당된 창고까지의 거리가 일정 거리 이하인 고객의 비율로 정의할 수도 있다. 예를 들어, 고객의 95%가 서비스를 제공하는 창고로부터 200마일 이내에 위치하도록 요구할 수도 있다.

3.2.9 미래 수요

1장에서 살펴본 바와 같이, 네트워크 설계를 포함한 전략적 차원의 결정은 기업에 장기적인 영향을 준다.

특히 창고의 수, 위치, 규모에 관한 결정은 적어도 향후 3~5년 동안 회사에 영향을 미친다. 이는 네트워크를 설계할 때 향후 몇 년 동안의 고객 수요 변화를 고려해야 함을 의미한다. 이는 순 현재 가치 계산에 다양한 시나리오를 적용하는 방식으로 검토될 수 있다. 예를 들어, 계획 기간 동안 발생할 수 있는 다양한 미래 수요 패턴을 나타내는 여러 가지 가능한 시나리오를 생성하고 이를 모델에 적용하여 최적의 유통 전략을 결정할 수 있다.

3.2.10 모델 및 데이터 유효성 검사

앞에서 네트워크 구성 모델을 위한 데이터 수집, 표 작성 및 데이터 정제에 대한 어려움에 대해 설명했다. 이 작업이 완료된 후 데이터와 모델이 네트워크 설계 문제를 정확하게 반영하는지 어떻게 확인할 수 있을까?

이 문제를 해결하는 데 사용되는 프로세스를 모델 및 데이터 유효성 검사(model and data validation)라고 한다. 이는 일반적으로 모델과 수집된 데이터를 사용하여 기존 네트워크 구성을 만들고 이 모델의 출력을 기존 데이터와 비교하는 방식으로 진행된다.

유효성 검사의 중요성은 아무리 강조해도 지나치지 않다. 현재 운영 조건을 복제하여 구성된 모델은 현재 네트워크 구성에서 발생하는 모든 비용(창고, 재고, 생산 및 운송)에 대한 의미 있는 정보를 출력한다. 이러한 데이터는 회사의 회계 정보와 비교할 수도 있는데 이는 데이터의 오류, 문제가 있는 가정, 모델링 결함 등을 식별하는 가장 좋은 방법일 수 있다.

예를 들어, 한 프로젝트에서는 검증 과정에서 계산된 운송 비용이 회계 데이터 기반 비용보다 지속적으로 과소평가되고 있음이 발견되었다. 컨설턴트들은 유통 관행을 면밀히 검토했고, 그 결과 유효 트럭 용량이 트럭의 물리적 용량의 약 30%에 불과하다는 점을 확인했다. 이는 트럭에 짐을 거의 싣지 않은 채 배송이 이루어지고 있음을 의미한다. 따라서 검증 프로세스는 모델에 사용된 일부 매개변수를 보정하는 데 도움이 될 뿐만 아니라 기존 네트워크의 활용도를 개선할 수 있는 잠재적인 방안도 제시한다.

이 방법은 네트워크 구성의 지협적 또는 소규모 변경이 시스템의 비용과 서비스 수준에 미치는 영향을 추정하는 데도 활용될 수 있다. 특히 이 단계에서는 기존 창고 폐쇄가 시스템 성능에 미치는 영향과 같은 가정 질문(what-if questions)에 대한 결과도 확인할 수 있다. 또 다른 예를 들면, 기존 네트워크의 자재 흐름을 변경하고 그에 따른 비용의 변화를 확인할 수도 있다. 관리자는 이러한 소규모 변경이 시스템에 미치는 영향을 직관적으로 파악할 수 있으므로 모델의 오류를 더 쉽게 식별할 수도 있다. 단, 전체 시스템의 급진적인 재설계 효과에 대한 직관은 정확성이 떨어질 수 있다.

요약하면, 모델 유효성 검사 프로세스를 통해 다음과 같은 질문에 답할 수 있다.

- 모델이 타당한가?
- 데이터가 일관성이 있는가?
- 모델 결과를 충분히 설명할 수 있는가?

• 민감도 분석을 수행했는가?

유효성 검사는 모델과 데이터의 유효성을 확인시켜 줄 뿐만 아니라 최적화 후 가능한 개선사항을 현재 운영 모델에 적용하도록 연결하는 데 도움을 준다.

3.2.11 솔루션 기법

데이터 수집, 표 작성 및 검증의 다음 단계는 물류 네트워크 구성을 최적화하는 것이다. 실제로는 다음 두 가지 기법이 사용된다.

1. 수학적 최적화 기법
    - 최적의 솔루션, 즉 최소 비용 솔루션을 찾을 수 있는 정확한 알고리즘
    - 최적의 솔루션이 아닌 좋은 솔루션을 찾는 휴리스틱 알고리즘
2. 설계자가 만든 특정 설계 대안을 평가할 수 있는 메커니즘을 제공하는 시뮬레이션 모델

휴리스틱의 효과와 정확한 알고리즘의 필요성 휴리스틱 알고리즘의 효과와 정확한 알고리즘의 필요성을 이해하기 위해 Geoffrion과 Van Roy가 개발한 다음 예시를 살펴보자.

예시 3-3

다음 배송 시스템을 고려하자.

- 단일 제품
- 공장 *p*1과 *p*2
- 공장 *p*2의 연간 생산 능력은 60,000개
- 두 공장의 생산 비용은 동일
- 기존 창고 *w*1과 *w*2. 두 창고는 창고 취급 비용이 동일함
- 시장 지역 *c*1, *c*2, *c*3의 수요는 각각 50,000개, 100,000개, 50,000개
- 단위당 유통 비용은 표 3-5와 같음. 예를 들어, 공장 *p*1에서 창고 *w*2로 단위당 유통 비용은 $5

이 예시에서 우리의 목표는 공장 *p*2의 생산 능력 제약과 시장 수요를 만족시키면서 총 유통 비용을 최소화하는 유통 전략(공급업체에서 창고를 거쳐 시장으로 제품의 흐름을 결정)을 찾는 것이다. 이 문제는 앞서 설명한 물류 네트워크 구성 문제보다 훨씬 쉽게 해결할 수 있다. 먼저, 시설의 위치가 주어졌을 때 효과적인 유통 전략을 찾는다. 이를 위해 다음 두 가지 직관적인 휴리스틱을 고려한다.

표 3-5 단위당 유통 비용

창고	*p*1	*p*2	c1	c2	c3
*w*1	0	4	3	4	5
*w*2	5	2	2	1	2

휴리스틱 1

각 시장에 대해 가장 저렴한 창고-수요 조합을 선택한다. 따라서 *w*2에서 *c*1, *c*2, *c*3으로 200,000개를 공급하기로 결정하고 이 수량을 만족시킬 때까지 *w*2에 대해 배송 비용이 저렴한 순서대로 공장을 선택한다. 즉, *p*2에 60,000개를

유통하고 나머지 140,000개를 $p1$에 유통한다. 이에 총비용은 다음과 같다.

$$2 \times 50{,}000 + 1 \times 100{,}000 + 2 \times 50{,}000 + 2 \times 60{,}000 + 5 \times 140{,}000 = 1{,}120{,}000$$

휴리스틱 2

시장 각 지역에 대해 오가는(인바운드 및 아웃바운드) 배송 비용이 가장 낮은 창고를 선택한다. 시장 지역 $c1$의 경우 경로 $p1 \to w1 \to c1$, $p1 \to w2 \to c1$, $p2 \to w1 \to c1$, $p2 \to w2 \to c1$ 중 가장 저렴한 것은 $p1 \to w1 \to c1$이므로 $c1$에 대해 $w1$을 선택한다. 비슷한 분석을 사용하여 $c2$에 대해서는 $w2$를, $c3$에 대해서는 $w2$를 선택한다.

이는 창고 $w1$이 총 50,000단위를 배송하는 반면 창고 $w2$는 총 150,000단위를 배송한다는 것을 의미한다. 가장 좋은 인바운드 흐름 패턴은 공장 $p1$에서 창고 $w1$로 50,000개, 공장 $p2$에서 창고 $w2$로 60,000개, 공장 $p1$에서 창고 $w2$로 90,000개를 공급하는 것이다. 이 전략의 총비용은 $920,000이다.

그러나 앞서 설명한 두 가지 휴리스틱으로는 최적 또는 최소 비용의 전략을 도출할 수 없다. 최적의 분배 전략을 찾기 위해 다음 최적화 모델(optimization model)을 고려하자. 실제로 앞서 설명한 유통 문제는 다음과 같은 선형계획법 문제로 구성할 수 있다.

선형계획법 문제에서 의사결정변수는 다음과 같다.

- 공장에서 창고로의 흐름 : $x(p1,w1)$, $x(p1,w2)$, $x(p2,w1)$, $x(p2,w2)$
- 창고 $w1$에서 고객 구역 $c1$, $c2$, $c3$으로의 흐름 : $x(w1, c1)$, $x(w1, c2)$, $x(w1, c3)$
- 창고 $w2$에서 고객 구역 $c1$, $c2$, $c3$으로의 흐름 : $x(w2, c1)$, $x(w2, c2)$, $x(w2, c3)$

선형계획법 문제는 다음과 같다.

$$\begin{aligned}\text{Minimize } \{&0x(p1, w1) + 5x(p1, w2) + 4x(p2, w1)\\ &+ 2x(p2, w2) + 3x(w1, c1) + 4x(w1, c2)\\ &+ 5x(w1, c3) + 2x(w2, c1) + 1x(w2, c2) + 2x(w2, c3)\}\end{aligned}$$

subject to

$$\begin{aligned}&x(p2, w1) + x(p2, w2) \le 60{,}000\\ &x(p1, w1) + x(p2, w1) = x(w1, c1) + x(w1, c2) + x(w1, c3)\\ &x(p1, w2) + x(p2, w2) = x(w2, c1) + x(w2, c2) + x(w2, c3)\\ &x(w1, c1) + x(w2, c1) = 50{,}000\\ &x(w1, c2) + x(w2, c2) = 100{,}000\\ &x(w1, c3) + x(w2, c3) = 50{,}000\end{aligned}$$

모든 흐름은 0보다 크거나 같다.

이 문제는 Excel 모델로 구성하여 Excel 선형계획법 솔버로 최적의 전략을 찾을 수 있다. Excel 모델을 구성하는 방법에 대한 자세한 내용은 Lawrence와 Pasternack의 《Applied Management Science》를 참조하라. 이 전략은 표 3-6과 같다.

표 3-6 최적 유통 전략

창고	p1	p2	c1	c2	c3
w1	140,000	0	50,000	40,000	50,000
w2	0	60,000	0	60,000	0

최적 전략에 따른 총비용은 $74만이다.

이 예는 최적화 기반 기법의 가치를 명확하게 보여준다. 이러한 도구를 통해 총 시스템 비용을 크게 절감할 수 있는 전략을 결정할 수 있다. 물론 우리가 분석하고 해결하고자 하는 물류 네트워크 구성 모델은 일반적으로 위에서 설명한 예시보다 훨씬 더 복잡하다. 예를 들어 창고, 유통센터, 크로스도킹 시설의 최적 위치 설정은 위의 예시와 다르다. 이러한 결정에는 선형계획법이 부적절하며 정수계획법(integer programming) 기법이 사용되어야 한다. 선형계획법은 연속형 변수를 다루는 반면, 특정 도시에 창고를 열지 말지를 결정하는 경우 해당 위치에 창고를 열지 않으면 0, 열면 1이 되는 이진 변수가 필요하기 때문이다.

따라서 물류 네트워크 구성 모델은 풀기가 훨씬 어려운 정수계획법 모델로 표현된다. 더 자세한 내용이 알고 싶은 독자는 물류 네트워크 구성 문제에 대한 정확한 알고리즘에 대해 다루고 있는 도서《The Logic of Logistics》를 참조하기 바란다.

시뮬레이션 모델과 최적화 기법 앞서 설명한 수학적 최적화 기법에는 몇 가지 중요한 한계가 있다. 일반적으로 연간 또는 평균 수요를 고려하는 정적 모델을 다루며, 시간에 따른 변화를 고려하지 않는다. 시뮬레이션 기반 도구는 시스템의 동적 특성을 고려하고 주어진 설계에 대한 시스템 성능을 특성화할 수 있다. 따라서 사용자 필요에 따라 여러 가지 구성을 가진 시뮬레이션 모델을 구현해 볼 수 있다.

이는 시뮬레이션 모델을 통해 사용자가 미시적 수준의 분석을 수행할 수 있다는 것을 의미한다. 실제로 시뮬레이션 모델에는 다음 내용을 포함할 수 있다.

1. 개별 주문 패턴
2. 특정 재고 정책
3. 창고 내 재고 이동

안타깝게도, 시뮬레이션 모델은 미리 구체화된 물류 네트워크 설계만 모델링할 수 있다. 즉, 창고, 소매업체 등의 특정 구성이 주어지면 시뮬레이션 모델을 사용하여 해당 구성의 운영과 관련된 비용을 추정할 수 있지만, 다른 구성을 고려해야 하는 경우(예 : 일부 고객을 다른 창고에서 서비스해야 하는 경우) 모델을 다시 실행해야 한다.

16장에서 자세히 보겠지만 시뮬레이션은 최적화 도구가 아니다. 시뮬레이션은 특정 구성의 성능을 확인하는 데는 유용하지만, 수많은 잠재적 구성 중에서 효과적인 구성을 결정하는 데는 유용하지 않다. 또한 개별 고객의 주문 패턴, 특정 재고 및 생산 정책, 일일 유통 전략 등의 정보를 통합하는 상세한 시뮬레이션 모델은 시스템 성능에서 원하는 수준의 정확도를 달성하기 위해 막대한 계산 시간이 필요할 수 있다. 이는 일반적으로 시뮬레이션 도구를 사용하여 고려할 수 있는 대안이 매우 적다는 것을 의미한다.

따라서 시스템 역학이 중요한 문제가 아니라면 정적 모델이 적합하며 여기에는 수학적 최적화 기법을 적용할 수 있다. 실무에서 사용되는 거의 모든 네트워크 구성 모델은 정적 모델로 표현이 가능하다. 세부적인 시스템 역학이 중요한 문제인 경우, 시뮬레이션 기반 접근법과 최적화 기반 접근법의 강점을 모두 활용하는 Hax와 Candea가 제안한 다음과 같은 2단계 접근법이 적절하다.

1. 최적화 모델을 사용하여 가장 중요한 비용 요소를 고려한 거시적 수준에서 여러 가지 최소 비용 솔루션을 생성한다.
2. 시뮬레이션 모델을 사용하여 첫 번째 단계에서 생성된 솔루션을 평가한다.

3.2.12 SCP 네트워크 구성의 주요 특징

네트워크 설계를 위한 모든 공급망 계획 도구의 핵심 요건 중 하나는 **유연성**(flexibility)이다. 이러한 맥락에서 유연성은 시스템이 기존의 다양한 네트워크 특성을 통합할 수 있는 능력으로 정의된다. 실제로 상황에 따라 다양한 설계 옵션이 고려될 수 있다. 한 가지 방법으로 기존 네트워크의 완전한 재최적화가 있다. 즉, 각 창고를 열거나 닫을 수 있고 모든 운송 흐름을 재설정할 수 있다. 또 다른 옵션은 최적화 모델에 다음과 같은 특징을 통합하는 것일 수도 있다.

1. **고객특정 서비스 수준 요구사항**
2. **기존 창고.** 대부분의 경우 창고는 이미 존재하고 임대의 경우 아직 만료되지 않았다. 따라서 이 모델은 이러한 창고의 폐쇄를 허용하지 않는다.
3. **기존 창고의 확장.** 기존 창고는 확장할 수 있다.
4. **특정 흐름 패턴.** 다양한 상황에서 특정 흐름 패턴(예 : 특정 창고에서 일련의 고객으로)을 변경해서는 안 되며, 특정 제조 위치에서 특정 SKU를 생산하지 않거나 생산할 수 없는 경우가 더 많다.
5. **창고 간 흐름.** 경우에 따라 자재가 한 창고에서 다른 창고로 이동할 수 있다.
6. **생산 및 자재 명세서.** 경우에 따라 조립에 대한 고려가 필요하며 모델로 표현되어야 한다. 이를 위해 사용자는 완제품 조립에 사용되는 구성 요소에 대한 정보를 제공해야 한다. 또한 라인 수준까지의 생산 정보도 모델에 포함될 수 있다.

공급망 계획 도구는 위에서 설명한 모든 기능을 통합하는 것만으로는 충분하지 않다. 또한 이 도구는 **효율성**(effectiveness)을 저하시키지 않으면서 이러한 모든 문제를 처리할 수 있는 기능도 갖추어야 한다. 이 요건은 소위 도구의 **강건성**(robustness)과 직접적으로 관련이 있다. 이는 도구가 생성하는 솔루션의 상대적 품질(즉, 비용 및 서비스 수준)이 특정 환경, 데이터의 가변성 또는 특정 설정에 상관없이 유지되어야 함을 의미한다. 특정 SCP 도구가 견고하지 않으면 특정 문제에 대해 얼마나 효과적인지 판단하기 어렵다.

3.3 재고 포지셔닝 및 물류 조정

재고 포지셔닝의 중요성과 재고 결정 및 운송 정책의 조율에 대한 필요성은 오래전부터 분명했다. 복잡한 공급망에서 재고를 관리하는 것은 일반적으로 어렵고, 고객 서비스 수준과 공급망 시스템 전체 비용에 상당한 영향을 미친다.

재고는 2장에서 자세히 설명된 것과 같이 여러 가지 형태로 존재한다.

- 원재료 재고
- 재공품(WIP) 재고
- 완제품 재고

이들 각각의 재고 형태별로 별도의 재고 관리 메커니즘이 필요하다. 시스템 전반의 비용을 절감하고 서비스 수준을 개선하는 효율적인 생산, 유통 및 재고 관리 전략은 공급망 내 다양한 단계의 상호 작용을 고려해야 하기 때문에 이러한 메커니즘을 결정하는 것은 어렵다. 그럼에도 불구하고 이러한 재고 관리 메커니즘을 결정함으로써 얻을 수 있는 이점은 클 수 있다. 2장에서 다양한 형태의 수요 불확실성 문제를 해결하는 방법과 접근방식을 논의했었다.

3.3.1 전략적 안전 재고

2장 분석의 대부분은 자체 비용을 가능한 한 최소화하기 위해 재고를 관리하는 단일 시설(예 : 창고 또는 소매점)이나 여러 시설을 운영하면서 각 시설에 재고를 보유하기로 결정한 단일 기업을 대상으로 한다. 이 절에서는 계속해서 단일 기업에 속하는 다중 시설 공급망에 대해 살펴본다. 기업의 목표는 시스템 전체의 비용을 절감하기 위해 재고를 관리하는 것이므로 다양한 시설의 상호 작용과 이러한 상호 작용이 각 시설의 재고 정책에 미치는 영향을 파악하는 것이 중요하다.

시설에서 생산되는 모든 제품의 재고를 관리하는 한 가지 방법은 특정 주문이 도착할 때까지 기다렸다가 제조를 시작하는 것이다. 이러한 시설을 주문 생산(make - to - order) 시설이라고 부르며, 앞 장에서 설명한 재고 생산(make - to - stock) 시설과 대조된다. 복잡한 공급망에서 재고를 관리할 때 발생하는 중요한 질문은 **안전 재고를 어디에 보관할 것인가**, 즉 어떤 시설은 재고 생산으로, 어떤 시설은 주문 생산으로 생산해야 하는가이다. 이 질문에 대한 답은 원하는 서비스 수준, 공급망, 리드 타임은 물론 다양한 운영상의 문제와 제약 조건에 따라 달라진다. 따라서 경영진은 공급망에서 안전 재고를 효과적으로 배치할 수 있는 전략적 모델에 집중해야 한다. 이는 이 책에서 다루는 수준 이상의 기술과 접근방식이 필요한 어려운 최적화 문제이다.

관련된 문제를 이해하기 위해 단일 제품, 단일 시설의 정기 조사 재고 모델을 고려하자.

- *SI*는 주문이 접수된 시점부터 시설에서 배송을 받을 때까지 시간이다. 이 시간을 **입고 서비스 시간**(incoming service time)이라고 한다.
- *S*는 시설에서 자체 고객에게 **약정 서비스 시간**(committed service time)이다.
- *T*는 시설에서의 **처리 시간**(processing time)이다.

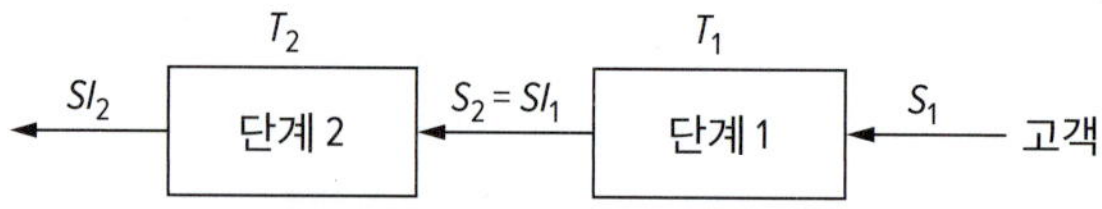

그림 3-10 해당 모델에서 두 시설 간의 관계

물론 $SI + T > S$라고 가정한다. 그렇지 않은 경우 시설에 재고가 필요하지 않다.

여기서는 시설이 정기 조사 정책(2장에서 설명)에 따라 재고를 관리하고 수요는 2장에서 설명한 특성을 가진 정규분포를 따른다고 가정한다(기술적으로는 수요가 정규분포를 따르고 기간에 걸쳐 독립적이고 동일하게 분포한다고 가정한다). 확정적인 SI, S, T가 주어지고 준비작업 비용이 없는 경우, 유지해야 하는 안전 재고 수준은 다음과 같다.

$$zh\sqrt{SI + T - S}$$

여기서 z는 지정된 서비스 수준과 관련된 안전 재고 계수이고 h는 재고 보유 비용이다. $SI + T - S$ 값을 시설의 순 리드 타임(net lead time)이라고 한다.

이제 시설(또는 단계) 2가 시설 1에 공급하고 시설 1이 최종 고객에게 서비스를 제공하는 2단계 공급망을 고려하자. SI_1, S_1, T_1을 시설 1의 입고 서비스 시간, 약정 서비스 시간, 처리 시간으로 정의하고 시설 2에 대해서도 동일하게 정의한다. 따라서 S_1은 최종 고객에 대한 약정 서비스 시간이고, S_2는 시설 2의 시설 1에 대한 약정 서비스 시간이므로 $S_2 = SI_1$이다. 그리고 SI_2는 시설 2에 대한 공급업체의 약정 서비스 시간이다. 이러한 모든 관계는 그림 3-10과 같다.

외부 공급업체로부터 새로운 서비스 약정 요구 없이 총 공급망 비용을 최소화하는 것이 목표이다. 시설 2에서 시설 1로 약정된 서비스 시간을 줄이면 시설 1과 시설 2 모두에서 필요한 재고에 영향을 미칠 수 있다. 실제로 이 경우 시설 1의 재고는 감소하지만 두 번째 시설의 재고는 증가한다. 따라서 전반적인 목표는 각 시설의 약정 서비스 시간과 그에 따른 재고의 위치와 양을 선택하여 전체 또는 더 정확하게는 시스템 전체의 안전 재고 비용을 최소화하는 것이다.

공급망에서 안전 재고를 전략적으로 배치할 때의 장단점과 그 영향을 설명하기 위해 다음 예시를 고려하자.

CASE 일렉콤

일렉콤(ElecComp Inc.)은 회로 기판과 기타 하이테크 부품을 제조하는 대형 수탁 제조업체이다. 이 회사는 수명 주기가 비교적 짧은 약 27,000개의 고부가가치 제품을 판매하고 있다. 이 업계는 경쟁이 치열하기 때문에 일렉콤은 고객에게 짧은 리드 타임을 약속해야 하는데, 이 약정 서비스 시간은 여러 단계의 복잡한 조리 순서를 포함하여 복잡한 제조 공정에 의한 제조 리드 타임보다 훨씬 짧다.

제조 리드 타임은 길고 고객에게 짧은 응답 시간을 제공해야 하기 때문에 일렉콤은 많은 SKU에 대해 완제품 재고를 보유하고 있다. 따라서 회사는 소위 푸시 기반 공급망 전략이라고 불리는 장기 예측을 기반으로 공급망을 관리한다. 이러한 재고 생산 환경에서는 안전 재고를 확보해야 하고, 이로 인해 막대한 재정 및 재고 부족 리스크가 발생한다.

일렉콤의 경영진은 이러한 푸시 기반 공급망 전략이 자사에 적합하지 않다는 것을 오래전부터 인식하고 있었다. 리드 타임이 길기 때문에 실현된 수요에 따라 제조와 조립이 이루어지는 풀 기반 공급망 전략도 적절하지 않다.

따라서 일렉콤은 다음과 같은 목표를 가진 새로운 공급망 전략을 개발하는 데 집중했다.

1. 재고 및 재무 위험 감소
2. 고객에게 경쟁력 있는 응답 시간 제공

이 목표는 다음과 같은 방법으로 달성할 수 있다.

- 제조 및 조립 공정의 다양한 단계에서 최적의 재고 위치 결정
- 각 단계에서 각 구성 요소에 대한 최적의 안전 재고 수량 계산

일렉콤의 공급망 재설계는 공급망의 일부는 푸시, 즉 재고 생산 환경을 기반으로 관리하고 나머지 공급망은 풀, 즉 주문 생산 전략을 기반으로 관리하는 하이브리드 전략에 중점을 두었다. 생산하여 재고를 확보하는 공급망 단계는 회사가 안전 재고를 가지고 있는 반면, 주문 생산 단계는 재고가 전혀 없다. 따라서 이 경우에는 공급망에서 푸시 기반(재고 생산 전략)에서 풀 기반(주문 생산 전략)으로 공급망 전략이 전환되는 위치를 파악하는 것이 중요하다. 이 위치를 **푸시-풀 경계**(push-pull boundary)라고 한다.

일렉콤은 새로운 푸시-풀 공급망 전략을 개발하여 실행했고, 그 효과는 매우 컸다. 동일한 고객 리드 타임의 경우 제품 라인에 따라 안전 재고가 40~60%까지 감소했고, 더 중요한 것은 새로운 공급망 구조를 통해 고객 리드 타임을 50% 단축하고도 안전 재고를 30% 줄일 수 있었다는 점이다.

일렉콤이 실행한 분석과 얻게 된 이점을 이해하기 위해 그림 3-11의 다이어그램을 살펴보자. 댈러스 공장에서는 몽고메리 공장에서 생산된 부품과 댈러스의 다른 공장에서 생산된 부품을 조립하여 완제품(부품 1)을 만든다. 그림의 각 상자는 해당 시설에서 생산된 제품의 가격, 각 상자 아래의 숫자는 해당 단계의 처리 시간, 상자 우측 통모양은 안전 재고를 나타낸다. 또한 화살표 위의 숫자는 시설 간 운송 시간을 의미한다. 마

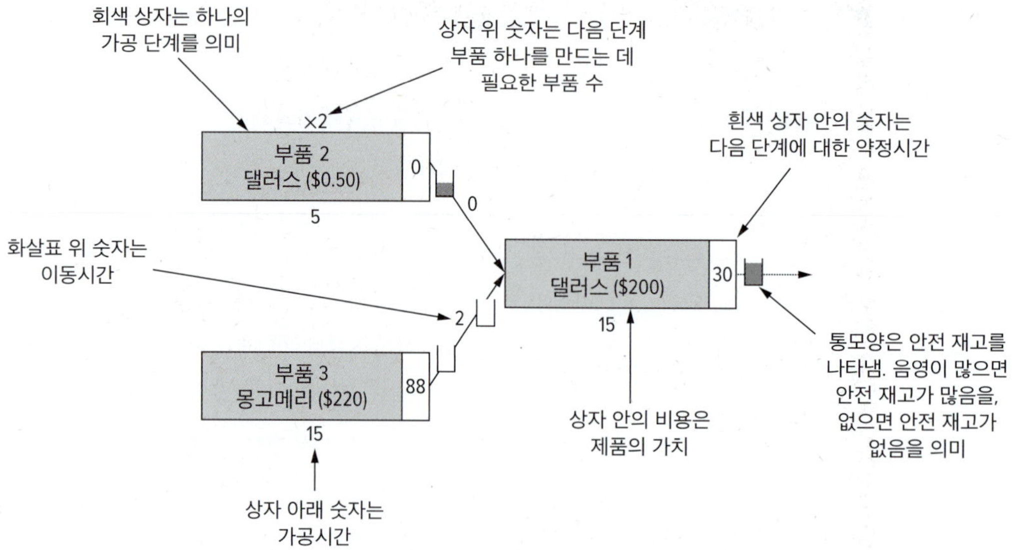

그림 3-11 다이어그램 읽는 법

지막으로 각 시설은 다음 시설에 대한 약속된 응답 시간을 제공한다. 예를 들어, 부품 1의 조립 시설에서는 고객에게 30일의 응답 시간을 제공하고 이는 모든 주문을 30일 이내에 처리할 수 있음을 의미한다. 몽고메리 공장은 조립 공장에 88일의 응답 시간을 약속한다. 따라서 조립 시설은 30일의 약속된 서비스 시간 내에 고객 주문을 충족하기 위해 완제품 재고를 보유해야 한다.

만약 일렉콤이 어떻게든 몽고메리 공장에서 조립 공장까지의 약정 서비스 시간을 88일에서 50일 또는 40일로 줄이기로 결정하면, 조립 시설에서 완제품 재고는 줄어드는 반면 몽고메리 공장은 재고를 쌓아야 한다. 물론 일렉콤의 목표는 시스템 전체의 재고 및 제조 비용을 최소화하는 것이므로 이와 같은 분석은 전체 공급망을 살펴봄으로써 각 단계에서 적절한 재고 수준 결정을 목표로 한다.

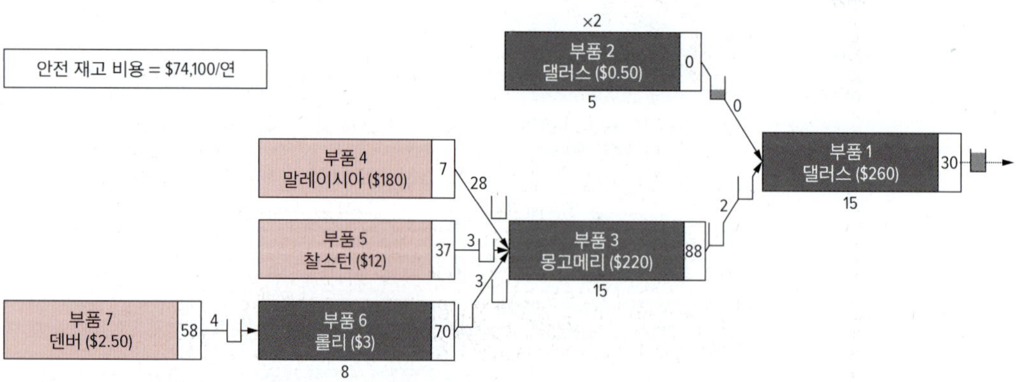

그림 3-12 현재 안전 재고 위치

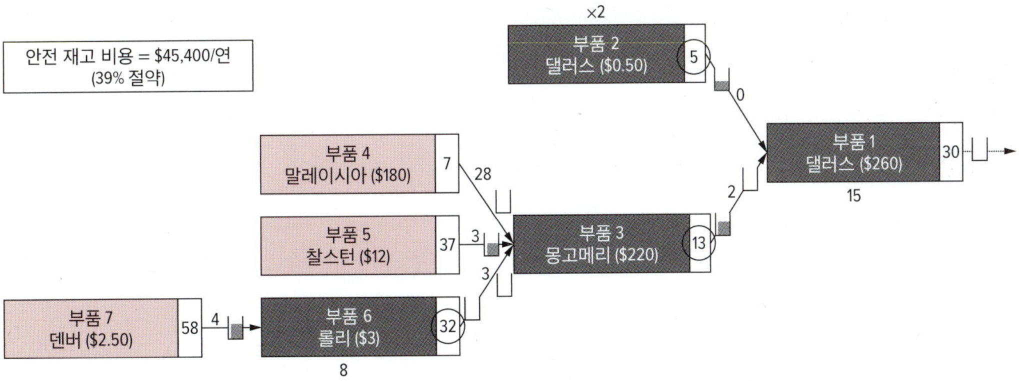

그림 3-13 최적화된 안전 재고

예를 들어 몽고메리 공장에서 약정 리드 타임을 13일로 줄이면 조립 시설에는 완제품 재고가 필요 없게 된다. 부품 1에 대한 고객 주문을 처리하기 위해 부품 2와 3에 대한 주문이 생성된다. 부품 2를 생산하는 시설은 재고를 보유하고 있기 때문에 부품 2는 즉시 사용할 수 있지만, 부품 3은 조립 시설에서 15일 후에 사용할 수 있다. 이는 제조시설에서 약속한 13일의 응답 시간에 2일의 운송 리드 타임을 더한 시간이다. 조립 시설에서 주문을 처리하는 데 추가 15일이 더 걸리므로 주문은 약정 서비스 시간 내에 고객에게 배송될 수 있다. 따라서 이 경우 조립 시설은 주문에 따라 생산, 즉 풀 기반 전략으로, 몽고메리 시설은 재고 생산, 즉 푸시 기반 전략으로 관리된다.

좀 더 자세히 그림 3-12에 표시된 제품 구조를 살펴보자. 색깔 상자(부품 4, 5, 7)는 외부 공급업체를 나타내고 회색 상자는 일렉콤의 내부 단계를 나타낸다. 조립 공장은 고객에게 30일의 응답 시간을 약속하고 완제품의 재고를 보유하고 있다. 더 정확히 말하면, 조립 공장과 부품 2 제조 공장은 모두 재고 생산 방식을 따르고, 다른 모든 단계는 주문 생산 방식을 따른다.

그림 3-13은 그림 3-12의 최적화된 공급망을 보여준다. 여러 내부 공장들의 약정 서비스 시간을 조정하

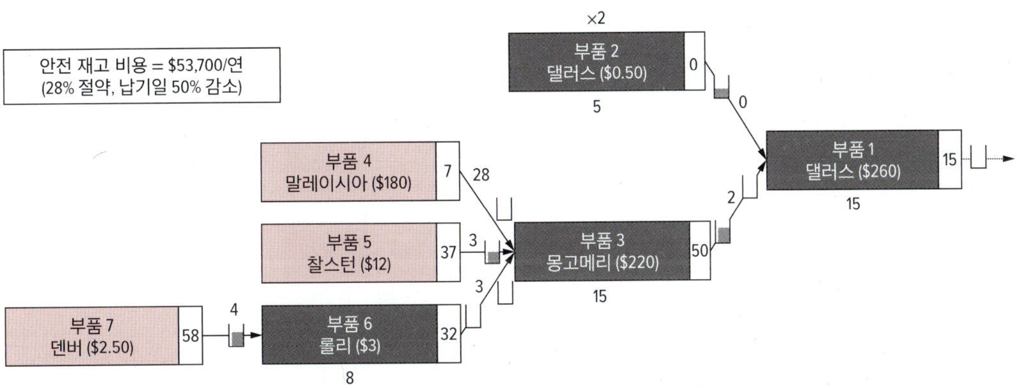

그림 3-14 리드 타임이 감소한 최적화된 안전 재고

표 3-7 결과 요약

시나리오	안전 재고 보유 비용($/연)	고객에 대한 리드 타임(일)	사이클 타임(일)	재고 회전(회/연)
현재	74,100	30	105	1.2
최적화	45,400	30	105	1.4
리드 타임 단축	53,700	15	105	1.3

여 조립 시스템은 주문에 맞춰 생산을 시작하고 완제품 재고를 보유하지 않는 것을 볼 수 있다. 반면에 롤리와 몽고메리 공장은 약정 서비스 시간을 줄여야 하므로 재고를 유지하고 있다.

그렇다면 최적화된 전략에서 어디를 밀고 어디를 당겨야 할까? 현재 조립 공장과 부품 2를 생산하는 댈러스 공장은 모두 주문 생산 방식, 즉 풀 전략으로 운영되는 반면 몽고메리 공장은 재고 확보 방식, 즉 푸시 기반 전략으로 운영되고 있다. 이로써 공급망의 안전 재고는 39%가 감소한다!

여기에서 보다 공격적인 견적 리드 타임의 단축이 고객에게 미치는 영향을 분석한다. 즉, 일렉콤 경영진은 고객에 대한 견적 리드 타임을 30일에서 15일로 단축하는 방안을 고려했다. 그림 3-14는 이 사례에서 최적화된 공급망 전략을 보여준다. 기본 운영방식(그림 3-12)과 비교할 때 재고는 28% 감소한 반면 고객에 대

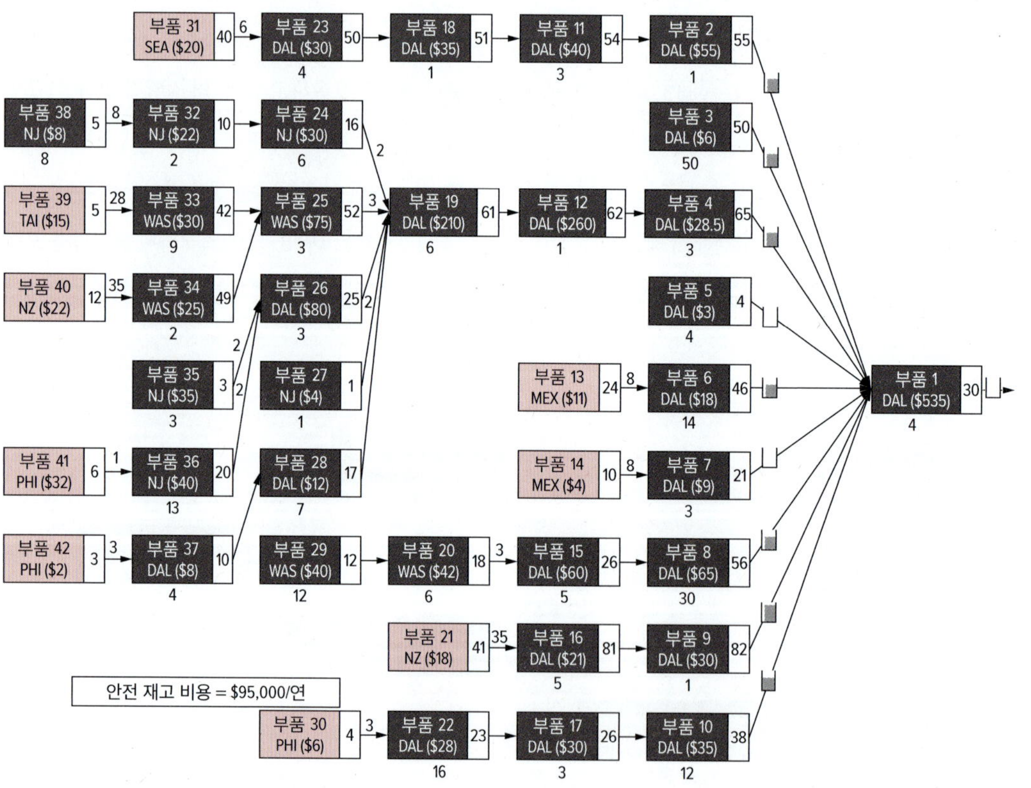

그림 3-15 현재 공급망

한 응답 시간은 절반으로 줄어드는 효과를 나타낸다. 이 연구 결과의 요약은 표 3-7과 같다.

마지막으로 그림 3-15와 그림 3-16은 보다 복잡한 제품 구조를 보여준다. 그림 3-15는 최적화 이전의 공급망 전략에 대한 정보를, 그림 3-16은 푸시-풀 경계를 최적화한 후의 공급망 전략과 공급망의 여러 단계별 재고 수준을 보여준다. 주문에 맞춰 생산할 단계와 재고에 맞춰 생산할 단계를 정확하게 선택함으로써 고객에 대한 견적 리드 타임은 동일하게 유지하면서 재고 비용을 60% 이상 절감할 수 있다.

요약하면, 다음과 같은 다단계 재고 최적화 기술을 사용하여 일렉콤은 재고 비용을 크게 절감하는 동시에 고객에 대한 견적 서비스 시간을 유지하거나 때로는 크게 단축할 수 있었다.

1. 푸시 - 풀 경계 식별. 즉, 재고 생산 방식으로 안전 재고를 유지해야 하는 공급망 단계를 식별한다. 나머지 공급망 단계는 주문 생산 방식으로 운영되므로 재고를 보유하지 않는다. 이를 통해 재고를 비용이 적게 드는 공급망 내 위치로 이동시키는 단계이다.
2. 리스크 풀링 개념 활용. 여러 완제품들에 사용되는 부품에 대한 수요가 완제품의 수요보다 변동성과 불확실성이 작다는 점을 활용한다(2장 참조).
3. 순차적 또는 국부 최적화를 활용하는 기존의 공급망 전략을 전역 최적화 공급망 전략으로 대체. 순차적 또는 국부 최적화 전략에서는 각 단계가 자신의 결

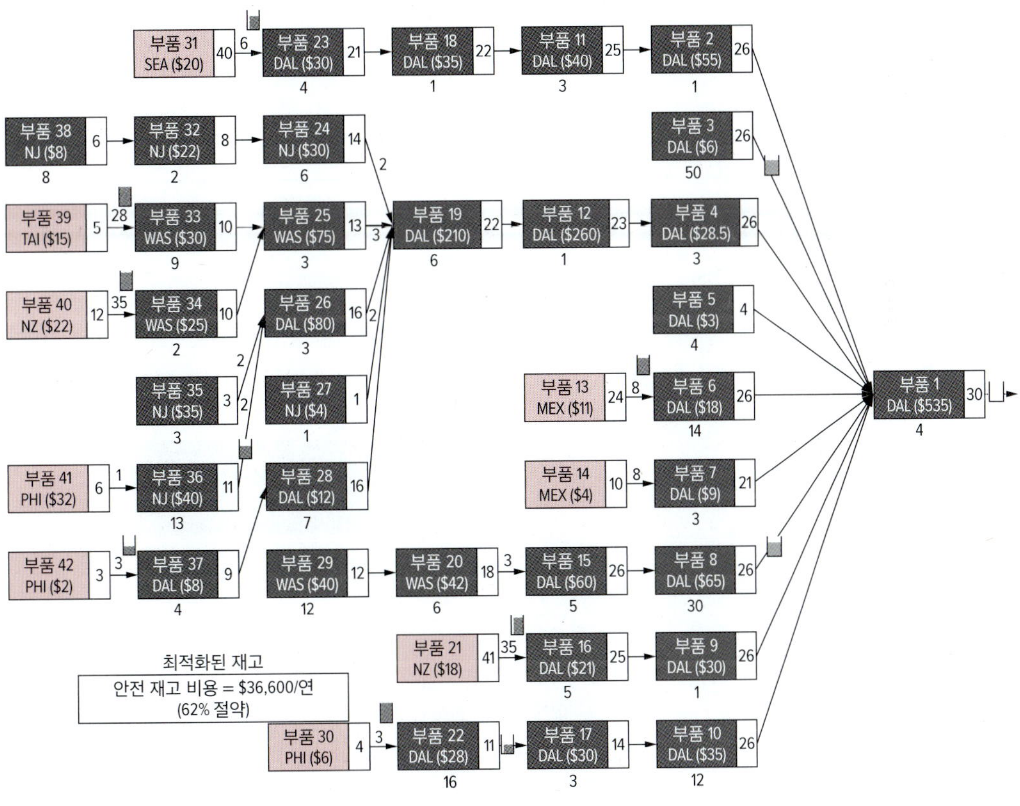

그림 3-16 최적화된 공급망

정이 공급망의 다른 단계에 미치는 영향을 고려하지 않고 개별 단계의 수익만 최적화한다. 반면, 글로벌 공급망 전략에서는 전체 공급망 전략이 통합되어 각 단계별로 공급망 성과를 극대화할 수 있는 전략이 선택된다.

일렉콤이 채택한 새로운 공급망 패러다임의 영향을 더 잘 이해하기 위해 총 재고 비용과 고객에 대한 견적 리드 타임을 비교한 그림 3-17을 보자. 검은색 절충 곡선은 비용과 고객에 대한 견적 리드 타임 간의 일반적인 관계를 나타낸다. 이 곡선은 공급망의 각 단계에서 국지적으로 의사결정을 최적화한 결과이다. 붉은색의 절충 곡선은 기업이 푸시-풀 경계를 올바르게 설정하여 공급망을 전체적으로 최적화할 때 얻을 수 있는 곡선이다.

푸시 - 풀 경계의 최적 설정으로 인한 절충 곡선의 이동은 다음을 의미한다.

1. 동일한 견적 리드 타임에 대해 회사는 비용을 크게 줄일 수 있다.

또는

2. 동일한 비용으로 회사는 리드 타임을 크게 줄일 수 있다.

마지막으로, 비용과 고객 견적 리드 타임 간의 기존 관계를 나타내는 곡선은 매끄러운 반면, 푸시-풀 경계를 최적으로 배치할 때의 영향을 나타내는 새로운 절충 곡선은 여러 곳에서 점프가 발생하여 매끄럽지 않다는 것을 알 수 있다. 이러한 점프는 푸시 - 풀 경계의 위치가 변경되면서 상당한 비용 절감이 달성되었음을 나타낸다.

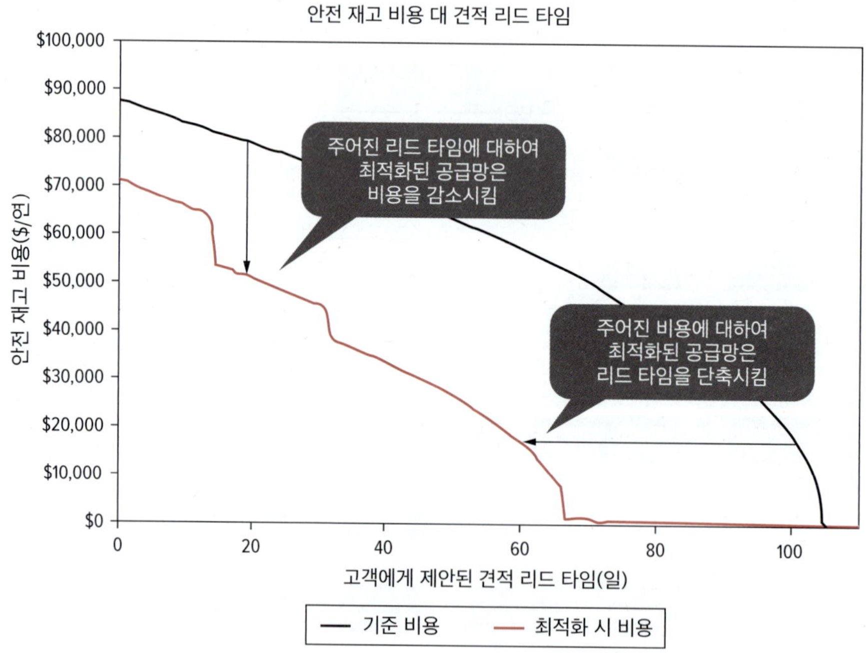

그림 3-17 견적 리드 타임과 안전 재고 간 절충

위의 사례에서 설명한 것과 같은 새로운 공급망 패러다임을 도입하는 기업은 일반적으로 비용을 절감하고 견적 리드 타임을 단축하는 전략을 채택한다. 이러한 전략을 통해 기업은 경쟁사보다 더 빠르게 수요를 충족하고 경쟁력 있는 가격을 책정할 수 있는 비용 구조를 확보할 수 있다.

3.3.2 재고 포지셔닝과 네트워크 설계의 통합

모든 네트워크 설계 프로젝트에서 중요한 과제는 네트워크가 일반적으로 재고에 미치는 영향, 특히 재고 포지셔닝에 미치는 영향을 평가하는 것이다. 대체로 많은 기업은 고객과 가까운 곳에 재고를 보관하고, 모든 위치에 재고를 보유하며, 가능한 한 많은 원자재를 보유하려고 노력한다. 이 전략은 공급망의 각 시설에서 자신의 결정이 공급망의 다른 시설에 미치는 영향을 고려하지 않고 자체 목표만을 최적화하는 국부 최적화를 실행하고 있음을 의미하고 일반적으로 다음 결과를 나타낸다.

- 낮은 재고 회전율
- 여러 위치와 제품에서 일관되지 않은 서비스 수준
- 배송을 신속하게 처리해야 할 필요성과 그에 따른 운송 비용 증가

이는 재고 포지셔닝에 전체 공급망을 고려하는 모델이 사용되어야 한다는 것을 의미한다. 다음 예는 그 과정과 결과 중 일부를 보여준다.

예시 3-4

현재 미국에 본사를 두고 단일 계층 공급망을 보유하고 있는 포장 소비재 제품(CPG) 제조 회사를 고려하자. 단일 계층 네트워크는 물품이 제조시설에서 창고로, 창고에서 소매점으로 이동하는 것을 의미한다. 이 공급망에는 현재 17개의 창고가 있으며, 그중 6개가 미국 중부 지역에 위치해 있다. 현재 공급망은 인바운드 트럭 이용률이 약 63%에 달해 운송 비용이 너무 높기 때문에 비효율적인 것으로 판단된다.

이 회사는 단일 계층 네트워크를 2계층 공급망으로 전환하는 것을 목표로 네트워크 설계 프로젝트를 막 완료했다. 2계층 공급망에서는 제품이 제조시설에서 1차 창고로 배송되고, 1차 창고에서 2차 창고로 배송된 후 최종적으로 소매점으로 배송된다. 새로운 설계를 통해 창고 수를 17개에서 14개로 줄였으며, 이 중 5개는 1차 창고, 9개는 2차 창고이다. 트럭에 물건을 가득 채운 상태로 1차 창고로 배송할 수 있게 되면서 트럭 활용률이 82%로 증가하여 운송 비용이 약 13% 절감되는 등 트럭 활용률이 극적으로 높아졌다.

이때 문제는 새로운 공급망에서 재고를 어떻게 배치하는 것이 최적인가 하는 것이다. 즉, 모든 SKU를 1차 창고와 2차 창고에 모두 배치해야 할까? 아니면 일부 SKU는 1차 창고에만 배치하고 일부는 2차 창고에만 배치해야 할까? 이 과정에서 도움이 될 수 있도록 4,000개의 서로 다른 SKU에 대한 고객 수요 정보를 보여주는 그림 3-18을 보자. 세로축은 주간 평균 판매량에 대한 정보를 제공하고, 가로축은 변동계수로 측정된 수요 변동성에 대한 정보를 제공한다(자세한 내용은 2장 참조).

제품을 세 가지 범주로 분류할 수 있다.

- 변동성이 높은 소량 제품
- 변동성이 낮은 대량 제품
- 변동성이 낮은 소량 제품

공급망 전략은 제품 범주에 따라 달라져야 한다. 예를 들어, 변동성이 높은 소량 생산 제품은 큰 재고 위험을 초래할 수 있다. 따라서 이러한 제품은 주로 1차 창고에 배치하여 여러 소매점의 수요를 한곳에 모아 재고 비용을 절감할 수 있도록 해야 한다.

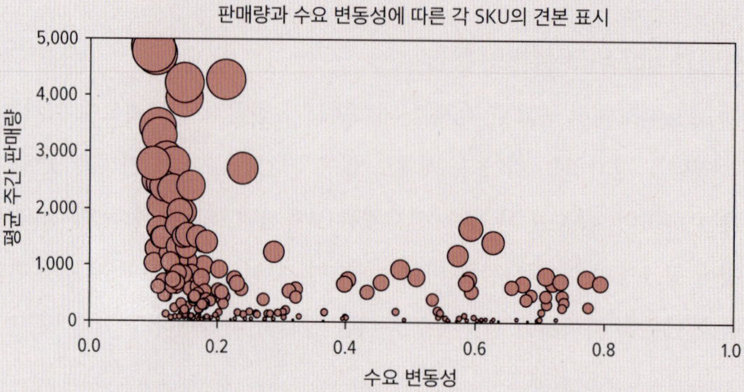

그림 3-18 판매량과 수요 변동성에 따른 각 SKU

반면, 변동성이 낮은 대량 제품은 소매점과 가까운 2차 창고에 배치하여 공급망에서 고객에게 최대한 가까운 곳에서 제품을 배송함으로써 운송 비용을 절감할 수 있다.

마지막으로, 변동성이 낮은 소량 제품을 포지셔닝하려면 이익률 등 다른 특성이 중요하므로 좀 더 많은 분석이 필요하다.

예시 3-4의 분석을 통해 다음과 같은 직관적인 결정을 할 수 있다. 변동성이 크고 소량 판매인 제품의 경우 수요 불확실성은 매우 중요한 요소이므로 이 제품에 대한 재고를 1차 창고에 배치하여 리스크 풀링의 이점을 활용할 수 있도록 하는 공급망 전략, 풀(pull) 전략을 사용한다. 반면에 변동성이 낮고 대량 생산되는 제품의 경우 운송 비용의 규모의 경제에 초점을 맞추기 때문에 이러한 제품은 운송 비용을 줄이기 위해 고객과 최대한 가까운 곳에 배치하는 푸시(push) 기반 전략을 사용한다. 이 프레임워크는 6.2.4절에서 설명된 보다 일반적인 상황에 대한 프레임워크와 매우 유사하다.

3.4 자원 할당

물류 네트워크가 정해진 경우, 기업은 자원을 효과적으로 활용하는 방법을 월별, 분기별 또는 연간 단위로 결정해야 한다. 이는 공급망 주 계획을 통해 구현될 수 있다. **공급망 주 계획**(supply chain master planning)은 수익을 극대화하거나 시스템 전반의 비용을 최소화하기 위해 생산 및 유통 전략과 자원을 조정하고 할당하는 프로세스로 정의된다. 이 과정에서 기업은 전체 계획 기간(예 : 월간, 분기, 연간)에 대한 예측 수요와 안전 재고 요구사항도 고려한다. 예를 들어, 안전 재고의 경우 앞에서 분석한 것과 유사한 모델을 기반으로 결정된다.

수요를 충족하기 위해 생산, 운송, 재고 자원을 할당하는 일은 쉽지 않다. 특히 계절적 수요, 제한된 생산 능력, 경쟁적인 프로모션 또는 예측의 높은 변동성 등에 직면한 경우 더욱 어렵다. 실제로 언제, 얼마나 생산할지, 재고를 어디에 보관할지, 창고 공간을 추가로 임대할지 등의 결정은 공급망 성과에 막대한 영향을 미칠 수 있다.

전통적으로 공급망 계획 프로세스는 스프레드시트를 사용하여 수동으로 수행되었으며, 회사 내 각 부서에서 다른 부서와 독립적으로 수행되었다. 생산 계획은 재고 계획과는 별개로 공장에서 결정되며, 일반적으로 두 계획은 나중에 어떻게든 조율되어야 했다. 이는 각 부서가 일반적으로 생산 비용이라는 한 가지 변수만 '최적화'하는 것으로 끝나는 것을 의미한다.

그러나 현대의 공급망에서 이러한 순차적 프로세스가 효과적이지 않다는 것은 잘 알려져 있다. 예를 들어, 생산 비용에만 초점을 맞추면 각 제조시설에서는 소수의 SKU만 대량으로 생산하여 고정 비용을 절감할 수 있다. 하지만 이 경우 특정 제품을 생산하는 특정 시설이 수요 시장에서 멀리 떨어져 있을 수 있으므로 운송 비용이 증가할 수 있다. 반대로 운송 비용을 줄이려면 가장 가까운 시설에서 고객에게 서비스를 제공할 수 있도록 각 제조시설에서 많은 SKU를 생산해야 한다.

두 가지 비용 요소 간의 적절한 균형을 찾으려면 순차적 계획 프로세스 대신에 공급망의 다양한 수준 간의 상호 작용을 고려하고 공급망 성과를 극대화하는 전략을 찾는 프로세스를 적용해야 한다. 이를 전역 최적화(global optimization)라고 하며, 이를 위해서는 최적화 기반 의사결정 지원 시스템이 필요하다. 대규모 혼합정수 선형 모형으로 공급망을 모델링하는 이러한 시스템은 공급망의 복잡성과 동적 특성을 고려할 수 있는 분석 툴이다.

이러한 유형의 의사결정 지원 도구에는 다음 데이터 중 일부 또는 전부가 필요하다.

- 시설 위치 : 공장, 물류센터, 수요 지점
- 내부 차량 및 일반 운송업체를 포함한 운송 자원
- 제품 및 제품 정보
- 최소 로트 크기, 용량, 비용 등과 같은 생산 라인 정보
- 창고 용량 및 특정 창고가 보유하고 있어 특정 제품을 보관할 수 있는 특정 기술(냉장고)과 같은 기타 정보
- 위치, 제품, 시간별 수요 예측

계획 프로세스의 목적에 따라 다음 중 한 가지에 초점을 맞춰 결과를 도출할 수 있다.

- **조달 전략** : 계획 기간 동안 각 제품을 어디에서 생산해야 하는가?
- **공급망 주 계획** : 제품, 위치, 기간별 생산 수량, 배송 크기, 보관 요건은 무엇인가?

일부 애플리케이션에서는 공급망 주 계획이 하부 생산 계획 시스템의 입력으로 사용된다. 이 경우 생산 계획 시스템은 공급망 주 계획에서 생산 수량과 마감일에 대한 정보를 받아 세부적인 제조 순서와 일

정을 수립한다. 이를 통해 공급망의 후반부, 즉 제조 및 생산 그리고 공급망의 전반부, 즉 수요 계획 및 주문 보충이 통합될 수 있다. 그림 3-19의 도식에서 보는 바와 같이 주문 보충 시스템은 서비스 수준 달성을 목표로 한다. 마찬가지로 전술 계획, 즉 기업이 공급망 주 계획을 생성하는 프로세스의 초점은 비용 최소화 또는 이익 극대화에 있다. 마지막으로, 공급망의 세부 제조 계획 부분에서는 **실현 가능성**(feasibility) 확인에 중점을 둔다. 즉, 모든 생산 제약을 충족하고 공급망 주 계획에서 생성된 모든 납기일 요구사항을 충족하는 세부 생산 일정을 생성하는 데 중점을 둔다. 공급망 유연성에 대한 자세한 논의는 11장을 참조하라.

물론 전술 계획 프로세스의 결과물, 즉 공급망 주 계획은 공급망 참여자들과 공유되어 조정과 협업을 개선한다. 예를 들어, 물류센터 관리자는 이 정보를 활용하여 인력과 배송에 필요한 계획을 더 잘 세울 수 있다. 마찬가지로 공장 관리자는 이 계획을 사용하여 원자재를 충분히 공급받을 수 있는지 확인할 수 있다.

또한 공급망 주 계획 도구는 계획 프로세스 초기에 잠재적인 공급망 병목 현상을 식별하여 계획자가 다음과 같은 질문에 답할 수 있도록 지원한다.

- 창고 공간을 임대하면 용량 문제를 완화할 수 있는가?
- 계절별 또는 프로모션 수요에 대비한 재고를 언제, 어디에 구축 및 보관해야 하는가?
- 창고 구역을 재배치하여 용량 문제를 완화할 수 있는가?
- 예측의 변화가 공급망에 미치는 영향은 무엇인가?
- 공장에서 초과 근무를 하거나 생산을 아웃소싱하면 어떤 영향이 있는가?
- 어떤 공장에서 각 창고를 보충해야 하는가?
- 해상 운송을 해야 하는가, 아니면 항공 운송을 해야 하는가? 해상 운송은 리드 타임이 길기 때문에 높은 재고 수준이 필요한 반면 항공 운송업체를 이용하면 리드 타임이 단축되어 재고 수준이 낮아지지만 운송 비용이 크게 증가한다.
- 예상치 못한 지역별 수요 변화에 대응하기 위해 창고 간 재고를 재조정하거나 공장에서 재고를 보충해야 하는가?

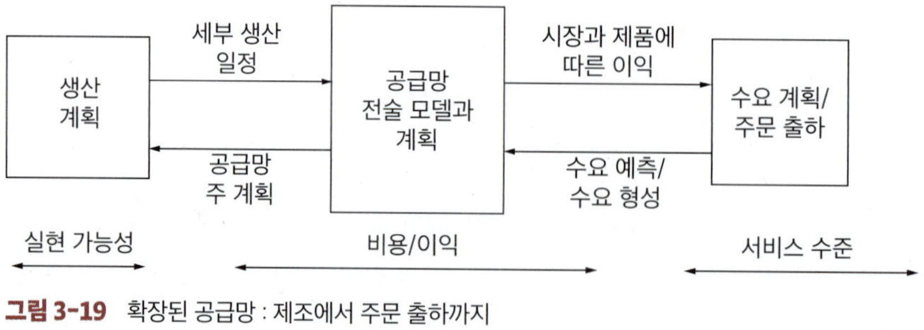

그림 3-19 확장된 공급망 : 제조에서 주문 출하까지

전술 계획 도구의 또 다른 중요한 기능은 수요 계획과 자원 활용도를 분석하여 수익을 극대화하는 것이다. 이를 통해 프로모션, 신제품 출시 및 기타 예상된 수요 패턴의 변화와 공급망 비용의 균형을 맞출 수 있다. 이에 따라 공급망 계획 담당자는 다양한 가격 책정 전략의 영향을 분석하고 원하는 수익률을 내지 못하는 시장, 매장 또는 고객을 식별할 수 있다.

회사는 비용 최소화에 집중할지, 아니면 수익 극대화에 집중할지 결정해야 한다. 이 질문에 대한 답은 경우마다 다를 수 있지만, 공급망의 구조가 고정되어 있거나 경기 침체로 공급이 과잉 상태일 때는 비용 최소화가 중요하다. 이 경우에는 자원을 효과적으로 할당하여 최저 비용으로 모든 수요를 충족하는 데 중점을 둔다. 반면에 성장기, 즉 수요가 공급을 초과하는 시기에는 이익 극대화가 중요하다. 이 경우, 화학 및 전자 산업에서처럼 한정된 천연자원을 사용하거나 확장하기 어려운 고가의 제조 공정으로 인해 생산 능력이 제한될 수 있다. 이 경우 누구에게 얼마를 제공할지 결정하는 것이 비용 절감보다 더 중요하다.

마지막으로, 효과적인 공급망 주 계획 도구는 기획자가 공급망 모델의 정확성을 개선하는 데 도움을 줄 수 있어야 한다. 물론 공급망 주 계획 모델의 정확도는 모델에 입력되는 수요 예측의 정확도에 따라 달라진다. 여기에서 수요 예측의 정확도는 일반적으로 시간에 따라 달라진다는 점에 유의하자. 즉, 처음 몇 기간(예 : 첫 4주)의 수요 예측 정확도는 이후 기간의 수요 예측 정확도보다 훨씬 높다. 이는 계획담당자가 수요 예측의 초기 부분을 매우 세부적으로, 즉 주간 수요 정보를 적용하여 모델링해야 함을 시사한다. 반면, 이후 기간에 대한 수요 예측은 정확도가 떨어지므로 계획 담당자는 이후 기간에 대한 수요 예측을 월별 또는 2~3주 단위로 모델링해야 한다. 이는 이후 기간에 대한 수요 예측을 더 긴 단위 기간에 대해 집계함으로써 리스크 풀링 효과로 인해 예측의 정확도가 향상된다는 것을 의미한다.

요약하면, 공급망 주 계획은 생산 준비 비용과 운송 비용 또는 생산 로트 크기와 용량 같은 공급망의 근본적인 절충 문제를 설명하는 데 도움이 된다. 이것은 생산, 공급, 창고 보관, 운송, 세금, 재고와 같은 공급망 비용뿐만 아니라 생산 능력과 시간 경과에 따른 매개변수의 변화도 고려한다.

예시 3-5

이 예는 공급망 주 계획을 동적이고 일관되게 사용하면 대형 식품 제조업체가 공급망을 관리하는 데 어떻게 도움이 되는지 보여준다. 이 식품 제조업체는 사업부 수준에서 생산 및 유통 관련 의사결정을 내린다. 사업부 수준에서도 문제 크기는 작지 않다. 실제로 일반적인 사업부에는 수백 개의 제품, 여러 개의 공장, 공장 내 여러 생산 라인, 여러 창고(오버플로 시설 포함), 다양한 포장 옵션을 고려한 자재 명세서 구조, 지역별 각 제품에 대한 52주 수요 예측이 포함될 수 있다. 이 예측에는 계절적 요인과 계획된 프로모션도 포함된다. 연말에 프로모션을 진행하려면 비교적 이른 시기에 생산 자원이 필요할 수 있으므로 연간 예측이 중요하다. 생산 및 창고 용량이 부족하고 제품의 유통기한이 제한되어 있으므로 이를 분석에 통합해야 한다. 마지막으로, 계획의 범위는 구매, 생산, 운송, 유통, 재고 관리 등 여러 기능 영역에 걸쳐 있다.

전통적으로 공급망 계획 프로세스는 스프레드시트를 사용하여 수동으로 수행되었으며, 회사 내 각 부서에서 개별로 수행되었다. 즉, 생산 계획은 재고 계획과는 별개로 공장에서 이루어지며, 일반적으로 두 계획은 나중에 조율되었다. 이는 부서에서 일반적으로 생산 비용이라는 한 가지 변수만 '최적화'하게 된다는 것을 의미한다. 이 회사에 도입된 전술 계획 SCP를 통해 계획 담당자는 시스템 전반의 비용을 절감하고 제조 및 창고와 같은 자원을 더 잘 활용할 수 있다. 실제로 전술적 도구로 생성된 계획과 스프레드시트 전략을 자세히 비교해 보면 최적화 기반 도구가 전체 공급망에서 총 비용을 절감할 수 있음을 알 수 있다. 예시적인 결과는 그림 3-20을 참조하라.

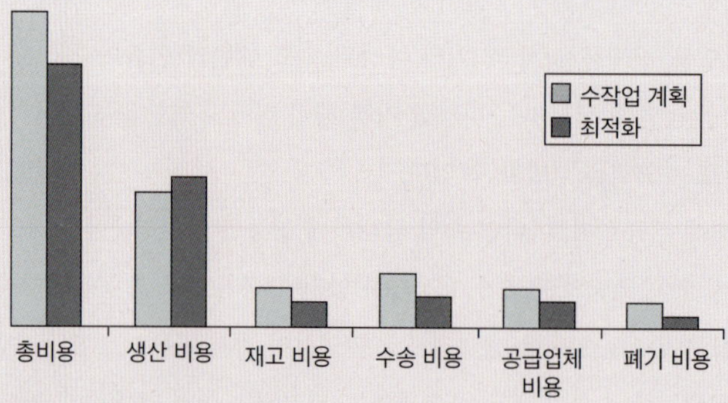

그림 3-20 수작업과 최적화된 시나리오의 비교

요약

상충되는 목표, 수요와 공급의 불확실성, 공급망 역학 관계로 인해 공급망 성과를 최적화하는 것은 어렵다. 하지만 네트워크 설계, 재고 포지셔닝, 자원 할당을 결합한 네트워크 계획을 통해 기업은 공급망 성과를 전체적으로 최적화할 수 있다. 이는 전체 네트워크에 대한 생산, 창고, 운송 및 재고 비용과 서비스 수준 요구사항을 고려함으로써 달성할 수 있다.

표 3-8은 각 계획 활동인 네트워크 설계, 재고 포지셔닝/관리, 자원 할당에 대한 주요 차원별 내용에 대한 요약이다. 표에 따르면 네트워크 설계에는 일반적으로 수년에 걸친 장기 계획이 포함되며, 높은 수준에서 수행되고, 높은 수익을 창출할 수 있다. 자원 할당(공급망 주 계획)의 계획 기간은 수개월 또는 분기이며, 몇 주 단위로 계획 변경 빈도가 높으며, 일반적으로 빠른 결과를 제공한다. 재고 계획은 수요, 리드 타임, 처리 시간 또는 공급의 단기적인 불확실성에 초점을 맞춘다. 예를 들어, 최신 예측 및 예측 오차를 기반으로 적절한 안전 재고를 결정하기 위해 매월 계획을 다시 세우는 빈도가 높다. 또한 재고 계획은 공급망에서 재고를 보관하는 위치를 파악하고 재고를 확보하기 위해 생산하는 단계와 주문을 위해 생산하는 단계를 식별하는 데 보다 전략적으로 사용될 수 있다.

표 3-8 네트워크 계획 특성

	네트워크 설계	재고 포지셔닝 및 관리	자원 할당
의사결정 대상	인프라	안전 재고	생산/유통
계획 범위	수년	수개월	수개월
통합 수준	전체(Family)	아이템	클래스
빈도	연단위	월단위/주단위	월단위/주단위
ROI	높음	중간	중간
실행	매우 짧음	짧음	짧음
사용자	매우 적음	적음	적음

토론 질문

1. 기업이 물류 네트워크 설계를 주기적으로 검토하는 것이 중요한 이유는 무엇인가? 물류 네트워크에 대한 기업의 요구사항은 시간이 지남에 따라 어떻게 변화하는가?
2. 조직 내에서 네트워크 설계 프로젝트에 관여하는 사람(운영, 영업, 마케팅 임원 등)은 누구인가? 어떻게 관여하는가?
3. KLF 일렉트로닉스(KLF Electronics)는 미국의 전자 장비 제조업체이다. 캘리포니아 산호세에 단일 제조시설을 보유하고 있으며, 애틀랜타, 보스턴, 시카고, 댈러스, 로스앤젤레스에 위치한 5개의 지역 창고를 통해 제품을 유통한다. 현재 유통 시스템에서 미국은 5개의 주요 시장으로 나뉘며, 각 시장은 하나의 지역 창고에서 서비스를 제공한다. 일반적으로 소매점인 고객은 해당 시장 지역의 지역 창고에서 직접 상품을 수령한다. 즉, 각 고객이 하나의 시장에 배정되어 하나의 지역 창고에서 배송을 받는다. 물류창고는 제조시설에서 상품을 수령한다. 일반적으로 각 지역 창고에서 주문을 처리하는 데 약 2주가 소요된다. 최근 몇 년 동안 KLF는 경쟁이 치열해지면서 서비스 수준을 개선하고 비용을 절감해야 한다는 고객의 압력을 크게 받고 있다. 서비스 수준을 개선하고 비용을 절감하기 위해 KLF는 5개의 지역 창고를 모든 고객 주문을 담당하는 단일 중앙 창고로 대체하는 물류 전략을 고려하고자 한다. 단일 창고로만 구성된 새로운 물류 네트워크를 어떻게 설계할 것인지 설명하시오. 주요 단계는 무엇이고, 구체적으로 어떤 데이터가 필요하며, 기존 물류 전략과 비교하여 새로 제안한 물류 전략의 장단점과 같은 분석의 개요를 제공하시오.
4. 잠재적 창고 부지를 선정할 때는 지리적 및 인프라 조건, 천연 자원 및 노동력 가용성, 현지 산업 및 세금 규정, 공익성 등의 문제를 고려하는 것이 중요하다. 다음 각 산업에 대해 위에 나열된 문제가 잠재적 창고 부지 선정에 어떤 영향을 미칠 수 있는지 구체적인 예를 들어 설명하시오.
   a. 자동차 제조
   b. 제약
   c. 도서 제작
   d. 항공기 제조
   e. 도서 유통
   f. 가구 제조 및 유통
   g. PC 제조
5. 제약 및 화학 산업을 생각해 보자. 제약 산업에서는 제품의 마진이 높고 익일 배송이 일반적으로 사용된다. 반면에 화학 산업에서는 제품의 마진이 낮고 아웃바운드 운송 비용이 인바운드 운송보다 더 비싸다. 이러한 특성이 이 산업에 속한 기업의 창고 수에 미치는 영향은 무엇인가? 화학 산업과 제약 산업 중 어디에 더 많은 창고가 있을 것으로 예상하는가?
6. 3.2.3절에서 TL 운송 요금 구조가 비대칭적이라고 설명하였다. 왜 그러한가?

7. 창고와 관련된 취급 비용, 고정 비용, 보관 비용을 구성하는 몇 가지 구체적인 항목에 대해 토론하시오.
8. 문제를 해결하기 위해 정확한 최적화 기법을 사용하는 것과 휴리스틱을 사용하는 것의 차이점은 무엇인가?
9. 시뮬레이션이란 무엇이며, 어려운 물류 문제를 해결하는 데 어떻게 도움이 되는가?

CASE

H.C. 스타크

1. 도착

Tom Carroll은 MIT의 제조 분야 리더 프로그램 펠로우였다. 1999년 6월 1일, 힘든 학업을 마친 후 Tom은 6개월간의 인턴십을 시작하기 위해 H.C. 스타크(H.C. Stark, Inc.)에 도착했다. 그는 자신이 맡은 업무가 리드 타임 단축과 관련이 있다는 것을 알고 있었지만 구체적인 내용은 알지 못했다. 그가 처음 만난 사람은 운영 담당 이사인 Lee Sallade였다. 그림 3-21은 H.C. 스타크의 약식 조직도를 보여준다. Lee는 영업 그룹에서 리드 타임(고객이 주문한 후 제품이 배송될 때까지의 시간으로 정의)을 줄이라는 압력을 받고 있다고 설명했다. 이 리드 타임은 긴 제조 시간 때문에 8주에서 14주 정도 소요되고 있다는 느낌이 들었지만, 확실한 데이터는 없었다. 영업 부서는 리드 타임을 3주로 단축할 수 있다면 시장에서 상당한 경쟁력을 확보할 수 있어 판매량을 증가시킬 수 있을 것으로 생각했다. Lee는 리드 타임이 중요하다는 데는 동의했지만, 전체 사이클 타임이 아닌 자재가 제조 공정을 물리적으로 통과하는 데 걸리는 시간인 리드 타임에만 집중하는 것에 대해 주의를 당부했다.

> 리드 타임뿐만 아니라 사이클 타임도 줄여야 한다. Larry(회사 사장)는 리드 타임 단축 프로젝트에서 한 번 곤란을 겪은 적이 있다. 결국 모든 혜택은 유통업체가 가져갔는데 그 점에 대해 Larry와 이야기해 보라.

Lee는 사이클 타임과 재고가 중요하지만 탄탈륨 재고를 워낙 많이 보유하고 있어 조정에 따른 효과를 내기 어려웠다고 설명했다.

> 스크랩으로 Ta(탄탈륨 화학기호) 잉곳을 만드는 것은 좋은 탄탈륨 분말로 만드는 것보다 비용 면에서 이점이 있는데 우리는 다른 회사에는 없는 스크랩을 처리하고 정제하는 기술을 보유하고 있다. 공급이 매우 불규칙하기 때문에 필요하기 전에 스크랩을 구매한다. 1996년에 한 번 부족했던 적이 있는데, 다시는 그런 일이 일어나지 않기를 바란다. 때때로 우리는 중단 없는 공급을 보장하기 위해 필요한 양보다 더 많이 구매하기도 한다.

Lee는 또한 데이터를 활용한 경영을 강조했다. 그는 많은 운영상의 결정이 '산업적 신화'에 기반하고 있는데 엄격한 데이터 수집과 분석이 이 운영 방식에서

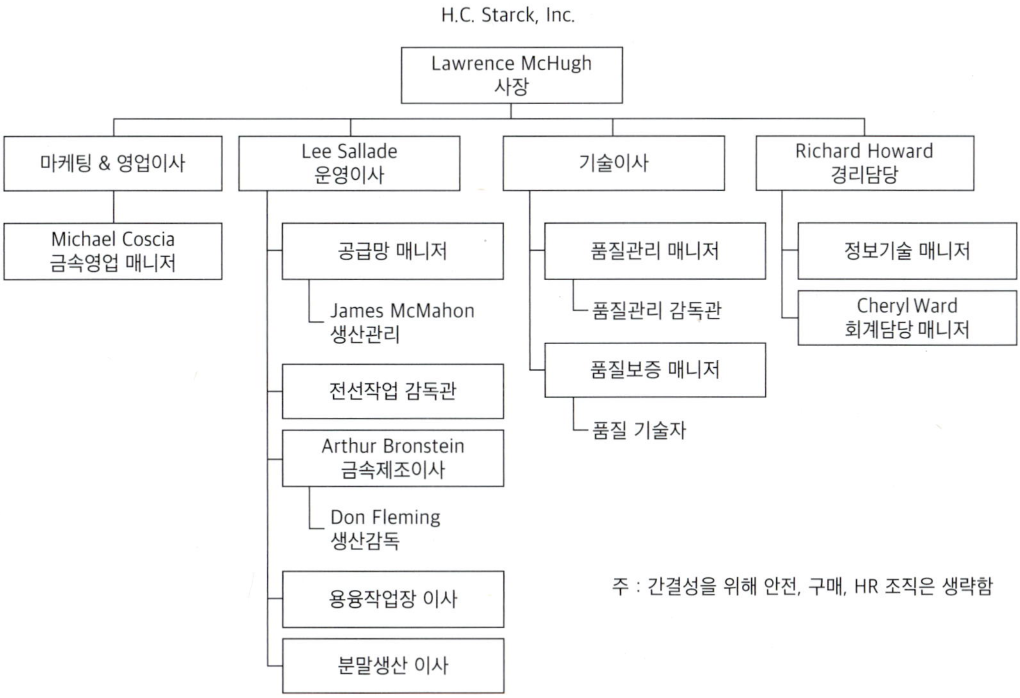

그림 3-21 H.C. 스타크의 약식 조직도

벗어나는 데 도움이 될 수 있다고 말했다. Tom은 Lee와 운영 방식에 대해 더 많은 시간을 논의한 후, 재고를 늘리지 않고 모든 금속 제품의 고객 리드 타임을 3주 이하로 단축한다는 명확한 프로젝트 목표를 세웠다. 목표는 명확한 반면 방법은 명확하지 않았다. Lee는 "어떻게 하면 이 목표를 달성할 수 있을지 잘 모르겠다. 그래서 당신 같은 똑똑한 MIT 학생을 고용한 것이다."라고 말했다. Tom은 해야 할 일이 많았고, 새로 배운 기술을 적용하고 싶어 했다.

2. 회사

H.C. 스타크의 시작은 1940년 MIT 졸업생 Richard Morse가 진공 기술 활용에 중점을 둔 공정 개발 회사인 NRC(National Research Corporation)를 설립한 때로 거슬러 올라간다. 이 회사는 원래 케임브리지의 메모리얼 드라이브 70번지(현재 MIT 건물 E51)에 위치해 있었다. NRC에서 개발한 초기 공정으로는 냉동 농축 오렌지 주스인 미닛메이드(Minute Maid)와 인스턴트 커피인 홀리데이 브랜드(Holiday Brand)가 있다. 1950년대에 NRC는 진공 기술을 고순도 금속 생산에 적용했고, 1959년에는 탄탈륨 가공 사업에 진출했다. Morse는 1960년에 회사를 떠났고, 1963년 노튼(Norton)이 인수한 것을 시작으로 일련의 소유권 변경을 거쳤다. 노튼은 1976년 NCR 지분의 50%를 H.C. 스타크 AG(내화성 금속을 전문으로 하는 독일 기업)에 그리고 나머지 50%를 벤처 캐피탈 그룹에 매각했다. 바이엘 AG(Bayer AG)는 1986년 H.C. 스타크 AG의 지분을 대부분 인수했고, 바이엘 코퍼레이션 USA(Bayer Corp USA)는 얼마 지나지 않아 나머지 50%의 지분을 인수했다. 이 시점에 HCST는 주로 탄

표 3-9 탄탈룸 가격

형태	파운드당 가격
탄탈라이트 광석(함유된 오산화물 기준)	$35~45
캐퍼시터 등급 파우더	$135~240
캐퍼시터 와이어	$180~250
시트	$100~150

(가격은 1998 USGS 자료에서 발췌)

탈룸 환원 및 탄탈룸 분말 생산에 주력했다. 1989년 팬스틸(Fansteel)로부터 탄탈룸 공장과 와이어 제품을 인수한 후에야 HCST는 본격적으로 야금 제품 시장에 진출했다. H.C. 스타크 인터내셔널 그룹은 일본, 태국, 독일에도 탄탈룸 환원 및 분말 제조 공장을 보유하고 있지만, 용융 및 밀링 능력을 갖춘 곳은 매사추세츠 주 뉴턴에 있는 공장이 유일하다.

3. 탄탈룸

탄탈룸(Ta)은 1802년 Ekeberg에 의해 발견되었지만, 1844년 Rowe가 니오붐과 탄탈이 동일한 원소임을 확인하고, 1866년 Marignac이 니오빅산과 탄탈산이 서로 다른 산이라는 것을 밝혀내기 전까지 많은 화학자들은 니오붐과 탄탈이 동일한 원소라고 생각했다. 비교적 순수한 최초의 연성 탄탈룸은 1903년 von Bolton에 의해 생산되었다. 탄탈룸 광석은 호주, 브라질, 모잠비크, 태국, 포르투갈, 나이지리아, 자이르, 캐나다에서 발견된다. 니오붐에서 탄탈룸을 분리하려면 몇 가지 복잡한 단계를 거쳐야 한다. 탄탈룸을 상업적으로 생산하기 위해 나트륨으로 플루오로탄탈산칼륨을 환원하는 등 여러 가지 방법이 사용된다.

탄탈룸은 회색의 무겁고 매우 단단한 금속이다. 탄탈룸은 150℃ 이하의 온도에서는 화학적 공격을 거의 완벽하게 막아내며, 불화수소산, 불소 이온이 포함된 산성 용액, 삼산화황에 의해서만 공격받는다. 알칼리는 아주 천천히 부식된다. 고온에서 탄탈룸은 훨씬 더 반응성이 높아진다. 이 원소는 텅스텐과 레늄에 의해서만 녹는점(약 3,000℃)을 넘게 된다. 탄탈룸은 높은 융점, 높은 강도, 우수한 연성과 같은 바람직한 특성을 가진 다양한 합금을 만드는 데 사용된다. 탄탈룸은 전해 축전기와 진공로 부품을 만드는 데 사용되며, 이는 탄탈룸 사용의 약 60%를 차지한다. 이 금속은 화학 공정 장비, 원자로, 항공기 및 미사일 부품을 제조하는 데에도 널리 사용된다. 탄탈룸은 체액에 전혀 영향을 받지 않으며 무자극성 소재이다. 따라서 탄탈룸은 수술용 기구를 만드는 데에도 널리 사용되고 있다. 산화탄탈룸은 카메라 렌즈의 굴절률이 높은 특수 유리를 만드는 데 사용된다. 이 금속은 이 외에도 다양한 용도로 사용되며, 전 세계적으로 연간 총소비량은 약 550톤에 달한다.

탄탈룸은 표 3-9에서 볼 수 있듯이 매우 비싸다. 알루미늄의 경우 0.65$/lb, 은의 경우 5$/troy oz(73$/lb)와 비교하면 탄탈룸은 정말 비싼 재료이다(The Wall Street Journal, June 23, 1999).

4. 탄탈룸 공급망의 H.C. 스타크

탄탈룸이 함유된 주석 슬래그와 채굴된 광석을 가공하고 정제하여 탄탈룸 '이중 염'인 K_2TaF_7로 만든다. 이 자유 유동성 백색 분말은 독일에서 팔레트 크기의 컨테이너에 담겨 전 세계 네 곳의 탄탈룸 분말 생산 사업장으로 배송된다. '이중 염'은 용융 나트륨과 반응한 다음 냉각되어 고체 소금 덩어리에 분산된 탄탈륨 원소 입자를 형성한다. 큰 덩어리는 기계적으로 분해되고 여러 단계를 거쳐 염이 침출되어 순수한 탄탈륨 분말만 남는다. 그림 3-22는 탄탈륨 공급망의 단순화된 버전을 보여준다. 분말의 대부분은 더 정제되고 등급이 매겨져 소결 탄탈륨 커패시터 생산을 위해 판매된다. 분말의 일부는 와이어 생산을 위해 바 형태로 소결되며, 이 역시 대부분 커패시터용으로 사용된다. 원하는 입자 크기보다 작거나 큰 탄탈륨 분말은 폐기되어 재활용을 위해 용융 공장으로 보내진다. 또한 소결 또는 전선 성형 작업에서 발생하는 스크랩들은 모두 수거하여 재활용한다.

용융 공장에서는 위에서 언급한 스크랩뿐만 아니라 야금 제품 사업부에서 발생하는 스크랩, 오픈 마켓에서 구매한 스크랩, 고객이 생성한 스크랩을 활용하고 때때로 정부 비축분에서 구매한 탄탈륨 잉곳도 공급받는다. (미국과 러시아는 최근 전략 금속 비축량을 줄이고 있으며, 주기적으로 경매를 통해 초과 재고를 매각하고 있다.) 스크랩은 원하는 화학적 성질을 얻기 위해 가공 및 혼합된 다음 전자빔 진공로에서 잉곳으로 녹아내린다. 직경 8인치의 원형 잉곳은 냉간 단조로 4인치 두께의 '시트 바'로 만들어져서 금속 제품 부문의 출발 소재가 된다.

5. 야금 제품

HCST의 금속 제품(MP, Metallurgical Products) 사업부는 압연과 제조라는 두 가지 기본 영역으로 구성되어 있다. 압연 공장에는 4인치 두께의 '시트 바'를 최종 게이지 두께로 줄이는 3개의 밀 장비와 세척, 크기

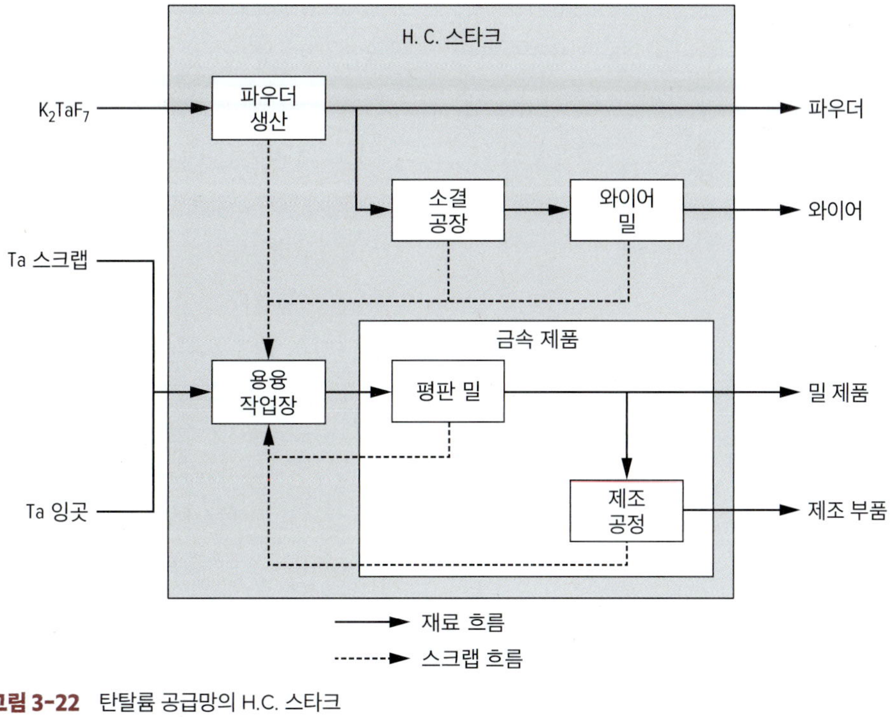

그림 3-22 탄탈륨 공급망의 H.C. 스타크

절단, 어닐링과 같은 기능을 수행하는 다양한 장비가 있다. 압연 공장에서는 평평한 형상만 생산한다. 제조 영역에는 판금 작업장, 기계 작업장 및 여러 개의 튜브 용접 라인이 있다. 제작 공장은 압연 공장에서 평평한 재고를 가져와 더 복잡한 완제품을 생산한다.

입고되는 모든 4인치 두께의 시트 바는 먼저 대형 밀에서 '분해' 압연 공정을 거친다. 이 밀은 최대 36인치 너비와 0.015인치 두께의 제품을 생산할 수 있다. 12인치 폭의 포일 밀은 0.030인치 두께의 재료로 시작하여, 최종 게이지가 0.014인치 이하인 대부분의 생산에 사용된다. 폭 16인치의 중간 밀도 있지만 아주 소수의 맞춤형 작업에만 사용된다. 압연 공장의 생산 담당 선임 감독관인 Don Fleming은 HCST에 입사한 지 1년이 조금 넘었지만 다른 압연 공장에서 풍부한 경험을 가지고 있다. Don은 프로세스를 이렇게 설명한다.

> 막대를 4인치에서 아래로 굴리면 '피시테일링'과 가장자리 균열이 생긴다. 이러한 균열이 확산되는 것을 방지하기 위해서는 두께가 1/4인치에 도달하면 롤링을 중단하고 모든 주위 끝 부분을 다듬어야 한다. 이렇게 하면 일반적으로 20%의 트림 손실이 발생한다. 최종 게이지의 두께가 1/16인치보다 더 두꺼워질 경우 이 시점에서 어닐링도 수행한다.

금속을 냉간압연하면 공작물이 경화된다. 부드럽고 연성인 탄탈륨 조각은 단면적이 최대 95%까지 줄어들 수 있지만, 이 정도까지 줄어들면 단단하고 부서지기 쉽다. 금속을 1,000℃ 이상에서 어닐링하면 입자 구조가 응력이 없는 상태로 재결정화될 수 있다. 이렇게 하면 원래의 부드러움과 연성이 회복되어 조각을 더 압연할 수 있다. 어닐링 전에 금속 조각을 화학적으로 세척해야 한다. 어닐링 온도가 높으면 표면 오염 물질(특히 대기의 탄소, 산소, 질소, 수소 및 탄화수소 윤활제)이 금속 내부로 간헐적으로 확산되어 금속을 무르게 만들 수 있다. 그림 3-23에 설명된 대로 이 롤-세척-어닐링 사이클은 여러 번 반복된다. Don의 설명은 이어진다.

> 최종 게이지가 1/16인치 미만이면 어닐링하기 전에 1/8인치까지 롤링한다. 대형 밀에서는 시트를 0.015인치까지 롤링할 수 있다. 그보다 얇은 것은 포일 밀로 이동한다. 같은 밀을 사용하더라도 게이지에 따라 압연 공정이 달라진다. '브레이크다운'은 대형 밀에서 프리롤링 모드로 진행되며, 1/8인치까지 얇게 만든다. 1/8인치부터 '마무리' 압연은 장력 상태에서 이루어진다. 또한 브레이크다운과 마무리 작업에는 다른 작업 롤 세트가 사용되므로 대형 밀을 두 공정 간

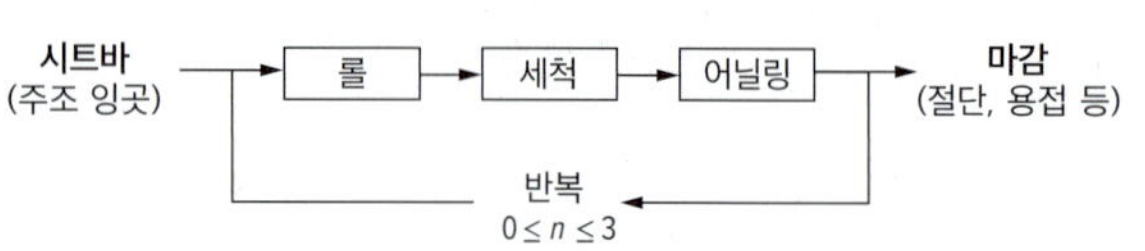

n	최종 계측(인치)
0	0.250 ~ 3.99
1	0.060 ~ 0.249
2	0.015 ~ 0.059
3	0.000 ~ 0.014

그림 3-23 기본 제품 프로세스

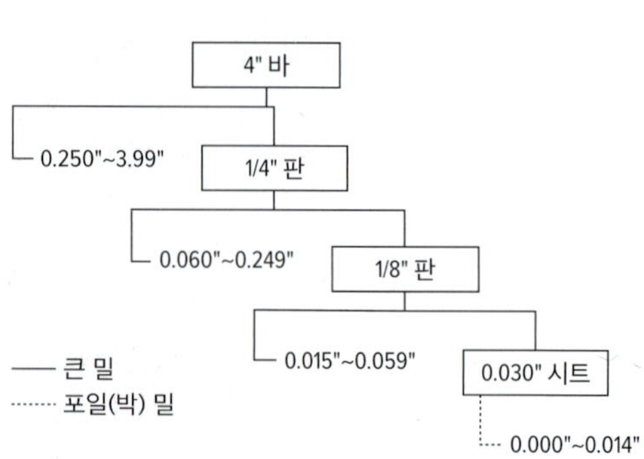

그림 3-24 일반적인 제품 계층 구조

표 3-10 대형 밀 생산 보고서

기간	1998(파운드)		1999(파운드)	
	분해	마감	분해	마감
1월	28,936	12,307	36,255	8,686
2월	68,001	10,828	46,175	18,106
3월	38,210	24,529	75,256	15,500
4월	78,514	22,122	16,978	14,112
5월	61,782	20,155	28,539	18,219
6월	43,176	24,277	28,103	25,586
7월	57,216	15,880		
8월	7,838	9,296		
9월	28,394	15,981		
10월	44,151	11,383		
11월	2,373	16,287		
12월	46,591	9,792		
YTD	526,540	182,837	231,306	100,209

에 전환하려면 전체 교환이 필요하다.

'자유 압연' 중에는 작업 롤의 동작만으로 공작물이 밀을 통과한다. 이 공작물에는 아무것도 연결되어 있지 않기 때문에 전체 길이를 롤링할 수 있다. 장력 압연에서는 나선형 스프링으로 티타늄 '리더(leader)'가 공작물의 양쪽 끝에 부착된다(나선형으로 제본된 공책의 페이지가 서로 붙어 있는 것과 비슷함). 리더는 밀의 양쪽 끝에 있는 아버(arbor)에 감겨 있다. 공작물에 가해지는 장력은 작업 롤을 통해 공작물을 '당기는' 데 도움이 된다. 스프링 연결부가 작업 롤을 통과할 수 없기 때문에 공작물의 양쪽 끝에서 수율 손실이 발생한다. 이 손실은 일반적인 측면 트림 발생량을 포함하여 평균 10%에 달한다.

이 일련의 압연 작업은 포트폴리오에 있는 모든 제품의 시작이다. 최종 게이지별로 제품을 정렬한 다음 개별 압연 단계의 수와 표준 정지 지점을 매핑하면 그림 3-24와 같이 일반적인 제품 계층 구조를 구성할 수 있다.

Don에게 프로세스에 대한 설명을 들은 후 Tom은 금속 제품 담당 이사인 Arthur Bronstein을 만났다. Arthur는 작업의 세부사항을 작성하는 데 도움을 주었다.

분해 압연을 위해 대형 압연기를 통과하는 탄탈륨 조각의 평균 무게는 570파운드이며, 조각별 설정을 포함하여 처리하는 데 55분이 걸린다. 마감 압연의 경우, 평균 조각의 무게는 450파운드이며 완료하는 데 2시간이 걸린다. 분해와 마감 압연 사이에 작업을 전환하는 데는 8시간이 걸린다. 대형 공장에는 압연과 전환 작업 모두에 두 명의 작업자가 배치되어 있다. 정규 임금은 시간당 약 25달러이며, 일반적으로 5~10%의 초과 근무를 실시한다.

또한 Arthur는 Tom에게 표 3-10과 같은 공장의 작년도 생산 보고서와 현재까지의 생산량이 담긴 스프레드시트를 주었다. 이 대형 밀 공장은 2주 주기로 가동되는데, 약 1주의 분해 후 이어진 1주의 마감 압연이 포함된다. 이 일정은 하루 3교대(즉, 24시간), 주 5일로 운영되었으며, 휴일과 유지보수를 위해 1년에 4주만 가동이 중단되었다. 이 대형 밀 공장은 연중 평균 가동률이 85%에 달한다. Arthur는 이 일정이 최적의 일정인지, 아니면 더 자주 교대 근무를 하는 것이 유리한지 궁금했다.

6. 스케줄링

H.C. 스타크는 1999년 초에 새로운 ERP 시스템(SAP의 R/3)을 설치했고, 현재 이 시스템을 사용하여 모든 거래를 기록하고 있었다. 그러나 생산 계획 및 스케줄링은 여전히 수작업으로 수행되었다. 생산 관리 감독자이자 20년 경력의 HCST 베테랑인 Jim McMahon이 원자재 주문 방법을 다음과 같이 설명한다.

> 나는 판매 예측을 받아 이를 생산 예측에 반영한다. 잉곳의 주문을 1년에 한 번 월별로 설정하고 1년에 몇 번씩 주문을 수정한다. 용융 공장의 용량이 한정되어 있기 때문에 잉곳을 구하는 것이 정말 어려운 일이다. 또한 판매 주문은 주로 급격히 상승하기 때문에 예측이 매우 어렵다.

판매 예측의 변동성 외에 생산량 변동성도 존재한다. Jim은 밀 공장의 경우 계획된 일정을 90% 정도, 용융 공장의 경우 80% 정도 지켰다고 추정했다. 대부분의 일정 불이행은 장비 고장으로 인한 것이었다. Jim은 원자재 주문 외에 작업 현장 스케줄링도 수작업으로 수행했다. SAP 스케줄링 프로그램을 사용하지 않는다.

> 모든 주문이 나에게 들어오기 때문에 나는 무슨 일이 일어나고 있는지 알 수 있었다. 판매 주문이 들어오는 즉시 Paul[Jim의 비서] 아니면 내가 생산 주문을 생성한다. 그런 다음 주문서를 책상 위에 차곡차곡 쌓아두고 현장에 작업지시를 할 때까지 기다린다. 8주 후에나 출고할 수 있는 제품이라면 당시 매장 내 물량에 따라 4주 전에 작업지시를 할 수도 있다. 나는 이 일을 오래 해왔기 때문에 시간이 얼마나 걸릴지 잘 알고 있다. 나는 SAP 방법이 옳지 않다고 생각하기 때문에 SAP에 대한 믿음이 없다.

사실 그 방법이 문제였다. 문제가 되는 지표는 표준 원가였다. SAP를 통해 표준 원가를 계산했는데, 일부 제품의 경우 표준 원가가 제조에 사용된 원재료보다 낮게 책정되어 논리적으로 불가능했다. 엔지니어링 부서에서 이러한 문제를 검토하고 수정하기 위해 노력했지만 언제 끝날지 몰랐다. 특히 일정에 문제가 많았던 제품은 튜빙이었다. 튜빙은 평판을 튜브 모양으로 말아서 가스-텅스텐 아크 용접으로 이음새를 밀봉하는 방식으로 생산되었다. 이 공장은 2교대 근무를 통해 하루에 약 1,500피트의 튜브를 생산하고 검사할 수 있다. 튜브 주문은 예측하기 어렵고 대량으로 발생하는 경향이 있었으며, 총 1,000피트 주문이 일반적이었다. 또한 재료비가 매우 높았기 때문에 거의 모든 주문에 대해 길이에 맞게 절단하고 있다. 길이 외에도 모양에 맞게 구부리거나(예 : 열교환기 애플리케이션을 위한 유자형 벤드) 한쪽 끝에 캡을 용접하는 등 많은 주문이 맞춤형으로 이루어졌다. Jim이 문제에 대해 다음과 같이 설명했다.

> 튜빙의 가장 큰 문제는 큰 오르막과 내리막이 있는 불규칙한 일정이다. 이 문제는 '일괄 주문'을 통해 어느 정도 완화할 수 있었다.

'일괄 주문'의 경우, 고객이 특정 제품(예 : 직경 3/4인치 × 벽 두께 0.015인치 튜브 5,000피트)을 연말까지 구매하기로 약정할 수 있다. 그러면 공장은 표준 20피트 길이로 5,000피트의 튜브 재고를 구축한다. 고객은 연중 무작위로 일괄 주문에 대해 출고를 요청한다. 일반적인 출고 요청은 각각 9피트 9인치 길이의 튜브 50개를 6주 내에 배송해 달라는 요청일 수 있다. 튜브는 재고에서 잘라 배송되는데, 20피트 길이 재고로부터 25개를 절단하여 50개의 튜브를 만들 수 있으므로 불량률이 3% 미만이 된다. 그러나 종종 불량률은 훨씬 더 나빠질 수 있다. 위의 예에서 주문이 10피트 9인치로 약간 더 긴 튜브 50개였다면, 주문을 채우기 위해 표준 20피트 재고에서 50개를 절단하여 사용하게 되므로 9피트 3인치의 조각 50개가 남게 된다. 이 조각들은 나중에 다른 주문에 사용될 것을 기대하며 재고로 쌓이게 된다. 2피트보다 짧은 부분은 폐기되었다.

7. 영업 및 마케팅

금속 제품 마케팅 및 영업 매니저인 Mike Coscia가 판매 인센티브에 대해 설명한다.

> 기업 이익 공유 보너스는 판매량, 자산 수익률, 품질, 안전에 대한 네 가지 목표를 기반으로 한다. 지난 2년 동안 각각 최대 지급액을 달성했으며 올해도 이를 달성할 계획이다. 리드 타임을 줄이는 것은 더 많은 매출을 올리는 데 도움이 되고 ROA를 개선할 수 있다는 점에서 좋은 일이지만 우리의 보너스에 직접적인 영향을 미치지는 않는다.

그럼에도 그는 리드 타임 단축이 중요하다는 데 동의했다.

> 탄탈륨은 지르코늄이나 하스텔로이보다 가격이 4배나 비싸다. 고객이 탄탈륨을 제때 공급받지 못하면 다른 합금으로 대체할 수 있다. 이 방법이 성공하면 고객은 절대 다시 돌아오지 않을 것이다.

Mike는 3주 리드 타임이라는 목표를 달성하는 데 회의적이었다.

> 달성할 수 없을 것 같다. 판매량은 15년 전의 10배에 달하지만 프로세스는 변하지 않았다. 때로는 영업 팀이 할 수 있는 최선의 방법은 주문을 받지 않는 것이라고 생각한다. 이제 막 예측 데이터를 SAP에 반영하기 시작했다. 생산 계획은 여전히 수작업으로 이루어지고 있다. 주문은 밀 공장으로 전달되지만 수요 데이터는 다시 용융 공장으로 전달되지 않는 '정보 블랙홀'이 있는 것 같다.

몇 달 전에 주문 처리를 검토하기 위해 구성된 팀이 있었는데, 이 팀은 고객에서 생산까지 모든 서류 작업을 80%의 시간인 2주 이내에 완료하는 것을 목표로 삼았다. Mike는 새로운 SAP R/3 시스템에 대해 불만을 표시했다.

> 특히 SAP가 도입된 지금 왜 이렇게 오래 걸리는지 이해할 수 없다. 왜 영업 팀에서 생산 팀으로 넘어갈 때 실물 종이가 필요한가? SAP를 통해 이 과정을 자동화할 수 없는 이유는 무엇인가? SAP가 이 작업을 수행할 수 있다는 것은 알고 있지만, 시스템에 대한 불만과 잘못 실행할지 모른다는 두려움이 있다.

'정보 블랙홀'을 극복하기 위한 한 가지 방법으로 영업, 생산 관리, 운영 부서는 최근 매일 아침 8시에 '북소리' 회의를 시작했다. 이 회의에서는 다음 주에 배송해야 하는 모든 배송의 상태를 매일 아침 검토하여 정시 배송을 달성하는 데 중점을 두었다. 배송이 늦어질 위험이 있는 배송은 공장을 통해 신속히 처리되었다. 이 회의를 통해 모든 사람이 주문 현황을 최신 상태로 파악할 수 있었지만, 의도치 않은 효과로 인해 대부분의 작업이 '북소리 목록'에 오르기 전까지는 무시되었고 시간에 맞춰서 완료하기 위한 경쟁이 벌어졌다.

8. 재무

Cheryl Ward는 HCST의 회계 관리자였으며 SAP의 재무 모듈 구현을 주도했다.

> SAP는 재무 데이터를 수집하는 방식에 근본적인 변화를 가져왔다. 예전에는 제조 담당자가 주간 작업표와 자재 티켓을 회계 담당자에게 전달하면 회계 담당자가 데이터를 입력하고 모든 것이 맞는지 확인했었다. 이제 제조 담당자는 실시간 거래를 SAP에 직접 데이터를 입력한다. 이는 큰 문화적 변화이다.

몇 달이 걸렸지만 제조 현장의 작업자들은 상당히 높은 정확도와 신뢰성으로 거래를 처리하는 데 능숙해졌다. 거래 기록은 순조롭게 진행되었지만 SAP가 수행하는 백그라운드 계산은 그렇지 않았다. 한 가지 예로 어닐 오븐을 들 수 있다. 각 작업장에서 주문에는 8시간의 오븐 시간이 청구되고 있었다. 부품을 어닐링하는 데는 약 8시간이 걸리지만 여러 부품이 동시에 오븐에 들어갈 수 있다. 시스템이 이를 고려하도록 설정되지 않았기 때문에 간접비(따라서 제품 비용) 할당과 스케줄링 시스템(사용하지 않은 이유 중 하나) 모두에서 오류가 발생했다. 재무적 관점에서 보면 이러한 오류로 인해 회계 기간이 끝날 때 조정된 비용 배분 차이가 크게 발생했다. 시행 후 6개월이 지난 후에도 조정치가 실제 금액의 100%에 달하는 경우도 있었다. HCST의 회계 담당자인 Rick Howard는 재고에 대해 다음과 같이 설명했다.

> 재고는 매우 비싼데 지금 몇 년치 재고가 쌓여 있는 것 같다. 스크랩은 우리에게 매우 중요한 원자재이기 때문에 꼭 필요하지 않은 경우에도 전략적으로 구매한다. 탄탈륨은 거래량이 많지 않은 시장이기 때문에 경쟁업체의 손에 들어가지 않도록 하기 위해서라도 구할 수 있을 때 구입한다. 공장의 재고를 줄인다고 해서 실제로 비용을 절감할 수 있는 것은 아니며, 스크랩 재고가 증가할 뿐이다. 스크랩의 가치는 파운드당 75달러, 게이지가 두꺼운 자재(1/4인치 이상)는 파운드당 $100, 게이지가 얇은 자재는 파운드당 평균 $125이므로 파이프라인 초기에 자재를 보유한다고 해서 크게 절약할 수 있는 것은 아니다. 재고를 시스템 어딘가에 보관할 것이므로 마지막에 가까운 전략적 지점에 보관하는 것이 좋다.

Rick은 바이엘의 자회사인 HCST의 자본 비용은 9%로 유리한 조건을 가지고 있다고 지적했다. 또한 최근 탄탈륨 와이어를 판매하기 시작한 한 중국 기업에 대해서도 우려를 표했다. 품질은 그다지 좋지 않았지만 판매 가격은 HCST의 생산 원가와 거의 비슷했다. Rick은 중국 업체들이 결국 품질을 개선하고 밀 제품 시장까지 진출할까 봐 걱정했다.

9. 사장

Tom은 또한 H.C. 스타크 사장 Larry McHugh를 만났다. Larry는 다른 회사에서 사이클 타임을 단축했던 경험을 설명했다.

> 나는 리드 타임과 서비스 수준 프로젝트를 좋아하지 않는다. 이는 최종 고객에게 제품을 공급할 때는 비즈니스에 도움이 되지만, 우리처럼 중간재를 공급하는 기업에는 도움이 되지 않는다. 우리는 이미 전 세계 화학 공정 산업 탄탈륨 시장의 대부분을 점유하고 있다. 일부 고객은 배송이 오래 걸린다고 불평하지만, 개선한다고 해도 대부분 더 구매하지는 않을 것이다. 용광로 부품이나 스퍼터링 타깃과 같은 일부 소형 부문에서는 더 빠른 납기가 이점이 있다고 생

각한다. 나는 H.C. 스타크에 오기 전 다른 회사에서 운영을 담당했었다. 당시 골드랫(Goldratt)의 '더 골(The Goal)' 관리 방식을 구현하는 데 많은 돈을 썼다. 우리는 이 방법을 마음에 새겨서 사이클 타임을 크게 단축했지만 아무런 이득도 얻지 못했다. 우리 제품은 지역 유통업체를 통해 판매되었고, 그 유통업체가 재고 절감분의 효과를 모두 가져갔다. 성과가 개선되었으면 더 많은 유통업체를 모집할 수 있지 않냐고 되물을 수 있겠지만, 지역적 제약이 있고 경쟁업체가 다른 유통업체를 잠식해 버렸기 때문에 변경할 방법이 없었다. 그래서 우리는 많은 돈을 썼지만 아무 성과도 얻지 못했다. 이번에는 그런 일이 일어나지 않기를 바란다. 이 방법이 도움이 될 수 있는 한 가지 영역은 재고이다. 재고를 줄일 수 있는 방법을 찾아낸다면 정말 돈을 절약할 수 있을 것이다.

10. 리드 타임과 재고 데이터

이 무렵 Tom의 머릿속은 각기 다른 관계자들의 상반된 의견과 조언으로 복잡하게 돌아가고 있었다. 모두들 의견이 있는 것 같았지만 뒷받침할 만한 데이터를 가진 사람은 거의 없었다. Tom은 추천의 근거가 될 만한 확실한 데이터를 수집해야겠다고 결심했다. SAP R/3 시스템은 계획이나 스케줄링에는 사용되지 않았지만, 주문 생성 및 모든 자재 이동을 포함한 모든 회계 거래를 기록하는 데 사용되고 있었다. 거래는 거의 실시간으로, 보통 물리적으로 발생한 후 몇 시간 이내에, 때로는 몇 분 이내에 기록되었다. SAP에 의해 계산된 일부 값은 신뢰할 수 없었지만, 수동으로 입력한 거래의 결과 데이터는 상당히 정확했다. 그림 3-25는 고객 관점에서의 리드 타임 데이터(주문에서 배송까지 얼마나 걸리는가?)를 보여준다(SAP를 사용하여 거래를 기록하는 초기에는 규정 준수가 제대로 이루어지지 않았기 때문에 1월과 2월의 데이터는 무시되었다). 데이터에 따르면 평균 리드 타임은 일반적으로 알려진 12주가 아니라 7주 미만인 것으로 나타났다. 가장 긴 주문의 대부분은 실제로는 아직 출시되지 않은 '포괄 주문'이었다.

프로젝트 초기에는 제조 시간이 길기 때문에 고객 리드 타임이 길다는 것이 일반적인 생각이었다. 그림 3-26은 '상품 출고'에서 '상품 수령'까지의 시간을 계산한 제조 리드 타임을 보여준다. '상품 출고'는 투입된 자재가 작업 현장으로 물리적으로 출고될 때 발생하는 거래이며, '상품 입고'는 모든 제조 및 검사 단계가 완료되고 자재가 물리적으로 창고로 이동하여 선반에 보관되거나 배송을 위해 포장된 후 완료되는 거래이다. 이 그래프를 보면 평균적으로 최종 품목이 제조되는 데 2주 남짓 걸리며, 75%는 3주 안에 완료된다는 것을 알 수 있다. 어떻게 제조 기간이 평균 2주 남짓인데 주문부터 배송까지 평균 7주 가까이 걸릴 수 있을까? 다른 5주에는 무슨 일이 있어나고 있을까? 한 가지 가능성은 생산할 원자재 재고가 없는 자재 부족이 원인일 수 있다.

그림 3-27은 재고 수준을 보여준다. 이 재고 수준은 높은 수준의 가용성을 보장하기에 충분한 것으로 보인다. 제조 시간이나 재고 수준이 고객 리드 타임을 길게 하는 이유가 아니라면 무엇이 원인일까? Tom이 합류하기 전에는 고객의 주문이 작업 현장으로 전달되는 데 많은 시간이 낭비되고 있다고 느꼈다. 한 그룹이 몇 주 동안 회의를 통해 이 문제를 검토하고 프로세스 매핑을 시작했다. 이론적으로는 그림 3-28에 표시된 것처럼 정보 흐름이 SAP R/3에 의해 제어되어야 하지만 실제로는 SAP가 무시되는 경우가 많았고, 영업 팀

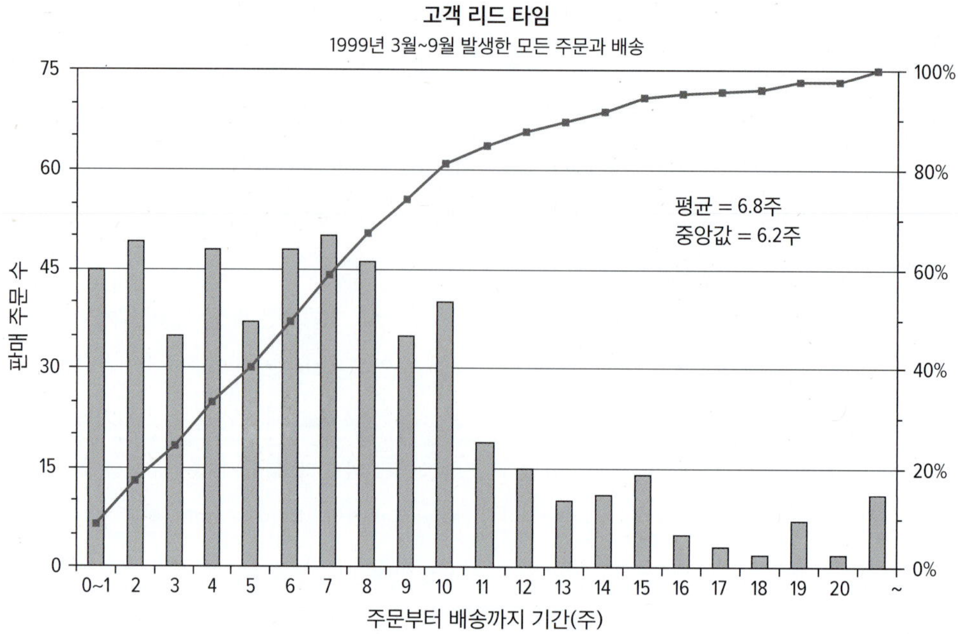

그림 3-25 고객 리드 타임

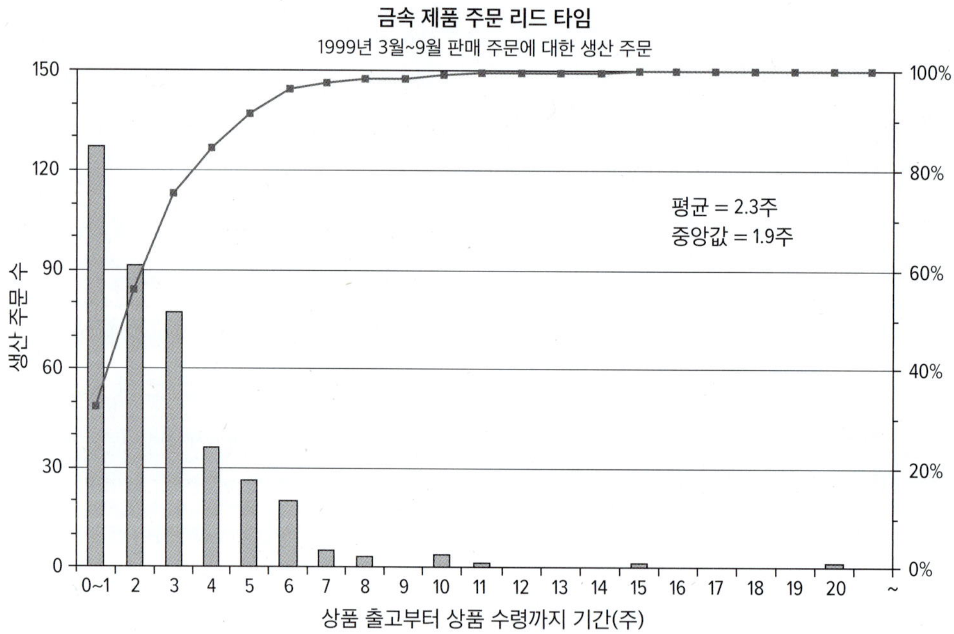

그림 3-26 제조 리드 타임

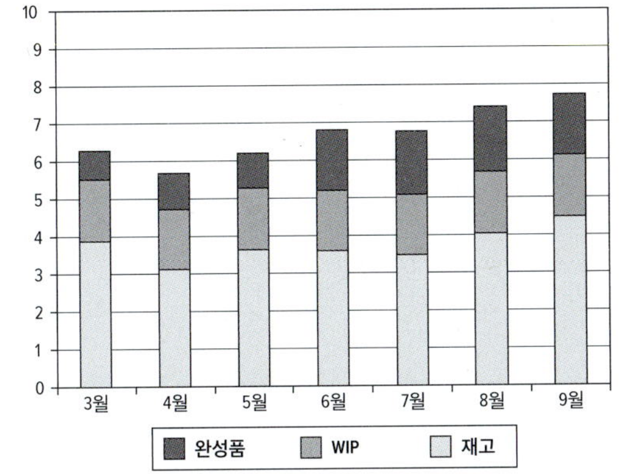

완성품 : 고객의 사양에 따라 생산되고 그 고객을 위해 비축된 자재

WIP(공정 중 재고) : 진행 중인 작업주문에 할당된 자재

재고 : 완제품이나 스크랩이 아닌 재고실의 모든 자재
여기에는 용융작업장에서 들어오는 시트바, 중간 및 표준 형상, 고객 주문에서 나온 작은 '남은' 조각이 포함됨

그림 3-27 재고 범위

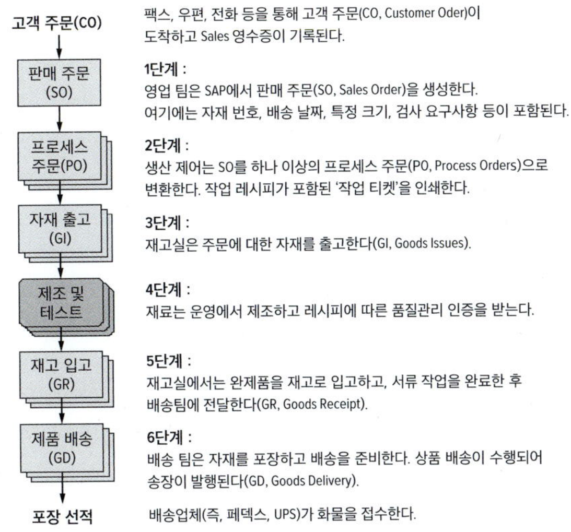

그림 3-28 주문 흐름 다이어그램

에서 운영 팀으로 주문을 전송하는 데 종이 기반 수동 프로세스가 사용되었다.

프로세스의 처음 두 단계를 살펴볼 수 있는 ABAP(SAP의 프로그래밍 언어) 고객 보고서가 만들어졌고, 첫 번째 단계(SO 생성)를 영업일 기준 1일 이내로 단축하는 절차가 구현되었다. 두 번째 단계(PO 생성)는 여전히 최대 2주가 걸렸고, 나머지 단계에 대한 실제 데이터는 없었다. Tom은 전체 배송 프로세스를 포함하도록 보고서를 확장했으며, 그 데이터는 그림 3-29에 나와 있다. 이 데이터를 통해 제조 시간(GI-GR)은 전체 리드 타임의 일부(약 25%)에 불과하다는 것을 확인할 수 있었다. 완성된 자재가 배송을 기다리는 시간도 상대적으로 적었으며, 대부분의 주문은 제작이 완료되는 즉시 배송되었다. 문제는 영업 부서에서 SAP에 주문을 입력한 시점과 공장에서 실제로 생산을 시작한 시점 사이의 시간, 즉 SO에서 GI 단계에 있었다. (8월에 SO-PO가 크게 증가한 것은 매년 2주간의 공장 가동 중단 때문일 수 있다.) 이러한 긴 지연 시간은 주문을 전송하는 느린 수작업 프로세스와 현재의 생산 정책에 의한 것으로 볼 수 있다. 일반적인 생산 루트는 주문 생산 정책을 사용하며, 재고에서 4인치 시트바 또는 1/4인치 플레이트를 초기 입력으로 사용한다. 최종 게이지와 형태에 따라 재료는 최종 제품이 되기 전에 여러 공정 주문을 거치게 될 가능성이 높다.

그림 3-30은 고객이 0.015인치 벽 두께 튜빙을 주문하고 3개의 개별 생산 주문이 생성되는 일반적인 시나리오를 보여준다. 첫 번째 주문은 4인치 두께의 시트바를 1/4인치 플레이트로 '분해'하는 것이다. 다음 주문은 1/4인치 판재를 두 단계에 걸쳐 0.015인치 판재로 압연하는 것이다. 고객이 주문한 제품에 대한 최종 주문은 광폭 0.015인치 판재부터 시작하여 튜빙에 적합한 폭으로 절단하고 튜빙을 압연, 성형 및 검사하는 것이다. 이 계획의 문제점은 필요한 중간재를 만드는 이전 단계가 완료될 때까지 고객을 위한 제품을 만드는 최종 공정 주문을 시작할 수 없다는 것이다. 그림 3-26은 고객 주문 품목의 제조 리드 타임만을 측정한

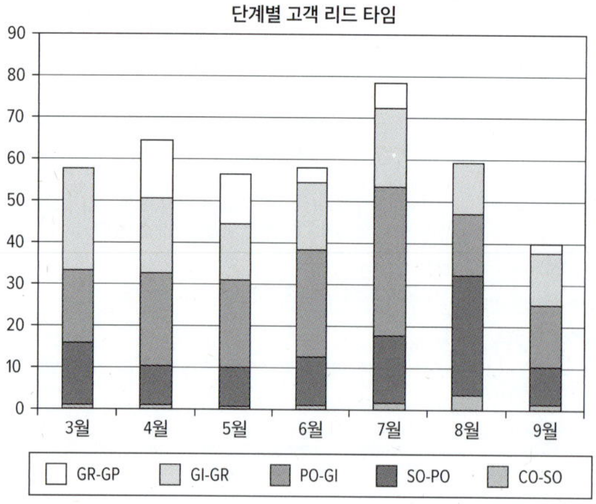

그림 3-29 고객 리드 타임-구간별

것으로, 이 경우 0.015인치 게이지 시트에서 튜브를 생산하는 생산 주문 #3의 공정 중 시간과 동일하다.

여기에 특정 주문 및 신속 처리 방식이 더해진다. 고객 리드 타임을 단축하기 위해 영업 부서에서는 판매 가능성이 높은 제품을 미리 주문하여 실제 고객 주문이 도착했을 때 자재가 이미 일부 제조 공정을 거쳤을 수 있도록 한다. 이 방식이 잘 작동하는 경우도 있지만 두 가지 중 하나의 문제가 발생할 수 있다. SAP에서는 주문에 배송 날짜가 있어야 하므로 매출은 날짜를 설정한다. 날짜가 너무 먼 미래일 경우 운영 팀에서 주문을 무시할 수 있다. 날짜가 너무 가까우면 운영 팀에서 고객이 원하기 전에 자재를 제작하여 배송하거나 예상 주문을 완료한 후 고객이 확정 주문에 대한 요구 사항을 수정하여 방금 만든 자재가 폐기되는 일이 발생한다. 매일 열리는 '북소리' 회의는 이러한 문제를 더욱 악화시킨다. 영업, 운영, 품질, 생산 관리가 참여하는 이 회의에서는 다음 주에 배송해야 하는 모든 주문이 검토된다. 예정보다 늦어지는 것으로 확인된 주문은 신속하게 처리된다. 이 회의의 효과는 주문이 '북소리' 목록에 드러나기 전까지는 대부분 무시된다는 것이다. 그 결과 생산 정책은 사실상 '늦은 주문의 신속 처리'가 된다.

11. 판매 데이터

순수 주문 생산 방식을 유지해야 하는 주된 이유는 금속 제품 사업부에서 총 600개가 넘는 고유 부품 번호가 있는 네 가지 합금을 판매하고 있었기 때문이다. 제품의 다양성과 예측할 수 없는 품목 수요로 인해 재고 생산 방식은 불가능하다. 그러나 올해 첫 9개월 동안의 판매 데이터를 검토한 결과, 실제로는 제품 다양성이 생각보다 훨씬 적은 것으로 나타났다. (간결성을 위해 네 가지 중 두 가지 합금만 예로 든다. 이 두 가지 합금은 수요 구성이 매우 다르고 전체 수요의 80%를 차지하기 때문에 예시로 선택되었다.) 각 합금에는 100~200개의 고유 부품 번호가 있지만, 그림 3-31과 그림 3-32를 보면 9개월 동안 판매된 부품 번호는 절반도 되지 않으며, 이 중 상당수는 한두 번만 판매된 것으로 나타났다. 수요가 소수의 부품에 집중된 것으로 보인다.

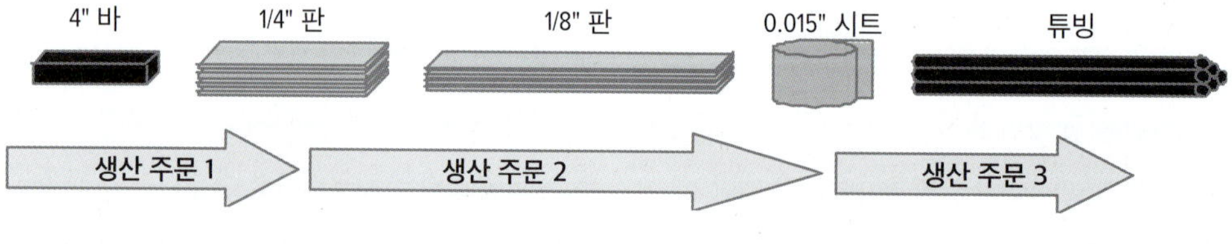

그림 3-30 다양한 프로세스 순서

			1999/송장 판매(파운드/월)								
자재	게이지	설명	1월	2월	3월	4월	5월	6월	7월	8월	9월
1001	0.005	Sheet-1.0" × 23.75"	171	0	0	20	0	0	0	17	0
1002	0.010	Sheet	20	56	287	179	41	204	560	143	276
1003	0.005	Sheet	263	576	584	812	617	969	572	359	909
1004	0.015	Sheet	68	611	1,263	167	1,917	803	321	377	404
1005	1.000	Thermowell per Dwg # ABC12	0	0	0	0	0	0	0	0	2
1006	0.150	Sheet	101	0	0	0	0	0	0	0	0
1007	0.060	Plate	0	146	32	117	129	414	581	26	191
1008	0.040	Sheet	321	101	191	486	8	98	263	176	690
1009	0.030	Sheet	0	122	614	275	422	360	686	246	177
1010	0.020	Sheet	0	54	102	183	45	54	126	92	119
1011	0.002	Foil	618	1,079	1,215	1,188	1,020	290	1,590	849	1,017
1012	0.125	Plate	228	8	32	90	432	17	8	0	450
1013	0.150	Plate	1,100	0	0	0	0	35	0	0	0
1014	0.250	Plate	6	12	0	770	0	752	0	0	174
1015	0.375	Plate	0	0	0	0	0	0	375	0	0
1016	0.500	Tube-0.50" OD	3	0	0	51	6	54	33	27	33
1017	0.750	Tube-3/4"	0	0	0	8	12	558	0	0	12
1018	0.015	Tube-1.0" OD	8	0	0	0	0	230	0	41	0
1019	0.020	Tube-1.5" OD	0	0	0	0	0	0	0	11	0
1020	0.500	Tube-.50" OD	44	3	0	0	0	0	35	0	0
1021	0.020	Tube-5/8" OD	0	6	0	0	0	8	0	0	0
1022	0.102	Sheet	0	27	33	0	0	0	0	0	0
1023	0.010	Sheet-1.0" × 23.75"	0	99	14	18	0	0	0	0	0
1024	0.060	Plate-7/8" × 39.125"	15	0	24	0	0	0	0	15	0
1025	1.125	Ring-6.25" OD × 4.5" ID	45	0	0	0	0	0	0	0	0
1026	1.000	Ring-4.0" OD × 2.5" ID	12	0	0	0	0	0	0	0	0
1027	0.015	Sputter Target-2.0" × 5.0"	0	105	0	0	0	0	0	0	0
1028	0.500	Ring-10" OD × 8.5" ID	0	189	0	48	293	93	0	0	174
1029	0.500	Disk-10" dia	275	0	353	0	581	0	530	414	1,017
1030	0.250	Plate-5.25" × 10.25"	0	0	0	57	0	18	0	17	0
1031	0.500	Disc-6" Dia	0	0	0	15	0	0	0	0	0
1032	0.010	Tube-2" OD	0	0	0	14	0	12	12	0	0
1033	0.8 mm	Disc-314 mm Dia	0	0	0	0	20	0	0	0	0
1034	0.375	Disk-9.625" dia	0	0	0	0	57	0	0	0	0
1035	0.015	Tube-1.0" w/end cap	0	0	0	0	0	2	0	0	0
1036	0.125	Ring-12-3/4" OD × 9-3/8" ID	0	0	0	0	23	0	0	0	0
1037	0.125	Plate-3.5" × 13.2"	0	0	0	0	0	0	0	0	33

그림 3-31 합금 #1에 대한 판매

12. 사례 정리

2개월 동안 운영에 대해 배우고, 관계를 구축하고, 작은 운영상의 이득을 얻기 위해 노력한 Tom은 몇 분 동안 상황을 설명한다. HCST의 금속 제품 부서는 고객 리드 타임이 평균 7주인 주문 생산 작업장으로 예정되어 있었다. 주문 신속 처리는 예외가 아니라 규칙이며, 실제로 신속 처리를 위해 매일 회의가 열린다. 공장은 평균 6개월 분량의 재고를 보유하고 있지만 재고로부터 판매되거나 재고에서 제조 단계를 거쳐 생산하는 품목은 거의 없다. 거의 모든 작업이 4인치, 1/4인치, 1/8인치, 0.030인치의 표준 게이지를 통과하지만, 소량의 1/4인 재고와 다른 게이지의 남은 작은 조각을 제외하고는 표준 게이지에 대한 재고는 보유하고 있지 않다. 영업 그룹은 고객 리드 타임을 3주 이내로 단축하기 위해 노력하고 있었다. 생산 주문이 평균 2주가 조금 넘었기 때문에 목표는 달성 가능해 보였지만, 주문이 접수된 후 최종 제품 생산을 위한 작업이 시작될 때까지의 시간을 단축하기 위해 무언가 조치가 필요하다. 한 번의 생산 작업으로 최종 제품을 생산할 수 있기 때문에 표준 중간 크기의 재고를 유지하는 것이 고객 리드 타임에 도움이 될 것 같았지만, 어떤 품목을 어느 수준으로 재고로 보유할지 결정해야 한다. 또한 조직

자재	게이지	설명	1999/송장 판매(파운드/월)								
			1월	2월	3월	4월	5월	6월	7월	8월	9월
2001	0.045	Repair Disc 4" Dia	0	0	0	0	0	0	0	0	13
2002	0.045	Repair Disc 2 1/2" Dia	0	0	0	9	0	0	0	0	0
2003	0.045	Repair Disc 1" Dia	0	0	0	0	0	2	0	0	0
2004	0.045	Repair Disc .75" Dia	0	0	2	0	0	0	1	0	0
2005	0.015	Endcap to fit 1" OD	0	0	0	0	0	0	0	0	0
2006	0.045	3/4" Repair Disk	0	4	4	0	9	4	9	0	5
2007	0.045	1" Repair Disk	0	6	7	0	0	8	0	2	1
2008	0.045	1 1/2" Repair Disk	0	4	4	8	0	0	4	0	4
2009	0.045	2" Repair Disk	0	4	5	4	10	10	0	4	0
2010	0.045	2-1/2" Repair Disk	0	6	7	0	0	0	4	0	4
2011	0.045	3" Repair Disk	0	0	0	9	0	0	10	0	5
2012	0.045	4" Repair Disk	0	8	6	15	0	84	7	9	8
2013	0.045	5" Repair Disk	10	0	0	0	0	12	0	11	0
2014	0.045	6" Repair Disk	0	12	0	0	8	0	0	6	32
2015	0.045	3/4" Patch Kit	0	0	2	0	0	1	0	0	3
2016	0.045	1" Patch Kit	0	0	2	0	1	0	1	0	3
2017	0.045	1 1/2" Patch Kit	0	0	1	0	2	1	1	0	6
2018	0.045	2" Patch Kit	0	0	0	0	0	1	0	0	5
2019	0.045	2 1/2" Patch Kit	0	0	0	0	0	1	1	0	4
2020	0.045	3" Patch Kit	0	0	0	0	5	1	0	0	6
2021	0.045	4" Patch Kit	0	0	0	0	9	0	5	0	16
2022	0.045	6" Patch Kit	0	0	0	0	9	0	0	0	0
2023	0.045	5" Patch Kit	0	7	0	0	5	0	0	0	0
2024	0.005	Sheet–Annealed	0	6	0	0	6	0	0	0	0
2025	0.002	Foil Annealed	551	0	0	0	0	0	0	0	0
2026	0.010	Sheet Annealed	0	0	435	0	251	412	0	0	0
2027	0.060	Plate Annealed	0	0	277	323	60	0	504	12	205
2028	0.045	Sheet Unnannealed	67	0	0	0	0	0	0	0	0
2029	0.045	Sheet Annealed	137	122	430	18	37	16	0	368	5
2030	0.375	Plate Annealed	0	0	0	23	0	0	0	0	0
2031	0.020	Sheet Annealed	761	521	826	671	889	1,004	3,975	27	7
2032	0.025	Plate Annealed	0	69	24	0	0	0	0	0	0
2033	0.150	Plate Annealed	0	0	0	0	41	0	0	0	0
2034	0.125	Plate Annealed	0	35	78	63	34	0	0	208	0
2035	0.030	Sheet Annealed	1,638	116	1,138	634	524	579	1,672	703	517
2036	0.015	Sheet Annealed	108	0	13	56	0	27	0	0	1
2037	0.015	Welded Tube .50" OD	0	0	6	0	0	23	7	0	0
2038	0.025	Welded Tube 1.5" OD	0	0	0	0	0	2	0	0	0
2039	0.020	Welded Tube .50" OD	0	0	181	142	0	0	0	0	0
2040	0.025	Welded Tube .75" OD	296	936	2,989	1,366	2,468	989	657	528	1,392
2041	0.020	Welded Tube .75" OD	0	50	316	3	379	0	2,856	0	0
2042	0.025	Welded Tube .75" OD	0	0	0	0	0	32	0	0	5
2043	0.015	Welded Tube 1"-1.49 OD	0	0	480	444	0	77	118	343	0
2044	0.020	Welded Tube 10." OD	0	0	0	32	241	108	4	0	0
2045	0.030	Welded Tube 1.0" OD	0	0	370	0	0	1	0	0	41
2046	0.015	Welded Tube 1.5" OD	0	0	0	0	40	0	133	0	0
2047	0.030	Welded Tube 1.50" OD	0	255	100	0	0	0	0	0	0
2048	0.030	Custom Sheet Annealed	0	1	1	0	0	0	0	0	0
2049	0.020	Custom Sheet Annealed	0	0	0	0	0	35	0	0	0
2050	0.015	Welded Tube 1" OD With Cap	0	0	0	1,003	0	0	176	0	0
2051	0.022	Welded Tube 1.25" OD	0	0	0	1,014	0	0	0	0	0
2052	0.035	Tube 1.25" OD	0	0	302	0	0	0	0	0	0
2053	0.020	Disc 66mm OD	0	0	0	0	0	0	0	0	0
2054	0.118	Tube .815" od × 3mm wall	0	0	0	8	8	0	0	0	0
2055	0.118	Tube .614" od × 3mm wall	0	0	0	6	0	0	0	0	0

그림 3-32 합금 #2에 대한 판매

내 모든 사람이 고객 리드 타임 단축을 최우선 과제로 생각하는 것은 아니다. 재고 감소에 더 중점을 두는 사람도 있었고, 재고 수준은 그다지 중요하지 않다고 생각하는 사람도 있었다. Tom은 계획을 수립하고 실행하기까지 4개월이 남았는데 어떻게 해야 할까?

사례 토론 질문

1. 리드 타임이 왜 그렇게 긴가?
2. 스타크는 어떻게 리드 타임을 단축하거나 영향을 줄 수 있는가?
3. 리드 타임 단축을 위한 비용은 얼마인가? 리드 타임을 줄이면 어떤 이점이 있는가?

이 사례는 비교적 길고 복잡하다. 시간이 제한되어 있으므로 어떻게 접근하는 것이 가장 좋은지 판단해야 한다. 현재 상황을 진단하고 추구해야 할 핵심 전략을 파악할 수 있어야 한다. 여기에 제공된 데이터를 정교하게 분석할 필요는 없다(물론 시간이 있다면 이 작업을 수행해도 좋다).

CHAPTER 4

공급 계약

CASE 아메리칸 툴 웍스

아메리칸 툴 웍스(American Tool Works, 이하 ATW)는 전기 드릴, 해머 등 고품질 전동 공구 및 수공구를 제조하는 미국의 선도적인 제조업체이다. 이 회사는 전 세계에 제조시설을 보유하고 있으며, 주요 시장은 유럽과 북미이다. 제조된 상품은 유통업체와 딜러를 통해 판매되거나 자택 소유자와 상인들에게 직접 판매된다.

ATW는 유통업체 및 딜러와 매우 성공적인 파트너십을 유지하고 있다. 이 채널은 전체 매출의 약 80%를 차지하고 있으며, 그 결과 2004년에 새로 취임한 경영진이 집중하고 있는 부분이기도 하다. ATW와 유통업체 및 딜러 간의 관계는 두 가지 형태로 나타날 수 있다.

- 대형 유통업체는 ATW와 공급자 재고 관리(VMI) 계약을 맺는 경우가 많다. 이 경우 ATW는 유통업체의 시설에 있는 다양한 제품의 재고 수준을 모니터링하고 필요에 따라 추가 배송을 진행한다.
- 중소 유통업체는 필요한 판매 및 재고 정보를 ATW에 자동으로 전송할 수 있는 기술이 없어 VMI 계약에 참여할 수 있는 기술적 역량을 갖추지 못했다.

이러한 유통업체 중 다수는 ATW 제품뿐만 아니라 ATW의 경쟁업체의 제품도 다수 판매한다.

대형 유통업체들은 일반적으로 VMI 계약의 성과에 만족하고 있다. ATW 공급망 부사장인 Dave Morrison은 최근 ATW의 주요 대형 유통업체들과 일련의 미팅을 가졌다. 이 미팅에서 딜러들은 다음과 같은 점을 강조했다.

- 유통업체의 영업사원들이 ATW 제품이나 경쟁사 제품으로 수요를 유도할 수 있다. 즉, 구매자는 일반적으로 유통업체의 영업 팀에 제품/브랜드 조합에 대한 조언을 요청한다.
- 현재 유통업체의 영업 팀은 다음을 기준으로 의사결정을 내린다.
    - 다른 제품/브랜드에 대한 편안함
    - 프로모션 품목
    - 수익 마진

- VMI에서는 배송이 1주일에 몇 번씩 자주 이루어진다. 그래서 유통업체의 ATW 제품 재고 수준은 판매에 영향을 미치지 않는다.
- 많은 제품의 경우 실내 보관이 필요하기 때문에 가용 공간이 제한적이다. VMI는 서비스 수준을 유지 혹은 향상하는 동시에 재고 수준과 그에 따른 필요 공간을 크게 줄인다.

Dave는 여러 소규모 유통업체들과도 만남을 가졌다. 이들은 인지도와 품질, 영업 지원을 ATW 제품을 구매하는 세 가지 이유로 꼽았다. 대형 유통업체의 경우와 마찬가지로 영업사원이 특정 제품/브랜드 조합으로 수요를 유도할 수 있다는 의견이 제시되었다. 흥미롭게도 그들은 다음과 같이 자신들의 주장을 뒷받침했다.

- 판매의 60%는 구매자가 미리 지정하고 이 경우 유통업체는 계약자가 선택한 브랜드/제품에 아무런 영향을 미치지 않는다.
- 나머지 40%는 유통업체의 영업 팀에 의해 크게 좌우될 수 있다.
- 유통업체 영업 팀이 현장 재고 수준을 바탕으로 수요를 유도한다.
- ATW의 경쟁사들은 이러한 소규모 유통업체로부터의 매출을 늘리기 위해 다양한 접근방식을 사용한다. 한 업체는 일부 딜러에게 공구가 팔리지 않을 경우 다시 사들이겠다는 약속을 통해 공구 재고를 늘리도록 유도한다. 다른 업체는 제조업체와 유통업체 모두 지원한 금액을 1년에 한 번씩 영업사원에게 나눠주는 판매 인센티브 프로그램을 시행하고 있다.

딜러들과 대화를 마친 Dave는 VMI 프로그램의 성과에 굉장히 만족했다. 그러나 그는 소규모 딜러에 대한 매출을 늘릴 수 있는 엄청난 기회와 경쟁업체가 중·소규모 딜러를 대상으로 한 ATW의 사업 일부를 빼앗아갈 위험이 동시에 존재한다는 것을 인지했다.

이 장을 마치고 나면 다음 질문에 답할 수 있다.

- 중·소규모 업체의 재고를 늘리기 위해 ATW는 무엇을 할 수 있는가?
- 중·소규모 업체에서의 매출을 늘리기 위해 ATW는 무엇을 할 수 있는가?
- ATW의 경쟁업체는 중·소규모 업체의 딜러와 거래할 때 왜 사례에 설명된 두 가지 접근방식을 사용하는가?
- ATW도 이러한 접근방식을 채택해야 하는가?
- ATW는 다른 접근방식을 시도해야 하는가? 가능한 접근방식은 무엇인가?

4.1 개요

수년 동안 아웃소싱은 꾸준히 증가해 왔다. 기업은 특정 부품의 제조부터 물류 및 배송, 완제품의 설계 및 조립에 이르기까지 모든 것을 아웃소싱하고 있다. 여러 설문조사에서 관리자들은 아웃소싱 수준을 유지하거나 확대하겠다는 의사를 밝혔다.

흥미롭게도 많은 유명 제조업체들이 현재 몇몇 제품의 모든 설계와 제조 공정을 아웃소싱하고 있다. 예를 들어 2011년에는 전 세계 노트북 컴퓨터의 94%가 대만 공급자에 의해 조립되었는데, 대부분 OEM이 아닌 ODM이었다.

제조업체들이 인건비를 크게 절감할 수 있는 저비용 국가를 찾는 것도 아웃소싱을 생각하는 중요 요인 중 하나이다. 동시에 극동 지역의 많은 기업이 고품질, 저비용 제품을 설계하고 제조할 수 있는 상당한 역량을 개발했다. 이러한 발전은 기회와 도전을 동시에 시사한다.

아웃소싱의 증가는 OEM의 원활한 성장을 위해 조달 부문의 중요성이 굉장히 커졌다는 것을 의미한다. 그 결과, 많은 OEM이 **전략적 부품 및 제품** 공급자들과 긴밀히 협력하는 데 주력하고 있다. 대부분의 경우 이를 위해 공급망 조정에 초점을 맞춘 효과적인 계약 관계가 필요하다.

OEM은 **비전략적 부품**에 대해 다른 접근 방법을 적용하고 있다. 이 경우 다양한 공급자로부터 제품을 구매할 수 있으며, 공급자와의 영구적 관계보다 시장에 대응할 유연성이 더 중요한 것으로 인식된다. 일반적으로 전기, 컴퓨터 메모리, 철강, 석유, 곡물, 면화와 같은 소모품은 많은 공급자로부터 공급받을 수 있고, 현물 시장에서 구매도 가능하다. 이러한 제품은 고도로 표준화되어 있어 한 공급자에서 다른 공급자로 전환하는 것이 큰 문제로 간주되지 않는다.

다음에서는 전략적·비전략적 부품 모두에 대한 효과적인 공급 계약을 다룬다.

4.2 전략적 구성 요소

효과적인 조달 전략을 위해서는 공급자와의 관계 발전이 필요하다. 이러한 관계는 공식적·비공식적 관계 모두 다양한 형태를 취할 수 있지만, 대부분의 경우 구매자와 공급자가 적절한 공급과 적시 납품을 위한 명시적인 공급 계약에 동의한다. 이러한 계약은 구매자가 공급자로부터 원자재를 구매하는 제조업체이든, 부품을 구매하는 OEM, 또는 상품을 구매하는 소매업체이든 간에 구매사와 공급사 간에 발생하는 문제를 해결한다. 일반적인 공급 계약에서 구매자와 공급자는 다음 사항에 대해 합의한다.

- 가격 및 구매 수량에 따른 할인 정책
- 최소 및 최대 구매 수량
- 배송 리드 타임 및 일정
- 제품 또는 자재 품질
- 제품 반품 정책

앞으로 살펴보겠지만, 공급 계약은 단순히 상품의 적절한 수요와 공급을 보장하는 것 이상을 달성할 수 있는 매우 강력한 도구이다.

4.2.1 공급 계약

다양한 유형의 공급 계약이 공급망 성과에 미치는 중요성과 영향을 설명하기 위해 구매자와 공급자로 구성된 일반적인 2단계 공급망을 예로 든다. 이 공급망에서 발생하는 사건 순서는 다음과 같다. 구매자는 수요 예측을 통해 공급자에게 주문할 수량을 결정하고, 이익을 최대화하기 위해 공급자에게 발주를 진행한다. 이후 공급자는 구매자의 주문에 대응한다. 따라서 이 공급망에서 구매자는 수요 예측에 따라 고객의 수요 발생 전에 물품을 구매하는 반면, 공급자는 물품 주문에 따라 생산을 진행하는 MTO(Make-To-Order, 주문 후 생산) 방식을 따른다.

명백히 이러한 순차적인 의사결정을 따르는 공급망을 **순차적 공급망**(sequential supply chain)이라 한다. 이러한 순차적 공급망에서 각 공급망 구성원은 다른 공급망 구성원에게 미치는 영향을 고려하지 않고 자신의 행동을 결정한다. 이는 어떤 행동이 공급망 전체에 최선인지 파악하지 못하기 때문에 다른 공급망 구성원에게 효과적인 전략이 될 수 없다.

순차적 공급망이 직면한 과제와 다양한 유형의 공급 계약이 공급망 성과에 미치는 영향과 중요성을 설명하기 위해 2장에서 분석한 수영복 사례를 바탕으로 몇 가지 사례를 살펴본다.

예시 4-1

2.2.4절에서 설명한 수영복의 예를 다시 한번 살펴보자. 이 경우 공급망은 고객 수요를 충족하는 소매업체와 수영복을 생산하여 판매하는 제조업체, 두 회사로 구성되어 있다고 가정한다. 수영복에 대한 수요는 이전과 동일한 패턴의 시나리오를 따르고 소매업체의 가격 및 원가 정보도 동일하다.

- 여름 시즌에는 고객에게 수영복을 개당 $125에 판매한다.
- 소매업체가 제조업체에 지불하는 도매 가격은 개당 $80이다.
- 여름에 판매되지 않은 수영복은 할인점에 $20에 판매된다.

제조업체의 경우 다음 정보가 제공된다고 가정한다.

- 고정 생산 비용(fixed production cost)은 $100,000이다.
- 개당 가변 생산 비용은 $35이다.

소매업체의 한계이익(marginal profit)이 제조업체의 한계이익과 동일하게 $45라 하자. 또한 고정 생산 비용을 제외하고 소매업체의 판매가격, 잔존가치(salvage cost), 변동 비용은 2장의 원래 예시에서 설정한 판매가격, 잔존가치, 변동 비용과 동일하다. 이는 여름에 상품 1개를 판매할 때 소매업체의 한계이익인 $45가 여름이 끝나고 할인점에 판매할 때의 한계손실(marginal loss)인 $60보다 작다는 것을 의미한다.

소매업체는 상품을 얼마나 주문해야 할까? 수영복 사례 연구의 마지막에 나온 결론을 떠올려보자. 최적의 주문 수량은 한계수익과 한계손실에 따라 달라지지만 고정 비용에 따라 달라지지는 않는다. 실제로 그림 4-1의 실선은 소매업체의 기대 이익을 나타내고, 이는 이 소매업체의 최적 정책은 평균 수익이 $470,700일 때 물품 12,000개를 주문하는 것임을 시사한다. 소매업체가 이렇게 주문했을 때 제조업체의 이익은 12,000(80 - 35) - 100,000 = $440,000이다.

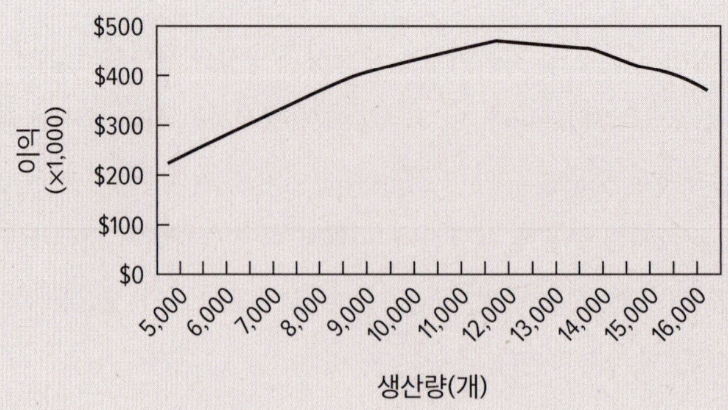

그림 4-1 주문량에 따른 소매업체의 기대 이익

위 예시에서 구매자는 판매량보다 많은 재고를 보유해 모든 위험을 감수하는 반면, 공급자는 어떠한 위험도 감수하지 않는다. 실제로 공급자는 위험을 감수하지 않으므로 구매자가 가능한 한 많이 주문하기를 원하지만, 구매자는 막대한 재정적 위험 때문에 한정된 수량을 주문한다. 물론 **구매자의 주문 수량 제한으로 재고 품절 가능성은 크게 상승한다.** 공급업체가 구매자와 위험을 일부 분담할 의향이 있다면, 구매자가 더 많은 품목을 주문하여 품절 가능성을 줄이고 공급업체와 구매자 모두의 이익을 높이는 방안도 가능하다.

다양한 공급 계약이 이러한 **위험 분담**(risk sharing)으로 공급망 구성원 모두의 이익을 증가시키고 있다.

환매 계약(Buy-Back Contract) 이 계약에서 판매자는 구매자가 판매하지 못한 상품을 잔존가치보다 높은 가격으로 환매(buy back)하는 데 동의한다. 구매자는 미판매 상품과 관련된 위험이 줄어들어 더 많은 상품을 주문할 수 있다. 반면에 공급업체의 위험은 분명히 증가한다. 따라서 이런 계약은 구매자의 주문량 증가와 이에 따른 품절 가능성 감소가 공급자의 위험 증가 이상을 보상할 수 있도록 설계되었다. 앞선 수영복 공급망의 예시로 돌아가보자.

예시 4-2

제조업체가 소매업체로부터 판매되지 못한 수영복을 개당 $55에 구매한다고 가정해 보자. 이 경우 소매업체의 한계수익인 $45가 한계손실인 $35보다 크므로 소매업체에 평균 수요보다 더 많이 주문할 동기가 충분해진다. 그림 4-2의 실선은 이 계약하에서 소매업체의 평균 수익, 점선은 제조업체의 평균 수익을 나타낸다. 이 경우 소매업체는 주문 수량을 14,000개로 늘려 $513,800의 수익을 얻을 기회가 발생하고, 제조업체의 평균 수익 또한 $471,900으로 증가한다. 따라서 두 당사자의 총 평균 수익은 순차적 공급망에서는 $910,700(=$470,700+$440,000)이나 환매 계약을 사용할 경우 $985,700(=$513,800+$471,900)으로 증가하게 된다.

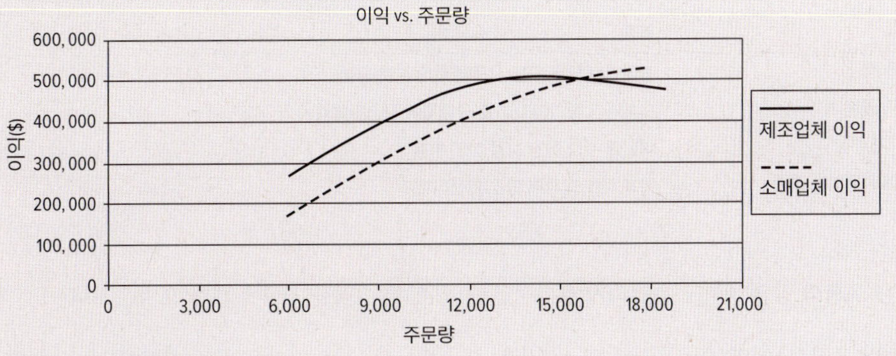

그림 4-2 환매 계약

수익 공유 계약(Revenue-Sharing Contract) 순차적 공급망에서 높은 구매가격은 구매자가 제한된 수량만 주문하는 주요한 이유 중 하나이다. 구매자가 공급업체를 설득하여 도매가격을 낮출 수 있다면 구매자는 분명히 더 많은 수량을 주문할 동인을 얻게 된다. 단, 도매가가 인하되었을 때 더 많은 물품을 판매하지 못한다면 공급업체의 이익은 감소하게 된다. 이 문제는 수익 공유 계약으로 해결할 수 있다. 수익 공유 계약에서 구매자는 도매가격 할인의 대가로 수익의 일부를 판매자와 공유한다. 즉, 이 계약에서 구매자는 최종 고객에게 판매된 총수익의 일부를 판매자에게 이전한다. 수영복 예시로 돌아가보자.

예시 4-3

수영복 제조업체와 소매업체가 수익 공유 계약을 체결하여 제조업체가 도매가를 $80에서 $60으로 인하하고, 그 대가로 소매업체가 제품 판매수익의 15%를 제조업체에 제공하기로 합의했다고 가정하자. 그림 4-3의 실선은 이 계약에 따른 소매업체의 평균 수익을, 점선은 제조업체의 평균 수익을 나타낸다. 소매업체에게 $504,325의 수익을 위해 주문 수량을 14,000개(환매 계약에서와 같이)로 늘릴 동기가 생기고, 이러한 주문 증가는 낮은 도매가격에도 불구하고 제조업체의 수익이 $481,375로 증가하는 것을 그림에서 확인할 수 있다.

따라서 공급망의 총수익은 $985,700(= $504,325+$481,375)이다. 즉, 도매가격 인하와 수익 공유의 결합으로 양측 모두의 수익이 증가한다.

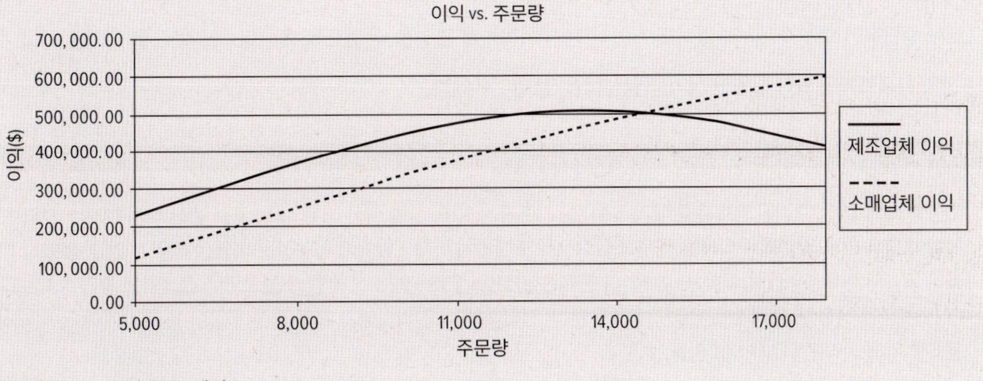

그림 4-3 수익 공유 계약

표 4-1 전략적 부품에 대한 계약

계약	특징
1. 환매 계약	판매되지 않은 모든 상품에 대한 부분 환불
2. 수익 공유 계약	도매가격 할인의 대가로 구매자가 공급업체와 수익 공유
3. QF 계약	미판매 수량 한정 상품 전액 환불
4. 판매 리베이트 계약	목표 매출 달성에 따른 인센티브

다른 유형의 공급 계약도 동일하게 효과적일 수 있으며, 이러한 계약에 대한 요약은 표 4-1과 같다.

QF(수량 유연성) 계약(Quantity-Flexibility Contract) QF 계약은 반품(미판매) 품목이 특정 수량을 초과하지 않는 한 공급업체가 이를 전액 환불하는 계약이다. 따라서 이 계약은 반품된 모든 품목에 대해 부분 환불을 제공하는 환매 계약과 달리 반품된 품목의 일부에 대해 전액 환불한다.

판매 리베이트 계약(Sales Rebate Contract) 판매 리베이트 계약은 특정 수량 이상 판매된 품목에 대해 공급업체가 리베이트를 제공하여 소매업체가 상품 판매량을 증가시킬 직접적인 인센티브를 제공한다.

전역 최적화(Global Optimization) 위에서 설명한 다양한 계약은 다음과 같은 중요한 질문을 제기한다. 공급업체와 구매자가 달성할 수 있는 최대 이익은 얼마일까? 이 질문에 답하기 위해 완전히 다른 접근방식을 취하고자 한다. 중립적인 의사결정권자가 전체 공급망에 가장 적합한 전략을 파악할 수 있다면 어떨까? 이 중립적인 의사결정권자는 공급업체와 구매자라는 두 공급망 파트너를 같은 조직 내 두 구성원으로 간주할 것이다. 즉, 중립적 의사결정권자는 당사자 간의 자금 이동을 무시하고 공급망 전체 수익을 극대화하고자 할 것이다.

물론 일반적으로 이런 중립적인 의사결정자는 존재하지 않는다. 하지만 효과적인 공급 계약은 공급망 구성원들이 각 구성원이 자신의 이익만을 최대화하는 기존 전략을 공급망 전체의 이익을 극대화하는 **전역 최적화**(global optimization)로 대체할 인센티브를 제공한다. 전역 최적화의 어려움은 기업이 중립적 의사결정권자에게 의사결정 권한을 넘겨야 한다는 점에 있다.

이것이 바로 공급 계약이 중요한 이유이다. 공급 계약은 구매자와 공급업체가 위험과 잠재적 이익을 공유함으로써 중립적인 의사결정권자 없이도 기업이 전역 최적화를 달성할 수 있도록 돕는다. 실제로 잘 설계된 공급 계약은 전역 최적화와 정확히 동일한 이익을 달성함을 보일 수 있다.

예시 4-4

수영복 예의 경우, 관련된 정보는 판매가격 $125, 잔존가치 $20, 가변 생산 비용 $35, 고정 생산 비용뿐이다. 전역 최적화의 경우 외부 비용과 수익에만 관심이 있으므로 소매업체가 제조업체에 청구하는 비용은 의미가 없다. 분명히 이 경우 공급망 한계수익($90 = $125 - $35)이 한계손실($15 = $35 - $20)보다 훨씬 높으므로 공급망은 평균 수요보다 더 많은 양을 생산할 것이다. 실제로 그림 4-4는 이 전역 최적화 전략하에서 최적 생산 수량이 16,000개이고, 이때의 공급망 기대 이익은 $1,014,500임을 보인다.

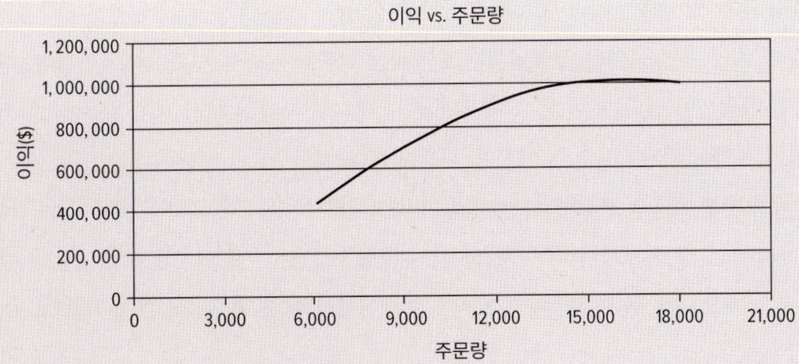

그림 4-4 전역 최적화 전략 활용 시 이익

또한 구현 관점에서 볼 때 전역 최적화의 가장 큰 단점은 파트너 간에 공급망 이익을 분배할 메커니즘을 제공하지 않는다는 것이다. 전역 최적화는 이익 개선을 위해 공급망에서 취해야 할 최선 혹은 최적의 조치에 대한 정보만 제공한다. 반면 공급 계약은 공급망 구성원 간에 이 이익을 배분한다.

더 중요한 것은, 효과적인 공급 계약이 어떤 파트너도 최적의 의사결정을 벗어나 자신의 이익을 향상할 수 없도록 각 파트너에게 이익을 배분한다는 점이다. 즉, 구매자나 판매자가 전역 최적해를 달성할 일련의 행동에서 벗어날 동기가 제공되지 않는다.

다음은 비록 오래된 예시이지만, 실제 공급 계약의 전형적인 사례이다.

예시 4-5

1998년까지 비디오 대여점은 영화 제작사로부터 신작 영화를 약 $65에 구매하여 고객에게 $3에 대여했다. 높은 구매가격으로 인해 각 대여점은 피크 수요, 즉 비디오 출시 이후 10주간의 수요를 감당할 수 있는 수량을 구매하지 못했다. 그 결과는 고객 서비스 수준의 저하로 이어졌고, 실제 1998년 설문조사에서는 고객의 약 20%가 고객이 원하는 영화를 대여할 수 없었다고 한다. 1998년 블록버스터 비디오(Blockbuster Video)라는 회사는 도매가격을 장당 $65에서 $8로 낮추고, 매 대여마다 대여료의 약 30~45%를 제작사에게 지급하는 수익 공유 계약을 체결했다. 이 수익 공유 계약은 블록버스터의 수익과 시장 점유율에 큰 영향을 주었고, 수익 공유 계약을 맺은 대형 대여점들이 이후 10년간 업계를 지배했다. 물론 환매 계약이 아무리 강력하다고 해도 기술의 발전을 막을 수는 없다. 이 혁신적인 수익 공유 계약 모델로 전환한 지 5년이 지난 후, 블록버스터 매장 수는 약 9,000개로 늘어났고 대부분 큰 성공을 거두었다. 현재는 오리건주 벤드에 단 하나의 지점만 남아 있다.

물론 위의 예시에서 블록버스터의 이점은 구매가격이 장당 $65에서 $8로 크게 낮아지는 것으로 명확한 반면, 제작사가 얻는 이득은 분명하지 않다. 이에 대해서는 이 장 마지막의 토론 질문 3번을 참조하자.

4.2.2 한계점

이러한 유형의 공급 계약이 그렇게 효과적이라면 왜 많은 기업이 실제로 이를 적용하지 않을까? 이는 이를 현실에 적용할 때 발생하는 여러 역효과와 연관되어 있다.

예컨대 환매 계약 체결을 위해 공급업체는 효과적인 역물류 시스템을 갖춰야 하며, 이는 물류 비용의 증가로 이어질 가능성이 있다. 또한 일부 제품만 환매 계약이 체결된 여러 경쟁 제품을 판매하는 소매업체의 경우 환매 계약이 체결되지 않은 제품을 우선 판매하려는 동기가 발생한다. 이는 소매업체에게 환매 계약이 체결되지 않은 제품의 위험이 훨씬 더 높기 때문이다. 따라서 이 계약은 직관적으로 매력적임에도 불구하고 소매업체가 한 제품에서 다른 제품으로 수요를 전환하는 데 영향을 미치지 않는 출판 및 잡지 산업에서만 주로 사용된다. 판매되지 않은 잡지는 소매업체가 직접 폐기하며 그 증거로 첫 페이지만 출판사에 반송한다.

수익 공유 계약에도 중요한 한계점이 존재한다. 공급업체가 소매업체의 수익을 모니터링해야 하고, 이는 관리 비용의 증가로 이어진다. 수익 모니터링의 중요성은 예시 4-5에서 다룬 블록버스터의 수익 공유 계약에 따른 소송을 다룬 예시 4-6을 통해 설명할 수 있다.

예시 4-6

수익 공유 혜택을 받지 못했다는 불만으로 독립적인 비디오 소매업체 세 곳이 제기한 소송은 2002년 6월에 판사에 의해 기각되었다. 그 근거는 이 독립 소매업체들이 영화 제작사가 수익을 모니터링할 수 있도록 하는 정보 시스템을 갖추지 못했기 때문이다.

물론 정보 기술만으로는 충분하지 않다. 공급자와 구매자 간의 신뢰를 구축하는 것은 중요하지만 달성하기 쉽지 않다. 이는 예시 4-7에 나와 있다.

예시 4-7

2003년 1월, 월트디즈니(Walt Disney Company)는 블록버스터가 4년간의 수익 공유 계약에서 약 $1억 2,000만어치의 비디오 판매량을 속였다고 주장하며 소송을 제기했다.

또 다른 중요한 한계점은 수익 공유 계약하에서 구매자는 마진이 더 높은 경쟁 제품을 우선적으로 판매할 동기가 생긴다는 점이다. 수익 공유 계약하에서는 일반적으로 수익의 일부가 공급업체에게 이전되어 구매자의 수익 마진이 감소한다. 따라서 구매자는 다른 제품, 특히 구매자와 수익 공유 계약을 맺지 않은 경쟁 공급업체의 유사 제품을 더 선호할 수 있다.

4.3 재고 생산/주문 생산 방식 공급망에 대한 계약

지금까지 설명한 모든 계약의 핵심적인 가정은 공급자가 주문 생산(MTO) 방식 공급망을 가지고 있다는 점이다. 이는 앞서 분석했던 순차적 공급망에서 공급자는 아무 위험도 감수하지 않고 구매자가 모든 위험을 감수함을 의미한다. 앞서 설명한 계약은 구매자가 부담하는 위험의 일부를 공급자에게 이전하는 메커니즘을 제시한다. 여기서 따라오는 중요한 질문은, 공급업체가 재고 생산(MTS) 방식 공급망을 보유하고 있을 때 적절한 계약 형태는 무엇인가이다.

몇 가지 관련된 이슈를 보다 더 잘 이해하기 위해 아래의 예시를 살펴보자.

예시 4-8

에릭슨(Ericsson)은 AT&T에 통신 네트워크 장비를 판매하고, 플렉스트로닉스(Flextronics)와 같은 다양한 공급업체로부터 부품을 구매한다. 부품 리드 타임의 상당한 차이로 에릭슨이 사용하는 제조 전략은 플렉스트로닉스가 적용하는 전략과 다르다. 특히 플렉스트로닉스는 부품 리드 타임에 따라 일부 설정이 결정되는 MTS 환경을 가지고 있는 반면, 에릭슨은 AT&T로부터 주문을 받은 후에야 생산 의사결정을 내린다.

에릭슨은 고객사인 AT&T로부터 주문을 받은 후 제품을 조립하는 반면, 플렉스트로닉스는 에릭슨으로부터 주문을 받기 전에 생산을 진행해 재고를 확보해야 한다. 즉, 이 공급망에서는 공급업체가 모든 위험을 감수하는 반면 구매자는 어떠한 위험도 감수하지 않는다. 이러한 관계에서 발생하는 문제는 다음 예시에 잘 설명되어 있다.

예시 4-9

스키 재킷과 같은 패션 제품의 공급망을 생각해 보자. 이 경우 판매 시즌은 9월에 시작하여 12월에 끝난다. 이 공급망의 사건 순서는 다음과 같다. 판매 시즌 12개월 전, 즉 유통업체가 제조업체에 주문을 하기 전에 생산이 시작된다. 유통업체는 생산 시작 6개월 후 제조업체에 주문을 한다. 이때 제조업체는 제품 생산은 완료된 상태이고 유통업체는 소매업체로부터 확정 주문을 받는다. 따라서 제조업체는 유통업체의 주문을 받기 전에 스키 재킷을 생산한다. 스키 재킷에 대한 수요는 이전과 동일한 패턴의 시나리오를 따르고(예시 4-1 참조), 유통업체의 가격 및 비용 정보는 다음과 같다.

- 유통업체가 소매업체에 스키 재킷을 개당 $125에 판매한다.
- 유통업체는 제조업체에 개당 $80를 지불한다.

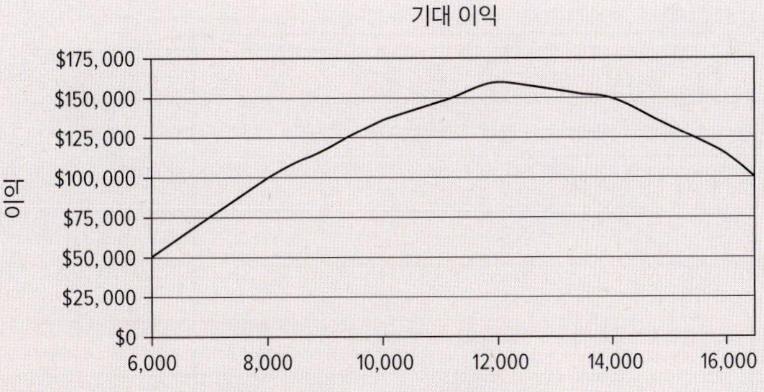

그림 4-5 제조업체의 기대 이익

제조업체의 경우 관련 비용 정보는 다음과 같다.

• 고정 생산 비용은 $100,000이다.
• 단위당 가변 생산 비용은 $55이다.
• 유통업체가 구매하지 않은 스키 재킷은 할인점에 $20에 판매된다.

제조업체의 한계이익은 $25이고, 생산했지만 유통업체가 구매하지 않은 각 제품당 한계손실은 $60이다. 한계손실이 한계이익보다 크므로 유통업체는 평균 수요보다 적은 양, 즉 13,000개 미만을 구매해야 한다. 그렇다면 제조업체는 얼마나 생산해야 할까? 그림 4-5는 제조업체의 평균 이윤을 생산 대수의 함수로 나타낸 것으로, 제조업체의 최적 정책은 12,000개를 생산하여 이윤 $160,400을 얻는 것임을 시사한다. 이때 유통업체의 기대 이익은 $510,300이다.

앞서 다룬 수영복 예시와 달리, 이 예시에서는 제조업체가 판매량보다 더 많은 수량을 제조하는 위험을 모두 떠안게 되는 반면, 유통업체는 어떠한 위험 부담도 지지 않는다. 따라서 제조업체는 큰 재정적 위험 부담으로 인해 생산 수량을 제한하는 반면, 아무런 위험 부담을 지지 않는 유통업체는 제조업체가 최대한 많은 양을 생산하기를 바랄 것이다.

다시 말하지만, 다양한 공급 계약을 통해 공급업체와 유통업체 간의 위험 공유를 가능하게 하여, 제조업체의 위험을 줄이고 제조업체가 생산 능력을 늘리도록 동기를 부여할 수 있다. 이는 공급업체와 유통업체 모두의 이익을 증가시킨다.

상환 계약(Pay-Back Contract) 이 계약에서 구매자는 제조업체가 생산했지만 유통업체가 구매하지 않은 모든 제품에 대해 합의된 가격을 지불하는 데 동의한다. 이 경우 제조업체는 미사용 재고와 관련된 위험 부담 감소로 더 많은 제품을 생산할 수 있다. 반면에 유통업체의 위험 부담은 분명히 증가한다. 따라서 이 계약은 제품 생산량 증가가 유통업체의 위험 증가 이상을 보상하도록 설계된다. 스키 재킷 예시로 돌아가보자.

예시 4-10

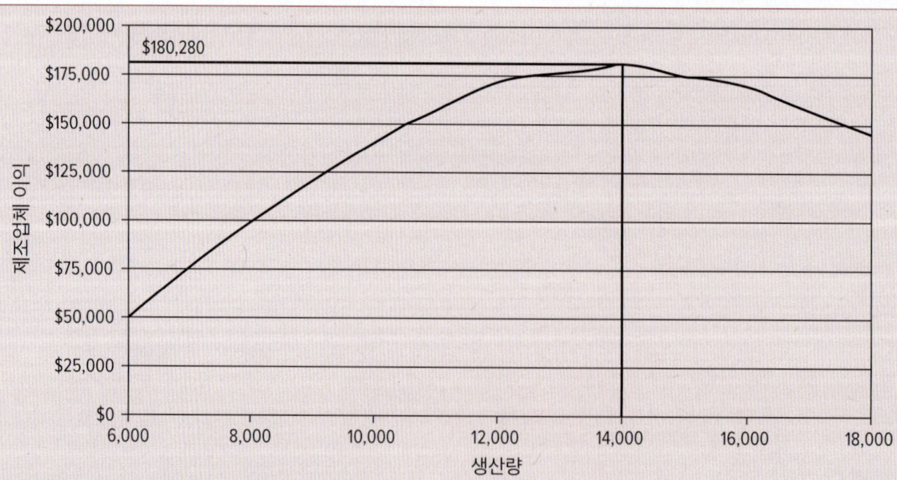

그림 4-6 제조업체의 평균 이익(상환 계약)

제조업체가 생산했지만 유통업체가 구매하지 않은 각 제품에 대해 유통업체가 $18을 지불한다고 가정해 보자. 이 경우 제조업체의 한계손실은 $55 - $20 - $18 = $17이고, 한계이익은 여전히 $25이다. 따라서 제조업체가 평균 수요보다 더 많은 양을 생산할 동기가 생긴다. 그림 4-6은 제조업체의 평균 이익을, 그림 4-7은 유통업체의 평균 이익을 나타낸다. 그림에 따르면 제조업체는 생산량을 14,000대로 늘려 $180,280을 얻을 수 있는 동기가 생기고, 유통업체의 평균 이익 또한 $525,420으로 증가한다. 따라서 해당 순차적 공급망상의 두 당사자의 총 평균 이익은 상환 계약을 사용할 경우 $670,000(= $160,400 + $510,300)에서 $705,700(= $180,280 + $525,420)으로 증가하게 된다.

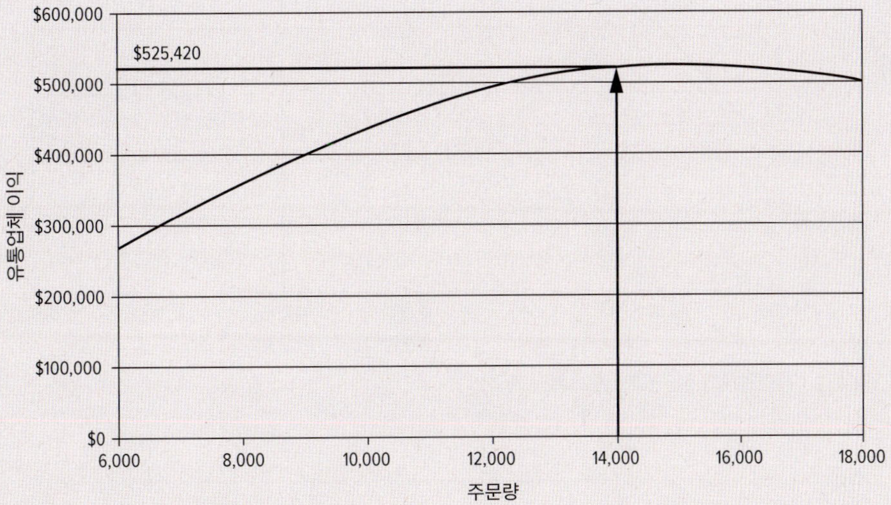

그림 4-7 유통업체의 평균 이익(상환 계약)

원가 분담 계약(Cost-Sharing Contract) 순차적 공급망에서 제조업체가 충분히 생산하지 않는 중요한 이유 중 하나는 높은 생산 비용 때문이다. 제조업체가 유통업체에게 생산 비용의 일부를 분담하도록 설득할 수 있다면 제조업체는 더 많은 제품을 생산할 동기를 얻을 수 있다. 물론 생산 비용의 일부를 분담하고도 더 많은 제품을 판매하지 못한다면 유통업체의 이익은 감소하게 된다. 이 문제는 원가 분담 계약을 통해 해결할 수 있다. 원가 분담 계약에서는 구매자가 생산 비용의 일부를 제조업체와 분담하고 그 대가로 도매가격 할인을 받는다. 스키 재킷의 예시를 통해 생각해 보자.

예시 4-11

스키 재킷 제조업체와 유통업체 간 원가 분담 계약 체결을 통해 제조업체가 도매가격을 $80에서 $62로 인하하기로 하고, 그 대가로 유통업체가 생산 비용의 33%를 분담하기로 합의했다고 가정하자. 그림 4-8은 본 계약하에서 제조업체의 평균 이익을, 그림 4-9는 유통업체의 평균 이익을 나타낸다. 이 경우 제조업체는 생산 수량을 14,000개로 늘려 $182,380의 수익을 얻게 되는 동기가 생기고, 더 낮은 도매가격에도 불구하고 유통업체의 이익 또한 $523,320으로 증가한다. 따라서 공급망의 총수익은 상환 계약에 따른 이익과 동일하게 $705,700이다.

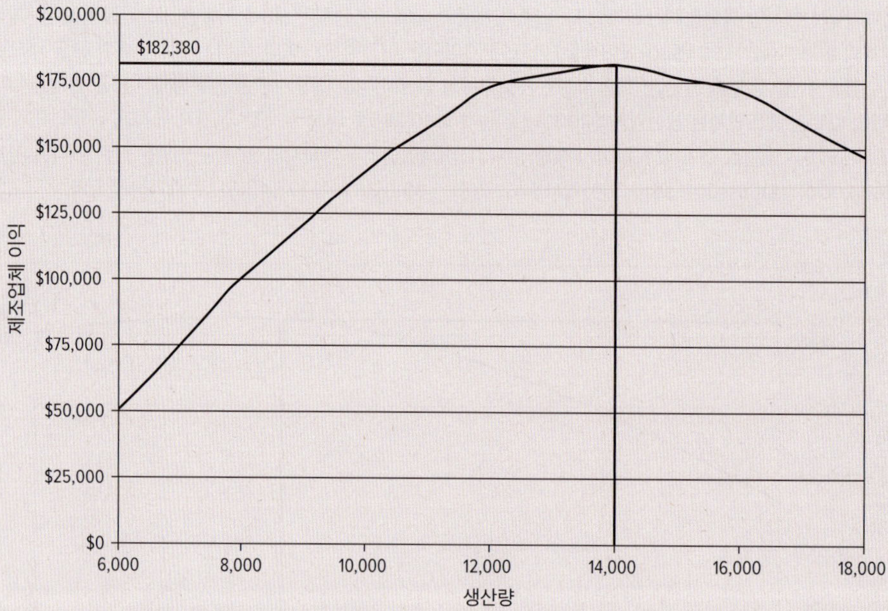

그림 4-8 제조업체의 평균 이익(원가 분담 계약)

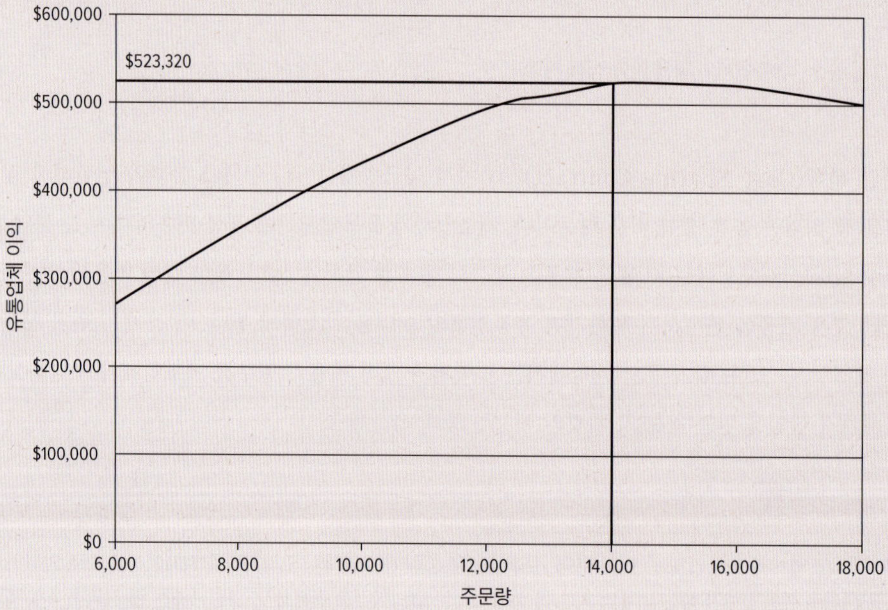

그림 4-9 유통업체의 평균 이익(원가 분담 계약)

원가 분담 계약의 한 가지 문제점은 제조업체가 생산 비용 정보를 유통업체와 공유해야 하는데, 대부분의 제조업체는 이를 선호하지 않는다는 점이다. 그렇다면 이 계약은 실제로 어떻게 실행될까? 이 문제는 일반적으로 유통업체가 제조업체가 필요로 하는 하나 이상의 부품을 구매하는 형태로 해결된다. 이 부품은 유통업체의 장부에 기록되지만 완제품 생산을 위해 유통업체가 아닌 제조업체로 배송된다.

마지막으로, 스키 재킷 예시에서 상환 계약과 비용 공유 계약 모두 이 공급망에서 얻을 수 있는 최대 이익을 달성한다는 것을 쉽게 알 수 있다. 즉, 각 계약별로 공급망 이익이 전역 최적화의 경우와 동일하도록 계약 매개변수 값이 설정되었다.

예시 4-12

전자 산업의 대형 OEM은 OEM이 사용하는 부품의 설계 및 제조를 담당하는 제조 파트너(CM)와 계약을 맺는다. OEM은 구매력(buying power)을 이용해 CM이 사용하는 주요 부품들을 CM의 공급업체로부터 구매한다. 이러한 부품은 위탁, 즉 OEM이 CM에서도 부품을 소유하거나, OEM이 CM에 부품을 판매하는 구매-판매 계약의 형태로 CM에 제공된다. OEM의 구매력을 통해 CM은 공급업체보다 더 낮은 가격으로 부품을 구매할 수 있다. 또한 이 전략은 동일한 CM으로부터 부품을 구매하는 OEM의 경쟁업체가 OEM의 구매력으로부터 이득을 얻지 못하도록 보장한다.

예시 4-13

스키 재킷 예시에서 공급망 전체 관점에서 최적화할 때 필요한 관련 데이터는 판매가격 $125, 잔존가치 $20, 가변 생산 비용 $55, 고정 생산 비용뿐이다. 이 경우 외부 비용과 수익에만 주목하기 때문에 유통업체가 제조업체에 지불하는 비용은 의미가 없다. 분명히 이 경우 공급망 한계이익($70=$125-$55)이 한계손실($35=$55-$20)보다 훨씬 높으므로 공급망은 평균 수요 이상을 생산할 것이다. 실제로 그림 4-10은 전역 최적화 전략하에서 최적 생산량이 14,000개이며, 이에 따른 기대 공급망 이익이 $705,700으로 상환 계약 및 원가 분담 계약의 경우와 정확히 일치함을 알 수 있다.

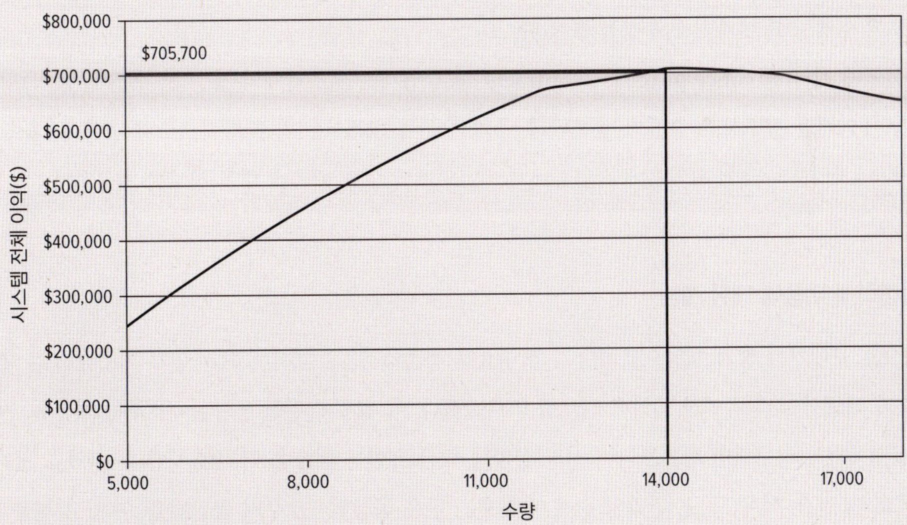

그림 4-10 전역 최적화

4.4 비대칭 정보하에서의 계약

지금까지의 논의에서 중요한 가정은 구매자와 공급자가 동일한 수요 예측을 공유한다는 것이다. 그러나 공급업체가 제조업체로부터 전달받은 예측을 기반으로 제품을 생산해야 하는 경우, 구매자는 예측을 과장할 동기가 있음을 쉽게 알 수 있다. 실제로 《Bloomberg Businessweek》에서 관찰한 바와 같이(전자제품과 통신 회사의 경우를 다루지만 소비재, 운송 및 다른 업종에서도 관측할 수 있다), '예측은 종종 과대평가된다.'

이 문제를 더 잘 이해하기 위해 예시 4-8을 보자. 이 예시에서 플렉스트로닉스는 최종 고객인 AT&T와 관계를 맺고 있는 회사인 에릭슨으로부터 전달받은 예측을 기반으로 제품 생산을 진행했다. 플렉스트로닉스가 에릭슨으로부터 받은 수요 예측이 부풀려졌을 수도 있지만 이를 확인할 방법은 없다. 실제로 예측이 실제 수요보다 높을 가능성이 항상 있기 때문에 공급업체는 이러한 격차가 부풀려진 예측으로 인한 것이라고 주장할 수 없다.

따라서 질문은 "서로가 신뢰할 만한 정보를 공유하는 계약을 설계할 수 있는가?"이다.

흥미롭게도 이 질문에 대한 답은 긍정적이다. 실제로 다음 두 가지 계약은 신뢰할 만한 정보 공유를 달성한다.

- **용량 예약 계약(capacity reservation contract)** : 제조업체는 공급업체에 일정 수준의 용량을 예약하기 위한 비용을 지불한다. 예약 가격은 제조업체가 실제 예측을 공개하도록 동기를 부여하기 위해 공급업체가 설계한 일련의 가격표이다. 즉, 제조업체는 공급업체에게 예약할 용량을 선택함으로써 실제 수요 예측치를 추정할 수 있다.
- **선구매 계약(advance purchase contract)** : 공급업체는 제조업체의 생산 전 주문 물량에 대한 선구매 가격을 청구하고, 수요가 실현된 후 추가 주문에 대해서는 다른 가격으로 청구한다. 다시 말하면, 제조업체의 초기 확약은 공급업체에게 제조업체의 수요 예측에 대한 정보를 제공한다.

4.5 비전략적 부품에 대한 계약

전통적으로 구매자는 장기 계약으로 대부분의 수요를 충족해 왔다. 그러나 최근 일부 기업에서는 비전략적 부품에 대해서 보다 유연한 계약을 검토하기 시작했다. 이 경우 다양한 공급업체로부터 제품을 구매하고, 공급업체와의 영구적인 관계보다는 시장 상황에 대한 유연한 대응을 더 중요시한다. 실제로 전기, 컴퓨터 메모리, 철강, 석유, 곡물, 면화와 같은 원자재는 많은 공급업체로부터 공급받을 수 있고 현물 시장에서 구매할 수도 있다. 구매자는 공급처를 다양화(예 : 여러 공급업체 사용 또는 단일 공급업체와의 여러 종류의 유연 계약 체결)함으로써 공급 비용을 절감하고 시장 상황에 보다 신속하고 유연하게 대처할 수 있다. 각 공급원은 어떠한 특정 시나리오에서 더욱 중요하므로, 이 조달 전략의 목적은 불리한 상황에 대한 회피 전략(헤징, hedging)을 통해 비용을 절감하는 것이다.

따라서 (원)자재/부품 품목에 대한 효과적인 조달 전략은 비용 절감과 위험 최소화에 초점을 맞춰야 한다. 대표적인 위험은 다음과 같다.

- 불확실한 수요로 인한 재고 위험
- 시장가 변동으로 인한 가격 또는 재무 위험
- 제한된 부품 가용성으로 인한 공급 부족 위험

예를 들어, 자동차 제조업체를 위해 전기를 구매하거나 컴퓨터 제조업체를 위해 메모리를 구매한다고 가정하자. 이 경우 공급과 고객 수요의 불확실성으로 인해 지금 구매할지, 아니면 향후 시장 상황이 개선될 때까지 기다릴지 고민하게 된다. 상품을 지금 구매하면 재고 부족 또는 미판매 제품과 관련된 재고 위험에 직면할 수 있다. 현물 시장에 의존하면 가격 위험 부담뿐만 아니라 공급이 충분하지 않을 경우의 재고 부족 위험도 발생한다.

원자재 품목의 비전략적 특성에도 불구하고, 기업이 이러한 품목에 전적으로 의존하는 상황이 발생할 수 있기 때문에 이러한 원자재에 대한 효과적인 조달 전략을 파악하는 것이 매우 중요하다. 동시에 수요와 공급의 불확실성은 지금 당장 물품을 구매할지, 아니면 향후 시장 상황이 개선될 때까지 기다릴지에 대한 의문을 제기한다.

장기 계약(Long-term Contract) 선도 또는 **고정 약정** 계약이라고도 불리는 장기 계약은 재무적 위험을 제거한다. 이러한 계약은 미래의 특정 시점에 납품할 고정된 공급량을 명시하며, 공급업체와 구매자가 납품할 가격과 수량 모두를 합의하게 된다. 따라서 이 경우 구매자는 재무적 위험을 부담하지 않지만, 수요의 불확실성에 따른 재고와 주문 구매 수량의 조절 불가라는 위험을 감수하게 된다.

유연 또는 옵션 계약(Flexible, or Option Contract) 재고 위험을 줄이는 한 가지 방법은 구매자가 제품 가격의 일부를 선불로 지급하는 대신 공급자가 특정 수준까지의 재고를 보장하기로 약속하는 **옵션 계약**을 이용하는 것이다. 이때의 선지급금을 **예약 가격**(reservation price) 또는 **프리미엄**(premium)이라 한다. 구매자가 구매 옵션을 행사하지 않을 시 초기 지불금은 손실된다. 구매자는 합의된 특정 수준까지 제품을 구매할 수 있고, 구매한 제품 하나당 계약 체결 시 합의된 추가금을 지불한다. 이때의 추가 지급금을 **실행 가격**(execution price) 또는 **행사 가격**(exercise price)이라 한다. 물론 구매자가 각 제품당 지불하는 총가격(예약 가격과 실행 가격의 합)은 일반적으로 장기 계약의 단가보다 높게 형성된다.

명백히 옵션 계약은 구매자에게 실현된 수요에 맞춰 주문 수량을 조정할 수 있는 유연성을 제공하여 재고 위험 감소에 일조한다. 따라서 이러한 계약은 공급업체를 고객 수요의 불확실성에 노출시켜 이러한 위험 부담을 구매자로부터 공급업체로 전가한다. 이는 구매자가 모든 위험을 감수하는 장기 계약과 대조적이다.

공급업체와 구매자 간의 위험 분담을 위해 실무에서 사용되는 관련 전략으로는 **유연 계약**(flexibility contract)도 있다. 이 계약에서는 계약 체결 시 확정된 공급 수량이 결정되지만, 납품(및 대금이 지급될) 수량은 계약 체결 시 결정된 일정 비율 내에서 변동될 수 있다.

현물 구매(Spot Purchase) 구매자는 공개 시장에서 추가 공급을 찾는다. 기업은 공급업체 선택을 위해 독립적인 또는 개인 온라인 시장을 사용할 수도 있다(9장 참조). 시장을 통해 새로운 공급업체를 찾고 경쟁을 유도하여 제품 공급 가격을 낮추는 것에 중점을 둔다.

포트폴리오 계약(Portfolio Contract) (10여 년 전 HP를 시작으로) 혁신적인 기업들은 공급 계약에 포트폴리오 접근방식을 적용하고 있다. 이 경우 구매자는 기대 이익을 최대화하고 위험을 줄이기 위해 여러 개의 계약을 동시에 체결한다. 각 계약은 가격과 변동성 수준이 다르므로 구매자가 재고, 재고 부족, 현물 가격 위험을 회피(hedge)할 수 있다. 이러한 접근방식은 각각 다른 유형의 계약을 제공하는 대규모 공급업체 풀이 존재하는 원자재 시장에서 더욱 의미가 있다. 따라서 구매자는 여러 상호 보완적인 계약의 체결로 예상 조달 비용 및 재고 비용을 줄이는 데 관심이 있을 수 있다.

효과적인 계약을 찾기 위해 구매자는 저렴한 가격과 낮은 변동성의 (장기)계약, 합리적 가격과 높은 변동성의 (옵션)계약, 가격과 수량 공급을 알 수 없지만 약정도 없는 (현물 시장)계약 간의 적절한 조합을 파악해야 한다. 특히 구매자는 서로 다른 계약 사이에서 다음과 같은 사항을 최적화해야 한다. 장기 계약에서 얼마를 약정할 것인가? 이 약정을 **기본 약정 수준**(base commitment level)이라 한다. 옵션 계약을 판매하는 회사로부터 얼마나 매수할 것인가? 이를 **옵션 수준**(option level)이라고 한다. 마지막으로 약정 수량 중 얼마를 실현할 것인가? 수요가 높으면 구매자는 현물 시장에서 추가 공급 경로를 탐색한다.

포트폴리오 접근법의 한 예로 HP의 전기 또는 메모리 제품 조달 전략을 들 수 있다. HP의 조달 비용 중 약 50%는 장기 계약에, 35%는 옵션 계약에, 나머지는 현물 시장에 투자된다. 이러한 계약에 대한 요약은 표 4-2를 참조하자.

포트폴리오 접근법은 어떻게 위험을 해결할까? 수요가 예상보다 훨씬 높아 기본 약정 수준과 옵션 수준으로 충분한 수량을 공급하지 못하는 경우, 기업은 현물 시장에서 추가 공급을 모색해야 한다. 안타깝게도 이 시기는 공급 부족으로 가격이 가장 높아 현물 시장에서 매수하기 최악의 시기이다. 따라서 구매자는 장기 약정 수준과 옵션 수준을 신중하게 선택하여 가격 위험, 공급 부족 위험, 재고 위험 간의 균형을 맞출 수 있다. 예를 들어, 동일한 옵션 수준에서 초기 계약 약정 금액이 클수록 가격 위험은 작아지지만 구매자가 감수하는 재고 위험은 높아진다. 반면에 기본 약정 수준이 낮을수록 현물 시장을 이용할 가능성이 높아져 가격 및 공급 부족 위험이 증가한다. 마찬가지로 동일한 수준의 기본 약정일 경우 옵션 수준이 높을수록 구매자가 옵션 수준의 일부만 행사할 수 있기 때문에 공급자가 감수하는 위험도 높아진다. 이러한 장단점은 표 4-3에 요약되어 있으며, 괄호 안의 내용은 대부분의 위험을 부담하는 주체를 표시한다.

표 4-2 비전략적 부품에 대한 계약

계약	특징
1. 장기 계약	사전에 약정한 고정 약정
2. 유연 또는 옵션 계약	구매 옵션을 위한 선결제
3. 현물 시장 계약	즉시 구매
4. 포트폴리오 계약	상기 세 계약 옵션의 전략적 결합

표 4-3 포트폴리오 계약에서의 위험 상충관계

옵션 수준			
	높음	재고 위험 (공급자)	없음*
	낮음	재고 및 품절 위험 (구매자)	재고 위험 (구매자)
		낮음	높음
		기본 약정 수준	

*주어진 상황에서 기본 약정 수준이나 옵션 수준은 높을 수 있으나, 둘 다 높을 수는 없음

요약

공급업체와 구매자 간의 관계는 공식적이든 비공식적이든 다양한 형태를 취할 수 있지만, 충분한 공급과 적시 납품 보장을 위해 구매자와 공급업체가 공급 계약을 체결하는 경우가 일반적이다. 이 장에서는 이러한 계약이 전역 최적화를 달성하고, 원자재 품목에 대한 비용과 위험 간의 상충관계를 보다 더 잘 관리하며, 공급망 구성원들이 고객 수요에 대한 실예측을 공유할 동기를 부여하는 강력한 도구로 사용될 수 있음을 보았다.

토론 질문

1. 환매 계약은 언제 적절한가? 상환 계약은 언제 적절한가? 옵션 계약은 어떠한가? 이들은 어떤 연관이 있는가? 환매 계약과 상환 계약은 옵션 계약의 특수한 유형임을 설명하시오.
2. 단일 제조업체와 단일 공급업체가 있다고 가정해 보자. 수요가 실현되기 6개월 전에 제조업체는 공급업체와 공급계약을 체결해야 한다. 사건의 순서는 다음과 같다. 2월에 조달 계약이 체결되고 8월부터 10주간의 짧은 기간 동안 수요가 실현된다.

   부품은 8월 초에 공급업체에서 제조업체로 배송되고 제조업체는 고객 주문에 맞춰 제품을 생산한다. 따라서 재고 유지 비용은 무시할 수 있다. 10주간의 판매 기간이 끝날 때 판매되지 않은 품목의 가치는 0이라고 가정한다. 이때 목표는 기대 이익을 극대화하기 위한 조달 전략을 파악하는 것이다.

   구체적으로 전기 공급원을 찾아야 하는 제조업체를 생각해 보자. 이 제조업체는 생산한 제품을 $20에 판매하며, 생산 비용에는 전기료만 소요된다고 가정한다. 예시를 단순화하기 위해 완제품 한

단위당 한 단위의 전기가 필요하다고 가정하자. 제조업체는 전기 수요 분포에 대한 정보를 가지고 있다. 더 정확하게는 전기 수요가 표 4-4에 제시된 분포를 따르고 있음을 알고 있다.

전기는 두 곳의 전력회사에서 공급받을 수 있다.

- 회사 1은 다음과 같은 조건으로 고정 약정 계약을 제안한다 : 단위당 $10의 가격으로 전기를 미리 구매한다.
- 회사 2는 예약 가격을 단위당 $6으로 선지급한 후 전기 한 단위가 공급될 때마다 단위당 $6을 지불하는 옵션 계약을 제안한다.

제조업체가 사용해야 하는 조달 전략은 무엇인가?

표 4-4

수요	확률
800	11%
1,000	11%
1,200	28%
1,400	22%
1,600	18%
1,800	10%

3. 예시 4-5에서 블록버스터 비디오와 영화 스튜디오 간의 수익 공유 계약에 대해 알아보았다. 이 경우 블록버스터의 이점은 구매 가격이 개당 $65에서 $8로 크게 낮아진다는 점이다. 영화 스튜디오에는 어떤 이점이 있을까? (힌트 : 스튜디오의 비용 구조를 생각해 보자.)
4. 다시 블록버스터 비디오와 영화 스튜디오 간의 수익 공유 계약을 생각해 보자. 이 계약은 양측 모두에게 매우 수익성이 높았다. 경제학자들이 이전부터 수년 동안 수익 공유 계약을 연구해 왔음에도 불구하고, 블록버스터와 영화 스튜디오가 1998년이 되어서야 수익 공유 계약을 체결한 이유는 무엇이라고 생각하는가?
5. 이 장에서는 공급망 조정에 사용할 수 있는 재고 생산(MTS) 및 주문 후 생산(MTO) 시스템 모두에서 전략 부품에 대해 체결할 수 있는 다양한 공급 계약에 대해 알아보았다.
   a. 재고 생산과 주문 후 생산 시스템에 서로 다른 유형의 공급 계약이 필요한 이유는 무엇인가?
   b. 재고 생산 시스템에서의 계약을 상기해 보자. 각 계약 유형의 장점과 단점은 무엇인가? 다른 계약과 비교해 각 계약을 선택하는 이유는 무엇인가?
   c. 주문 후 생산 시스템에서의 계약을 상기해 보자. 각 계약 유형의 장점과 단점은 무엇인가? 다른 계약과 비교해 각 계약을 선택하는 이유는 무엇인가?

6. 다음 데이터를 사용해 아래 질문에 답하시오.

유통업체 판매 가격	$ 100.00
잔존가치	20.00
고정 생산 비용	130,000.00
가변 생산 비용	35.00

a. 환매 계약하에서 제조업체가 유통업체에게 제품을 $65에 판매하는 경우, 공급망 이익이 전역 최적화 이익과 같아지기 위해 필요한 환매 금액은 얼마인가?

b. 수익 공유 계약하에서 제조업체가 유통업체에게 청구할 수 있는 적절한 가격은 얼마인가? 공급망 이익이 전역 최적화 이익과 같도록 하는 적절한 수익 공유 수준은 얼마인가?

7. 이 장에서는 전략적 부품에 대한 두 종류의 공급 계약에 대해 논의했다. 하나는 제조업체가 유통업체가 주문한 후에 상품을 제조하지만 유통업체가 수요를 관찰하기 전에 발주를 진행해야 하는 경우, 다른 하나는 제조업체가 유통업체 주문 전 상품을 제조하지만 유통업체는 수요를 관측한 후에 주문하는 경우에 적합한 방법이었다. 또 다른 가능한 상황에 대해 토론하고, 이 새로운 상황에서 공급 계약이 공급망에 어떻게 도움이 될 수 있는지 설명하시오.

8. 4.5절에 설명된 포트폴리오 접근방식에서 옵션 수준이 높고 기본 약정 수준이 낮은 경우 공급업체가 모든 위험을 부담한다. 공급업체가 이러한 위험을 감수하는 데 동의하는 이유는 무엇인가?

9. 다음의 수요 시나리오를 고려하자.

수량	확률
2,000	3%
2,100	8%
2,200	15%
2,300	30%
2,400	17%
2,500	12%
2,600	10%
2,700	5%

제조업체의 생산 비용이 개당 $20이라 가정하자. 유통업체는 판매 시즌에는 개당 $50에, 판매 시즌 이후에는 판매되지 않은 제품을 개당 $10에 판매한다고 가정한다.

a. 전역 최적화하에서 시스템 최적 생산량과 기대 이익은 얼마인가?

b. 제조업체가 주문 제작 방식을 따른다. 즉, 사건 순서가 다음과 같다고 가정한다.

- 유통업체는 최종 고객으로부터의 수요가 발생하기 전에 주문한다.
- 제조업체는 유통업체 주문량만큼 생산한다.

- 고객 수요가 발생한다.

i. 제조업체가 유통업체에 개당 $40에 판매한다고 가정할 때, 유통업체의 주문량은 얼마인가? 제조업체와 유통업체의 기대 이익은 얼마인가?

ii. 제조업체와 유통업체 모두 (b)(i)보다 더 높은 기대 이익을 기대할 수 있는 옵션 계약을 찾으시오. 이 계약하에서 제조업체와 유통업체의 기대 이익은 얼마인가?

c. 제조업체가 재고 생산 방식을 따른다. 즉, 사건 순서는 다음과 같다고 가정한다.

- 제조업체는 일정량을 생산한다.
- 유통업체가 수요를 관측한다.
- 유통업체가 제조업체에 발주를 진행한다.

i. (b)(i)와 동일한 도매가격 계약을 사용하여, 제조업체의 생산/재고 수준을 계산하시오. 제조업체와 유통업체의 기대 이익은 얼마인가? 결과를 (b)(i)와 비교하시오.

ii. 제조업체와 유통업체 모두 (c)(i)에서보다 더 높은 기대 이익을 누릴 수 있는 비용 분담 계약을 찾고, 그들의 기대 이익을 계산하시오.

10. 9번의 데이터를 사용하고, 제조업체의 수요 예측이 다음과 같이 과장되어 있다고 가정한다.

수량	확률
2,200	5%
2,300	6%
2,400	10%
2,500	17%
2,600	30%
2,700	17%
2,800	12%
2,900	3%

a. 제조업체가 주문 후 생산 방식을 따른다고 가정하자(사건 순서는 9(b)와 동일하다). 문제 9(b)(ii)의 계약에 따라서 유통업체와 제조업체의 주문 수량과 기대 이익을 구하고 9(b)(ii)의 답과 비교하시오.

b. 제조업체가 재고 생산 방식을 따른다고 가정하자(발생 사건 순서는 9(c)와 동일하다). 9(c)(ii)의 계약에 따라서 제조업체와 유통업체의 생산 수량과 기대 이익을 구하고 9(c)(ii)와 답을 비교하시오.

c. 만약 자신이 유통업체이고 제조업체에게 실제 수요 예측 또는 과장된 수요 예측을 공개할 수 있는 선택권이 있다면, 각각의 경우에 무엇을 할 것인지 설명하시오.

CHAPTER 5

정보의 가치

이 장을 마치고 나면 다음 질문에 답할 수 있다.

- 기업 공급망의 변동성이 증가하는 이유는 무엇인가?
- 기업은 변동성 증가에 어떻게 대처할 수 있는가?
- 공급망 전반에 걸쳐 수요 정보를 전송하는 것은 어떤 영향을 미치는가?
- 공급업체 관리 재고 전략은 기업이 직면한 운영 문제를 해결할 수 있는가?
- 공급망은 서로 다른 파트너와 시설의 상충되는 목표를 어떻게 충족할 수 있는가?

5.1 개요

우리는 정보 시대에 살고 있다. 데이터 웨어하우스, 웹 서비스, XML, 무선 인터넷, 포털은 일간지의 비즈니스 페이지를 장식하는 기술 중 일부에 불과하다. 16장과 17장에서 이러한 기술들을 자세히 검토하고 구현과 관련된 문제를 살펴본다. 이 장에서는 모든 유형의 정보 기술 사용의 가치를 설명한다. 공급망 전반에서 점점 더 많은 정보의 잠재적 가용성과 이러한 가용성이 통합 공급망의 효과적인 설계와 관리에 미치는 영향을 구체적으로 다룬다.

이렇게 이용 가능한 정보가 풍부하다는 사실이 주는 의미는 크다. 공급망 전문가와 컨설턴트는 "현대 공급망에서는 정보가 재고를 대체한다."라는 문구를 좋아한다. 이 말은 맞는 말이지만 결국 고객에게 필요한 것은 제품이므로 의미를 명확히 해야 한다. 그럼에도 불구하고 정보는 공급망을 효과적으로 관리할 수 있도록 관리하는 방식을 변화시키며, 이러한 변화는 무엇보다 재고 감소로 이어질 수 있다. 실제로 이 장의 목표는 정보가 공급망 설계와 운영에 어떻게 영향을 미치는지 특성을 파악하는 것이다. 우리는 현재 사용 가능한 정보를 효과적으로 활용함으로써 이전보다 훨씬 더 효율적이고 효과적으로 공급망을 설계하고 운영할 수 있음을 보일 것이다.

공급망 전반에 걸쳐 재고 수준, 주문, 생산 및 배송 상태에 대한 정확한 정보를 갖고 있으면 이 정보를 사용할 수 없는 경우보다 공급망 관리자의 효율성이 높다는 점은 분명하다. 이 정보는 공급망이 설계되고 관리되는 방식을 개선할 수 있는 엄청난 기회를 제공한다. 그러나 이 정보를 효과적으로 사용하려면 더 많은 이슈들을 고려해야 하기 때문에 공급망 설계와 관리가 더욱 복잡해진다.

풍부한 정보는 다음을 가능하게 한다.

- 공급망의 변동성을 줄이도록 도와준다.
- 공급업체가 판촉 및 시장 변화를 고려하여 더 나은 예측을 할 수 있도록 지원한다.
- 제조 및 유통 시스템과 전략을 조정할 수 있다.
- 소매업체는 고객에게 원하는 품목을 찾기 위한 도구를 제공하여 더 나은 서비스를 제공할 수 있다.
- 소매업체가 공급 문제에 더욱 신속하게 대응하고 적응할 수 있다.
- 리드 타임을 단축할 수 있다.

그러나 다양한 산업 분야에서 공급망 파트너가 정보 공유에 동의하지 않거나, 예측 과장 또는 공유된 정보 남용을 보여주는 사례도 있다. 따라서 정보 공유의 이점을 논의하고 입증한 후 공급망 당사자가 서로 정보를 공유하도록 동기를 부여하는 인센티브 메커니즘에 대해 논한다.

이 장의 대부분은 채찍 효과에 관한 여러 논문을 기반으로 한다.

5.2 채찍 효과

수년 동안 공급업체와 소매업체들은 특정 제품에 대한 고객 수요는 크게 변화하지 않는 반면, 재고 및 부재고(back-order) 수준은 공급망 전반에 걸쳐 상당한 변동을 거듭한다는 사실을 관찰해 왔다. 예를 들어, 프록터앤갬블(Procter & Gamble, 이하 P&G)의 경영진은 팸퍼스(Pampers) 일회용 기저귀에 대한 수요를 조사하면서 흥미로운 현상을 발견했다. 예상대로 제품의 소매 판매는 상당히 균일했다. 즉, 수요가 현저히 높거나 낮은 특정 날짜나 달은 없었다. 그러나 경영진은 공장에 접수된 유통업체의 주문이 소매 판매보다 변동폭이 훨씬 더 크다는 점에 주목했다. 게다가 공급업체에 대한 P&G의 주문 변동폭이 더 컸다. 이와 같이 공급망에서 상류로 올라갈수록 변동성이 증가하는 것을 **채찍 효과(bullwhip effect)**라고 한다.

그림 5-1은 단일 소매업체, 단일 도매업체, 단일 유통업체, 단일 공장 등 간단한 4단계 공급망을 보여준다. 소매업자는 고객의 수요를 관찰하고 도매업자에게 주문을 한다. 도매업자는 유통업자로부터 제품을 받고, 유통업자는 공장에 주문한다. 그림 5-2는 공급망의 여러 회사가 주문한 양을 시간의 함수 그래프로 나타낸 것이다. 이 그림은 공급망 전반에 걸친 변동성의 증가를 명확하게 보여준다.

변동성 증가가 공급망에 미치는 영향을 이해하기 위해 우리가 든 예의 두 번째 단계인 도매업체를 살펴보자. 도매업자는 소매업자로부터 주문을 받고 공급자인 유통업자에게 주문을 한다. 이러한 주문 수량을 결정하려면 도매업자는 소매업자의 수요를 예측해야 한다. 도매업자가 고객의 수요 데이터를 확보할 수 없는 경우 소매업자의 주문을 사용하여 예측을 수행해야 한다.

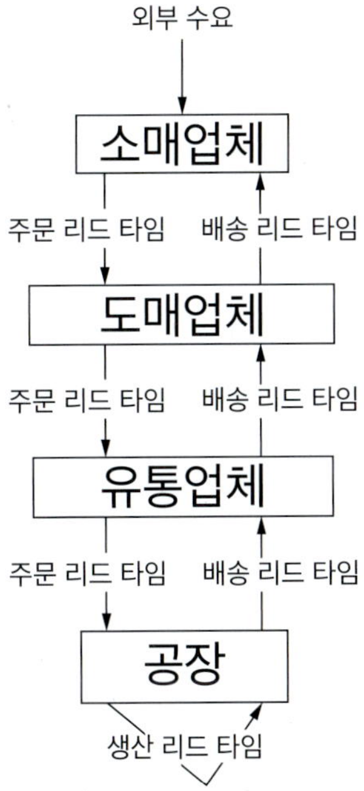

그림 5-1 공급망

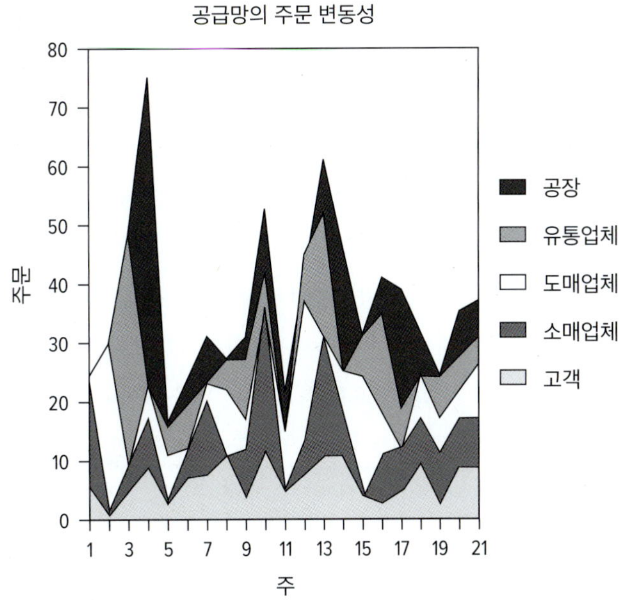

그림 5-2 공급망에서의 변동성 증가

그림 5-2에서 볼 수 있듯이 소매업체의 주문 변동성은 고객 수요의 변동성보다 훨씬 높기 때문에 도매업체는 소매업체와 동일한 서비스 수준을 유지하기 위해 소매업체보다 더 많은 안전 재고를 보유하거나 소매업체보다 더 높은 생산 능력을 유지해야 한다.

이 현상은 유통업체와 공장에도 그대로 적용되며, 결과적으로 재고 수준이 더욱 높아져 관련 비용도 높아진다.

간단한 위젯(장치)에 대한 공급망을 고려하자. 단일 공장인 위젯메이커(Widget-Makers Inc.)는 단일 소매업체인 위젯스토어(WidgetStore)에 공급하고 있다. 위젯스토어의 연간 평균 위젯 수요는 5,200개이며, 매주 위젯메이커에서 매장으로 배송된다. 만약 위젯스토어의 주문 변동성이 낮아 매주 발송량이 100개 정도라면 위젯메이커의 생산 능력과 주간 발송 능력은 100개 정도만 있으면 된다. 만약 주간 변동성이 매우 높아서 특정 주 동안 위젯메이커가 400개 단위를 만들어 배송해야 하고 다른 기간에는 주문이 전혀 없는 경우라면 생산 및 배송 용량이 훨씬 더 높아야 하며 다른 기간에는 이 용량이 유휴 상태가 될 것임을 쉽게 알 수 있다. 대안으로 위젯메이커는 수요가 적은 주 동안 재고를 축적하고 수요가 많은 주 동안 이러한 품목을 공급하여 재고 보유 비용을 증가시킬 수도 있다.

따라서 채찍 효과를 제어할 수 있는 기술과 도구를 파악하는 것이 중요하다. 즉, 공급망의 변동성 증가를 통제하는 것이다. 이를 위해서는 먼저 공급망의 변동성을 증가시키는 주요 요인을 이해해야 한다.

1. **수요 예측.** 공급망의 각 단계에서 실행되는 전통적인 재고 관리 기법(2장 참조)은 채찍 효과로 이어진

다. 예측과 채찍 효과의 연관성을 설명하기 위해서는 공급망의 재고 관리 전략을 다시 살펴볼 필요가 있다. 2장에서 논의한 바와 같이, 공급망의 각 단계에서 실제로 많이 사용되는 정책은 단일 매개변수, **기본 재고 수준**(base-stock level)으로 특징지어지는 **정기 조사 정책**(periodic review policy)이다. 즉, 창고에서 목표 재고 수준, 즉 기준 재고 수준을 결정하고 조사 주기마다 재고 위치를 조사하여 재고 위치를 기준 재고 수준까지 올릴 수 있을 만큼 주문하는 것이다. 기준 재고 수준은 일반적으로 리드 타임 및 조사 주기 동안의 평균 수요에 리드 타임 및 조사 기간 동안의 수요 표준편차의 배수를 더한 값으로 설정된다. 후자의 수량을 **안전 재고**(safety stock)라고 한다. 일반적으로 관리자는 평균 수요와 수요 변동성을 추정하기 위해 **표준 예측 평활화 기법**(standard forecast smoothing techniques)을 사용한다. 모든 예측 기법의 중요한 특징은 더 많은 데이터가 관찰됨에 따라 고객 수요의 평균과 표준편차(또는 변동성)의 추정치가 정기적으로 수정된다는 점이다. 기본 재고 수준과 안전 재고는 이러한 추정치에 크게 의존하기 때문에 사용자는 주문 수량을 변경해야 하고 이에 따라 변동성이 증가한다.

2. **리드 타임.** 리드 타임이 증가함에 따라 변동성은 증가한다. 안전 재고 수준과 기본 재고 수준은 일일 고객 요구의 평균 및 표준편차 추정치에 리드 타임과 조사 주기의 합을 곱해 계산한다(2장). 따라서 리드 타임이 길어진다는 것은 수요 변동성 추정치의 작은 변화에도 안전 재고와 기본 재고 수준이 크게 변화하는 것을 의미하며 이는 주문 수량의 큰 변화로 이어지고 결과적으로 변동성의 증가로 이어진다.
3. **묶음 주문.** 소매업자가 (Q, R) 재고 정책 또는 최소-최대 정책과 같이 묶음 주문을 하는 경우 도매업체는 대량 주문을 받고 여러 기간 동안 주문이 없다가 다시 대량 주문을 받는 상황을 마주하게 된다. 따라서 도매업자는 왜곡되고 매우 가변적인 주문 패턴을 보게 된다. 기업은 여러 가지 이유로 묶음 주문을 사용한다. 첫째, 2장에서 지적한 바와 같이 고정된 주문 비용으로 인해 기업은 (Q, R) 또는 (s, S) 재고 정책을 사용하고 이는 묶음 주문으로 이어진다. 둘째, 운송 비용이 증가함에 따라 소매업체는 운송 할인 혜택을 얻을 수 있는 수량(예 : 만재 트럭로드 수량)을 주문할 수 있다. 이로 인해 몇 주는 대량 주문이 발생하고 나머지 기간에는 전혀 주문이 없게 된다. 마지막으로, 많은 기업에서 관찰되는 분기별 또는 연간 판매 할당량이나 인센티브로 인해 비정상적으로 큰 주문이 발생할 수도 있다.
4. **가격 변동.** 가격 변동 또한 채찍 효과로 이어질 수 있다. 가격이 변동하는 경우 소매업체는 가격이 더 낮을 때 **재고를 확보**하려고 시도하기도 한다. 이는 특정 시간이나 특정 수량에 대해 판촉 및 할인을 제공하는 많은 업계의 일반적인 관행에 의해 더욱 두드러진다. **선도 구매**(forward buying)라고 하는 이러한 관행은 소매업체가 유통업체 및 제조업체의 할인 및 판촉 기간 동안 대량으로 구매하고 다른 기간에는 상대적으로 소량을 주문함을 의미한다.
5. **과대 주문.** 부족 기간 동안 발생하는 소매업체의 과대 주문은 채찍 효과를 확대하는 경향이 있다. 이러한 주문은 소매업체와 유통업체가 제품의 공급이 부족할 것으로 예상하여 많이 주문하면 많이 공급받을 것으로 판단하는 경우에 흔히 발생한다. 부족 기간이 끝나면 소매업체는 정상 주문으로 돌아갈 것이므로 수요 추정치에 온갖 종류의 왜곡과 변동이 발생한다.

5.2.1 채찍 효과의 측정[1]

지금까지 공급망의 변동성을 증가시키는 요인에 대해 논의했다. 채찍 효과를 더 잘 이해하고 제어하기 위해 채찍 효과를 **정량화**(quantify)하는 것이 필요하다. 즉, 공급망의 모든 단계에서 발생하는 변동성의 증가를 정량화한다. 이는 변동성 증가의 규모를 보여줄 뿐만 아니라 예측 기법, 리드 타임, 변동성 증가 간의 관계를 보여주는 데에도 유용하다.

단순한 공급망에서의 변동성 증가를 정량화하기 위해 고객 수요에 따라 제조업체에 주문하는 소매업체가 있는 2단계 공급망을 고려하자. 제조업자는 고정된 리드 타임(L)을 가지고 있어 소매업자가 기간 t 말에 주문한 것을 기간 $t + L$이 시작될 때 받게 된다고 가정하자. 또한 소매업자가 매 기간마다 재고를 조사하고 재고 수준을 목표 수준까지 올리기 위해 주문하는 정기 조사 정책(2장 참조)을 따른다고 가정한다. 여기에서 조사 주기는 1이라고 하자.

2장에서 논의한 바와 같이 기본 재고 수준은 다음과 같다.

$$L \times AVG + z \times STD \times \sqrt{L}$$

위 식에서 AVG와 STD는 각각 일일(또는 주간) 고객 수요의 평균 및 표준편차이다. 상수 z는 안전계수이며, 리드 타임 동안 재고가 없을 확률이 지정된 서비스 수준과 같도록 통계 표에서 선택된다.

이 재고 정책을 구현하려면 소매업체는 관찰된 고객 수요를 기반으로 수요의 평균과 표준편차를 추정해야 한다. 따라서 실제로는 평균 및 표준편차의 현재 추정치 변화에 따라 주문 가능 시점이 매일 변경될 수 있다.

구체적으로 기간 t의 주문량 y_t는 다음과 같이 추정된다.

$$y_t = \hat{\mu}_t L + z\sqrt{L}\,S_t$$

여기서 S_t와 $\hat{\mu}_t$은 각각 시간 t에서의 일일 고객 수요의 평균과 표준편차의 추정치를 가리킨다.

소매업체가 가장 간단한 예측 기술 중 하나인 이동 평균을 사용한다고 가정하자. 즉, 각 기간에서 소매업체는 평균 수요를 이전 p개의 수요 관측치의 평균으로 추정한다. 소매업체가 비슷한 방식으로 수요의 표준편차를 추정할 경우, D_i를 기간 i의 고객 수요라 하면 $\hat{\mu}_t$는 다음과 같이 계산된다.

$$\hat{\mu}_t = \frac{\sum_{i=t-p}^{t-1} D_i}{p}$$

1 이 부분은 생략해도 다른 부분을 이해하는 데 문제가 없다.

그리고

$$S_t^2 = \frac{\sum_{i=t-p}^{t-1} (D_i - \hat{\mu}_t)^2}{p-1}$$

위 표현식은 모든 기간에서 소매업체가 가장 최신 수요를 기반으로 새로운 평균과 표준편차를 계산한다는 것을 의미한다. 이에 평균과 표준편차의 추정치는 매 기간 달라지게 되고 이에 따라 목표 재고 수준도 달라진다.

이 경우 제조업체가 직면한 변동성을 계산한 후 이를 소매업체가 직면한 변동성과 비교함으로써 변동성의 증가를 정량화할 수 있다. 소매업체가 파악한 고객 수요의 분산이 $Var(D)$이면 해당 소매업체가 제조업체에 주문한 주문의 분산 $Var(Q)$은 다음 식을 만족시킨다.

$$\frac{Var(Q)}{Var(D)} \geq 1 + \frac{2L}{p} + \frac{2L^2}{p^2}$$

그림 5-3은 리드 타임 L의 다양한 값에 대한 p의 함수로서 변동성 증가의 하한을 보여준다. 특히 p가 크고 L이 작은 경우 예측오차로 인한 채찍 효과는 무시할 수 있는 반면, L이 크고 p가 작은 경우에는 채찍 효과가 증가한다.

예를 들어, 소매업체가 마지막 5개의 수요 관측치를 기반으로 평균 수요를 추정한다고 가정하자. 즉, $p = 5$이다. 또한 소매업체가 기간 t 말에 한 주문은 기간 $t + 1$ 초에 배송된다고 가정하자. 이는 리드 타임(보다 정확하게는 리드 타임에 조사 기간을 더한 값)이 1, 즉 $L = 1$을 의미한다. 이 경우, 소매업체가 제조업체에 발주하는 주문의 변동은 소매업체가 보는 고객 수요의 변동보다 최소 40% 더 크다.

$$\frac{Var(Q)}{Var(D)} \geq 1.4$$

다음으로, 소매업계 관행에 따라 10개 수요 관측값(즉, $p = 10$)을 사용하여 수요의 평균 및 표준편차를 추정하는 소매업체를 고려하자. 이때 소매업체가 제조업체에 발주한 주문의 변동은 소매업체가 확인

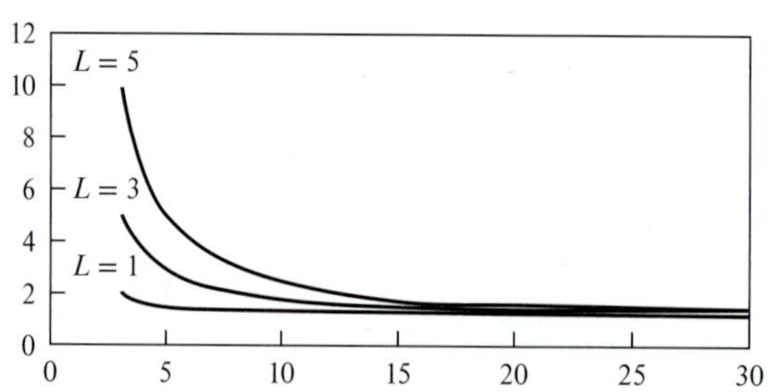

그림 5-3 p의 함수로 주어진 변동성 증가의 하한

한 고객 수요 변동의 최소 1.2배가 된다. 이와 같이 이동 평균 예측에 사용되는 관측치 수를 늘려 소매업체는 제조업체에 대한 주문의 변동성을 크게 줄일 수 있다.

5.2.2 채찍 효과에 대한 집중화된 정보의 영향

채찍 효과를 줄이기 위해 많이 사용되는 방법 중 하나는 수요 정보를 공급망 내에서 중앙집중화하는 것이다. 즉, 공급망의 모든 단계에 실제 고객 수요에 대한 완전한 정보를 제공하는 것이다. 수요 정보가 중앙집중화되면 공급망의 각 단계에서 수요 예측을 할 때 변화가 심한 전 단계의 주문에 의존하지 않고 실제 고객 수요 데이터를 사용하여 보다 정확한 예측이 가능하고 채찍 효과를 줄일 수 있다.

다음으로 공급망 내에서 고객 수요 정보를 공유하는 것의 가치를 계산하기 위해 그림 5-1에서와 같이 단일 소매업체, 도매업체, 유통업체 및 공장으로 구성된 초기 4단계 공급망을 가정하자. 채찍 효과에 대한 집중화된 수요 정보의 영향을 계산하기 위해 다음 두 가지 유형의 공급망을 고려한다. 하나는 집중화된 수요 정보를 활용하는 공급망이고 다른 하나는 분산 수요 정보를 활용하는 공급망이다. 두 시스템에 대한 설명은 다음과 같다.

중앙집중 수요 정보를 가진 공급망 중앙집중식 공급망(centralized supply chain)에서 첫 번째 단계인 소매업체는 고객 수요를 관찰하고, p개의 실제 수요에 대한 이동 평균을 바탕으로 수요 평균 및 분산을 추정하고 이를 바탕으로 목표 재고 수준(기초 재고)을 계산하여 도매업체에게 주문을 내린다. 공급망의 두 번째 단계인 도매업체는 소매업체의 예측 정보(수요 평균 및 분산)와 함께 주문을 받고, 이 예측을 사용하여 목표 재고 수준을 결정하고 유통업체에 주문한다. 마찬가지로 공급망의 세 번째 단계인 유통업체는 소매업체의 예측 수요와 함께 주문을 받고, 이 예측을 사용하여 목표 재고 수준을 결정하고 공급망의 네 번째 단계인 공장에 주문한다.

이 중앙집중식 공급망에서 공급망의 각 단계는 소매업체의 예측 평균 수요를 기반으로 하는 기본 재고 정책을 따른다. 따라서 이 공급망은 수요 정보, 예측 기법, 재고 정책 등을 중앙집중화한다.

위의 분석에 따르면, 고객 수요의 분산 $Var(D)$에 대한 공급망의 k번째 발주된 주문의 분산 $Var(Q^k)$는 다음과 같다.

$$\frac{Var(Q^k)}{Var(D)} \geq 1 + \frac{2\sum_{i=1}^{k} L_i}{p} + \frac{2(\sum_{i=1}^{k} L_i)^2}{p^2}$$

여기서 L_i는 i단계와 $i+1$단계 사이의 리드 타임이다. 즉, 리드 타임 L_i는 t주기 말에 단계 i에 의해 이루어진 주문이 기간 $t+L_i$ 초에 도착한다는 것을 의미한다. 예를 들어, 소매업체가 t 기간 말에 도매업체에 주문한 주문이 $t+2$ 기간 초에 도착하면 $L_1 = 2$이다.

마찬가지로 도매업자에서 유통업자까지의 리드 타임이 2주기라면 $L_2 = 2$이고, 유통업자에서 공장까지의 리드 타임도 2주기라면 $L_3 = 2$이다. 이 경우 소매점에서 공장까지 총 리드 타임은 다음과 같다.

$$L_1 + L_2 + L_3 = 6\text{주기}$$

공급망 k번째 단계의 주문의 분산에 대한 이 식은 앞서 설명한 소매업체별 주문의 변동성에 대한 식과 매우 유사하며, 단일 단계 리드 타임 L만 k단계 리드 타임, $\sum_{i=1}^{k} L_i$로 대체된다. 따라서 우리는 **공급망의 특정 단계에서 발주된 주문의 분산은 해당 단계와 소매업체 간의 총 리드 타임에 대한 증가 함수라는 것**을 알 수 있다. 이는 공급망이 위로 올라갈수록 주문의 변동성이 더 커진다는 것을 의미하며, 공급망의 두 번째 단계에서 발주된 주문은 소매업체(첫 번째 단계)에서 발주한 주문보다 더 가변적이다. 비슷하게 세 번째 단계는 두 번째 단계의 주문보다 더 가변적이다.

분산 수요 정보 두 번째 유형인 **분산형 공급망**(decentralized supply chain)에서는 소매업체가 공급망의 나머지 부분에 수요의 예측 평균과 변동을 제공하지 않는다. 대신, 도매업자는 소매업자로부터 받은 주문을 기반으로 수요 평균과 분산을 추정한다. 도매업자가 수요 평균과 분산을 예측하기 위해 p개의 관측치(소매업자가 최근 주문한 p개 주문)에 대한 이동 평균을 사용한다고 가정하자. 도매업자는 이 예측을 사용하여 목표 재고 수준을 결정하고 공급자, 유통업체에 주문한다. 마찬가지로 유통업체는 수요의 평균 및 표준편차를 예측하기 위해 도매업체가 주문한 p개의 관측치로 이동 평균을 사용하고 이러한 예측을 사용하여 목표 재고 수준을 결정한다. 유통업체의 목표 수준은 공급망의 네 번째 단계에 주문을 하는데 사용된다.

이 경우 공급망의 k번째 단계에서 발주된 주문의 분산 $Var(Q^k)$는 고객 수요의 분산 $Var(D)$에 대하여 다음 식을 만족시킨다.

$$\frac{Var(Q^k)}{Var(D)} \geq \prod_{i=1}^{k} \left(1 + \frac{2L_i}{p} + \frac{2L_i^2}{p^2}\right)$$

앞에서와 같이 L_i는 i단계와 $i+1$단계 사이의 리드 타임이다.

공급망의 k번째 단계에서 발주된 주문의 변동성에 대한 이 표현식은 중앙집중식 사례에서 소매업체가 발주한 주문의 변동성에 대한 표현과 매우 유사하지만 이제 분산은 공급망의 각 단계에서 곱셈적으로 증가한다. 다시 말하지만, 공급망이 위로 올라갈수록 주문의 변화가 더 커지므로 도매업자의 주문이 소매업자의 주문보다 더 가변적이다.

중앙집중식 정보의 가치에 대한 관리적 통찰 중앙집중식 공급망이든 분산형 공급망이든 공급망의 위쪽으로 올라갈수록 주문 수량의 차이가 더 커지므로 도매업자의 주문이 소매업자의 주문보다 더 가변적이라는 사실은 동일하다. 차이점은 단계에서 단계로 이동할 때 변동성이 얼마나 커지느냐이다.

중앙집중식 공급망의 경우 총 리드 타임에서 주문의 변동이 덧셈적으로 증가하는 반면, 분산형 공급망의 경우 변동이 곱셈적으로 증가한다. 다시 말해, 소매업체만이 고객 수요를 알고 있는 분산형 공급망은 특히 리드 타임이 긴 경우, 공급망의 각 단계가 고객 수요 정보를 사용할 수 있는 중앙집중식 공급망보다

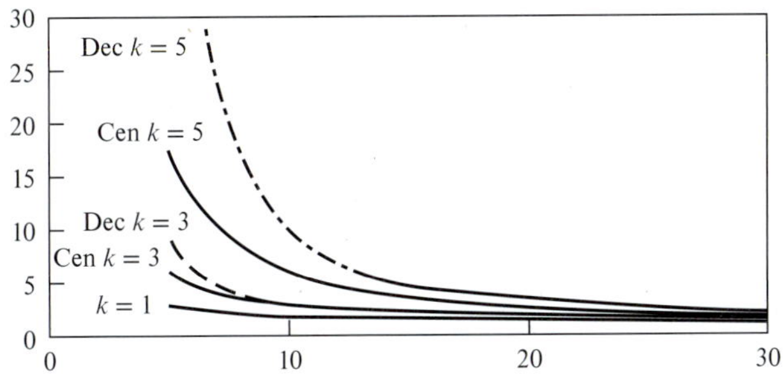

그림 5-4 중앙집중화 및 분산 시스템에서의 변동성 비교

훨씬 더 높은 변동성을 초래한다. 따라서 **수요 정보를 중앙집중화하면 채찍 효과를 크게 줄일 수 있다.**

그림 5-4는 모든 i에 대하여 $L_i = 1$일 때, 중앙집중식 시스템과 분산형 시스템 각각에 대하여 k단계($k = 3$ 및 $k = 5$)에서의 주문의 변동성과 고객 수요의 변동성 간의 비율을 보여주는데 이는 채찍 효과의 감소를 잘 설명한다. 또한 소매업체의 주문 변동성과 고객 수요 변동성($k = 1$) 간의 비율도 보여준다.

따라서 공급망의 각 단계에서 수요 정보를 공유함으로써 채찍 효과를 크게 줄일 수 있다. 실제로 수요 정보가 중앙집중화되면 공급망의 각 단계에서 실제 고객 수요 데이터를 사용하여 평균 수요를 추정할 수 있는 반면, 수요 정보가 공유되지 않는 경우 각 단계에서는 이전 단계의 주문을 이용하여 평균 수요를 추정해야 한다. 이미 살펴본 바와 같이 이러한 주문은 실제 고객 수요 데이터보다 더 가변적이므로 이러한 주문을 사용하여 생성된 예측은 더 가변적이며 더 많은 가변 주문으로 이어진다.

마지막으로, 수요 정보가 완전히 중앙집중화되고 공급망의 모든 단계가 동일한 예측 기법과 동일한 재고 정책을 사용하더라도 채찍 효과는 여전히 존재한다. 즉, 공급망의 모든 단계가 단순한 기본 재고 정책을 따르고 각 단계에서 동일한 고객 수요 데이터와 예측 기술을 사용하여 예상 수요를 예측하더라도 여전히 채찍 효과가 나타난다. 그러나 정보가 중앙집중화되지 않으면, 즉 공급망의 각 단계에서 고객 수요 정보가 제공되지 않으면 변동성 증가가 훨씬 더 커질 수 있다. 결론적으로 **수요 정보를 중앙집중화하면 채찍 효과를 크게 줄일 수 있지만 제거할 수는 없다.**

5.2.3 채찍 효과에 대처하는 방법

채찍 효과의 원인을 식별하고 정량화하는 방법을 통해 채찍 효과를 줄이거나 그 영향을 제거할 수 있다. 여기에는 불확실성 감소, 고객 요구 프로세스의 변동성 감소, 리드 타임 감소, 전략적 파트너십 참여가 포함된다.

1. **불확실성 감소.** 채찍 효과를 줄이거나 제거하기 위한 가장 일반적인 제안은 수요 정보를 중앙집중화함으로써, 즉 공급망의 각 단계에 실제 고객 수요에 대한 완전한 정보를 제공함으로써 공급망 전체의 불확실성을 줄이는 것이다. 앞서 설명된 바와 같이 수요 정보의 중앙집중화를 통해 채찍 효과를 줄일 수

있다.

그러나 각 단계에서 동일한 수요 데이터를 사용하더라도 각 단계에서는 여전히 서로 다른 예측 방법과 서로 다른 구매 관행을 사용할 수 있으며, 이 두 가지 모두 채찍 효과를 발생시킨다. 또한 앞 절에서 설명한 바와 같이 각 단계에서 동일한 수요 데이터, 동일한 예측 방법, 동일한 주문 정책을 사용하더라도 채찍 효과가 완전히 제거될 수 없다.

2. **변동성 감소.** 채찍 효과는 고객 수요에 내재된 변동성을 줄임으로써 감소될 수 있다. 예를 들어, 소매업자가 직면하는 고객 수요의 변동성을 줄일 수 있다면, 채찍 효과가 발생하더라도 도매업자 입장의 수요의 변동성은 줄어들게 된다.

   예를 들어, '매일 최저가(EDLP, EveryDay Low Pricing)' 전략을 사용하여 고객 수요의 변동성을 줄일 수 있다. 소매업체가 EDLP를 사용하면 주기적인 가격 프로모션을 실시하지 않고 일관된 단일 가격으로 제품을 제공한다. 가격 프로모션을 제거함으로써 소매업체는 이러한 프로모션으로 야기되는 수요의 극적인 변화를 상당 부분 제거할 수 있다. 따라서 EDLP는 훨씬 더 안정적인, 즉 변동성이 적은 고객 수요 패턴을 발생시킨다.

3. **리드 타임 단축.** 앞 하위절에서 제공된 결과는 리드 타임이 수요 예측으로 인한 변동성 증가를 확대하는 역할을 한다는 것을 분명히 보여준다. 리드 타임의 증가가 공급망의 각 단계에서 변동성을 크게 증가시킬 수 있다는 극적인 효과를 설명했었다. 따라서 리드 타임 단축을 통해 공급망 전반에 걸쳐 채찍 효과를 크게 줄일 수 있다.

   리드 타임은 일반적으로 주문 리드 타임(즉, 품목을 생산하고 배송하는 데 걸리는 시간)과 정보 리드 타임(즉, 주문을 처리하는 데 걸리는 시간)으로 구성된다. 크로스도킹을 사용하면 주문 리드 타임을 줄일 수 있고, 전자 데이터 교환(EDI, Electronic Data Interchange)을 사용하면 정보 리드 타임을 줄일 수 있기 때문에 이러한 구별은 중요하다.

4. **전략적 파트너십.** 채찍 효과는 다양한 전략적 파트너십을 통해 제거될 수 있다. 이러한 전략적 파트너십은 공급망 내에서 정보가 공유되고 재고가 관리되는 방식을 변화시켜 채찍 효과의 영향을 제거할 수 있다. 예를 들어, 판매자 재고 관리(VMI, 8장 참조)에서 제조업체는 소매점에서의 제품 재고를 직접 관리하므로 매 주기 보유해야 할 재고량과 소매업체에 배송할 재고량을 스스로 결정한다. 따라서 VMI에서 제조업체는 소매업체의 주문에 의존하지 않으므로 채찍 효과를 완전히 피할 수 있다.

5.3 정보 공유와 인센티브

앞선 분석을 통해 수요 정보를 중앙집중화하면 공급망의 상류 단계에서 발생하는 변동성을 크게 줄일 수 있음을 알 수 있다. 따라서 공급망의 상류 단계는 소매업체에게 인센티브를 제공하여 고객 수요 데이터를 공유하도록 파트너십을 맺음으로써 혜택을 얻을 수 있다. 실제로 앞선 분석에 따르면 공급망 상류 시설은

OEM과 소매업체가 생성한 실제 예측을 활용하는 것이 더 유리한 것으로 나타났다.

그러나 특정 산업에서는 이 방식이 효과가 없을 수 있다. 예를 들어, 전자 및 통신 회사는 종종 예측을 부풀리는 경우가 있다. 이 업계의 한 가지 문제점은 OEM은 일반적으로 주문 조립 전략을 사용하는 반면, 이 OEM과 계약한 제조업체(공급업체)는 긴 리드 타임으로 인해 OEM으로부터 주문을 받기 전에 미리 생산 능력을 구축해야 한다는 점이다. 이러한 비대칭성으로 인해 용량 증가에 따른 모든 위험은 공급업체가 감수해야 하므로 공급업체는 충분한 용량 구축에 적극적이지 않을 수 있다(자세한 내용은 4장 참조). 따라서 OEM은 예측치를 부풀려서 공급업체가 더 많은 용량을 구축하도록 동기를 부여한다. 그러나 이렇게 부풀려진 예측은 공급업체가 예측을 완전히 무시하게 만들 수도 있다.

참고문헌에서 논의된 다음 두 가지 계약은 구매자가 실제 예측을 공개하도록 인센티브를 제공한다.

- **용량 예약 계약 :** 공급업체가 다양한 수준의 용량과 각 용량에 해당하는 가격을 명시한 메뉴를 OEM에 제공하는 계약이다. OEM이 실제 정보를 공개하도록 동기를 부여하기 위해 공급업체가 부과하는 단위당 가격은 용량 수준이 커짐에 따라 감소한다.
- **선구매 계약 :** 계약 제조업체가 용량을 구축하기 전 주문에 대해 선구매 가격을 청구하고 수요가 실현된 후 추가 주문에 대해 다른(더 높은) 가격을 청구하는 계약이다.

기업이 공급망 파트너와 정보를 공유할 때 직면하는 또 다른 문제는 자사의 정보가 어떻게 경쟁업체를 돕지 않도록 하느냐, 또 파트너가 경쟁업체가 되는 데 도움을 주지 않도록 어떻게 보장하느냐이다. 이와 관련하여 다음 예시를 살펴보자.

예시 5-1

다음 기사는 공급망 파트너십에서 공유되는 데이터의 잠재적 위험성을 보여준다.

> 소매업체이자 마켓플레이스 역할을 동시에 수행하는 아마존(Amazon)의 하이브리드 모델은 고객에게 좋은 반응을 얻고 있다. 하지만 이러한 이중적인 역할은 플랫폼의 다른 판매자들을 불안하게 했고 미국과 유럽에서 반독점 조사를 받게 만들었다.
>
> 아마존의 비즈니스 파트너이자 매출의 절반 이상을 창출하는 제3자 판매자들은 아마존이 자신들과의 경쟁에 자신들의 판매 데이터를 사용하는 것을 오랫동안 우려해 왔고, 이에 규제 당국은 아마존의 사업 중 하나인 자체 상표 제품의 확장에 대해 조사하고 있다. 아마존에서 근무했던 전 직원 두 명은 야후 파이낸스(Yahoo Finance)와의 인터뷰에서 아마존이 가장 성공적인 자체 브랜드 중 하나인 아마존베이직스(AmazonBasics)를 비롯한 아마존 자체 브랜드 제품을 개발하기 위해 타사 판매자의 정보를 사용했음을 폭로했다. 또한 이들은 아마존이 자사 직원들의 마켓플레이스 데이터 접근에 대한 통제가 해이하다는 점에 대해서도 문제를 제기했다.
>
> 전 직원들은 내부 데이터가 공개 도메인이나 제3자 판매자를 위해 만들어진 도구에서 사용할 수 있는 정보보다 훨씬 더 정교하다고 증언했다. 비공개 계약에 서명했거나 아마존의 보복이 두려워 익명을 요구한 이 직원들에 따르면, 직원은 검색 관심도와 같은 집계된 데이터를 볼 수 있고 특정 제품에 대한 아마존의 데이터 웨어하우스에서 보고서를 가져와 아마존이 어떤 제품을 만들어야 할지 결정하는 데 도움을 받을 수 있다고 한다.

이 직원들은 데이터 웨어하우스에 검색 질문을 넣음으로써 특정 카테고리에서 가장 많이 팔리고 인기 있는 제품 목록, 가격대, 반품 데이터, 리뷰 등 마켓플레이스의 다양한 데이터 세트를 분석할 수 있었다고 말했다.

아마존베이직스 구축에 참여했던 한 전직 직원은 이러한 지표를 사용하여 '영감 제품'을 결정한 다음 판매자에게 주문하고 리버스 엔지니어링을 시도한다고 말했다. 그들은 주로 중국에 기반을 둔 조달 팀과 협력하여 제조업체를 찾는다.

아마존 대변인은 야후 파이낸스에 보낸 성명서에서 회사가 정책을 마련하여 직원들의 위와 같은 행동을 구체적으로 금지하고 있다고 밝혔다. 아마존은 자체 브랜드 제품을 개발하는 직원이 타사 판매자의 데이터를 조회할 수 있는지 여부는 확인해 주지 않았다. 지난 6월, 아마존의 월드와이드 소비자 부문 CEO인 Jeff Wilke는 아마존은 누구에게도 개인 상표 제품을 개발하기 위해 개별 셀러의 데이터에 접근하는 것을 허용하지 않는다고 말했다.

"우리는 이에 대해 직원들을 광범위하게 교육하고, 기술적인 통제 장치를 마련하고, 규정 준수 여부를 엄격하게 감사하고 있다. 이 정책을 위반하는 직원은 엄중한 처벌을 받게 된다."고 대변인은 말했다. 또한 Wilke는 아마존이 사용하는 데이터는 "누구나 공정하게 이용할 수 있는 베스트셀러 목록일 뿐"이라면서 "따라서 우리가 만든 비공개 라벨은 검색 결과의 상단에 있는 가장 많이 팔리는 상품에 대한 정보와 같다."고 덧붙였다.

지난 7월에 하원 법사위원회에 보낸 서한에서 아마존은 자체 상표 전략에서 개별 판매자와 관련된 데이터를 사용하는 것을 금지하고 있음을 다시 한번 강조했다. "다른 소매업체와 마찬가지로 당사는 집계된 매장 데이터(예 : 총매출)와 고객 쇼핑 행동(예 : 검색량)을 사용하여 특정 기간 동안 고객 수요가 높은 카테고리와 제품을 식별한다."고 적었다. 전직 직원들은 데이터 사용이 개별 판매자를 대상으로 하는 것이 아니라 특정 제품 및 카테고리를 대상으로 한다고 말했다. 아마존에서 개인 상표를 개발하는 팀은 아마존 마켓플레이스와는 별개의 부서인 리테일 팀에 속해 있다. 두 팀은 서로 다른 관리 및 재무 목표를 가지고 개별적으로 운영된다. 하지만 데이터 웨어하우스에 대한 액세스 권한은 동일하기 때문에 리테일 팀이 마켓플레이스 판매자의 데이터를 사용하여 비공개 라벨을 개발할 수 있다고 전직 직원들은 밝혔다.

그들은 데이터 액세스에 대한 제한이 충분하지 않다고 말한다. "데이터 웨어하우스 권한이 있으면 회사의 거의 모든 것을 볼 수 있다. 데이터 웨어하우스에 접속할 수 있는 직원은 개별 주문이나 특정 판매자의 판매량, 또는 특정 공급업체 코드나 특정 판매자 ID의 모든 제품을 가져올 수 있다."고 그들 중 한 명이 말했다.

아마존의 또 다른 전직 관리자는 직원이 접근 권한을 갖게 되면 광범위하게 정의될 수 있는 정당한 업무상의 이유로 "모든 것을 자유롭게 사용할 수 있는" 상황이라고 설명했다. 이는 직원들이 데이터 세트를 마음대로 활용할 수 있는 여지를 남긴다.

이 관계자는 "직원들은 가격대도 알고, 트렌드도 알고, 가치도 알고, 이력도 알고 있다."고 하면서 "타사 판매자는 이러한 수치를 추정하고 짐작하는 도구를 사용하고 있다. 이러한 도구는 점점 더 좋아지고 있지만, 아마존의 실제 데이터만큼 좋을 수는 없다."고 말했다.

아마존의 일부 직원들은 타사 판매자의 데이터를 사용하는 것이 회사에 문제가 될 수 있다는 사실을 인지하지 못했다. 대신 그들은 데이터에 기반한 의사결정을 내리는 데 집중하고 있었으며, 이는 아마존이 직원들에게 권장하는 일이었다.

한 전직 직원은 "사람들이 이 문제의 심각성을 인식하지 못했던 것 같다."고 하면서 다음과 같이 덧붙였다. "그건 우리 데이터인데 우리가 찾아볼 수 있는 것 아닌가?"

그렇다면 무엇이 잘못되었을까? 아마존 웹사이트에 대한 접속은 많은 타사 판매자에게 큰 도움이 된 것이 분명하다. 실제로 많은 판매자들은 아마존이 없었다면 비즈니스에서 살아남지 못했을 것이다. 하지만 상당수 판매자들은 옳든 그르든 아마존이 이러한 관계에서 얻은 정보를 그들의 경쟁자가 되는 데 사용했다고 믿고 있다. 비록 아마존과 판매자 모두 이러한 관계를 통해 이익을 얻었지만, 이러한 관계는 아마존이 잠재적으로 새로운 제품을 개발하는 데 강력한 도구인 데이터에 접근할 수 있도록 했다는 점에서 이 판매자들은 공급망에서 인센티브가 잘못 조정되어 있다고 생각한다.

5.4 효과적인 예측

정보는 더 효과적인 예측을 가능하게 한다. 미래 수요를 예측할 때 고려할 수 있는 요소가 많을수록 예측의 정확도가 높아진다. 예측에 대한 자세한 내용은 2장을 참조하라.

예를 들어, 소매업체는 이전 판매 분석을 기반으로 예측하는 것이 일반적이다. 그러나 미래의 고객 수요는 가격, 프로모션, 신제품 출시와 같은 이슈의 영향을 분명히 받는다. 이러한 요소 중 일부는 소매업체가 통제할 수 있지만 나머지는 유통업체, 도매업체, 제조업체 또는 경쟁업체가 통제한다. 이러한 통제할 수 없는 요소에 대한 정보를 소매업체의 예측 담당자가 사용할 수 있다면 예측이 더 정확해질 수 있다.

같은 논리로 유통업체 및 제조업체의 예측은 소매업체가 통제할 수 있는 요소로부터 영향을 받는다. 예를 들어, 소매업체가 프로모션을 설계하거나 가격을 책정할 수 있다. 또한 소매업체가 매장에 새로운 제품을 도입하여 수요 패턴을 변경할 수도 있다. 또한 제조업체나 유통업체는 소매업체보다 고려해야 할 제품 수가 적기 때문에 이러한 제품에 대한 정보를 더 많이 가지고 있을 수 있다. 예를 들어, 판매는 특정 이벤트와 밀접하게 연관되어 있을 수 있어 소매업체가 이러한 사실을 알고 있다면 재고를 늘리거나 가격을 인상하여 이점을 활용할 수 있게 된다.

이러한 이유로 많은 공급망은 협력적 예측 시스템으로 전환되고 있다. 이러한 공급망은 정교한 정보 시스템을 통해 공급망의 모든 참여자가 협력하여 합의된 예측에 도달하는 반복적인 예측 프로세스를 활용하고 있다. 이는 공급망의 모든 구성 요소가 동일한 예측 도구를 공유하고 사용함으로써 채찍 효과가 감소한다는 것을 의미한다.

예시 5-2

25년 전 소비재 제조업체 워너-램버트(Warner-Lambert)와 백화점 월마트는 협업 계획, 예측 및 보충(CPFR, Collaborative Planning, Forecasting, and Replenishment) 시스템에 대한 파일럿 연구를 시작했다. 이 소프트웨어 시스템은 소매업체와 제조업체 간의 예측 업무 협업을 촉진하여 예측 초안뿐만 아니라 향후 판촉 및 과거 판매 동향에 대한 세부 정보를 쉽게 교환할 수 있도록 했다. 이 파일럿 테스트는 성공적이었고, 월마트는 이러한 시스템을 계속 발전시켜 현재 월마트는 '리테일 링크' 및 '공급업체 스코어카드' 등 원래 파일럿에서 발전시킨 방법을 사용하여 '계획, 예측 및 보충에 관한 모든 월마트 공급업체와의 협업'을 진행하고 있다. 그 결과 양측 모두 비용을 절감하는 파트너십 관계를 구축할 수 있었다.

5.5 시스템 조정을 위한 정보

모든 공급망에는 제조, 보관, 운송, 소매 등 다양한 시스템이 존재한다. 이러한 시스템 중 하나를 관리하는 데는 일련의 복잡한 절충이 수반된다. 예를 들어, 제조를 효율적으로 운영하려면 작업준비 및 운영 비용과 재고 및 원자재 비용의 균형을 맞춰야 한다. 마찬가지로 재고 수준은 보유 비용, 주문 설정 비용, 필요한 서비스 수준 사이의 미묘한 균형에 기인한다는 것을 2장에서 살펴보았다. 또한 3장에서는 운송에는 일반적으로 수량 할인이 포함되기 때문에 재고 비용과 운송 비용 사이에 균형이 있다는 것을 살펴보았다.

그러나 이러한 모든 시스템은 서로 연결되어 있어 공급망 내 한 시스템의 출력은 다음 시스템의 입력이 된다. 예를 들어, 제조 작업의 출력은 운송 또는 보관 시스템의 입력이 되거나 둘 다의 입력이 될 수 있다. 따라서 어느 한 단계에서 최적의 절충점을 찾는 것만으로는 충분하지 않다. 전체 시스템을 고려하여 의사결정을 조율해야 한다.

이는 공급망에 있는 여러 시스템에 대한 공통 소유자가 있든 없든 마찬가지이다. 공통 소유자가 있는 경우, 한 시스템에서 비용이 증가하더라도 다른 시스템에서 더 큰 비용 절감이 발생하면 전체 비용이 절감되어 이 소유자에게 최선의 이익이 될 것이다. 그러나 공통의 소유자가 없다면 다양한 시스템이 효과적으로 운영되기 위해 일종의 조정이 필요하다. 물론 문제는 **전체** 시스템 비용을 절감하는 것이 누구에게 가장 이익이 되는지, 그리고 절감된 비용을 시스템 소유자 간에 어떻게 공유할 것인지이다.

이를 설명하기 위해 시스템이 조정되지 않은 경우, 즉 공급망의 각 시설이 자기 시설에 최선인 작업을 수행하는 경우, 1장에서 설명한 것처럼 **국부 최적화**(local optimization)가 발생함을 관찰할 수 있다. 이 경우 공급망의 각 구성 요소는 자신의 정책이 공급망의 다른 구성 요소에 미치는 영향을 고려하지 않고 자체 운영을 최적화한다.

이 접근방식의 대안은 **전역 최적화**(global optimization)이며, 이는 전체 시스템에 가장 적합한 것이 무엇인지 파악하는 것을 의미한다. 이 경우 다음 두 가지 문제가 해결되어야 한다.

1. 누가 최적화할 것인가?
2. 조정된 전략을 통해 얻은 절감 효과를 공급망 내 여러 시설이 어떻게 분배할 것인가?

이러한 문제는 다양한 방법으로 해결할 수 있다. 예를 들어, 4장의 공급 계약서 사용과 8장에서의 전략적 파트너십으로 이러한 문제를 해결할 수 있다.

공급망의 이러한 측면을 조율하려면 정보를 이용할 수 있어야 한다. 특히 생산 현황, 생산 비용, 운송 가용성, 수량에 따른 운송비 할인, 재고 비용, 재고 수준, 다양한 용량 및 고객 수요 등에 대한 지식은 비용 효율적인 방식으로 시스템을 조율하는 데 필요하다.

5.6 원하는 제품 찾기

고객 수요를 충족하는 방법에는 여러 가지가 있다. 일반적으로 재고 생산 시스템의 경우 가능하면 소매점 재고로 고객 수요를 충족한다. 그러나 고객 수요를 만족시키는 다른 방법도 있다.

예를 들어, 대형 가전 제품을 구매하기 위해 소매업체에 갔는데 재고가 없다고 가정해 보자. 아마도 길 건너편에 있는 그 소매업체의 경쟁업체로 갈 것이다. 하지만 소매업체가 데이터베이스를 검색하여 24시간 내에 해당 제품을 집으로 배송해 주겠다고 약속한다면 어떨까? 아마도 원하는 품목의 재고가 없더라도 훌륭한 고객 서비스를 받았다고 느낄 것이다. 따라서 상품을 찾아서 배송할 수 있다는 것은 때때로 재고가 있는 것만큼이나 효과적이다. 하지만 상품이 소매업체의 경쟁업체에 있는 경우, 이 경쟁업체가 해당 상품을 빌려줄 의향이 있는지 여부는 명확하지 않다. 이러한 유형의 문제는 7장 7.3.3절 "재고 풀링"과 8장 8.5절 "유통업체 통합"에서 자세히 설명한다.

5.7 리드 타임 단축

리드 타임 단축은 대단히 중요하며 다음과 같은 결과를 얻을 수 있다.

1. 재고로 처리할 수 없는 고객 주문을 신속하게 처리할 수 있는 능력
2. 채찍 효과 감소
3. 예측 기간 단축으로 인한 보다 정확한 예측
4. 완제품 재고 수준 감소(2장 참조), 원자재 및 포장재(또는 하위 조립품) 재고 비축으로 인한 완제품 주기 시간 단축

이러한 이유로 많은 기업이 리드 타임이 짧은 공급업체를 적극적으로 찾고 있으며, 많은 잠재 고객이 리드 타임을 공급업체 선택의 매우 중요한 기준으로 삼고 있다.

지난 20년간 제조 혁명의 대부분은 리드 타임 단축으로 이어졌다. 마찬가지로 6장에서는 리드 타임을 단축하는 유통망 설계에 대해 논의하는데, 이러한 설계는 전체 공급망 상태에 대한 정보를 이용할 수 있기 때문에 가능하다. 그러나 앞서 설명한 바와 같이 효과적인 정보 시스템은 주문 처리, 서류 작업, 재고 피킹, 운송 지연 등과 관련된 시간을 줄임으로써 리드 타임을 단축한다. 특히 공급망에 여러 단계가 있고 이러한 정보가 한 번에 한 단계씩 전송되는 경우 이러한 요소는 리드 타임의 상당 부분을 차지할 수 있다. 분명한 것은 소매업체의 주문이 이를 충족할 수 있을 만큼 빠르게 공급망의 여러 계층으로 전파되면 리드 타임이 크게 단축될 수 있다는 것이다.

마찬가지로 소매업체에서 공급업체로 POS(Point-of-Sale) 데이터를 전송하면 공급업체가 POS 데이터 분석을 통해 주문을 예측할 수 있어 리드 타임을 크게 줄일 수 있다. 이러한 문제는 소매업체와 공급업체 간의 전략적 파트너십에 대해 설명하는 8장에서 자세히 다룬다.

5.8 정보와 공급망 절충

1장에서 살펴본 바와 같이, 공급망 관리의 주요 과제는 순차적 계획 프로세스를 전역 최적화로 대체하는 것이다. 순차적 계획에서는 공급망의 각 단계가 자신의 결정이 다른 공급망 단계에 미치는 영향을 고려하지 않고 자신의 수익을 최적화한다. 이와는 대조적으로 전역 최적화는 공급망 활동을 **조정**(coordinate)하여 **공급망 성과**(supply chain performance)의 극대화를 목표로 한다.

공급망의 여러 단계의 관리자들은 서로 상충되는 목표를 가지고 있으며, 바로 이러한 상충 때문에 공

급망의 여러 단계는 통합되고 조정되어야 한다. 심지어 한 단계 내에서도 재고 또는 운송 비용을 줄이거나 제품 다양성을 늘리거나 재고 수준을 낮추는 것 사이에서 절충점을 찾아야 한다.

사용 가능한 정보를 신중하게 활용하면 공급망은 전역 최적화를 달성할 수 있고, 결과적으로 이러한 상충되는 목표와 다양한 절충을 고려하여 시스템 전체 비용을 절감할 수 있다. 중앙집중식 시스템에서는 이러한 작업이 더 쉽지만, 분산형 시스템에서는 공급망 시설의 통합을 유도할 수 있는 인센티브를 찾아야 한다.

5.8.1 공급망의 상충되는 목표

원자재 공급업체는 효율적인 운영과 계획을 위해 필요한 자재 조합의 변동이 거의 없는 안정적인 물량을 확보하기를 원한다. 또한 여러 고객에게 효율적으로 배송할 수 있도록 유연한 배송 시간을 선호한다. 마지막으로, 대부분의 공급업체는 범위와 규모의 경제를 활용할 수 있도록 대량 수요를 원한다.

제조 관리 부서도 나름의 위시리스트를 가지고 있다. 높은 생산 비용으로 인해 생산 가동 초기에 발생할 수 있는 품질 문제뿐만 아니라 높은 교체 비용으로 인해 횟수가 제한되는 경우가 많다. 일반적으로 제조 경영진은 생산 효율성을 통해 높은 생산성을 달성하고 이를 통해 생산 비용을 낮추고 싶어 한다. 이러한 목표는 수요 패턴이 먼 미래까지 알려져 있고 변동성이 거의 없는 경우 더욱 용이하게 달성할 수 있다.

자재, 창고 및 아웃바운드 물류 관리에도 기준 목록이 있다. 여기에는 수량 할인을 활용하여 운송 비용을 최소화하는 것, 재고 수준을 최소화하는 것, 재고를 신속하게 보충하는 것이 포함된다. 마지막으로, 고객 만족을 위해 소매업체는 짧은 주문 리드 타임과 효율적이고 정확한 주문 배송을 필요로 한다. 고객은 재고가 있는 상품, 다양한 품목, 저렴한 가격을 요구한다.

5.8.2 상충되는 목표를 위한 공급망 설계

과거에는 목표 중 일부를 달성하기 위해 다른 목표를 희생해야 했다. 공급망은 절충점을 찾아야 하는 절충의 집합으로 간주되었다. 일반적으로 제조업체와 소매업체는 높은 재고 수준과 배송 비용, 적은 제품 다양성을 통해 목표를 달성할 수 있었다. 동시에 고객의 기대치도 지금처럼 높지 않았다. 알다시피, 최근에는 재고 및 운송 비용 관리에 대한 압박이 커지면서 고객이 높은 다양성과 낮은 비용을 요구함에 따라 이러한 기대치가 급격히 높아졌다. 다행히도 현재 이용 가능한 많은 양의 정보를 활용하여 이러한 상충되는 목표를 거의 충족하는 공급망 설계가 가능하다. 사실 몇 년 전만 해도 모든 공급망에 내재된 것으로 간주되었던 절충 가운데 일부는 더 이상 절충 문제가 아니게 되었다.

다음에서는 이렇게 인식되는 여러 가지 절충에 대해 알아보고, 첨단 정보 기술과 창의적인 네트워크 설계를 통해 현대 공급망에서 절충이 전혀 필요하지 않거나 최소한 그 영향을 줄일 수 있는 방법에 대해 설명한다.

로트 크기-재고 절충 앞서 살펴본 바와 같이 제조업체는 큰 로트 크기를 원한다. 단위당 작업준비 비용이 절감되고, 특정 제품에 대한 제조 전문성이 향상되며, 프로세스를 더 쉽게 제어할 수 있기 때문이다. 하지만 아쉽게도 일반적인 수요는 큰 로트 단위로 발생하지 않으므로 로트 크기가 크면 재고가 많아진다. 실제로 1980년대와 90년대 '제조 혁명'의 초점은 대부분 로트 크기가 작은 제조 시스템으로의 전환과 관련이 있었다.

작업준비 시간 단축, 칸반 및 CONWIP(CONstant Work In Progress, 상시 작업 진행) 시스템, 기타 '현대적 제조 관행'은 일반적으로 재고를 줄이고 시스템 응답성을 개선하는 데 초점을 맞췄다. 전통적으로 제조업의 맥락에서 볼 때 이러한 제조 방식은 전체 공급망에 영향을 미친다. 소매업체와 유통업체는 고객의 요구에 부응하기 위해 짧은 배송 리드 타임과 다양한 제품의 제공을 원한다. 이러한 첨단 제조 시스템은 제조업체가 고객의 요구에 보다 신속하게 대응할 수 있도록 함으로써 이러한 소매업체와 유통업체의 요구를 충족할 수 있게 해준다.

제조업체가 정보를 활용하여 하류 공급망 구성원의 요구에 대응할 수 있는 충분한 시간을 확보할 수 있는 경우 더욱 신속한 대응이 가능하다. 마찬가지로 유통업체나 소매업체가 공장 상태와 제조업체 재고를 관찰할 수 있다면 고객에게 보다 정확한 리드 타임을 공지할 수 있다. 또한 이러한 시스템을 통해 소매업체와 유통업체는 제조업체의 역량을 이해하고 자신감을 가질 수 있다. 이러한 자신감을 바탕으로 유통업체와 소매업체는 제조상의 문제를 예상하여 보유하고 있는 재고를 줄일 수 있다.

재고-운송 비용 절충 재고와 운송 비용 사이에도 절충이 존재한다. 이를 이해하기 위해 3장의 운송 비용 특성을 살펴볼 필요가 있다. 먼저 자체적으로 트럭을 운영하는 회사를 고려하면, 각 트럭에는 고정 비용(예 : 감가상각비, 운전자 시간)과 변동 비용(예 : 유류비)이 있다. 배송할 때 트럭이 항상 가득 차 있으면 트럭 운영 비용이 가능한 한 많은 품목에 분산된다. 결국 항상 동일한 총 상품 수(고객 수요와 거의 같음)가 배송되므로 트럭을 가득 채우면 운송 비용이 최소화된다.

비슷하게 외부 업체를 통해 배송하는 경우 일반적으로 업체에서 수량 할인을 제공한다. 또한 일반적으로 트럭로드(TL 배송)로 배송하는 것이 트럭로드보다 적은 물량(LTL 배송)보다 저렴하다. 따라서 이 경우에도 트럭로드로 운영하면 운송 비용을 최소화할 수 있다.

그러나 대부분의 경우 수요는 트럭 한 대보다 훨씬 작은 단위로 이루어진다. 따라서 트럭로드로 상품을 배송하면 더 오랜 시간이 필요하므로(트럭로드가 채워질 때까지 기다려야 함) 재고 비용이 높아진다.

아쉽게도 이러한 절충을 완전히 없앨 수는 없지만 첨단 정보 기술을 활용하면 이러한 영향을 줄일 수 있다. 예를 들어, 첨단 생산 관리 시스템을 사용하여 가능한 한 늦게 제품을 생산함으로써 트럭에 제품을 가득 채울 수 있다. 마찬가지로 물류 관리 시스템을 통해 자재 관리자가 창고에서 매장으로 배송되는 여러 제품의 배송을 결합하여 트럭을 채울 수 있다. 이를 위해서는 주문 및 수요 예측은 물론 공급업체의 배송 일정에 대한 정보가 필요하다. 이 장의 앞부분에서 설명한 크로스도킹은 소매업체가 여러 제조업체의 배송을 특정 위치로 향하는 하나의 트럭에 결합할 수 있도록 함으로써 이러한 절충을 제어하는 데 도움이 된다.

실제로 최근 의사결정 지원 시스템의 발전으로 공급망의 모든 측면을 고려하여 운송 비용과 재고 비용 간의 적절한 균형을 찾을 수 있게 되었다. 어떤 운송 전략을 선택하든 운송 업계의 경쟁은 비용을 낮추게 되는데 이러한 효과는 각 배송에 가장 비용 효율적인 접근방식을 사용하여 전체 운송 비용을 낮추는 진보된 운송 수단 및 운송업체 선택 프로그램을 통해 더욱 강화된다.

리드 타임-운송 비용 절충 총 리드 타임은 주문 처리, 품목 조달 및 제조, 공급망의 여러 단계 간에 품목을 운송하는 데 소요되는 시간으로 구성된다. 앞서 언급했듯이, 공급망의 여러 단계 간에 품목을 대량으로 운송할 때 운송 비용이 가장 낮다. 반면에 품목이 제조된 직후나 공급업체로부터 도착한 직후에 바로 운송되면 리드 타임이 단축된다. 따라서 운송 비용을 줄이기 위해 충분히 쌓일 때까지 물품을 보관하는 것과 리드 타임을 줄이기 위해 즉시 배송하는 것 사이에는 절충점이 있다. 다시 말하지만, 이러한 절충을 완전히 제거하는 것은 불가능하나 정보를 사용하여 그 영향을 줄일 수는 있다. 운송 비용을 앞에서 설명한 대로 잘 관리하면 충분한 수량이 쌓일 때까지 상품을 보관할 필요성을 줄일 수 있다(다른 제품과 통합 수송 등). 또한 예측 기술과 정보 시스템이 개선되면 리드 타임의 다른 구성 요소가 줄어들어 운송 요소를 꼭 줄이지 않아도 될 수 있다.

제품 다양성-재고 절충 제품 다양성은 공급망 관리의 복잡성을 크게 증가시킨다. 소량의 로트 크기로 다양한 제품을 생산하는 제조업체는 제조 비용이 증가하고 제조 효율성이 떨어진다. 제품 수가 적을 때와 동일한 리드 타임을 유지하려면 더 적은 양을 배송해야 하고 창고에 더 다양한 제품을 보관해야 하므로 제품 다양성이 증가하면 운송 및 창고 비용이 모두 증가한다. 마지막으로, 일반적으로 각 제품에 대한 수요를 정확하게 예측하기 어렵고 모두가 동일한 고객들을 대상으로 경쟁하기 때문에 동일한 서비스 수준을 보장하기 위해서는 더 높은 재고 수준을 유지해야 한다.

다양한 제품을 공급하는 기업이 해결해야 할 주요 문제는 수요와 공급을 어떻게 효과적으로 일치시키느냐이다. 예를 들어, 겨울용 스키 재킷 제조업체는 일반적으로 판매 시즌 12개월 전에 겨울에 판매할 여러 가지 디자인을 소개한다. 하지만 안타깝게도 각 디자인으로 얼마나 많은 스키 재킷을 생산할지 알 수 없고 따라서 정확한 생산 계획을 세우는 것도 어렵다.

필요한 제품 다양성을 효율적으로 지원하는 한 가지 방법은 6장과 10장에서 설명하는 **지연된 차별화**(delayed differentiation) 개념을 적용하는 것이다. 지연된 차별화가 활용되는 공급망에서는 **기본 제품**(generic products)을 다양성이 추가되기 전에 공급망 하류로 보낸다. 즉, 하나의 제품이 DC에 입고되면 물류창고에 의해 관찰된 고객의 수요에 따라 수정되거나 맞춤화된다.

여기에서는 2장에서 소개한 리스크 풀링 개념을 다시 한번 사용한다. 실제로 차별화하지 않은 기본 제품을 창고로 배송함으로써 모든 제품에 대한 고객 수요에 대비할 수 있다. 앞서 살펴본 바와 같이, 이는 변동성을 훨씬 줄이면서 더 정확한 수요 예측을 가능하게 하여 안전 재고를 줄일 수 있음을 의미한다. 제품 전반의 수요를 집계하는 이 과정은 소매업체 전반의 수요를 집계하는 과정과 유사하다(2장 참조).

지연된 차별화는 **물류를 위한 설계**(design for logistics)의 한 예이며, 이 개념은 10장에서 더 자세히 다룰 것이다.

비용-고객 서비스 절충 이러한 모든 절충은 비용 대 고객 서비스 절충의 예이다. 재고, 제조 비용, 운송 비용을 줄이려면 일반적으로 고객 서비스를 희생해야 한다. 앞에서 정보와 적절한 공급망 설계를 통해 이러한 비용을 줄이면서도 고객 서비스 수준을 유지할 수 있음을 살펴보았다. 암시적으로 고객 서비스는 소매업체가 재고로부터 고객의 수요를 충족하는 능력이라고 정의한다.

물론 고객 서비스는 소매업체가 고객의 수요를 신속하게 충족하는 능력을 의미할 수도 있다. 재고를 늘리지 않고도 어떻게 환적하여 이를 가능하게 하는지에 대해 논의했다. 또한 창고에서 소매 고객의 가정으로 직접 배송하는 것도 이를 달성하는 또 다른 방법이다. 예를 들어, 시어스(Sears)는 판매하는 대형 가전 제품의 상당 부분을 창고에서 최종 고객에게 직접 배송한다. 이를 통해 소매점의 재고 비용을 관리하고 물류창고는 리스크 풀링 효과를 직접 활용할 수 있다. 이러한 시스템이 작동하려면 매장에서 창고 재고에 대한 정보를 사용할 수 있어야 하고, 주문 정보가 창고로 신속하게 전송되어야 한다. 이는 가용한 정보와 적절한 공급망 설계가 비용 절감과 서비스 향상으로 이어지는 시스템의 하나의 예이다. 이 경우 매장에 재고가 많을 때보다 중앙집중식 창고에 재고를 보관할 때 비용이 더 적게 든다. 동시에 고객이 선택할 수 있는 재고가 더 많아지고 가전 제품이 집으로 즉시 배송되기 때문에 고객 서비스도 향상된다.

마지막으로, 지금까지는 공급망 기술과 관리가 **전통적으로 정의**된 대로 비용을 절감하고 고객 서비스 수준을 높이는 데 어떻게 적용될 수 있는지에 대해 강조했다. 그러나 첨단 공급망 관리 기법과 정보 시스템을 사용하면 이전에는 실현할 수 없었고 공급업체가 프리미엄을 부과할 수 있는 종류의 서비스를 고객에게 제공할 수 있다. **대량 맞춤화**(mass customization)라는 개념은 고객에게 고도로 개인화된 상품과 서비스를 합리적인 가격에 대량으로 제공하는 것을 말한다. 과거에는 이것이 경제적으로 실현 가능하지 않았지만, 물류 및 정보 시스템의 개선으로 이제는 가능해졌다. 대량 맞춤화의 개념은 10장에서 더 자세히 설명한다.

5.9 정보의 한계 가치 감소

이 장에서는 정보의 이점에 대해 논의하였다. 당연히 정보를 획득하고 공유하기 위해서는 RFID, 데이터베이스, 통신 시스템, 분석 도구, 관리자의 시간 등 모두 상당한 관련 비용이 발생한다. 실제로 많은 기업이 로열티 프로그램, RFID 리더기 등을 통해 수집한 데이터를 정확히 어떻게 사용할지 고민하고 있다.

전역 최적화의 가치를 이해하는 기업이라 할지라도 정보 교환에 따른 비용과 이점을 비교 검토해야 한다. 많은 경우 모든 정보를 지속적으로 교환할 필요가 없다. 실제로 많은 경우, 핵심 정보를 교환한 후에는 추가 정보 교환의 이점이 거의 없다는 점에서 정보의 한계 가치가 감소하고 있다.

연구자들은 유통업체와 제조업체가 얼마나 자주 정보를 교환해야 하는지를 연구했다. 예를 들어, 특정 공급망에서 유통업체가 매주 주문하는 경우, 수요 정보 공유를 통해 얻을 수 있는 대부분의 이점은 1주일에 2~4회 정보를 공유함으로써 얻을 수 있다는 사실을 발견했다. 주 4회 이상 정보를 공유함으로써 얻을 수 있는 추가 이익은 미미했다. 즉, 정보 공유의 한계 편익은 정보 공유 횟수가 증가할수록 감소한다.

또한 연구자들은 다단계로 분산된 제조 공급망에서는 공급망 참여자 간에 소량의 정보 교환만으로도 세부적인 정보 공유를 통해 성과 혜택의 상당 부분을 얻을 수 있다는 사실을 발견했다. 예를 들어, 한 특정 공급망에서 제조 및 주문 상태 정보 교환을 완전히 공유할 경우 얻을 수 있는 비용 편익의 거의 3/4은 작업 처리 완료 시점에 대한 매우 제한된 추정치를 주기적으로 교환하는 것으로 달성할 수 있으며, 더 자세한 정보를 교환할 경우 얻을 수 있는 추가 편익은 제한적이었다. 즉, 정보 공유의 한계 이익은 교환되는 정보의 자세한 정도에 따라 감소하고 있다.

물론 일반적으로 더 자세한 정보나 더 자주 정보를 교환하는 것은 비용이 많이 든다. 따라서 공급망 참여자는 특정 정보를 수집하는 빈도, 저장해야 하는 정보의 양, 공유해야 하는 정보의 양, 공유해야 하는 정보의 형태 등에 초점을 맞추어 특정 정보의 비용과 편익을 이해해야 하며, 이러한 모든 것에는 관련 비용과 함께 관련 편익이 수반되기 때문에 이를 고려해야 한다.

요약

채찍 효과는 공급망에서 위로 올라갈수록 수요의 변동성이 증가한다는 것을 의미한다. 이러한 변동성의 증가는 공급망의 모든 시설에서 재고를 크게 늘리는 등 상당한 운영 비효율을 초래한다. 실제로 Lee, Padmanabhan, Whang은 제약 산업과 같은 특정 산업에서는 이러한 왜곡된 정보로 인해 공급망의 총 재고가 100일분의 공급량을 초과할 수 있다고 추정한다. 따라서 채찍 효과에 효율적으로 대처할 수 있는 전략을 파악하는 것이 중요하다. 이 장에서는 채찍 효과에 '대응'할 수 있는 구체적인 기법 중 하나인 정보 공유, 즉 중앙집중식 수요 정보를 설명했다. 또한 공급망 파트너가 정보를 공유할 때 발생하는 중요한 과제, 즉 신뢰할 수 있는 예측을 공유하기 위한 인센티브와 정보 사용과 관련된 기대치의 조정을 강조했다.

마지막으로 다양한 공급망 단계의 상호 작용에 대해 살펴보았다. 일반적으로 공급망 운영은 여러 단계 내에서 그리고 각 단계 간에 일련의 절충이 이루어지는 것으로 해석될 수 있다. 우리는 정보가 다양한 공급망 단계를 통합하는 핵심 요소라는 결론을 내리고, 정보를 활용하여 이러한 절충의 필요성을 줄일 수 있는 방법에 대해 논의했다. 6장에서는 이와 관련된 주제에 대한 자세한 정보를 제공한다.

토론 질문

1. 다음의 각 항목이 채찍 효과를 완화하는 데 어떻게 도움이 되는지 논의하시오.

   a. 전자 상거래와 인터넷

   b. 특급 배송

   c. 협업 예측

   d. 매일 저렴한 가격

   e. 판매자 관리 재고(VMI)

   f. 공급 계약

2. 재고를 공유하면 소매업체에게 어떤 이점이 있는가? 예를 들어, 파란색 모델을 찾기 위해 자동차 딜러를 방문했는데 그 딜러가 해당 모델의 재고를 보유하고 있지 않다고 가정해 보자. 일반적으로 다른 지역 딜러로부터 해당 모델을 구할 것이다. 소매업체에게 불리한 점은 무엇인가?

3. 공급망 내에서 리드 타임을 줄일 수 있는 다섯 가지 방법에 대해 논의하시오.

4. 아침식사용 시리얼의 공급망을 고려하자. 원료를 만드는 농부, 시리얼을 만드는 회사의 제조 부서, 시리얼을 만드는 회사의 물류 부서, 시리얼을 만드는 회사의 마케팅 부서, 시리얼을 판매하는 식료품 체인의 유통 부서, 시리얼을 판매하는 개별 식료품점 관리자의 경쟁 목표에 대해 논의하시오.

5. 예시 5-1을 고려하여 아마존과 셀러가 비대칭 문제를 해결하는 데 도움이 될 수 있는 전략에 대해 논의하시오.

CASE

리복 NFL 레플리카 저지 : 지연 전략의 사례

> "매년 이맘때면 우리는 매우 흥분된다. 창고에 유니폼이 가득 차고, 소매업체들은 우리가 가지고 있지 않은 팀과 선수의 유니폼을 사달라고 아우성친다! 매년 시즌이 시작되면 재고가 적절히 섞여 있는 것 같다가도 아무도 잘할 거라고 예상하지 못한 팀이 4-0으로 출발하고, 모두가 슈퍼볼에 진출할 거라고 예상한 팀이 경기에서 패하는 일이 벌어진다. 갑자기 판매할 수 없는 유니폼이 1,000벌이나 쌓이고 주문이 1,000건이나 밀려든다."

Tony는 리복이 중앙 DC에 보관하고 있는 NFL 복제 유니폼의 재고를 담당하고 있다. 지금은 10월 초이고 NFL 시즌이 한창 진행 중이다. "이 상황을 추격전이라고 부르는 것이 당연하다. 몇 달 동안 달려온 것 같아서 지칠 대로 지쳤다. 인기 있는 선수와 팀에 더 빠르게 대응할 수 있는 재고 계획 방법이 있었으면 좋겠다. 하지만 선수들에 대한 수요가 해마다 너무 많이 변하기 때문에 재고를 늘릴 수도 없고, 사실 연말에는 재고를 최소화하고 싶다."

배경

리복 인터내셔널(Reebok International Ltd.)은 매사추세츠주 캔턴에 본사를 두고 있다. 이 회사는 약 7,400명의 직원을 고용하고 있으며 스포츠 의류와 신발 브랜드로 널리 알려져 있다. 리복은 1979년 Paul Fireman이 리복 신발의 북미 독점 판매권을 획득할 당시 영국의 작은 신발 회사였다. 1985년, 리복 USA는 오리지널 영국 리복을 인수하고 리복 인터내셔널은 상장되었다. 2003년 리복의 총매출과 영업이익은 각각 $34억 8,500만, $1억 5,700만이었으며, Paul Fireman은 계속해서 회장 겸 CEO를 맡고 있었다.

2000년 12월, 리복은 미국 프로풋볼리그(NFL)와 10년 계약을 체결하여 경기장 유니폼, 사이드라인 의류, 연습용 의류, 신발, NFL 브랜드 의류 라인 등 NFL 라이선스 상품을 제조, 마케팅, 판매할 수 있는 독점 라이선스를 부여받았다. NFL은 32개 팀으로 구성된 미식축구 최고의 프로리그이다. 팀은 아메리칸 풋볼 컨퍼런스(AFC)와 내셔널 풋볼 컨퍼런스(NFC)라는 2개의 컨퍼런스로 구성되고 각 컨퍼런스에는 4개의 디비전이 있다.

미식축구의 역사는 1869년으로 거슬러 올라간다. 1899년에 창단된 애리조나 카디널스는 프로 풋볼에서 가장 오래된 팀이다. 2003년 탬파베이 버캐니어스와 오클랜드 레이더스의 슈퍼볼 경기는 1억 3,900만 명이 넘게 본, 역사상 가장 많이 시청된 텔레비전 프로그램으로 기록되었다. 초라하게 시작한 NFL은 매우 성공적인 리그로 성장했다.

라이선스 의류 사업

라이선스 의류 사업은 마진이 높고 수익성이 높은 사업이다. NFL은 리복에 독점 라이선스를 부여하면서 리복의 고객들, 즉 궁극적으로 대중에게 판매하는 스포츠 소매업체들에게 매우 높은 수준의 서비스를 제공할 것으로 기대한다. 그러나 수요는 통제할 수 없는 많은 요소의 영향을 받아 예측하기가 매우 어렵다. 사실 어떤 품목이 판매될지 예측하는 것은 내년 슈퍼볼에서 누가 가장 가치 있는 선수가 될지 예측하는 것과 비슷하다.

리복은 우수한 품질의 제품을 제공해 온 역사를 가지고 있다. 한 소매업체 관계자는 말한다. "리복 라인은 훌륭하다. 우리는 기대하는 동시에 걱정하고 있다. (과거에는) 5개의 다른 제조업체에서 만든 하나의 팀 유니폼을 쇼핑몰 내 5개의 다른 매장에서 찾을 수 있다는 것이 문제였다. 이제 문제는 소비자가 팀 유니폼이 리복 제품이라고 해서 20달러를 더 지불해야 하는가 하는 점이다."

하지만 다른 소매업체들은 유일한 공급처가 이러한 제품들을 공급하는 것에 대해 걱정하고 있다. 또 다른 소매업체는 "의류 분야의 최상위 소매업체로서 우리는 한 브랜드만 취급하게 된다."고 말하면서 "리복이 훌륭한 제품을 만든다고 생각한다. 우리는 B, C, D 옵션이 없기 때문에 리복이 납품해 주기를 바랄 뿐이다."라고 덧붙였다.

특히 중요한 것은 라이선스 사업의 모든 영역에서 소매업체가 우려하는 **핫-마켓**(hot-market) 아이템 공급에 대한 리복의 능력이다. "우리는 리복이라는 주요 파트너를 확보함으로써 인기 상품에 대해 더 나은 입지를 확보할 수 있게 되었다. … 리복은 유니폼과 플리스에 대해 더 큰 입지를 확보하고 소매업체의 수요를 충족할 수 있다는 확신을 가질 것이다."

NFL 레플리카 유니폼 비즈니스에서 **핫-마켓** 아이템이란 시즌 전에 잘 팔릴 것을 예상하지 못한 품목이나, 판매량이 예상되지 않았던 미지의 품목을 말한다. 리복에 대한 초기 리뷰에 따르면 그 성과는 만족스러운 것으로 나타났다. "솔직히 말해서, 핫-마켓에서는 배송이 항상 문제가 된다. 회사가 12개든 1개든 배송이 항상 문제다. 올해 리복은 배송을 거의 제시간에 맞췄다."

리복은 인수와 확장을 통해 라이선스 의류에 대한 전문성을 발전시켰다. 2001년, 리복은 인디애나폴리스에 위치한 비교적 작은 규모의 라이선스 의류 업체인 로고애슬래틱(LogoAthletic)을 인수했다. 로고애슬래틱은 스포츠 의류에 대한 폭넓은 경험과 전문성을 보유하고 있었을 뿐만 아니라 과거 NFL과의 관계도 맺고 있었다. 그 결과, 리복은 인디애나폴리스에 있는 로고애슬래틱의 기존 시설에 라이선스 의류 관리 부서를 배치하기로 결정했다.

NFL 레플리카 유니폼에 대한 수요

NFL 복제 유니폼은 5온스 나일론 다이아몬드 백 메시 바디, 팀 컬러와 흰색의 나일론 대즐 슬리브/요크, 8.6온스 폴리에스테르 플랫 니트 리브 칼라, 일부 팀의 경우 스트라이프 니트 인서트로 구성된다. 각 팀의 유니폼은 팀 로고와 함께 스타일, 재단, 색상(팀 컬러, 흰색 및 대체 색상)이 독특하게 조합되어 있다(그림 5-5 참조).

유니폼에 대한 소비자 수요는 연중 내내 끊이지 않지만, NFL 시즌이 수요에 큰 영향을 준다. 시즌을 앞둔 8월과 9월에 판매량이 가장 많다. 시즌이 시작되면 특정 팀과 선수의 활약으로 인해 판매량이 급증한다. 예를 들어, 2003년 캔자스시티 치프스가 연승을 거두며 시즌을 시작하자 이들의 유니폼이 품귀 현상을 빚는 인기 상품이 되었다. 이전에는 잘 알려지지 않았던 선수가 예상치 못하게 잘 팔린 것이다. Dante Hall은 첫 네 경기에서 몇 차례 뛰어난 활약을 펼쳤고 그의 유니폼에 대한 수요는 크게 증가했다.

시즌 후반에는 연말연시 선물과 플레이오프에 대한 기대감으로 인해 소비자 수요가 증가한다. 플레이오프 기간에는 이러한 수요가 주간 실적과 밀접한 상

그림 5-5 NFL 레플리카 유니폼 예시

관관계가 있다. 패배한 팀은 매출이 감소하는 반면, 승리하고 계속 경기를 치르는 팀은 매출이 급증한다. 슈퍼볼에 출전하는 두 팀은 경기 직전까지 평소보다 훨씬 높은 판매량을 기록한다. 슈퍼볼 우승팀은 우승 후 1~2주 동안 판매가 지속되다가 다음 시즌이 시작될 때까지 판매가 급격히 감소한다.

대부분의 선수 트레이드와 자유 계약 선수 계약은 2월에서 4월의 비수기에 이루어진다. 소비자들은 이러한 선수들의 움직임에 대해 자신이 좋아하는 팀의 최신 슈퍼스타 유니폼에 대한 수요로 반응한다. 예를 들어, 2004년 3월 Warren Sapp이 오클랜드 레이더스와 계약했을 때 소매업체들은 리복이 즉시 그의 유니폼을 출시할 것으로 예상했다.

판매 주기

연간 판매 주기는 1월/2월에 시작된다. 리복은 소매업체에게 조기 주문 시 할인 혜택을 제공하여 소매업체가 연간 주문량의 약 20%를 배송에 맞추어 5월에 선발주하게 한다. 리복은 이 선주문 정보를 바탕으로 다가오는 시즌에 대한 공급업체로부터의 구매를 계획한다.

2월에서 4월 사이에는 일부 주문 조정을 제외하고는 소매업체의 주문이 제한된다. 예를 들어, 2004년 필라델피아의 Terrell Owens 영입과 같이 선수 이적으로 인한 예상치 못한 수요를 충족하기 위해 소매업체가 단납기 배송을 주문하는 경우가 있다. 5월에서 8월 사이에 이루어지는 소매업체의 주문은 주로 소매점의 시즌 내 재고 보충 요구사항을 충족하기 위해 소매점 DC에 재고를 배치하기 위한 것으로, 이 시점의 예상 리드 타임은 3~4주이다. 8월 말까지 리복은 예상 판매량의 50%를 소매업체에 배송한다.

9월부터 1월 사이의 시즌 내 재고 보충 기간을 '더 체이스(The Chase)'라고 한다. 프리시즌 예측에 따라

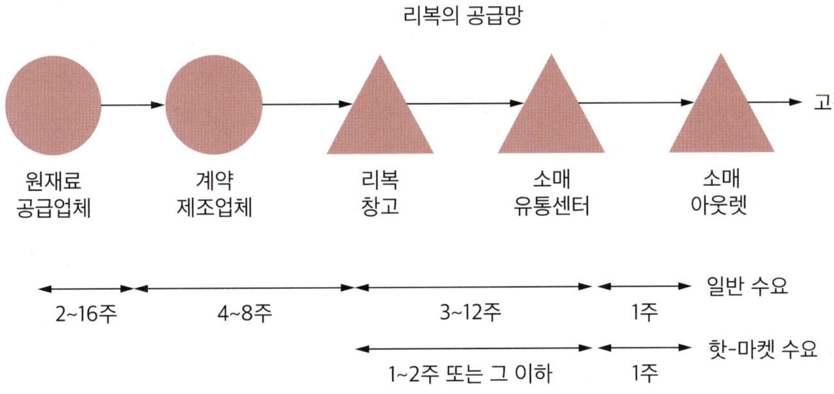

그림 5-6 리복의 공급망

판매되는 유니폼의 경우 소매업체는 DC 재고를 사용하여 매장의 재고를 보충한다. 하지만 소매업체는 판매량이 많은 유니폼 DC 재고를 보충하기 위해 리복에 재입고 주문을 한다. 이 시기는 소비자들이 선수와 팀 성과에 반응하여 핫-마켓이 형성되는 시기이다. 소매업체는 핫-마켓 아이템을 '추격'하기 위해 재고를 조정해야 하며, 그들은 리복이 핫-마켓을 추격할 수 있는 제품을 공급해 주기를 기대한다. 무명 선수가 슈퍼스타가 되기도 하고, 슈퍼스타였던 선수가 비인기 선수가 되기도 한다. 소매업체가 선수 유니폼을 소비자 수요에 맞게 확보할 수 있다면 소매업체는 제품을 대량 판매할 수 있는 기회를 얻을 수 있다. 대형 스포츠 소매업체의 한 구매 담당자는 "이번 시즌에 어떤 팀과 어떤 선수가 인기를 끌지 예측하고 재고를 확보해야 한다. 우리는 매주 필요에 따라 DC에서 매장 내 재고를 보충한다."고 설명한다.

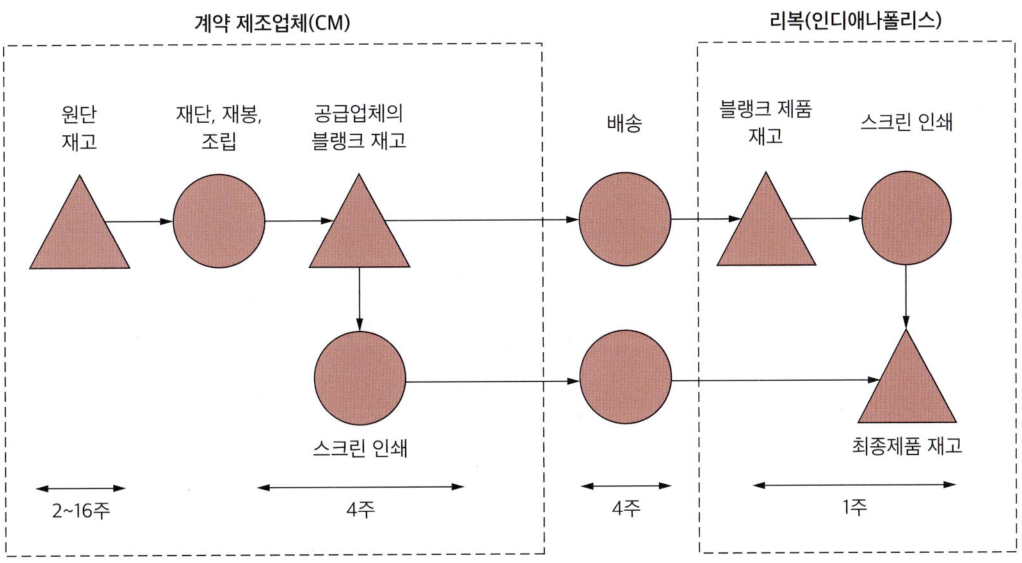

그림 5-7 리복의 공급망 – 상세

공급망

리복은 인디애나폴리스의 물류센터에서 주요 소매업체의 물류센터로 직접 공급한다. 소매업체는 일반적인 수요를 보충하는 데 3주에서 12주의 리드 타임을 요구하지만, 핫-마켓 수요에 직면할 경우 1~2주로 훨씬 짧은 리드 타임을 요구한다.

그림 5-6과 그림 5-7은 리복의 공급망을 개략적으로 보여준다. 리복은 모든 유니폼을 제조 리드 타임이 30일인 해외 CM(계약 제조업체)으로부터 조달한다. 리복은 각 CM이 재고로 보유하고 있는 원단과 원자재를 조달한다. 필요한 경우 주문에 따라 어떤 팀의 유니폼도 생산할 수 있도록 충분한 수준의 원자재 재고를 확보하기 위한 내부 계약이 체결되어 있다. 배송은 해상 운송의 경우 2개월, 항공 운송의 경우 1주일이 소요된다.

계약 제조업체는 팀 색상과 마킹이 있지만 선수 이름이나 등번호가 없는 완성된 팀 유니폼을 재단, 재봉, 조립한다. 이를 '팀 완성' 또는 '블랭크' 유니폼이라고 한다. 그다음 이 유니폼은 다음 두 가지 중 하나의 경로로 완제품 재고가 된다. 일부 주문의 경우 CM이 유니폼에 선수 이름과 번호를 스크린 인쇄하여 '완성된(dressed)' 유니폼을 세작하고, 이 완세품으로 리복 DC로 배송된다. Tony는 "빈 유니폼은 선수 이름이나 번호가 없는 상태로 (리복) DC로 직접 배송된다. 이 유니폼은 수요가 생길 때까지 재고로 보유하고 있다가 고객의 주문에 따라 이 빈 유니폼에 인쇄를 시작한다."고 말했다.

리복은 DC 내에 자체 스크린 인쇄 시설을 갖추고 있으며, 이를 통해 블랭크 유니폼을 완성한다. 성수기에는 하루에 약 1만 벌의 유니폼을 인쇄할 수 있는 능력을 갖추고 있다. 인디애나폴리스의 마감 시설에는 최고 수준의 상업적 표준에 따라 자수 및 인쇄를 할 수 있는 여러 대의 재봉기와 스크린 인쇄기가 있다. [이 생산 능력은 NBA 유니폼, 티셔츠, 스웨트셔츠와 같은 다른 의류 품목과 공유된다. 즉각적인 요구사항이 인디애나폴리스의 마감 처리 능력을 초과하는 경우, 리복은 약간의 추가 비용을 지불하고 충분한 능력을 갖추고 있는 현지의 우수한 아웃소싱 옵션을 활용한다. 아웃소싱 비용은 내부 비용(internal decorating cost)보다 약 10% 정도 높다.]

인디애나폴리스의 블랭크 유니폼 재고는 소량으로 주문하는 선수 유니폼의 수요에 대응하고, 인기 선수에 대한 예상보다 높은 수요에 신속하게 대응하기 위한 두 가지 주요 목적을 가지고 있다. CM과 리복은 모든 선수의 유니폼에 대해 1,728벌의 최소 주문량에 합의했다. 이 수준보다 수요가 적은 선수는 인디애나폴리스에서 인쇄될 블랭크 유니폼을 사용하여 공급한다. 일반적인 NFL 팀에서 CM 생산을 보장할 만큼 수요가 많은 선수는 소수에 불과하다.

리복은 또한 오프시즌에 예기치 않게 팀을 옮기는 선수들의 즉각적인 수요를 충족하기 위해 블랭크 유니폼을 사용한다. 생산 관리자인 Monty는 최근 사례를 든다. "2004년 3월 Warren Sapp이 오클랜드 레이더스와 계약했을 때 소매업체들은 우리에게 그의 유니폼을 즉시 배송해 줄 것을 요구했다. 공급업체로부터 유니폼을 받기까지 3개월을 기다릴 수 없었기 때문에 즉시 인쇄를 시작해야 했다. 다행히 여분의 레이더스 유니폼 재고가 있었다."

구매 계획

리복의 구매 주기는 판매 주기보다 훨씬 이전, 즉 목표하는 NFL 시즌이 시작되기 14개월 전인 7월에 시작된다. 예를 들어, 2004년 9월 시즌의 구매 주기는 2003년 7월에 시작되었다. 리복은 이듬해 4월 계획된 배송을 위해 7월부터 10월까지 매달 두 번 CM에게 구매 주문을 한다. 이 기간에 주문되는 모든 유니폼은 다음 시즌의 선수 명단이 불확실하기 때문에 일반적으로 블랭크 유니폼이다. 리복은 CM에게 즉시 유니폼을 제작하고 블랭크 유니폼은 재고로 보유할 것을 요구한다. 리복이 현재 연도에 유니폼을 필요로 하는 경우 CM에게 해당 유니폼을 신속하게 배송해 달라고 요청할 수 있다.

1월과 2월 동안은 알려진 수요, 즉 소매업체의 사전 주문에 따라 주문을 진행한다. 리복은 3월과 4월에 알려진 주문과 예측을 조합하여 구매를 진행한다. 다음 시즌 소매업체의 주문을 예상하여 인디애나폴리스에 있는 물류센터에 재고를 배치하기 위해 5월과 6월에도 주문을 계속한다. 3월부터 6월까지가 리복 기획자에게 가장 어려운 시기인데, 선주문은 이미 완료되었지만 다음 시즌의 수요 예측을 바탕으로 재고를 결정해야 하기 때문이다.

계획 문제

위에서 언급한 바와 같이, 3월부터 6월까지의 기간은 구매 주기에서 가장 중요한 시기이다. 리복은 이미 소매업체로부터의 프리시즌 주문량을 충당하기 위해 주문을 완료했으며, 이제 다가오는 시즌에 대한 대부분의 주문을 예측을 기반으로 진행해야 한다. 이를 2003 시즌 뉴잉글랜드 패트리어츠의 계획 문제를 예로 들어 설명한다.[2]

리복은 소매업체에 유니폼을 개당 $24.00의 도매가로 판매한다. 소매 가격은 $50이 넘는다. 리복의 비용은 CM에 따라 다르지만, 인디애나폴리스로 배송되는 블랭크 유니폼과 인쇄된 유니폼의 평균 비용은 각각 $9.50과 $10.90이다. 인디애나폴리스에서 블랭크 유니폼을 인쇄하는 데 드는 비용은 약 $2.40이다.

리복은 소매업체에 판매하지 못하고 시즌이 끝나고 남은 유니폼에 대해 몇 가지 옵션을 가지고 있다. 리복은 할인업체에 판매할 수 있지만 소매업체 유통 채널을 보호하기 위해 신중하게 결정해야 한다. 리복은 또한 판매되지 않은 유니폼을 DC에 보관하고 다음 시즌에 판매할 수 있다. 이 옵션은 특히 유니폼의 경우 자유선수계약, 트레이드, 은퇴 등으로 인해 상당한 위험이 따른다. 또한 팀에서 종종 유니폼의 스타일이나 색상을 변경하기도 한다. 어떤 경우든 리복은 가치가 거의 없는 오래된 유니폼을 가질 위험이 있다.

리복의 일반적인 관행은 남아 있는 인쇄된 유니폼은 할인된 가격에 판매하되 유니폼을 변경하지 않을 것으로 예상되는 팀의 블랭크 유니폼은 다음 시즌을 위해 보유하는 것이다. 리복이 할인업체로부터 받는 인쇄된 유니폼의 평균 할인 가격은 $7.00이다. 리복은 재고에 대한 자본 비용과 보관 및 취급 비용을 모두 반영한 블랭크 유니폼의 연간 보유 비용을 11%로 추정하고 있으며, 다음 시즌까지 판매되지 않은 블랭크 유니폼을 보유하는 데 드는 비용은 유니폼 한 벌당 $1.045이다. 뉴잉글랜드 패트리어츠는 몇 년 전에 유니폼을 새롭게 디자인했으며, 가까운 시일 내에 변화가 있을 것이라는 징후는 없다.

수요를 예측하는 것은 어려운 일이다. 리복은 과거 판매량, 팀과 선수의 성과, 시장 정보, 사전 주문, 정보에 입각한 추측 등 여러 가지 요소를 조합하여 예측값

2 여기에 나오는 비용, 수입, 수량은 실제 수치가 아닌 위장된 숫자이다.

표 5-1 수요 예측

품목	평균	표준편차
뉴잉글랜드 패트리어츠 전체	87,680	19,211
Brady, Tom, #12	30,763	13,843
Law, TY, #24	10,569	4,756
Brown, Troy, #80	8,159	3,671
Vinatieri, Adam, #04	7,270	4,362
Bruschi, Tedy, #54	5,526	3,316
Smith, Antowain, #32	2,118	1,271
그 밖의 선수들	23,275	10,474

을 도출한다. 또한 판매 주기가 전개되고 리복이 현재 시즌에 대한 더 많은 정보를 얻음에 따라 예측은 지속적으로 수정된다.

2003년 2월, 소매업체의 초기 주문이 시작된 후 팀과 선수 수준 예측을 생성할 수 있는 충분한 정보가 확보되었다. 표 5-1은 뉴잉글랜드 패트리어츠에 대한 이 예측을 보여준다.

당시 지명된 6명의 선수는 유니폼 판매량 측면에서 가장 인기가 높았으며, 이 6명의 선수에 대한 수요 예측은 각각 CM의 최소 주문 수량을 넘어섰다. 리복은 다른 선수들(예 : 52번 Ted Johnson)에 대한 수요도 예측했지만, 이 수요는 예측하기가 더 어려웠고 CM의 최소 주문 수량을 초과할 가능성이 없었다. 따라서 리복은 다른 모든 선수들을 위해 2만 3,000벌 이상의 유니폼에 대한 총괄 예측을 실시했다.

사례 토론 질문

1. 선수 수요와 관련된 불확실성을 고려할 때, 리복은 NFL 레플리카 유니폼의 재고 계획을 어떻게 수립해야 하는가?
2. 리복의 목표는 무엇이어야 하는가? 리복은 시즌이 끝날 때 재고를 최소화해야 하는가? 아니면 수익을 극대화해야 하는가? 리복은 두 가지 목표를 모두 달성할 수 있는가? 리복은 고객에게 어떤 서비스 수준을 제공해야 하는가?
3. 2.2.2절의 모델이 도움이 되는가? 인쇄된 유니폼의 부족분 비용은 얼마인가? 인쇄된 유니폼의 초과분 비용은 얼마인가? 리복은 인쇄된 유니폼과 블랭크 유니폼을 어떻게 결정할 수 있는가?
4. 뉴잉글랜드 패트리어츠의 예측을 사용하여 각 선수에 대해 주문할 수 있는 최적 수량은 얼마인가? 블랭크 유니폼의 경우는 어떠한가? 리복의 예상 수익은 얼마인가? 시즌이 끝나고 남은 재고의 양과 종류는 어느 정도로 예상되는가? 서비스 수준은 어느 정도인가?

CHAPTER 6

공급망 통합

CASE 델 : 데스크톱 PC 공급망의 유연성 향상

2005년 6월은 델(Dell Inc.)에게 좋아 보이는 시기였다. 2001년 닷컴 버블(dot-com bubble)이 붕괴된 이후, 회사 주가는 2배 가까이 상승했다. 회사의 수익과 순이익 모두 신기록을 향해 가고 있었다. 이러한 확신과 낙관에도 불구하고 델의 데스크톱 PC 제조 부문은 제조 비용이 계속해서 급증하고 있다는 것을 발견했다. 데스크톱 PC 제조 부문의 이사 중 한 명인 Tom Wilson은 말했다. "델의 Level 5 생산량의 증가는 우리에게 알람을 울리고 있다. 델의 관점에서 이것은 전체 생산 과정에 비용이 더 발생하는 것이다. 우리는 계약 제조업체(CM, Contract Manufacturer)의 저비용 구조를 충분히 활용하지 못하고 있다. 대신 제3자 통합업체(3PI, 3rd-Party Integrator)에 더 많이 의존해야 한다. 우리가 현재 3PI에 통합 단위 테스트를 수행하도록 요구하지 않기 때문에 품질이 낮은 제품을 받고 있을 뿐만 아니라, 델의 수요를 지원하기 위한 3PI의 생산능력을 예측하는 데도 어려움을 겪고 있다."

PC 산업의 역사

1960년대에 LINC와 PDP-8과 같은 이른바 개인용 컴퓨터(PC, 비메인프레임 컴퓨터)가 시장에 출시되었다. 이 컴퓨터는 비쌌고(약 $5만) 냉장고만큼 크기가 거대했다. 그럼에도 개별 실험실과 연구 프로젝트에서 개인이 사용할 수 있을 만큼 작고 저렴해서 '개인용 컴퓨터'라고 불렸다. 또한 자체 운영 체제도 갖추고 있어서 사용자가 직접 상호 작용할 수 있었다.

첫 번째 마이크로컴퓨터는 1970년대 중반에 출시되었다. 컴퓨터 애호가들이 프로그래밍을 배우기 위해 구입했고, 간단한 사무 작업, 애플리케이션 사용, 게임을 하기 위해 사용했다. 싱글칩 마이크로프로세서의 등장은 컴퓨터 가격을 크게 낮추었고, 대중으로부터 광범위한 구매자가 처음으로 등장하게 만들었다. 널리 성공적으로 판매된 첫 데스크톱 PC는 1977년에 애플 컴퓨터(Apple Computer)가 내놓은 Apple II였다.

1980년대에는 컴퓨터가 점점 더 저렴해지면서 가정 및 비즈니스 사용자들 사이에서 큰 인기를 얻기 시작했다. 이 추세는 IBM PC의 출시와 이와 관련된 소프트웨어에 의해 주도되었는데, 스프레드시트, 워드 프로세서, 프레젠테이션 그래픽, 간단한 데이터베이스 애플리케이션을 비교적 저렴한 단일 기계에서 사용할 수 있게 만들었다. 심지어 1982년 《Time》지는 PC를 그해의 인물로 선정하기도 했다. 1980년대에는 노트북 컴퓨터가 실제 노트 크기로 출시되었다. 1981년 CP/M 운영 체제를 사용하는 최초의 상용 휴대용 컴퓨터는 Osborne 1이었다. 오늘날의 기준으로 보면 크고 무거웠으며 작은 CRT 모니터를 탑재했지만, 전문가들이 처음으로 컴퓨터와 데이터를 가지고 다닐 수 있게 되면서 비즈니스에 거의 혁명을 불러일으켰다. 그러나 Osborne은 배터리로 작동할 수 없었고, 전원에 연결해야만 했다.

1990년대에는 PC가 더 강력해지면서 더 복잡한 작업을 처리할 수 있게 되었다. 이 시기에 이르러 PC는 다중 사용자 컴퓨터나 메인프레임과 유사해지고 있었다. 해당 시기에는 데스크톱 PC의 그래픽과 멀티미디어를 지원할 수 있는 능력이 광고되었고, 이러한 성능은 영화 스튜디오, 대학교, 정부 기관에 의한 데스크톱 컴퓨터의 사용 증가로 이어졌다.

1980년대 말까지 노트 크기의 노트북 PC가 비즈니스맨 사이에서 인기를 얻기 시작했다. 2005년까지 고급 PC는 더 높은 신뢰성과 더 강력한 멀티태스킹 능력에 더 중점을 두게 되었다.

델 기업의 배경 및 직접 모델

델은 Michael Dell이 1984년 텍사스대학교 오스틴 캠퍼스 기숙사 방에서 창업했으며, 단순한 비즈니스 모델을 기반으로 했다. 소매업체를 판매 채널에서 생략하고 고객에게 직접 판매하는 것이다. 시장의 평균 가격보다 낮은 가격으로 고객에게 맞춤형 시스템을 직접 제공하는 모델을 사용했다. 델은 금방 사업 성공을 누리기 시작하여 1993년에 전 세계 컴퓨터 시스템 제조사 순위 상위 5위 안에 들었고, 2001년에는 1위가 되었다. 텍사스 오스틴, 테네시 내슈빌, 노스캐롤라이나 윈스턴-세일럼에 있는 3개의 주요 생산 기지와 브라질, 중국, 말레이시아, 아일랜드에 있는 시설을 포함하여 델의 지난 네 분기 총수익은 $560억이었다. 델은 전 세계적으로 6만 5,200명의 직원을 고용하고 있다.

델이 취급하는 제품은 PC뿐만 아니라 워크스테이션, 서버, 저장 장치, 모니터, 프린터, 핸드헬드, LCD TV, 프로젝터 등 다양한 소비자 전자 제품을 포함하고 있다. 이러한 제품 중 일부는 델에 의해 직접 생산되고, 다른 제품은 다른 회사들에 의해 생산되지만 델 브랜드로 판매된다.

델의 기업 역사를 통틀어 근본적인 비즈니스 모델은 변하지 않았다. 고객에게 직접 판매하는 것이 주요 전략이자 강점이다. 직접 판매하는 모델에는 소매업자가 없으며 고객과 시작해서 고객과 끝난다. 고객이 온라인이나 전화를 통해 선호하는 구성에 따라 컴퓨터 시스템을 주문하고, 델이 이 컴퓨터 시스템을 제조한 다음, 고객에게 직접 배송한다. 델은 직접 고객에게 배송함으로써 비용을 절약할 뿐만 아니라 주문 제작 방식을 채택함으로써 원자재 재고를 적게 유지하기 때문에 경쟁사들보다 제조 비용을 낮게 유지할 수 있었다. 직접 모델은 또한 고객 주문에서 시스템 수령까지의 시간을 단축한다. 더욱이 이렇게 직접적으로 제공하는 모델은 고객 서비스를 계획하고 고객 만족을 위한 필요 지원을 제공하기가 더 용이하다.

계약 생산

2005년까지 대부분의 PC 제조사들은 하이테크 전자 제품을 생산하기 위해 계약 제조업체(CM)를 활용했다. 계약 제조 현상은 1980년대에 시작되었다. 노동 비용에서의 이익을 얻고자 수많은 주문자상표부착생산자(OEM, Original Equipment Manufacturer)들이 CM과의 비즈니스 협력을 시작했다. 계약 제조 비즈니스 모델이 처음 도입되었을 때 CM은 원자재나 조립되지 않은 부품을 저렴한 지역에서 생산하여 미국이나 유럽의 OEM 공장으로 상품 조립을 위해 배송하는 책임을 담당했다. 그러나 1990년대 후반에는 점점 더 많은 CM이 고객을 위한 일정 수준의 제조/조립 작업을 수행하기 시작했고, 계약 제조의 성장을 촉진하는 데 도움이 되었다. 캘리포니아 앨러미다에 위치한 기술 예측 회사인 테크놀로지 포어캐스터(Technology Forecasters Inc.)에 따르면, 1998년에 계약 제조 산업은 $900억의 가치가 있었다. 2001년에는 이 수치가 거의 2배로 증가하여 $1,780억에 달했다. OEM은 다음과 같은 이유로 CM에 제조 과정의 일부를 소유하고 관리하도록 했다.

1. **능력** : OEM은 해당 제품을 만들 수 없거나 해당 능력을 쉽게 획득할 수 없어 공급업체를 찾아야 한다.
2. **제조 경쟁력** : 공급업체는 더 낮은 비용, 더 빠른 제공 가능성 등을 가지고 있다.
3. **기술** : 공급업체의 제품 버전이 더 우수하다.

2005년까지 미국에서 판매된 대부분의 데스크톱 PC는 초기에 중국의 CM에 의해 생산되었다. 전형적인 계약 제조 거래에서 OEM은 제품 디자인과 함께 CM에 접근한다. 양측은 가격, 재료의 소유권, 하위 공급업체, 때때로 제조 공정에 대해 협상하고 합의한다. 그러면 CM은 OEM의 공장 역할을 한다. 데스크톱 PC와 노트북 PC 제품의 대부분 CM은 중국이나 아시아의 다른 지역에 공장을 가지고 있다. 생산 능력과 비용의 정도에 따라 일부 CM은 모든 제조 과정부터 완조

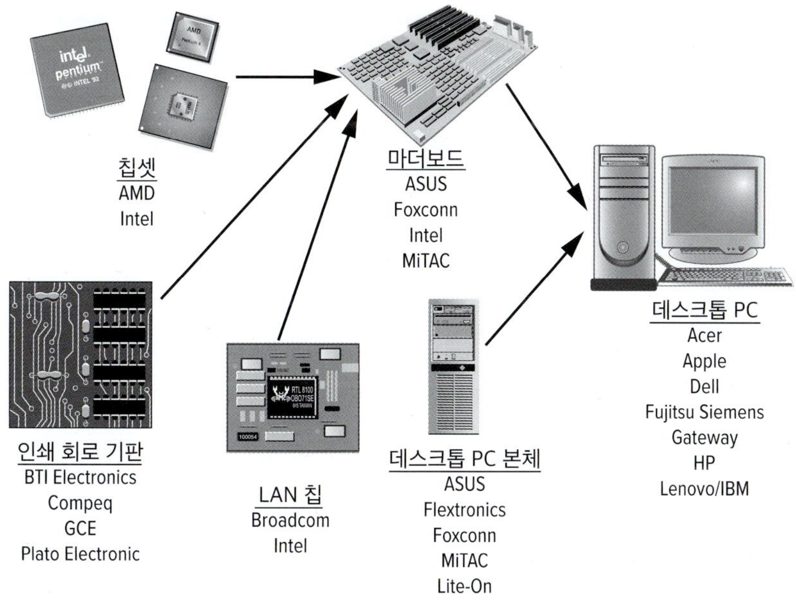

그림 6-1 데스크톱 PC의 중요 부품과 주요 부품 제조업체

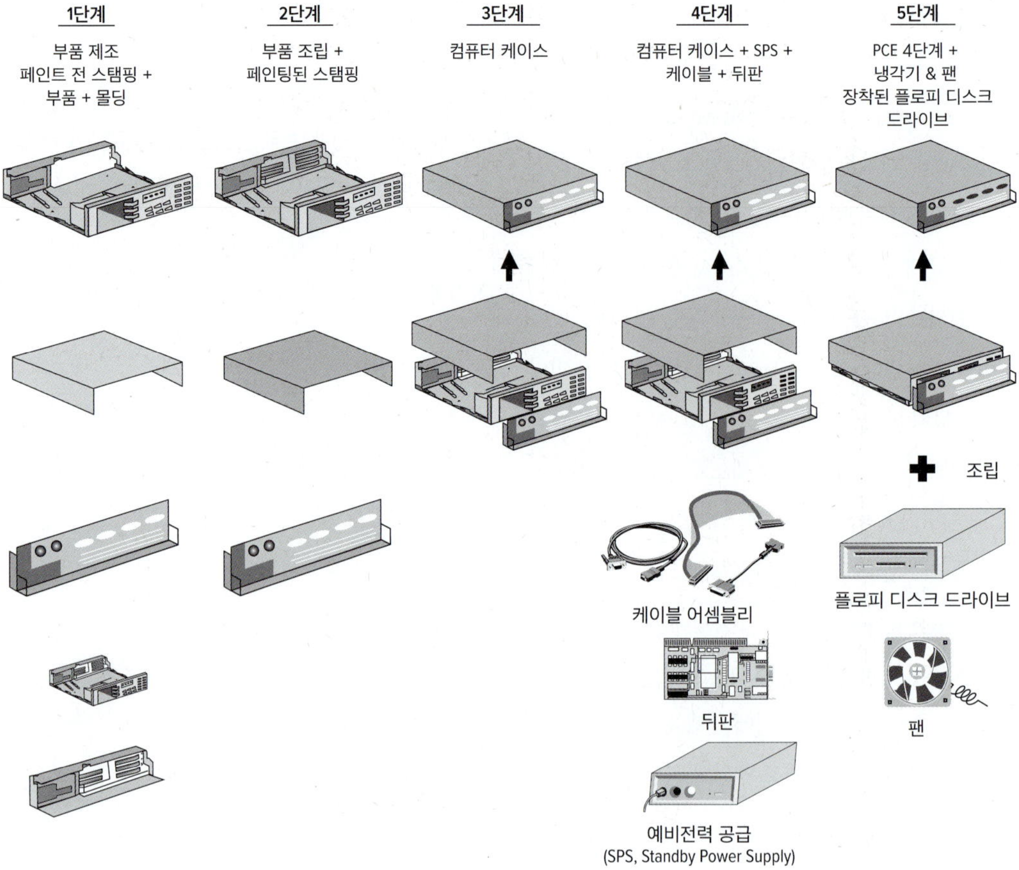

그림 6-2 데스크톱 PC 조립의 1~5단계

립 제품을 OEM을 대신해 배송하는 일까지 모든 것을 수행한다. 따라서 2005년까지 대부분의 미국 PC 제조사들은 '팹리스'(fabless, 공장이 없는)가 되었고, 델은 여전히 미국 내에 생산 시설을 유지한 몇 안 되는 미국 회사 중 하나였다.

델의 경우, 고객이 주문 시 PC의 일부 구성 요소를 맞춤 설정할 수 있기 때문에 중국의 CM 시설에서 완성된 제품을 해상으로 미국 고객에게 배송하는 것은 시간이 너무 많이 걸릴 것이고, 무겁거나 부피가 큰 데스크톱 제품을 항공 배송하는 것은 비용이 너무 많이 들 것이다. 따라서 델의 데스크톱 PC 제품의 경우, 중국의 CM은 반조립된 제품을 생산하여 해상을 통해 미국의 델 공장으로 배송한다. 해당 제품이 도착하고 고객이 선호하는 구성 요소가 알려지면, 델 공장 직원들은 추가적인 완성 작업을 수행한다. 맞춤 구성 요소(프로세서, 메모리, 하드 드라이브, 스피커 등)를 설치하고, 필요한 소프트웨어 응용 프로그램을 설치하고, 최종 단위 테스트를 수행한 다음, 완제품으로 조립하여 고객에게 배송한다.

데스크톱 PC의 주요 구성 부품

데스크톱 PC의 두 가지 주요 구성 부품은 마더보드와

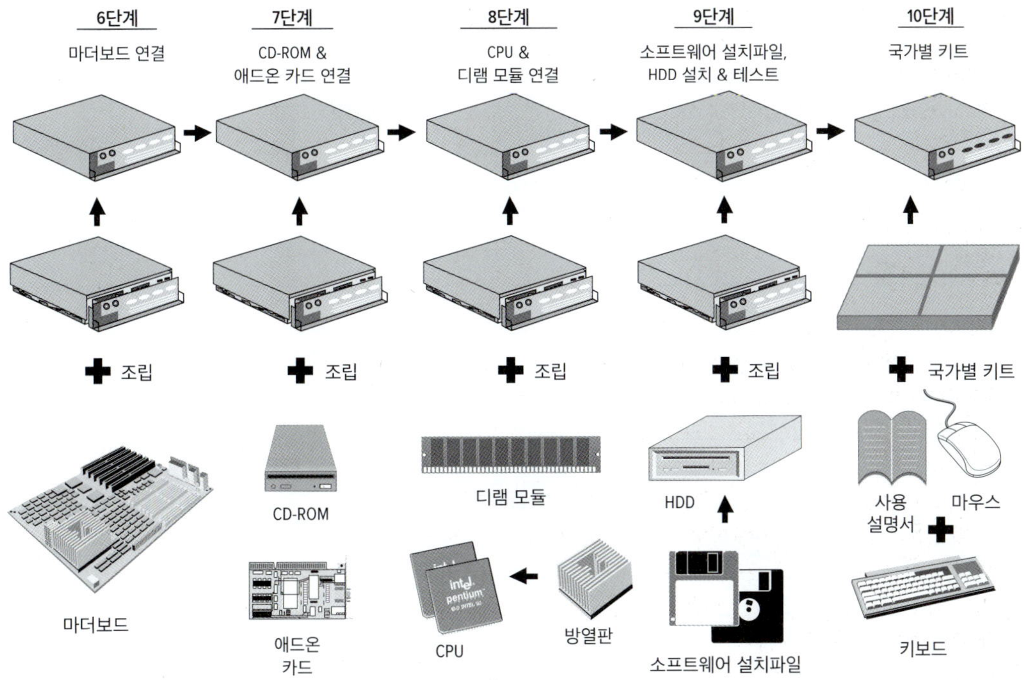

그림 6-3 데스크톱 PC 조립의 6~10단계
출처 : Foxconn Company presentation

본체다(이 구성 부품은 그림 6-1 참조). 마더보드는 컴퓨터의 '신경계'로서 중앙처리장치(CPU), 키보드, 모니터의 회로를 포함하며 종종 추가 회로를 수용할 수 있는 슬롯이 있다. 본체는 먼지나 습기로부터 모든 중요한 내부 구성 부품을 보호하는 외장 또는 프레임워크 케이스 역할을 한다. 마더보드는 일반적으로 본체 케이스의 바닥에 수동으로 나사로 고정되며, 입출력(I/O) 포트는 본체 측면에 노출된다. 본체에는 또한 전원 공급 장치가 포함된다.

마더보드에는 세 가지 중요한 구성 요소가 포함되는데, 칩셋, 인쇄 회로 기판(PCB), 로컬 영역 네트워크(LAN) 칩이다. PCB는 마더보드의 기반이며, 절연체 시트에 부착된 식각된 도체로 구성된다. 다양한 구성 요소는 회로 기판에 납땜된다. 칩셋은 북브리지와 사우스브리지를 포함하는 집적 회로의 그룹이다. 북브리지는 CPU와 메모리와 통신하며, 사우스브리지는 주변 구성 요소 인터커넥트(PCI) 버스, 실시간 시계, 전력 관리 등과 같은 더 느린 장치들과 통신한다. LAN 칩은 컴퓨터가 이더넷이나 Wi-Fi 기술을 통해 인터넷과 통신할 수 있도록 한다.

5단계 vs 6단계 제조

데스크톱 PC 제조에서 조립의 정도는 10단계로 나눌 수 있다. 단계가 높을수록 통합 정도가 더 높다. 그림 6-2와 6-3은 데스크톱 PC 조립의 10단계를 보여준다. 이 척도는 서버와 저장 장치 제조에도 적용될 수 있다.

5단계(L5)는 데스크톱 PC 본체, 플로피 디스크 드라이브, 팬의 조립을 포함한다. 본체 구성에 따라 일부 경우에는 전원 공급 장치도 포함될 수 있다. 6단계(L6)에서는 이러한 구성 요소와 함께 마더보드도 본

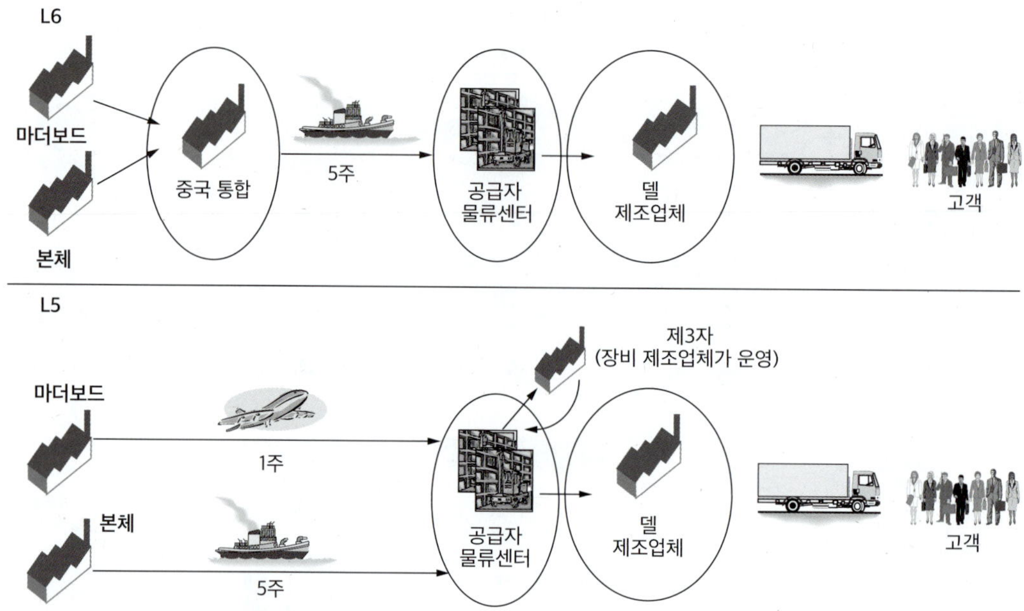

그림 6-4 L6 대 L5의 가치 비교

체에 설치된다. 즉, 공급업체가 6단계 제조를 수행할 때 본체에 마더보드를 설치하는 활동을 하는데, 이는 5단계 제조에서는 수행하지 않는다.

중국의 CM이 L6 데스크톱 PC 본체를 생산할 때 본체는 아직 기능적 단위가 아니며 프로세서, 메모리, 하드 드라이브, 스피커 등과 같은 맞춤형 부품이 여전히 필요하다. CM은 L6 본체를 중국에서 델의 미국과 아일랜드 공장으로 배송하고, 그 후 델 공장 직원들이 이 맞춤형 부품을 설치하여 단위를 '10단계'로 만든다. 10단계 제품은 완전히 조립되고 기능하는 제품으로 고객에게 배송될 수 있다. 그림 6-4는 L5와 L6 가치 사슬의 유사점과 차이점을 보여준다. 델의 일부 제품, 예를 들어 휴대용 장치와 프린터는 CM에 의해 10단계로 제조된다. 이는 델이 이러한 제품을 제조하기 위한 전용 제조 자원이나 능력을 갖추지 않았다는 의미이다. 대신 CM은 이러한 제품을 생산하고 사용자 매뉴얼을 포장에 포함시켜 델의 합병 센터로 배송한다. 이들 제품은 그 후 델 공장 직원이 제조한 PC와 동일한 배송물에 '병합'되어 고객이 주문한 모든 품목을 단일 배송으로 받을 수 있게 한다. 델은 이러한 배송 전략을 사용하여 더 만족스러운 고객 경험을 만든다.

L5 제조 증가의 원인

L5 제조는 L6보다 전반적인 제조 및 물류 비용이 더 높다. L5 제조 활용도 증가로 인한 델의 제조 비용 상승은 그림 6-5에서 볼 수 있다. 또한 그림 6-6에서 볼 수 있듯이, L5 제조 수준(상대적으로 L6에 비해)은 2005년 3월부터 상당히 크게 증가하기 시작했다. 6월의 L5 비율(27%)은 3월의 L5 비율(4%)의 6배 이상이었다. L5 제조 증가의 주요 원인은 대부분 델이 CM에 마더보드를 적시에 제공하지 못하는 데 있다. 이러한 원인은 다음과 같이 요약할 수 있다.

1. **칩셋 공급업체의 약속 철회 또는 공급 문제.** 칩셋 공급

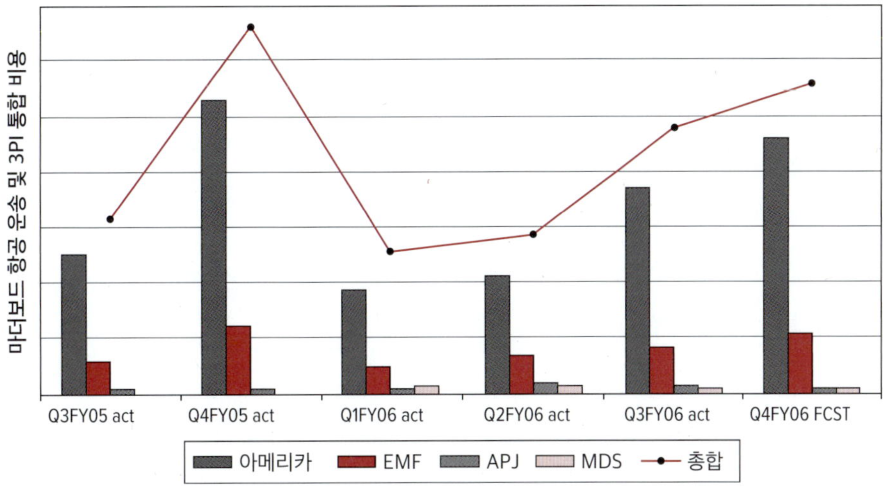

그림 6-5 마더보드 항공 운송과 3PI 통합 비용(Q3FY05~Q4FY06)

주 : 데이터 출처는 델의 전 세계 조달(WWP) 조직에서 나온 것이다. AMF는 3PI 통합 비용을 포함한다. EMF(유럽 제조시설)와 APJ(아시아 태평양 일본)는 델 공장에서 통합 작업이 이루어지기 때문에 해당 비용이 포함되지 않았다. 델의 회계연도에서 2005년 1분기(Q1FY05)는 2004년 2월부터 4월까지이며, 2006년 4분기(Q4FY06)는 2005년 11월부터 2006년 1월까지이다.

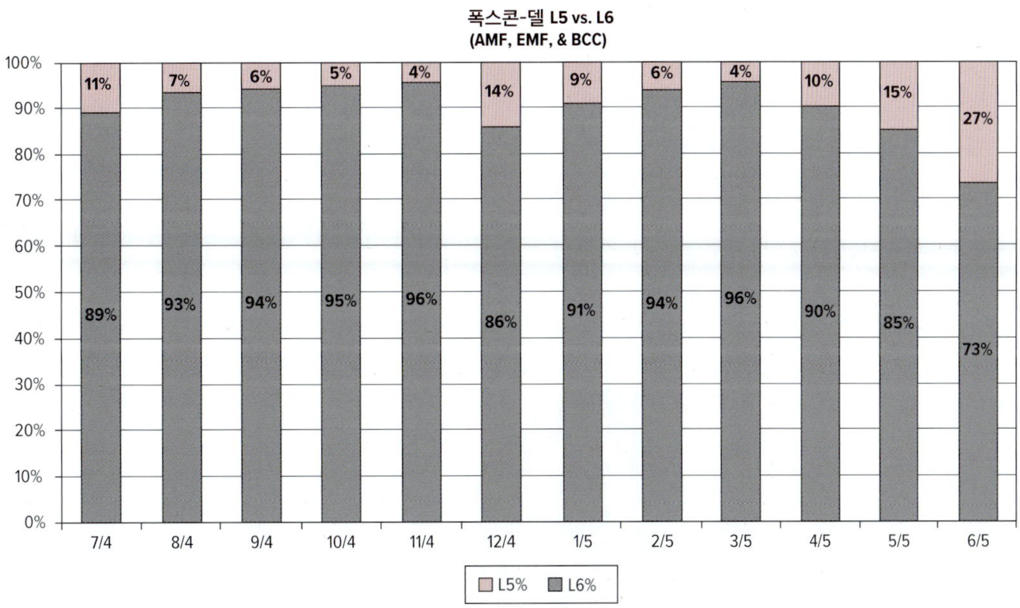

그림 6-6 2004년 7월에서 2005년 6월까지 L5 대 L6 생산 비율

업체가 약속한 칩셋 수량을 공급하지 못할 때 데스크톱 PC 공급망에 혼란이 발생한다. 2005년 상반기에 수집된 데이터에 따르면, 이는 L6 제조에 사용할 마더보드가 없어 L5 제조의 60% 이상을 차지했다.

2. **품질/공학적 문제.** 이러한 문제는 기능이 제대로 작동하지 않거나 문제가 있는 마더보드를 수리하거나

새로운 공급으로 교체해야 함을 의미한다. 이로 인해 델의 칩셋 공급업체와 합의된 예측에 포함되지 않은 추가적인 마더보드 수요가 발생할 수 있다.

3. **델의 예측 정확도.** 실제 수요가 예측을 초과할 때 델은 추가 칩셋을 조달하거나 고객 수요를 충족하지 못할 위험에 직면하게 된다. 칩셋의 제조, 조립, 테스트와 배송에 걸리는 평균 리드 타임이 13주인 만큼, 이러한 긴 리드 타임은 칩셋 공급업체가 델의 수요 일정을 맞추기 위해 추가 칩셋을 제공하는 데 어려움을 겪게 만든다.
4. **신제품 도입(NPI, New Product Introduction).** 새로 출시된 PC 제품에 대한 실제 수요는 특히 변동성이 크기 때문에 예측의 불확실성은 제품이 성숙 단계에 있고 수요와 L6 제조 수준이 안정적일 때 필요하지 않은 추가 마더보드를 항공 운송해야 할 필요성을 만들 수 있다. 변동성 있는 수요는 미국에서 마더보드-본체 조립을 통한 L5 제조 증가로 이어질 수 있는데, 이는 새롭게 출시된 제품의 시장 진입 시간을 줄이기 위한 것이다. 그러나 그림 6-7에 나타나 있듯이, 이 특정 상황에서 마더보드를 긴급하게 조달하는 데 드는 비용은 비교적 적어 단 3.8%에 불과하다.

그림 6-7은 델 AMF(아메리카 제조시설)에서 마더보드 항공 운송 비용의 원인별 분석을 보여준다.

델 비즈니스 프로세스 개선 팀의 방법 : 복잡도 관리에 집중

델에서는 L5 수준의 증가로 인한 지속적인 제조 비용 상승 문제를 해결하기 위해 태스크포스를 구성했다. 이 다기능 비즈니스 프로세스 개선(BPI, Business Process Improvement) 팀은 제조/운영, 전 세계 조달, 지역 조달, 생산 마스터 스케줄러, 생산 관리, 품질, 프로세스 공학, 공급업체 품질 공학, 원가 회계, 재고 관리, 물류 등 델의 다양한 조직에서 온 직원들로 구성되었다. 칩셋 공급 부족의 영향을 받는 다양한 조직의 구성원들로 구성된 이 팀은 미국에서 조립 작업을 관리하기 위한 여섯 가지 제조 옵션을 공동으로 식별했다.

1. 현재 상태 유지. 마더보드-본체 통합은 CM이 관리

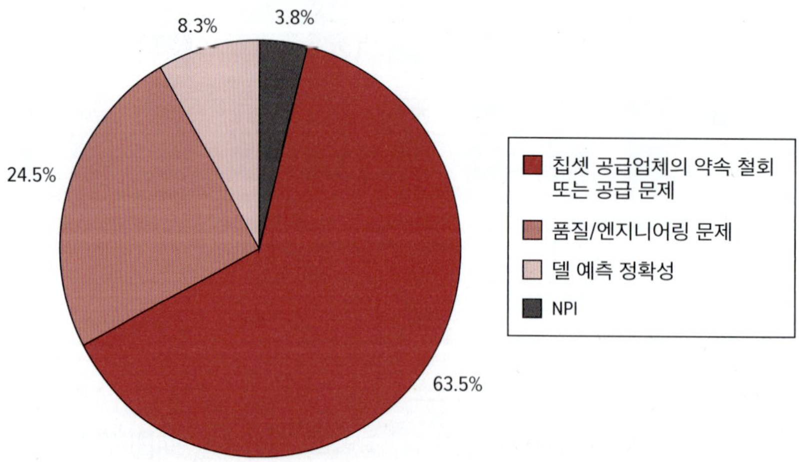

그림 6-7 원인별 델 AMF 운송 비용(2005년 1월에서 6월 사이)

출처 : Data from Dell's Worldwide Procurement (WWP) organization.

하는 3PI에 의해 수행된다.

2. DAO(Dell America Operations) 셀 통합. 델 공장 작업 셀이 L5부터 L10까지의 제조 작업을 수행할 수 있도록 한다.
3. 공급업체 물류센터(SLC, Supplier Logistics Center)에서의 오프라인 통합. 현재의 L6부터 L10까지의 제조 과정을 그대로 유지하고, 마더보드-본체 통합 작업은 SLC에서 처리한다.
4. 델이 임대한 건물에서의 오프라인 통합. 현재의 L6부터 L10까지의 제조 과정을 그대로 유지하고, 마더보드-본체 통합 작업은 델이 임대한 별도의 건물에서 처리한다.
5. 델이 직접 관리하는 3PI
6. 장비 제조업체의 멕시코 공장에서 L6. 많은 CM은 다른 고객을 위해 생산하는 제조시설을 가지고 있다. 델은 CM과 협상하여 CM의 제조 능력의 일부를 델의 비즈니스를 지원하는 데 할애할 수 있다.

BPI 팀은 델 내에서 영향을 받는 여러 부서를 대상으로 설문 조사를 실시하기로 결정했다. 이는 제조 방법 변경에 따라 영향을 받을 속성이나 비즈니스 프로세스를 기반으로 여섯 가지 제조 옵션의 복잡성과 비용을 정량화하기 위함이었다. 설문 조사의 범주는 제조 방법 변경에 의해 영향을 받을 속성 또는 비즈니스 프로세스를 바탕으로 팀에 의해 설정되었다. 설문 조사는 영향받는 각 부서 내의 콘텐츠 전문가에게 발송되었다. 이 전문가들은 일상적인 비즈니스 프로세스와 계획에 관여하며, 각 제조 옵션이 자신의 부서에 미칠 영향에 관한 정보를 가장 잘 제공할 수 있는 사람들이었다. 표 6-1은 설문 조사 결과를 보여준다.

표 6-1 6개의 잠재적 제조 옵션의 복잡성과 비용 분석

	옵션 1	옵션 2 (원본)	옵션 2 (수정)	옵션 3A	옵션 3B	옵션 4	옵션 5
전 세계적 조달	10	1	1	1	1	5	10
지역적 조달	8	5	5	5	5	5	10
마스터 스케줄러	5	5	5	5	5	5	5
생산 관리	5	10	10	7	7	7	5
운영	1	10	10	5	5	1	1
DAO 품질	5	10	10	5	5	1	1
프로세싱 엔지니어링	1	10	10	5	5	1	1
공급업체 품질 엔지니어링(지역)	10	1	1	1	1	5	7
공급업체 품질 엔지니어링(글로벌)	1	1	1	1	1	1	10
비용 회계	5	1	1	10	10	10	1
재고 관리	1	5	5	5	7	10	1
물류	5	1	1	5	5	5	10
합계	57	60	60	55	57	56	62
박스당 비용	$10.07	$7.00	$7.90	$7.54	$7.70	$7.61	$7.00

비고 : 박스당 비용 데이터는 델의 기밀 유지를 위해 수정되었음
옵션 1 : CM이 관리하는 3PI(기본 베이스라인)
옵션 2 : DAO 작업 셀에서의 통합
옵션 3A : SLC/허브에서의 통합
옵션 3B : 델이 임대한 건물에서의 통합
옵션 4 : 델이 관리하는 3PI
옵션 5 : 멕시코의 CM 공장에서 조립된 본체

제조 복잡성 측면에서 CM이 3PI를 관리하는 원래 옵션(1)은 중간 정도의 복잡성 점수를 받았다. 옵션 3A는 가장 낮은 복잡성 점수를 받았는데, 델이 자체 공장 직원들이 SLC에서 L5 본체에 마더보드를 조립하는 것은 SLC에 새로운 장비를 설치하는 것만을 요구하기 때문에 자본 지출이 낮고 기존 델 공장의 제조 과정에 영향을 미치지 않을 것이라고 델이 판단했기 때문이다(옵션 3A의 복잡성은 델이 관리하는 3PI인 옵션 4보다 단지 1점 낮다는 것을 주목하자). 복잡성 스펙트럼의 다른 끝에는 옵션 5가 있다. 이 옵션은 가장 복잡한데, 이는 델의 양 지역 조달 조직(텍사스 오스틴 및 중국 상하이)이 멕시코에서 L6 본체를 관리하는 비즈니스 프로세스를 조정하고 완전히 개편해야 하기 때문이다(이 사례 연구 당시, 모든 L6 본체는 CM의 중국 공장에서만 왔다). 멕시코의 견고하지 않은 운송 및 관세 인프라도 높은 복잡성 점수에 기여했다.

제조 비용 측면에서 CM이 관리하는 3PI에서의 마더보드-본체 조립인 원래 옵션(1)은 가장 높은 제조 비용을 갖는다.

이 높은 비용은 관련 과정의 복잡성에 의해 발생한다. 과정의 한 부분에서 다음 부분으로 재고를 처리하는 손이 많이 바뀌는데, 이는 델 품질 엔지니어의 다음 증언에서 입증된다. "현재의 제조 옵션에서 중국에서 항공 운송된 마더보드는 먼저 SLC에 저장된 후 3PI 사이트로 운송되어 본체와 통합된다. 그런 다음 본체는 델 공장으로 들어가기 전에 다시 SLC로 보내진다. 이 과정에는 많은 이해 관계자들이 '관여'한다. CM, SLC 관리, 3PI 직원, 3PI 생산을 관리하는 CM 직원, 그리고 델 공장 직원 및 프로세스 엔지니어들이다. 같은 일을 하려고 하는 요리사가 너무 많다. 우리는 더 깔끔하고 직관적인 과정이 필요하다. 이것은 과정을 관리하기 쉽게 할 뿐만 아니라 현재의 과정이 많은 혼란과 좌절을 야기하고 마더보드 품질 문제와 관련된 마지막 순간의 문제를 만들어내기 때문에 CM과 3PI의 관계도 개선될 것이다."

이 모든 정보를 염두에 두고, Tom Wilson과 나머지 BPI 팀은 비용 측면과 운영 복잡성 관점에서 델에 이점을 줄 수 있는 해결책을 선택하고 구현해야 했다. 팀은 다음 질문을 고민했다.

1. L5가 L6보다 더 높은 제조 및 물류 비용을 발생시키는 이유는 무엇인가? L5에서 발생하지만 L6에서는 발생하지 않는 비용은 무엇인가? L6에서만 적용되고 L5에서는 적용되지 않는 비용이 있는가?
2. 설문 조사 결과(표 6-1)를 바탕으로 제안된 여섯 가지 제조 솔루션 중 델이 구현해야 하는 것은 어느 것인가? 그 이유는 무엇인가? 이 권장사항의 장단점은 무엇인가?
3. 칩셋 공급 부족이 더욱 악화될 경우 이전 질문에 대한 권장사항은 얼마나 쉽게 지속가능한가?
4. BPI 팀이 델에 최적의 제조 옵션을 결정하기 위해 사용한 방법론은 얼마나 좋은가? 더 효과적인 접근 방법이 있는가?
5. 델은 L5 제조 증가에 기여하는 근본 원인을 어떻게 효과적으로 해결할 수 있는가?

이 장을 마치고 나면 다음 문제에 답할 수 있다.

- 푸시 전략이란 무엇인가? 풀 전략이란 무엇인가? 푸시-풀 전략이란 무엇인가? 델의 공급망 전략을 어떻게 특징짓겠는가?
- 기업은 언제 푸시, 풀, 푸시-풀 전략을 사용해야 하는가? 적절한 전략을 선택할 때 주요한 동인은 무엇인가?
- 푸시-풀 전략을 구현하기 위해 필요한 것은 무엇인가? 그 영향은 무엇인가? 비용은 얼마인가?
- 인터넷이 전통적인 소매업체와 온라인 상점이 사용하는 공급망 전략에 미치는 영향은 무엇인가? 특히 유통 및 출하 전략에 미치는 영향은 무엇인가?

6.1 개요

1장에서는 공급망 관리가 **공급업체, 제조업체, 창고, 매장의 효율적인 통합**을 중심으로 이루어진다는 것을 보았다. 물론 공급망 통합의 핵심은 기업이 성과를 개선할 수 있도록 공급망 전반의 활동을 조정하는 것이다 : 비용 감소, 서비스 수준 증가, 채찍 효과 감소, 자원의 효율적 활용, 시장 변화에 효과적인 대응. 최근 많은 기업이 깨달았듯이, 이러한 도전은 생산, 운송, 재고 결정을 조정함으로써 공급망의 **전면부**(front end)인 고객 수요를 공급망의 **후면부**(back end)인 생산 및 제조 부문과 통합함으로써 충족된다. 이 장의 목적은 공급망 통합과 관련된 기회와 도전을 설명하는 것이다. 여기서는 다음을 고려한다.

- 푸시, 풀, 그리고 비교적 새로운 패러다임인 푸시-풀 전략을 포함한 다양한 공급망 전략
- 공급망 전략과 제품 및 산업을 매칭하기 위한 프레임워크
- 수요 기반 공급망 전략
- 인터넷이 공급망 통합에 미치는 영향

분명히 정보의 가용성은 공급망 통합에서 중요한 역할을 한다. 일부의 경우에는 이 정보를 사용할 수 있도록 공급망을 설계해야 한다. 다른 경우에는 이미 사용 가능한 정보를 활용하기 위해 공급망 전략을 설계해야 한다. 그리고 많은 경우에는 정보 부족을 보완하기 위해 비용이 높은 네트워크를 설계해야 한다.

6.2 푸시, 풀, 푸시-풀 시스템

전통적인 공급망 전략은 종종 푸시 또는 풀 전략으로 분류된다. 이것은 1980년대의 제조 혁명에서 비롯되어 이 두 가지 카테고리로 나뉘었다. 흥미롭게도, 지난 몇 년 동안 많은 기업이 하이브리드 방식, 즉 푸시-풀 공급망 패러다임을 사용해 왔다. 이 절에서는 각 전략에 대해 설명한다.

6.2.1 푸시 기반 공급망

푸시 기반 공급망(push-based supply chain)에서는 생산 및 유통에 관한 의사결정이 장기간의 수요 예

측을 기반으로 이루어진다. 일반적으로 제조업체는 소매업자의 창고에서 받은 주문 기반의 수요 예측값을 사용한다. 따라서 푸시 기반 공급망이 시장 변화에 반응하는 데 훨씬 더 오랜 시간이 걸릴 수 있으며, 이는 다음과 같은 문제를 야기할 수 있다.

- 변화하는 수요 패턴을 충족하지 못하는 생산 능력 부족
- 특정 제품에 대한 수요가 사라짐에 따른 재고의 진부화

또한 5장에서는 소매업자와 창고로부터 받은 주문의 변동성이 채찍 효과로 인해 고객 수요의 변동성보다 훨씬 크다는 것을 보았다. 이러한 변동성 증가는 다음과 같은 결과를 초래한다.

- 큰 안전 재고의 필요에 따른 과도한 재고 보유(2장 참조)
- 더 크고 더 가변적인 생산 배치
- 수용할 수 없는 서비스 수준
- 제품 노후화

채찍 효과로 인한 계획 및 관리의 어려움은 비효율적인 자원 활용으로 이어진다. 예를 들어, 제조업체가 생산 능력을 어떻게 결정해야 하는지 명확하지 않게 된다. 수요의 최댓값을 기준으로 해야 하는가? 이는 대부분의 시간 동안 제조업체가 자원을 최대한으로 활용하지 않고 방치하게 만든다. 아니면 평균 수요를 기준으로 해야 하는가? 이는 수요가 최대로 발생하는 기간 동안 추가적인 생산 용량이 필요하다는 것을 의미한다. 마찬가지로, 운송 능력을 계획하는 방법도 명확하지 않다. 수요의 최댓값을 기준으로 할 것인가, 아니면 평균 수요를 기준으로 할 것인가? 따라서 푸시 기반 공급망에서는 종종 긴급 생산 변경이 필요하기 때문에 증가된 운송 비용, 높은 재고 수준 및 제조 비용이 수반될 수 있다.

6.2.2 풀 기반 공급망

풀 기반 공급망(pull-based supply chain)에서는 생산 및 유통이 예측된 수요가 아닌 실제 발생한 고객 수요로부터 조정된다. 풀 시스템에서는 기업이 재고를 보유하지 않고 특정 주문에만 반응한다. 이는 고객 수요에 대한 정보(예 : POS 데이터)를 다양한 공급망 참여자에게 전달하는 빠른 정보 흐름 메커니즘에 의해 가능하다. 풀 시스템은 다음과 같은 결과를 보이기 때문에 매력적으로 보인다.

- 소매업체로부터 들어오는 주문을 더 잘 예측할 수 있는 능력을 통해 달성된 리드 타임 감소
- 리드 타임에 따른 생산 설비의 재고 수준 증가로 인한 소매업자의 재고 감소(2장 참조)
- 리드 타임 감소로 인한 시스템 내 변동성 감소. 특히 제조업체가 직면하는 변동성 감소(5.2.3절 논의 참조)
- 변동성 감소로 인한 제조업체의 재고 감소

예시 6-1

주요 의류 제조업체가 최근 공급망 전략을 풀 기반 시스템으로 변경했다. 소매업자들은 제조업체로부터 대략 한 달에 한 번 주문을 발생시키지만, 매일 또는 매주와 같이 훨씬 더 자주 POS 데이터를 전송한다. 이 데이터는 제조업체가 실제 고객 수요에 따라 지속적으로 생산량을 조정할 수 있게 해준다.

따라서 풀 기반 공급망에서는 일반적으로 시스템 재고 수준의 상당한 감소, 자원 관리 능력의 향상을 이끌고, 푸시 기반 시스템과 비교했을 때 시스템 비용의 감소를 볼 수 있다.

반면, 리드 타임이 너무 길어 수요 정보에 반응하는 것이 비현실적일 때는 풀 기반 시스템을 구현하기 어렵다는 문제가 있다. 또한 풀 기반 시스템에서는 미리 계획을 세우지 않기 때문에 생산 및 유통 과정에서 규모의 경제를 활용하기 어려울 수 있다. 푸시와 풀 공급망의 이러한 장단점은 기업으로 하여금 둘의 장점을 모두 활용할 수 있는 새로운 공급망 전략을 모색하게 만들었다. 이는 **푸시-풀**(push-pull) 공급망 전략이다.

6.2.3 푸시-풀 공급망

푸시-풀 전략에서는 공급망의 일부 단계, 특히 초기 단계를 푸시 방식으로 운영하고, 나머지 단계에서는 풀 방식을 사용한다. 푸시 기반 단계와 풀 기반 단계 사이의 경계를 **푸시-풀 경계**(push-pull boundary)라고 한다.

이 전략을 더 잘 이해하기 위해 원자재 구매 단계인 타임라인의 시작부터 고객에게 주문이 배송되는 시점인 타임라인의 끝까지 걸리는 시간으로 정의된 **공급망 타임라인**(supply chain timeline)을 고려해 보자. 푸시-풀 경계는 타임라인을 따라 어딘가에 위치하며, 회사가 어떤 전략, 일반적으로는 푸시 전략을 사용하여 공급망을 관리하는 것에서 다른 전략, 보통 풀 전략을 사용하는 시점을 나타낸다. 이는 그림 6-8에서 설명된다.

모든 생산 및 유통 계획이 수요 예측을 기반으로 이루어지는 PC 제조업체를 고려해 보자. 이는 전형적인 푸시 시스템이다. 반면에 제조업체가 주문에 따라 제조하는 푸시-풀 전략의 예는 부품 재고가 예측

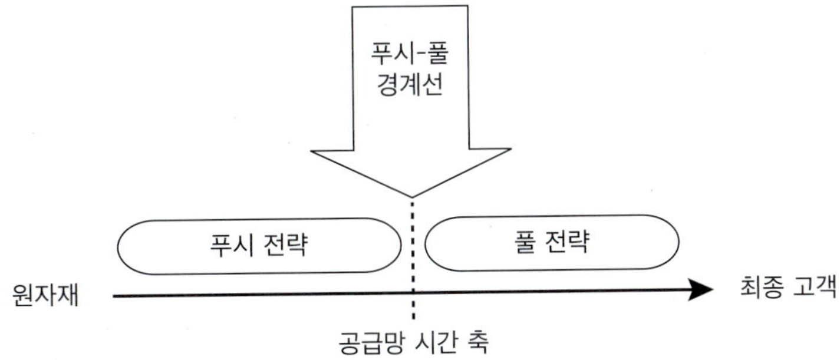

그림 6-8 푸시-풀 공급망

에 따라 관리되지만 최종 조립은 특정 고객 요청에 따라 이루어진다는 것을 의미한다. 따라서 제조업체의 공급망에서 푸시 부분은 조립 이전의 부분이며, 풀 부분은 조립부터 시작되며 실제 고객 수요에 따라 수행된다. 즉, 푸시-풀 경계는 조립의 시작 부분에 있다.

이 경우, 제조업체는 **합계 예측**(aggregate forecast)이 더 **정확하다**는 사실을 활용한다(2장 참조). 실제로 부품에 대한 수요는 이 부품을 사용하는 모든 완제품에 대한 수요의 합계이다. 합계 예측이 더 정확하기 때문에 부품 수요의 불확실성은 완제품 수요의 불확실성보다 훨씬 작으며 이는 안전 재고 감소로 이어진다. 델 컴퓨터는 이 전략을 매우 효과적으로 사용했으며, 푸시-풀 전략이 공급망 성능에 미치는 영향의 우수한 예이다.

지연(postponment) 또는 제품 디자인에서의 지연 차별화(delayed differentiation)(10장 참조)도 푸시-풀 전략의 적합한 예이다. 지연에서는 기업이 어떤 특정 제품이 제조되고 있는지에 대한 결정을 가능한 한 오래 연기할 수 있도록 제품 및 제조 공정을 설계한다. 제조 공정은 같은 제품군(generic or family product)을 생산하고 수요가 드러날 때 특정 최종 제품으로 구별된다. 제품 차별화 이전의 공급망 부분은 일반적으로 푸시 기반 전략을 사용하여 운영된다. 즉, 일반 제품은 장기(합계) 예측에 기반하여 제조되고 운송된다. 일반 제품에 대한 수요는 해당 최종 제품 모두에 대한 수요의 합계이므로, 예측이 더 정확하며 재고 수준이 감소한다. 반대로, 특정 최종 제품에 대한 고객 수요는 일반적으로 높은 수준의 불확실성을 가지므로 제품 차별화는 개별 수요에 대한 반응으로만 발생한다. 따라서 차별화 시점부터 시작되는 공급망 부분은 풀 기반으로 운영된다.

6.2.4 적합한 공급망 전략 식별하기

특정 제품에 적합한 공급망 전략은 무엇일까? 기업은 푸시 기반 공급망 전략을 사용해야 할까? 아니면 풀 기반 전략이나 푸시-풀 전략을 사용해야 할까? 그림 6-9는 공급망 전략을 제품과 산업에 매칭하기 위한 프레임워크를 제공한다. 수직축은 고객 수요의 불확실성에 대한 정보를 제공하며, 수평축은 생산 또는 배송에서 규모의 경제 정도를 나타낸다.

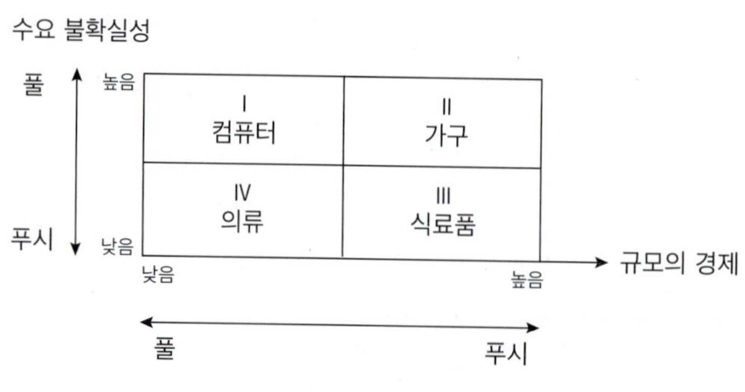

그림 6-9 공급망 전략과 제품 매칭하기 : 수요의 불확실성과 규모의 경제의 영향

다른 모든 것이 동일하다는 전제하에, 수요의 불확실성이 클 때는 실현되는 수요를 기반으로 공급망을 관리하는 방법인 풀 전략이 적합하다. 반대로, 수요의 불확실성이 작을 때는 장기 예측을 기반으로 공급망을 관리하는 푸시 전략이 적합하다.

마찬가지로, 모든 것이 동일할 때 규모의 경제가 비용을 줄이는 데 있어 중요성이 클수록 수요를 집약하는 것의 가치가 높아지며, 따라서 장기 예측에 기반한 공급망 관리의 중요성이 커지게 된다. 이는 푸시 기반 전략이다. 만약 규모의 경제가 중요하지 않다면 합계 수요는 비용을 줄이지 않으므로 풀 기반 전략이 더 합리적이다.

그림 6-9에서는 이 두 차원에 의해 범위가 나누어진 영역을 4개의 박스로 구분한다. 박스 I은 높은 불확실성과 생산, 조립 또는 배송에서 규모의 경제가 중요하지 않은 상황이 특징인 산업(또는 제품)을 나타낸다. 컴퓨터 산업을 예로 들 수 있다. 이 프레임워크는 이러한 산업과 제품에 대해서는 풀 기반 공급망 전략이 적합하다고 제안한다. 이것은 델 주식회사가 사용한 전략과 정확히 일치한다.

박스 III은 낮은 수요 불확실성과 높은 규모의 경제를 특징으로 하는 제품을 나타낸다. 맥주, 파스타, 수프와 같은 식료품 산업의 제품이 이 범주에 속한다. 이러한 제품의 수요는 상당히 안정적이며, 만재 상태(full truckload)로 배송하여 운송 비용을 줄이는 것이 공급망 비용을 통제하는 데 중요하다. 이 경우에는 풀 전략이 적합하지 않다. 실제로 장기 예측을 기반으로 재고를 관리하는 전통적인 푸시 기반 소매 전략이 적합하다. 장기 예측에 따라 재고를 관리하는 것이 재고 보유 비용을 증가시키지 않으면서 규모의 경제를 활용하여 배송 비용을 줄일 수 있기 때문이다.

박스 I과 III은 효율적인 공급망 전략을 식별하기가 상대적으로 쉬운 상황을 나타낸다. 나머지 두 경우에는 두 특성, 즉 불확실성과 규모의 경제의 중요성에 의해 제안된 전략 사이에 불일치가 있다. 실제로 이 박스에서는 불확실성이 한 전략으로 공급망을 '끌어당기는' 반면, 규모의 경제는 공급망을 다른 방향으로 '밀어낸다'.

예를 들어, 박스 IV는 낮은 수요 불확실성을 나타내는 푸시 기반 공급망과 낮은 규모의 경제를 나타내는 풀 기반 공급망 전략을 제안하는 제품을 나타낸다. 많은 의류 SKU가 이 범주에 속한다. 이것은 낮은 볼륨과 안정적인 수요를 가진 제품이다. 예를 들어 남성용 흰색 셔츠를 생각해 보자. 이 박스의 제품에 대한 공급망 전략은 하이브리드, 즉 푸시-풀 전략이지만, 다른 제품 특성, 예를 들어 마진(또는 비용)을 고려하여 제품을 구분한다. 구체적으로, 이 박스의 제품을 두 범주, 높은 마진(high-margin) 제품과 낮은 마진 제품(low-margin)으로 나눈다. 높은 마진 제품은 위험성이 높은 제품이다. 즉, 이 경우 수요와 공급 사이의 불일치가 순이익에 큰 영향을 미친다. 따라서 공급망 전략은 시장 수요에서 멀리 떨어진 상류에서 푸시-풀 경계를 구현한다. 예를 들어, 우리는 일부 재고를 매장에 위치시키고 더 많은 재고를 수요 변화에 빠르게 대응할 수 있도록 상류의 중앙 위치에 둔다. 반면에, 박스 IV의 낮은 마진 SKU는 덜 위험하므로 푸시-풀 경계는 시장 수요에 더 가깝다. 구체적으로, 이 경우 대부분의 제품은 매장에 위치하고 일부는 매장과 가까운 지역 창고에 위치한다.

마지막으로, 박스 II는 수요의 불확실성이 높고 생산 및 배송 비용을 줄이는 데 규모의 경제가 중요한 제품 및 산업을 포함한다. 가구 산업은 이 상황의 훌륭한 예이다. 실제로 전형적인 가구 소매업자는 모양, 색상, 직물 등으로 구별되는 다양한 제품을 대량으로 제공하며, 그 결과 수요의 불확실성이 매우 높다. 불행히도 이러한 제품은 부피가 크므로 배송 비용도 높다.

따라서 이 경우에는 생산과 유통 전략을 구별할 필요가 있다. 생산 전략은 장기 예측에 기반한 생산 결정을 할 수 없기 때문에 풀 기반 전략을 따라야 한다. 반면에 유통 전략은 운송 비용을 줄이기 위해 규모의 경제를 활용해야 한다. 많은 소매업자들이 가구의 재고를 전혀 유지하지 않는 전략과 정확히 일치한다. 고객이 주문을 하면, 이것이 제조업체에게 보내지고, 제조업체는 직물을 주문하고 주문에 따라 생산한다. 제품이 준비되면 일반적으로 트럭으로 다른 많은 제품과 함께 소매점에 배송되고 거기서 고객에게 전달된다. 이 목적을 위해 제조업체는 일정한 배송 일정을 가지고 있으며, 이것은 같은 지역의 매장에 배송되는 모든 제품을 집약하여 운송 비용을 줄인다.

따라서 가구 제조업체가 따르는 공급망 전략은 어떤 의미에서는 **풀-푸시 전략**으로, 생산은 실현된 수요에 기반하여 이루어지고, 배송은 고정된 일정에 따라 이루어진다.

자동차 산업도 박스 II의 또 다른 예이다. 전형적인 자동차 제조업체는 기능, 모터 파워, 모양, 색상, 자동차 문의 수, 스포츠 휠 등으로 구별되는 다양한 제품을 제공하며, 그 결과 특정 구성에 대한 수요 불확실성이 매우 높다. 배송 비용도 상당히 높다. 전통적으로 이 산업은 딜러의 유통 시스템을 위해 재고를 구축하는 푸시 기반의 공급망 전략을 사용해 왔다. 따라서 자동차 산업은 현재 그림 6-9에서 개발된 모델을 따르지 않는다.

2000년, GM은 제품을 설계, 제작 및 판매하는 방식을 극적으로 재구성하는 비전을 발표했다. 목표는 고객이 온라인으로 자동차를 맞춤 설정하고 주문하여 10일 이내에 **고객의 집으로** 배송받을 수 있게 하는 것이다. GM은 우리 모델에서 예측한 방향, 즉 주문 제작 전략으로 정확히 이동하고 있다.

그러나 2000년 당시 자동차 산업의 리드 타임은 평균 50일에서 60일로 상당히 길었다. 이 비전을 달성하기 위해 GM은 공급업체와의 파트너십 방식, 제품 생산 방식, 제품 유통 방식을 포함한 전체 공급망을 재설계해야 했다. 리드 타임을 10일 이하로 줄이려면 구매자에게 제공되는 옵션과 구성의 수를 크게 줄일 필요가 있을 수도 있었다.

2008년의 금융 위기는 GM과 다른 자동차 제조 기업에게 그들의 운영 및 공급망 전략을 더욱 개선하도록 강요했다. GM의 새 전략은 차량 핵심 아키텍처와 엔진 플랫폼의 수를 최대 50%까지 줄임으로써 복잡성을 줄이는 것이었다. 이러한 감소는 제품 수가 적기 때문에 예측 정확도를 향상했고, GM의 비즈니스를 박스 II에서 순수 푸시 전략이 적합한 박스 III으로 이동시켰다. 결과적으로, 새로운 공급망 전략은 딜러에게 재고를 지니게 하는 것과 더 적합했다.

6.2.5 푸시 - 풀 전략 실현하기

앞 절에서 개발된 프레임워크는 다양한 제품에 적절한 풀과 푸시 수준을 특징짓고자 한다. 예를 들어, 그림 6-9의 박스 I에 속하는 제품에는 높은 수준의 풀 전략이 적절하다. 물론 풀 시스템의 설계를 달성하는 것은 제품 복잡성, 제조 리드 타임, 공급업체-제조업체 관계를 포함한 많은 요인의 영향을 받는다. 마찬가지로, 푸시-풀 전략을 구현하는 방법은 푸시-풀 경계의 위치에 따라 다양하다. 예를 들어, 델은 조립 지점에서 푸시-풀 경계를 설정하는 반면, 가구 제조업체는 생산 지점에서 경계를 설정한다.

예시 6-2

긴 운송 리드 타임으로 알려진 자동차 산업을 고려해 보자. 주문 제작을 시행하기 전인 약 25년 전, 이 산업은 푸시-풀 전략을 시도했다. 1994년, GM은 플로리다주 올랜도에 약 1,500대의 캐딜락이 있는 지역 물류센터를 설립한다고 발표했다. 딜러는 차고에 없는 차량을 물류센터에서 주문할 수 있었으며, 차량은 24시간 이내에 배송될 수 있었다. 따라서 GM은 지역 물류센터에서의 재고를 장기 예측에 기반하여 관리하고 딜러에 대한 배송은 실현된 수요에 기반하여 이루어지는 푸시-풀 전략을 시도하고 있었다. 이것은 푸시-풀 경계가 제조업체의 물류센터에 위치해 있음을 시사한다.

이 전략의 실패에는 두 가지 주요 원인이 있었다. 첫째, 딜러가 직접 재고 수준을 줄일 수 있게 했기에 지역 창고는 재고 비용을 딜러에서 GM으로 이동시켰다. 둘째, 지역 유통센터는 영향력이 작은 딜러와 큰 딜러를 평준화했다. 모든 딜러가 지역 창고에 접근할 수 있다면 작은 딜러와 큰 딜러 사이에 차이가 없다. 따라서 영향력이 큰 딜러가 이러한 방식에 관심이 있을 이유가 보이지 않는다.

이 논의는 수요 불확실성이 상대적으로 작은 공급망 부분에 푸시 전략이 적용되고, 따라서 이 부분을 장기 예측에 기반하여 관리하는 것이 적절하다고 제안한다. 반면에 풀 전략은 불확실성이 높은 공급망 타임라인의 부분에 적용되며, 그 결과 이 부분을 실현된 수요에 기반하여 관리하는 것이 중요하다. 공급망의 이 두 부분 사이의 구분은 공급망 전략의 목표뿐만 아니라 시스템을 효과적으로 관리하기 위한 조직적 기술에 중요한 영향을 미친다. 푸시 부분의 공급망에서 불확실성이 상대적으로 낮기 때문에 서비스 수준은 문제가 되지 않으므로 초점은 **비용 최소화**(cost minimization)에 맞춰질 수 있다. 또한 이 공급망 부분은 낮은 수요 불확실성과 생산 및 유통에서의 규모의 경제뿐만 아니라 긴 리드 타임과 다양한 수준의 제품 조립을 포함하는 복잡한 공급망 구조를 보인다. 따라서 비용 최소화는 생산 및 유통 능력과 같은 자원을 더 잘 활용하고 재고, 운송 및 생산 비용을 최소화함으로써 달성된다.

반면에 풀 부분의 공급망은 높은 불확실성, 간단한 공급망 구조, 짧은 사이클 시간의 특징을 가진다. 따라서 풀 부분의 초점은 서비스 수준에 있다. 구체적으로, 높은 서비스 수준은 **유연하고**(flexible) **민첩한**(responsive) 공급망, 즉 고객 수요의 변화에 빠르게 적응할 수 있는 공급망을 활용함으로써 달성된다.

이는 공급망의 다양한 부분에서 서로 다른 프로세스가 사용되어야 함을 의미한다. 풀 기반 공급망은 초점이 서비스 수준에 맞춰져 있기 때문에 **주문 출하**(order fulfillment) 프로세스가 일반적으로 사용된다. 마찬가지로, 푸시 부분에서는 초점이 비용과 자원 활용에 맞춰져 있기 때문에, 효과적인 전략을 개발하기 위해 공급망 **계획**(planning) 프로세스가 사용된다. 3장에서 공급망 계획에 대한 자세한 논의를 보

표 6-2 공급망의 푸시 전략과 풀 전략의 특성

부문	푸시	풀
목표	비용 최소화	서비스 수준 최대화
복잡도	높음	낮음
초점	자원 할당	민첩성
리드 타임	장기	단기
프로세스	공급망 계획	주문 충족

았다. 표 6-2는 공급망의 푸시 및 풀 부분의 특성을 요약한다.

예시 6-3

스키복 공급업체인 스포츠 오버마이어(Sport Obermeyer)를 고려하자. 이 기업은 매년 많은 수의 새로운 디자인과 제품을 출시하는데, 이들 제품의 예측 수요는 불확실성이 높다. 스포츠 오버마이어가 성공적으로 사용한 전략 중 하나는 고위험과 저위험 디자인을 구분하는 것이다. 저위험 제품, 즉 불확실성과 가격이 낮은 제품은 장기 예측을 사용하여 사전에 생산되며 비용 최소화에 초점을 맞춘 푸시 기반 전략을 따른다. 그러나 고위험 제품의 생산 수량에 대한 결정은 각 스타일에 대한 고객 수요의 명확한 시장 신호가 있을 때까지 지연되는 전략을 활용한다. 원단의 경우 리드 타임이 길기 때문에, 제조업체는 일반적으로 시장 수요에 대한 정보를 받기 전 장기 예측에 기반하여 미리 주문한다.

이 경우, 제조업체는 델이 적용한 동일한 원칙(합계된 예측이 더 정확하다)의 이점을 활용한다. 모든 제품에 사용되는 원단의 합계 수요는 불확실성은 낮고 따라서 원단 재고는 푸시 전략에 기반하여 관리된다. 따라서 스포츠 오버마이어는 고위험 제품에 대해 푸시-풀 전략을 사용하고, 저위험 제품에 대해서는 푸시 전략을 사용한다.

공급망의 푸시 부문과 풀 부문은 푸시-풀 경계에서만 상호 작용한다는 점에 주목할 필요가 있다. 이것은 공급망 타임라인을 따라 두 공급망 전략을 조정할 필요가 있는 지점이며, 일반적으로 **버퍼 재고**(buffer inventory)를 통해 이루어진다. 그러나 이 재고는 각 부문에서 다른 역할을 한다. 푸시 부문에서는 경계에서의 버퍼 재고가 전술 계획 과정에서 생성된 결과의 일부이며, 반면 풀 부문에서는 이것이 이행 과정의 입력을 나타낸다.

따라서 공급망의 푸시 부문과 풀 부분 사이의 경계점에는 예측 수요가 있다. 이 예측은 풀 부문에서 얻은 역사적 데이터에 기반하여 이루어지며, 공급망 계획 과정을 주도하고 버퍼 재고를 결정하는 데 사용된다.

6.3 리드 타임의 영향

이전 논의에서는 리드 타임의 공급망 전략에 대한 영향을 더 자세히 살펴보았다. 직관적으로 보면, 리드 타임이 길수록 푸시 기반 전략을 구현하는 것이 더 적합하다. 실제로, 수요 정보에 반응하기 어려울 정도로 리드 타임이 긴 경우에는 풀 전략을 구현하기 어렵다.

그림 6-10에서는 리드 타임과 수요 불확실성이 공급망 전략에 미치는 영향을 고려한다.

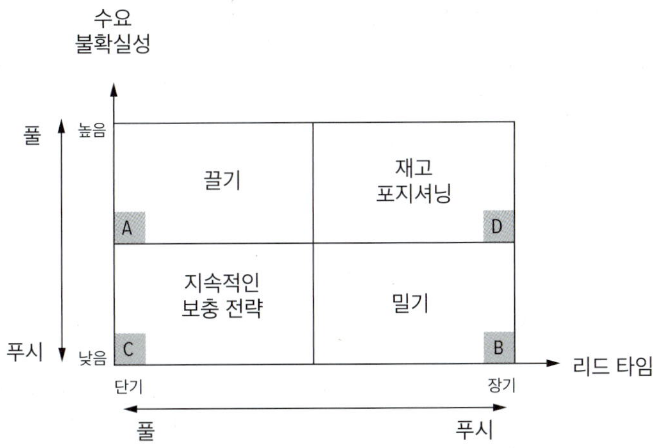

그림 6-10 공급망 전략과 제품 매칭하기 : 리드 타임과 수요 불확실성의 영향

박스 A는 리드 타임이 짧고 수요 불확실성이 높은 제품을 나타내며, 가능한 한 풀 전략을 적용해야 함을 시사한다. PC 산업은 이러한 유형의 제품과 높은 정도의 풀 적용에 대한 좋은 예이다. 박스 B는 공급 리드 타임이 길고 수요 불확실성이 낮은 품목을 나타낸다. 예를 들면, 식료품 산업의 많은 품목이 여기에 해당한다. 이러한 경우 적절한 공급망 전략은 푸시 전략이라 할 수 있다.

박스 C와 D의 특성을 가진 제품의 경우는 더 어렵게 만든다. 예를 들어, 박스 C는 리드 타임이 짧고 수요 예측이 가능한 제품을 포함한다. 빵이나 유제품과 같이 짧은 수명 주기를 가진 식료품 산업의 제품이 적합한 예이다. 식료품 산업에서 이러한 짧은 리드 타임과 낮은 수요 불확실성을 활용하는 방법을 관찰하는 것은 흥미롭다. 실제로 이러한 유형의 상황에서 소매업체와 슈퍼마켓은 **지속적 재고보충**(continuous replenishment)이라는 전략을 사용한다. 이 전략에서는 공급업체가 POS 데이터를 받고 이 데이터를 사용하여 특정 수준의 재고를 유지하기 위해 사전에 합의된 간격으로 배송을 준비한다(자세한 논의는 8장 참조). 따라서 이 공급망에서 고객 수요가 생산 및 유통 결정을 주도하기 때문에 생산 및 유통 단계에서는 풀 전략이고, 소매점에서는 푸시 전략이다.

마지막으로, 관리하기 가장 어려운 공급망 유형은 박스 D로, 리드 타임이 길고 수요 예측이 어렵다. 이러한 환경에서 재고는 중요하지만, 이는 공급망에서 전략적으로 재고를 위치시키는 것을 요구한다(3장 3.3절 참조). 공급망의 다양한 단계는 규모의 경제를 포함한 여러 가지 요소에 따라 다르게 관리된다. 재고를 유지하는 단계는 푸시에 기반하여 관리되고 다른 단계는 풀에 기반하여 관리된다. 다음 예에서 볼 수 있듯이, 때때로 전체 공급망이 푸시에 기반하여 관리된다.

예시 6-4

중국에 제조시설을 둔 한 대형 금속 부품 제조업체는 중국에 중앙 유통센터와 다양한 시장을 서비스하는 여러 지역 및 국가 창고를 가지고 있다. 고객에는 GM, 포드, 토요타 등과 같은 자동차 제조 회사가 포함된다. 제조업체가 OEM에게 한 약속은 어떤 주문이든 가장 가까운 창고에서 8일 이내에 출고될 것이라는 것이다. 이 공급망의 중요한 특징은 다음과 같다.

- 동일한 구성품이 여러 조립품에 사용된다.
- 원재료 및 완제품(중국 유통센터에서 지역 및 국가 창고까지)의 리드 타임이 상당히 길다.

최근에 이 기업은 공급망이 효과적이지 않으며, 너무 많은 재고와 동시에 낮은 서비스 수준을 제공한다는 것을 깨달았다. 최종 고객에 대해 엄격하게 정해진 납기로 인해 현재 회사가 사용하는 공급망 전략은 대부분의 재고가 고객과 가까운 지역 및 DC에서 유지되고 있음을 시사한다. 따라서 재고는 지역 최적화를 기반으로 관리된다. 각 시설은 공급망 성능에 대한 결정의 영향을 거의 고려하지 않고 재고를 증가시킨다. 이 전략의 최종 결과는 재고 회전율이 약 3.5인 낮은 공급망이다.

이러한 어려움을 극복하기 위해 제조업체는 공급망에서 재고 배치 방식을 변경하기로 결정했다(특히 기업은 3.3절에서 설명된 기술과 유사한 기술을 적용했다). 이 과정의 결과는 그림 6-11에서 볼 수 있으며, 여기서 변경 전과 변경 후의 공급망을 모두 볼 수 있다. 각 파이는 서로 다른 위치의 재고를 나타내며, 붉은색과 검은색은 각각 사이클 재고 및 안전 재고와 관련이 있다. 최적화된 공급망에서 대부분의 안전 재고는 원자재 공장과 지역 DC에 배치된 것을 볼 수 있다. 두 가지 경우 모두 리스크 풀링(2장 참조) 때문이다. 실제로, 원자재 재고는 동일한 구성 요소를 사용하는 모든 완제품에 대한 수요를 집계함으로써 리스크 풀링 개념의 이점을 활용한다. 지역 DC는 여러 국가 DC에 대한 수요를 집계함으로써 리스크 풀링 개념의 이점을 활용한다. 이 공급망에서 재고를 올바르게 배치한 결과 재고의 상당한 감소와 연간 4.6회로의 회전율 증가 효과를 볼 수 있었다.

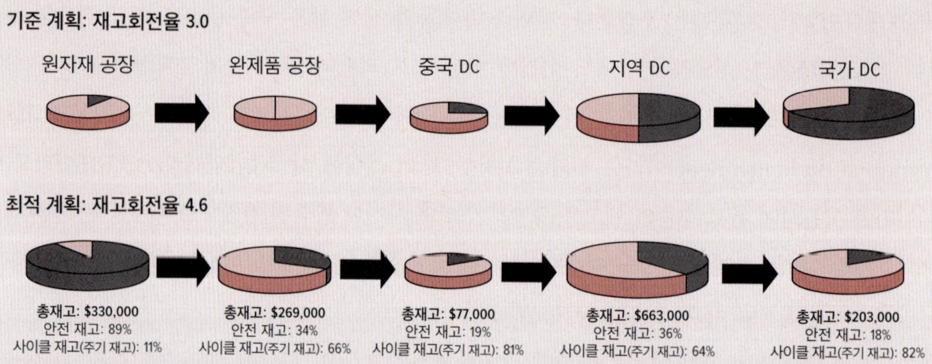

그림 6-11 전략적인 재고 포지셔닝의 영향

6.4 수요 기반 전략

이 장에서 살펴본 프레임워크는 수요 정보를 공급망 계획 과정에 통합하는 것을 요구한다. 이 정보는 두 가지 다른 프로세스를 적용하여 생성된다.

- **수요 예측**(demand forecast) : 예상 수요에 대한 장기 추정치를 추정하기 위해 과거 수요 데이터

를 사용한다(자세한 내용은 2장 참조).

- **수요 형성**(demand shaping) : 회사가 프로모션, 가격 할인, 리베이트, 새로운 제품 출시 및 제품 철수와 같은 다양한 마케팅 계획이 수요 예측에 미치는 영향을 결정하는 과정을 나타낸다.

물론 어느 경우에도 예측은 완벽하게 정확할 수 없으므로 수요 예측 및 수요 형성 프로세스에서 중요한 결과물은 예측의 **정확도**(accuracy), 즉 **표준편차**(standard deviation)로 측정되는 이른바 **예측 오류**(forecast error)에 대한 추정치이다. 이 정보는 수요가 예측보다 높거나 낮을 가능성에 대한 통찰력을 제공한다.

높은 수요 예측 오류는 공급망 성능에 해로운 영향을 미치며, 판매 손실, 재고 소멸, 자원의 비효율적 활용을 초래한다. 기업은 예측 정확도를 높이고 따라서 예측 오류를 줄이기 위해 공급망 전략을 사용할 수 있는가? 다음과 같은 접근방식을 식별할 수 있다.

- 다음 중 하나 이상의 차원에서 수요가 합계되도록 푸시-풀 경계를 선택한다.
  - 제품별로 수요가 합계된다.
  - 지리적 위치를 기반으로 수요가 합계된다.
  - 시간에 따라 수요가 합계된다.
- 목표는 명확하다. 집계 예측이 더 정확하기 때문에 결과적으로 예측 정확도가 향상된다.
- 시장 분석 및 인구 통계적 및 경제적 추세를 활용하여 예측 정확도를 향상한다(자세한 내용은 2장 참조).
- 시장에서 경쟁하는 SKU 수를 줄이기 위해 매장별 최적의 제품 조합을 결정한다. 실제로 한 대형 소매업자는 각 매장에 30가지 이상의 다양한 종류의 쓰레기통을 보유하고 있었다. 쓰레기통 카테고리의 모든 SKU에 대한 총수요를 예측하는 것은 비교적 쉬웠지만, 개별 SKU에 대한 수요를 예측하는 것은 매우 어려웠다.
- 고객과의 협력적 계획 및 예측 프로세스를 포함시켜 시장 수요, 프로모션, 가격 이벤트, 광고의 영향에 대한 더 나은 이해를 달성한다.

수요 계획 프로세스가 끝나면 기업은 위치별로 SKU별 수요 예측을 가지게 된다. 다음 단계는 공급망이 이러한 예측을 지원할 수 있는지 분석하는 것이다. 해당 과정은 **공급과 수요의 균형 맞추기**(balancing supply and demand)라고 하며, 전체 생산, 운송 및 재고 비용을 최소화하거나 이익을 극대화하는 전략을 취함으로써 공급과 수요를 일치시키는 것을 포함한다. 이 과정에서 기업은 공급망의 변동성과 위험을 다루는 최선의 방법을 결정한다. 이 전술적 계획 과정은 3장에서 설명한다.

물론 수요 계획과 전술 계획은 서로 영향을 미친다. 따라서 다음을 식별하기 위한 반복적인 과정을 사용해야 한다.

- 마케팅 예산과 관련 공급 및 유통 자원을 최적으로 할당하는 최선의 방법
- 예측 수요에서 편차의 영향
- 공급망 리드 타임의 변화가 미치는 영향
- 경쟁자의 프로모션 활동이 수요와 공급망 전략에 미치는 영향

이러한 반복적 과정의 중요성은 다음 예시를 통해 확인할 수 있다.

예시 6-5

캠벨 수프(Campbell's Soup)의 겨울 프로모션 이야기는 시장 계획에 공급망 분석을 포함하지 않는 위험을 설명해 주는 전통적인 예이다. 운이 따르지 않던 어떤 시즌에 마케팅 부서는 겨울에 닭고기 국수 수프를 홍보하기로 결정했다. 물론 겨울에는 어차피 수프에 대한 수요가 증가한다. 계절적 특성으로 인한 증가만으로도 봄과 가을에 거대한 양의 닭고기와 재료를 준비하고 보관해야 수요를 충족할 수 있다. 더욱이 프로모션으로 인해 생산은 더 빠른 시간에 시작되어 초과 근무 시간을 사용해야 했다. 불행히도, 초과 생산 및 재고 비용이 프로모션으로부터 얻은 수익을 크게 초과했다.

6.5 인터넷이 공급망 전략에 미치는 영향

인터넷과 전자상거래의 영향은 일반적으로 경제, 특히 비즈니스 관행에 엄청난 영향을 미쳤다. 변화는 빠르게 일어나고 있다. 예를 들어, 델과 아마존닷컴(Amazon.com) 같은 대기업들이 사용하는 비즈니스 모델은 고객이 인터넷을 통해 제품을 주문할 수 있게 하여, 기업이 제3자 유통업체에 의존하지 않고 제품을 판매할 수 있게 한다. 마찬가지로, 많은 기업은 기업 간 전자상거래가 편리함과 비용 절감을 제공한다고 보고했다.

동시에 인터넷과 부상하는 e-비즈니스 모델은 새로운 기술 및 비즈니스 모델을 사용함으로써 많은 공급망 문제가 해결될 것이라는 기대를 만들었다. e-비즈니스 전략은 비록 미래에 발생할지라도 비용을 줄이고, 서비스 수준을 높이며, 유연성을 증가시키고, 이익을 증가시킬 것으로 예상되었다. 실제로, 새로운 e-비즈니스의 '첫 번째 파도'는 종종 물류 전략 때문에 성공적이지 않았다. 몇 가지 예를 살펴보자.

예시 6-6

리빙닷컴(living.com)의 경영진이 1999년 3월에 노스캐롤라이나주에서 열 번째로 큰 가구점인 쇼 가구 갤러리(Shaw Furniture Gallery)를 인수하던 시기에는 가구 산업이 현대화 및 e-비즈니스에 적합해 보이는 듯했다. 해당 인수의 목적은 리빙닷컴이 최고급 가구 제조업체들에게 접근하기 위해서였다. $7,000만의 자본 투자와 아마존닷컴의 독점 가구 링크로, 리빙닷컴은 2000년 8월 29일 파산을 선언했다. 실패의 이유는 제대로 기능하지 않는 새로운 정보 시스템에 대한 투자와 가구 배송 경험이 없는 운송업체로의 전환으로 인해 30%씩이나 발생한 반품률이었다. 마찬가지로, 1999년 1월에 시작된 퍼니처닷컴(Furniture.com)은 많은 가구 제조업체로부터 수천 개의 제품을 제공했지만, 소수의 브랜드만이 남았다. 이 기업은 2000년 처음 9개월 동안 $2,200만의 매출을 올렸고 웹사이트에는 월간 100만 명의 방문자가 찾아왔다. 2000년 11월의 몰락은 물류 세부사항, 특히 비효율적인 배송 과정으로 인한 것이었다. 초기에 퍼니처닷컴은 중앙 창고에서 고객에게 제품을 배송하기 위해 운송업체를 사용했다. 운송 비용이 너무 높았기 때문에 기업은 6개의 지역 유통업체와 제휴를 맺었다. 불행히도, 이러한 관계는 유지하기 어려웠으며 수리와 반품 처리를 포함한 많은 문제를 해결하지 못했다.

예시 6-7

아마도 전자상거래 실패의 가장 유명한 예는 펫츠닷컴(Pets.com)일 것이다. 1990년대 후반에 등장한 펫츠닷컴은 가장 유명한 온라인 애완동물 상점으로, 쇼핑객의 집으로 직접 애완동물 용품을 배달하겠다고 약속했다. 전성기 때 펫츠닷컴의 양말 인형 마스코트는 1999년 메이시스(Macy's) 추수감사절 퍼레이드의 풍선으로 등장할 정도로 유명했다. 그러나 1년 후, 기업은 파산했다. 애완동물 용품 시장은 거대하지만 기업은 두 가지 물류 실패로 인해 몰락했다. 특히 애완동물 사료는 가격에 비해 무거워 배송비가 비쌌다. 또한 배송 시간이 너무 길었다. 애완동물 사료와 용품은 지역 식료품점과 애완동물 상점에서 쉽게 구할 수 있었으며, 쇼핑객들은 이러한 품목의 배달을 기다리기보다는 즉시 구입하는 것을 선호했다. 물론 현재 전자상거래 기업들은 리드 타임과 배송 비용을 낮추었고, 오늘날 애완동물 용품은 온라인 비즈니스 범주에서 번창하고 있다. 많은 전자상거래 실패 사례와 마찬가지로, 물류 및 공급망 전문성은 아직 비즈니스 모델에 부합하지 않았다.

예시 6-8

1989년에 설립된 피파드(Peapod)는 일리노이주 스코키에 본사를 둔 기업으로, 미국의 선도적인 온라인 식료품점 중 하나이다. 경험이 풍부한 온라인 식료품점으로서 이 기업은 13만 명 이상의 고객을 보유하고 있다. 1999년에는 $7,300만의 매출을 올렸고 $2,900만의 손실을 기록했다. 피파드의 증가하는 손실과 추가 자금 확보 능력 부족은 2000년 4월 국제 식품 기업인 로열 아홀드(Royal Ahold)가 대다수의 주식을 인수하는 결과를 초래했다. 이에 따라 피파드는 숍링크닷컴(Shoplink.com), 스트림라인닷컴(Streamline.com), 프라이스라인(Priceline)의 웹하우스 클럽(WebHouse Club)처럼 온라인 식료품 사업에서 떠난 기업들의 운명은 피할 수 있었다. 이러한 실패는 일반적으로 높은 배송 비용에 기인한다고 여겨진다.

일부 기업은 새로운 비즈니스 모델을 개발하는 데 매우 성공적이며, 이를 통해 상당한 이익을 증가시키고 큰 시장 점유율을 확보한다. 이러한 기업은 인터넷을 비즈니스 변화의 주도적인 요소로 활용하며, 많은 경우 초기 공급망과 물류의 도전을 극복하며 끈기 있게 나아간다.

예시 6-9

1995년에 지구상에서 가장 큰 서점으로 시작한 아마존닷컴은 빠른 속도로 지구상에서 가장 큰 상점으로 변모하고 있다. 아마존닷컴의 메인 사이트는 수백만 권의 책, CD, DVD, 비디오, 장난감, 도구, 전자 제품을 제공한다. 또한 미술품에서 부동산에 이르는 다양한 품목에 대한 경매를 진행하고, 스케줄러, 주소록, 온라인 인사카드도 제공한다. 아마존은 또한 애완동물 용품, 처방약, 자동차, 식료품 등 온라인 판매 업체에 대한 지분을 보유하고 있다. 실제로 아마존닷컴은 시장 점유율을 이익보다 앞세우고, 기하급수적인 시장 가치 증가로 인한 인수합병으로 인터넷 회사의 모델이 되었다. 1996년에는 $1,600만의 매출과 $600만의 손실을 기록했고, 1999년에는 $16억의 매출과 $7억 2,000만의 손실을, 2000년에는 $27억의 매출과 $14억의 손실을 기록했다. 2005년에는 매출이 $84억 9,000만에 이르고 총이익이 $3억 5,900만을 달성했으며, 2019년에는 매출이 $2,800억을 넘어서고 이익이 $110억을 넘는 매우 놀라운 변화를 이루었다.

많은 초기 전자상거래 가구 스타트업들의 실패에도 불구하고, 웨이페어(Wayfair)는 가장 성공적인 전자상거래 소매업체 중 하나가 되었다.

예시 6-10

웨이페어는 2002년 랙스앤드스탠즈닷컴(racksandstands.com)으로 시작해 미디어 보관용 가구를 판매하기 시작했다. 이후 몇 년 동안 기업은 가구, 주택개량용품, 침실 및 욕실 용품, 선반 등을 판매하기 위해 확장해 나갔다. 2018년까지 웨이페어는 미국에서 여섯 번째로 큰 온라인 소매업체가 되어 코스트코(Costco)와 타깃(Target)의 매출을 넘어서며 $48억 3,000만의 매출을 달성했다.

앞선 예시들은 중요한 질문을 제기한다. 이러한 새로운 비즈니스 모델은 왜 어떤 경우에는 실패하고, 다른 경우에는 놀랍도록 성공적인가? 아마존, 델, 웨이페어가 인터넷을 활용하여 효과적인 비즈니스 모델을 개발할 수 있다면, 다른 기업들이 유사한 기술을 채택하는 데 있어 무엇이 제약 요인인가?

이 질문에 답하기 위해서는 인터넷 기반 공급망 전략에 대한 이해가 필요하다.

6.5.1 e-비지니스란 무엇인가

인터넷이 공급망에 미치는 영향을 더 잘 이해하기 위해 e-비즈니스와 전자상거래의 정의를 소개하며 시작한다.

- **e-비즈니스**(e-business)는 인터넷 기술에 의해 동기화되고 확장된 기업 성과의 개선에 초점을 맞춘 비즈니스 모델 및 프로세스의 집합이다.
- **전자상거래**(e-commerce)는 주요 상업 거래를 전자적으로 수행할 수 있는 능력이다.

이러한 정의는 몇 가지 관찰 결과를 이끌어낸다. 첫째, 전자상거래는 e-비즈니스의 일부에 불과하다. 둘째, 인터넷 기술은 비즈니스 변화의 원동력이다. 마지막으로, e-비즈니스에서의 초점은 확장된 기업, 즉 조직 내부, 기업 대 소비자(B2C, Business-to-Consumer), 기업 대 기업(B2B, Business-to-Business) 거래에 있다. B2C는 주로 인터넷을 통한 소매 활동을 포함하여 '고객에게 직접' 제공되는 비즈니스를 의미하며, 제품, 보험, 은행 등을 포함한다. B2B는 주로 기업 간에 인터넷을 통해 이루어지는 비즈니스를 의미한다. 이는 전자 소싱(eSourcing) 및 역경매뿐만 아니라 공급업체 및 판매업체와의 협력을 통해 공통 목표를 달성하는 것을 포함한다.

많은 기업이 인터넷이 공급망 성능에 큰 영향을 미칠 수 있다는 것을 인식하고 있다. 실제로 이러한 기업은 인터넷이 대부분의 공급망에서 사용되는 전통적인 푸시 전략에서 벗어나는 데 도움이 될 수 있다는 것을 관찰했다. 초기에는 풀 전략으로의 이동이었지만, 결국 많은 기업이 푸시-풀 공급망을 채택하게 되었다.

6.5.2 식료품 산업

식료품 산업을 고려해 보자. 전형적인 슈퍼마켓은 창고와 매장의 재고가 수요 예측에 기반한 푸시 기반 전략을 사용한다. 피파드(Peapod)가 17년 전에 설립됐을 때, 아이디어는 재고도, 시설도 없는 순수한 풀 전략을 세우는 것이었다. 고객이 식료품을 주문하면, 피파드는 인근 슈퍼마켓에서 제품을 선택했다. 이 전략은 재고 부족률이 매우 높아(약 8~10%) 큰 서비스 문제를 지니고 있었다. 1999년, 피파드는 창고를 설립하여 푸시-풀 전략으로 사업 모델을 변경했고, 재고 부족률을 2% 미만으로 만들었다. 피파드 공급망의 푸시 부문은 고객 수요를 만족시키기 전의 부분이고 풀 부문은 고객 주문에서 시작된다는 점을 주목해야 한다. 또한 피파드 창고가 개별 슈퍼마켓이 커버하는 것보다 훨씬 큰 지리적 지역을 커버하기 때문에 수요가 많은 고객과 위치에 집약되어 더 나은 예측과 재고 감소를 가능하게 한다는 점도 참고해야 한다.

물론 온라인 식료품 산업에는 운송 비용을 줄이고 매우 짧은 시간 내에 반응하는 것, 즉 일반적으로 12시간 내에 타이트한 배송 시간에 맞추는 것과 같은 다른 도전이 있다. 불행하게도 현재 온라인 식료품점들은 전통적인 슈퍼마켓과 성공적으로 경쟁할 수 있을 만큼 고객을 컨트롤할 수 있는 곳은 없다. 이것이 대부분의 온라인 식료품점이 실패한 이유이다. 실제로 앞 절에서 개발된 프레임워크는 이 산업이 많은 제품에 대해 낮은 수요 불확실성과 운송 비용에서의 높은 규모의 경제를 가지고 있다는 것을 시사하며, 이는 푸시 기반 전략이 더 적합하다는 것을 보여준다.

6.5.3 도서 산업

도서 산업은 푸시에서 풀로, 그다음 푸시-풀로 공급망 전략이 변화한 훌륭한 예이다. 최근까지도 반스앤노블(Barnes and Noble)은 전형적인 푸시 기반의 공급망을 가지고 있었다. 대략 10년 전에 설립된 아마존닷컴은 창고도, 재고도 없는 순수한 풀 시스템의 공급망이었다. 실제로 당시에는 잉그램 북 그룹(Ingram Book Group)이 아마존의 고객 수요의 대부분을 공급하고 있었다.

잉그램 북은 많은 고객과 공급업체를 집약하여 규모의 경제를 활용할 수 있다. 따라서 아마존닷컴이 브랜드 명성을 쌓아가던 시기에 아마존닷컴이 사용한 풀 모델은 적절한 전략이었다. 하지만 거래량과 수요가 증가하면서 두 가지 문제가 분명해졌다. 첫째, 아마존닷컴의 서비스 수준은 많은 서점들이 공유하는 잉그램 북의 유통 능력에 영향을 받았다. 실제로, 성수기인 휴일 시즌 동안 아마존닷컴은 서비스 수준 목표를 달성하지 못했다. 둘째, 최초 몇 년간 잉그램 북을 사용함으로써 아마존닷컴은 재고 비용을 줄일 수 있었지만, 이는 이익 마진을 크게 줄였다. 수요가 증가함에 따라 많은 도서 카테고리에 대해 잉그램 북이 아무런 이점을 제공하지 않는다는 것이 분명해졌다. 아마존닷컴은 큰 지리적 지역을 집약할 수 있는 능력을 가지고 있어 유통업체를 사용하지 않고도 불확실성을 줄이고 재고 비용을 스스로 줄일 수 있었기 때문이다.

아마존닷컴은 이러한 문제를 발견하면서 본인들의 철학을 바꾸었고 전국에 걸쳐 대부분의 책을 재고로 보유하는 창고를 가지고 있다. 따라서 창고의 재고는 푸시 전략을 기반으로 관리되며, 수요는 개별 요청에 따라 풀 전략 기반으로 충족된다. 사실 아마존닷컴의 전략은 조금 더 정교하다. 재고 회전율이 낮고 부피가 작은 책과 CD는 아마존 유통센터에 재고로 보유하지 않는다. 아마존은 수요가 실현될 때 해당 제품을 주문한다. 따라서 아마존은 재고 회전율이 높고, 부피가 큰 책과 재고 회전율이 낮고, 부피가 작은 책을 구분한다. 후자의 경우 기업은 풀 기반 전략을 사용하는 반면, 전자의 경우는 푸시-풀 전략을 사용한다. (왜일까?)

6.5.4 소매업계

일반적으로 소매업계는 가상점포로부터의 경쟁에 늦게 대응하고 인터넷이 제공하는 기회를 인식하는 데 늦었다. 그러나 최근에는 전통적인 오프라인(brick-and-mortar) 기업이 자신들의 제품을 인터넷 쇼핑 리스트에 추가하면서 상황이 변화하고 있다. 월마트, 케이마트(Kmart), 타깃, 반스앤노블을 비롯한 온라인-오프라인 통합(click-and-mortar) 거물이 등장했다. 이 소매업체들은 순수 온라인 기업에 비해 자신들이 가진 이점을 인식하고 있었다. 실제로 그들은 이미 유통 및 창고 인프라를 갖추고 있다. 따라서 그들은 기존의 창고 및 유통 구조를 통해 서비스되는 가상점포를 설립했다.

온라인으로 전환함에 따라, 온라인-오프라인 통합 기업들은 재고 비축에 대한 접근방식을 변경했다. 장기 예측을 기반으로 수요를 정확하게 공급과 일치시킬 수 있는 고부피, 고속 이동 제품은 매장에 비축하고, 저부피, 저속 이동 제품은 온라인 구매를 위해 중앙에 비축한다. 저부피 제품은 매우 불확실한 수요 수준을 가지고 있으므로 높은 수준의 안전 재고가 필요하다. 중앙집중식 비축은 지리적 위치에 걸쳐 수요를 집약함으로써 불확실성을 줄이고, 따라서 재고 수준을 감소시킨다. 이 분석은 이러한 소매업체가 다량의 재고 회전율이 높은 제품에 대해 푸시 전략을 사용하고, 소량의 재고 회전율이 낮은 제품에 대해서는 푸시-풀 전략을 사용한다는 것을 시사한다.

물론 오프라인에서 온라인-오프라인 통합으로의 전환은 쉬운 일이 아니며, 전통적인 오프라인 기업이 지니고 있지 않은 기술이 필요할 수도 있다.

예시 6-11

월마트는 항상 자사의 유통 운영에 지부심을 가져왔다. 따라서 1999년 가을에 출시한 온라인 스토어 월마트닷컴(Walmart.com)의 주문 처리와 창고 관리를 외부 기업에 맡기겠다고 발표했을 때 큰 놀라움을 주었다. 핀거후트 비즈니스 서비스(Fingerhut Business Services)는 월마트의 온라인숍 뒤에서 주문을 처리했다. 실제로 개별 주문 처리에 대한 경험을 가진 핀거후트는 가정 배송에 관심이 있는 다른 소매업체들과 전자상거래업체들에게 제3자 유통 서비스의 주요 제공업체로 부상했다. 핀거후트는 월마트닷컴이 서비스를 출시할 때 인터넷 주문 이행, 창고 관리, 배송, 결제 처리, 고객 서비스, 상품 반품을 제공했다.

6.5.5 이송 및 출하에 대한 영향

다양한 산업에서의 공급망 전략의 진화를 살펴본바 다음과 같은 통찰을 제공한다. 인터넷과 관련된 새로운 공급망 패러다임은 출하(fulfillment) 전략에서의 전환을 도입했다. 대량 배송과 박스 단위 배송에서 개별 제품과 소규모 배송으로, 소수의 매장으로 배송하는 것에서 지리적으로 매우 분산된 고객에게 서비

표 6-3 전통적 주문 이행 VS. 전자상거래 기반 주문 이행

	전통적 주문 이행	전자상거래 기반 주문 이행
공급망 전략	푸시	푸시-풀
배송	대량	소포
역물류	작은 부분	중요하며 높은 복잡성을 보임
배송 목적지	소수 매장	지리적으로 분산된 많은 고객들
리드 타임	비교적 긴 시간	비교적 짧은 시간

스하는 것으로의 전환을 말한다. 이 전환은 역방향 물류의 중요성과 복잡성을 증가시켰다.

인터넷이 출하 전략에 미치는 영향은 표 6-3에 요약되어 있다. 구체적으로, 공급망 전략의 새로운 발전은 소포 및 LTL(Less Than truckLoad, 적재량 미만 화물) 산업에 매우 좋은 소식이다. 풀 및 푸시-풀 시스템 모두 대량 배송보다는 개별(예 : 소포) 배송에 크게 의존한다. 이는 B2C 영역에서 특히 도드라지며 다음과 같은 새로운 용어를 만들어냈다 : e-출하(e-fulfillment). 운송 산업으로의 e-출하에 대한 또 다른 영향은 역물류가 상당히 증가했다는 것이다. 실제로 B2C 영역에서의 출하에서는 공급업체가 많은 반품을 처리해야 한다. 각 반품은 작은 배송으로 구성되어 있다. 온라인 소매업자들이 충분한 반품 조건을 통해 고객 신뢰를 구축해야 한다. 소포 배송은 이미 이러한 반품을 처리할 준비가 되어 있으며, 이는 B2C뿐만 아니라 B2B에서도 중요한 문제이다. 이는 전통적으로 도어-투-도어 서비스에 매우 관여하지 않았던 LTL 산업에게 어려운 문제가 된다.

e-출하 물류는 짧은 리드 타임, 전 세계적으로 분산되어 있는 고객을 서비스할 수 있는 능력, 그리고 B2C에서 C2B로의 흐름을 쉽게 역전시킬 수 있는 능력을 요구한다. 소포 배송만이 이 모든 것을 할 수 있다. 실제로 소포 산업의 중요한 이점 중 하나는 실시간 추적을 가능하게 하는 훌륭한 정보 인프라의 존재이다. 따라서 소포 배송 산업, 특히 고객의 공급망과 통합하기 위해 자신들의 시스템을 수정하는 데 노력하는 운송업체와 혼재업자(consolidator)에게는 미래가 밝아 보인다.

요약

최근 몇 년 동안 많은 기업이 공급망을 통합함으로써 성과를 개선하고, 비용을 줄이며, 서비스 수준을 높이고, 채찍 효과를 감소시키며, 시장 변화에 대한 대응력을 향상했다. 많은 경우, 이는 푸시-풀 전략의 실행과 수요 기반 전략에 초점을 맞춤으로써 용이해졌다. 특히 인터넷은 공급망 전략을 혁신할 기회를 창출했다. 실제로 델, 시스코와 같은 거대 기업들의 성공과 아마존과 같은 젊은 기업들의 상당한 시장 가치는 수준 높은 인터넷 기반의 공급망 전략에 기인할 수 있다.

동시에 많은 인터넷 기업의 붕괴는 e-비즈니스가 기회뿐만 아니라 큰 어려움도 제공한다는 경고 메시지를 보낸다. 이러한 어려움에 대처하는 핵심은 특정 기업과 개별 제품에 적합한 공급망 전략을 식별할 수 있는 능력이다. 실제로 새로운 경제에서는 물리적 인프라나 재고가 필요 없다는, 인터넷 회사가 구축한 전제는 많은 경우에 재앙적이었다. 새로운 공급망 패러다임, 푸시-풀 전략은 재고를 보유할 것을 주장하지만, 그 재고를 공급망 상류로 밀어붙이게 된다.

토의 질문

1. 푸시 기반 공급망의 장점을 논의하시오. 풀 기반 공급망에 대해서는 어떻게 생각하는가?
2. 주로 푸시 기반 공급망을 가진 제품의 예는 무엇인가? 주로 풀 기반 공급망을 가진 제품의 예는 무엇인가?
3. 공급망에서 푸시-풀 경계를 더 일찍 이동하는 것의 장점은 무엇인가? 늦게 이동하는 것에 대해서는 어떻게 생각하는가?
4. 아마존닷컴, 피파드, 델, 그리고 많은 가구 제조업체들이 푸시-풀 공급망 전략을 사용한다. 이들 각 회사가 리스크 풀링 개념을 어떻게 활용하는지 설명하시오.
5. 저속 이동, 저부피 제품과 고속 이동, 고부피 제품에 대한 아마존의 전략을 설명하시오.
6. 그림 6-9의 네 가지 범주 각각에 대한 추가적인 예를 논의하시오.
7. 제품 수명 주기 동안 적절한 공급망(푸시, 풀, 또는 푸시-풀)이 바뀔 수 있는가? 만약 안 된다면 왜 그런가? 가능하다면 적절한 공급망이 변경된 제품의 구체적인 예는 무엇인가?
8. e-출하는 새로운 개념인가? 온라인과 카탈로그 판매의 차이점은 무엇인가? 예를 들어, 랜즈엔드(Land's End)와 같이 두 채널을 모두 가진 회사를 고려하자.
9. 텔레비전과 같은 제품에 대한 수요를 어떻게 형성할 수 있는가? 이것은 캔 수프와 같은 제품에 대한 수요 형성 방법과 어떻게 비교되는가?
10. 6.5절에 나열된 예외들 외에 실패한 인터넷 공급망 전략의 더 많은 예는 무엇이 있는가? 성공한 인터넷 공급망 전략의 예는 무엇인가?
11. 사례연구 "델 : 데스크톱 PC 공급망의 유연성 향상"의 끝에 나와 있는 질문에 답하시오.

CASE

위대한 재고 수집

John Chambers는 풍요로운 상태가 아닌 부족한 상황이었음에도 불구하고, 100년에 한 번 오는 홍수에 비유했다. 2000년 말부터 시작된 기술 수요의 급격한 감소는 예외적이었으며, 시스코 시스템즈(Cisco Systems)의 CEO가 제안한 바와 같다. 반도체 제조사와 PC 회사들은 갑자기 재고와 생산 능력의 과잉을 발견했다. 네트워킹 및 통신 장비 제조업체들은 특히 큰 타격을 받았으며, 비합리적으로 낙관적이었던 시스코는 무려 $22억 5,000만 상당의 장비를 손실 처리해야 했다. 2001년 상반기 동안 노텔 네트워크(Nortel Networks), 루슨트 테크놀로지스(Lucent Technologies), 코닝(Corning), JDS 유니페이즈(JDS Uniphase)와 같은 주요 기술 회사들은 불용 재고에 대한 큰 감가상각을 발표했다.

오늘날 하이테크 기업들은 여전히 빠르게 감가상각되는 제품이 과부하 상태에 있다. 먹이사슬의 한쪽 끝에서는 반도체 산업이 1998년 아시아 위기 이후 가장 깊은 수요의 저점을 겪고 있다. 중간에서는 전자 CM과 그들의 공급업체, 고객, 유통업체들이 어떤 초과 구성품이 누구의 소유인지 파악하려고 애쓰고 있다. 사슬의 다른 한쪽 끝에서는 PC 제조업체들이 가격 전쟁을 벌이고 있으며, 네트워킹 장비의 그레이마켓은 번창하고 있다. 세기의 홍수이든 아니든 테크기업들은 다음번 충격적인 사건에 대한 노출을 제한하기 위해 조치를 취하고 있다. 일부는 재고 모델을 수정하고 있으며, 또 다른 일부는 공급망 소프트웨어를 구현하고 웹 공급업체 허브를 설립하고 있다. 모두가 공급업체와의 더 긴밀한 협력과 고객으로부터의 시의적절한 정보를 원한다. 간단히 말해, 테크기업들은 공급망을 더 짧고, 투명하며, 가능한 한 유연하게 만들려고 노력하고 있다.

새로운 로직

최근 반도체 제조사들의 수익 발표를 살펴보면, 지속적인 재고 감가상각을 발견할 수 있다. 아기어 시스템즈(Agere Systems)는 $2억 7,000만, 마이크론 테크놀로지(Micron Technology)는 $2억 6,000만, 비테세 세미컨덕터(Vitesse Semiconductor)는 $5,060만, 얼라이언스 세미컨덕터(Alliance Semiconductor)는 $5,000만, 자일링스(Xilinx)는 $3,200만의 재고 감가상각을 기록했다. 반도체 산업 협회에 따르면 전 세계 반도체 판매량은 지난 6월에 1년 전 대비 30.7% 감소했으며, 분석가들은 2001년 수익이 20% 이상 감소할 것으로 예측하고 있으며, 이는 사상 최고의 감소율이다.

"나는 반도체 산업에서 20년 동안 일해 왔다."라고 2000년 수익 기준 $14억 규모의 알테라(Altera Corp.)의 CFO이자 수석 부사장인 Nathan Sarkisian은 말한다. "우리는 지난해 대부분 동안 4개월 미만의 재고로 약 65% 성장했다. 반도체 제품 주기를 생각하면 이것은 꽤 좋은 성과이다."

하지만 중요한 4분기에 판매업체에게 발송한 양이 예상보다 25% 감소했다. 이 하락세는 알테라의 주요 고객인 통신 회사로부터의 수요 감소로 인해 2001년에도 계속되었다. 2001년 2분기 수익은 전 분기 대비

25%, 2000년 2분기 대비 37% 감소했다. 결국 알테라는 $1억 1,500만 상당의 재고를 감가상각해야 했다.

앞으로 알테라는 미래의 시장 변동이 수익성에 심각한 타격을 주지 않도록 하기 위해 우선적으로 재고 모델을 수정하고 싶어 한다.

알테라는 프로그램 가능 논리 소자(PLD, Programmable Logic Devices)를 설계한다. 대만의 거대한 제조업체인 TSMC(Taiwan Semiconductor Manufacturing Company)에 제조를 외주하는 '팹리스(fabless)' 반도체 제조업체다. 이전에는 주요 PLD를 완성품으로 만들어 고객 수요를 예상하여 아시아 생산 라인에 비축했다. "공장에서 나오자마자 재고는 우리의 소유가 된다."라고 Sarkisian은 말한다. 또한 실제로 새로운 제품을 스펙에 맞춰 제작하여 고객이 프로토타이핑에 필요한 것보다 훨씬 많은 수량을 생산했다. 이 모델의 장점은 알테라의 연차 보고서에서 강조되었다. "우리와 우리의 유통업체들, 그리고 제조업체들이 재고를 보유함으로써 PLD가 가진 비용상의 이점을 고객에게 제공한다."

이제 알테라는 주요 제품을 계속해서 재고로 만들 것이지만, 오직 다이 뱅크(die banks, 칩을 포장하고 테스트하기 전의 칩 저장소)에서만 만들 것이다. "다이를 만듦으로써 제조 리드 타임의 가장 큰 부분을 제거했지만, 재고는 가장 유연한 형태로 최소한의 가치를 추가한 상태에 있다."고 Sarkisian은 말한다. 주문이 확정되면 알테라의 하청업체들이 PLD를 포장하고, 테스트하고, 배송할 것이다. 이러한 제품의 리드 타임은 몇 주로 측정될 것이다. Sarkisian에 따르면, 알테라의 성숙한 제품의 경우 "엄격하게 주문제작 방식으로 할 것"이며, 그 리드 타임은 몇 개월로 측정될 것이다. 마지막으로, 새로운 제품은 더 이상 스펙에 맞춰 제작되지 않을 것이며, 고객 주문이 필요할 것이다.

눈에 띄는 개선점

반도체 제조사들은 물리 법칙에 따라 움직인다. 유나이티드 마이크로일렉트로닉(United Microelectronics Corp. USA)의 대표 Jim Kupec에 따르면, 원자재 실리콘을 수백 개의 칩이 있는 웨이퍼로 변환하는 데는 3~7주가 소요되며, 이는 칩의 복잡성과 고객이 지불할 의향이 있는 금액에 따라 달라진다. 칩을 분리하고, 포장하고, 테스트하는 데 추가 시간이 필요하다. 그리고 실제로 "공장에서 물건이 망가질 수 있다."고 애리조나주립대학교 경영대학의 공급망 관리 부교수인 Arnold Maltz는 말한다. "가끔 잘못된 배치가 들어온다. 언제나 생산능력이 넉넉하지는 않다. 그러면 공급과 수요 간 불일치가 발생한다." Maltz와 그의 동료 연구원들이 1999년에 미국 주요 반도체 제조사들을 대상으로 한 연구에서, 반도체의 평균 사이클 시간이 공장에서 고객에게 이르기까지 117일이라는 사실을 밝혀냈다. 이는 수요가 변하기에 충분한 시간이다.

위험에 대한 노출을 줄이기 위해 반도체 기업은 다이 뱅크 재고에 추가 공정을 지연시킬 수 있다. 또한 알테라가 현재 하고 있는 것처럼 고객으로부터 더 나은 정보를 얻을 수도 있다. "우리는 고객에게 재고와 구축 계획에 대해 더 많은 가시성을 제공해 달라고 요청하고 있다."고 Sarkisian은 말한다. 이것은 분명한 해결책처럼 보일 수 있지만, Maltz에 따르면 항상 가능한 것은 아니다. 왜냐하면 "고객 측에서는 전략적 정보를 공개하게 되는 것에 대한 우려가 있기" 때문이다. 그럼에도 불구하고 알테라는 최근에 더 큰 가시성을 향한 두 가지 큰 조치를 발표했는데, 바로 노텔(Nortel)과 모토로라(Motorola)와 함께 제품 개발에 협력하기 위한 합작 투자였다.

반도체 제조사들은 또한 공급망 관리 소프트웨어를 사용하여 웨이퍼 생산 시간을 단축할 수 있다. 알테라의 i2 Technologies 시스템은 공장, 공급업체, 유통업체와 연결되어 있으며, 주간 계획 사이클 시간을 10일에서 1일로 줄이고 장기 계획 사이클 시간을 4주에서 1주로 줄였다. 약 85%의 생산이 시스템에 의해 자동으로 예정되어 있다. 운영 부사장인 Tom Murchie가 말한다. "i2가 우리의 제조 공장을 운영한다. 그것은 기술 공정별로, 공장별로, 그리고 우리가 선택한 전략적 재고 목표별로 웨이퍼를 시작한다."

UMC의 고객은 MyUMC 웹 포털을 통해 i2를 사용하여 공장과 협력적으로 예측할 수 있으며, 이는 사용 가능한 약속 주문 시스템으로 보완된다. Kupec의 설명에 따르면 "MyUMC가 하는 일은 고객의 주문에 대한 요청을 자동으로 받아들여서 거의 즉시 최적의 제조 슬롯을 찾는 것이다."

기괴한 쇼

다른 종류의 기술 회사들도 i2, 매뉴지스틱스 그룹(Manugistics Group), SAP와 같은 공급업체로부터 SCM(공급망 관리) 계획 도구를 사용하고 있다. 예를 들어, 시스코(Cisco)는 매뉴지스틱스를 사용하여 웹 공급업체 허브를 운영한다. 공급 관리 부사장인 Helen Yang의 말에 따르면, 서버 제조업체인 선 마이크로시스템즈(Sun Microsystems)에서는 i2와 Rapt Inc. 소프트웨어의 조합이 "가능한 한 가장 낮은 비용으로 짧고 예측 가능한 리드 타임을 가능하게 한다."

그러나 SCM 소프트웨어가 그렇게 좋다면, 왜 재고 과잉을 방지하지 못했을까? 한 가지 이유는 모든 사람이 그것을 사용하지 않기 때문이다. AMR 리서치(AMR Research)에 따르면, 연간 매출이 $5억 이상인 회사 중 약 20%만이 SCM 도구를 설치했다.

더 설득력 있는 이유는, 소프트웨어가 '쓰레기를 입력하면 쓰레기를 출력하는' 문제를 제거할 수 없다는 것이다. 공급망 계획 프로그램은 알고리즘을 사용하여 과거 데이터, 생산 수치, '추측'을 혼합하여 계산에 의존한다고 AMR의 공급망 전략 서비스 디렉터인 Kevin O'Marah는 말한다. "당신의 추측은 얼마나 정확한가? 당신은 앞으로의 경향에 대해서 추측하고 있다."

성숙한 산업에서는 가능하지만, 변동성이 큰 수요를 가진 하이테크 산업에서는 매우 다른 이야기라고 O'Marah는 말한다. 반도체 산업에서는 긴 사이클 타임 때문에 회사는 항상 불확실한 미래에 베팅한다. 그리고 시스코에서는 "성장이 40%에서 마이너스 10%로 바뀌었다. 그것은 진짜 괴상한 일이다!"라고 O'Marah는 주장한다. "이 시나리오까지 포괄할 수 있는 예측 시스템을 상상할 수 있는가?"

Yang은 "우리는 예측이 정확하지 않을 것임을 인식한다. 그 게임은 우리가 변화에 얼마나 빠르게 대응할 수 있는지로 승부가 난다."고 말한다.

O'Marah는 습관을 부분적으로 재고 과잉의 원인으로 지적한다. 지난 10년간 전자 제조업에서 부품 부족이 문제가 되었으며, "시장 선두주자들의 습관은 사용 가능한 부품에 대한 할당을 잠그는 것이다. 그것은 합리적인 생각 방식이다."

"새로운 기술이 등장할 때 공급에 제약이 있다."고 Gartner의 연구 이사인 Karen Peterson이 말한다. "많은 원래 장비 제조업체들 또는 CM들이 그들이 필요한 것에 대해 거짓말을 할 것이다. 만약 내가 OEM이라면 실제로 필요한 것보다 200% 더 많이 필요하다고 말할 수도 있다. 그것은 (공급업체와의) 우선순위를 높일 것이다."

반도체, 커패시터, 저항기의 이중 주문도 제조업체와 유통업체로부터 재고 과잉에 기여했다고, 캘리포니아 앨러미다에 기반을 둔 전자 제조 서비스(EMS, Electronics Manufacturing Services) 산업을 위한 컨설팅 회사인 테크놀로지 포어캐스터의 대표 Pamela Gordon이 덧붙인다. 그녀에 따르면, 그 부품은 특히 2000년에 부족했다. 네트워킹과 통신 장비와 같은 다른 종류의 하이테크 장비에 대해서는, 닷컴 회사든 아니든 제조업체들이 불안정한 고객에 대한 충분한 실사를 하지 않은 것을 비난한다.

역사에 대해 잘 모른다

플렉스트로닉스 인터내셔널(Flextronics International Corp.)의 글로벌 조달 및 전략 공급망 관리 부사장인 Dan Pleshko는 말한다. "통신 업계 사람들은 우리가 실수하지 않는다고 생각했다. 그들은 역사와 비즈니스 주기를 살펴보는 것을 잊었다. PC 업계 사람들은 이미 몇 번의 주기를 거치면서 고통을 겪었다."

$120억 수익의 세계에서 가장 큰 EMS 회사 중 하나인 플렉스트로닉스는 과잉 재고에 대해 특별한 관점을 가지고 있었다. 싱가포르에 기반을 둔 이 기업은 시스코, 루슨트, 노텔, 에릭슨(Ericsson)을 포함한 다양한 하이테크 고객을 위해 PCB부터 휴대폰에 이르기까지 모든 것을 제작한다. 2000년에 이 회사의 재고는 연초에 $4억 7,000만에서 연말에 $17억으로 급증했다.

주문이 쇄도함에 따라 플렉스트로닉스와 다른 EMS 회사들은 그들이 생산하는 총공급 규모를 볼 수 있었다. 그들은 고객에게 경고할 수 없었을까? "일반적으로, (EMS 회사들 중) 어떤 회사도 그렇게 하지 않았다고 생각한다. 앞으로는 그럴 것이라 생각한다."고 Pleshko가 말한다. 그에 따르면, 플렉스트로닉스는 소비자 수요와 제품 수명 주기에 대한 고객과의 더 나은 이해를 얻고자 한다. 또한 "공급자-관리 재고 환경으로 매우 적극적으로 이동하고 있다." 이 기업은 공급업체의 시설이 플렉스트로닉스의 공장에 가까운 원자재 허브를 설립하고자 한다. Pleshko는 "컴팩(Compaq), 델, IBM은 이미 이것을 했다. EMS 업계 사람들은 이제 막 속도를 내기 시작했다."고 말한다.

한편, EMS 세계에서는 재고 소유권에 대한 일부 분쟁이 있었다. 예를 들어, 일부 유통업체들은 자신들이 초과 부품을 가지고 있다고 불평했다. 그러나 그것은 2000년의 상황, 즉 "모든 사람이 부품을 찾기 위해 모든 돌을 뒤집어보고 있었던" 상황의 반대였다고 말하며 Pleshko는 "시기가 좋았을 때 유통업체들은 많은 돈을 벌었다. 그들은 잊었다."고 덧붙였다.

수정 구슬

시기가 좋지 않았고 테크 회사들은 여전히 재고를 처리하고 있었다. 그들은 비즈니스 주기의 상승 시기를 기다리며, 컴퓨터 판매를 촉진할 새로운 것을 기대하고 있었다. 그 예로, 마이크로소프트의 Windows XP 운영 체제나 예상치 못한 킬러 앱, 그리고 2002년에 시작될 3년 PC 교체 주기(2000년 문제로 인해 회사들이 재고를 축적했음)가 있다.

한편, 두 컴퓨터 기업은 우수한 공급망 관리 덕분에 대부분의 다른 기업보다 경기 침체를 잘 견딜 준비가 되어 있었다. 하나는 델 컴퓨터이다. 주문 제작 모델을 가진 델은 최저 비용의 PC 제조업체이며, 항상 며칠 분량의 재고만을 보유하고 있다.

다른 기업은 IBM이다. 물론 Big Blue 수익의 1/3은 연금 같은 서비스와 소프트웨어 사업에서 나온다. 그리고 다양화된 위험에도 불구하고 IBM은 경기 침체에 면역되어 있지 않았다. 매출은 2분기에 비교적 완만했다($216억). IBM은 올 하반기에 반도체 판매가 감소할 것이라고 경고했다. 그러나 IBM의 재고도 완만하게 유지되었다. 전반적으로, 그것은 1988년 이후 가장 낮은 수준이라고 IBM의 Global Industrial Sector의 일반 관리자인 Steve Ward가 말한다. 그것은 어쩌면 구식 수직 통합에 뭔가를 빚지고 있을 수도 있다. 그럼에도 불구하고 AMR의 O'Marah와 다른 이들은 IBM의 공급망 관리를 업계에서 최고 중 하나로 간주한다.

Ward는 린(lean) 재고가 "절대적으로 중요하다."고 말한다. "우리 사업의 일부에서는 부품의 가치가 매달 약 1.5%씩 떨어진다." IBM은 일부 품목을 주문 제작으로 만들지만, 대부분은 풀 방식 또는 적시 생산 방식으로 빠르게 제작한다. Ward는 또한 다음과 같이 덧붙인다. "우리의 공급업체들은 우리가 가지고 있는 재고량을 볼 수 있다."

SAP 시스템은 필수적인 자동화를 제공하지만, 다른 행동들도 재고 감소를 촉진한다. 예를 들어, IBM은 플랫폼과 제품 간의 공통성을 강조함으로써 다양한 부품의 수를 줄였다. 그 결과, 예를 들어 ThinkPads에 사용되는 평면 스크린과 PC용으로 판매되는 평면 패널 모니터는 동일하다.

공급업체의 수 또한 적게 유지된다. 구매는 상품별로 구조화되어 있으며, 각 상품별로 시장 전문가가 전담한다. IBM은 모든 생산 부품을 인터넷과 EDI를 통해 전자적으로 구매한다. Ward에 따르면 "우리가 훨씬 빠른 거래를 할 수 있음을 의미하며, 공급업체와의 훨씬 빠른 협력으로 이동할 수 있다."

IBM은 미래를 얼마나 멀리 내다보는가? Ward에 따르면, 기업은 다음 90일 동안 "매우 상세한" 예측을 유지하며, 주간으로 업데이트하고 모든 공급업체에 전달하고, 90일에서 1년 사이에 "꽤 상세한" 예측을 가지고 있으며, 더 긴 기간에 대한 "전략적" 예측을 가지고 있다. "나는 지금 당장 우리가 2년 후에 ThinkPads에 어떤 하드 파일[디스크]을 넣을지 말할 수 없다. 하지만 우리가 필요한 수량은 알고 있다."고 Ward는 말한다.

그 예측의 주요 정보원은 물론 IBM의 영업사원들이다. 그들은 아마도 그들의 흰 셔츠와 검은 넥타이를 착용한 선배들만큼의 절제력을 가지고 있지는 않을 수 있지만, 그들은 고객의 비즈니스를 속속들이 알고 있다고 Ward는 자랑스럽게 말한다. 관리자들은 자주 만나 수요를 논의하고 예측한다("이것은 개념적인 필요인가, 아니면 고객에 의해 확인되었는가?").

합리적이고 낙관적인 영업 팀이야말로 오늘날 하이테크 회사가 가질 수 있는 수정 구슬이다.

사례 토의 질문

1. 알테라는 어떻게 전략을 수정했는가? 그 이유는 무엇인가?
2. 알테라의 새로운 전략이 성공할 것이라고 생각하는가? 그 전략의 장점과 단점은 무엇인가?
3. 알테라의 고객은 이 새로운 전략에 어떻게 반응할 것으로 예상하는가? 알테라의 고객에게는 어떤 장점과 단점이 있는가?
4. 플렉스트로닉스는 고객이 갖고 있지 않은 어떤 정보를 가졌는가? 그 이유는 무엇인가? 플렉스트로닉스는 이 정보를 어떻게 활용할 수 있는가?
5. IBM은 자신들의 풀 전략을 더 효과적으로 만들기 위해 공급업체를 어떻게 관리하는가?

CHAPTER 7

유통 전략

이 장을 마치고 나면 다음 문제를 이해할 수 있다.

- 모범 유통 전략 사례
- 유통 네트워크 재구성 방법
- 재고 풀링 및 환적 전략 같은 개념의 영향

7.1 개요

다른 장에서 설명한 것처럼 공급망 관리는 성능 향상을 위해 공급망의 다양한 주체를 효율적으로 통합하는 것을 중심으로 이루어진다. 실제로 효과적인 공급망 구축을 위해서는 공급망 **전방**(front end)에 위치한 고객 수요와 공급망 **후방**(back end)의 생산 및 제조 프로세스 간의 통합이 필수적이다.

물론 각 기업은 상황에 따라 공급망의 다양한 부분에 집중하고 상당한 성능 개선을 이끌어낼 수 있는 기회를 가질 수 있다. 이 장에서는 유통 기능에 초점을 맞춘다. 제품 제조와 포장 이후에는 이를 공급망 종단에 도착할 수 있도록 보관 및 운송(때로는 여러 장소에 보관하고 여러 번 운송)하는 과정을 거쳐야 한다. 제품 운송은 고객에게 직접 또는 고객이 제품을 구매하는 소매업체로 배송하는 형태가 될 수 있다. 이 장의 목적은 가능한 다양한 유통 전략과 이러한 전략과 연관된 기회와 도전 과제를 설명하는 것이다.

기본적으로 두 가지 유통 전략이 존재한다. 공급업체나 제조업체에서 소매점 또는 최종 고객에게 **직접 배송**(directly shipped)하거나, 하나 이상의 **중간 재고 보관 지점**(intermediate inventory storage points, 일반적으로 창고 혹은 물류센터)을 사용하는 것이다. 창고는 여러 가지 방식으로 사용될 수 있으나, 그 방식은 제조 전략(재고 생산 방식 vs. 주문 생산 방식), 창고 수, 재고 정책, 재고 회전율, 기업 소유의 내부 창고인지 외부 유통업체 소유의 창고인지 여부, 공급망이 단일 기업 소유인지 여러 기업 소유인지에 따라 결정된다. 이 장의 대부분에서 다양한 중간 재고 보관 지점 전략에 대해 알아보지만, 우선 직접 배송에 대해 살펴본다.

7.2 직접 배송(직송) 유통 전략

직접 배송 전략의 핵심은 창고와 유통센터를 우회하는 것이다. 직접 배송하에서 제조업체나 공급업체는 소매점에 직접 상품을 배송한다.

이 전략의 장점은 다음과 같다.

- 소매업체는 유통센터 운영 비용을 절감할 수 있다.
- 리드 타임이 단축된다.

이 유통 전략에는 다음과 같은 몇 가지 중요한 단점도 있다.

- 중앙 창고의 부재로 2장에서 설명한 리스크 풀링(risk pooling) 효과가 무효화된다.
- 작은 트럭을 더 많은 지역으로 운송해야 하므로 제조 및 운송 비용이 증가한다.

이러한 이유로 직접 배송은 소매점에서 트럭에 만차 적재해야 할 때 가장 일반적인데, 이는 창고를 활용해도 운송 비용이 절감되지 않는 상황을 의미하기 때문이다. 직접 배송은 주로 소매업체의 강한 요구가 있거나 또는 리드 타임이 중요한 상황에 사용된다. 때로는 제조업체가 직접 배송에 관여하는 것을 꺼리지만 사업을 유지하기 위해 어쩔 수 없이 사용하는 경우도 있다. 직접 배송은 크고 가벼우며 깨지기 쉬운 제품, 특수한 취급 요건이 있는 제품, 식료품 산업과 같이 부패하기 쉬운 상품을 다루기 때문에 리드 타임이 중요한 다른 산업에서도 널리 사용된다.

예시 7-1

미국의 대표적인 라틴 아메리카 식품 제조업체인 고야 푸드(Goya Foods)는 직접 배송 모델을 주로 사용하는 유통망을 운영한다. 고야는 2,200개 이상의 SKU를 보유하고 있으며 유통센터에서 직접 소매점으로 제품을 공급한다. 처음에는 자체 유통망을 갖추지 않은 소규모 소매업체를 대상으로 서비스를 제공하기 위해 직접 배송 모델을 개발했지만, 대규모 소매업체로 사업이 확장되면서 많은 업체에 직접 배송하는 방식을 계속 사용하고 있다.

7.3 중간 재고 보관 지점 전략

앞에서 언급한 바와 같이, 다양한 중간 재고 보관 지점 전략을 구분할 수 있는 다양한 특징이 있다. 가장 기본적인 특징 중 하나는 재고가 창고와 물류센터에 보관되는 기간이다. 전통적인 창고 보관 전략에서는 유통센터와 물류창고가 재고를 보유하고 있다가 필요에 따라 공급망상 하위 고객(공급망의 추가 창고 또는 소매업체)으로 운송한다. **크로스도킹**(cross-docking) 전략에서는 창고와 유통센터가 재고 환적 지점 역할을 하지만, 재고는 보유하지 않는다. 중앙집중형 풀링 및 환적 전략은 다양한 제품이 있어 특정 제품에 대한 수요가 상대적으로 적고 예측하기 어려운 경우 유용하다.

7.3.1 전통적인 창고 운용 방식

2장에서 재고 관리와 리스크 풀링, 그리고 이들이 창고 사용에 어떤 영향을 받는지 살펴보았다. 리스크 풀링을 촉진하기 위해 창고를 사용하는 것의 가치를 파악하고, 하나 이상의 창고가 있는 공급망에서 재고를 관리하는 효과적인 접근방식을 고려했다. 물론 전통적인 창고 운용 시스템에는 여러 문제점과 의사결정 사항이 존재한다.

중앙집중형 관리와 분산형 관리 중앙집중형 시스템에서는 특정 중앙 지점에서 전체 공급망에 대한 의사결정이 이루어진다. 일반적으로 일부 서비스 수준 요건을 충족하면서 시스템의 총비용을 최소화하는 것이 목표이다. 이는 공급망을 단일 기업이 소유하는 경우에도 그렇지만, 다양한 조직이 포함된 중앙집중형 시스템에서도 마찬가지로 적용된다. 이 경우 절감액 또는 이익은 계약 메커니즘을 통해 네트워크 전반에 걸쳐 할당되어야 한다. 우리는 이미 중앙집중형 제어가 전역 최적화로 이어진다는 사실을 확인했다. 마찬가지로, 분산형 시스템에서는 각 시설이 다른 시설에 미치는 영향을 고려하지 않고 가장 효과적인 전략을 파악한다. 따라서 분산형 시스템은 국부 최적화로 이어진다.

중앙집중형 의사결정자는 각 분산형 의사결정자가 내릴 수 있는 모든 결정을 내릴 수 있을 뿐만 아니라 공급망의 여러 위치에서 내려진 결정들의 상호 작용을 고려할 수 있다. 따라서 적어도 이론적으로는 중앙집중형 유통 네트워크가 최소한 분산형 네트워크만큼은 효과적이라는 것을 쉽게 알 수 있다.

안타깝게도 각 시설의 정보를 해당 시설만 접근할 수 있는(또는 다른 시설의 정보에 제한적인 접근만 가능한) 물류 시스템에서는 중앙집중형 전략의 사용이 불가능하다. 그러나 정보 기술의 발전에 따라 중앙집중형 시스템의 모든 시설이 동일한 데이터에 접근할 수 있게 되었다. 실제로 16장에서는 **단일 접점**이라는 개념에 대해 설명한다. 이 경우 공급망의 어느 곳에서나 정보에 접근할 수 있으며, 조회 방식이나 검색하는 사람과 무관하게 동일한 정보를 얻을 수 있다. 따라서 중앙집중형 시스템에서도 정보 공유가 가능하며, 더 중요하게도 이러한 정보를 활용하여 채찍 효과(5장 참조)를 줄이고 예측을 개선할 수 있다. 마지막으로, 전체 공급망에 걸쳐 조정된 전략, 즉 시스템 전반의 운영 비용을 절감하고 서비스 수준을 개선하는 전략을 사용할 수 있다.

물론 시스템이 '자연스럽게' 중앙집중화될 수 없는 경우도 있다. 소매업체, 제조업체 및 유통업체는 모두 다른 소유자와 각기 다른 목표를 가질 수 있다. 이럴 경우에 중앙집중형 시스템의 장점을 활용하기 위해 파트너십을 맺는 것이 종종 도움이 될 수 있다. 이러한 파트너십에 대해서는 8장에서 다룰 예정이다. 또한 상세한 공급 계약이 유용할 수 있으며, 이에 대해서는 4장에서 더 자세히 살펴본다.

중앙 시설과 지역 시설 공급망 설계에서 또 다른 중요한 의사결정은 하나 또는 소수의 중앙에 위치한 생산 및 창고 시설을 사용할지, 아니면 더 많은 현지 생산 및 창고 시설을 사용할지 여부이다. 중앙 시설의 사용은 창고와 유통센터의 수가 적다는 것을 의미하며, 이러한 시설은 고객으로부터 더 멀리 떨어져 있다. 기업이 각 시설의 수, 위치, 규모를 결정하는 데 도움이 되는 모델은 3장에서 이미 다룬 바 있다. 여기서 추가적으로 중요한 고려사항을 요약하면 다음과 같다.

- **안전 재고** : 창고를 통합하면 공급업체는 리스크 풀링의 이점을 누릴 수 있다. 이는 일반적으로 운영이 중앙집중화될수록 안전 재고 수준이 낮아진다는 것을 의미한다.
- **간접비** : 규모의 경제에 따라 몇 개의 대형 중앙 창고를 운영하는 것이 다수의 소규모 창고 운영에 비해 총간접비를 절감할 수 있다.
- **규모의 경제** : 많은 제조 공정에서 제조를 통합할수록 규모의 경제를 실현할 수 있다. 동일한 용량의 대형 시설 몇 개를 운영하는 것보다 다수의 소규모 제조시설을 운영하는 비용이 훨씬 큰 경우가 많다.
- **리드 타임** : 다수의 창고를 시장 지역에 가깝게 배치하면 시장에 도달하는 리드 타임을 단축할 수 있다.
- **서비스** : 이것은 서비스를 어떻게 정의하느냐에 따라 달라진다. 앞서 언급했듯이 중앙집중형 창고의 사용으로 리스크 풀링을 활용할 수 있고, 이는 낮은 총 재고 수준으로 더 많은 주문을 처리할 수 있음을 의미한다. 반면, 분산형 시스템에 비해 창고에서 유통업체까지의 운송 시간은 더욱 늘어나게 된다.
- **운송 비용** : 운송 비용은 사용되는 창고 수와 직접적인 관련이 있다. 창고 수가 증가하면 총 이동 거리의 증가와 더불어 무엇보다도 수량 할인이 적용될 가능성이 낮아지기 때문에 생산 시설과 창고 간의 운송 비용도 증가한다. 그러나 창고가 시장에 훨씬 더 가까워지는 경향성으로 인해 창고에서 소매점까지의 운송 비용은 줄어들 가능성이 높다.

물론 효과적인 유통 전략하에서 일부 제품은 중앙 시설에, 다른 제품은 여러 지역 창고에 보관할 수 있다. 예컨대, 고객 수요가 적고 수요 불확실성이 높은 고가 제품은 중앙 창고에, 고객 수요가 많고 수요 불확실성이 낮은 저가 제품은 여러 지역 창고에 보관할 수 있다. 전자의 경우 중앙 창고의 사용으로 재고 수준을 낮춰 위험을 분산시키는 것이 목표이고, 후자의 경우 공급망 전체에 걸쳐 만차 적재한 트럭을 배송하여 운송 비용을 절감하는 것이 목표이다. 자세한 내용은 3장의 3.3.2절을 참조하자.

또한 중앙집중형 또는 지역 생산 및 창고 시설은 항상 둘 중 하나만 선택해야 하는 문제는 아니다. 지역 및 중앙집중형 운영의 정도는 앞서 나열된 장단점의 정도에 따라 다르다. 마지막으로, 첨단 정보 시스템은 각 유형의 시스템이 다른 유형의 장점 중 일부를 유지할 수 있도록 돕는다. 예를 들어, 시설 간 환적이 가능하고 기술을 통해 가용 재고를 파악할 수 있다면 안전 재고 수준을 낮출 수 있다.

7.3.2 크로스도킹

크로스도킹은 월마트를 유명하게 만든 전략이다. 이 시스템에서 창고는 재고 보관 지점이 아닌 재고 조정 지점으로 기능한다. 일반적인 크로스도킹 시스템에서는 제조업체에서 물류창고에 도착한 상품을 유통업체로 배송되는 차량으로 옮기고 최대한 신속하게 유통업체로 배송한다. 상품이 창고에 보관되는 시간은 보통 12시간 미만으로 매우 짧다. 이 시스템은 보관 시간을 줄임으로써 재고 비용을 제한하고 리드 타임을 단축한다.

물론 크로스도킹 시스템은 상당한 초기 투자가 필요하고 관리가 매우 어렵다.

1. 물류센터, 소매업체, 공급업체는 모든 픽업과 배송이 필요한 시간 내에 이루어질 수 있도록 첨단 정보 시스템과 연결되어야 한다.
2. 크로스도킹 시스템이 작동하려면 신속하고 반응성이 뛰어난 운송 시스템이 필요하다.
3. 예측이 중요하므로 정보 공유가 필수이다.
4. 크로스도킹 전략은 한 번에 많은 차량이 크로스도킹 시설에서 상품을 운송하고 픽업하는 대규모 유통 시스템에서만 효과적이다. 이러한 시스템에서는 매일 공급업체에서 창고로 만차 적재된 트럭을 운송할 수 있을 만큼의 충분한 물량이 있다. 이러한 시스템은 일반적으로 많은 유통업체를 포함하므로 수요가 충분해서 크로스도킹 시설에 도착한 상품이 만차 상태로 소매업체에 즉시 배송될 수 있다.

예시 7-2

1960년대 작은 지역 상점에서 세계 최대 매출 기업으로 성장한 월마트는 재고와 운송 정책을 조율하는 효과적인 전략의 중요성을 잘 보여준다. 이 기간 동안 월마트는 세계에서 가장 규모가 크고 수익성이 높은 유통업체로 발전했다. 월마트의 경쟁 전략에서는 여러 요소가 성공에 결정적인 역할을 했지만, 아마도 크로스도킹의 적극적 활용이 핵심일 것이다. 월마트는 전체 상품의 약 85%를 크로스도킹 기술을 활용하여 배송하는 반면, 케이마트는 상품의 약 50%만 크로스도킹 기술로 배송하고 있다. 크로스도킹을 용이하게 하기 위해 월마트는 모든 공급업체에 POS 데이터를 전송하는 전용 위성 통신 시스템을 운영하여 모든 매장의 판매 현황을 명확하게 파악할 수 있도록 한다. 또한 보유한 6,500대의 전용 트럭으로 1주일에 평균 두 번씩 매장에 재고를 보충한다. 크로스도킹을 통해 월마트는 만차 배송(full truckloads)을 함으로써 규모의 경제를 달성한다. 이를 통해 안전 재고를 줄이고 업계 평균 대비 3%의 매출 원가를 절감할 수 있었고, 이는 월마트의 높은 수익 마진을 설명하는 주요 요인이다.

7.3.3 재고 풀링

재고 풀링의 전형적인 예를 가지고 재고 풀링에 대한 논의를 시작한다.

예시 7-3

1990년대 중반, 제너럴 모터스(GM)는 고급 차종인 캐딜락의 판매를 촉진하기 위해 플로리다에서 캐딜락 구매자의 신차 대기 시간을 줄이기 위한 프로그램을 테스트하기 시작했다. 《The Wall Street Journal》은 다음과 같이 전했다.

> 9월 중순에 시작되는 이 프로그램에 따라 약 1,500대의 캐딜락이 플로리다주 올랜도의 지역 유통센터에 주차되어 24시간 내에 주 전역의 딜러에게 배송되기를 기다린다. … GM은 고객 서비스 개선으로 캐딜락 판매량이 증가할 것으로 기대하고 있다. … 연구에 따르면 자동차가 가용하지 않아 판매량의 10~11%의 손실이 발생한다고 한다. … GM은 이 테스트 프로그램이 캐딜락 판매를 10% 증가시킬 것이라 예상하고 있다.

GM이 재고 풀링 프로그램을 시작한 이유는 무엇일까? 딜러가 이러한 프로그램에 참여하는 이유는 무엇일까? GM의 동기는 명확했다. 이 책 전반을 통해 살펴본 바와 같이 중앙집중형 유통 시스템이 분산형 시스템보다 더 나은 성능을 보인다는 것이다. 실제로 동일한 재고 수준에서 중앙집중형 시스템이 더 높은 서비스 수준을 제공하므로 더 높은 매출을 올릴 수 있으며, 이것이 바로 2장에서 설명한 리스크 풀링 개념이다. 또한 푸시-풀(push-pull) 공급망의 개념을 떠올려보자. GM은 올랜도의 중앙 창고에서 재고를 풀링하고 고객의 차량 주문 후 풀링한 재고에서 배송을 진행해 딜러가 수요가 실현되기 전에 주문해야 하는 밀기(push) 공급망에서 딜러가 지역 물류센터에서 차량을 '당기는(pull)' 푸시-풀 공급망으로 전환했다. 예상대로, 이 시스템하에서 더 많은 차량이 가용함에 따라서 최종 고객에게 더 나은 고객 서비스 경험으로 이어지게 되었다.

그러나 이러한 시스템에서 GM이 딜러에게 더 많은 자동차를 판매할 수 있는지는 확실하지 않았다. 재고 통합으로 고객 서비스가 증가하더라도 딜러가 주문하는 차량 수가 반드시 증가하지는 않을 것이기 때문이다. 장기적으로 이러한 방식이 GM에 도움이 될까? 예시 7-4에서 이 질문에 대한 답을 구해 본다.

딜러에게는 어떠한가? 한편으로는 딜러가 더 많은 재고에 접근할 수 있어 잠재적으로 더 많이 판매할 수 있다. 반면 이러한 중앙집중형 재고는 딜러 간의 '경쟁을 평준화'하는 경향이 있다. 재고가 제한적인 소규모 딜러는 24시간 안에 고객에게 판매가 가능한 충분한 수량의 재고를 확보하게 된 것이므로 이러한 시스템을 선호할 것이나, 대형 딜러 입장에서는 일반적으로 가용한 재고로 시장에서 경쟁하므로 이러한 종류의 시스템은 그들의 경쟁 우위를 상쇄시킬 것이다.

재고 풀링과 관련된 이슈를 더 잘 이해하기 위해 다음 예를 보자.

예시 7-4

단일 제품에 대한 불확실한 수요에 직면한 두 소매업체를 생각해 보자. 이 단순화된 예시에서는 소매업체의 비용과 특성이 동일하므로 두 소매업체는 동일하다고 가정한다. 이는 소매업체 규모의 차이와 같은 이슈가 분석에 영향을 미치지 않는다는 것을 의미한다. 중앙집중형 시스템과 분산형 시스템의 경우를 비교해 보자. 중앙집중형 풀링 시스템에서는 두 소매업체가 공동 재고 시설을 운영하고 수요 충족을 위해 풀링된 재고를 사용한다. 분산형 시스템에서는 각 소매업체가 제품을 개별적으로 주문해 수요를 충족한다. 따라서 두 시스템에서 모든 재고에 대한 소유주체는 소매업체이다. 그림 7-1은 두 시스템을 설명한다.

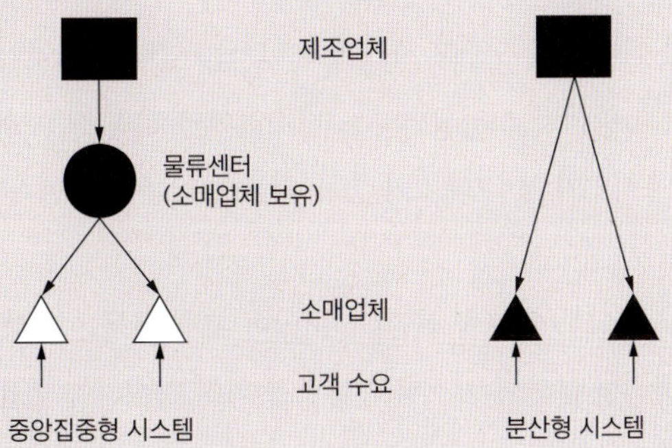

그림 7-1 중앙집중형과 분산형 시스템

불확실한 수요하에서의 단일 기간인 경우를 생각해 보자. 각 유통업체가 직면한 수요에 대한 확률적 예측은 그림 7-2와 같다. 도매가는 개당 $80, 판매가는 개당 $125, 잔존가치는 개당 $20, 생산 비용은 개당 $35이다.

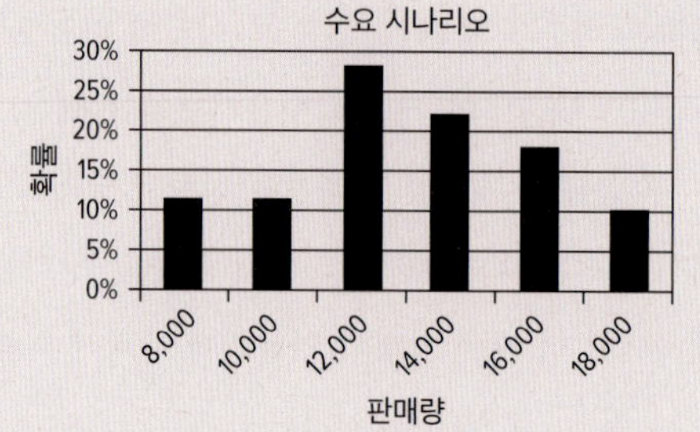

그림 7-2 각 소매업체가 직면하는 확률적 수요

분산형 시스템의 각 소매업체에게 2.2.3절에서와 동일한 분석을 적용하면 각 딜러가 12,000대를 주문하고 업체당 기대이익은 $470,000, 예상 판매량은 11,340대임을 확인할 수 있다. 각 딜러가 12,000대를 주문하므로 제조업체의 이익은 $1,080,000이다. 중앙집중형 시스템에서는 리스크 풀링으로 인해 두 딜러가 함께 26,000대를 주문하고 총 24,470대를 판매하여 $1,009,392의 총 기대 이익을 얻고, 이는 단순 분산형 시스템하에서의 예상 판매량(22,680대)과 총 기대 이익($940,000)과 차이가 있다. 풀링으로 인해 더 많은 수량을 주문하는 데 따른 위험이 줄어들었기 때문에 분산형 시스템보다 더 많은 양을 주문하게 된다는 점에 유의하자(유통업체 중 적어도 한 곳은 평균보다 높은 수요를 가질 가능성이 높다). 마지막으로, 딜러가 더 많은 수량을 주문하기 때문에 제조업체의 이익도 $1,170,000로 증가하며, 이는 분산형 시스템에서 제조업체의 이익이 $1,080,000인 것과 비교된다.

따라서 이 예시는 예상대로 제조업체와 딜러 모두 중앙집중형 시스템을 선호한다는 것을 시사한다. 그러나 이는 '딜러에게 재고가 없을 때 고객이 방문할 시 고객은 떠나고 수요는 잃는다'는 현실에서는 충족되지 않는 중요한 가정을 포함하고 있다. 이 가정은 물론 항상 옳지 않다. 실제로 한 딜러의 재고 부재는 제품 충성도가 높은 고객으로 하여금 재고가 있는 다른 딜러를 탐색할 가능성을 높인다. 제조업체의 입장에서는 이러한 **고객 탐색** 프로세스가 더 많은 제품을 판매하는 데 도움이 될 수 있다.

고객 탐색이 분산형 시스템과 중앙집중형 시스템에 미치는 영향은 무엇일까? 이 탐색 프로세스를 딜러가 활용할 수 있을까? 고객 탐색이 도입되더라도 제조업체와 딜러 모두 여전히 중앙집중형 시스템을 선호할까? 고객 중 일부만 충성도가 높아 재고가 있는 다른 딜러를 탐색한다면 어떤 시스템이 다른 시스템보다 더 나을까?

명백히 두 소매업체 모두 동일한 재고에 접근할 수 있어 고객 탐색은 중앙집중형 시스템에 영향을 미치지 않는다. 그러나 고객 탐색이 분산형 시스템에 영향을 미칠 것이라는 점은 직관적으로 알 수 있다. 실제로 고객 탐색은 딜러가 경쟁업체의 재고가 충분하지 않다는 것을 알게 될 때 자신의 수요와 재고가 부족한 다른 딜러에게 접근하는 고객의 수요까지 충족하기 위해 재고 수준을 높여야 한다는 것을 의미한다. 반면에 이 딜러가 경쟁업체가 상당한 수준의 재고를 보유하고 있다는 사실을 알게 되었다면, 이 딜러는 경쟁업체에서 전환하는 고객이 없을 가능성이 높으므로 재고 수준을 낮출 것이다. 따라서 딜러의 전략은 경쟁사의 전략에 따라 달라진다. 경쟁사가 더 많은 재고를 보유할수록 딜러는 더 적은 재고를 주문해야 하고, 반대로 경쟁사의 재고가 적을수록 딜러는 더 많은 재고를 주문한다. 물론 문제는 딜러가 경쟁사의 전략을 알고 있더라도 재고 수준을 어떻게 결정할지의 기준이 명확하지 않다는 것이다. 즉, 고객 탐색이 제조업체에 미치는 영향이 얼마인지가 명확하지 않다.

이 질문은 **게임 이론**(game theory)의 개념, 특히 **내시 균형**(Nash equilibrium)의 개념을 차용하여 해결할 수 있다. 두 경쟁자가 모두 의사결정을 내렸을 때, 즉 이 경우 두 소매업체가 모두 주문량을 결정했을 때 상대편이 주문량을 변경하지 않으면 나의 주문량 변경을 통해 기대 이익을 변경할 수 없는 경우를 내시 균형에 도달했다고 한다. 예를 들어 두 딜러가 모두 일정량을 주문하기로 결정한 경우, 다른 딜러가 주문량을 줄이지 않는 한 딜러 중 한 명이 더 많은 품목을 주문하여 자신의 기대 이익을 높일 수 없다면 이러한 상황이 내시 균형에 해당한다.

예시 7-5

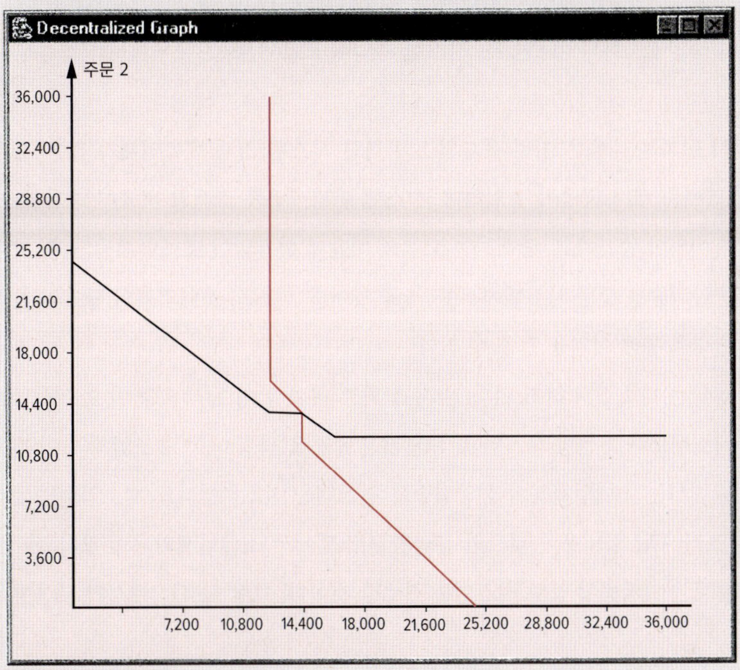

그림 7-3 소매업체의 최적 대응

앞의 예시로 돌아가 '시스템을 탐색하는 고객의 비율'을 첫 번째 소매업체에서 수요가 충족되지 않을 경우 다른 소매업체를 확인하는 고객의 비율이라 하자. 이 정보를 사용하여 각 소매업체는 다른 소매업체가 특정 수량을 주문할 경우 유효 수요(초기 수요와 탐색된 수요의 합계)가 얼마인지 파악하고, 이 정보를 바탕으로 경쟁업체의 주문을 고려해 얼마나 주문해야 하는지 계산할 수 있다. 이를 '최적 대응(best response)'이라고 한다. 그림 7-3에서 검은색 곡선은 소매업체 1의 주문에 대한 소매업체 2의 최적 대응을, 빨간색 곡선은 소매업체 2의 주문에 대한 소매업체 1의 최적 대응을 나타내며, 이는 α = 90%인 시스템에서 한 소매업체에서 수요가 충족되지 않는 고객의 90%가 다른 소매업체에 해당 품목이 재고가 있는지 확인하는 경우이다. 소매업체 1의 재고가 증가하면 소매업체 2의 재고가 일정 수준까지 감소하는 것을 관찰하자(검은색 곡선). 소매업체 2의 정책에 따라 소매업체 1의 재고도 마찬가지로 움직인다.

소매업체 1이 약 20,000개를 주문하면 소매업체 2는 약 12,000개를 주문하는 것으로 대응하지만(검은색 곡선), 이 경우 소매업체 1은 전략을 수정하여 주문량을 줄여야 한다(빨간색 곡선). 각 소매업체가 전략을 수정할 동기가 없는 유일한 경우는 두 곡선의 교차점에 해당하는 수량을 주문하는 경우이다. 이것이 이 시스템의 내시 균형이며 유일한 내시 균형이다. 따라서 각 소매업체의 최적 주문 수량은 13,900개이고, 각 소매업체의 총 기대 이익은 $489,460(총 기대 이익은 $978,920)이 된다. (유통업체별) 예상 판매량은 12,604개이므로 총 예상 판매량은 25,208개이고, 제조업체로부터 주문한 총수량은 27,800개이므로 제조업체의 이익은 $1,251,000이다. 표 7-1에서는 탐색률 90%를 기준으로 중앙집중형 시스템과 분산형 시스템의 성능을 비교하였다.

흥미롭게도 중앙집중형 시스템이 분산형 시스템에 비해 압도할 만한 우위에 있지는 않다. 실제 유통업체들은 여전히 중앙집중형 시스템을 선호하지만, 제조업체의 수익은 분산형 시스템에서 더 높다. 또한 이 시스템이 완전히 중앙집중화되었다면, 총 시스템 수익이 $2,263,536으로 약간 더 상승한다는 점도 주목할 만하다.

앞선 예시에서 살펴본 내용은 이런 유형의 일반적인 시스템(경쟁 유통업체가 많은 경우)에도 적용된다. 이러한 시스템에는 내시 균형이 유일하며, 시스템을 탐색하는 고객의 비율이 증가함에 따라 각 소매업체의 주문량과 이익이 증가하고, 탐색하는 고객의 비율에 관계없이 소매업체들의 총 기대 이익은 분산형 시스템보다 중앙집중형 풀링 시스템에서 더 높을 것이다. 따라서 소매업체의 규모와 가격 전략이 비슷하다면 언제나 협력을 통해 이익을 얻을 수 있다.

제조업체의 상황은 다소 명확하지 않다. 앞서 살펴본 바와 같이 탐색 비율이 높으면 소매업체들은 중앙집중형 풀링 시스템보다 분산형 시스템에서 더 많은 주문을 하게 되어 제조업체의 이익이 증가한다. 따라서 이러한 상황에서는 소매업체들이 중앙집중형 시스템을 선호하더라도 제조업체는 분산형 시스템을 선호할 것이다. 그러나 탐색 비율이 낮으면 분산형 시스템에서 소매업체의 주문량이 적어지므로 소매업체와 제조업체 모두 중앙집중형 풀링 시스템을 선호할 것이다. 그림 7-4는 예시의 분산형 시스템에서 탐

표 7-1 탐색률 90% 기준 분산형 시스템과 중앙집중형 시스템 비교

전략	소매업체	제조업체	합계
분산형	978,920	1,251,000	2,229,920
중앙집중형	1,009,392	1,170,000	2,179,392

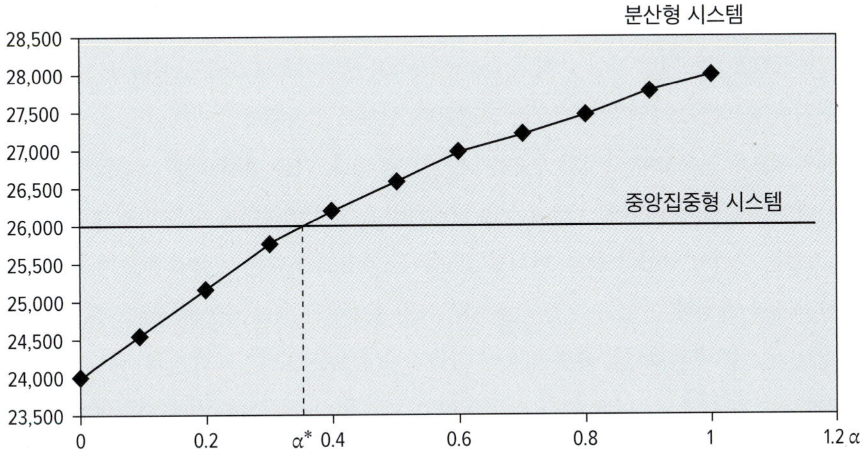

그림 7-4 탐색 수준별 딜러 주문량

색 수준에 따른 딜러의 주문량을 나타낸다. 또한 중앙집중형 시스템인 경우의 주문량도 표시되어 있다. 그림에서 확인할 수 있듯 고객 탐색에 대한 임계 탐색 수준이 존재하여 이 수준보다 낮으면 제조업체가 중앙집중형 시스템을 선호하고, 그렇지 않으면 분산형 시스템을 선호한다.

따라서 제조업체는 항상 더 높은 고객 탐색 수준을 선호한다. 어떻게 하면 이를 달성할 수 있을까? 두 가지 일반적인 접근방식으로 브랜드 충성도를 높이기 위한 마케팅 전략과 소매업체 간 커뮤니케이션을 강화하기 위한 정보 기술을 들 수 있다.

명백히 브랜드 충성도가 높아지면 고객은 처음 방문한 소매업체에 특정 브랜드의 제품 재고가 없을 경우 다른 소매업체에서 동일 브랜드를 탐색할 가능성이 높다. 예를 들어, 혼다 어큐라(Acura)는 수년 동안 기존 어큐라 소유자들이 현재 차량을 새 차량으로 교체할 시 리베이트를 제공했다. 이 프로그램은 고객이 원하는 차량을 찾기 위해 여러 어큐라 딜러를 방문할 수 있는 동기를 제공했다.

정보 기술은 딜러 간, 딜러와 고객 간의 소통을 향상시켜 고객의 시스템 탐색 편의성을 높이고, 고객이 시스템을 탐색할 가능성을 높인다. 예를 들어, 많은 자동차 제조업체는 자사 웹사이트를 통해 잠재 고객이 모든 지역 딜러의 재고를 검색할 수 있도록 한다. 마찬가지로, KBB.com 및 truecar.com 같은 자동차 구매 웹사이트는 구매자를 단일 혹은 여러 브랜드를 취급하는 다수의 딜러와 연결해 준다. 딜러는 이러한 유형의 시스템을 선택하고 일반적으로 가입 수수료를 지불한다. 이와 동시에 거의 모든 자동차 제조업체는 각 딜러에게 미국 내 다른 딜러의 재고 수준에 대한 정보를 제공하는 정보 시스템을 갖추고 있다.

7.4 환적

때로는 재고 풀링의 이점을 활용하기 위해 말 그대로 한 창고에 재고를 집중할 필요가 없는 경우도 있다. 실제로 빠른 운송 옵션과 첨단 정보 시스템의 성장으로 환적은 공급망 전략을 선택하는 데 있어 고려해야 할 중요한 선택지이자 재고 풀링 전략을 구현하는 또 다른 방법이 되었다. **환적**(transshipment)이란 공급망상에서 같은 계정에 있는 여러 시설 간에 물품을 운송하여 즉각적으로 수요를 충족하는 것을 의미한다.

대부분의 경우 환적은 소매업체 계층에서 고려된다. 위에서 언급했듯이 환적 기능을 통해 소매업체는 다른 소매업체의 재고를 활용하여 고객의 수요를 충족할 수 있다. 이를 위해 해당 소매업체는 다른 소매업체의 재고를 파악하고 있어야 하며, 고객이 원래 구매하려고 했던 매장이나 고객의 집으로 상품을 신속하게 배송할 수 있는 방법이 있어야 한다. 이러한 요건은 소매업체가 다른 소매업체의 재고를 조회하고 서로 간 신속한 배송을 촉진할 수 있는 고급 정보 시스템을 통해서만 충족 가능하다.

적절한 정보 시스템이 존재하고 배송 비용이 합리적이며 모든 소매업체의 소유주가 동일하다면 환적이 합리적이라는 것을 쉽게 알 수 있다. 이 경우 중앙 창고가 없더라도 여러 소매점의 재고를 대규모 단일 풀링의 일부로 볼 수 있어 시스템이 리스크 풀링 개념을 효과적으로 활용하고 있다.

독립적으로 소유 및 운영되는 소매업체는 경쟁업체를 도울 수 있기 때문에 환적을 피하고 싶을 수 있다. 8장에서는 독립 소매업체가 필요한 상품의 환적을 포함한 다양한 방식으로 협력하는 **소매업체 통합**과 관련된 문제를 고려한다.

이런 경쟁 소매업체들이 여전히 환적에 동의할 경우, 재고 풀링 모델에서 논의한 것과 유사한 문제에 직면하게 된다. 즉, 소매업체가 환적에 동의하는 경우, 경쟁업체의 전략에 따라 재고 전략이 달라져 각 소매업체가 얼마나 많은 재고를 보유해야 하는지가 명확하지 않다. 이 경우에도 재고 풀링을 설명할 때 제시한 것과 유사한 기법과 결과가 적용된다는 것이 알려져 있다.

7.5 역물류

역물류(reverse logistics)는 상품을 '일반적인' 최종 목적지로부터 공급망 내로 되돌려 이동하는 것을 말한다. 기업에는 항상 수리 또는 임대 반품을 처리하기 위한 물류 전략이 필요하지만, 여러 요인으로 인해 유통망에서 역물류의 역할에 대해 신중하게 생각해야 하는 상황에 처해 있다.

- 제품 수명 주기가 환경에 미치는 영향에 대한 관심이 높아지면서 제조업체는 제품의 회수, 수리, 재제조(remanufacturing)를 포함한 전략에 더욱 집중하고 있다.
- 전자상거래의 보급이 지속적으로 증가함에 따라 고객 반품이 증가하고 있다.

특히 위 두 번째 요인은 일부 소매업체가 그들의 역물류 전략에 대해 신중하게 생각하도록 만들고 있다. 현재 온라인에서 구매한 상품의 20%(그리고 '고가' 상품의 50%)가 반품되고 있으며, 2020년 미국에서 반품으로 인해 유통업체가 부담한 비용이 약 $5,500억에 달한다. 소비자의 40% 이상이 구매한 제품 중 일부를 반품할 의향이 있으며(예 : 신발이나 의류를 사이즈별로 직접 신어보고 입어보기 위해 구매하는 경우가 많은 것도 그 이유에 해당된다), 온라인 환경 개선만으로는 이 문제를 해결할 수 없다.

일반적으로 반품 물류 문제에 직면한 기업은 정방향 물류 전략에 역물류를 통합하거나 별도의 역물류 전략을 실행하는 전략 중 하나를 선택한다. 역물류는 포장이 다양할 수 있고, 반품된 제품의 품질을 평가해야 하며, 반품된 상품을 재고에 포함시킬지 여부와 위치를 결정해야 하고, 제품 수리가 필요할 수 있으며, 반품된 상품을 2차 시장에서 판매할 수 있는 등 여러 가지 측면에서 정방향 물류와 다르다. 이러한 특성을 고려하면 역물류를 현재 시설과 시스템에 통합하는 것이 비용 측면에서 효과적이지 않을 수 있다. 역물류를 현재 시스템에 통합하는 것은 현재 시스템의 상황과 역량에 대한 신중한 평가가 필요하고 반품 수량과 유형 변화에 따라 자주 재고되어야 하는 결정이다.

7.6 적절한 전략 선택

한 가지 유형의 유통 전략만을 사용하는 공급망은 거의 없다. 일반적으로 제품별로 각기 다른 접근방식이 사용되므로 공급망을 분석하여 특정 제품 또는 제품군에 사용할 적절한 접근방식을 결정해야 한다.

이러한 개념을 평가하기 위해 간단한 질문부터 시작해 보자. 유통 전략에 영향을 미치는 요소는 무엇일까? 당연히 고객 수요와 위치, 서비스 수준, 운송 및 재고 비용을 포함한 비용이 모두 중요한 역할을 담당한다.

재고 비용과 운송 비용의 상호 작용에 주목하는 것이 중요하다(2장과 3장 참조). 운송 비용과 재고 비용은 모두 배송 규모에 따라 달라지지만, 서로 반대 방향으로 작용한다. 로트(배송 단위) 크기가 커지면 배송 빈도가 줄어들고 운송업체는 배송량에서 가격 인하 혜택을 누릴 수 있으므로 운송 비용을 절감할 수 있다. 그러나 로트(배송 단위) 크기가 크면 품목이 판매될 때까지 더 오랜 기간 재고로 남아 있기 때문에 품목당 재고 비용은 증가한다.

수요 변동성은 유통 전략에도 영향을 미친다. 실제로 2장에서 살펴본 바와 같이 수요 변동성은 비용에 큰 영향을 미치며, 변동성이 클수록 더 많은 안전 재고가 필요하다. 따라서 물류창고에 보유하고 있는 재고로 수요 변동성과 불확실성에 대비할 수 있으며, 위험 분산을 위해 소매업체가 보유한 물류창고가 많을수록 더 많은 안전 재고가 필요하다. 반면, 크로스도킹 전략처럼 창고를 재고 보관에 사용하지 않거나 직접 배송처럼 창고가 전혀 없는 경우 유통 시스템상에서 더 많은 안전 재고를 보유해야 한다. 두 경우 모두 각 상점이 충분한 안전 재고를 보유해야 하기 때문이다. 그러나 더 나은 수요 예측과 더 적은 안전 재고를 가능하게 하는 유통 전략, 환적 및 풀링 전략을 통해 이러한 영향을 완화할 수 있다. 다양한 전략을 평가할 때는 리드 타임 및 물량 요구사항, 고객 요구사항 및 행동, 최종 제품의 다양성, 다양한 대안이 고려된 자본 투자도 고려해야 한다.

표 7-2는 직접 배송, 크로스도킹, 창고 재고 전략을 요약하여 비교한 표이다. 창고 재고 전략은 재고를 창고에 보관하는 고전적인 유통 전략을 말한다. 표의 '할당' 행은 서로 다른 제품을 서로 다른 소매점에 할당해야 하는 시점을 나타낸다. 분명히 직접 배송에서는 다른 두 가지 방식보다 더 일찍 할당 결정을

표 7-2 유통 전략

전략 → 요소 ↓	직접 배송	크로스도킹	창고 재고 전략
리스크 풀링			이점 활용
운송 비용		조달 비용 절감	조달 비용 절감
보유 비용	창고 비용 없음	재고 보유 비용 없음	
할당		지연	지연

내려야 하므로 수요 예측 기간이 더 길어야 한다.

마지막으로, 이전 절에서 논의했듯이, 역물류 전략 설계를 위해서는 별도의 분석과 다양한 전략이 필요한 경우가 많다.

요약

최근 몇 년 동안 많은 기업이 공급망 통합을 통해 성과를 개선하고, 비용을 절감하고, 서비스 수준을 높이고, 채찍 효과를 줄이고, 시장 변화에 대한 대응력을 향상했다. 그러나 공급망 통합의 총체적 수준에 관계없이 효과적인 유통 전략을 구현하는 것은 중요하다. 상황에 따라 직접 배송 또는 창고나 물류센터와 같은 중간 재고 보관 지점을 활용한 유통 전략이 더 적합할 수 있다. 중간 재고 보관 지점을 활용하더라도 추가적인 의사결정은 필요하다. 창고나 유통센터가 많아야 할까, 아니면 적어야 할까? 재고를 이러한 위치에 보관해야 할까, 아니면 단순히 환적만 해야 할까? 소매업체로서 중앙집중형 재고 풀링 시스템에 참여하는 것이 합리적일까? 환적 시스템은 어떨까? 역물류는 어떻게 처리해야 할까? 이러한 모든 결정은 수반되는 비용, 제품, 고객의 성격과 특성에 따라 달라진다.

토론 질문

1. 한 대형 할인점을 생각해 보자. 할인점에서 크로스도킹 전략을 사용해야 하는 일부 제품과 공급업체, 직접 배송 전략에 더 적합한 일부 제품과 공급업체, 마지막으로 할인점에서 '전통적 창고 운용 전략'으로 변경해야 하는 일부 제품과 공급업체에 대해 논의하시오.
2. 다음 제품을 다루는 공급망을 고려해 보자. 각각에 대해 중앙집중형 시스템과 분산형 시스템, 중앙집중형 시설과 지역 시설의 구체적인 장점을 나열하시오.
   a. 우유 및 유제품
   b. 신문
   c. MP3 플레이어
   d. 자동차
   e. 청바지

3. 재고 풀링 전략을 사용하는 회사나 공급망에는 어떤 것들이 있는가?
4. 환적 전략을 사용하는 회사나 공급망에는 어떤 것들이 있는가?
5. 재고 풀링 전략과 환적 전략의 유사점 두 가지와 차이점 두 가지를 제시하시오. 특정 공급망에 두 전략 중 하나가 적합한 이유는 무엇인가?
6. 회사나 딜러가 고객 탐색을 장려할 수 있는 방법에 대해 논의하시오.
7. 딜러가 고객 탐색을 어떻게 억제할 수 있는지 논의해 보자. 딜러가 이런 탐색을 권장하지 않는 이유는 무엇인가?

CHAPTER 8

전략적 제휴

CASE 킴벌리-클라크의 코스트코 기저귀 공급 사례

어느 날 아침, 로스앤젤레스에 있는 한 코스트코 매장에서 1사이즈와 2사이즈 하기스(Huggies) 제품이 품절되기 시작했다. 위기가 닥쳤다.

그래서 코스트코 관리자들은 무엇을 했는가? 아무것도 하지 않았다. 기저귀를 만드는 킴벌리-클라크(Kimberly-Clark)와의 특별 협약 덕분에 그럴 필요가 없었다.

이 협약에 따르면 재고 보충에 대한 책임은 코스트코가 아닌 제조업체에 있다. 그 대가로 대형 소매업체는 개별 매장의 매출에 대한 자세한 정보를 공유한다. 따라서 로스앤젤레스의 아기들이 기저귀 품절을 알아차리기 훨씬 전에 위스콘신주 니나에서 수백 마일 떨어진 컴퓨터로 작업하는 킴벌리-클라크의 데이터 분석가가 기저귀가 부족해지는 것을 방지했다.

킴벌리-클라크의 데이터 분석가인 Michael Fafnis는 "그들이 스스로 주문할 때는 재고를 잘 파악하지 못했었다."고 말한다. 이제 코스트코와의 특별한 컴퓨터 링크를 통해 Michael Fafnis는 하기스 및 그 밖의 더 많은 킴벌리-클라크의 제품을 어디로 배송할지에 대한 즉각적인 의사결정을 내릴 수 있다.

불과 몇 년 전만 해도 주요 소매업체와 주요 공급업체 간에 이러한 데이터를 공유하는 것은 상상조차 할 수 없는 일이었다. 그러나 코스트코와 킴벌리-클라크 간의 합의는 미국 소매업에 획기적인 변화를 가져왔다. 미국 전역에 위치한 월마트 스토어(Walmart Stores Inc.)부터 타깃(Target Corp.), JC페니(JCPenney Co.)에 이르는 영향력 있는 소매업체들은 그들의 공급업체에게 제품을 공장에서 매장 선반으로 인도하는 데 보다 적극적인 역할을 하도록 압력을 가하고 있다.

사이즈 변경

어떤 경우에 이것은 공급업체가 초과 상품을 보관하는 데 드는 비용을 부담하도록 요구하는 것을 의미한다. 다른 경우에는 공급자에게 제품이나 패키지 크기를 변경하도록 강요하는 것을 의미한다. 코스트코와 킴벌리-클라크의 경우 공식적으로는 '공급자 주도형 재고관리'라고 불리는 협력 계획이 있는데, 킴벌리-클라크는 매장 통로에 있는 실제 진열대를 제외한 코스트코의 재고 관리와 관련된 모든 것을 감독하고 비용을 지불한다.

방식과 용어가 무엇이든 이러한 대형 소매업체의 주요 초점은 동일하다. 제재소에서 매장 선반까지 모든 단계를 구성하는 소위 공급망을 따라 비용을 절감하는 것이다. 공급업체가 그들 스스로 비효율성을 파악하고 수정할 수 있는 가장 좋은 위치에 있다고 가정한다.

소비자에게는 이 모든 것이 금전 등록기의 가격을 낮추는 것으로 해석된다. 모건 스탠리 딘 위터(Morgan Stanley Dean Witter)의 미국 수석 경제전문가 Richard Berner에 따르면, 실제로 공급망에 대한 대기업 관심의 증가는 미국의 일반 상품(세탁 세제부터 양모 스웨터까지) 가격이 1998년과 그 이듬해에도 1.5% 하락했고 2000년에도 같은 비율로 하락하고 있는 이유 중 하나이다. 정부 데이터를 분석한 그는 "공급망 관리가 가장 주된 영향을 미쳤다."고 말한다.

남녀공용으로 돌아가기

소비자에게는 잠재적인 단점도 있다. 브랜드와 패키지 유형에 대한 선택의 폭이 작다. 예를 들어, 2년 전에 킴벌리-클라크는 남아용 기저귀와 여아용 기저귀에 대한 분리 생산을 중단하고 남녀공용 기저귀로 되돌아갔다. 다양성이 떨어지면 공장과 트럭의 재고 추적이 더 쉬워진다고 댈러스에 본사를 둔 킴벌리-클라크는 말한다.

대체로, 킴벌리-클라크가 사용하는 컴퓨터 링크와 같은 향상된 기술을 통해 소매업체와 공급업체 간의 더 나은 협력이 가능해졌다. 이는 또한 전 세계적으로 통합 및 확장을 진행하는 주요 소매업체의 강점이 더욱 커진 결과이기도 하다. 많은 경제학자들은 공급망에서 소매업체와 공급업체 간의 긴밀한 협력이 미래의 모델이며 궁극적으로 새천년에 어떤 회사가 성공할지를 결정할 것이라고 말한다.

신시내티의 거대 소비재 기업인 프록터앤드갬블(Procter & Gamble Co.)의 공급망 업무 책임자인 Steve David는 "쇼핑객이 바운티(Bounty) 종이 타월 한 롤을 구매하면 조지아에서는 누군가가 나무를 자르게 될 것이다."라고 말하며 덧붙인다. "그것은 거의 불가능에 가깝다."

요즘 프록터앤드갬블은 벤턴빌에 있는 월마트 본사에서 몇 분 거리인 아칸소주 페이엣빌에 약 250명의 직원을 배치하여 오로지 할인 체인에 제품을 홍보하고 가능한 한 빨리 매장 진열대로 이동하도록 하는 일을 하고 있다. 두 거대 기업은 일부 재고 데이터를 공유한다.

공급망의 비효율성으로 인한 대가는 비싸다. 레브론(Revlon Inc.)은 올해 매장 선반이 오래된 재고로 백업되었기 때문에 제품 배송 속도를 늦췄다. 케이마트(Kmart)의 신임 CEO인 Charles Conaway는 부분적으로 취약한 공급망 인프라 때문에 소매업체의 이익이 감소하고 있다고 공개적으로 비난했다. 지난달 그는 공급업체와의 조정 시스템을 포함해 케이마트의 기술을 업데이트하는 데 향후 2년 동안 $14억 지출을 예상한다고 말했다. 그리고 올해 초 에스티로더(Estee Lauder Cos.)는 화장품 부문의 운영을 강화하기 위해 컴팩 컴퓨터(Compaq Computer Corp.)의 공급망 담당 임원을 고용했다.

여러 측면에서 볼 때 코스트코와 킴벌리-클라크 간의 긴밀한 협력은 다른 상품에도 모델이 되고 있으며 두 회사의 최근 강력한 매출 증가를 설명하는 데도 도움이 된다. 지난 2년 동안 킴벌리-클라크는 프로그램을 점진적으로 확장하여 현재 약 44개 소매업체의 제품 재고를 관리하고 있다. 소비재 회사는 해당 기간 동안 공급망에서 $2억의 비용을 절감했으며 올해 추가로 $7,500만 절감을 약속했다.

킴벌리-클라크의 회장이자 CEO인 Wayne Sanders는 "정보화 시대가 이 산업에 가져온 것이다. 이는 우리에게 경쟁 우위를 제공한다."고 말한다. 실제로 킴벌리-클라크는 공급망에서 달성한 비용 절감이 프록터앤드갬블의 팸퍼스(Pampers)가 아닌 하기스를 전국 대부분 지역의 코스트코 매장에서 판매하는 이유 중 하나라고 말한다.

코스트코의 COO인 Richard Dicerchio는 "회사가 비용을 낮출 수 있는 방법을 찾으면 그러한 거래를 성사시킨다."고 말한다. 프록터앤드갬블의 대변인은 공급망이 매우 효율적이며 코스트코는 다른 많은 제품도 취급하고 있다고 밝혔다.

재고를 관리하는 소매업체의 주문을 감독하기 위해 킴벌리-클라크는 Fafnis를 포함해 24명의 직원을 고용하고 있다. 킴벌리-클라크의 대변인은 이 프로그램의 이점이 추가 인건비를 "상쇄시키는 것 이상"이라고 말한다. 작년에 킴벌리-클라크는 매출 $130억, 순이익이 51% 증가한 $16억 7천만을 기록하여 3년간의 실적 개선을 기록했다.

코스트코의 경우, 주요 공급업체와의 긴밀한 협력을 통해 얻을 수 있는 이점도 마찬가지로 분명하다. 코스트코는 재고 부서의 인력 배치뿐 아니라 보관 비용도 절감한다. 킴벌리-클라크가 코스트코의 재고 관리를 시작하기 전인 1997년 후반에 소매업체는 평균 한 달 분량의 킴벌리-클라크 제품을 창고에 보관했다. 이제 킴벌리-클라크가 더 효율적으로 물품을 보충할 수 있다는 것이 입증되었기 때문에 코스트코는 2주 분량의 물품만 보관하면 된다.

게다가 코스트코는 새로운 시스템으로 인해 매장 진열대가 비워질 가능성이 줄어들었다고 말한다. 이는 소매업체와 공급업체 모두에게 중요하다. 소비자 연구에 따르면 대다수의 고객이 필요한 특정 품목을 찾을 수 없는 경우 빈손으로 매장을 나갈 것이기 때문이다. 예를 들어, 프록터앤드갬블은 재고 품절로 인한 평균 소매업체의 손실이 연간 매출의 약 11%에 달하는 것으로 추산한다.

일반적으로 각 카테고리마다 하나의 브랜드 제품과 자체 브랜드인 커클랜드 시그니처(Kirkland Signature) 제품만 제공하여 비용을 절감하는 코스트코의 경우 선반에 재고를 유지하는 것이 중요하다. "재고가 없으면 해당 카테고리에서 제외된다는 의미이므로 판매 손실 가능성이 더 커진다."고 Dicerchio는 말한다.

캘리포니아주 레돈도 비치에 거주하는 Susanne Shallon은 근처 코스트코에 재고가 잘 채워져 있기 때문에 22개월 된 딸 베스를 위해서는 4사이즈 하기스를, 5세 아들인 에밀을 위해서는 풀업을 항상 구입한다. 그녀는 "매장에 가면 바로 그 제품을 찾을 수 있다는 확신이 있어서 좋다."고 말한다.

'풀(Pull)' 제품

현재 킴벌리-클라크는 북동부를 제외한 모든 지역의 코스트코 매장에서 재고를 관리하고 있다. 킴벌리-클라크는 최근 분석가들을 워싱턴주 이사콰에 있는 코스트코 본사로 보내 가능한 다음 단계를 추진했다. 즉, 북동부 지역으로 확장하고 기록된 매출뿐만 아니라 예측에 협력하는 것이다.

코스트코의 CEO인 James Sinegal은 체인이 항상 재고를 잘 관리해 왔지만 "우리는 상황을 더 높은 수준으로 끌어올리고 싶다."고 말했다. 코스트코는 1996년부터 매년 두 자릿수의 매출 성장을 기록하며 미국 소매업체들 사이에서 최고의 성과를 거두었다. 1999년 8월 29일에 종료된 회계연도에 매출은 13% 증가한 $269억 8천만을 기록했다.

코스트코에서 기저귀는 '풀(pull)' 제품으로 알려져 있다. 즉, 쇼핑객이 기저귀를 구매하기 위해 특별히 매장을 방문한다는 의미이다. 부모들은 특히 가격에 민감하기 때문에 소매업체는 기저귀를 재고로 유지하고 가능한 한 저렴하게 만들어야 한다는 압력을 받는다.

이는 미국 서부 전역에 걸쳐 155개 코스트코 매장의 재고를 감독하는 책임을 맡고 있는 34세의 킴벌리-클라크 데이터 분석가인 Fafnis가 매일 아침 7시 30분에 그의 사무실에 도착했을 때 하기스, 크리넥스(Kleenex) 티슈, 스카트(Scott) 종이 타월이 담긴 상자가 얼마나 많이 선반에 놓여 있는지를 정확히 보여주는 스프레드시트 더미가 쌓여 있음을 의미한다. 그는 많은 코스트코 임원이 볼 수 있는 것보다 더 많은 판매 및 재고 세부 정보를 알고 있다.

그의 임무는 선반이 비워질 위험 없이 각 매장의 재고를 가능한 한 낮게 유지하는 것이다. 컴퓨터에 주문을 입력한 후 트럭이 코스트코 매장에 도착할 때까지 평균 1주일이 걸리기 때문에 실수할 여지가 거의 없다.

몇 달 전 어느 날 아침, 취미로 야구 통계를 연구하던 Fafnis는 스프레드시트를 훑어보다가 로스앤젤레스의 잠재적인 문제를 알아냈다. 매장의 1사이즈 및 2사이즈 하기스 공급량이 188개 패키지로 줄었다는 점이었다. 지난주에는 74개가 팔렸다. 즉, 매장은 며칠 내에 안전 재고(일반적으로 2주 분량의 재고) 아래로 떨어질 수 있다. 컴퓨터는 제안된 주문을 내뱉지만 Fafnis는 그것을 몇 개의 패키지로 잘라낸다. 하기스를 착용하는 2세 자녀를 둔 아버지로서 그는 시장에 대한 어떤 본능을 갖고 있다. "다음 트럭이 들어오면 바로 안전 재고를 확보하고 싶을 것이다. 이것이 이상적인 상황이다."라고 그는 말한다.

코스트코(위스콘신에는 코스트코가 없음)에 가본 적이 없는 Fafnis는 쇼핑객의 변덕과 특정 지역의 요구에 맞게 주문을 맞추려고 노력한다. 그는 사무실 게시판에 주황색 형광펜으로 짙게 표시된 특별 요청 목록을 게시했다. 예를 들어, 네바다주 리노에 있는 매장은 도시 소음 조례를 피하기 위해 월요일 이른 아침에만 배송을 받을 수 있다.

Fafnis가 자신의 컴퓨터에 주문을 입력한 후, 테네시주 녹스빌에 있는 회사 물류센터의 킴벌리-클라크 운송 분석가가 동일한 컴퓨터 파일을 불러와 트럭 운송 회사에 주문을 할당한다.

취소된 주문

불만사항은 킴벌리-클라크 고객 서비스 분석가인 Rachel Pope가 처리하며, 그의 자리는 Fafnis와 몇 칸 떨어져 있다. 어느 날 오후, 코스트코 상품 관리자가 워싱턴주 스포캔에 있는 한 매장이 공사 중이어서 배송을 원하지 않는다는 전화를 한다. Pope는 녹스빌에 있는 물류센터에 전화를 걸어 스포캔으로 향하는 트럭이 이미 유타주 오그던에 있는 하역장에 도착해 있다고 말한다. 그녀는 운전자가 트럭에 연료를 채우기 직전에 전화 회의를 통해 그에게 연락이 닿는다. "아슬아슬했다."고 그녀는 말한다.

효율성 추구는 새로운 문제를 야기한다. 작년에 코스트코 매장 관리자는 일부 배송이 불완전하다고 불평했다. 킴벌리-클라크 관리자는 13개 코스트코 매장을 방문하여 일부 운전자가 나중에 정차할 품목을 실수로 내리는 것을 발견했다. 이제 킴벌리-클라크는 간단한 판지 칸막이를 사용하여 각 매장의 주문을 구분한다.

재고가 없는 매장 진열대를 조사하는 사람은 킴벌리-클라크의 코스트코 판매원인 Donna Imes이다. 코스트코 본사 근처에 살고 있는 Imes는 보통 매일 아침 4시 30분에 집 컴퓨터에 로그인하여 Fafnis가 보낸 보고서를 스캔한다. 그녀는 1주일에 최소 5군데 코스트코 매장의 모든 통로를 돌아다니며 나선형 링 패드에 진열품과 경쟁업체의 가격을 메모하고 매장 관리자나 고객과 대화를 나눈다.

최근 Imes는 쇼핑객들이 쇼핑카트 하단에 기저귀를 넣는 것을 보고 하기스 브랜드 관리자에게 전화하여 패키지를 더 넓게 만들지 않도록 주의를 주었다. 특정 매장에서 월초에 요실금용 속옷이 부족한 경우가 많다는 사실을 알게 된 코스트코 관리자는 Imes에게 옆집 은퇴자 센터 주민들이 그 당시 항상 쇼핑을 했다고 말했다. 그러자 그녀는 Fafnis에게 이러한 사실을 경고했으며 Fafnis도 이에 맞춰서 컴퓨터를 프로그래밍했다.

공급망의 중요성은 킴벌리-클라크 자체에서도 사라지지 않았다. 킴벌리-클라크는 동일한 원칙을 자체 공급업체에도 적용하려고 노력하고 있다. 요즘에는 한 달도 안 되는 분량의 기저귀를 자체 창고에 보관하고 있는데, 이는 지난 2년 동안 거의 50% 감소한 수치이다.

현재로서는 원자재 출하가 약점으로 남아 있다. 회사가 기저귀용 벨크로 탭을 비축하는 방법과 같은 세부사항에 초점을 맞춘 발전은 미미하다. 2년 전 킴벌리-클라크는 매주 이메일을 통해 벨크로 USA(Velcro USA Inc.)와 생산 계획을 공유하기 시작했다. 이로써 벨크로 재고가 60% 감소하였고 수백만 달러가 절약되었다.

킴벌리-클라크는 비용을 더욱 절감하려고 노력하고 있다고 말한다. 회사의 미국 소비자 판매 담당 사장인 Jim Steffen은 정기적으로 직원들에게 소매업체가 고객임을 상기시킨다. "지난번에 찾아봤을 때 우리에겐 매장이 하나도 없었다."고 그는 말한다.

이 장을 마치고 나면 다음 질문에 답할 수 있다.

- 왜 주요 소매업체는 공급업체가 소매업체의 재고 수준을 관리하는 관계로 전환하는가?
- 기업이 물류 요구사항을 내부적으로 처리해야 하는 경우는 언제이며 외부 자원을 사용해야 하는 경우는 언제인가?
- 공급망 성과를 개선하기 위해 어떤 다른 유형의 비즈니스 파트너십을 사용할 수 있는가?
- 이 사례에 설명된 것과 같은 압력이 회사에 유리하게 사용될 수 있는가?

8.1 개요

오늘날 비즈니스의 역설 중 하나는 복잡한 비즈니스 관행(이전 장에서 논의한 것과 같은)이 기업의 생존과 번영에 필수가 되고 있으며, 이러한 관행을 구현하는 데 필요한 재정 및 관리 자원이 점점 부족해지고 있다는 것이다. 이는 이러한 주요 비즈니스 기능 전부를 내부에서 수행하는 것이 항상 효과적이지 않은 이유 중 하나이다. 종종 회사는 이러한 기능을 수행하기 위해 특별한 자원과 기술 지식을 갖춘 다른 회사를 활용하는 것이 효과적이라는 것을 알 수 있다. 회사가 특정 작업을 수행할 수 있는 가용 자원을 보유하고 있더라도 공급망의 상대적 위치가 더 나은 위치에 있기 때문에 공급망의 다른 회사가 해당 작업을 수행하는 데 더 적합할 수도 있다.

종종 공급망에서의 위치, 자원 및 전문 지식의 조합에 따라 공급망에서 특정 기능을 수행하는 데 가장 적합한 회사가 결정된다. 물론 공급망에서 누가 특정 기능을 수행해야 하는지 아는 것만으로는 충분하지 않다. 해당 기능이 실제로 해당 회사에서 수행되도록 조치를 취해야 한다.

모든 비즈니스 기능과 마찬가지로 기업이 물류 관련 비즈니스 기능을 완료하는지 확인하는 네 가지 기본 방법이 있다.

1. **내부 업무 :** 회사는 가능한 경우 내부 자원과 전문 지식을 활용하여 업무를 수행할 수 있다. 다음 절에서 더 자세히 논의하겠지만, 이 업무가 회사의 핵심 강점 중 하나라면 이것이 업무를 수행하는 가장 좋은 방법일 수 있다.
2. **인수합병 :** 기업이 내부적으로 전문성이나 전문 자원을 갖고 있지 않다면 이를 갖춘 다른 기업을 인수할 수 있다. 이를 통해 인수 회사는 특정 비즈니스 기능이 수행되는 방식을 완전히 통제할 수 있지만 몇 가지 단점이 있을 수 있다. 우선, 성공적인 회사를 인수하는 것은 어렵고 비용이 많이 들 수 있다. 인수된 회사의 문화는 인수하는 회사의 문화와 충돌할 수 있으며, 동화 과정에서 인수된 회사의 효율성이 상실될 수 있다. 인수된 회사는 이전에 인수 회사의 경쟁사와 거래한 적이 있을 수 있으며, 이 사업을 잃을 수도 있다. 이로 인해 전반적인 효율성이 저하될 수 있다. 이러한 이유뿐만 아니라 다른 많은 이유 때문에 인수합병이 적절하지 않을 수 있다.
3. **자율적 거래 :** 대부분의 비즈니스 거래가 이 유형이다. 기업은 물품 배송, 차량 유지 관리, 물류 관리 소프트웨어 설계 및 설치 등 특정 물품이나 서비스를 필요로 하며 해당 물품이나 서비스를 구매하거나 임대한다. 많은 경우 자율적 거래가 가장 효과적이고 적절한 합의이다. 물론 공급자의 목표와 전략이 구매자의 목표 및 전략과 일치하지 않을 수도 있다. 일반적으로 이러한 종류의 단기 계약은 특정 비즈니스 요구를 충족하지만 장기적인 전략적 이점으로 이어지지는 않는다.
4. **전략적 제휴 :** 이는 일반적으로 위험과 보상이 모두 공유되는 두 회사 간의 다면적이고 목표 지향적이며 장기적인 파트너십이다. 많은 경우, 완전한 인수합병 문제를 피할 수 있는 동시에 상호 목표는 자율적 거래의 경우보다 더 많은 자원의 투입으로 이어질 수 있다. 전략적 제휴는 일반적으로 두 파트너 모두에게 장기적인 전략적 이점을 제공한다.

이 장에서는 공급망 관리와 관련된 **전략적 제휴**(strategic alliances)에 중점을 둔다. 다음 절에서는 전략적 제휴의 장점과 단점을 분석하기 위한 프레임워크를 소개한다. 8.3, 8.4, 8.5절에서는 공급망 관련 전략적 제휴의 가장 중요한 세 가지 유형, 즉 3자 물류(3PL), 소매업자-공급업자 파트너십(RSP), 유통업체 통합(DI)에 대해 자세히 논의한다.

8.2 전략적 제휴를 위한 프레임워크

적절한 **전략적 제휴**를 선택하는 데 중요한 역할을 하는 어려운 전략적 문제가 많이 있다. Jordan Lewis는 전략적 제휴를 분석하기 위한 효과적인 일반 프레임워크를 도입했다. 이 절에서 간략하게 소개하는 이 프레임워크는 이 장의 나머지 부분에서 다루는 공급망 관련 전략적 제휴의 종류를 고려하는 데 매우 유용하다.

특정 전략적 제휴가 회사에 적합한지 여부를 결정하기 위해 해당 제휴가 다음 문제를 해결하는 데 어떻게 도움이 될지 고려한다.

- **제품에 가치 더하기** : 적절한 회사와의 파트너십은 기존 제품에 가치를 더하는 데 도움이 될 수 있다. 예를 들어 출시 시간, 유통 시간 또는 수리 시간을 개선하는 파트너십은 특정 회사의 인지된 가치를 높이는 데 도움이 된다. 마찬가지로, 보완적인 제품 라인을 갖춘 회사 간의 파트너십은 두 회사의 제품에 가치를 더할 수 있다.
- **시장 접근성 향상하기** : 더 나은 광고로 이어지거나 새로운 시장 채널에 대한 접근성을 높이는 파트너십이 도움이 될 수 있다. 예를 들어, 보완적인 소비재 제조업체는 주요 소매업체의 요구사항을 해결하기 위해 협력하여 모든 사람의 매출을 늘릴 수 있다.
- **운영 강화하기** : 적절한 회사 간의 제휴는 시스템 비용과 주기 시간을 낮춤으로써 운영을 개선하는 데 도움이 될 수 있다. 시설과 자원을 보다 효율적이고 효과적으로 사용할 수 있다. 예를 들어, 보완적인 계절 상품을 보유한 기업은 연중 내내 창고와 트럭을 효과적으로 사용할 수 있다.
- **기술적 강점 더하기** : 기술을 공유하는 파트너십은 두 파트너의 기술 기반을 강화하는 데 도움이 될 수 있다. 또한 기존 기술과 신기술 간의 어려운 전환은 파트너 중 한 사람의 전문 지식을 통해 촉진될 수 있다. 예를 들어, 공급자는 특정 고객과 협력하기 위해 특별히 향상된 정보 시스템이 필요할 수 있다. 이 시스템에 대한 전문 지식을 이미 갖춘 회사와 협력하면 어려운 기술적 문제를 더 쉽게 해결할 수 있다.
- **전략적 성장 강화하기** : 많은 새로운 기회는 진입 장벽이 높다. 파트너십을 통해 기업은 전문 지식과 자원을 모아 이러한 장벽을 극복하고 새로운 기회를 탐색할 수 있다.
- **조직 능력 강화하기** : 동맹은 조직 학습을 위한 엄청난 기회를 제공한다. 파트너는 서로에게서 배우는 것 외에도 자신에 대해 더 많이 배우고 이러한 동맹이 작동할 수 있도록 더욱 유연해져야 한다.
- **재정적 강점 구축하기** : 이러한 경쟁 문제를 해결하는 것 외에도 제휴는 재정적 강점을 구축하는

데 도움이 될 수 있다. 파트너 중 하나 또는 둘 모두의 전문 지식으로 인해 소득이 증가하고 관리 비용이 파트너 간에 공유되거나 심지어 줄어들 수도 있다. 물론 제휴는 위험을 공유함으로써 투자 노출을 제한하기도 한다.

전략적 제휴에는 단점이 있다. 위의 목록은 이를 결정하는 데 유용하다. 각 회사에는 회사를 경쟁사와 차별화하고 고객의 눈에 장점을 제공하는 특정 재능인 **핵심 강점**(core strengths) 또는 능력이 있다. 이러한 핵심 강점은 동맹에 의해 약화되어서는 안 된다. 이는 자원이 이러한 강점에서 유용되거나 기술 또는 전략적 강점이 파트너십을 성공시키기 위해 손상되는 경우 발생할 수 있다. 마찬가지로, 경쟁사와의 주요 차이점도 줄어들어서는 안 된다. 이는 핵심 기술이 공유되거나 경쟁에 대한 진입 장벽이 낮아지면 가능하다.

이러한 핵심 강점을 결정하는 것은 분명히 매우 중요하다. 불행히도 그것은 또한 매우 어렵다. 그것이 무엇인지는 사업과 회사의 성격에 달려 있다. 핵심 강점은 반드시 대규모 자원 투자와 일치하는 것은 아니며, 경영 기술이나 브랜드 이미지와 같은 무형 항목일 수도 있다. 기업의 핵심 강점을 결정하기 위해 기업의 내부 역량이 위에 나열된 7가지 핵심 항목 각각에서 경쟁사와 차별화하는 데 어떻게 기여하는지 고려하라. 이제 **전략적 제휴**가 이러한 각 영역에서 어떻게 도움이 되거나 해가 되는가? 아웃소싱 결정을 논의하는 9장에서 이 주제에 대해 자세히 알아본다.

다음 예는 전략적 제휴의 장점과 단점을 보여준다. IBM, 인텔, 마이크로소프트(Microsoft)가 이 예시에 설명된 관계로 인해 어떤 이익을 보았는지, 어떤 피해를 입었는지 생각해 보자.

예시 8-1

물류와 특별한 관련은 없지만 IBM 개인용 컴퓨터(PC)의 예는 주요 비즈니스 기능을 아웃소싱하는 것의 장점과 단점을 강조한다. IBM이 1981년 말 PC 시장에 진출하기로 결정했을 때 회사에는 개인용 컴퓨터를 설계하고 제작할 인프라가 없었다. IBM은 이러한 기능을 개발하는 데 시간을 들이는 대신 PC의 거의 모든 주요 구성 요소를 아웃소싱했다. 예를 들어, 마이크로프로세서는 인텔에서 설계하고 제작했으며, 운영 체제는 마이크로소프트라는 시애틀의 소규모 회사에서 제공했다. IBM은 다른 회사의 전문 지식과 자원을 활용하여 설계를 시작한 지 15개월 만에 이 컴퓨터를 시장에 출시할 수 있었다. 게다가 IBM은 3년 내에 애플 컴퓨터를 제치고 개인용 컴퓨터 공급업체 1위 자리를 차지했다. 1985년에는 IBM의 시장 점유율이 40%를 넘었다. 그러나 컴팩과 같은 경쟁업체가 IBM과 동일한 공급업체를 활용하여 시장에 진입할 수 있게 되면서 IBM 전략의 단점은 곧 명백해졌다. 더욱이 IBM이 새로운 독점 디자인과 OS/2라는 운영 체제를 특징으로 하는 PS/2 컴퓨터 라인을 출시하여 시장 지배력을 되찾으려고 했을 때 다른 회사는 IBM의 선례를 따르지 않았고 원래 아키텍처가 여전히 시장에서 지배적이었다. 1995년 말까지 IBM의 시장 점유율은 시장 선두주자인 컴팩의 10%에 뒤진 8% 미만으로 떨어졌다. 마침내 2005년에 IBM은 개인용 컴퓨터 부문을 레노버 그룹(Lenovo Group)에 매각했다.

전략적 제휴가 모든 비즈니스 분야에서 점점 더 널리 퍼지고 있지만 공급망 관리에서는 세 가지 유형이 특히 중요하다. 3자 물류(3PL), 소매업자-공급업자 파트너십(RSP), 유통업체 통합(DI)은 다음 세 절에서 자세히 논의된다. 이러한 주제에 대해 읽으면서 위에서 설명한 프레임워크에 각각의 주제를 배치해 보자.

8.3 3자 물류

회사의 물류 책임 중 일부 또는 전부를 인수하기 위해 3자 물류(3PL, third-party logistics) 공급업체를 이용하는 것이 점점 더 보편화되고 있다. 실제로 1980년대에 시작된 3PL 산업은 지난 10년 동안 $310억 규모의 산업에서 2020년 말 기준 $2,250억 규모의 산업으로 성장했다.

8.3.1 3PL이란 무엇인가

3자 물류는 단순히 회사의 자재 관리 및 제품 유통 기능의 전부 또는 일부를 수행하기 위해 외부 회사를 이용하는 것이다. 3PL 관계는 일반적으로 전통적인 물류 공급업체 관계보다 더 복잡하다. 이는 진정한 전략적 제휴이다.

기업은 수년 동안 트럭 운송 및 창고 보관과 같은 특정 서비스를 제공하기 위해 외부 회사를 이용했지만 이러한 관계에는 두 가지 일반적인 특성이 있었다. 즉, 거래 기반(transaction-based)이었고 고용된 회사는 종종 단일 기능(single-function)에 특화되었다. 현대의 3PL 계약에는 장기적인 약속과 다양한 기능 또는 프로세스 관리가 포함되는 경우가 많다. 예를 들어, 라이더 데디케이티드 로지스틱스(Ryder Dedicated Logistics)는 현재 월풀(Whirlpool Corporation)의 모든 인바운드 물류를 설계, 관리, 운영하는 다년간 계약을 체결했다.

3PL 공급업체는 수익이 수백만 달러에 달하는 소규모 기업부터 수십억 달러에 달하는 대규모 기업에 이르기까지 모든 규모와 형태로 제공된다. 이들 회사의 대부분은 공급망의 여러 단계를 관리할 수 있다. 일부 3자 물류 공급업체는 트럭, 창고 등의 자산을 소유하고 있다. 다른 사람들은 조정 서비스를 제공할 수 있지만 스스로 자산을 소유할 수는 없다. 자산 미보유 3자 물류업체를 4자 공급 물류업체(4PL)라고도 한다.

놀랍게도 3자 물류 이용은 대기업에 가장 널리 퍼져 있다. 3M, 이스트만 코닥(Eastman Kodak), 다우 케미칼(Dow Chemical), 타임 워너(Time Warner), 시어스 로벅(Sears Roebuck)과 같은 기업은 물류 운영의 상당 부분을 외부 공급업체에 넘겨주고 있다. 3자 물류 공급업체는 소규모 기업이 자신의 서비스를 이용하도록 설득하는 데 어려움을 겪고 있다. 하지만 3PL 사용이 점점 더 보편화되고 3PL 공급업체가 소규모 기업과의 관계를 발전시키기 위해 더 많은 노력을 함에 따라 이러한 상황은 바뀔 수 있다.

8.3.2 3PL의 장점과 단점

8.2절에 설명된 전략적 제휴의 일반적인 장점과 단점의 대부분이 여기에 적용된다.

핵심 강점에 집중 3PL 공급업체 이용 시 가장 자주 언급되는 이점은 회사가 핵심 능력에 집중할 수 있다는 것이다. 기업 자원이 점점 더 제한되면서 비즈니스의 모든 측면에서 전문가가 되는 것이 어려운 경우가 많다. 물류 아웃소싱 업체는 회사가 특정 전문 분야에 집중할 수 있는 기회를 제공하고 물류 전문 지식은 물류 회사에 맡긴다. (물론 물류가 회사의 전문 분야 중 하나라면 아웃소싱은 의미가 없을 수도 있다.)

예시 8-2

라이더 데디케이티드 로지스틱스와 제너럴 모터스의 새턴(Saturn) 사업부 간의 파트너십은 이러한 이점을 보여주는 좋은 예이다. 새턴은 자동차 제조에 중점을 두고 있으며 라이더는 새턴의 기타 물류 고려사항 대부분을 관리한다. 라이더는 공급업체와 거래한다. 테네시주 스프링힐에 있는 새턴 공장에 부품을 납품한다. 완성차를 딜러에게 납품한다. 새턴은 전자 데이터 교환(EDI)을 사용하여 부품을 주문하고 동일한 정보를 라이더에 보낸다. 라이더는 운송 비용을 최소화하기 위한 경로를 효과적으로 계획하는 특별한 의사결정 지원 소프트웨어를 사용하여 미국, 캐나다, 멕시코의 300개 공급업체로부터 필요한 모든 픽업을 수행한다.

예시 8-3

브리티시 페트롤리엄(BP, British Petroleum)과 셰브론(Chevron Corp.)도 핵심 능력을 고수하기를 원했다. 이를 위해 그들은 약 80개의 공급업체로 구성된 파트너십인 아틀라스 서플라이(Atlas Supply)를 결성하여 스파크 플러그, 타이어, 워셔액, 벨트, 부동액과 같은 품목을 6,500곳의 주유소에 배송했다. BP나 셰브론의 유통 네트워크를 사용하거나 새로운 유통 네트워크를 만드는 대신 아틀라스는 모든 물류를 GATX에 아웃소싱했다. GATX는 5개의 유통센터를 운영하고 각 주유소에서 6,500 SKU(재고 보관 단위)의 재고를 유지 관리한다. 각 주유소는 석유 회사를 통해 공급품을 주문하고, 석유 회사는 주문을 아틀라스로 전달한 다음 GATX로 전달한다. 각 주유소에는 시스템 병목 현상을 방지하기 위해 미리 지정된 주문 날짜가 있다. GATX 시스템은 적절한 경로와 구성을 결정하고 DC에 주문을 전송한다. 다음 날 DC는 주문한 상품을 선별해 포장하고, 배송 일정에 따라 적절한 순서대로 트럭에 싣는다. 배송이 완료되면 아틀라스 공급업체의 반품 및 배송물이 픽업된다. GATX는 모든 배송 상태를 아틀라스, 셰브론, BP에 전자적으로 알려준다. 두 회사는 운송 비용만으로도 이 파트너십을 정당화할 만큼 충분히 절약했으며, 두 석유 회사는 DC 수를 13개에서 5개로 줄이고 서비스 수준을 크게 향상했다.

기술적 유연성 제공 기술적 유연성에 대한 요구가 계속 증가하고 있다는 점은 3PL 공급업체 이용의 또 다른 중요한 이점이다. 요구사항이 변화하고 기술이 발전하고 RFID와 같은 기술이 더욱 널리 보급됨에 따라 더 나은 3PL 공급업체는 정보 기술과 장비를 지속적으로 업데이트한다. 개별 회사에는 기술을 지속적으로 업데이트할 시간, 자원 또는 전문 지식이 없는 경우가 많다. 소매업체마다 배송 및 정보 기술 요구사항이 다르고 또 바뀔 수 있으며 이러한 요구사항을 충족하는 것이 회사의 생존에 필수적일 수 있다. 3자 물류 공급업체는 더 빠르고 비용 효율적인 방식으로 이러한 요구사항을 충족할 수 있는 경우가 많다. 또한 3자 공급업체는 이미 회사의 잠재 고객의 요구사항을 충족할 수 있는 역량을 갖추고 있어 회사가 특정 소매업체에 접근할 수 있도록 허용할 수도 있다. 그렇지 않으면 가능하지 않거나 비용 효율적이지 않을 수 있다.

기타 유연성 제공 제3자도 회사에 더 큰 유연성을 제공할 수 있다. 한 가지 예가 지리적 위치의 유연성이다. 점점 더 많은 공급업체가 신속한 보충을 요구하고 있으며, 이로 인해 지역 창고가 필요할 수 있다.

이러한 창고 보관을 위해 3자 공급업체를 활용함으로써 회사는 새로운 시설을 건설하거나 장기 임대를 약정함으로써 자본을 투자하거나 유연성을 제한하지 않고도 고객 요구사항을 충족할 수 있다. 또한 서비스 제공에서 유연성은 고용 회사보다 소매 고객에게 훨씬 더 다양한 서비스를 제공할 수 있는 장비를 갖춘 3자를 활용하여 달성할 수 있다. 어떤 경우에는 이러한 서비스를 요구하는 고객의 수가 기업에서는 적지만, 다양한 산업 분야의 여러 기업에서 일하는 3PL 공급업체에서는 많을 수 있다. 또한 아웃소싱을 통해 자원 및 인력 규모의 유연성을 달성할 수 있다. 관리자는 변화하는 비즈니스 상황에 보다 신속하게 대응하기 위해 고정 비용을 가변 비용으로 변경할 수 있다.

예시 8-4

라이더 데디케이티드 로지스틱스는 매트리스 제조업체인 시몬스(Simmons Company)와 협력하여 시몬스의 비즈니스 방식을 완전히 바꿀 수 있는 새로운 기술을 제공했다. 라이더와 협력하기 전에 시몬스는 고객 요구를 적시에 충족하기 위해 각 제조시설에 20,000~50,000개의 매트리스를 보관했다. 현재 라이더는 시몬스 제조 공장에서 현장 물류 관리자를 맡고 있다. 주문이 도착하면 물류 관리자는 특수 소프트웨어를 사용하여 고객에게 매트리스를 배송하는 최적의 순서와 경로를 설계한다. 그런 다음 이 물류 계획은 배송에 맞춰 정확한 수량, 스타일 및 필요한 순서로 매트리스가 제조되는 공장 현장으로 전송된다. 이 물류 파트너십을 통해 시몬스가 재고를 보유할 필요성이 사실상 전혀 사라졌다.

예시 8-5

UPS의 사업부인 소닉에어(SonicAir)는 훨씬 더 정교한 3자 서비스를 제공한다. 이 회사는 매 시간마다 가동 중지 시간이 매우 큰 장비를 공급하는 전문 고객에게 서비스를 제공한다. 소닉에어는 필요한 곳에 서비스 부품을 신속하게 제공한다. 소닉에어는 67개의 창고를 유지 관리하고, 전문 소프트웨어를 사용하여 각 창고의 각 부품에 대한 적절한 재고 수준을 결정한다. 주문이 접수되면 시스템은 부품을 배송하는 가장 좋은 방법을 결정하고 일반적으로 회사의 지상 배송업체 중 하나가 배송하는 다음 항공편으로 부품을 보낸다. 이 서비스를 통해 고객은 각 현장 서비스 센터에 필요한 것보다 적은 수의 부품을 보관하면서도 동일한 수준의 서비스를 제공할 수 있다. 일부 부품의 가치는 수십만 달러에 달하므로 이는 고객에게 확실히 비용 절감 효과가 있다. 동시에 이 사업은 소닉에어에게 매우 수익성이 높다. 왜냐하면 고객은 이러한 수준의 서비스에 대해 기꺼이 높은 비용을 지불할 의향이 있기 때문이다.

3PL의 중요한 단점 3PL 공급자 사용의 가장 명백한 단점은 특정 기능을 아웃소싱하는 데 따르는 통제력 상실이다. 이는 3PL 회사 직원이 회사 고객과 상호 작용할 수 있는 아웃바운드 물류의 경우 특히 그렇다. 많은 3자 물류 회사는 이러한 문제를 해결하기 위해 매우 열심히 노력하고 있다. 여기에는 트럭 측면에 회사 로고 페인팅하기, 3PL 직원에게 채용 회사 유니폼 입히기, 각각의 고객 상호 작용에 대한 광범위한 보고 제공하기 등이 포함된다.

또한 물류가 기업의 핵심 능력 중 하나라면 기업 내부 전문성만큼 능력이 부족한 공급업체에게 이러한 활동을 아웃소싱하는 것은 의미가 없다. 예를 들어, 월마트는 자체 유통센터를 구축 및 관리하고, 캐터필러(Caterpillar)는 부품 공급 사업을 운영한다. 이는 이들 기업의 경쟁 우위이자 핵심 능력이므로 아웃소싱이 불필요하다. 특히 특정 물류 활동이 회사의 핵심 능력 내에 있고 다른 활동은 그렇지 않은 경우 외부 공급업체가 고용한 회사보다 더 잘 처리할 수 있는 영역에만 3PL 공급자를 고용하는 것이 현명할 수 있다. 예를 들어, VMI 보충 전략 및 자재 처리가 회사의 핵심 능력이지만 운송은 그렇지 않은 경우 부두에서 고객까지의 배송을 독점적으로 처리하기 위해 3PL 회사에 연락할 수 있다. 마찬가지로, 제약회사는 통제 의약품에 대한 유통센터(DC, Distribution Center)를 구축하고 소유하지만, 가격이 저렴하고 통제하기 쉬운 품목에 대해서는 고객과 더 가까운 공공 창고를 사용하는 경우가 많다.

8.3.3 3PL 이슈 및 요구사항

3자 물류 계약은 일반적으로 중요하고 복잡한 비즈니스 결정이다. 위에 나열된 장단점 외에도 특정 3PL 제공자와 계약을 체결해야 하는지 여부를 결정하는 데 중요한 많은 고려사항이 있다.

1. **자신의 비용을 알기.** 3PL 공급업체를 선택할 때 고려해야 할 가장 기본적인 이슈 중 하나는 자신의 비용을 알고 이를 아웃소싱 업체를 이용하는 비용과 비교할 수 있도록 하는 것이다. 간접비를 추적하고 특정 제품 및 서비스에 대한 직접적인 비용을 추적하는 활동 기반 원가 계산 기술을 사용해야 하는 경우가 많다.
2. **3PL의 고객 지향성.** 물론 비용만 가지고 공급자를 선택하는 것으로는 충분하지 않다. 위에 나열된 장점 중 상당수는 유연성과 같은 무형 자산과 관련이 있다. 따라서 회사의 전략적 물류 계획과 3PL 공급업체가 이 계획에 어떻게 부합할지 신중하게 고려해야 한다. 3PL 공급업체를 대상으로 한 설문 조사에서는 다음과 같은 특성이 3PL 계약의 성공에 가장 중요한 것으로 확인되었다. 가장 중요한 것은 공급자의 고객 지향성이었다. 즉, 3PL 관계의 가치는 채용 회사의 요구사항을 이해하고 회사의 특별한 요구사항에 맞게 서비스를 조정하는 공급자의 능력과 직접적인 관련이 있다. 두 번째로 중요한 요소는 신뢰성이었다. 세 번째는 공급자의 유연성, 즉 고용 회사의 변화하는 요구와 해당 회사 고객의 요구에 대응하는 능력이다. 목록에서 훨씬 더 아래에는 비용 절감이 있었다.
3. **3PL의 전문화.** 일부 전문가들은 잠재적인 3PL 공급업체를 선택할 때 문제의 물류 요구사항과 가장 관련이 있는 특정 물류 분야에 뿌리를 둔 기업을 고려해야 한다고 제안한다. 예를 들어 로드웨이 로지스틱스(Roadway Logistics), 멘로 로지스틱스(Menlo Logistics), 옐로 로지스틱스(Yellow Logistics)는 주요 LTL 운송업체에서 발전했다. 엑셀 로지스틱스(Exel Logistics), GATX, USCO는 창고 관리자로 시작했다. UPS와 페더럴 익스프레스(Federal Express)는 소형 패키지를 적시에 처리하는 데 전문 지식을 갖추고 있다. 일부 회사는 훨씬 더 전문적인 요구사항을 갖고 있으므로 3PL 파트너를 선택할 때 이러한 사항을 신중하게 고려해야 한다. 때로는 회사가 신뢰할 수 있는 핵심 운송업체 중 하나를 3자 물류 공급업체로 사용할 수 있다. 예를 들어, 이미 백스터 헬스케어(Baxter Healthcare Corp.)와 긴밀히 협력하고 있는 회사인 슈나이더 내셔널(Schneider National)은 몇 년 전 백스터의 전용 차량 노선을 인수하기로 합의했다.

4. **자산 보유 vs 자산 미보유 3PL.** 자산 보유 및 자산 미보유 3PL 회사를 활용하는 것에는 장단점이 있다. 자산 보유 회사는 상당한 규모, 인사 자원에 대한 접근성, 대규모 고객 기반, 범위 및 규모의 경제, 시스템을 갖추고 있지만 작업을 줄 때 자체 부서를 선호하고 관료주의적이며 엄격한 기준을 가지며, 의사결정 주기가 긴 경향이 있다. 자산 미보유 회사는 보다 유연하고 서비스를 맞춤화할 수 있으며 공급업체를 자유롭게 혼합하고 연결할 수 있다. 또한 낮은 간접비와 전문적인 업계 전문 지식을 동시에 보유할 수 있지만 자원이 제한되어 있고 협상력이 낮을 수 있다.

8.3.4 3PL 구현 이슈

잠재적인 파트너가 선택되면 프로세스가 시작된다. 관계를 효과적으로 시작하려면 두 회사 모두 합의에 도달하고 적절한 노력을 기울여야 한다. 전문가들은 특히 실패한 3PL 계약에서 얻은 한 가지 교훈을 지적한다. 창업 고려사항에 충분한 시간을 투자하라. 즉, 처음 6개월에서 1년 동안 효과적으로 관계를 시작하는 것이 3PL 동맹에서 가장 어렵고 가장 중요한 부분이다. 서비스를 구매하는 회사는 관계가 성공하기 위해 필요한 것이 무엇인지 정확히 식별하고 3PL 회사에 구체적인 성과 측정 및 요구사항을 제공할 수 있어야 한다.

결과적으로 물류 공급업체는 현실성과 관련성을 포함하여 이러한 요구사항을 정직하고 완전하게 고려하고 논의해야 한다. 양 당사자는 관계를 성공적으로 만드는 데 필요한 시간과 노력을 투자해야 한다. 양 당사자는 이것이 위험과 보상을 공유하는 상호 이익이 되는 3자 동맹이라는 점을 기억하는 것이 중요하다. 당사자들은 파트너이다. 어느 당사자도 '거래 가격 책정' 사고 방식을 취할 수 없다.

일반적으로 아웃소싱 프로젝트가 성공하려면 **효과적인 의사소통**이 필수적이다. 첫째, 채용 회사 내에서 관리자는 아웃소싱을 하는 이유와 아웃소싱 프로세스에서 기대하는 바를 정확히 서로 그리고 직원에게 전달하여 모든 관련 부서가 '동일 페이지'에 있고 적절하게 참여할 수 있도록 해야 한다. 분명히 회사와 3PL 공급업체 간의 의사소통도 중요하다. 일반적으로 말하면 쉽지만 두 회사 모두 아웃소싱 계약으로 이익을 얻으려면 구체적인 의사소통이 필수적이다.

기술적인 측면에서는 일반적으로 3PL 공급업체의 시스템과 고용 고객의 시스템 간의 의사소통을 활성화하는 것이 필요하다. 같은 맥락에서 기업은 독점 정보 시스템을 활용하는 3PL 제공자를 피해야 한다. 왜냐하면 이러한 시스템은 다른 시스템과 통합하기가 훨씬 더 어렵기 때문이다.

잠재적인 3PL 공급업체와 논의해야 할 다른 중요한 이슈는 다음과 같다.

- 3자 및 해당 서비스 공급업체는 당신이 제공하는 데이터의 기밀성을 존중해야 한다.
- 구체적인 성과 측정에 대한 합의가 이루어져야 한다.
- 하청업체에 관한 구체적인 기준이 논의되어야 한다.
- 계약을 체결하기 전에 중재 문제를 고려해야 한다.

- 탈출 조항은 계약서에서 협상되어야 한다.
- 성과 목표 달성을 보장하는 방법이 논의되어야 한다.

8.4 소매업자-공급업자 파트너십

소매업체와 공급업체 간의 전략적 제휴 형성은 많은 산업 분야에서 보편화되고 있다. 5장에서 전통적인 소매업자-공급업자 관계에서 소매업체로부터 공급업체로의 수요 변동이 소매업체가 보는 수요 변동보다 훨씬 크다는 것을 확인했다. 또한 공급업체는 소매업체보다 리드 타임과 생산 능력에 대해 훨씬 더 잘 알고 있다. 따라서 마진이 더욱 엄격해지고 고객 만족이 더욱 중요해짐에 따라 공급업체와 소매업체 모두의 지식을 활용하기 위해 협력적인 노력을 기울이는 것이 합리적이다. 이를 소매업자-공급업자 파트너십(RSP, Retailer-Supplier Partnership)이라고 하며 다음 절에서 몇 가지 예를 설명한다.

8.4.1 RSP 유형

소매업자-공급업자 파트너십의 유형은 연속체에서 볼 수 있다. 한쪽에는 공급업체가 보다 효율적으로 계획을 세우는 데 도움이 되는 정보 공유가 있고, 다른 쪽에는 공급업체가 소매업체에서 재고를 판매할 때까지 재고를 완전히 관리하고 소유하는 위탁 방식이 있다.

기본적인 **신속 대응**(quick response) 전략에서 공급업체는 소매업체로부터 판매시점(POS, Point of Sale) 데이터를 수신하고 이 정보를 사용하여 생산 및 재고 활동을 소매업체의 실제 판매와 동기화한다. 이 전략에서 소매업체는 여전히 개별 주문을 준비하지만 공급업체는 POS 데이터를 사용하여 예측 및 일정 관리를 개선하고 리드 타임을 단축한다.

예시 8-6

이 계획을 활용한 최초의 회사 가운데 하나가 섬유 및 화학 회사인 밀리켄앤드컴퍼니(Milliken and Company)였다. 밀리켄은 여러 의류 공급업체 및 주요 백화점과 협력했으며 이들 모두 주문 및 제조 계획을 '동기화'하기 위해 백화점의 POS 데이터를 사용하는 데 동의했다. 밀리켄 섬유 공장의 주문 접수부터 백화점의 최종 의류 수령까지 소요 시간이 18주에서 3주로 단축되었다.

신속 보충(rapid replenishment)이라고도 하는 **지속적 보충**(continuous replenishment) 전략에서 공급업체는 POS 데이터를 수신하고 이러한 데이터를 사용하여 특정 수준의 재고를 유지하기 위해 사전에 합의된 간격으로 배송을 준비한다. 지속적 보충의 발전된 형태에서 공급업체는 서비스 수준이 충족되는 한 소매점이나 유통센터의 재고 수준을 점진적으로 줄일 수 있다. 따라서 구조화된 방식으로 재고 수준이 지속적으로 개선된다. 또한 재고 수준은 단순한 수준일 필요가 없으며 계절적 수요, 판촉 및 변화하는 소비자 수요에 따라 적절한 수준을 변경하는 정교한 모델을 기반으로 할 수 있다.

표 8-1 RSP의 주요 특성

기준 → 유형 ↓	의사결정자	재고 소유권	벤더가 채용하는 새로운 기술
신속 대응	소매점	소매점	예측 기술
지속적 보충	계약상 합의된 수준	어느 쪽이든	예측 및 재고 관리
고급 지속적 보충	계약상 합의되었으며 지속적으로 수준이 개선됨	어느 쪽이든	예측 및 재고 관리
VMI	공급업체	어느 쪽이든	소매 관리

판매자 관리 재고 보충(VMR, Vendor-Managed Replenishment) 시스템이라고도 하는 판매자 관리 재고(VMI, Vendor-Managed Inventory) 시스템에서 공급업체는 각 제품의 적절한 재고 수준(이전에 합의한 범위 내에서)과 이러한 수준을 유지하기 위한 적절한 재고 정책을 결정한다. 초기 단계에서는 공급업체 제안이 소매업체의 승인을 받아야 하지만, 결국 많은 VMI 프로그램의 목표는 특정 주문에 대한 소매업체의 감독을 없애는 것이다. 이러한 유형의 관계에서 가장 유명한 예로 월마트와 프록터앤드갬블이 있다. 1985년에 시작된 이들의 파트너십은 프록터앤드갬블의 월마트 정시 배송을 극적으로 향상하는 동시에 재고 회전율도 증가시켰다. 케이마트를 포함한 다른 할인 매장들도 뒤를 따랐다. 1992년에는 200개 이상의 VMI 파트너가 개발되었다. 이러한 VMI 프로젝트는 일반적으로 성공적이었다. 딜라드 백화점(Dillard Department Stores), JC페니, 월마트의 프로젝트에서는 매출이 20~25% 증가하고 재고 회전율은 30% 향상되었다.

RSP의 주요 특성은 표 8-1에 요약되어 있다.

예시 8-7

글래드(Glad) 샌드위치 백과 같은 제품을 생산하는 퍼스트 브랜드(First Brands, Inc.)가 케이마트와 성공적으로 파트너십을 맺었다. 1991년에 회사는 케이마트의 주장에 따라 공급업체가 항상 케이마트에 적절한 재고 수준을 보장할 책임이 있는 케이마트의 상품 흐름 프로그램 파트너에 참여했다. 처음에 케이마트는 3년간의 판매 내역을 제공한 후 퍼스트 브랜드에 일일 POS 데이터를 제공했다. 퍼스트 브랜드는 특수 소프트웨어를 사용하여 이러한 데이터를 케이마트의 13개 유통센터 각각에 대한 생산 및 배송 계획으로 변환했다.

8.4.2 RSP 요구사항

효과적인 소매업자-공급업자 파트너십, 특히 파트너십 스펙트럼의 VMI 끝부분에 대한 가장 중요한 요구사항은 공급망의 공급업체와 소매업체 측면 모두에 대한 **고급 정보 시스템**이다. POS 정보를 공급업체에 전달하고 배송 정보를 소매업체에 전달하는 전자 데이터 교환(EDI) 또는 인터넷 기반 사설 거래소는 데이터 전송 시간과 입력 실수를 줄이는 데 필수적이다. 바코드화와 스캐닝은 데이터 정확성을 유지하는 데 필수적이다. 그리고 재고, 생산 관리 및 계획 시스템은 온라인으로 정확하고 통합되어 추가 정보를 활용할 수 있어야 한다.

회사 운영 방식을 근본적으로 바꿀 수 있는 모든 이니셔티브와 마찬가지로 프로젝트가 성공하려면 최고 경영진의 헌신이 필요하다. 지금까지 기밀로 유지되었던 정보가 이제 공급업체 및 고객과 공유되어야 하고, 비용 할당 문제를 매우 높은 수준에서 고려해야 하기 때문에 특히 그러하다(이 내용은 아래에서 자세히 다룬다). 그러한 파트너십이 조직 내 권력을 한 그룹에서 다른 그룹으로 이동할 수 있기 때문에 이 또한 사실이다. 예를 들어, VMI 파트너십이 구현되면 소매업체와의 일상적인 접촉 대상이 영업 및 마케팅 직원에서 물류 직원으로 전환된다. 이는 소매업체의 재고 수준이 가격 책정 및 할인 전략이 아니라 공급망 요구에 따라 결정되므로 영업 인력에 대한 인센티브와 보상이 수정되어야 함을 의미한다. 이러한 권력 변화에는 최고 경영진의 상당한 참여가 필요할 수 있다.

마지막으로, RSP는 파트너가 동맹이 실패할 수 있는 일정 수준의 신뢰를 개발하도록 요구한다. 예를 들어 VMI에서 공급업체는 전체 공급망을 관리할 수 있음을 입증해야 한다. 즉, 자신의 재고뿐만 아니라 소매업체의 재고도 관리할 수 있다. 마찬가지로, 신속한 대응으로 일반적으로 많은 경쟁 소매업체에 서비스를 제공하는 공급업체에 기밀 정보가 제공된다. 또한 전략적 제휴를 통해 많은 경우 소매업체 매장의 재고가 크게 감소한다. 공급업체는 추가적으로 사용 가능한 공간이 공급업체의 경쟁업체에게 이익이 되는 데 사용되지 않도록 해야 한다. 더욱이 공급업체의 최고 경영진은 소매업체의 재고 감소로 인한 즉각적인 효과가 판매 매출의 일회성 손실이라는 점을 이해해야 한다.

8.4.3 RSP의 재고 소유권

소매업자-공급업자 파트너십을 체결할 때는 몇 가지 중요한 문제를 고려해야 한다. 한 가지 주요 문제는 누가 보충 결정을 내리는지에 관한 결정이다. 이는 위에서 설명한 전략적 파트너십 가능성의 연속체에 파트너십을 배치한다. 이는 단계적으로 수행될 수 있으며, 처음에는 정보를 통해 수행되고 나중에는 파트너 간에 공유되는 의사결정이 이루어진다. 재고 소유권 문제는 이러한 종류의 전략적 제휴 노력, 특히 판매자 관리 재고와 관련된 노력의 성공에 매우 중요하다. 원래 상품 소유권은 상품 수령 시 소매업체로 이전되었다. 이제 일부 VMI 파트너십은 공급업체가 상품이 판매될 때까지 상품을 소유하는 위탁 관계로 전환하고 있다. 소매업체와 이러한 관계를 맺으면 얻을 수 있는 이점은 분명하다. 재고 비용이 낮아진다. 게다가 공급업체가 재고를 소유하기 때문에 이를 최대한 효율적으로 관리하는 데 더 많은 관심을 기울일 것이다.

원래 VMI 계획에 대한 한 가지 가능한 비판은 공급업체가 계약에서 허용하는 만큼의 재고를 소매업체로 옮길 인센티브가 있다는 것이다. 이 품목이 빠르게 이동하는 품목이고 파트너가 2주 동안 재고를 보관하기로 합의한 경우 소매업체가 원하는 재고가 바로 이 품목일 수 있다. 그러나 이것이 재고 관리의 더 복잡한 문제인 경우 공급업체는 합의된 서비스 수준에 따라 재고를 가능한 한 낮게 유지하려는 인센티브를 가져야 한다. 예를 들어, 월마트는 대부분의 식료품 구매를 포함하여 자신이 취급하는 많은 품목에 대한 재고를 더 이상 소유하지 않는다. 결제 스캐너를 통과하는 동안만 잠시 소유한다.

그러나 공급업체가 장기간 재고를 보유하고 있기 때문에 이러한 위탁 계약이 공급업체에게 유리한 이유는 명확하지 않다. 월마트의 경우처럼 시장이 이런 종류의 합의를 지시하기 때문에 공급업체는 선택의 여지가 없는 경우가 많다. 그렇지 않은 경우에도 이러한 조치는 공급자가 유통과 생산을 조율할 수 있게 하여 총비용을 절감할 수 있기 때문에 공급자에게 유익하다. 이 문제를 더 잘 이해하려면 5장에서 **전역 최적화**와 **지역 최적화**의 차이점에 대해 논의한 내용을 기억하라. 전통적인 공급망에서는 각 시설이 해당 시설에 가장 적합한 작업을 수행한다. 즉, 소매업체는 공급업체에 미치는 영향을 고려하지 않고 자체 재고를 관리한다. 그러면 공급업체는 소매업체의 수요 충족에 따라 자체 비용을 최적화하는 정책을 식별한다. VMI에서는 생산과 유통을 조정하여 전체 시스템을 최적화하려고 한다. 또한 공급업체는 여러 소매업체의 생산 및 유통을 조정하여 총비용을 더욱 줄일 수 있다. 이것이 바로 전역 최적화를 통해 전체 시스템 비용을 크게 절감할 수 있는 이유이다. 때로는 공급업체와 소매업체의 상대적 힘에 따라 공급 계약을 협상하여 공급업체와 소매업체가 **전체 시스템 절감액**을 공유하도록 해야 한다. 또한 소매업체는 경쟁 공급업체의 비용을 비교할 때 이 점을 고려해야 한다. 물류 계획에 따라 비용이 다르다.

예시 8-8

소매 하드웨어 딜러 협동조합인 에이스 하드웨어(Ace Hardware)는 목재 및 건축 자재에 대한 위탁 VMI 제도를 성공적으로 구현했다. 이 프로그램에서 에이스는 소매업체에서 해당 상품에 대한 재정적 소유권을 유지하지만, 제품이 손상되거나 파손될 경우 책임을 지는 관리 소유권은 소매업체에게 있다. VMI 품목에 대해 서비스 수준이 92%에서 96%로 증가하여 이 프로그램은 매우 성공적인 것으로 간주된다. 에이스는 결국 이를 다른 제품 라인으로 확장하려고 한다.

재고 및 소유권 문제 외에도 고급 전략적 제휴는 다양한 영역을 포괄할 수 있다. 공동 예측, 연계된 계획 주기, 심지어 공동 제품 개발과 같은 문제도 때때로 고려된다.

8.4.4 RSP 구현 이슈

성공적인 합의를 위해서는 성과 측정 기준에도 동의해야 한다. 이러한 기준에는 전통적인 재정적 측정뿐만 아니라 비재무적 측정도 포함되어야 한다. 예를 들어, 비재무적 측정에는 POS 정확성, 재고 정확성, 배송 및 배송 정확성, 리드 타임, 고객 충족률 등이 포함될 수 있다. 소매업체와 공급업체 간에 정보가 공유되면 **기밀 유지**(confidentiality)가 문제가 된다. 특히 동일한 제품 범주 내에서 여러 공급업체와 거래하는 소매업체는 공급업체가 정확한 예측과 재고 결정을 내리는 데 있어 범주 정보가 중요하다는 것을 알 수 있다. 마찬가지로 여러 공급업체가 내린 재고 결정 간에도 관계가 있을 수 있다. 소매업체가 각 파트너의 기밀을 유지하면서 이러한 잠재적인 갈등을 어떻게 관리할 수 있는가?

어떤 종류의 전략적 제휴를 맺든 처음에는 **의사소통**과 **협력**을 통해서만 해결할 수 있는 문제가 있다는 점을 양 당사자가 인식하는 것이 중요하다. 예를 들어, 퍼스트 브랜드가 케이마트와 제휴를 시작했을 때

케이마트는 공급업체가 항상 2주간의 재고를 유지하기로 한 합의를 따르지 않는다고 종종 주장했다. 문제는 두 회사가 사용하는 서로 다른 예측 방법에서 발생한 것으로 밝혀졌다. 이 문제는 결국 케이마트의 예측 전문가와 퍼스트 브랜드 전문가 간의 직접적인 의사소통을 통해 해결되었다. 이러한 유형의 의사소통은 VMI 파트너십이 시작되기 전에 영업사원을 통해 이루어졌을 것이다.

많은 경우 파트너십을 맺은 공급업체는 소매업체의 긴급 상황과 상황 변화에 신속하게 대응하기 위해 최선을 다한다. 현재 공급업체에 제조 기술이나 역량이 없는 경우 이를 추가해야 할 수도 있다. 예를 들어, 랭글러(Wrangler) 청바지 제조업체이자 의류 업계의 신속한 대응 방법의 선구자인 VF 밀스(VF Mills)는 재교육 및 추가 자본 투자를 포함하여 생산 프로세스를 완전히 재설계해야 했다.

8.4.5 RSP 구현 단계

위에 나열된 중요한 사항은 VMI 구현의 다음 단계로 요약될 수 있다.

1. 처음에는 계약 조건을 협상해야 한다. 여기에는 소유권, 양도 시기, 신용 조건, 주문 책임, 적절한 경우 서비스나 재고 수준과 같은 성과 측정에 관한 결정이 포함된다.
2. 다음으로 아래 세 가지 작업을 실행해야 한다.
    - 존재하지 않는 경우 공급업체와 소매업체 모두를 위한 통합 정보 시스템을 개발해야 한다. 이러한 정보 시스템은 양측 모두에게 쉬운 접근을 제공해야 한다.
    - 공급업체와 소매업체가 사용할 효과적인 예측 기술을 개발해야 한다.
    - 재고 관리 및 운송 정책 조정을 지원하는 전술적 의사결정 지원 도구를 개발해야 한다. 물론 개발된 시스템은 파트너십의 특정 성격에 따라 달라진다.

8.4.6 RSP의 장점과 단점

VMI 관계의 한 가지 장점은 다음 예시에 잘 설명되어 있다.

예시 8-9

애드빌(Advil) 등 일반의약품을 생산하는 화이트홀 로빈스(WR, Whitehall Robbins)는 케이마트와 RSP 관계를 맺고 있다. 퍼스트 브랜드와 마찬가지로 WR도 처음에는 예측에 관해 케이마트의 의견에 동의하지 않았다. 이 경우 케이마트보다 자사 제품에 대한 지식이 훨씬 더 풍부하기 때문에 WR 예측이 더 정확하다는 것이 밝혀졌다. 예를 들어 케이마트의 챕 스틱(Chap Stick) 예측은 제품의 계절성을 고려하지 않았다. 또한 WR 기획자는 배송을 계획할 때 계획된 가동 중지 시간과 같은 생산 문제를 고려할 수 있다.

또한 WR은 다른 방식으로도 이점을 얻는다. 과거 케이마트는 시즌이 시작될 때 프로모션과 연계하여 대량의 계절 상품을 주문했다. 이러한 관행은 케이마트가 판매할 금액을 정확하게 예측하기 어려웠기 때문에 반품으로 이어지는 경우가 많았다. 이제 WR은 '매일 저렴한 비용'으로 주간 수요를 공급하므로 대량 주문과 시즌 전 프로모션이 제거되어 반품률이 크게 감소했다. 계절 품목의 재고 회전율은 3개에서 10개 이상으로, 비계절 품목의 회전율은 12~15개에서 17~20개로 늘어났다.

따라서 일반적으로 RSP의 큰 장점은 공급업체가 주문 수량에 대해 알고 있다는 점이며, 이는 채찍 효과를 제어할 수 있는 능력을 의미한다(5장 참조).

물론 이는 파트너십 유형마다 다르다. 예를 들어 신속한 대응에서는 이러한 지식이 공급업체가 리드타임을 단축할 수 있는 고객 수요 정보 전송을 통해 달성되는 반면, VMI에서는 소매업체가 수요 정보를 제공하고 공급업체가 주문 결정을 내리므로 주문 수량의 변동성을 완전히 제어한다. 물론 이 지식을 활용하여 전체 시스템 비용을 줄이고 전체 시스템 서비스 수준을 향상할 수 있다. 서비스 수준 향상, 관리 비용 감소, 재고 비용 감소 측면에서 공급자가 얻는 이점은 분명하다. 공급업체는 예측 불확실성을 줄여 생산과 유통을 보다 효율적으로 조정할 수 있어야 한다. 좀 더 구체적으로 말하자면, 예측 불확실성의 감소는 안전 재고 감소, 보관 및 배송 비용 감소, 서비스 수준 증가로 이어진다. 이는 5장의 채찍 효과에 대한 논의에서 언급한 바와 같다.

위에 나열된 중요한 이점 외에도 전략적 파트너십을 구현하면 다양한 부수적 이점을 얻을 수 있다. 이는 소매업자-공급업자 관계를 재설계할 수 있는 좋은 기회를 제공한다. 예를 들어, 중복된 주문 항목을 제거하고, 수동 작업을 자동화할 수 있으며, 상품 티켓팅 및 디스플레이 디자인과 같은 작업을 시스템 전반의 효율성을 위해 재할당할 수 있으며, 프로세스에서 불필요한 제어 단계를 제거할 수 있다. 이러한 장점 중 상당수는 우선 파트너십을 구현하는 데에도 동일한 변화와 기술이 필요하다.

소매업자-공급업자 파트너십의 많은 문제는 위에서 논의되었으며 아래와 같이 요약된다.

- 고급 기술을 사용해야 하는 경우가 많으며 이는 대부분 비용이 많이 든다.
- 한때 적대적이었을 수 있는 공급업체-소매업체 관계에 대한 신뢰를 구축하는 것이 필수적이다.
- 전략적 파트너십에서 공급업체는 종종 이전보다 훨씬 더 많은 책임을 지게 된다. 이로 인해 공급업체는 이 책임을 수행하기 위해 인력을 추가해야 할 수도 있다.
- 마지막으로, 아마도 가장 중요한 점은 관리 책임이 증가함에 따라 공급업체의 비용이 증가하는 경우가 많다는 것이다. 또한 재고가 처음에는 공급자에게 다시 이전될 수 있다. 위탁 계약을 사용하는 경우 일반적으로 공급자의 재고 비용이 증가할 수 있다. 따라서 소매업체가 감소된 시스템 재고 비용을 공급업체와 공유하는 계약 관계를 맺는 것이 필요할 수 있다.

플로트(float)는 EDI 구현과 관련된 또 다른 문제이므로 VMI 파트너십을 맺을 때 신중하게 고려해야 한다. 상품 대금 지불을 위해 30~90일을 기다리는 데 익숙해진 소매업체는 이제 배송 시 대금을 지불해야 할 수도 있다. 상품이 판매될 때에만 비용을 지불하더라도 이는 일반적인 변동 기간보다 훨씬 빠를 수 있다.

8.4.7 성공과 실패

앞에서 RSP의 몇 가지 예를 인용했다. 다음은 몇 가지 다른 성공 사례와 한 가지 실패 사례를 보여준다.

예시 8-10

웨스턴 퍼블리싱(Western Publishing)은 2,000개 이상의 월마트 지점을 포함하여 여러 소매점에서 골든 북스(Golden Books) 아동 도서 라인에 VMI를 사용하고 있다. 이 프로그램에서는 재고가 재주문점 아래로 떨어지면 POS 데이터가 자동으로 재주문을 실행한다. 이 재고는 유통센터로 배송되거나 대부분의 경우 매장으로 직접 배송된다. 이 경우에는 도서가 배송된 후 도서의 소유권은 소매업체로 이전된다. 토이저러스(Toys "R" Us)의 경우 웨스턴 퍼블리싱은 웨스턴 퍼블리싱 이외의 공급업체의 재고를 포함하여 소매업체의 전체 도서 구획을 관리하기도 했다. 프로그램을 통해 비용이 크게 증가했지만 회사는 두 경우 모두 상당한 추가 매출을 창출했다. 이는 추가 재고 관리 업무와 관련된 비용과 매장으로 직접 배송하는 데 발생하는 추가 운임 비용이다. 그럼에도 불구하고 경영진은 VMI가 회사에 순이익을 제공했다고 믿는다.

예시 8-11

월마트가 VMI 프로그램에 공급업체 미드 존슨(Mead-Johnson)을 포함시킨 결과는 극적이었다. 미드 존슨은 주문 대신 반응하는 완전한 POS 정보를 보유하고 있다. 이 프로그램이 시행된 이후 월마트의 재고 회전율은 10개 미만에서 100개 이상으로, 미드 존슨의 재고 회전율은 12개에서 52개로 늘어났다. 마찬가지로 스카트 페이퍼 컴퍼니(Scott Paper Company)는 25개 고객 유통센터에서 재고를 관리해 왔다. 이러한 노력으로 고객의 재고 회전율은 약 19에서 35~55로 증가했다. 재고 수준이 감소하고 서비스 수준도 향상되었다. 상품 흐름 프로그램에서 케이마트 파트너와 함께 셰링 플라우 헬스케어 프로덕트(SPHP, Schering-Plough Healthcare Products)의 경험에서 한 가지 주의사항을 도출할 수 있다. 구현 첫해에 SPHP는 케이마트의 재고 부족을 확인했지만 매출이나 수익은 크게 개선되지 않았다. 그러나 인내심을 가지고 프로그램을 계속함으로써 SPHP는 결국 이러한 영역에서 상당한 이점을 실현했다.

예시 8-12

VF 주식회사(VF Corporation)의 시장 대응 시스템은 VMI의 또 다른 성공 사례를 제공한다. 랭글러, 리(Lee), 노스페이스(the North Face), 노티카(Nautica) 같은 많은 유명 브랜드를 보유하고 있는 이 회사는 1989년에 프로그램을 시작했다. 현재 생산량의 약 40%가 일종의 자동 보충 체계를 통해 처리된다. 이는 이 프로그램이 350개의 다양한 소매업체, 4만 개의 매장 위치, 1,500만 개 이상의 보충 수준을 포함하기 때문에 특히 주목할 만하다. 각 부서는 자동 소프트웨어를 사용하여 대량의 데이터 유입을 관리하고, VF에서 개발한 특수 기술을 사용하여 데이터를 클러스터링하여 관리가 용이하도록 한다. VF의 프로그램은 의류 업계에서 가장 성공적인 프로그램 중 하나로 꼽힌다.

예시 8-13

식료품 체인인 스파르탄 스토어즈(Spartan Stores)는 창립 후 약 1년 만에 VMI 활동을 중단했다. 프로그램 실패 이유를 조사하면서 성공적인 VMI 프로그램을 위한 몇 가지 중요한 요소가 분명해졌다. 한 가지 문제는 구매자가 VMI 품목의 재고 및 배송에 대한 세심한 모니터링을 중단할 만큼 공급업체를 신뢰하지 않았기 때문에 이전보다 재주문에 더 적은 시간을 소비하지 않았다는 것이다. 구매자는 사소한 문제의 힌트에도 개입했다. 더욱이 공급업체는 이러한 두려움을 완화하기 위해 많은 노력을 기울이지 않았다. 문제는 공급업체의 예측에 있는 것이 아니었다. 식료품 사업의 핵심 부분인 제품 프로모션을 공급업체가 처리할 수 없었기 때문이었다. 공급업체가 프로모션을 적절하게 설명할 수 없었기 때문에 수요가 가장 많은 기간 동안 배송 수준이 용납할 수 없을 정도로 낮은 경우가 많았다. 또한 스파르탄 경영진은 VMI 프로그램을 통해 달성한 재고 수준이 회사가 잘 관리된 기존 공급업체 프로그램을 통해 달성할 수 있는 수준보다 낮지 않다고 느꼈다. 스파르탄은 일부 공급업체에서 VMI 프로그램이 성공적인 것으로 간주했다는 점에 유의해야 한다. 이들은 더 나은 예측 기술을 갖춘 공급업체였다. 또한 스파르탄은 일부 공급업체의 경우 재고 수준에 따라 자동으로 고정 배송 수량을 작동시키는 지속적 보충 프로그램을 유지할 계획이다.

8.5 유통업체 통합

수년 동안 비즈니스 전문가들은 제조업체, 특히 산업 제조업체에게 유통업체를 파트너처럼 대하라고 조언해 왔다. 일반적으로 이는 유통업체의 가치와 최종 사용자와의 관계를 인식하고 성공하는 데 필요한 지원을 제공하는 것을 의미한다. 유통업체는 고객의 요구와 요구에 대한 풍부한 정보를 갖고 있으며 성공적인 제조업체는 신제품과 제품 라인을 개발할 때 이 정보를 사용한다. 마찬가지로 유통업체는 일반적으로 제조업체에 의존하여 필요한 부품과 전문 지식을 공급한다.

예시 8-14

캐터필러 주식회사의 전 회장이자 CEO인 Donald Fites는 캐터필러 딜러들에게 최근 회사 성공의 많은 공을 돌렸다. Fites는 딜러가 기업보다 고객에게 훨씬 더 가깝고, 고객의 요구에 더 신속하게 대응할 수 있다고 지적한다. 이들은 제품 구입 시 자금 조달을 주선하고 제품을 주의 깊게 모니터링하며, 수리 및 서비스한다. 피츠는 "딜러는 제품 뒤에만 있는 것이 아니라 전 세계 어디에든 존재하며 제품을 사용하는 회사의 이미지를 만든다."고 말한다. 캐터필러는 자사의 특약점 네트워크가 경쟁사, 특히 고마츠(Komatsu) 및 히타치(Hitachi)와 같은 일본의 대규모 건설 및 광산 장비 제조업체에 비해 회사에 엄청난 이점을 제공한다고 믿는다.

그러나 고객 서비스 요구가 새로운 과제를 제시하고 정보 기술이 이러한 과제를 해결하기 위해 부상함에 따라 유통업체에 대한 이러한 관점이 바뀌고 있다. 강력하고 효과적인 유통업체 네트워크라도 항상 고객의 요구를 충족할 수는 없다. 긴급 주문의 경우 재고가 부족하거나 고객이 유통업체가 보유하지 않은 전문적인 기술 전문 지식을 요구할 수도 있다.

과거에는 각 유통업체나 제조업체에 재고와 인력을 추가하여 이러한 이슈를 해결했다. 현대 정보 기술은 유통업체를 통합하여 한 유통업체에 있는 전문 지식과 재고를 다른 유통업체에서도 사용할 수 있도록 하는 세 번째 솔루션으로 이어진다.

8.5.1 유통업체 통합 유형

유통업체 통합(DI, Distributor Integration)을 사용하면 재고 관련 이슈와 서비스 관련 이슈를 모두 해결할 수 있다. 재고 측면에서 DI를 사용하면 전체 유통업체 네트워크에 걸쳐 대규모 재고 풀을 생성하여 서비스 수준을 높이는 동시에 총 재고 비용을 낮출 수 있다. 마찬가지로, DI를 사용하면 이러한 요청을 가장 적합한 유통업체에 전달하여 고객의 전문 기술 서비스 요청을 충족할 수 있다. 7장에서는 7.3.3절의 딜러 재고 풀링과 관련된 다양한 이슈를 논의했다. 여기서는 딜러 통합과 관련된 다양한 기타 이슈를 살펴본다.

이전 장에서 지적했듯이, 증가된 재고는 전통적으로 비정상적인 긴급 주문을 충족하고 수리를 용이하게 하기 위해 예비 부품을 신속하게 제공하는 데 사용된다. 보다 정교한 회사에서는 리스크 풀링 개념을 사용하여 공급망 초기에 재고를 유지하고 필요에 따라 배포할 수 있다. DI 배열에서는 각 유통업체가 다른 유통업체의 재고를 확인하여 필요한 제품이나 부품을 찾을 수 있다. 딜러는 계약상 특정 조건하에서 합의된 보상을 받고 부품을 교환할 의무가 있다. 이러한 유형의 배열은 각 유통업체의 서비스 수준을 향상하고 필요한 전체 시스템 재고를 낮춘다. 물론 이러한 유형의 배열이 가능한 것은 정교한 정보 시스템을 통해 유통업체가 서로의 재고를 검토할 수 있고, 통합 물류 시스템을 통해 부품을 저렴하고 효율적으로 배송할 수 있기 때문이다.

예시 8-15

공작기계 제조사인 오쿠마 아메리카(Okuma America Corporation)는 DI 시스템을 구현했다. 오쿠마는 고가의 공작기계와 수리 부품을 많이 보유하고 있지만, 전체 라인을 운송하는 데 드는 비용이 높기 때문에 북미 및 남미 지역에 있는 오쿠마의 46개 대리점에서는 그렇게 할 수 없다. 대신, 오쿠마는 각 딜러에게 최소한의 공작기계 및 부품을 보유하도록 요구한다. 회사는 각 도구와 부품이 회사의 두 창고 중 하나 또는 유통업체 중 한 곳 등 시스템 어딘가에 재고가 있도록 전체 시스템을 관리한다. 오쿠마링크(Okumalink)라는 시스템을 통해 각 유통업체는 창고 재고를 확인하고 필요한 부품을 찾기 위해 다른 유통업체와 통신할 수 있다. 부품이 발견되면 회사는 해당 부품을 요청한 딜러에게 신속하게 전달한다. 각 유통업체가 모든 유통업체가 보유한 재고를 완벽하게 알 수 있도록 시스템을 업그레이드할 계획이 있다. 시스템 도입 이후 시스템 전반에 걸쳐 재고 비용이 절감되었고, 유통업체가 재고 부족으로 인해 판매 손실을 입을 가능성도 줄어들었으며, 고객 만족도도 높아졌다.

마찬가지로, DI는 각 유통업체가 인식하는 기술적 능력과 남다른 고객 요청에 대응하는 능력을 향상하는 데 사용될 수 있다. 이런 종류의 제휴에서는 다양한 유통업체가 다양한 분야에서 전문성을 구축한다. 고객의 특정 요청은 가장 전문적인 지식을 갖춘 유통업체에 전달된다. 예를 들어, 약 70개의 전기 도매 자회사를 보유한 네덜란드의 대규모 지주 회사인 오트라(Otra)는 이들 중 일부를 창고 레이아웃이나 POS 자재 등 특정 분야의 **우수 센터**(centers of excellence)로 지정했다. 고객뿐만 아니라 다른 자회사도 특정 요청을 충족하기 위해 이러한 우수 센터로 연결된다.

8.5.2 유통업체 통합 이슈

DI 제휴를 구현하는 데에는 두 가지 주요 이슈가 있다. 첫째, 유통업체는 이러한 시스템에 참여함으로써 얻을 수 있는 보상에 대해 회의적일 수 있다. 특히 일부 유통업체가 다른 유통업체보다 규모가 크고 재고가 더 많은 경우, 숙련되지 않은 파트너에게 재고 관리에 대한 전문 지식을 제공하고 있다고 느낄 가능성이 있다. 또한 참여 유통업체는 좋은 고객 서비스를 제공하는 데 도움을 주기 위해 자신이 알지 못하는 다른 유통업체에 의존해야 한다.

이러한 새로운 종류의 관계는 또한 특정 유통업체로부터 특정 책임과 전문 분야를 빼앗아 소수의 유통업체에 집중시키는 경향이 있다. 유통업체가 이러한 기술과 능력을 잃을까 봐 불안해하는 것은 놀라운 일이 아니다. 이는 DI 관계를 구축하는 데 제조 회사 측에서 막대한 자원과 노력이 필요한 이유를 설명한다. 대리점은 이것이 장기적인 제휴라는 것을 확신해야 한다. 주최자는 참가자들 사이에 신뢰를 구축하기 위해 열심히 노력해야 한다. 마지막으로 제조업체는 유통업체와의 약속을 보장하기 위해 서약 및 보증을 제공해야 할 수도 있다.

예시 8-16

> 던롭-에네르카(Dunlop-Enerka)는 전 세계 광산 및 제조 회사에 컨베이어 벨트를 공급하는 네덜란드 회사이다. 전통적으로 이 회사는 유럽 전역의 유통업체에 막대한 양의 재고를 보관하여 유지 관리 및 수리 요구사항을 충족했다. 재고를 줄이기 위해 회사는 컴퓨터 기반 정보 시스템인 던로컴(Dunlocomm)을 설치하여 각 유통업체 창고의 재고를 모니터링했다. 부품이 필요할 때 유통업체는 시스템을 사용하여 부품을 주문하고 배송을 준비한다. 유통업체 참여를 보장하기 위해 던롭-에네르카는 각 유통업체에 각 부품의 24시간 배송을 보장했다. 부품의 재고가 없는 경우 던롭-에네르카는 맞춤 제작하여 사용 가능한 시간 내에 배송했다. 이 보증으로 유통업체는 안심할 수 있었고 시스템에 전념했으며 시간이 지남에 따라 시스템 전체 재고가 20% 감소했다.

요약

이 장에서는 공급망을 보다 효과적으로 관리하는 데 사용할 수 있는 다양한 유형의 파트너십을 살펴보았다. 내부적으로 수행하거나 완전히 아웃소싱하는 것을 포함하여 특정 공급망 관련 이슈를 해결하기 위해 회사가 취할 수 있는 다양한 경로에 대해 논의하는 것으로 시작했다. 분명히 가장 적절한 전략을 선택하는 데에는 다양한 전략 및 전술적 이슈가 영향을 미친다.

특정 물류 이슈를 해결하는 가장 적절한 방법을 선택하는 데 도움이 될 수 있는 프레임워크에 대해 논의했다. 점점 더 많은 3자 물류 공급업체가 기업의 물류 책임 중 일부를 떠맡고 있다. 물류 기능 아웃소싱에는 장단점이 있을 뿐만 아니라 결정이 내려지고 3PL 계약이 이행되면 고려해야 할 많은 중요한 이슈가 있다. 공급업체가 소매업체 비즈니스의 일부(일반적으로 소매 재고)를 관리하는 소매업자-공급업자 파트너십도 일반화되고 있다. 소매업자-공급업자 파트너십에는 정보 공유에만 적용되는 계약부터 공급업체가 소매업체의 재고 정책을 완전히 통제하는 계약에 이르기까지 다양한 유형이 있다.

이러한 유형의 합의 이행과 관련된 다양한 문제와 우려사항을 고려했다. 마지막으로, 제조업체가 다양한 유통업체에 걸쳐 리스크 풀링 기회를 창출하고 다양한 유통업체가 다양한 전문 분야를 개발할 수 있도록 하기 위해 제조업체가 (잠재적으로 경쟁하는) 유통업체의 노력을 조정하는 유통업체 통합이라는 일종의 제휴에 대해 논의했다.

토론 질문

1. 물류 전략을 개발하는 관리자를 생각해 보자. 최선의 접근방식이 될 수 있는 구체적인 상황에 대해 논의하시오.
   a. 내부 물류 전문 지식을 활용한다.
   b. 이 전문 지식을 갖춘 회사를 인수한다.

c. 전략을 개발한 다음 특정 공급업체를 고용하여 전략의 잘 정의된 부분을 수행한다.

d. 3자 물류 공급업체와 함께 전략을 개발한다.

2. 3자 물류 산업이 이렇게 빠르게 성장하는 이유는 무엇인가?
3. 이 장에서는 **신속한 대응**, **지속적인 보충**, **판매자 관리 재고**(VMI)라는 세 가지 유형의 소매업자-공급업자 파트너십에 대해 논의한다. 각 유형에 대해 해당 유형이 다른 두 유형보다 선호되는 상황에 대해 논의하시오. 예를 들어 지속적인 보충과 신속한 대응을 비교해 보자. 다른 조건보다 특정 조건에서 선호되는 것이 있는가?
4. 신속한 대응 파트너십을 고려하자. 소매업체가 매달 초에 주문을 하고 POS 데이터를 매주 공급업체에 전송한다고 가정해 보자. 제조업체의 주간 생산 능력이 정보 공유의 이점에 어떤 영향을 미치는가? 즉, 주당 생산 능력이 높은가 아니면 낮은가? 어떤 상황에서 정보 공유가 가장 유익한가? 공급업체는 소매업체로부터 받은 주간 수요 데이터를 어떻게 사용해야 하는가?
5. VMI 계약에서 재고 소유권 정책에 대한 다양한 가능성을 논의하시오. 각 정책의 장점과 단점은 무엇인가?
6. 스파르탄 스토어즈의 실패한 VMI 노력에 관한 예시 8-13을 떠올려 보자. 프로그램의 성공을 돕기 위해 스파르탄이 어떻게 다르게 일을 했을지 토론하시오.

CASE

오디오 듀플리케이션 서비스 주식회사(ADS)[1]

오디오 듀플리케이션 서비스(Audio Duplication Services)는 콤팩트디스크 및 카세트 복제 및 유통 회사이다. 주요 고객인 대규모 음반 회사는 ADS를 사용하여 CD와 카세트를 복제하고 배포한다. ADS는 마스터 테이프를 보관했다가 고객이 요청하면 일정 수량씩 복사해 고객의 고객, 음반 판매점, 백화점 월마트, 케이마트, 서킷시티, 베스트바이 등 전자 제품 판매점에 전달한다. ADS는 오디오 복제 시장의 6대 기업 중 하나이다. ADS는 $50억 시장의 약 20%를 점유하고 있으며, 가장 큰 두 경쟁업체가 40%를 점유하고 있다. ADS의 관리자는 현재 몇 가지 어려운 공급망 관련 문제를 이해하고 대응하려고 노력하고 있다.

- 국내 대형 소매업체 중 일부는 판매자 관리 재고(VMI) 계약으로 알려진 다음과 같은 방식으로 재고를 관리하도록 ADS 고객인 음반 회사에 압력을

1 ADS는 가상의 회사이다. 이 사례의 자료는 저자가 여러 회사에서 겪은 경험을 어느 정도 기반으로 한 것이다.

가하고 있다. 음반사들은 각 앨범, CD, 카세트 타이틀이 각 매장에 배송되는 양과 배송 시기를 결정하는 역할을 맡게 된다. 이러한 결정을 돕기 위해 음반 회사에는 각 매장에서 지속적으로 업데이트되는 POS 데이터가 제공된다. 또한 음반 회사는 재고가 판매될 때까지 재고를 소유하게 되며, 그 시점에 지불금은 소매점에서 음반 회사로 이전된다. ADS는 음반 회사에 복제 및 배포 서비스를 제공하기 때문에 음반 회사는 ADS에 VMI 계약의 실행 지원을 요청했다.

- 과거에는 ADS가 전국 대형 소매업체의 유통센터로 배송되었고, 소매업체는 개별 매장으로의 유통을 주선했다. 이제 소매업체는 개별 매장으로 직접 배송할 수 있도록 강력한 인센티브를 제공하고 있다. 물론 이는 ADS에 대한 비용이 높아진다는 것을 의미한다.
- 일반적으로 ADS의 배송비는 증가하고 있다. 현재 ADS에는 배송별로 배송을 수행하기 위해 다양한 배송업체와 조율하는 배송 관리자가 있다. 아마도 여러 대의 트럭을 구매하고 내부적으로 배송을 수행하거나 전체 배송 기능을 제3자에게 아웃소싱하는 방식으로 이러한 배송을 관리하는 더 나은 방법이 있을 것이다. 어쩌면 이 두 극단의 중간이 가장 좋을 것이다.

물론 ADS는 온라인 오디오 배포 기술이 더욱 널리 보급됨에 따라 오디오 복제 산업의 미래와 같은 더 큰 문제에 직면해 있다. 어떤 경우든 각 음반 회사는 정기적으로 오디오 복제 서비스 계약을 검토하므로 경영진은 회사가 성공을 유지하려면 위의 각 문제를 효과적으로 해결해야 한다.

사례 토론 질문

1. ADS 고객의 고객이 VMI 계약으로 이동하는 이유는 무엇인가?
2. 이것이 ADS의 비즈니스에 어떤 영향을 미치는가? ADS 관리는 이러한 상황을 어떻게 활용할 수 있는가?
3. ADS는 물류를 어떻게 관리해야 하는가?
4. 국내 대형 소매업체가 직접 배송 모델로 전환하는 이유는 무엇인가?

CASE

스미스 그룹

스미스 그룹(The Smith Group)은 전기 드릴, 해머 등과 같은 고품질 전동 공구 및 수공구를 생산하는 미국의 선두 제조업체이자 4장 도입부 사례에서 설명한 ATW의 주요 경쟁업체이다. ATW와 마찬가지로, 스미스는 수익의 대부분을 제공하는 유통업체 및 딜러와 매우 성공적인 파트너십을 누리고 있으며, ATW와 마찬가지로 스미스는 항상 대형 유통업체와 VMI 계약을 맺어왔다.

그러나 스미스의 소규모 유통업체는 전통적으로 VMI를 구현하는 데 필요한 전자 데이터 전송 기능을 갖추고 있지 않았다. 그러나 이를 극복하기 위해 스미스는 많은 소규모 유통업체와 함께 칸반 시스템(Kanban system)을 구현했다. 이 접근방식에서 스미스 그룹은 공장을 통한 자재 흐름을 관리하기 위해 토요타가 개발한 칸반 접근방식을 모방하고 있다. 토요타가 사용하는 칸반 시스템에서는 카드 사용을 통한 수요에 의해 생산이 촉발된다. 이는 스미스가 취한 접근방식이기도 하다. 배송 트럭이 유통업체 시설에 도착하면 해당 유통업체가 판매한 품목에서 떼어낸 카드를 모두 수거한다. 이는 스미스 그룹에 생산 및 유통계획에 사용할 수 있는 고객 수요에 대한 정보를 제공한다.

스미스 그룹이 설계한 칸반 접근방식은 전자 데이터 전송 없이 VMI 전략과 유사한 접근방식을 구현하는 영리한 방법이다.

- 시스템은 EDI 없이도 스미스에게 고객 요구에 대한 거의 **실시간 정보**(real-time information)를 제공한다.
- 스미스 그룹이 사용하는 카드 시스템을 면밀히 분석한 결과 유통업체 수준에서 재고를 효과적으로 관리하는 것으로 나타났다. 실제로 이러한 주기적 검토 환경에서 최적의 재고 정책은 기저재고(base-stock) 정책으로 알려져 있다. 흥미롭게도 카드 시스템은 **기본 재고 수준에 따라 재고를 관리함으로써 유통업체의 재고 비용을 효과적으로 절감한다**는 의미이다.
- 이 시스템을 통해 스미스 그룹은 주문 제작 환경으로 전환하여 제조 측면에서 재고 비용을 더욱 절감할 수 있다. 실제로 토요타가 개발한 칸반 접근방식의 핵심 개념은 풀 기반 프로세스이다. 주문 제작 전략은 스미스 그룹 공급망을 풀 기반 시스템으로 만들어 보다 반응성이 뛰어난 공급망을 만들 것이다.

사례 토론 질문

1. 사례에 설명된 칸반 시스템을 구현함으로써 스미스 그룹이 얻을 수 있는 이점은 무엇인가?
2. 카드 시스템이 기본 재고 수준에서 재고가 관리된다는 것을 어떻게 의미하는지 설명하시오.
3. 스미스 그룹이 주문 제작 환경으로 전환하는 시스템은 어떻게 가능한가?
4. 스미스 그룹의 칸반 시스템에는 어떤 위험이 있는가?
5. 칸반 시스템을 통해 스미스 그룹이 재고를 줄일 수 있다면 유통업체에는 어떤 영향이 있는가? 유통업체는 추가 공간으로 무엇을 하게 되는가?

CHAPTER 9

조달 및 아웃소싱 전략

CASE

자라의 조달 및 아웃소싱 전략

2002년 1월 15일, 스페인 의류 회사 인디텍스(Inditex)의 최고 경영자인 José María Castellano Ríos는 뉴욕시에 위치한 제이콥 자비츠 컨벤션 센터(Jacob Javits Convention Center) 연단에 올라 국제소매업자연맹(National Retail Federation)이 수여하는 올해의 국제 소매업자상을 수상했다. 막 마감되어 가고 있던 그해는 전 세계적으로 소매업자들에게 어려운 한 해였다. 소매업자의 합병과 파산이 빠른 속도로 일어나고 있었다. 그러나 인디텍스와 그 플래그십 회사인 자라(Zara)는 해당 연도에도 인상적인 성장과 높은 수익을 달성했다. 실제로 2001년은 여러 면에서 인디텍스 창립자 Amancio Ortega Gaona와 Castellano에게 획기적인 한 해였다.

자라의 역사

갈리시아(Galicia) 출신인 Amancio Ortega Gaona는 1963년 가운 제조 사업을 시작하기 전 여성 의류 소매점에서 점원으로 일했었다. 1975년 라 코루냐에 첫 자라 매장을 열고 1989년까지 스페인 내에 82곳의 자라 매장을 열었다. Ortega는 포르투갈, 파리, 뉴욕에 자라 매장을 열면서 국제적으로 확장하기 시작했다. 자라의 모기업인 인디텍스는 풀 앤 베어(Pull & Bear), 마시모두띠(Massimo Dutti), 베르샤카(Bershka), 스트라디바리우스(Stradivarius)를 포함한 4개의 브랜드를 운영하고 있었으며[1], 2001년에는 속옷과 수영복 브랜드인 오이쇼(Oysho)를 출시했다. 표 9-1을 보면 선별된 재무 정보를 확인할 수 있다. 자라, 풀 앤 베어, 베르샤카, 오이쇼는 '수출'에 적합하도록 만들어진 일반적인 브랜드 이름이었고, 2000년 회계년노에 따르면 인디텍스의 매출 절반 이상이 스페인 외부에서 발생했다.

1 풀 앤 베어(2000년 매출의 6.6%)는 1991년에 남성 기본 캐주얼 라인으로 시작되었으며, 1998년에 여성 의류가 추가되었다. 인디텍스는 1991년에 남성 셔츠 회사인 마시모두띠(2000년 매출의 7.8%)에 투자하였고, 1995년에 100% 인수하면서 남성과 여성을 위한 보다 클래식하고 고급스러운 라인으로 발전시켰다. 1998년에는 10대 소녀들을 위한 '클럽'룩 라인인 베르샤카(2000년 매출의 5.2%)가 출시되었으며, 1999년에는 10대 소녀들을 위한 데일리 또는 스트리트 웨어 라인인 스트라디바리우스(2000년 매출의 2.85)의 지분 90%를 인수하였다. 인디텍스의 다양한 제품은 그림 9-1을 참고하라.

2000~2001년 인디텍스는 긍정적인 언론 평가와 분석가 평가를 받았으며, 이는 자라의 독특한 통합 비즈니스 모델에 기인한 성공으로 평가되었다. LV 캐피탈(LV Capital)의 회장 겸 CEO인 Daniel R. Piette는 자라의 성공 사례를 보며 "세계에서 가장 혁신적이고 파괴적인 소매업자"로 묘사했다. 2001년 5월에 주식을 공개한 인디텍스는 당시 세계에서 세 번째로 큰 의류 소매업자였다. Ortega의 인디텍스 지분은 수십억에 달했지만, 그는 여전히 라코루냐 근처에 살며 인디텍스 경영에 관여했다.

자라는 여성(매출의 약 58%), 남성(약 22%), 아동(약 20%)을 위한 의류를 제공했다. 인디텍스는 공식 문서에서 자라에 대해 이렇게 설명했다.

> 자라는 신생아부터 45세 성인에 이르기까지 여성, 남성, 아동을 위한 고급 의류, 신발, 액세서리를 제공한다. 자라 매장은 주요 상업 거리와 고급 쇼핑 센터의 주요 위치에 있는 매력적인 매장에서 패션, 품질, 가격의 강렬한 조합을 제공한다. 자체 디자인 및 생산 능력을 통해 연중 자라 매장에서 1주일에 두 번 새로운 디자인을 제공할 수 있다.

2001년 말 인디텍스는 전 세계 35개국 이상에서 6개의 브랜드하에 1,200개 이상의 매장을 운영했으며, 분석가들은 인디텍스 매장이 5년 내에 수월하게 2,000개에 이를 것으로 전망했다. 자라의 수직 통합 모델은 의류 제조의 큰 비중을 스페인 지역 소싱에 의존했다. 그러나 Castellano는 자라가 생산을 해외로, 아마도 낮은 임금 비용을 활용하기 위해 아시아로 더 많이 이전할 것을 고려했다. 자라의 확장을 지원하고 가능한 가격 압박에 대응하기 위해 얼마나 많은 이전이 필요한지, 그리고 자라의 성공을 해치지 않으면서 얼마나 많은 이전이 가능한지가 인디텍스가 직면한 중요한 문제였다.

섬유 및 의류 산업

1999년, 글로벌 섬유 및 의류 산업은 세계 제조업 생산 가치의 5.7%, 세계 고용의 14% 이상을 차지했다. 주요 국가들의 의류 시장은 약 $5,800억으로 추산되며, 이 중 미국이 약 $1,800억, 서유럽이 약 $2,250억을 차지했다. 동유럽(약 $140억), 라틴 아메리카(약 $450억), 아시아 일부 지역은 소득 수준이 상승하고 일부 소매업자들이 시장을 지배하던 단계에서 벗어나 성숙해짐에 따라 잠재적인 성장 지역으로 간주되었다.

섬유 제조는 타 산업 대비 상대적으로 자본 집약적이며, 노동 비용이 판매된 상품 비용의 약 40%를 차지한다. 반면, 의류의 경우 이 비율은 약 60%이다. 섬유 제조 업계는 원재료(천연 또는 합성, 혹은 혼방)에 따라 매우 전문화되어 있다. 또한 직물이 직조되었는지 또는 편직되었는지, 매트질이 되었는지 또는 결합되었는지, 염색되었는지 인쇄되었는지, 처리 및 마무리 방법, 그리고 최종 제품에 요구되는 전반적인 성능 특성(예: 염료를 얼마나 잘 흡수하고 유지하는지, 단열 성능, 기계 세탁 가능 여부 등)에 따라서도 매우 전문화되어 있다. 일부 원단은 간단하고 기본적이지만, 특수 산업 용도를 포함한 고성능 섬유에 대해 지속적인 연구 개발이 이루어지고 있다.

의류 생산은 원단 조달, 디자인 준비(샘플 및 패턴 포함), 원단 커팅, 의류 봉제 및 마감을 포함한다. 니트웨어의 경우, 생산 과정에 실의 조달과 편직 과정이 포함된다. 의류 생산은 원단 조달과 밀접한 관련이 있어 의류 디자이너들이 특정 의류를 위한 원단을 디자인하거나 원단을 중심으로 디자인한다.

표 9-1 인디텍스의 일부 재무 정보

(단위 : 백만 유로)	회계연도				
	1996	1997	1998	1999	2000
수익 명세서 데이터					
순매출	€1,008.5	€1,217.4	€1,614.7	€2,035.1	€2,614.7
성장률	*16.8%*	*20.7%*	*32.6%*	*26.0%*	*28.5%*
총이익	487.5	599.1	814.8	1046.7	1337.7
총마진	*48.3%*	*49.2%*	*50.5%*	*51.4%*	*51.2%*
영업이익	152.4	192.8	242.1	299.6	390.3
영업마진	*15.1%*	*15.8%*	*15.0%*	*14.7%*	*14.9%*
순이익	72.7	117.4	153.1	204.7	259.2
대차대조표 데이터					
자산					
현금 & 현금 등가물	€79.6	€134.8	€151.7	€164.5	€203.9
매출채권	NA	NA	75.0	121.6	145.1
재고자산	NA	NA	157.6	188.5	245.1
기타 유동자산	110.7	139.2	7.1	7.3	6.2
고정자산	597.7	669.2	915.1	1168.8	1395.7
상표권(영업권)	0	1.7	1.2	98.1	89.1
미지급 비용	32.3	32.3	18.6	24.1	22.5
총자산	820.3	977.2	1,326.3	1,772.9	2,107.6
부채					
단기부채	55.9	43.0	88.3	116.3	96.9
기타 유동부채	178.2	229.9	356.3	435.4	573.4
장기부채	168	164.1	186.3	290.9	231.8
기타 장기부채	3.3	10.3	22.0	37.1	34.6
총부채	405.4	447.3	652.9	879.7	936.7
주주자본	414.9	529.9	673.4	893.2	1170.9
총 L&SE	820.3	977.2	1,326.3	1,772.9	2,107.6
재무 통계					
재고 일수(연말)			35.6	33.8	34.2
순운전자본	(123.4)	(133.7)	(204.9)	(234.3)	(273.9)
운영 통계					
총 소매 매출(백만)	€1,525.5	€1,998.8	€2,606.5		
매장당 평균 매출(백만)	€2.04	€2.17	€2.41		
총 소매점	*748*	*922*	*1,080*		
평균 판매 면적(제곱미터)	€4,752.34	€4,534.69	€4,853.82		
총 판매 면적(제곱미터)	*321,000*	*441,000*	*537,000*		
동일 매장 매출	11.0%	5.0%	9.0%		

인디텍스-개념별 순매출 & EBIT

(백만 유로)	순매출		
	1998	1999	2000
자라	€1,304.2	€1,603.4	€2,044.7
풀 앤 베어	131.9	143.8	172.6
마시모두띠	120.5	144.2	184.0
베르샤카	22.3	82.1	134.9
스트라디바리우스	N/A	26.3	72.5

표 9-1 인디텍스의 일부 재무 정보 (계속)

(만 유로)	EBIT		
	1998	1999	2000
자라	€ 213.0	€ 248.4	€ 327.9
풀 앤 베어	15.0	17.1	24.1
마시모두띠	14.2	17.4	20.3
베르샤카	(3.7)	7.1	8.4
스트라디바리우스	N/A	1.7	(3.2)

출처 : Inditex May 2001 Offering Memorandum.

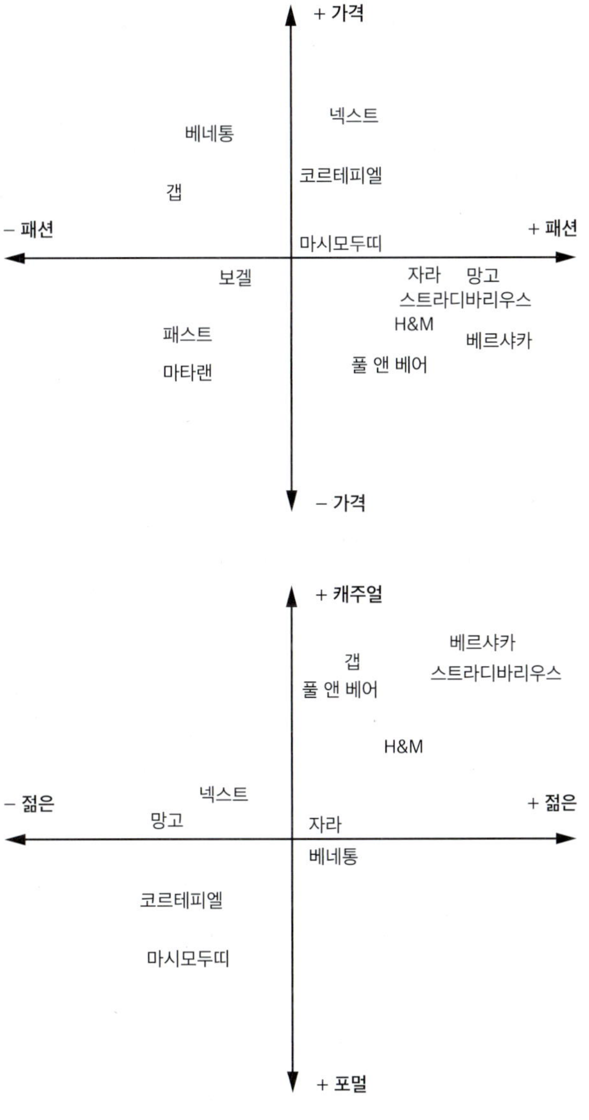

그림 9-1 인디텍스의 제품 포지셔닝

생산 측면에서 의류 산업은 대략 세 단계의 품질로 나눌 수 있으며, 이는 어느 정도 생산의 조달과 일치한다.

1. 패션 요소를 포함하고 재료와 제작의 품질을 강조하는 제품(예 : 여성 정장)이 포함된 고품질 부문
2. 재료와 제작의 품질이 어느 정도 수용 가능해야 하지만 생산자 간에 차별점이 거의 없고 시간에 민감한 패션적인 측면이 비교적 작은 기본 제품(예 : 가디건과 카키 바지)을 위한 중품질 부문
3. 일반 상품 같은 특성을 가지고 주로 가격으로 경쟁하는 저품질 부문(예 : 남성 속옷)

저임금 국가들은 주로 중품질과 저품질 부문에서 생산량을 증가시켰지만, 고품질 생산에서의 점유율 또한 증가하고 있었다. 유럽의 수출 중 50%가 고품질 부문에 집중되어 있었지만, 수입의 경우 이 비율은 20%에 불과했다.

의류 산업은 많은 부문에서 전통적인 의미의 규모의 경제(동일한 상품의 대량 생산)로부터 실질적인 이득을 얻지 못하는 특징을 보여왔다. 고품질 제품에 대한 수요를 더 정확하게 충족하는 것이 수익성에 더 중요했다. 생산의 더 기계화된 부분인 원단 생산, 기계에 의한 편직, 거팅에서 작업준비시간은 그리 중요하지 않았다. 더 중요한 것은, 소비자의 끊임없이 변화하는 취향에 부응하기 위한 소량 생산 관리 능력이다. 봉제 및 마감 서비스는 여전히 대부분 수작업으로 이루어졌으며, 고도로 전문화되어 있고 공정의 가장 노동 집약적인 부분이었다. 이는 의류 산업에서 소규모 및 중소기업의 큰 참여를 반영한다. 또한 의류 생산 노동자 중 상대적으로 낮은 임금 수준을 가진 여성의 수도 중요한 요소였다.

의류 생산의 노동 집약적인 특성을 감안할 때 상대적인 임금 수준이 생산 조달의 중요한 요소였다는 것은 놀라운 일이 아니었다. 그러나 임금 수준의 분석과 함께 기업은 원재료의 품질 및 가용성, 기술 요구사항 및 노동자 생산성, 운송 시간 및 비용, 기타 리드 타임 구성 요소, 정치 및 외환 위험, 규제 문제, 사회적 책임 문제 등 다른 중요한 요소도 고려했다. 복잡한 수출 한도 및 관세 체계도 소싱의 중요한 부분이었으며, 중국에서의 제품을 피하기 위해 홍콩을 통한 중계 운송과 같은 공급망의 다양한 변형을 초래했다. 중국의 세계무역기구(WTO) 가입과 2005년까지 완료될 예정인 섬유 및 의류 수출 한도의 단계적 완화는 중국 생산의 증가를 예상하게 했으며, 라틴 아메리카 국가들로의 EU 상품 수입과 같은 무역 장벽의 감소도 기대되었다. 그 사이, 지역 무역장벽의 감소는 동유럽, 터키, 북아프리카의 유럽 시장 지원 제조업과 멕시코, 카리브해, 중앙아메리카의 미국 시장 지원 제조업을 증가시켰다.

유럽연합과 스페인의 섬유 및 의류 산업

1999년에 약 200만 명이 유럽연합(EU) 제조업 고용의 7.6%를 차지한 의류 산업은 €1,780억의 매출을 기록했다. 이탈리아가 EU 섬유 및 의류 사업의 가장 큰 비중인 31%를 차지했으며, 이어서 영국이 15%, 독일이 14%, 프랑스가 13%, 스페인이 9%, 포르투갈이 6%를 차지했다. EU는 세계에서 두 번째로 큰 섬유 및 의류 수출국이었지만, 의류보다는 섬유 수출에서 더 강세를 보였다. 특히 EU 국가들은 고급 섬유와 관련 기술 개발에서 선두주자였다.

이 산업은 지역 클러스터 내에 소규모로 독립되어 있지만 협력업체에게 하청을 하는 것이 중요한 것으로 알려져 있었다. 하지만 인디텍스와 같은 몇몇 대기업들도 하청 네트워크를 관리하거나 활용하여 더 큰 규

모의 제조를 운영하고 있었다. 이 '산업 지구' 구조의 EU 섬유 및 의류 산업은 낮은 운영 비용과 높은 기술 수준에서 운영되며, 여러 기업 간 공유되는 다른 유형의 규모 또는 네트워크 경제를 의미했다. 시스템 내 모든 기업이 공동 소유인지 여부는 그 구성 요소들이 얼마나 잘 협력하는지만큼 중요하지 않았다.

의류 분야에서 EU의 강점은 디자인 중심의 제조였다. 여기서 디자인은 고객에게 가까이 있었으며 생산과 밀접하게 연관되어 있었다. 특히 의류 기업과 섬유 기업 간의 긴밀한 관계는 원단 디자인에 대한 협력을 가능하게 했다. 생산 체인의 다른 끝에서는 노동 집약적인 작업[외부 가공 거래(OPT, Outward Processing Transactions)]을 동유럽 및 지중해 연안 국가들에 상당량 아웃소싱하는 것이 일반적이었다. 이러한 지역은 신속한 회전율을 제공할 수 있을 만큼 가까웠으며, 품질 관리를 상대적으로 쉽게 모니터링할 수 있었다.

스페인의 섬유 및 의류 산업은 주로 매우 작은 기업들로 구성되어 있었으며, 전통적으로 R&D나 기술 혁신에서 강점을 보이지 않았다. 또한 자국 시장에서 경쟁하기 위해 그럴 필요도 없었다. 그러나 1990년대 동안 스페인은 더 큰 번영을 경험하며 임금 수준이 상승했고, 국내 고객 기반도 더욱 정교해졌다. 스페인 소비자들은 의류 구매에서 패션과 품질을 매우 중시했으며 가격은 그다지 고려하지 않았지만, 일반적인 임금 수준을 감안할 때 고급 브랜드 의류는 대부분의 쇼핑객에게는 너무 비싸게 느껴졌다.[2]

Ortega의 고향인 갈리시아 지방은 스페인 북서쪽 구석의 비가 많이 내리는 곳이다. 대서양과 인접한 언덕이 많고 그림 같은 땅으로, 켈트 문화 유산을 가지고 있으며, 날씨는 종종 흐리거나 안개가 자욱하다. 갈리시아의 경제는 농업, 어업, 광업에 뿌리를 두고 있었다. 갈리시아는 일반적으로 빈곤하고 스페인의 다른 지역보다 실업률이 더 높았으며, 20세기 초에는 많은 사람들이 아르헨티나, 우루과이, 쿠바로 이민을 갔다. 실업 감소와 기술 수준 향상은 갈리시아 지역 정부와 노동 조직의 우선순위였다. 주요 도시인 라 코루냐는 현대적이고 편리한 공항을 갖추고 있었으며, 마드리드와 바르셀로나로의 항공편이 자주 있었지만, 주요 국제 항구 도시는 아니었다.

갈리시아는 산업 수준에서 섬유 및 의류 제조의 중심지로 알려져 있지 않았지만, 1980년대에 전통적인 드레스메이킹 기술을 발전시키고 '갈리시아 패션'이라는 개념을 촉진함으로써 이 부문에 참여하기 위한 적극적인 노력을 시작했다. 1998년까지 갈리시아에서는 약 760개의 기업에서 약 2만 9,000명의 사람들(대부분 여성)이 섬유 및 의류 사업에 종사했던 것으로 추산된다. 이러한 기업 중 450개 이상이 소규모 작업장이나 협동조합이었으며, 평균적으로 각각 15명의 직원을 고용했다. 생산의 75%는 의류의 조립 라인 생산이었고, 16%는 니트웨어 생산이었다. 갈리시아에는 아돌포 도밍게스(Adolfo Domingues), 카라멜로(Caramelo), 마페코(Mafecco), 자라와 같은 여러 대기업도 본사를 두고 있었다. 1991년부터 1997년까지 갈리시아의 섬유 및 의류 부문에서의 전국 생산 점유율은 7%에서 14%로 증가했으며, 이 기간 동안 스페인에서 이 부문에 의해 창출된 전체 일자리의 10.5%가 갈리시아 의류 기업에서 창출되었고, 수출은 1991년

2 1999년 미국 상무부와 국무부의 보고서에 따르면, 스페인 여성 10명 중 6명은 의류 구매에서 가장 중요한 결정 요소로 품질을 꼽았고, 10명 중 3명은 패션을, 10명 중 1명은 가격을 가장 중요한 요소로 꼽았다.

부터 1998년까지 10배나 증가했다.

자라 모델

자라의 계획 및 디자인 주기

자라의 한 시즌 타임라인은 다른 의류 제조업체들과 마찬가지로 해당 시즌 시작의 약 1년 전에 시작되었다. 2개의 시즌이 있었는데, 봄/여름 컬렉션은 1월/2월부터 매장에 입고하기 시작했고, 가을/겨울 컬렉션은 8월/9월부터 매장에 입고하기 시작했다(남반구의 경우는 반대). 약 1년 전부터 디자이너들은 주요 테마와 색상을 정의하는 작업을 시작하고, 초기 컬렉션을 구성하기 시작했다.

자라에는 200명의 디자이너가 직원으로 있었다. 디자이너들은 런웨이에 영향을 받았으며 대중 시장을 위해 하이패션 스타일을 적용하는 것이 예상되었지만, 디자인 부서 책임자 María Pérez에 따르면 "그들은 상아탑 속에서 사는, 현실과 동떨어진 미학자가 되도록 격려받지 않는다. 자라는 매년 약 1만 1,000가지 스타일을 생산한다. 이는 일반적으로 비슷한 소매업체가 생산하는 것의 약 5배이며, 처음에는 상대적으로 작은 배치로 모두 생산된다." 그녀는 이렇게 덧붙였다. "이것은 그들에게 실험을 장려하지만 항상 상업적인 방향성을 유지하게 한다."

디자이너들은 자라 본사의 넓은 개방 공간에서 일했으며, 여성, 남성, 아동 라인마다 별도의 디자인 센터가 있었다. 디자이너들은 종종 수작업으로 스케치를 준비했지만, 결국에는 디자인과 관련 사양을 설명하기 위해 CAD 시스템에서 작업했다. 디자인 센터는 밝고 현대적이었으며, 배경으로 팝 음악이 재생되었다.

매장 전문가들은 같은 공간에서 일하며, 매일 매장 판매에 대한 자세한 인쇄물을 검토하고 매장 관리자들과 전화로 대화하며 비공식적인 피드백을 수집했다. 각 매장 전문가는 지역별로 매장 그룹을 담당하고 주기적으로 방문했다. 각 매장 관리자의 업무는 매장에서의 시장 정보를 통해 디자인 및 생산 관련 의사결정에 피드백하는 것이기 때문에 소매업 경험이 있고 시장 동향 파악과 디자인에 감각이 있어야 선택될 수 있었다. 디자인 센터 내의 커뮤니케이션과 작업 흐름은 매우 유동적이었다.

패턴과 샘플

일부 경우에는 디자인 샘플 준비를 위해 제3자 공급업체에 보냈고(과정에 2~3개월 소요), 아니면 종이 패턴을 준비한 다음 자라 내부에서 샘플 의류를 만들었다. 자라의 패턴 생산자와 재봉사는 크고 개방된 디자인 센터에서 함께 샘플을 제작했다. 최종 확정된 패턴은 절단 도구를 안내하는 컴퓨터에 사용될 수 있었다. 샘플을 바탕으로 그 시즌을 위한 초기 컬렉션이 최종적으로 확정되면 자라 내부에 공개되었다.

생산 소싱과 스케줄링

해당 시즌을 위한 초기 컬렉션이 승인되면, 원단 조달 및 생산 계획이 시작되었다. 의류가 제3자에 의해 조달된 경우(전체의 약 절반), 생산 일정은 예성된 매상 배송일로부터 대략 6개월 전에 이루어졌다. 반면, 내부 생산을 위한 의류는 예정된 매장 배송 시간에 맞춰 제조될 수 있도록 계획되었다. 아웃소싱된 생산의 약 60%는 유럽에서, 30%는 아시아에서 이루어졌으며, 나머지는 세계 다른 지역에서 왔다.

외부 공급업체와의 조달 또는 내부 제조 결정은 전문성, 상대적 비용, 특히 시간 민감도를 포함한 여러 고려사항에 기반했다. 인디텍스는 21개의 자라 공장을 소유하고 있었으며, 각 공장은 별도로 관리되었다. 공장 관리자의 입찰은 제3자 공급업체의 입찰과 비교하여 내부 제조가 경쟁력을 유지하도록 평가되었다. 일반적으로 패션 스타일링이 있는 의류는 내부에서 제조되었으며, 기본적인 제품과 니트류는 아웃소싱되었다.

자라는 시즌 재고의 약 15~25%(기본적인 제품)를 시즌 시작 6개월 전에 미리 확정했는데, 이는 대부분의 의류 소매업체가 40~60%를 미리 확정하는 것과 비교된다. 시즌 시작 시, 자라의 시즌 재고의 약 50~60%가 확정되었다(이미 제조되었거나 명세서와 함께 확정된 약속). 이는 자라가 추정한 대부분의 의류 소매업체의 경우 80% 정도 확정되었던 것과 비교해 적다. 시즌 컬렉션의 약 1/4은 시즌 시작과 함께 제공되었으며, 시즌 초반의 매장 재고는 기본 아이템에 더 많이 치중했으며, 초기 패션 컬렉션도 포함되었다. 이 두 가지 모두 정규 리드 타임을 기반으로 제3자 공급업체 소싱을 최대화하여 생산되었다. 내부 제조는 더 현재(시즌 중) 생산을 위해 예약되었다. 전체적으로, 내부 생산은 시즌 중 생산에 85%, 다음 시즌 생산에 15%가 배정되었다.

인하우스 제조

인하우스(in-house, 또는 내부) 제조는 두 가지 기본 단계로 구성되어 있다. 원단 조달과 의류 제작 및 마감이다. 인디텍스는 바르셀로나에 있는 원단 조달 기업(콤디텔), 여러 섬유 생산 기업, 그리고 원단 마감 기업 피브라컬러(Fibracolor)의 지분을 소유했다. 콤디텔(Comditel)은 원단 조달의 약 40%를 관리했으며, 그레이지 상품(염색되지 않은 원단, 주로 면직물로 주문에 따라 염색 또는 인쇄 가능)에 특화되어 있었다. 염색 또는 인쇄를 위한 준비 시간은 약 4~5일이 소요되었고, 전체 과정에 약 1주가 걸렸다. 합성 섬유 및 더 패션 지향적인 원단의 경우, 자라는 주로 외부 소싱에 의존했다.

자라 공장에서는 생산할 스타일과 사이즈에 대한 결정을 기반으로 원단을 커팅했다. 긴 테이블 위에 층층이 쌓인 원단 '매트리스'가 진공 밀봉되어 컴퓨터 레이아웃의 패턴 조각을 기반으로 기계에 의해 커팅되었다. 레이아웃 자체는 최소한의 낭비로 적절한 배치를 전문으로 하는 컴퓨터 터미널에서 일하는 사람들에 의해 배열되었다. 자라 관리자들은 이 숙련된 작업자들이 15~20분 내에 컴퓨터 알고리즘만으로 달성할 수 있는 것보다 높은 활용도로 레이아웃을 배열할 수 있다고 판단했다. 몇 초 만에 생성되는 컴퓨터 생성 레이아웃은 벤치마킹을 위해 사용되었다. 커팅된 원단 조각들은 표시되어 봉제를 위해 묶여졌다.

봉제는 갈리시아와 북부 포르투갈 내의 400개 소규모 기업 네트워크에 하청을 했다. 이 농촌 지역에서는 임금이 낮고 실업률이 높았지만, 자라의 하청 봉제 작업은 파트타임 작업자를 포함한 많은 여성들이 일할 수 있도록 했다. 자라는 봉제 하청업체와 시간을 예약했지만, 사전에 제공된 의류 사양에는 제한이 없었다.

자라 공장과 하청업체 간의 배송은 1주에 여러 번 이루어졌으며, 하청업체는 완성된 작업을 마치고 새로운 작업을 가져갔다. 봉제에 걸리는 전체 소요 시간은 1~2주 정도였다. 완성된 의류의 다림질, 태그 부착, 최종 검사는 자라 공장으로 돌아온 후에 이루어졌다. 원단 재고가 있을 경우, 자라는 자체 디자인, 패턴 제작, 커팅 능력과 봉제 하청업체 네트워크를 통해 스타일 생산을 시작부터 끝까지 단 10일 내에 완료할 수 있는 위치에 있었다.

시즌 생산

자라는 시즌 전에 생산량의 50~60%만을 확정하고, 나머지는 시즌 동안 주기적으로 제조했다. 시즌 중 인하우스 제조 부문은 시장 수요에 따라 쉽게 조정될 수 있었다. 어떤 상품이 판매되지 않으면 추가 생산을 중단할 수 있었다. 상품이 잘 팔린다면, 원단이 준비되었다는 전제하에 1주 이내에 추가 생산을 할 수 있었다. 자라는 보유 중인 원단의 재고 범위 내에서 수요를 충족하기 위해 더 많이 생산했지만, 그 이상은 아니었다. 제조 부문 부사장인 Miguel Díaz는 설명했다.

> 생산량, 즉 전통적인 의미의 '규모'는 문제가 되지 않는다. 우리는 올바른 시기에 올바른 의류에 대해 사람들이 프리미엄을 지불할 것이기 때문에 의류 가격 인상을 통해 비용을 회수한다. 고객을 이끄는 것은 제품이다.
>
> 예상되는 매우 강한 수요에 대해 우리는 원단 구매 결정에 더 큰 위험을 감수할 것이다. 때로 우리는 경제적 관점에서 볼 때 합리적이지 않아 보일 수 있는 결정을 내린다. 예를 들어, 매우 잘 팔리는 상품이 있지만, 그 상품이 시장을 포화시킨다면 생산을 중단하여 의도적으로 불만족스러운 수요를 만들 것이다. 경제적 관점에서 엄격하게 본다면 이는 어리석은 일이다. 그러나 우리가 고객과 함께 만들고 있는 문화는 오늘 구하지 않으면 내일은 찾을 수 없을 것이다.

자라 경영진에 따르면, 분석가들과 언론에 의해 반영된 바와 같이 자라가 다른 의류 소매업체에서 드러난 위험과 달랐던 점은 시즌 중에도 고객의 수요에 대응할 수 있는 능력 때문이었다. 초기 컬렉션에 매장에서 성과가 낮은 제품이 있을 경우, 자라는 다른 대안으로 대응할 수 있었다. 반면, 대부분의 의류 소매업체들은 더 많은 세일과 더 공격적인(비용이 많이 드는) 광고를 통해 인기 없는 상품을 판매하는 방법으로만 대응할 수 있었다. 자라에게 시즌 중 재보충은 마지막 순간에 추가 용량을 찾거나 더 높은 비용을 발생시키는 것을 요구하지 않았다. 대신, 판매 시점과 가까운 생산은 자원의 지속적인 재배분을 가능하게 하고 최소한의 피해만 가져왔다. 내부 생산용량은 예약되어 있었고 사용 가능했지만, 매장에서 의류가 판매되기 몇 주 전에 무엇을 생산할지 결정할 수 있었다. "우리는 9월 11일 테러 공격 후 2주 이내에 매장 내 재고를 승마 테마에서 검은색으로 전환할 수 있었다."고 인디텍스 자본시장 그룹의 Hugo Alvarez Gallego는 말했다.

유통

자라의 아웃소싱된 의류와 내부 제조 의류 모두 유통은 아르테익소(Arteixo)에 위치한 50만 평방미터 규모의 유통센터에서 중앙집중식으로 이루어졌다. 이 유통센터는 14개의 제조 공장 중심에 위치해 있었다. 의류는 그곳에 위치한 공장 군집에서 유통센터로 211킬로미터 트랙을 따라 이동했다. 걸려 있는 의류는 스타일별로 자동으로 분류되는 바코드에 의해 배열되었으며, 걸려 있는 의류의 재고 선택은 수동으로 이루어졌다. 접힌 의류는 회전식 컨베이어에서 분류되었고, 각 의류는 바코드에 따라 해당 매장의 상자로 향하는 슈트(chute)로 떨어졌다.

유통센터를 통해 매주 약 250만 벌의 의류가 이동할 수 있었다. 2001년 말 기준으로 아르테익소의 유통센터는 단 50%의 용량만 사용되었지만, 기업의 연간 20~25% 성장 계획을 바탕으로 더 많은 유통 용량이 필요했으며, 기업은 스페인 북동부 내륙의 사라고사(Zaragoza)에 두 번째 유통센터를 건설하고 있었다.

유통센터에서의 발송은 1주에 두 번, 유럽 내의 매장에는 트럭으로, 유럽 외부의 매장에는 항공화물로 이루어졌으므로, 매장들은 유럽 내에서 발송 후 24~36

시간 이내에, 유럽 외부에서는 1~2일 이내에 상품을 받았다. 중앙에 보관되는 재고는 없었으며, 매장에도 판매 층에 나와 있지 않은 재고는 거의 없었다.

소매업

매장 관리자는 자신의 매장에서 원하는 컬렉션 품목을 요청했지만, 최종 재고 할당은 중앙에서 이루어졌으며, 현재 매장의 판매 및 재고 정보를 고려하여 결정되었고, 때때로 매장 관리자가 요청하지 않은 새로운 제품을 포함시켰다. 매장은 1주에 여러 번 새로운 재고를 받았다. 바르셀로나의 매장 관리자인 Josefina Lucía Bengochea Martín이 보고했다. "패션에 민감한 상품에서 제품의 신선함은 매우 중요하다. 이것은 고객에게 흥미진진한 기대감을 만들어낸다. 그들은 지역 매장에 트럭이 도착할 예정 시간을 알고 있어서 새로운 상품을 가장 먼저 볼 수 있다." José María Castellano가 덧붙였다. "우리 고객들은 연간 평균 17번 매장을 방문한다. 경쟁업체의 경우 3회 또는 4회에 불과하다."

판매되지 않은 아이템은 다른 매장으로 재할당되거나 아웃렛 판매를 위해 반품될 수 있었다. 유럽에서는 세일 기간이 엄격하게 규제되어 재고에 있던 상품만 할인될 수 있었다. 일반적으로 자라는 시즌 말 재고 청산을 위한 상품 이동을 최소화하려 했으며, 시스템 하에서는 대규모 재고 청산이 필요하지 않았다. 자라는 시즌 판매량의 15~20%를 할인 판매했는데, 이는 업계 대부분에서의 30~40%에 비해 낮은 수치였다. 자라는 광고 대신 입소문에 의존했다. 일반적인 소매 광고 지출은 매출의 3~4%이지만, 인디텍스에서는 0.3%로, 거의 모두가 세일 기간의 간단한 신문 광고에 사용되었다.

매장

자라 매장은 조명, 집기, 디스플레이뿐만 아니라 의류 배열에서도 통일성을 지녔으며, 면적은 1,200평방미터였다(그림 9-2 참조). 당시의 선택된 제품들이 진열되어 있는 모델 매장이 자라 본사에 위치해 있었다. 매장은 파리의 샹젤리제, 런던의 리젠트 스트리트, 뉴욕 시티의 렉싱턴 애비뉴와 같은 고급 상업 지역에 위치해 있었으며, 매장 디자인, 디스플레이, 창문은 고급스러운 진보적인 패션 메시지를 강조했다. 색상별로 조정된 넓고 복잡하지 않은 공간의 물건 배치는 고급 럭셔리 매장에서의 쇼핑 경험과 유사하게 만들었으며, '가치' 마케터들이 제공하는 것과는 확연히 달랐다.

가격 책정 전략

자라는 경쟁업체들이 사용하는 '비용에 목표 마진을 더한 값을 가격으로 책정'하는 가격 전략과 자사의 전략을 대조적으로 설명했다. "자라의 가격은 목표 시장 내의 비교 대상에 기반하여 책정되며, 비용과 목표 마진을 고려한 것이다."라고 마케팅 부사장인 Pablo Alvarez가 말했다. 예를 들어, 스페인 마드리드에서 판매되는 코트는 €100에 가격이 책정될 수 있고, 뉴욕 렉싱턴 애비뉴 매장에서 같은 코트는 $185(가격 태그 예시는 그림 9-3 참조)에 판매될 수 있다.

2001년까지의 긴 확장 기간 동안 자라는 여러 지역에 대한 가격표를 하나의 태그에 국가별로 모두 표시하여 인쇄했다. 태깅 절차를 단순화했고 매장 간 물품을 이동하거나 한 국가에서 다른 국가로 물품을 운송할 때 재태깅 과정을 없앨 수 있었다. 2002년 초에는 바코드를 읽고 적절한 현지 가격을 인쇄하는 장치를 사용하는 매장 내 현지 가격 표시 시스템으로 전환했다.

그림 9-2 자라 매장의 디스플레이와 매장 레이아웃 © Zara

성장 전략

자라의 성장은 스페인을 기반으로 하여 외부로 뻗어나갔으며, 새 매장의 위치는 자라 모델을 지원할 수 있는 새로운 영역을 순차적으로 확장하기 위해 선별적으로 선택되었다. 대부분의 매장은 회사 소유였지만, 일부 시장(예:중동)에서는 자라가 소수의 매장을 프랜차이즈를 통해, 다른 일부 시장(예:일본)에서는 제휴를 통해 매장을 개설했다. 자라는 시장에 진입할 때 현지 유통센터나 창고를 세우지 않았으며, 매장 개장 홍보도 하지 않았다.

자라는 약 33개국에 450개의 매장을 보유하고 있었으며(표 9-2 참조), 2002년에는 매달 약 10개씩 매

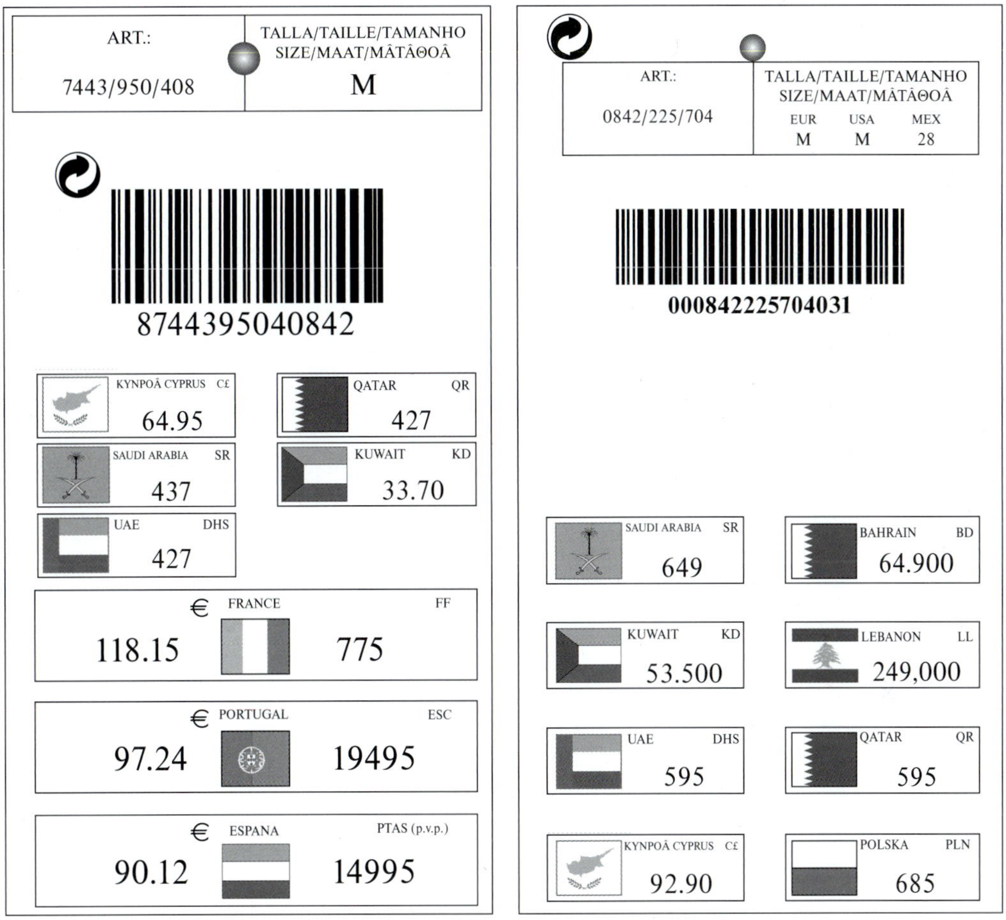

그림 9-3 자라의 가격 태그 예시

장을 신설했다. 자라는 뉴욕, 마이애미, 푸에르토리코에 매장을 두고 있었지만, 인디텍스 경영진은 미국 시장에서의 중요한 확장이 우선순위가 아니라고 밝혔다. "우리의 견해로 미국의 소매업은 과포화 상태이며, 해안가와 대도시를 제외한 미국 소비자는 단순한 패션 취향을 가지고 있다."면서 José María Castellano Ríos가 말을 이어갔다. "미국 패션의 전형적인 대량 생산 스타일, 예를 들면 치노 바지 시장은 이미 포화 상태이다. 또한 미국에서는 보통 광고를 해야 한다. 우리는 고향과 가까운 곳에서 할 일이 충분히 많다."

소싱 딜레마

Castellano는 연단에 올라서며, 1984년 IBM에서 나와 지금 회사에 합류한 이후 자라가 얼마나 멀리 왔는지를 돌아보았다. 그는 자라가 갈리시아에 기반을 둔 독특한 비즈니스 모델과 포지셔닝을 통한 지속적이고 유기적인 성장의 올바른 길에 있다고 확신했다. 그러나 그와 경영 팀의 다른 멤버들, 그리고 Ortega는 지속적으로 자라의 전략을 재검토하고 있었다.

그가 고려하던 전략 중 하나는 생산 조달이었다. 특히 유로화가 유럽에서 자리 잡으면서 발생하는 가격 책정에 대한 압박을 고려하여 마진에 일정한 여유를 제공하기 위해 아웃소싱 생산 비율을 처음에는 60%까지 증가시킬 것이라고 발표했다. 중국에서의 저비용 생산이 증가함에 따른 이점을 활용하기 위한 것이었다. 낮은 임금 비용에서 높은 마진을 구축할 수 있다는 일반적인 지혜를 따르는 보수적이고 온건한 조치처럼 보였지만, 아마도 지역적이고 수직 통합된 생산의 '자라 모델'에서 벗어나는 것일 수도 있었다. 그러나 지역적이고 시즌 중 생산이 얼마나 낮아질 수 있을지, 그리고 궁극적으로 자라가 가진 유행에 한 발 앞선 이미지와 마진을 추진하는 경쟁 우위에 부정적인 영향을 미치지 않을지가 중요한 고려사항이었다.

표 9-2 자라 매장 위치(2000년 기준)

	회사 소유	프렌차이즈	합작 벤처	총계
스페인	220			220
포르투갈	32			32
벨기에	12			12
프랑스	63			63
영국	7			7
독일			6	6
폴란드		2		2
그리스	15			15
키프로스		2		2
이스라엘		9		9
레바논		2		2
터키	4			4
일본			6	6
미국	6			6
캐나다	3			3
멕시코	23			23
아르헨티나	8			8
베네수엘라	4			4
브라질	5			5
칠레	2			2
우루과이	2			2
쿠웨이트		2		2
두바이		2		2
사우디아라비아		5		5
바레인		1		1
카타르		1		1
안도라		1		1
오스트리아	3			3
덴마크	1			1
총합	410	27	12	449

출처 : Inditex May 2001 Offering Memorandum.

표 9-3 상대적 임금 수준

	시간당 노동 비용(미국 달러)	
	섬유	의류
인도	$0.60	$0.39
중국	0.62	0.43
튀니지	1.76	NA
모로코	1.89	1.36
헝가리	2.98	2.12
포르투갈	4.51	3.70
스페인	8.49	6.79
미국	12.97	10.12
이탈리아	15.81	13.60

상대적 임금수준 : 섬유 & 의류

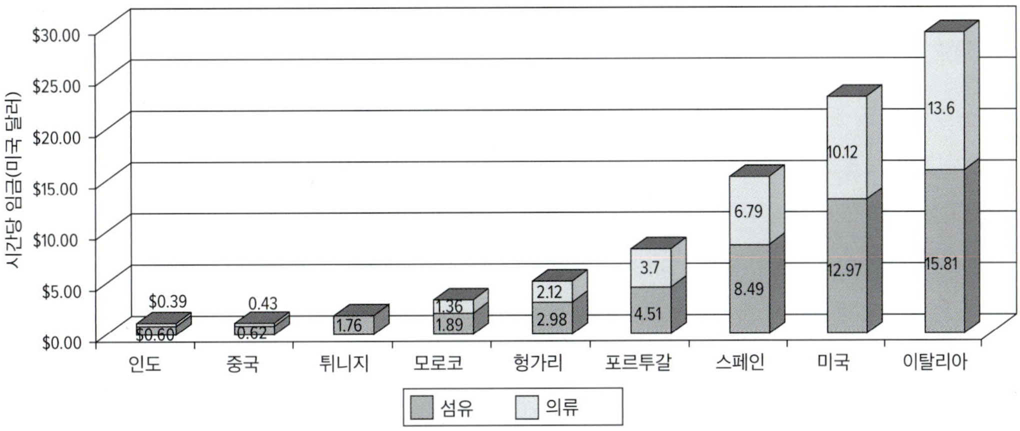

출처 : European Commission: 1998 statistics

표 9-4 생산지

생산 할당			
	1998	1999	2000
내부	53%	50%	44%
외부	47%	50%	56%
	100%	100%	100%
생산 원산지			
	1998	1999	2000
스페인	29%	25%	20%
포르투갈	27%	24%	22%
유럽 연합	10%	9%	5%
유럽 나머지 국가	8%	11%	15%
아시아	19%	23%	29%
나머지 국가	7%	8%	9%
	100%	100%	100%

출처 : 회사 보고

이 장을 마치고 나면 다음 질문에 답할 수 있다.

- 아웃소싱과 조달이 공급망에서 어떤 역할을 하는가? 아웃소싱할 때 기업에게 발생할 수 있는 위험과 이점은 무엇인가?
- 내부에서 제작할 것과 외부 공급업체로부터 구매할 것을 결정하는 데 관련된 핵심 문제는 무엇인가?
- 특정 공정을 아웃소싱할 때 기업은 어떻게 해당 부품에 대해 적시 공급을 보장받을 수 있는가?
- 인터넷이 조달 과정에 미치는 영향은 무엇인가?
- 기업은 개별 제품에 대해 어떤 조달 전략을 사용해야 하는가? 각 제품에 대해 고려해야 할 조달 전략을 식별하는 프레임워크가 있는가? 이러한 결정을 내릴 때 고려해야 할 핵심 사항은 무엇인가?

9.1 개요

1990년대에는 많은 제조업체들이 아웃소싱에 집중했다. 기업은 조달 기능부터 생산 및 제조에 이르기까지 모든 것을 아웃소싱하는 것까지도 고려했다. 경영진은 주식 가치에 집중했고, 이익 증가에 대한 엄청난 압력이 가해졌다. 물론 이익을 증가시키는 '쉬운' 방법 중 하나는 아웃소싱을 통한 비용 절감이다. 실제로 1990년대 중반 기업의 총매출 대비 구매량이 현저하게 증가했다. 1998년부터 2000년 사이에는 전자 산업에서의 아웃소싱이 전체 부품의 15%에서 40%로 증가했다.

예를 들어, 기술에 상당한 투자가 필요한 패션 산업인 운동화 산업을 고려해 보면, 거의 모든 제조 활동을 아웃소싱하는 나이키(Nike)만큼 성공적인 기업은 없었다. Quinn과 Hilmer에 따르면, 세계 최대의 운동화 공급업체인 나이키는 한편으로는 연구 개발에 집중했고, 다른 한편으로는 마케팅, 판매 및 유통에 집중했다. 실제로, 이 전략은 나이키가 1990년대에 연간 약 20%의 성장률을 기록하는 데 도움이 되었다.

시스코(Cisco)의 성공 사례는 더욱 인상적이다. 시스코의 최고정보관리자(CIO)인 Peter Solvik에 따르면, "시스코의 인터넷 기반 비즈니스 모델은 1994년부터 1998년까지($13억에서 $80억 이상으로) 회사 규모를 4배로 늘리고, 분기별로 약 1,000명의 새로운 직원을 고용하면서 생산성을 증가시키고, 연간 $5억 6,000만을 절약하는 데 결정적인 역할을 했다." 기업 네트워크 솔루션에 전문화된 시스코는 CEO인 John Chambers에 따르면 '글로벌 가상 제조 전략'을 사용했다. 그는 "우리는 전 세계에 제조 공장을 설립했다. 또한 주요 공급업체들과 긴밀한 관계를 발전시켰다. 따라서 공급업체들과 함께 일하고, 우리의 업무를 제대로 수행한다면 고객은 본사의 공장과 대만 및 다른 곳의 공급업체 간의 차이를 알아채지 못할 것이다."라고 설명했다. 이 접근법은 기업의 모든 활동에 대한 기반을 제공하는 시스코의 단일 기업 시스템에 의해 가능해졌으며, 고객과 직원뿐만 아니라 반도체 제조업체, 부품 유통업체, 계약 제조업체, 물류 회사, 시스템 통합업체 등을 연결했다. 이 참여자들은 모두 동일한 웹 기반 데이터 소스에 의존하기 때문에 하나의 기업처럼 움직일 수 있다. 시스코의 모든 공급업체는 동일한 수요를 보며, 공급망의 여러 지점에서 유입되는 정보에 기반한 자체 예측에만 의존하지 않는다. 시스코는 또한 공급업체 재고를 줄이기 위해 동적 보충 시스템을 구축했다. 1999년 시스코의 평균 재고 회전율은 10으로, 경쟁사의 평균 4에 비해 인상적이었다. 상품 항목에 대한 재고 회전율은 더욱 인상적으로, 연간 25~35에 달했다.

애플 컴퓨터도 대부분의 생산 활동을 아웃소싱한다. 프린터와 같은 주요 제품을 포함해 70%의 제품을 아웃소싱한다. Quinn과 Hilmer는 "애플은 내부 자원을 그들 제품에 독특한 외관과 느낌을 주는 디스크 운영 체제와 애플 지원 매크로 소프드웨어에 집중했다."고 지적한다.

최근 몇 년 동안 미국과 유럽 회사들은 제조 활동뿐만 아니라 제품 디자인까지 점점 더 많이 아웃소싱하고 있다.

- 대만 기업들은 현재 전 세계에서 판매되는 대부분의 노트북을 설계하고 제조한다.
- HP와 팜원(PalmOne)과 같은 브랜드는 PDA(personal digital assistants)의 디자인을 아시아 공급업체들과 협력하여 개발한다.

그렇다면 많은 테크 기업들이 왜 제조와 심지어 혁신까지 아시아 제조업체에 아웃소싱하는가? 관련 위험은 무엇인가? 아웃소싱 전략은 제품의 특성, 예를 들어 제품의 속도 등에 따라 달라져야 하는가? 그렇다면 어떻게 해야 하는가?

이러한 질문에 답하기 위해 먼저 **구매/생산**(buy/make) 결정 과정에 대해 논의하고자 한다. 아웃소싱과 관련된 이점과 위험을 식별하고 구매/생산 결정을 최적화하기 위한 프레임워크를 제시한다.

이 프레임워크를 제시한 후, 효과적인 조달 전략에 대해 논의한다. 조달 전략이 동일한 조직 내에서 항목별로 다르며, 이는 해당 제품과 시장의 특성에 따라 달라짐을 알아본다. 따라서 적절한 조달 전략을 식별하기 위한 프레임워크를 도입하고, 조달 전략이 기업의 아웃소싱 전략과 긴밀하게 연결되어 있음을 보여준다.

마지막으로, 바이어에게 큰 비용이 발생할 수 있는 조달 과정 자체에 대해 논의한다. 실제로 1995년 첫 온라인 마켓플레이스가 설립된 이후로, 독립적(또는 공개적), 사적, 컨소시엄 기반의 전자 마켓플레이스 도입으로 조달 환경이 상당히 변화했다. 이러한 발전은 많은 바이어들이 직면하는 기회와 어려움을 모두 증가시킨다.

9.2 아웃소싱의 이익과 위험

90년대 동안 전략적 아웃소싱, 즉 핵심 부품의 제조를 아웃소싱하는 것은 비용을 신속하게 절감하는 도구로 사용되었다. 최근 연구에서 Lakenan, Boyd, Frey는 주요 계약장비제조업체(CEM, Contract Equipment Manufacturers) 8곳, 즉 솔렉트론(Solectron), 플렉스트로닉스(Flextronics), SCI 시스템즈(SCI Systems), 자빌 서킷(Jabil Circuit), 셀레스티카(Celestica), ACT 매뉴팩처링(ACT Manufacturing), 플렉서스(Plexus), 산미나(Sanmina)를 검토했다. 이들은 델(Dell), 마르코니

(Marconi), NEC 컴퓨터즈(NEC Computers), 노텔(Nortel), 실리콘 그래픽스(Silicon Graphics)와 같은 회사들의 주요 공급업체였다. 이 8개 CEM의 종합 수익은 1996년에서 2000년 사이에 4배 증가했으며, 자본 지출은 11배 성장했다.

아웃소싱을 하는 몇 가지 이유는 다음과 같다.

- **규모의 경제 :** 아웃소싱의 중요한 목표 중 하나는 많은 바이어로부터의 주문을 집약함으로써 제조 비용을 줄이는 것이다. 실제로 집약(aggregation)은 공급업체가 구매 및 생산에서 규모의 경제를 이용할 수 있게 한다.
- **리스크 풀링 :** 아웃소싱은 바이어가 수요 불확실성을 CEM에 이전할 수 있게 한다. CEM이 가진 한 가지 장점은 많은 바이어로부터의 수요를 집약함으로써 리스크 풀링 효과를 통해 불확실성을 줄여준다는 것이다. CEM은 이를 통해 부품 재고 수준을 줄이면서도 서비스 수준을 유지하거나 심지어 높일 수 있다.
- **자본 투자 감소 :** 아웃소싱의 또 다른 중요한 목표는 수요 불확실성뿐만 아니라 자본 투자도 CEM에 이전하는 것이다. 물론 CEM은 많은 CEM 고객 간에 암묵적으로 공유되는 투자 때문에 이러한 투자를 할 수 있다.
- **핵심 역량 집중 :** 구매자가 무엇을 아웃소싱할지 신중하게 선택함으로써 핵심 역량, 즉 회사를 경쟁자와 차별화하고 고객의 눈을 사로잡는 특정 기능, 기술, 지식에 집중할 수 있다. 예를 들어, 나이키는 제조가 아닌 혁신, 마케팅, 유통, 판매에 집중할 수 있다.
- **유연성 증가 :** 세 가지 이슈, 즉 (1) 고객 수요 변화에 대한 더 나은 반응 능력, (2) 공급업체의 기술 지식을 활용한 제품 개발 주기 시간을 가속화하는 능력, (3) 새로운 기술 및 혁신에 대한 접근성 향상에 대해 언급한다. 이러한 이슈는 기술이 매우 자주 변하는 하이테크 산업이나 제품 수명 주기가 짧은 패션 산업에서 중요하다.

이러한 이점은 새롭고 상당한 위험을 동반한다. IBM이 아웃소싱으로 어떻게 이득을 보고 또한 피해를 입었는지 살펴보자.

예시 9-1

IBM이 1981년 말 개인용 컴퓨터 시장에 진입하기로 결정했을 때 이것을 설계하고 제작할 인프라를 갖추고 있지 않았었다. 이러한 역량을 개발하는 데 시간을 들이는 대신 IBM은 PC의 주요 부품을 거의 모두 아웃소싱했다. 예를 들어, 마이크로프로세서는 인텔에 의해 설계되고 제작되었으며, 운영 체제는 시애틀의 마이크로소프트사가 공급했다. IBM은 이러한 회사의 전문 지식과 자원을 활용하여 디자인 시작 후 15개월 만에 이 컴퓨터를 시장에 출시할 수 있었다. 나아가 3년 안에 IBM은 애플을 제치고 개인용 컴퓨터 공급업체 1위 자리를 차지했고, 1985년에는 시장 점유율이 40%를 넘었다. 그러나 IBM 전략의 단점은 곧 분명해졌다. 컴팩(Compaq)과 같은 경쟁사들이 IBM과 동일한 공급업체를 활용하여 시장에 진입할 수 있었다. 또한 IBM이 새롭고 독점적인 디자인과 OS/2라는 운영 체제를 특징으로 하는 PS/2 컴퓨터 라인을 도입하여 시장을 장악하려고 했을 때, 다른 회사들은 IBM의 선도를 따르지 않았고 원래의 아키텍처가 시장에 지배적으로 남았다. 1995년 말까지 IBM의 시장 점유율은 시장 선두인 컴팩의 10%보다 낮은 8% 미만으로 떨어졌다.

마찬가지로, 아웃소싱은 시스코에게도 문제를 야기했다.

예시 9-2

2000년, 시스코는 구식 재고에 대한 $22억의 손실을 발표해야 했고, 8,500명의 직원이 해고되었다. 통신 인프라에 대한 수요가 크게 감소한 데 대해 효과적으로 대응하지 못한 결과였다. 흥미롭게도, 다른 더 작은 네트워킹 회사들은 경기 침체를 예측하고 수개월 전에 그들의 예측치와 재고를 낮추었다. 물론 시스코의 문제는 가상 글로벌 제조 네트워크에 있었다. 가상 글로벌 네트워크는 주요 부품 공급에 긴 리드 타임을 초래했고, 이는 고객 배송에 영향을 미쳤다. 따라서 시스코는 경기 침체가 시작되기 훨씬 이전에 주문한 제품에 대한 재고를 보유하기로 결정했다. 그리고 공급업체의 제한된 생산 능력으로 인한 경쟁은 시스코가 장기 계약을 체결하도록 강요했으며, 이는 거대한 재고 손실로 이어졌다.

IBM 개인용 컴퓨터 사례와 더 최근의 시스코 사례는 아웃소싱과 관련된 두 가지 주요 위험을 드러낸다. 이러한 위험에는 다음이 포함된다.

- **경쟁 지식의 상실** : 주요 제품을 공급업체에 아웃소싱함으로써 경쟁자들에게 기회를 열어줄 수 있다(IBM PC 사례). 또한 아웃소싱은 기업이 자체 일정에 따라 새로운 디자인을 도입하기 어려워지고, 공급업체의 일정에 따라야 한다는 것을 의미한다. 마지막으로, 다양한 제품을 서로 다른 공급업체에 아웃소싱하는 것은 일반적으로 부서 간 협업을 필요로 하는 새로운 통찰력, 혁신 및 솔루션의 개발을 방해할 수 있다.
- **상충하는 목표** : 공급업체와 구매자는 일반적으로 서로 다른 목표를 가지고 있으며, 이는 종종 상충한다. 예를 들어, 구매자가 다양한 제품을 아웃소싱할 때 중요한 목표 중 하나는 유연성 증가이다. 이는 필요에 따라 생산 속도를 조정하여 공급과 수요를 더 잘 맞추는 능력을 의미한다. 불행히도, 구매자로부터 장기적이고 안정적인 납기를 원하는 공급업체의 목표와 직접적으로 상충한다. 실제로 이는 구매자와 달리 이익 마진이 상대적으로 작기 때문에 비용 절감에 초점을 맞춰야 하는 공급업체에게 중요한 문제이다. 수요가 높은 시기에는 구매자들이 계약에 명시된 최소 수량을 구매할 장기 약속(commitment)을 할 의향이 있어 이러한 갈등을 해결할 수 있다(시스코 사례에서처럼). 그러나 경기가 둔화되고 수요가 크게 감소하는 경우, 이러한 장기 약속은 구매자에게 거대한 재정적 위험을 초래한다. 마찬가지로, 제품 디자인 문제도 공급업체와 구매자의 상충하는 목표에 의해 영향을 받는다. 다시 말해, 유연성을 고집하는 구매자는 디자인 문제를 가능한 한 빨리 해결하고 싶어 하지만, 공급업체는 일반적으로 디자인 변경에 대한 느린 대응을 의미하는 비용 절감에 초점을 맞춘다.

9.3 구매/생산 결정을 위한 프레임워크

기업이 어떤 제품을 직접 생산하고 아웃소싱할지를 결정하는 방법은 무엇일까? 컨설턴트와 공급망 전문가들은 일반적으로 핵심 역량에 집중할 것을 권장하지만, 기업은 어떻게 핵심 요소와 아닌 것을 구분할 수 있을까?

아래 내용에서는 Fine과 Whitney가 개발한 프레임워크를 소개한다. 이 프레임워크를 소개하기 위해 그들은 아웃소싱 이유를 두 가지 주요 범주로 분류한다.

- **생산 능력에 대한 의존성** : 이 경우, 기업은 제품을 생산하는 데 필요한 지식과 기술을 가지고 있지만 다양한 이유로 아웃소싱을 결정한다.
- **지식에 대한 의존성** : 이 유형은, 기업이 제품을 생산하는 데 필요한 인력, 기술, 지식이 없기 때문에 해당 역량을 갖추기 위해 아웃소싱한다. 물론 기업은 고객의 요구를 평가하고 해당 제품이 가져야 할 핵심 요구사항과 특성으로 전환하는 데 필요한 지식과 기술을 가져야 한다.

이 두 개념을 설명하기 위해 Fine과 Whitney는 토요타(Toyota)의 아웃소싱 결정을 고려했다. 성공적인 일본 자동차 제조업체인 토요타는 자동차 부품의 약 30%를 설계하고 제작한다. 상세 내용은 다음과 같다.

- 토요타는 엔진을 생산하는 데 필요한 지식과 생산 능력을 모두 가지고 있으며 실제로 엔진의 100%를 내부에서 생산한다.
- 변속기의 경우, 회사는 모든 구성 요소를 설계하는 지식을 가지고 있지만, 구성 요소의 70%가 아웃소싱되므로 공급업체의 생산 능력에 의존한다.
- 차량 전자 시스템은 토요타의 공급업체가 설계하고 생산한다. 따라서 이 경우, 회사는 생산 능력과 지식에 모두 의존한다.

Fine과 Whitney는 "토요타는 제품과 하위 시스템의 역할에 따라 아웃소싱을 달리하는 것으로 보인다."고 말한다. 전략적으로 중요한 제품일수록 지식이나 생산 능력에 대한 의존성은 작아진다. 이는 아웃소싱을 고려할 때 제품 아키텍처에 대한 더 나은 이해가 필요함을 시사한다.

이 목적을 위해 우리는 Ulrich와 Swaminathan처럼 일체형 제품과 모듈식 제품을 구부한다. 모듈식 제품은 다양한 구성 요소를 결합하여 만들 수 있다. 개인용 컴퓨터는 메모리와 하드 드라이브 크기, 모니터, 소프트웨어 등을 고객이 지정하는 모듈식 제품의 훌륭한 예이다. 다른 예로는 가정용 스테레오 장치와 고급 자전거가 자주 언급된다. 모듈식 제품의 정의는 다음과 같다.

- 부품은 서로 독립적이다.
- 부품 간 교체가 가능하다.
- 표준 인터페이스가 사용된다.
- 부품 간 거의 또는 전혀 관련 없이 설계되거나 업그레이드될 수 있다.
- 고객의 선호도가 제품 구성을 결정한다.

반면에 일체형 제품은 기능적으로 밀접하게 관련된 구성 요소로 구성된 제품이다.

- 일체형 제품은 규격품으로 만들어지지 않는다.
- 일체형 제품은 상향식 설계 접근방식을 취해 시스템으로 설계된다.
- 일체형 제품은 부품의 성능이 아닌 시스템의 성능에 따라 평가된다.
- 일체형 제품의 부품은 여러 기능을 수행한다.

물론 실제로는 거의 모든 제품이 모듈식이거나 일체형 중 하나는 아니다. 실제로 모듈성이나 일체성의 정도는 제품에 따라 다를 수 있는데, 개인용 컴퓨터는 스펙트럼의 한쪽 끝에 있는 완전한 모듈식 제품이고, 비행기는 스펙트럼의 다른 끝에 있는 완전한 일체형 제품이다. 예를 들어, 자동차는 스테레오 시스템이나 다른 전자 시스템과 같은 모듈식 부품 구성과 엔진과 같은 일체형 부품을 포함하는 제품이다.

표 9-5는 Fine 단독, 그리고 Fine과 Whitney가 같이 개발한 간단한 구매/생산 결정 프레임워크를 제시한다.

이 프레임워크는 모듈식 및 일체형 부품과 기업의 지식 및 생산 능력에 대한 의존성을 고려한다. 모듈식 제품의 경우 지식을 확보하는 것이 중요하며, 내부에서 생산 능력을 갖추는 것은 그다지 중요하지 않다. 예를 들어, PC 제조업체의 경우 지식 확보는 다양한 부품의 설계를 의미할 수 있다. 따라서 기업이 지식을 가지고 있다면 제조 과정을 아웃소싱하는 것은 비용을 줄일 수 있는 기회를 제공한다. 반면 기업이 지식과 생산 능력 모두를 가지고 있지 않다면 공급업체에 의해 개발된 지식이 경쟁사의 제품으로 이전될 수 있기 때문에 아웃소싱은 위험한 전략이 될 수 있다. 일체형 제품의 경우, 가능하다면 지식과 용량 모두를 확보하는 것이 중요하다. 이는 기업이 지식과 생산 능력을 모두 가지고 있다면 내부 생산이 적절함을 의미한다. 반면, 기업이 둘 다 가지고 있지 않다면 아마도 잘못된 사업을 하고 있는 것일 수 있다.

이전의 프레임워크는 구매/생산 결정을 위한 일반적인 접근방식을 제공하지만 구성 요소 수준의 아웃소싱 전략에는 도움이 되지 않는다. 기업은 특정 구성 요소를 외부에 맡길 것인지, 아니면 내부에서 제작할 것인지를 어떻게 결정해야 하는가? 이 질문은 Fine 등이 개발한 계층적 모델에서 고려되며, 다음과 같은 다섯 가지 기준을 포함한다.

1. **고객의 중요성** : 부품이 고객에게 얼마나 중요한가? 해당 부품이 고객 경험에 어떤 영향을 미치는가? 이 부품이 고객의 선택에 영향을 미치는가? 간단히 말해, 고객이 이 부품에 얼마나 가치를 부여하는가?
2. **부품의 개발 속도** : 이 부품의 기술이 시스템의 다른 구성 요소에 비해 얼마나 빠르게 변화하는가?
3. **경쟁 위치** : 기업이 해당 부품을 생산하는 데 경쟁 우위가 있는가?

표 9-5 생산/구매 결정을 위한 프레임워크

제품	지식 및 생산가용능력에 의존	지식에 비의존, 생산가용능력에 의존	지식 및 생산가용능력에 비의존
모듈형	아웃소싱 : 위험	아웃소싱 : 기회	아웃소싱을 통한 비용 절감 기회
통합형	아웃소싱 : 매우 위험	아웃소싱 : 선택 사항	내부 생산 유지

4. **공급업체의 생산 능력 :** 생산 능력이 있는 공급업체가 얼마나 존재하는가?
5. **아키텍처 :** 이 부품이 시스템의 전체 아키텍처 대비 얼마나 모듈형 또는 일체형인가?

이러한 기준에 따라 결정은 아웃소싱, 내부 유지, 능력 확보, 공급업체와의 전략적 파트너십 개발, 또는 공급업체 능력 개발 등이 될 수 있다. 예를 들면 다음과 같다.

1. 부품이 고객에게 중요할 때(첫 번째 기준), 기술 변화 속도가 빠를 때(두 번째), 기업에 경쟁 우위가 있을 때(세 번째), 공급업체 수(네 번째)와 부품 아키텍처(다섯 번째)에 상관없이 구성 요소 제조를 내부에서 유지하는 것이 적절하다.
2. 부품이 고객에게 중요하지 않고, 기술 변화 속도가 느리며, 기업에 경쟁 우위가 없을 때 마지막 두 기준에 상관없이 아웃소싱이 적절하다.
3. 고객 가치가 높고, 기술 변화 속도가 빠르며, 경쟁 위치가 약할 때, 회사는 내부 능력을 개발하거나 공급업체를 인수하거나 시장에 있는 공급업체 수에 따라 전략적 파트너십을 개발해야 한다.
4. 마지막으로, 고객 가치가 높고, 기술 변화 속도가 느리며, 경쟁 위치가 약할 때 전략은 부품 아키텍처에 따라 달라진다. 아키텍처가 모듈식일 때는 아웃소싱이 적절하다. 반면, 부품이 전체 시스템의 중요한 부분일 때는 공급업체와의 공동 개발 또는 심지어 내부 능력 개발이 적합하다.

9.4 조달 전략

최근까지도 조달은 조직에 매우 적은 가치를 창출하는 서류 작업 기능으로 간주되었다. 오늘날에는 조달이 동일한 산업 내에서 성공적이고 수익성이 높은 회사를 다른 회사들과 구분하는 경쟁 무기로 사용된다. 실제로 전자 회사들의 조사에서는 가장 성공적인 회사와 가장 성공하지 못한 회사 간에 이익률이 19% 차이가 있었는데, 이 중 13%는 판매된 상품의 낮은 비용으로 설명된다. 이 산업에서 판매된 상품 비용의 60~70%는 구매된 상품과 서비스의 비용으로 귀속된다.

비즈니스 성과에 대한 조달의 영향을 더 잘 이해하기 위해 다양한 산업의 세 회사의 순이익 마진을 검토하려 한다. 2005년에 화이자(Pfizer)의 이익률은 약 24%였으며, 델은 5%, 보잉(Boeing)은 2.8%였다. 따라서 수익의 1%만큼 조달 비용을 줄이면 그대로 순수익으로 전환된다. 동일한 순이익 영향을 더 높은 매출을 통해 달성하기 위해서 화이자는 수익을 4.17(0.01/0.24)%, 델은 20%, 보잉은 35.7% 증가시켜야 한다. 그 의미는 명확하다! 이익 마진이 작을수록 조달 비용을 줄이는 데 중점을 두는 것이 더 중요하다는 것이다.

예시 9-3

2001년, 제너럴 모터스의 매출은 $1,773억, 부품에 대한 연간 지출은 $1,438억이었고, 순이익 마진은 0.3%였다. 연간 지출을 0.5% 줄이면 이익은 $7억 2,000만 증가했을 것이다. 동일한 이익 증가를 더 높은 매출을 통해 달성하기 위해 제너럴 모터스는 매출을 $2,400억 증가시켜야 했을 것이다. 이는 분명 불가능한 도전이었다.

이 예시는 효과적인 조달 전략이 순이익에 미치는 영향을 보여준다. 적절한 조달 전략은 기업이 구매하는 제품 유형과 관련된 위험과 불확실성 수준에 따라 달라진다. 예를 들어, 자동차 산업에서 차량 전자 시스템에 적용되어야 할 조달 전략은 변속 시스템이나 공구 장비 및 기계에 적용되는 전략과는 분명히 다르다. 실제로 이러한 항목은 위험 수준, 기술 지식, 생산 능력, 필요한 초기 투자, 물류의 어려움 등과 같은 다른 특성을 가지고 있다.

그렇다면 기업은 어떻게 효과적인 구매 전략을 개발할 수 있을까? 성공적인 조달 기능을 위해 필요한 역량은 무엇일까? 효과적인 조달 전략의 주요 요인은 무엇이며, 어떻게 위험을 증가시키지 않으면서도 지속적인 원자재 공급을 보장할 수 있을까?

이러한 질문에 대한 첫 번째 진지한 시도는 Peter Kraljic의 기념비적인 논문인 "Purchasing Must Become Supply Management"에서 이루어졌다. 이 논문에서 Kraljic은 회사의 공급 전략이 두 가지 차원에 따라 달라져야 한다고 주장한다 : (1) 이익 영향과 (2) 공급 위험. Kraljic의 프레임워크에 따르면 공급 위험은 "가용성, 공급업체 수, 경쟁적 수요, 내부 제조 또는 구매 기회, 저장 위험 및 대체 기회 측면에서 평가된다." 반면, 이익 영향은 "구매량, 총 구매 비용의 비율, 제품 품질 또는 비즈니스 성장에 대한 영향 측면에서 결정된다."

이 두 차원은 Kraljic의 공급 매트릭스(Kraljic's supply matrix)를 형성하는데(그림 9-4 참조), 여기서 가로축은 이익 영향을 나타내고 세로축은 공급 위험을 나타낸다. 이 두 축은 4개의 사분면을 정의한다.

오른쪽 상단 사분면은 공급 위험과 이익에 대한 영향이 높은 전략적 항목을 나타낸다. 이 범주에 속하는 부품의 예로는 자동차 엔진과 변속 시스템이 있다. 이러한 항목은 고객 경험에 가장 큰 영향을 미치고 그 가격은 시스템 비용의 큰 부분을 차지한다. 이 항목은 또한 일반적으로 단일 공급업체를 가진 구성 요소이다. 여기에 가장 적절한 공급 전략은 공급업체와의 장기적인 파트너십에 중점을 두는 것이다.

오른쪽 하단 사분면은 이익에 높은 영향을 미치지만 공급 위험이 낮은 항목을 나타내며, Kraljic이 말하는 '레버리지 항목'이다. 이 항목은 많은 공급업체를 가지고 있으며, 비용 절감의 작은 백분율이 이익에 큰 영향을 미칠 수 있다. 따라서 예를 들어 공급업체 간 경쟁을 유도함으로써 비용 절감에 중점을 두는 것이 적절한 조달 전략이다.

왼쪽 상단 사분면은 공급 위험이 높지만 이익 영향이 낮은 항목을 나타낸다. 이러한 구성 요소는 제품 비용의 큰 부분을 차지하지 않지만 공급이 위험하다. 따라서 레버리지 항목과 달리, 이 경우 공급업체들이 강력한 위치를 가진다. 이러한 병목 항목의 경우, 비록 프리미엄 비용을 지불할지라도 지속적인 공급을 보장하는 것이 중요하다. 이는 장기 계약이나 재고를 유지함으로써(또는 둘 다에 의해) 이루어질 수 있다.

마지막으로, 중요하지 않은 항목의 경우 목표는 조달 과정을 가능한 한 간소화하고 자동화하는 것이다. 이 경우, 분산된 조달 정책이 적절하다. 예를 들어, 승인받은 직원들이 정식 요청 및 승인 과정을 거치지 않고 직접 주문하는 정책이다.

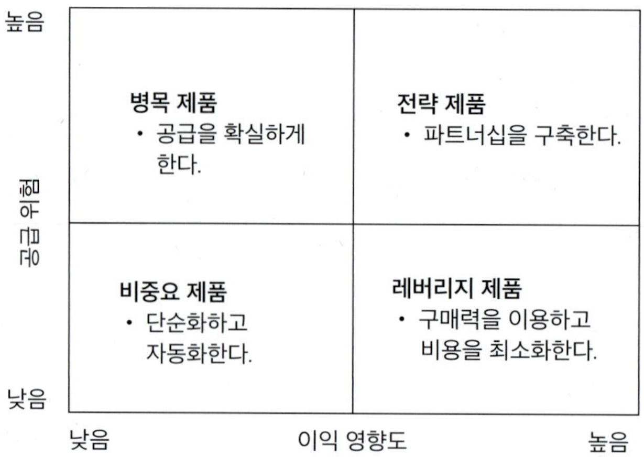

그림 9-4 Kraljic의 공급망 매트릭스

공급 매트릭스의 함의는 명확하다. 네 가지 제품 범주 각각은 다른 조달 전략을 요구한다. 예를 들어, 지속적인 부품 공급을 보장하기 위해 병목 항목에 대해 장기 계약이 적절할 수 있다. 반면, 비중요 항목의 경우 현장 구매나 승인된(온라인) 카탈로그를 사용하여 직원들이 항목을 구매하는 것이 적절할 수 있다. 전략적 항목은 최고 경영진의 초점이 되어야 하며, 이러한 항목에 대한 구매 결정에는 3장에서 설명된 분석 기법, 4장에서 설명된 공급 계약, 8장에서 설명된 전략적 파트너십, 13장에서 설명된 위험 완화 전략 등의 조합이 필요할 수 있다.

9.4.1 공급업체 영향력

지난 30년 동안 많은 산업이 공급 전략을 변경했다. 1980년대에 미국 자동차 제조 기업들은 미국이나 독일의 공급업체에 초점을 맞추었다. 1990년대에는 멕시코, 스페인, 포르투갈의 공급업체로 전환되었고, 최근 몇 년간 이 OEM 기업들은 중국으로의 상당한 이동을 보였다. 하이테크 산업에서도 유사한 추세가 관찰되었다. 1980년대에 미국 하이테크 기업들은 미국 내 조달에 초점을 맞추었으며, 1990년대에는 싱가포르와 말레이시아, 그리고 최근에는 대만과 중국 본토에 초점을 맞추었다.

따라서 조직이 적절한 공급업체 범위를 결정하는 데 도움이 되는 프레임워크를 개발하는 것이 중요하다. 직관적으로 볼 때, 전략은 구매되는 제품이나 구성 요소의 유형, 예측 능력, 이익에 미치는 영향, 기술, 제품 속도 등에 따라 달라져야 한다.

이를 위해 Marshall L. Fisher가 논문 "What Is the Right Supply Chain for Your Products?"에서 제안한 기능적 제품과 혁신적 제품 개념을 가지고 논의하고자 한다. 표 9-6은 두 제품 범주의 주요 특성을 보여준다.

기능적 제품은 느린 제품 속도, 예측 가능한 수요, 낮은 이익 마진과 연관되어 있다. 예로는 기저귀, 수프, 우유, 타이어가 있다. 반면, 패션 아이템, 화장품, 하이테크 제품과 같은 혁신적 제품은 빠른 제품 속도, 예측 불가능한 수요, 높은 이익 마진과 연관되어 있다.

Fisher에 따르면, 혁신적 제품에 적용되어야 하는 공급망 전략은 기능적 제품의 공급망 전략과 매우 다르다. 6장의 논의와 우리 용어에 따르면, 기능적 제품에 적합한 공급망 전략은 효율성, 비용 절감 및 공급망 계획에 초점을 맞춘 푸시(push)이다. 반면, 혁신적 제품에 적합한 공급망 전략은 높은 이익 마진, 빠른 제품 속도, 예측 불가능한 수요 때문에 풀(pull)이다. 여기서 초점은 반응성, 서비스 수준 극대화 및 수분 이행에 있다(6.2.5절과 표 6-2 참조).

공급망 전략이 조달에 미치는 영향은 명확하다. 기업(예 : 소매업자)이 기능적 제품을 조달할 때, 초점은 최종 목적지까지 제품을 구매하고 배송하는 데 드는 총비용인 **수출도착가**(landed cost)를 **최소화하는** 것이어야 한다. 이 비용에는 다음이 포함된다.

- 단위 비용
- 운송 비용
- 재고 보유 비용
- 처리 비용
- 관세 및 세금
- 자금 조달 비용

반면, 혁신적 제품을 조달할 때는 총 물류 비용에 초점을 맞추는 것이 잘못된 전략이다. 빠른 속도, 높은 마진, 높은 예측 오류 때문에, 이 경우 초점은 **리드 타임을 줄이고 공급 유연성을 높이는 것이다**.

따라서 소매업자나 유통업자가 기능적 제품을 조달할 때는 중국 본토 및 대만과 같은 저비용 국가에서 조달하는 것이 적절하다. 반면, 혁신적 제품을 조달할 때는 시장 지역, 즉 제품이 판매되는 곳에 가까운 공급업체에 초점을 맞춘다. 대안으로, 항공 운송을 사용하여 짧은 리드 타임을 가질 수 있으나 단위 비용 대 운송 비용의 절충을 고려해야 한다.

지금까지의 분석은 완제품 조달에 초점을 맞추었으며, 이는 소매업체, 유통업체, 심지어 모든 제조 활동을 아웃소싱하는 OEM 기업에게도 적합하다. 부품 조달 전략은 어떻게 되어야 할까?

이를 위해 Kraljic의 공급 매트릭스 모델과 Fisher의 프레임워크에서 얻은 통찰력을 결합하고자 한다. 실제로 Fisher의 프레임워크는 수요 측면을 강조하는 반면, Kraljic은 공급 측면을 강조한다. 따라서 우리의 프레임워크는 다음 네 가지 기준을 고려한다.

- **부품의 예측 정확도**
- **부품의 공급 위험**
- **부품의 재무적 영향**
- **부품의 개발 속도**

표 9-6 기능적 제품 대 혁신적 제품의 특성		
	기능적 제품	혁신적 제품
신제품 개발 속도	느림	빠름
수요 특성	예측 가능	예측 불가능
이익 마진	낮음	높음
제품 다양성	낮음	높음
생산 확정 시 평균 수요 예측 오류	낮음	높음
평균 결품률	낮음	높음

유일하게 논의가 필요한 기준은 부품의 예측 정확도이다. 완제품의 예측 정확도와 구성 요소의 예측 정확도가 반드시 동일하지는 않다는 점에 주의하자. 예를 들어, 같은 구성 요소가 여러 완제품에 사용되는 경우, 2장에서 논의된 리스크 풀링 개념은 구성 요소 수준에서 더 높은 예측 정확도를 의미한다.

이러한 기준에 따라 결정은 총 물류 비용 최소화, 리드 타임 감소, 유연성 증가에 초점을 맞춘 조달 전략에 집중할 수 있다. 예를 들어, 구성 요소의 예측 정확도가 높고, 공급 위험이 낮으며, 재무적 영향이 높고, 속도가 느린 경우, 비용 기반의 조달 전략이 적절하다. 즉, 이 경우 총 물류 비용 최소화를 조달 전략의 주요 목표로 삼는 것이 적합하다. 이는 일반적으로 아시아 태평양 국가들과 같은 저비용 국가에서 조달하는 것을 의미한다.

반대로, 구성 요소의 예측 정확도가 낮고, 재무적 위험이 높으며, 속도가 빠른 경우, 리드 타임 감소에 기반한 조달 전략이 적절하다. 또한 공급 위험이 높은 경우, 이중 조달, 유연성 및 리드 타임 감소가 조달 전략의 초점이 된다. 물론 이 모든 목표를 어떻게 달성하는지는 명확하지 않다. 하나의 해결책은 4장에서 설명된 포트폴리오 접근법을 적용하는 것이다. 이 접근법은 장기 계약(재고 보유를 통한 짧은 리드 타임), 옵션 계약(유연성), 현물 시장(다중 공급원)을 결합한다.

예시 9-4

2000년에 HP는 중요한 도전에 직면했다 플래시 메모리에 대한 수요가 기하급수적으로 증가하면서 플래시 메모리의 가격과 공급이 불확실해졌다. 이는 HP의 플래시 메모리에 대한 높은 수요 불확실성과 결합하여 상당한 재무적 위험과 공급 위험을 의미했다. 구체적으로, HP가 대량의 재고를 구매하기로 약속한다면 그들은 폐기 비용을 통한 큰 재무적 위험에 노출된다. 반면, 충분한 공급이 없다면 공급 위험과 재무적 위험 모두에 노출된다. 왜냐하면 재고 부족 기간 동안 현물 시장에서 구매하면 프리미엄 지불이 필요하기 때문이다. HP의 해결책은 포트폴리오 전략이었으며, 그들은 고정 약속, 옵션 계약, 현물 구매를 결합했다.

그림 9-5는 이 프레임워크를 보다 자세히 요약하여 제공한다. 이는 네 가지 기준의 영향을 통합하여 구성 요소 조달 전략을 평가하기 위한 정성적 접근방식을 제공한다. 이 프레임워크를 평가하기 위해 자동차 산업에서의 자동차 좌석 조달을 고려해 보자. 자동차 좌석은 일반적으로 다양한 모델에서 사용되므로 예측 정확도가 높다. 많은 공급업체가 있으므로 공급 위험은 낮지만 이익 영향은 높다. 마지막으로, 기술 속도는 느리다. 공급 위험 수준과 재무적 영향은 이러한 항목이 레버리지 범주에 속함을 시사한다. 높은

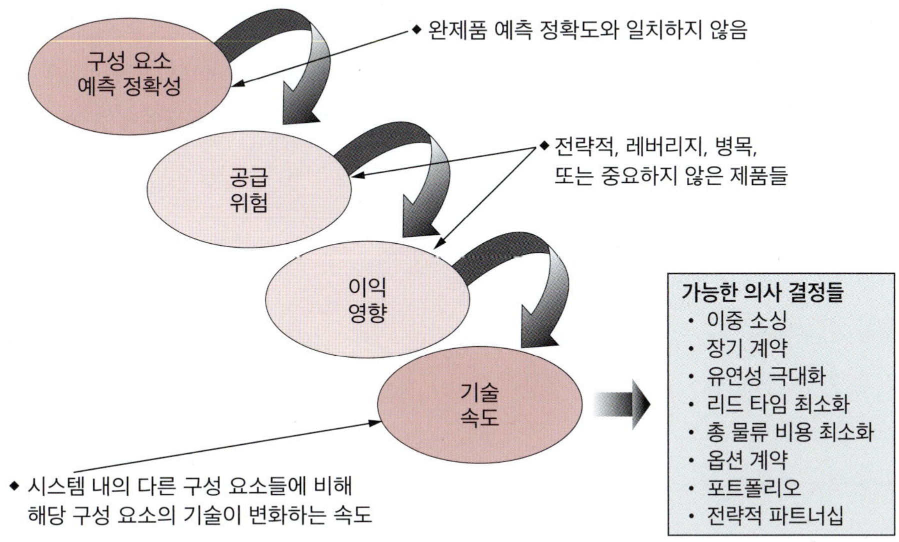

그림 9-5 구성 요소 조달 전략을 평가하기 위한 정성적 접근

예측 정확도와 느린 속도와 함께 이들은 총운송비 최소화에 초점을 맞추는 것을 제안한다.

9.5 전자 조달

1990년대 중 · 후반에 걸쳐 B2B(Business-to-Business) 자동화는 공급망 성능에 깊은 영향을 미칠 것으로 간주되었다. 1998년부터 2000년 사이에 수백 개의 전자 시장이 화학, 철강, 유틸리티, 인적 자원과 같은 수십 개의 산업에서 형성되었다. 이러한 시장은 구매자와 공급업체 모두에게 시장 접근성 증가, 조달 비용 감소, 자동화 거래 등을 약속했다. 실제로 아리바(Ariba)와 커머스원(CommerceOne) 같은 기업은 요청 과정을 자동화하는 전자 조달(e-procurement) 소프트웨어가 주문당 처리 비용을 $150에서 $5로 줄일 수 있을 것이라는 전제하에 설립되었다.

90년대 중반의 비즈니스 환경을 고려할 때 전자 조달에 대한 거대한 기대뿐만 아니라 제조업체와 공급업체가 공급망 성능을 개선할 수 있는 새로운 비즈니스 모델의 필요성을 더 잘 이해할 수 있다. 당시 많은 제조업체들은 절박하게 조달 기능을 아웃소싱하려고 했다. 이들 기업은 조달 과정이 매우 복잡하고 상당한 전문 지식이 필요하며 비용이 많이 든다는 것을 인식했다. 실제로 B2B 거래는 경제에서 엄청난 부분을 차지하며(소비자 대 비즈니스 거래보다 훨씬 큼), B2B 시장은 종종 매우 파편화되어 있어서 비슷한 제품을 제공하는 많은 공급업체들이 동일한 시장에서 경쟁한다.

물론 파편화된 시장은 기회와 도전을 제공한다. 구매자는 유사한 제품을 제공하는 많은 공급업체들이 서로 경쟁하게 함으로써 조달 비용을 크게 줄일 수 있다는 것을 안다. 불행히도, 이러한 낮은 비용을 달성하기 위해 구매자는 많은 경우에 필요한 조달 과정의 전문 지식을 가지고 있지 않다.

이러한 환경이 독립적인 전자 시장의 초기 제공으로 이어졌으며, 이 시장은 수직 산업 중심 또는 수평 비즈니스 프로세스 또는 기능 중심으로 운영되었다. 프리마켓츠(FreeMarkets, 현재 아리바의 일부) 또는 버티컬넷(VerticalNet)과 같은 기업은 조달 과정에서의 전문 지식과 많은 공급업체 간 경쟁을 유도할 수 있는 능력을 제공했다. 특히 시작 단계의 많은 전자 시장이 구매자에게 제공한 가치 제안에는 다음이 포함되었다.

- 구매자와 공급업체 간의 중개자 역할
- 절감 기회 식별
- 입찰 행사에 참여하는 공급업체 수의 증가
- 공급업체 식별, 자격 부여 및 지원
- 입찰 행사 진행

따라서 1996년부터 1999년 사이의 초점은 조달 비용 감소에 맞추어졌다. 실제로 산업에 따라 전자 시장이 조달 비용을 몇 퍼센트에서 최대 40%까지, 평균적으로 약 15%까지 줄인 것으로 보고되었다. 이 비즈니스 모델은 구매자가 현물 시장이나 레버리지 구성 요소에 중점을 두고 공급업체와의 장기적인 관계가 중요하지 않을 때 적합하다. 실제로 장기적인 관계가 중요하다면 온라인 입찰 행사를 통해 공급업체를 선택하는 것은 위험한 제안일 수 있다.

물론 공급업체에 대한 가치 제안은 명확하지 않았다. 전자 시장은 상대적으로 작은 공급업체들이 도달할 수 없었던 구매자에게 도달할 수 있게 해준다. 전자 시장은 특히 파편화된 산업에서 공급업체가 장기적인 관계를 찾는 것이 아니라 훌륭한 가격과 수용 가능한 품질을 찾는 현물 시장에 접근할 수 있도록 해준다. 마찬가지로, 이러한 시장은 공급업체가 마케팅 및 판매 비용을 줄이고 가격 경쟁력을 높일 수 있도록 해준다. 마지막으로, 전자 시장은 공급업체가 사용 가능한 생산 능력과 재고를 더 잘 활용할 수 있도록 해준다. 평균적으로 15%, 때로는 최대 40%에 달하는 수익 감소로 인해 이러한 이점이 보상이 될지 여부는 자연스러운 질문이다. 동시에, 많은 공급업체들이 가격 경쟁만으로 경쟁하는 것에 편안함을 느끼지 못한다는 것이 분명하다. 따라서 특히 브랜드 인지도가 있는 공급업체는 전자 시장을 통해 서비스를 판매하는 것에 저항할 수 있다.

전자 시장 자체는 어떻게 수익을 창출하는가? 초기에 많은 시장은 구매자, 공급업체 또는 둘 다에 의해 지불되는 **거래 수수료**를 부과했다. 이 수수료는 일반적으로 구매자가 지불하는 가격의 일정 비율로, 1~5% 사이였다. Kerrigan 등에 따르면, 거래 수수료는 다음과 같은 이유로 시장 제작자에게 심각한 도전을 제기한다.

1. 판매자는 구매 가격을 줄이는 것이 주요 목표인 기업에게 수수료를 지불하는 데 저항한다.
2. 수익 모델은 거래 수수료가 참여를 확보하려는 동기가 더 강한 당사자에게 부과될 수 있도록 충분히

유연해야 한다. 예를 들어, 수요가 공급보다 훨씬 클 경우, 구매자가 판매자보다 더 동기부여되므로 거래 수수료는 구매자가 지불해야 한다.

3. 구매자도 구매 가격 외에 추가 수수료를 지불하는 것에 저항한다.

또한 낮은 진입 장벽으로 인해 참여자들로 넘쳐나는 파편화된 산업이 형성되었다. 예를 들어, 화학 산업에서만 케매치(CheMatch), e-케미컬(e-Chemicals), 켐비투비닷컴(ChemB2B.com), 켐크로스(ChemCross), 원켐(OneChem), 케미컬데스크(ChemicalDesk), 켐라운드(ChemRound), 케멕스(Chemdex) 등 약 30개의 전자 시장이 있었다. 낮은 마진과 규모 확장의 불가능성은 이 산업의 주요한 변화를 가져왔다.

이러한 도전은 전자 시장의 비즈니스 모델의 지속적인 진화를 촉발했다. 많은 거래소가 고객에게 부과하는 방식을 변경했다. 실제로 일부 전자 시장에서는 **라이선스 수수료**와 **구독료**라는 두 가지 다른 유형의 수수료 체계가 사용되었다. 전자의 경우, 소프트웨어 공급업체는 기업이 시장 접근을 자동화할 수 있도록 소프트웨어 라이선스를 부여한다. 후자의 경우, 시장은 기업의 규모, 시스템을 사용하는 직원 수, 구매 주문 수에 따라 회원 수수료를 부과한다.

동시에 많은 전자 시장은 그들의 가치 제안을 완전히 수정했다. 초기에는 구매자와 판매자에게 시장 접근 및 낮은 구매 비용에 초점을 맞춘 가치 제안이었다. 지난 몇 년 동안 네 가지 유형 시장의 도입으로 풍경이 완전히 바뀌었다.

부가가치 독립(공개) 전자 시장 독립적인 전자 시장은 재고 관리, 공급망 계획, 금융 서비스와 같은 추가 서비스를 제공함으로써 그들의 가치 제안을 확장했다. 예를 들어, 인스틸닷컴(Instill.com)은 식품 서비스 산업에 초점을 맞추고 있으며, 운영자(예 : 레스토랑), 유통업체, 제조업체를 연결하는 인프라를 제공한다. 이 전자 시장은 조달 서비스뿐만 아니라 예측, 협업, 보충 도구를 제공함으로써 고객에게 가치를 제공한다.

페파닷컴(pefa.com)은 또 다른 예로 유럽에 신선한 물고기 시장을 서비스한다. 이는 구매자에게 '다수의 독립적인 신선한 물고기 경매'에 접근할 수 있는 기회를 제공한다. 구매자에게 명백한 이점은 다음과 같다.

- 여러 유럽 항구에서의 가격에 대한 가시성을 제공한다.
- 제품 품질에 대한 정보를 제공한다.

개인 전자 시장 최근 몇 년 동안 많은 기업이 역경매와 온라인 공급업체 협상을 운영할 수 있도록 자체 개인 전자 시장을 설립했다. 역경매에서 공급업체는 입찰을 제출하고 구매자는 일반적으로 비용을 기준으로 당첨 입찰을 선택한다. 많은 경우, 이 과정은 구매자가 전체 기업에 걸쳐 구매력을 통합할 수 있도록 한다. 예를 들어, 70개국 이상에서 1만 6,000개 규모의 가맹점 회원을 가진 서브웨이(Subway) 레스토랑 프랜차이즈는 100개 이상의 공급업체로부터 구매할 수 있는 개인 전자 시장을 가지고 있다. 모토로라의 경우, 입찰, 협상, 효과적인 조달 전략을 선택할 수 있도록 하는 공급업체 협상 소프트웨어를 구현했다. 2002년 Emptoris 기술을 도입한 이래로 모토로라의 1,000명 이상의 공급업체 대표들이 새로운 조달 시스템을 사용해 왔다.

컨소시엄 기반 전자 시장 이러한 전자 시장은 공공 전자 시장과 매우 유사하지만, 같은 산업 내 여러 기업에 의해 설립된다. 그 예로서 자동차 산업의 코비신트(Covisint), 항공우주 산업의 엑소스타(Exostar), 석유 산업의 트레이드-레인저(Trade-Ranger), 전자 산업의 컨버지(Converge)와 이투오픈(E2Open)이 있다. 이러한 컨소시엄 기반 전자 시장의 목적은 활동을 집약하고 컨소시엄 회원의 구매력을 사용하는 것뿐만 아니라, 공급업체에 컨소시엄의 모든 구매자를 지원하는 표준 시스템을 제공하여 공급업체가 비용을 줄이고 효율성을 높일 수 있도록 하는 것이다. 흥미롭게도, 최근 3년 동안 일부 컨소시엄은 경매 사업에서 철수하기로 결정했다. 예를 들어, 코비신트와 이투오픈은 거래 파트너 간의 비즈니스 협력을 가능하게 하는 기술에 초점을 맞추고 안전한 환경에서 구매자와 공급업체가 사용할 수 있는 도구를 제공한다.

콘텐츠 기반 전자 시장 여기에는 두 가지 유형의 시장이 포함된다. 첫 번째는 유지 보수, 수리 및 운영(MRO, Maintenance, Repair, and Operations) 상품에 중점을 두며, 두 번째는 특정 산업에 초점을 맞춘 제품에 중점을 둔다. 이름에서 알 수 있듯이, 전자 시장의 초점은 많은 산업 공급업체의 카탈로그를 통합함으로써 달성되는 콘텐츠에 있다. 규모를 달성하고 효율성을 높이기 위해 콘텐츠 기반 전자 시장은 공급업체의 카탈로그를 통합하고 공급업체 제품을 검색하고 비교하는 데 효과적인 도구를 제공한다. 예를 들어, 애스펙트 디벨롭먼트(Aspect Development, 현재 i2의 일부)는 CAD 시스템과 통합되는 전자 부품 카탈로그를 제공한다.

개인 전자 시장과 컨소시엄 기반 전자 시장의 차이점을 강조하기 위해 자동차 산업을 고려해 보자.

예시 9-5

코비신트는 2000년 초 디트로이트의 빅3 자동차 제조사에 의해 설립되었다. 이후 르노(Renault), 닛산(Nissan), 미쓰비시(Mitsubishi), 푸조(Peugeot)가 시장에 합류했다. 흥미롭게도, 모든 자동차 제조사가 참여한 것은 아니다. 예를 들어, 폭스바겐(Volkswagen)은 자체 공급업체와 프로세스에 중점을 두고 자체 개인 전자 시장인 VWgroupsupply.com을 설립했다. 폭스바겐의 전자 시장은 코비신트와 유사한 기능을 제공할 뿐만 아니라 공급업체에 실시간 생산 계획 정보를 제공하여 공급업체가 생산 능력과 기타 자원을 더 잘 활용할 수 있도록 한다. 두 경우 모두 전자 시장의 초점은 구매 비용 감소가 아니라 공급망 프로세스 개선 및 그에 따른 공급망 효율성 향상에 있다. 예를 들어, 두 시장 모두 시장 내에서 설계 활동을 통합하여 자동차 제조사의 엔지니어가 구성 요소의 설계를 변경하면 관련 공급업체가 프로세스에 참여하여 빠르게 대응할 수 있도록 하여 사이클 타임을 단축하고 효과적으로 비용을 줄인다. 물론 코비신트가 직면한 중요한 도전 중 하나는 경쟁하는 자동차 제조사들이 컨소시엄을 사용함으로써 가장 민감한 조달 표준과 프로세스를 위험에 빠뜨릴 의사가 있는지 여부이다. 마찬가지로, 그들이 공급업체에 지불하는 가격 정보가 공개될 수 있으므로, 자동차 산업의 1차 공급업체들이 OEM이 소유한 시스템을 자신들의 구매 요구에 맞게 사용할 것인지가 명확하지 않다. 2003년 말까지 코비신트는 자사의 경매 사업을 프리마켓(FreeMarket)에 매각했다. 오늘날 코비신트는 자동차와 건강 관리 두 분야에 전문화되어 있으며, 두 경우 모두 거래 파트너 간의 협업을 가능하게 하고 의사결정 프로세스를 개선하는 데 초점을 맞추고 있다.

이러한 문제는 다음 전자 산업의 예시에서 보여주듯이 자동차 산업에만 국한되지 않는다.

예시 9-6

셀레스티카(Celestica)와 솔렉트론(Solectron)은 유사한 제품과 고객을 가지고 있지만 다른 조달 전략을 취하는 경쟁사이다. 1999년, 셀레스티카는 1만 개의 공급업체를 위한 개인 전자 시장을 설립했다. 이 기업은 자체 전자 시장을 이용하여 공급업체에 생산 데이터를 제공한다. 셀레스티카가 고객으로부터 받은 수요 예측 데이터는 개인 포털을 통해 공급업체에 전달되어 공급업체가 셀레스티카의 공급망 후반부(back end), 즉 공급업체의 생산 활동을 셀레스티카의 공급망 전반부(front end), 즉 고객 수요 예측과 조정할 수 있도록 한다. 셀레스티카와 달리 솔렉트론은 공공 전자 시장을 사용하고 있다. 솔렉트론의 CIO인 Bud Mathaisel에 따르면, 8,000개의 공급업체를 위한 통합된 개인 전자 시장을 구축하고 지원하는 데 $8,000만 이상이 소요될 수 있다. 공공 시장에 초점을 맞춤으로써 솔렉트론은 거래소에서 제공하는 표준 데이터와 표준 비즈니스 프로세스를 활용하여 비용을 절감할 수 있다.

요약

이 장에서는 아웃소싱과 조달 전략을 검토했다. 아웃소싱은 이점과 위험을 가지며, 우리는 구매/생산 결정을 내리기 위한 프레임워크를 고려했다. 이러한 결정은 특정 구성 요소가 모듈식인지 일체형인지, 그리고 기업이 특정 구성 요소나 제품을 제조할 전문 지식과 능력을 가지고 있는지 여부에 따라 달라져야 한다. 물론 개별 구성 요소에 대한 결정은 고객의 중요성, 기술 속도, 경쟁 위치, 공급업체 수, 제품 아키텍처 등 다양한 기준에 따라 달라진다.

마찬가지로, 조달 전략은 구성 요소마다 다르다. 우리는 전략적, 레버리지, 병목, 비중요 항목의 네 가지 구성 요소 범주와 관련된 조달 전략을 식별했다. 이 프레임워크는 공급업체 선택에 대한 명확한 전략을 동기부여한다. 즉, 해외 조달 대 국내 조달이다. 실제로 우리는 공급업체를 선택할 때 중요한 네 가지 범주인 구성 요소 예측 정확도, 속도, 공급 위험, 재무적 영향을 강조했다.

토론 질문

1. 이 장 시작 부분에 제시된 사례에 대해 다음 질문에 답하시오.
   a. 자라의 현재 조달 전략을 설명하시오. 이 전략이 기업에 어떻게 경쟁 우위를 제공하는가?
   b. 자라의 빠른 재고 회전율로 인해 발생하는 구체적인 어려움은 무엇인가? 자라의 보충 전략 중 어떤 부분이 관리를 쉽게 만드는가?
   c. 자라의 현재 조달 전략이 확장함에 따라 계속 유용하겠는가? 해당 전략은 어떻게 변화해야 하며 이 새로운 전략과 관련된 위험은 무엇인가?

2. 9.3절에서 개발된 구매/생산 프레임워크에 미치는 제품 수명 주기의 영향에 대해 논의하시오.
3. 9.3절에서 논의된 계층적 모델을 1980년대 초 IBM이 PC용 마이크로프로세서 생산을 인텔에 아웃소싱한 결정에 적용하시오.
4. P&G와 같은 소비자 제품 제조업체를 고려할 때 샴푸와 같은 제품의 생산을 아웃소싱해야 하는지 분석하시오. 자신의 권고가 P&G의 전략과 일치하는가? 아니라면 자신이 생각한 전략과 P&G가 수행하는 전략에 차이가 나는 이유를 설명하시오.
5. 고객 중요도가 낮고, 기술 속도가 빠르며, 경쟁 우위가 없는 구성 요소에 적합한 조달 전략에 대해 논의하시오.
6. Kraljic 매트릭스 모델을 시스코의 가상 제조 전략에 적용하시오.
7. Kraljic 매트릭스 모델에서 식별된 세 가지 유형의 항목(레버리지, 병목, 비중요 항목)에 대한 예를 제시하시오.
8. 제품 수명 주기의 함수로서 구성 요소 조달 전략을 분석하시오. 특히 제품이 성장 단계(도입), 성숙(안정 상태), 수명 종료 단계에 있을 때 적절한 전략을 식별하시오.
9. IBM의 전자 시장 부사장인 Bill Paulk에 따르면, "IBM은 1993년 이후로 2만 5,000개의 공급업체 및 고객을 위한 개인 교환을 통해 민감한 가격 및 재고 정보를 공개함으로써 약 $17억을 절약했다." 교환의 호스트로서 기업은 공급업체 연결 비용을 감당하는 데 도움을 주었다. 그 결과, 고객에 대한 적시 배송률이 약 50%에서 거의 90%로 치솟았다. "이것은 비용을 정당화하는 데 도움이 되었다."고 Paulk는 말한다. 1999년, IBM은 전자 산업을 위한 컨소시엄 기반 전자 시장인 이투오픈(E2open)에 투자했다. IBM이 개인 교환과 컨소시엄 기반 전자 시장 모두를 필요로 하는 이유는 무엇인가?
10. 입찰 게임(Bidding Game)은 조달 경매를 실험할 수 있는 플랫폼을 제공하는 교실 연습이다. 이 플랫폼은 플레이어들이 단일 구매자와 여러 공급업체의 역할을 맡을 수 있게 한다. 공급업체는 가격과 유연성에서 경쟁하고, 구매자는 기대 이익을 극대화하기 위해 하나 이상의 공급업체와 계약한다. 이 게임은 포트폴리오 계약의 중요성과 공급업체 간의 다중 속성 경쟁의 영향을 시연할 수 있게 해준다.

시나리오

구매자는 제품의 일부 부품을 아웃소싱해야 한다. 이 구성 요소가 구매자에게 비용의 유일한 기여 요소라고 가정한다. 제품이 제조된 후, 고객에서 가격 p에 판매된다.

불행히도, 제품의 수요와 이에 따른 필요 부품의 수량은 계획/아웃소싱 단계에서 알 수 없다. 따라서 구매자는 수요의 분포에 대한 일부 정보만으로 구성 요소 구매를 결정해야 한다.

구매자가 유연성을 얻기 위해 다음과 같은 형식으로 경매된다. 각 공급자의 입찰은 두 가지 매개변수로 구성된다.

- 구매자가 예약한 용량의 단위당 요금 또는 프리미엄
- 수요가 밝혀진 후 구매자가 요청한 부품마다 부과되는 단위 실행 요금 또는 스트라이크

경매에 참가한 각 참가자의 입찰을 받은 후, 구매자는 각 공급자의 용량을 예약한다. 얼마 후 수요가 알려지면, 구매자는 포트폴리오에 있는 사용 가능한 용량으로 수요를 충족한다. 물론 더 작은 실행 가격을 가진 공급자부터 사용하고, 더 저렴한 원자재의 용량이 소진되면 더 비싼 실행 가격을 가진 공급자로 이동한다.

이 게임은 경매 입찰 과정을 모델링한다. 강사가 구매자를 맡고 학생들이 공급자를 담당한다. 경매 생성 시 강사는 다음을 지정해야 한다.

- 경매에 참가하는 공급자의 수
- 진행될 라운드 수

판매 가격을 $p = 100$으로 정규화하고 각 공급자의 비용 매개변수를 선택하여 모든 공급자가 이익을 얻을 수 있는 기회를 갖도록 한다.

도전 과제

이러한 매개변수가 주어지면, 각 학생 그룹은 예약 가격 r과 실행 가격 e를 입찰하는 문제에 직면한다. 시뮬레이터를 사용하여 예상 지불금, 즉 예상 이익을 테스트할 수 있다(시뮬레이터는 모든 공급자의 비용 매개변수와 수요 분포에 대한 정보를 사용). 이 단계의 특정 어려움은 다른 공급자의 입찰을 알지 못한다는 점이다. 그러나 그들은 경쟁자의 이전 입찰 및 비용에 대한 정보를 사용할 수 있다. 그룹이 준비되면 구매자에게 입찰을 제출한다. 현재 라운드가 종료되면 모든 참가자에게 각 공급자의 입찰이 공개되며, 새로운 라운드가 시작되거나 경매가 종료되고 용량이 각 공급자에게 할당되며, 각 공급자에 대한 예상 지불금이 계산된다.

게임 지침

1. 반을 7개의 그룹으로 나눈다.
2. 각 그룹은 1~7로 인덱스된 공급자를 대표한다.
3. 각 공급자는 모든 공급자의 실행 및 예약 비용에 대한 정보를 가지고 있으며, 수요 분포와 판매 가격(최종 고객이 지불하는 가격)도 알고 있다.
4. 학생들은 입찰(예약 가격과 실행 가격)을 결정한다. 물론 다른 공급자들이 어떻게 입찰하는지 알 수 없다.
5. 학생들(공급자)은 수업 전에 강사에게 이메일로 그들의 입찰을 보낸다.

6. 수업에 오면 강사는 각 공급자에게 각 용량이 어떻게 할당되고 각 공급자의 이익이 어떻게 되는지 보여준다.
7. 강사는 공급자들이 입찰을 변경하고 싶은지 묻는다.
8. 변경을 원하지 않을 때까지 몇 라운드를 거친다.
9. 성공하면 강사는 용량이 어떻게 할당되는지와 각 공급자에게 미치는 영향을 보여준다.

CHAPTER 10

조율된 제품 및 공급망 디자인

이 장을 마치고 나면 다음 질문에 답할 수 있다.

- 회사가 제품 공학 프로세스와 이것이 공급망 성능에 미치는 파급력에 대해 생각할 때, 어떤 프레임워크, 도구, 개념을 이용할 수 있는가?
- 물류 비용을 통제하고 공급망을 더욱 효율적으로 만드는 데 사용되는 물류 개념을 어떻게 디자인할 수 있는가?
- 지연 차별화란 무엇인가? 지연 차별화의 장점을 어떻게 수량화할 수 있는가?
- 공급자는 신제품 개발 프로세스에서 언제 관여해야 하는가?
- 대량 고객화란 무엇인가? 공급망 관리가 효과적인 대량 고객화 전략을 개발하는 역할을 담당하는가?

수년 동안 제조 공학(manufacturing engineering)은 제품 공학 프로세스의 마지막 종착역이었다. 연구자들과 디자인 공학자들은 가능한 한 저렴한 재료를 이용하여 제품 개발에 힘썼다. 그런 다음, 제조 공학자들은 이런 제품 디자인을 효율적으로 만드는 방법을 결정하는 데 몰두했다. 1980년대에 이러한 패러다임은 변하기 시작했다. 경영진은 제품과 공정 디자인이 제품 비용의 주요 요인임을 깨닫기 시작했다. 디자인 과정에서 제조 과정을 가능한 한 빨리 고려하는 것이 제조 과정을 효율적으로 만드는 유일한 방법이었다. 이렇게 해서 제조를 위한 디자인 개념(DFM, Design For Manufacturing)이 등장하게 되었다.

최근에 공급망 관리 분야에서 비슷한 변화가 시작되었다. 우리는 공급망 디자인 때까지는 **제품 디자인 결정이 이미 만들어져 있어야 한다**는 가정하에 공급망 디자인과 운영에 대해 적절한 전략을 논의했다. 지금까지 가정하기로는 공급망을 디자인하는 것은 현 제조 공정을 이용하여 기존 제품을 공급해 주는 최선의 방법을 결정하는 것과 관련이 있다. 그러나 최근 몇 년 전부터 관리자들은 제품과 프로세스 디자인 단계에서 공급망에 대한 관심사를 고려함으로써 보다 효율적인 공급망 운영이 가능하다는 것을 깨닫기 시작했다. 분명하게도, 이것은 제품 디자인 단계 동안 제조를 고려해야 한다는 DFM 실행과 유사점이 있다.

이 장 대부분에서 공급망을 더욱더 효율적으로 관리하기 위해 제품 디자인을 활용하는 다양한 접근법에 대해 논의한다. 구체적인 디자인 이슈에 대한 논의에 들어가기 전에, 1장 공급망 관리에서 소개된 개발 체인을 통합하는 일반적인 프레임워크에 대한 논의부터 시작한다.

10.1 일반적인 프레임워크

1장의 내용을 생각해 보자. 우리는 신제품 도입과 관련된 업무와 과정의 집합인 제품 개발 체인의 개념에 대해 소개했다. 실제로 비록 이 책의 대부분에서 공급망에 초점을 두고 있지만, 많은 조직에서는 두 가지 상호 작용하는 망(체인)을 알고 있다.

- **공급망**(supply chain)은 제조와 유통을 통하여 공급자로부터 도매 아웃렛과 고객으로 가는 모든 방안인 실물 제품의 흐름에 초점을 맞춘다.
- **개발 체인**(development chain)은 신제품 도입에 초점을 맞추고, 제품 구조, 제조/구매 의사결정, 초기 공급자 관여, 전략적 파트너십, 공급업체 발자국, 공급 계약과 관련이 있다.

분명히, 위의 두 가지 망은 제품 개발에서 생산으로의 제품 이동으로 교차하게 될 것이다. 그리고 분명하게도, 개발 체인에서 만들어진 의사결정은 공급망의 효율성에 영향을 미치게 될 것이다. 불행하게도, 대부분의 조직에서는 서로 다른 관리자가 이러한 망의 일부인 다양한 업무를 담당한다. 일반적으로, 엔지니어링의 VP는 개발 체인에 대한 책임을 지고 있고, 제조의 VP는 두 망의 생산 분야에 대한 책임을 지고 있고, 공급망 혹은 물류의 VP는 고객 수요의 조달에 대한 책임을 지고 있다. 더욱이 이런 각각의 관리자는 종종 제품 개발과 공급망의 서로 다른 부분에 대한 파급력을 무시한 채로 그들의 개별적 책임에 초점을 맞춘 성과 유인을 갖는다. 주의 깊게 설명하지 않으면 이런 조직과 성과 구조의 일반적인 파급력은 제품 디자인과 공급망 전략을 어긋나게 한다.

각 공급망은 서로 다른 특징을 가지고 있다는 것을 명심하자. 예를 들면, 공급망의 중요 특징은 다음을 포함한다.

- **수요의 불확실성과 변동성** : 특히 채찍 효과로 논의된다(5장 참조).
- **규모의 경제** : 생산과 수송에서 설명된다(2장과 3장 참조).
- **리드 타임** : 특히 글로벌화에 의한 것을 설명한다(9장 참조).

물론 이러한 각 차원은 적절한 공급망 전략에 중요한 파급력을 미치므로 6장에서는 이러한 차원을 공급망 전략과 일치시키는 프레임워크를 개발했다(6.2절과 6.3절 참조).

개발 체인은 몇 가지 다른 도전을 제공한다. 이것은 다음에 의해 특징지어진다.

- **기술 클록 속도** : 기술이 특정 산업에서 변화하는 속도이다. 이것은 명백히 제품 디자인과 이에 따른 개발 체인에 파급력을 가진다.
- **제조/구매 의사결정** : 내부에서 만들어져야 할 것과 외부 공급업체로부터 구매되어야 할 것에 대한

의사결정이다(보다 자세한 내용은 9장에서 논의).

- **제품 구조**: 하나의 제품이 가지고 있는 모듈화 혹은 통합화의 수준이다. 이 장 후반부에서 제품 모듈화의 개념에 대해 보다 자세하게 설명한다. 그러나 이 절의 목적을 위해서는 고도로 모듈화된 제품은 다양한 모듈로부터 조립된다고 말할 수 있고, 각 모듈에 대해 몇 가지 옵션이 존재할지 모른다. 이러한 방식으로, 제조 대부분이 모듈 선택 및 최종 제품으로 조립이 시행되기 전에 완성될 수 있다.

분명하게 이러한 특성 각각은 회사가 사용해야만 하는 공급망 전략에 중요한 영향을 미친다. 빠른 클록 속도(clockspeed)를 가진 제품, 예를 들어 PC 혹은 레이저 프린터에 대한 공급망 전략은 느린 클록 속도를 가진 제품, 예를 들어 비행기에 대한 공급망 전략과는 매우 다르다. 이와 비슷하게, 외주 수준, 공급업체의 발자국, 그리고 제품 아키텍처 역시 공급망 전략에 영향을 미친다.

공급망 개발 및 클록 속도와 같은 개념은 Marshall Fisher의 연구 작업과 직접적으로 연관이 있다. 최초의 논문인 "What Is the Right Supply Chain for Your Product?"에서는 두 가지 극단적인 제품 유형인 **혁신적 제품**(innovative products)과 **기능적 제품**(functional products)을 구별한다. 기능적 제품은 느린 클록 속도, 낮은 제품 다양성, 낮은 이익 마진으로 특징지어질 수 있다. 예로서 수프와 맥주 같은 식료품, 타이어, 사무용품이 있다. 한편, 혁신적 제품은 빠른 클록 속도, 짧은 제품 수명 주기, 높은 제품 다양성, 상대적으로 높은 이익 마진으로 특징지어질 수 있다.

그렇다면 각 제품 유형에 맞는 적절한 공급망 전략과 제품 디자인 전략은 무엇인가? 분명히, 빠른 기술 개발 속도를 가진 제품(혁신적인 제품)은 느린 클록 속도를 가진 제품(기능적 제품)과는 다른 접근법을 요구한다. 동시에, 공급망 전략과 제품 디자인 전략 모두 수요의 불확실성 수준을 고려해야 한다.

그림 10-1은 개발 체인(클록 속도)과 공급망(수요의 불확실성)의 특성을 가진 제품 디자인과 공급망 전략을 매칭하기 위한 프레임워크를 제공한다. 가로축은 수요의 불확실성에 대한 정보를 제공하고, 세로축은 신제품 출시 빈도 또는 클록 속도를 나타낸다.

6장에서 이미 관찰했듯이, 다른 모든 것이 동일하다면 높은 수요 불확실성은 풀(pull) 전략을 기초로 한 공급망 관리를 선호하는 경향이 있을 것이다. 반면에 낮은 수요 불확실성은 푸시(push) 전략을 사용한 공급망 관리에 관심을 유도할 것이다. 앞에서 보았던 풀과 푸시 공급망 전략의 특성을 다시 떠올려보자. 푸시 전략에서는 예측 가능한 수요, 높은 규모의 경제를 레버리지로 활용하고 비용 효율성을 획득하는 데 초점을 맞춘다. 반면에 풀 공급망에서는 예측이 쉽지 않은 수요, 낮은 규모의 경제, 리드 타임을 공격적으로 줄여서 부분적으로 고객에 대한 대응성을 높이는 데 초점을 맞춘다.

이와 비슷하게, 다른 모든 것이 동일하다면 높은 신제품 도입 빈도(빠른 클록 속도)는 모듈식 제품 아키텍처에 대한 초점을 제안한다. 왜냐하면 이것은 제품의 하위부품의 독립적인 개발을 가능하게 함으로써 최종 외형 집단의 선택과 제품 차별화가 가끔 수요가 현실화될 때까지 가능한 한 유예되기 때문이다

(이러한 아이디어에 대한 더 심도 있고 자세한 논의는 10.2.4절에서 다룬다). 한편, 클록 속도를 높이는 것과 차별화를 지연시키는 것, 이를 위해 제품의 모듈화를 이루는 것은 신제품 도입 빈도가 낮을 때(느린 클록 속도 제품)에는 중요하지 않다.

그림 10-1에서는 수요의 불확실성과 신제품 소개 빈도인 두 가지 차원을 이용하여 4개의 상자로 구역을 분할한다. 상자 A는 예측 가능한 수요와 낮은 신제품 출시 빈도의 특징을 가진 제품을 나타낸다. 이 카테고리에 속하는 예로는 기저귀, 수프, 파스타와 같은 제품이 있다. 우리의 프레임워크는 이런 경우에 푸시 전략, 공급망 효율성, 높은 재고 회전율에 초점을 맞출 것을 제안한다.

상자 B는 빠른 클록 속도와 예측 불확실성이 높은 수요를 가진 제품이 해당된다. PC, 프린터, 휴대전화뿐만 아니라 패션 아이템과 같은 많은 하이테크 제품이 여기에 속한다. 중요한 핵심은 모듈식 제품 아키텍처뿐만 아니라 대응력과 풀 전략에 있다. 이 카테고리에 속하는 제품은 가격 대비 대응력에 가치를 가지는 공급망을 요구한다. 9장에서 살펴본 자라(Zara)의 사례에서 어떻게 이것이 생산 용량을 초과하여 그리고 고객까지의 리드 타임 감축을 통해 완성될 수 있는지를 설명했다. 15장에서 논의하듯이, 많은 사례에서 수요와 공급 간 보다 나은 균형을 위해 동적 가격 책정 전략이 이용된다.

상자 D는 느린 클록 속도를 갖지만, 높은 수요 불확실성을 가진 제품이 해당된다. 이들은 푸시와 풀 전략의 조합이 필수적인 제품과 산업이다. 그리고 상자 B와 비슷하게 이들 역시 가능한 리드 타임의 감축을 중요하게 여기는 상황이다. 이 카테고리에 속하는 제품의 예로는 고급 가구, 농화학품과 같은 화학제품, 특수 화학제품, 그리고 광산 산업에서 사용되는 (큰 직경의)타이어가 있다. 여기에 포함된 제품은 수요량이 상대적으로 적고 수요가 매우 예측 불가능하다.

마지막으로, 상자 C는 빠른 클록 속도와 낮은 수요 불확실성을 가진 제품이 해당된다. 이러한 특징을

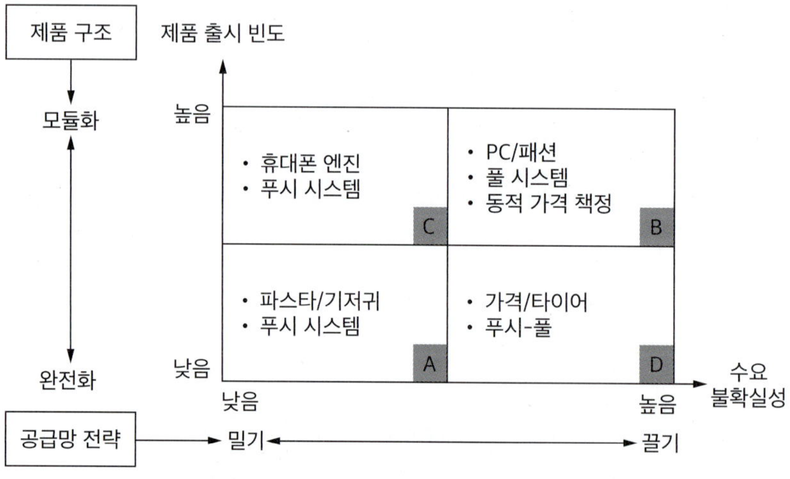

그림 10-1 수요 불확실성과 제품 출시 빈도가 제품 설계 및 공급망 전략에 미치는 영향

가진 제품은 많지 않지만, 떠올려지는 한 가지 예가 휴대전화 엔진이다. 많은 휴대전화 제조 회사들이 그들의 모든 전화기 내에 동일한 엔진을 사용한다. 따라서 수요의 불확실성은 낮다. 휴대전화 엔진 자체는 모듈러식 제품 아키텍처를 갖지 않는다. 그러나 이것은 모듈러식 제품의 일부이다. 다시 말하면, 상자 A와 비슷하게 핵심은 효율성이 강조되는 푸시 공급망 혹은 비용 절감이다.

예시 10-1

우리의 프레임워크를 시험해 보기 위해 텔레비전과 같은 제품을 고려하자. 제조업체가 모델을 자주 변경하고 최근에 음극선관과 같은 기존 기술에서 평면 패널로 상당한 전환이 이루어졌음에도 일반적으로 이 산업의 기술은 자주 변경되지 않는다. 따라서 제품 도입 빈도는 높지만 아마도 PC만큼 높지는 않을 것이다. 고객 수요의 불확실성은 매우 높지 않기 때문에 판촉 행사나 최근 제품 가격이 월 10%만큼 하락해 수요 수준에 영향을 미치는 것을 제외하고는 수요를 예측할 수 있다. 따라서 TV는 그림 10-1의 상자 B와 D 사이의 선 어딘가에 위치하며, 아마도 중앙 수직선에 더 가까울 것이다. 이 업계에서 사용되는 제품 디자인과 공급망 전략은 무엇인가? 흥미롭게도 제조업체와 시장 영역에 따라 모듈식 제품 아키텍처와 리드 타임 단축 전략이 사용된다. 실제로 대부분의 제조는 중국에서 이루어지지만 비즈니스 전략은 최종 목적지에 따라 달라진다. 정교한 TV 제조업체는 가난한 국가에 부품을 배송하고 고객의 수요에 따라 시장에서 제품을 조립한다. 이 푸시-풀 전략에는 모듈식 설계가 필요하고 제조업체는 비용을 줄이고 현지 회사에서 조립을 요구하는 법적인 요구사항을 충족할 수 있다. 반면에 미국 시장의 경우, 기존 90일 걸리던 리드 타임을 매장 도착까지 30일 정도로 단축하는 데 중점을 두고 있다. 이러한 짧은 리드 타임으로 인해 재고가 크게 줄어들고, 공급망은 제품 가격에서 월간 10% 하락의 영향을 덜 받게 된다.

다음 절에서는, 통틀어 물류 디자인(DFL)으로 잘 알려졌으며, Hau Lee 교수에 의해 소개된 일련의 개념에 대해 논의한다. 이러한 개념은 물류 비용을 통제하고 고객 서비스 수준을 높일 수 있게 도움을 주는 제품과 제조 공정 디자인 접근법을 제안한다.

뒤이어, 제품 디자인 공정에서 공급업체를 포함시키는 것의 이점에 대해 논의한다. 이러한 논의는 미시간주립대학교에서 글로벌 조달과 공급망 벤치마킹 계획에 의해 발간된 광범위한 보고서 "Executive Summary : Supplier Integration into New Product Development : A Strategy for Competitive Advantage"에 기초를 두고 있다.

마지막으로, Joseph Pine II와 공동저자들에 의해 개발된 대량 고객화의 개념에 대해 논의한다. 특히 고도화된 물류와 공급망 예시가 새로운 비즈니스 모델을 가능하도록 도움을 주는 방법에 관심을 초점을 둔다.

10.2 물류 디자인

10.2.1 개관

알고 있듯이, 운송 및 재고 비용은 특히 재고 수준이 높은 서비스 수준을 위해 매우 높게 유지되어야 할 때 종종 공급망 비용의 중요한 요인이 된다. 이들은 다음 세 가지 주요 요소를 이용하여 물류 디자인을 설명할 수 있는 이슈임에 분명하다.

- 경제적 포장 및 운송
- 동시 및 병렬 처리
- 표준화

이러한 각각의 요소는 상호 보완적인 방식에서 재고 및 운송 비용과 서비스 수준의 이슈를 설명한다.

10.2.2 경제적 포장 및 운송

다양한 물류 디자인 개념 중에 아마도 가장 명백한 것이 제품을 디자인하는 것일 것이다. 이렇게 함으로써 제품은 효율적으로 포장되고 저장될 수 있다. 만약 배송 트럭이 '무게 측정' 전에 '컨테이너 부피 맞춤'을 먼저 한다면, 보다 더 밀집되게 포장할 수 있는 제품은 운송이 값싸게 이루어진다. 바꾸어 말하면, 만약 하나의 제품에 의해 점유되는 공간이 무게 제약은 맞지 않지만 배송 차량에 잘 맞출 수 있다면, 보다 밀집되게 저장될 수 있는 제품은 보다 저렴하게 운송될 수 있다는 것이다.

예시 10-2

약 $180억의 매출을 올리고 있는 스웨덴 가구 업체인 이케아(Ikea)는 세계 최대의 가구 소매업체이다. Ingvar Kamprad가 스웨덴에서 시작한 이케아는 현재 33개국에 220개 매장을 보유하고 있다. '가구 사업을 재창조'하여 엄청난 성장을 이루었다. 전통적으로, 가구 판매는 백화점과 지역 소유의 소규모 상점으로 나뉘어 있다. 일반적으로, 고객이 주문을 하고 배송은 주문 후 최대 2개월이 소요될 수 있다.

이케아는 1만 개의 제품을 시외 매장의 대형창고 같은 공간에 모두 진열하고, 이러한 모든 품목을 창고에 보관함으로써 그 공식을 바꾸었다. 이는 고객이 매장에서 가져와 집에서 조립할 수 있는 키트에 콤팩트하고 효율적으로 포장할 수 있도록 제품을 설계함으로써 달성되었다. 이 키트는 운반이 쉽고 저렴하므로, 소수의 공장에서 효율적으로 제품을 제조한 다음 전 세계 매장으로 상대적으로 저렴하게 배송할 수 있다. 이케아는 매장 수가 매우 많고, 각 매장의 규모도 매우 크기 때문에 회사는 막대한 규모의 경제를 활용할 수 있다. 이는 경쟁사보다 낮은 가격에 좋은 품질의 가구를 판매할 수 있게 해준다.

이케아는 극적인 성장을 지속하기 위해 디자인과 포장 개선을 위해 끊임없이 노력한다. 최근 회사는 후면 패널을 별도의 조립 부품으로 만들어 책장 포장 상자 너비를 1/3로 줄이는 방법을 알아냈다.

밀집되게 포장하도록 제품 디자인을 하는 다른 이유도 존재한다. 예를 들면, 많은 주요 도매업체들은 저장 공간을 적게 점유하고 쉽게 쌓을 수 있는 제품을 선호한다. 효율적인 저장은 재고 비용의 특정 요인을 줄여준다. 왜냐하면 자재 운반 처리 비용이 일반적으로 줄어들고, 제품당 공간(따라서 제품당 임대료)이 줄어들며 제곱미터당 수익이 늘어날 수 있기 때문이다. 예를 들어, 할인 매장에 있는 쓰레기 더미와 같은 수많은 커다란 플라스틱 제품은 잘 쌓이도록 디자인되고, 매장에서는 선반(혹은 바닥) 공간에 잘 진열되지 않는다. 따라서 제품 디자인이 완성된 이후에 효율적인 포장에 대한 디자인을 하는 데 충분하지 않을지 모르기 때문에 이러한 이슈를 고려하기 위해서는 제품 자체의 재디자인이 가치가 있을지 모른다.

예시 10-3

최근 러버메이드(Rubbermaid)는 《Bloomberg Businessweek》지에서 여러 번 디자인 상을 수상했다. 작가들은 클리어 클래식 식품 보관 용기가 상을 받은 이유를 설명하면서 "월마트는 14×14인치 선반에 맞게 설계된 제품을 좋아한다."고 언급했는데, 이는 이 제품이 그토록 성공한 이유 중 하나이다. 또한 그들은 러버메이드가 디자인한 어린이용 아이시 라이더 썰매(역시 수상)에 대해 설명한다. "물론 월마트에서 판매되는 모든 제품이 14×14 크기의 선반에 들어갈 수 있는 것은 아니다. 하지만 디자이너가 공간을 절약하고 쌓을 수 있게 디자인한다면, 월마트에 판매할 기회가 있다. … 월마트의 요구사항을 조사한 후, 러버메이드는 아이시 라이더를 얇고 쌓을 수 있게 만들었다."

이와 유사하게, 이것은 대용량(bulk) 제품을 배송하거나 창고 혹은 도매업체에서 최종 포장을 완성할 때 종종 사용될 수 있다. 대용량 제품이 보다 효율적으로 배송되는 경향이 있기 때문에 이것은 운송 비용을 줄여줄지 모른다.

예시 10-4

하와이 설탕 산업은 비용이 증가하기 시작한 제2차 세계대전 이후 대용량 운송으로 전환했다. 그들은 오늘날 대용량의 설탕을 운송하는 데 드는 비용이 약 $0.77인 반면, 같은 양의 설탕을 봉지에 담아 운송하는 데 드는 비용은 약 $20.00일 것이라고 추정한다.

몇 가지 사례로부터, 최종 포장은 제품이 실제로 판매될 때까지 연기될 수도 있다. 예를 들면, 많은 식료품 상점은 현재 밀가루, 시리얼, 꿀, 물비누, 쌀, 콩, 곡물, 그리고 다른 많은 대용량 제품을 판매하며 고객이 원하는 만큼 포장에 담아 가는 것을 허용한다.

크로스 도킹(7장 참조)은 하나의 트럭 집단(즉, 공급업체로부터)에서 다른 트럭 집단(즉, 개개의 도매업체)으로 제품을 이동하는 데 관여한다. 이러한 사례에서 박스와 팔레트는 입고되는 트럭에서 하차되고, 출고되는 트럭으로 바로 이동한다. 그러나 몇몇 제품의 경우 종종 재포장되는 것이 필수적이다. 많은 경우에는 단일 품목의 대용량 팔레트들이 공급업체로부터 들어오지만, 서로 다른 품목을 적재한 혼재 팔레트들이 개개의 도매업체로 출고되어야 한다. 이 경우에 제품은 크로스 도킹 지점에서 재포장되어야 하고, 만약 포장이 해체된다면 더 많은 인식표와 상표 역시 필요할지 모른다. 일반적으로, 재포장을 보다 쉽게 만듦으로써 이러한 유형의 크로스 도킹 운영을 가능하게 하도록 디자인되는 포장과 제품은 분명히 보다 낮은 물류 비용을 제공하는 데 도움을 줄 것이다.

10.2.3 동시 및 병렬 처리

앞의 절에서는 제품 및 포장의 재디자인이 물류 비용에 도움을 줄 수 있는 단순한 방법에 초점을 맞추었다. 이 절에서는 제조 **공정**의 수정에 초점을 맞출 것이다. 이것은 제품 디자인의 변화를 요구할 수 있다.

우리는 공급망을 운영하는 데 있어 긴 제조 리드 타임 때문에 많은 어려움이 발생한다는 것을 보았다. 대부분의 제조 공정은 순차적으로 제조 단계를 실행하게끔 구성된다. 짧은 시작 시간과 과거보다 더 짧은 제품 수명 주기는 종종 현재의 제조 설비와 실행에 도움을 줄 수 있도록 특정 제조 단계를 다른 지역에서 실행하도록 지시한다. **동시 및 병렬 처리**(concurrent and parallel processing)는 제조 공정을 변경하여 이전에 순차적으로 실행되었던 단계들이 동일한 시간에 끝나도록 하는 것을 포함한다. 이것은 분명히 제조 리드 타임, 개선된 수요 예측을 통해 재고 비용을 줄이고 다른 이익 중에서 안전 재고를 줄이는 데 도움을 준다.

제조 공정을 병렬로 유지하는 데 있어 핵심은 디커플링(decoupling, 탈동조화)의 개념이다. 만약 제품의 부품 중 대다수가 제조하는 동안 디커플링될 수 있거나 외형적으로 분리되었다면, 이러한 부품이 병렬로 제조되는 것이 가능하다. 만약 개별 부품 각각의 제조가 새롭게 디커플링 디자인하는 데 동일한 시간이 걸리지만 제조 단계가 병렬로 실행된다면, 리드 타임은 줄어들 것이다. 이러한 몇몇의 모듈러식 부품은 제조하는 데 시간이 약간 더 소요된다고 하더라도 다양한 부품이 병렬로 제조되기 때문에 전체 리드 타임은 여전히 줄어들지 모른다. 이러한 디커플링 제조 전략의 추가적인 이익은 디커플링된 다양한 부품에 대해 다른 재고 전략을 디자인할 수 있다는 점이다. 특정 부품에 대한 원자재 공급 또는 제조 수율이 불확실해지면 최종 제품이 아닌 해당 부품에 대해 더 높은 재고 수준을 유지할 수 있다.

예시 10-5

유럽의 제조업체는 극동 지역의 제조업체와 제휴하여 유럽 시장용 네트워크 프린터를 생산한다. 메인 프린터 PC 보드는 유럽에서 설계 및 조립된다. 그런 다음 아시아로 배송되어 보드 주변의 모터, 프린트헤드, 하우징 등을 포함해 프린터를 제작하는 제조 공정에서 메인 프린터 하우징과 통합된다. 완제품은 유럽으로 배송된다. 제조업체는 긴 생산 및 운송 리드 타임으로 인해 유럽에서 대규모 안전 재고를 유지하는 것의 중요성을 우려하고 있다. 그러나 긴 제조 리드 타임은 순차적 제조 공정으로 인해 발생한다. 제조 공정이 끝날 때 보드가 프린터의 나머지 부분과 통합될 수 있도록 프린터 제조 공정과 제품을 제설계하는 것은 유럽과 극동 지역에서의 병렬 제조를 가능하게 함으로써 리드 타임을 줄일 것이다. 또한 최종 조립품을 유럽으로 이동하는 것은 (고객) 대응성을 더욱 증가시키고 리드 타임을 단축할 수 있다. 두 가지 제조 공정이 그림 10-2에 도해되어 있다.

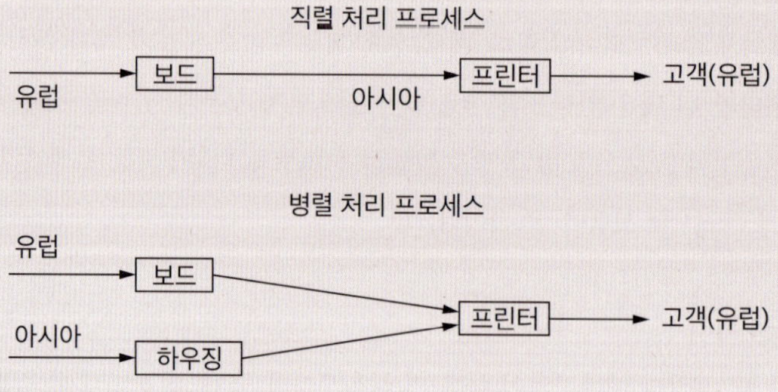

그림 10-2 동시 처리

Lee, H. "Design for Supply Chain Management: Concepts and Examples." Working paper, Department of Industrial Engineering and Engineering Management, Stanford University, 1992.

10.2.4 표준화

앞에서 논의했듯이, 재고 수준을 줄이고 예측의 정확성을 높이기 위해(예 : 병렬 처리의 이점을 얻음으로써) 리드 타임을 줄이는 것이 가능하다. 그러나 때때로 어떤 수준 이상으로 리드 타임을 줄이는 것은 불가능하다. 이러한 경우에는 표준화의 이익을 가져감으로써 동일한 목적, 즉 재고 수준 감소, 예측의 정확성 상승을 획득하는 것이 가능할지 모른다.

2장에서의 총괄 수요가 분산된 데이터보다 항상 정확하다는 수요 예측의 세 번째 원칙을 다시 생각해 보자. 즉, 우리는 한 나라보다는 대륙에 대한 수요 또는 특정 제품(또는 특정 스타일)보다는 한 제품군(예 : 스키복)에 대해 더 잘 예측할 수 있다. 불행히도, 전통 제조환경에서 총괄 예측은 많이 사용되지 않는다. 제조 관리자는 제조 공정이 시작하기 전에 만들어지는 요구사항을 정확하게 알아야 한다. 그러나 표준화를 효과적으로 사용함으로써 총괄 예측에 대한 정보의 효율적인 사용을 가능하게 할 수 있을지 모른다. 세부적으로, 제품 및 제조 공정의 공통성을 기초로 한 접근법은 어떤 구체적 제품이 몇몇 제조 또는 구매 의사결정이 수립된 이후에 제조될 것인지에 대한 의사결정을 지연시킬 수 있게 한다. 이와 같이 이러한 의사결정은 보다 정확한 총괄 예측을 이용하여 총괄수준에서 수립될 수 있다.

Jayashankar Swaminathan 교수는 올바른 운영 전략의 사용을 통한 표준화의 효과적인 적용에 대한 광범위한 프레임워크를 개발해 왔다. Swaminathan 교수는 제품의 모듈화와 제조 공정의 모듈화가 재고 비용을 낮추고 예측의 정확성을 높일 수 있는 표준화 전략의 수립을 가능하게 하는 중요한 추진 요인이라고 제안했다.

Swaminathan 교수의 이론에 따라 다음의 개념을 정의한다.

- **모듈러 제품**(modular product)은 다양한 모듈로부터 조립되는 제품인데, 각 모듈에는 수많은 옵션이 존재한다. 모듈러 제품의 전형적인 예는 PC인데, 이 제품은 다른 비디오 카드, 하드 드라이버, 메모리 칩 등에 의해 고객 맞춤화될 수 있다. 이러한 모듈러 제품은 이전 절에 잘 묘사된 것처럼 동시 및 병렬 처리를 적용하기 위해서도 중요하다는 점을 다시 생각해 보라.
- **모듈러 제조 공정**(modular process)은 이산 운영활동을 구성하는 제조 공정인데, 이들 활동 사이에 부분적으로 제조될 재고가 저장될 수 있다. 제품은 제조 공정 동안 서로 다른 하위 운영활동을 완성하는 것에 의해 구분된다. 이것이 반제품, 세미완제품의 재고를 저장할 수 있을지 모르지만, 모듈러 제품이 모듈러 제조 공정으로 구성될 필요는 없다.

Swaminathan 교수는 표준화에 대한 네 가지 다른 접근법을 발견했다.

- 부품 표준화
- 제조 공정 표준화
- 제품 표준화
- 조달 표준화

부품 표준화(part standardization)에서는 많은 제품 전반에 걸쳐 공통 부품이 사용된다. 공통 부품은 리스크 풀링 효과 때문에 필수 부품의 재고를 줄이고 규모의 경제 때문에 부품 비용을 줄인다. 물론 과도한 부품 공통성은 제품 차별화를 줄일 수 있기 때문에 보다 저가의 고객화 옵션이 고가의 부품 판매를 감소시킬지 모른다. 때때로 공통성(commonality)을 획득하기 위해 제품 생산라인이나 제품군을 재디자인할 필요가 있다.

제조 공정 표준화(process standardization)는 다른 제품에 대한 가능한 많은 제조 공정을 표준화하고, 그런 다음 가능한 늦게 제품을 고객화하는 것을 포함한다. 이런 경우에 제품과 제조 공정은 특정 제품 제조(차별화)에 대한 의사결정이 제조가 이미 시작된 후까지 지연될 수 있도록 디자인된다. 제조 공정은 나중에 특정 최종 제품으로 차별화되는 **포괄적** 혹은 **제품군** 제품을 만듦으로써 시작된다. 이런 이유로 이 접근법은 **지연화** 혹은 **지연 제품 차별화**로도 알려져 있다. 차별화를 지연시킴으로써, 생산은 총괄 예측을 기반으로 시작될 수 있다. 이와 같이 지연 생산 차별화는 만약 개개의 예측이 향상될 수 없다면 최종 수요의 불확실성을 설명하기 위해 효과적으로 사용된다.

지연된 차별화에 대한 제품의 재디자인은 구체적으로 필요하다. 예를 들면, 제품 표준화의 이익을 얻기 위해 제조 공정을 재순서화할 필요가 있을 수 있다. **재순서화**(resequencing)는 제품 제조 단계를 수정하는 것으로 간주되는데, 이러한 특정 품목을 차별화하게 되는 운영활동은 가능한 연기된다. 공급망 운영을 향상하기 위해 재순서화를 이용한 회사의 유명하고 드라마틱한 예는 베네통(Benetton)이다.

예시 10-6

베네통은 니트웨어의 주요 공급업체이자 유럽 최대 의류 제조업체이자 의류 부문에서 세계 최대의 양모 소비자로서 수백 개의 매장에 제품을 공급하고 있다. 패션 산업의 특성상 고객의 선호도는 빠르게 변화한다. 그러나 제조 리드 타임이 길기 때문에 매장 주인은 스웨터가 그들의 매장에 출시되기 최대 7개월 전에 울 스웨터를 주문해야 하는 경우가 많았다. 울 스웨터 제조 공정은 일반적으로 원사를 확보하고, 염색하고, 마무리하고, 의류 부품을 제조하고, 해당 부품을 완성된 스웨터로 결합하는 과정으로 구성된다. 불행하게도 이는 소비자의 변화하는 취향에 대응할 유연성이 거의 없다. 이 문제를 해결하기 위해 베네통은 제조 공정을 수정해 스웨터가 완전히 조립될 때까지 의류 염색을 연기했다. 따라서 추가 예측 및 판매 정보가 수신될 때까지 색상 선택이 지연될 수 있다. 염색 공정이 연기되었기 때문에 원사 구매 및 제조 계획은 특정 스웨터/색상 조합에 대한 예측보다는 오히려 제품군별 총괄 예측을 기반으로 이루어질 수 있다. 이 개정된 제조 공정으로 스웨터 제조 비용이 약 10% 상승했으며 새 장비를 구입하고 직원들을 재교육해야 했다. 그러나 베네통은 개선된 예측, 낮은 잉여 재고, 그리고 많은 경우 높은 매출로 인해 충분한 보상을 받았다.

미국의 디스크 드라이브 제조 회사는 또 다른 주목할 만한 예를 제공한다. 비록 이 예시에서는 특정 서비스 수준을 달성하기 위해 더 낮은 수준의 재고를 보유해야 하지만 단위당 재고 비용이 더 비싸지는 경향이 있다는 점에 유의하자.

예시 10-7

미국의 한 대형 저장 장치 제조업체는 다양한 고객을 위해 서로 다른 고유한 하드 드라이브 제품을 만든다. 주문은 특정 시간까지 배송되도록 이루어지며, 리드 타임이 매우 길기 때문에 제조업체는 약속된 배송날짜를 맞추기 위해 다양한 제품을 제조 공정 상태로 유지해야 한다. 수요의 변동성이 크고 각 제품이 고유하기 때문에 제조업체는 수요를 안정적으로 충족하기 위해 높은 수준의 공정 재고를 유지해야 한다. 제조 공정에는 모든 고객을 대상으로 하는 제품이 거쳐야 하는 간단한 일반 세그먼트와 광범위한 맞춤 제작이 포함된다. 분명히, 재고를 보관하는 이상적인 시점은 맞춤 제작이 시작되기 전이다. 그러나 불행하게도, 특히 시간이 걸리는 테스트로 인해 대부분의 제조 시간은 차별화가 시작된 후에 발생한다. 테스트를 수행하기 위해 특정 회로기판이 어셈블리에 추가되어야 하고, 이 특정 회로기판은 각 고객마다 다르기 때문에 차별화가 시작된 후에 이 테스트가 수행된다. 차별화를 지연시키기 위해 일반 회로기판을 어셈블리에 삽입하고, 많은 테스트를 완료하고, 일반 회로기판을 제거하고, 나중에 고객별 기판을 추가하는 것이 가능하다. 분명히 이러한 방식은 수요를 확실하게 충족하는 데 필요한 공정 내 재고 수준을 감소시킬 것이다. 그러나 이로 인해 몇 가지 추가 제조 단계가 더해질 것이다. 특히 일반 보드가 추가되고 제거되어야 한다. 그러므로 회로기판을 추가하거나 제거함으로써 발생하는 제조 비효율성과 재고 절감의 이점을 비교할 필요가 있다. 제조 공정은 그림 10-3에 설명되어 있다.

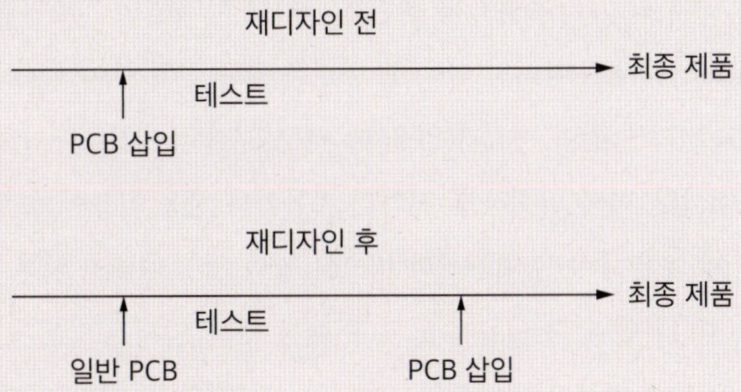

그림 10-3 지연된 차별화

Lee, H. "Design for Supply Chain Management: Concepts and Examples." Working paper, Department of Industrial Engineering and Engineering Management, Stanford University, 1992.

부품과 제조 공정의 표준화는 자주 연결되어 있다. 때때로 부품의 표준화는 제조 공정의 표준화를 적용하는 데 필수적이다.

예시 10-8

주요 프린터 제조업체는 시장에 새로운 컬러 프린터를 출시할 준비를 하고 있었다. 새 프린터와 기존 프린터에 대한 수요는 매우 가변적이며 부정적인 상관관계가 있을 것이라고 예측되었다. 두 제품에 대한 제조 공정은 서로 다른 회로기판과 프린트헤드 어셈블리가 사용되는 것을 제외하면 유사하다. 헤드 어셈블리와 회로기판에서의 차이로 제조 공정이 매우 달라졌다. 프로세스의 표준화, 즉 지연된 차별화를 구현하기 위해 최종 단계까지 제조 과정이 비슷하도록 보장해야 한다. 이를 위해, 두 제품이 공용 회로기판과 프린트헤드를 공유하도록 프린터가 다시 설계되었다. 이는 차별화가 최대한 지연될 수 있도록 한다. 그러므로 이 경우 부품 표준화는 제품 공정 표준화를 가능하게 한다.

몇몇 사례에서 재순서화와 공통화의 개념은 최종 제조 단계를 공장보다는 배송센터 혹은 창고에서 완성되도록 했다. 이 접근법의 장점 중 하나는 만약 배송센터가 공장보다 훨씬 가까이 위치해 있다면, 제품이 수요에 가까이 차별화될 수 있고, 이로 인해 시장의 변화에 빠르게 대응하는 회사의 능력을 높일 수 있다는 것이다. 이것은 10.2.8절에서 더 세부적으로 논의할 접근법 중 하나이다.

때때로 차별화 단계가 제조 공장 혹은 배송센터에서 실행되지 않고, 판매가 이루어지고 난 이후 도매상에서 실행되도록 재디자인될 수 있다. 종종 이것은 제품에 쉽게 추가될 수 있게 **모듈**에 기능성을 갖춘 디자인 단계 동안 모듈러화에 집중함으로써 달성된다. 예를 들어, 많은 레이저 프린터와 복사기는 가장 기본적인 버전으로 포장된다. 기본 버전의 프린터와 함께, 각 도매상은 분리하여 기본 버전 프린터에 고성능 페이퍼 포장 핸들링, 스테이플러 등과 같은 특성을 추가하는 포장된 모듈을 입고해 둔다. 분명히 프린터 또는 복사기에만 확장된 특성은 완전한 프린터가 아닌 모듈 형태로 입고될 수 있어서 매우 낮은 재고를 요구하기 때문이다.

제품 표준화(product standardization)에서 광범위한 제품의 다양성이 제공될지는 모르지만, 재고는 소량만 유지한다. 재고 상태를 유지하지 않은 어떤 제품이 주문되었을 때, 해당 주문은 특정 고객에 의해 요청받은 특성을 갖춘 슈퍼세트(superset)를 제공하는 하나의 제품으로 채워질지 모른다. **하향 대체품**(downward substitution)이라고 알려진 이 제조 공정은 많은 산업 분야에서 일반적이다. 예를 들면, 반도체 회사에서는 저속도/저기능 칩이 재고가 없을 때 저속도/저기능 칩보다 고속도 또는 고기능 칩을 판매하는 것이 매우 일반적이다. 이와 비슷하게, 저가의 자동차와 방을 이용할 수 없을 때 자동차 렌털업체와 호텔은 자주 예약을 더 높은 수준의 자동차와 방으로 잡아준다. 때때로 일부 최종 고객의 요구사항을 조절하기 위해 제품을 재디자인할 수 있을지 모른다. 예를 들면, 앞서 보았듯이, 전원공급기가 시장마다 다르다는 것을 제외하고 많은 제품은 비슷하다. 그러나 한 제품의 두 버전을 제조하는 대신에 제조업체는 변환 가능한 전원공급기를 가진 1개의 표준 제품을 이용할 수 있다.

마지막으로, **조달 표준화**(procurement standardization)는 제품 자체가 표준화되지 않았을 때조차 제조 공정 설비 및 접근법을 표준화하는 것을 포함한다. 이것은 제조 공정 설비가 매우 고가일 때 특히 가치가 있다. 예를 들어, 애플리케이션에 특화된 집적회로(ASICs)에는 매우 비싼 설비가 요구된다. 비록 최종 제품이 매우 고객 맞춤화되고 수요가 불확실하지만, 동일 설비는 이용 가능한 최종 제품 각각을 생산하는 데 사용된다. 이와 같이 설비 조달은 최종 제품과는 무관하게 관리된다.

10.2.5 표준화 전략의 선택

적절한 표준화 전략을 선택하도록 도움을 주기 위해 Swaminathan 교수는 회사의 표준화 전략에 대한 선택이 회사의 제품이나 제조 공정을 모듈화하는 능력 중 하나의 기능이라는 관측을 기반으로 하는 프레임워크를 제안했다. 표 10-1은 서로 다른 조건하에 제안된 전략적 선택을 설명한다.

- 만약 제조 공정과 제품 모두 모듈화된다면 공정 표준화는 효과적인 수요 예측의 정확성을 최대화하고 재고 비용을 최소화하는 데 도움을 줄 것이다.

표 10-1 표준화를 위한 운영 전략

<table>
<tr><td></td><td></td><td colspan="2">프로세스</td></tr>
<tr><td></td><td></td><td>비모듈화</td><td>모듈화</td></tr>
<tr><td rowspan="2">제품</td><td>모듈화</td><td>부품 표준화</td><td>공정 표준화</td></tr>
<tr><td>비모듈화</td><td>제품 표준화</td><td>조달 표준화</td></tr>
</table>

- 만약 제품은 모듈화되고 제조 공정은 모듈화되지 않는다면 지연 차별화는 불가능하다. 그러나 부품 표준화는 효과적일 수 있다.
- 만약 제조 공정은 모듈화되고 제품은 모듈화되지 않는다면 조달 표준화는 설비 비용을 감소시킬 수 있다.
- 만약 제조 공정과 제품 모두 모듈화되지 않는다면 일부 이익은 여전히 제품 표준화에 초점이 맞추어져 발생할 수 있다.

10.2.6 중요한 고려사항

위에서 설명한 다양한 전략은 부정확한 수요 예측과 제품 다양성을 다루기 위해 설계되었다. 종종 특정 제품 혹은 특정 공급망의 관점에서 이 전략을 적용하는 것이 가능하지 않거나 비용 효과적이지 않을지 모른다. 설령 특정 전략을 적용하는 것이 이론적으로 가능하다고 할지라도, 많은 사례에서 알 수 있듯이 제품과 포장의 재디자인에 드는 비용이 새로운 시스템으로부터 얻는 절약을 초과하게 될 것이다. 또한 자본 지출이 조립 라인을 개편하기 위해 요구될 가능성이 높다. 위에서 논의한 것처럼, 때로는 배송센터에 제조시설 용량을 추가해야 할 수도 있다. 전형적으로, 지출이 제품의 전체 수명 주기에 걸쳐 분할 상환될 수 있을 때 이런 종류의 변화에 대한 가치는 제품 수명 주기 초반에 더욱 높아진다. 제품 수명 주기의 초반에 일리가 있는 것처럼 보이는 DFL 계획단계는 나중에 실행되었을 때 대가를 지불하지 않을 수도 있다.

새로운 공정으로 한 제품을 제조하는 데 더 많은 비용이 들 수도 있다. 위에서 언급한 많은 예시에서 제품과 제조 공정은 점점 더 비싸지고 있다. 따라서 보다 효율적으로 디자인된 제품 또는 공정에 따른 비용 절감을 추정하고, 이러한 비용 절감과 증가된 제조 비용을 비교해야 한다. 이와 같은 시스템을 적용하는 데 따른 많은 이점은 정량화하기가 매우 어렵다. 증가된 유연성, 더욱 효율적인 고객 서비스, 줄어든 고객 반응 시간은 분석만 더 어렵게 만들어 가치를 부여하기가 힘들어질지 모른다. 이런 어려움에 더하여 엔지니어들은 종종 그들이 이러한 종류의 의사결정을 할 때 그들이 교육을 받아온 것보다 더 넓은 관점을 가질 수 있도록 해야 한다.

이러한 복잡성에 더해 재순서화 같은 공정 수정으로 인해 많은 경우 재고 수준이 낮아지지만 재고의 단위당 가치는 높아질 것이다. 스웨터의 경우, 울섬유를 추출하기 전에 염색할 필요가 없기 때문에 울섬유의 재고 수준을 낮게 유지하는 것이 가능할 수도 있다. 그러나 대부분의 울섬유는 염색된 울섬유보다 높은 가치를 가진 스웨터의 형태로 보관될 것이다. 물론 만약 제조 또는 고객화 단계가 연기된다면 일반 제품은 고객화된 제품보다 가치가 낮을 수도 있으므로 그렇지 않은 경우에 비해 공급망에서 가치가 나중에 추가된다.

마지막으로, 몇 가지 사례에서 최종 제품보다는 중간 제품 또는 형체가 없는 원자재에 대한 관세와 세금이 더 낮다. 따라서 지역 배송센터에서 제조 공정이 완료되는 전략을 적용하는 것이 관세와 세금과 연관된 비용을 보다 낮추도록 도와줄 것이다.

이런 모든 이슈는 물류 전략에 대한 특정 디자인을 적용할 때 고려되어야 한다. 그럼에도 불구하고 많은 경우에 DFL은 고객 서비스를 향상하고 공급망 운영 비용을 많이 줄일 수 있도록 도와준다는 점은 분명하다.

10.2.7 푸시-풀 경계

6장의 푸시-풀 경계에 대한 논의를 다시 생각해 보자. 푸시 기반 시스템에서 생산 의사결정은 장기 수요 예측을 기반으로 한다. 반면에 풀 기반 공급망은 생산이 실수요 주도형이다. 우리는 풀 기반 시스템의 많은 이점을 열거했고, 푸시 기반 시스템과 비교해 볼 때 풀 기반 시스템은 전형적으로 공급망 내에 리드 타임, 재고 수준, 시스템 비용의 감소를 이끌고, 동시에 시스템 자원을 관리하기 쉽게 한다고 결론 내렸다.

불행히도, 공급망 전체에 걸쳐 풀 기반 시스템을 적용하기에는 실용적이지 못하다. 리드 타임이 너무 길어질 수도 있고, 규모의 경제의 이점이 생산과 운송 시 필요할 수도 있다. 우리가 이번 절에서 논의해 왔던 표준화 전략은 6장에서 소위 푸시-풀 시스템으로 명명되는데, 이는 한 공급망 내에서 푸시와 풀 시스템을 혼합하기 위한 방법으로 간주될 수 있다. 제품 차별화 이전의 공급망 부분은 전형적인 푸시 기반 공급망이다. 여기에서는 차별화되지 않은 제품이 장기 수요 예측을 기반으로 만들어지고 운송된다. 이와 대조적으로, 차별화는 시장 수요의 대응으로 발생한다. 이와 같이 차별화 시점부터 시작하는 공급망 부분은 풀 기반 공급망이다.

예를 들면, 예시 10-6의 베네통 사례에서 색깔이 없는 스웨터는 수요 예측에 의해 만들어지지만, 염색 작업은 고객의 수요에 대응하여 만들어진다. 이 차별화 지점을 **푸시-풀 경계**(push-pull boundary)라고 부른다. 왜냐하면 이것이 푸시 기반 시스템에서 풀 기반 시스템으로 바뀌는 지점이기 때문이다.

푸시-풀 경계의 개념을 보는 한 가지 방법은 2장에서 논의한 재고 관리의 세 가지 법칙을 통해서이다. 총괄 수요 정보가 개별 수요 데이터보다 더 정확하기 때문에 공급망의 푸시 부분은 행동만 포함하고 의사결정은 제품 차별화 직전에 결정된다. 이러한 행동과 의사결정은 총괄 수요 데이터를 기초로 한다.

그다음 분명한 것은, 지연(postponement)의 추가적인 이익으로서 회사로 하여금 풀 기반 시스템의 많은 이점이 존재한다는 것을 깨닫게 하는 동시에 푸시 기반 시스템으로부터 상속받은 규모의 경제를 허용해 준다. 종종 한 표준화 전략을 적용할 때 만약 하나 이상의 차별화 포인트가 존재한다면, 푸시 기반 시스템과 풀 기반 시스템의 이익 사이의 균형을 획득하기 위해 푸시-풀 경계 지점을 위치시키는 측면에서 생각하는 것이 유용할 수도 있다.

10.2.8 사례 분석

유럽 유통센터의 재고 문제를 중점적으로 분석하기 위해 HP 사례를 생각해 보자. HP는 워싱턴주 밴쿠버의 생산시설에서 유럽까지 약 4~5주에 달하는 긴 배송 리드 타임 문제에 직면해 있다. 밴쿠버 공장은 제작 기간이 약 1주일 정도 소요되는 고속, 대용량 시설이다.

특히 HP는 유럽의 높은 재고 수준과 재고 불균형을 우려하고 있다. 데스크젯(DeskJet) 제품 계열의 특징 중 하나는 현지 시장에 맞게 맞춤 제작된다는 점이고 이를 **현지화**(localization)라고 한다. 여기에는 올바른 언어로 라벨과 문서를 추가하고 올바른 전압 수준과 플러그에 맞게 전원 공급 장치를 맞춤화하는 작업이 포함된다. 맞춤 제작(customization)은 제품이 유럽에 도착하기 몇 주 전에 밴쿠버에서 완료된다. 더욱이 프린터가 유럽에 도착하면 다음과 같은 의미에서 재고 불균형이 발생할 수 있다. 유럽 유통센터는 특정 시장에 맞춤화된 프린터 재고가 너무 많고 다른 시장에 맞춤화된 프린터 재고가 충분하지 않은 경우가 많다.

이러한 문제의 원인은 무엇인가? 이전 장에서 논의한 사례와 자료를 통해 다음 문제는 분명하다.

- 올바른 재고 수준을 설정하는 방법에 대한 불확실성이 상당히 높다.
- 다양한 현지화 옵션으로 인해 재고 관리가 어려워진다.
- 긴 리드 타임은 예측을 어렵게 만들고 많은 안전 재고를 야기한다.
- 많은 현지 시장의 불확실성으로 인해 예측이 어렵다.
- 다양한 HP 부서 간의 협력을 유지하는 것은 어려운 일이다.

단기적으로 2장에서 논의한 방법을 활용하여 안전 재고를 현실화함으로써 첫 번째 문제는 해결될 수 있다. 장기적으로 이러한 문제를 해결하기 위해 다음 해결책이 제안되었다.

- 프린터를 항공 운송으로 전환하기
- 유럽 공장 건설하기
- 유럽 유통센터에서 더 많은 재고 보유하기
- 예측 관행 개선하기

불행하게도 이들 각 제안에는 심각한 문제가 있다. 경쟁이 치열하고 마진이 낮은 사업에서 항공 운송은 비용이 매우 높다. 유럽의 물량은 새로운 공장 건설을 정당화하기에 충분하지 않으며, 재고는 이미 문제가 되고 있다. 그 이상은 단순히 문제를 키울 수 있다. 마지막으로, 예측을 개선하는 방법이 불분명하다.

따라서 HP 경영진은 프로세스 표준화 또는 **지연**이라는 또 다른 옵션을 고려하게 되었다. 특히 이 옵션에는 '현지화되지 않은' 프린터를 유럽 유통센터로 배송하고 현지 수요를 관찰한 후 현지화하는 것이 포함된다. 이러한 전략의 재고 절감 효과는 무엇인가? 이 질문에 답하기 위해서는 2장에서 자세히 설명한 재고 관리 정책을 활용해야 한다.

안전 재고는 $z \times STD \times \sqrt{L}$ 과 같아야 하며, 여기서 z는 서비스 수준을 유지하기 위해 선택된다는 점을 참고하여 각 맞춤형 제품에 대해 요구되는 안전 재고를 계산할 수 있다는 것을 상기하자(표 2-2 참조). 아래 분석에서는 리드 타임이 5주이고 98%의 서비스 수준이 필요하다고 가정한다. 이 수량을 평균 수요로 나누어 안전 재고가 필요한 주의 수를 결정한다. 표 10-2의 처음 6개 행에는 HP 사례의 각 사용자 정의 옵션에 대한 계산 결과가 포함되어 있다. 밑에서 두 번째 행에는 필요한 모든 안전 재고의 합계가 표시된다. 효과적인 재고 관리 전략과 현재 유통 시스템을 활용하여 HP가 98% 서비스 수준 요구사항을 충족하려면 3주 반 이상의 안전 재고가 필요하다는 것을 알 수 있다. 이 표는 또한 수요가 관찰될 때까지 현지화를 연기하는 전략의 효과도 보여준다. 이 경우 유통센터는 일반 프린터의 안전 재고만 유지하고 수요에 따라 프린터를 맞춤 제작한다. 이를 통해 유통센터가 총수요 수준에 집중할 수 있으므로 2장의 리스크 풀링 절에서 살펴본 것처럼 총수요는 개별 수요보다 훨씬 작은 표준편차를 갖게 된다. 총수요의 표준편차는 표의 마지막 행에서 계산된다. 이 새로운 표준편차는 일반 모델의 안전 재고를 결정하는 데 사용된다. 현지화가 연기된 이 새로운 시스템은 현재 기존 시스템보다 더 적은 안전 재고를 필요로 한다는 점을 주목하라.

재고 보유 비용의 절감액은 사용된 보유 비용 비율에 따라 분명하게 달라진다. 예를 들어 보유 비용을 30%로 가정하고 제품 가치를 $400로 가정하면 연간 절감액은 약 $800,000이다. 또한 지연 전략을 구현하면 다른 이점도 있다.

- 운송 중인 재고의 가치, 즉 보험 비용이 감소한다.
- 화물 취급 비용을 절감할 수 있다.
- 일부 현지화 자료는 현지에서 조달할 수 있으므로 비용이 절감되고 '현지 콘텐츠' 요구사항을 충족할 수 있다.

반면에 이러한 공정 표준화 전략을 구현하는 데에는 비용이 발생한다. 첫째, 현지화가 늦어질 수 있도록 제품과 포장을 다시 디자인해야 한다. 여기에는 비용이 수반되며 이미 잘 작동하는 제품에 대한 연구 및 개발 작업이 필요하다. 또한 현지화를 촉진하기 위해 유럽 물류센터를 수정해야 한다. 자본 투자와 더불어 '제조가 아닌 물류가 우리의 핵심 역량이다'라는 물류 운영 마인드가 바뀌어야 한다는 점을 상기하자.

HP는 실제로 이러한 전략을 구현하여 큰 성공을 거두었다. 서비스 수준이 향상되는 동안 재고는 감소하여 비용이 크게 절감되고 수익성이 향상되었다. 이러한 결과를 달성하기 위해 프린터는 현지화를 위해 재설계되었고 물류센터는 더 많은 작업과 책임을 맡게 되었다.

표 10-2 재고 분석

파라미터	월평균 수요	월별 수요의 표준 편차	주 평균 수요	주별 수요의 표준 편차	안전 재고	몇 주간 안전 재고
A	42.3	32.4	9.8	15.6	71.5	7.4
AA	420.2	203.9	97.7	98.3	450.6	4.6
AB	15,830.1	5,624.6	3,681.4	2,712.4	12,433.5	3.4
AQ	2,301.2	1,168.5	535.1	563.5	2,583.0	4.8
AU	4,208.0	2,204.6	978.6	1,063.2	4,873.6	5.0
AY	306.8	103.1	71.3	49.7	227.8	3.2
총계	23,108.6		5,37.9		20,640.0	3.8
일반	23,108.6	6,244	5,373.9	3,011.1	13,802.6	2.6

10.3 신제품 개발에의 공급업체 통합

또 다른 주요 공급망 문제는 신제품의 구성 요소에 대한 적절한 공급업체를 선택하는 것과 관련이 있다. 전통적으로 이는 설계 및 제조 엔지니어가 제품의 최종 설계를 결정한 후에 수행되었다. 최근 미시간주립대학교의 글로벌 조달 및 공급망 벤치마킹 계획(Global Procurement and Supply Chain Benchmarking Initiative)의 연구에 따르면, 기업은 설계 프로세스에 공급업체를 참여시킴으로써 엄청난 이점을 얻는 경우가 많다고 한다. 그 이점에는 재료 구매 비용 감소, 구매 재료 품질 향상, 개발 시간 및 제조 비용 감소, 최종 제품 기술 수준 향상 등이 있다.

관리자가 모든 유형의 공급망 효율성을 추구하도록 유도하는 경쟁 요인 외에도, 관리자가 제품 설계 과정에서 공급업체와 협력할 수 있는 기회를 찾도록 특히 장려하는 몇 가지 경쟁 요인이 있다. 이러한 요인에는 지속적으로 기업이 핵심 역량에 집중하고 기타 비즈니스는 외주화하도록 장려하는 전략에 초점을 맞추는 것과 제품 수명 주기의 길이를 지속적으로 줄여나가는 것이 포함된다. 이 두 가지 요인 모두 기업이 보다 효율적인 설계 프로세스를 개발하도록 만든다. 공급업체 역량을 활용하는 것은 이를 수행하는 한 가지 확실한 방법이다.

10.3.1 공급업체 통합 스펙트럼

공급업체 통합 연구에서는 공급업체 통합에 '적절한 단일 수준'이 없다는 점을 강조한다. 대신 그들은 **공급업체 통합의 스펙트럼**이라는 개념을 개발한다. 특히 공급업체 책임의 최소 단계부터 최대 단계까지 일련의 단계를 다음과 같이 구분한다.

- **None(없음)** : 공급업체는 설계에 관여하지 않는다. 자재 및 하위 조립 부품은 고객 사양 및 설계에 따라 제공된다.
- **White box(흰색 상자)** : 이 통합 수준은 비공식적이다. 공식적인 협력은 없지만 구매자는 제품 및 사양을 설계할 때 공급업체와 비공식적으로 '협의'한다.

- **Grey box(회색 상자)** : 이는 공식적인 공급업체 통합을 나타낸다. 구매자와 공급업체의 엔지니어 간에 협업 팀이 구성되고 공동 개발이 이루어진다.
- **Black box(검은색 상자)** : 구매자는 공급자에게 일련의 인터페이스 요구사항을 주고 공급자는 필요한 구성 요소를 독립적으로 설계하고 개발한다.

물론 검은색 상자 접근방식이 한쪽 끝에 있다고 해서 그것이 모든 경우에 가장 좋은 접근방식이라는 의미는 아니다. 대신 기업은 다양한 상황에 적합한 공급업체 통합 수준을 결정하는 데 도움이 되는 전략을 개발해야 한다. 글로벌 조달 및 공급망 벤치마킹 계획은 기업이 이러한 결정을 내리는 데 도움이 되는 전략적 계획 프로세스를 개발했다. 프로세스의 처음 몇 단계는 아래와 같이 요약된다.

- 내부 핵심 역량을 결정한다.
- 현재 및 미래의 신제품 개발을 결정한다.
- 외부 개발 및 제조 요구사항을 파악한다.

이 세 단계는 경영진이 공급업체로부터 조달할 제품과 공급업체 전문 수준이 적절한지 결정하는 데 도움이 된다. 향후 제품에 회사가 보유하지 않은 전문 기술이 필요한 구성 요소가 있고 이러한 구성 요소의 개발이 제품 개발의 다른 단계와 분리될 수 있다면, 검은색 상자 접근방식을 취하는 것이 합리적이다. 이러한 분리가 불가능하다면 회색 상자 개발 방식을 사용하는 것이 더 합리적이다. 만약 구매자가 어느 정도 설계 전문 지식을 갖고 있지만 공급업체가 부품을 적절하게 제조할 수 있는지 확인하고 싶다면 흰색 상자 접근방식이 적절할 수 있다.

10.3.2 효과적인 공급업체 통합의 핵심

단순히 공급업체 통합의 적절한 수준을 선택하는 것만으로는 충분하지 않다. 이러한 통합 관계가 성공하기 위해서는 큰 노력이 필요하다. 전략적 계획 프로세스의 다음 단계는 이러한 성공을 보장하는 데 도움이 된다.

- 공급업체를 선택하고 그들과 관계를 구축한다.
- 선택한 공급업체와 목표를 일치시킨다.

일반적으로 공급업체를 선택할 때는 제조 능력, 응답 시간 등 다양한 사항을 고려한다. 공급업체 통합 파트너는 일반적으로 구성 요소를 공급하므로(설계 협력 외에도), 모든 기존 고려사항이 여전히 적용된다. 또한 공급업체 통합의 특수한 특성으로 인해 공급업체 요구사항이 추가로 제시된다.

동일한 연구에서는 다음과 같은 많은 것을 확인했다.

- 설계 과정에 참여할 수 있는 능력
- 지적 재산권 및 기밀 유지 문제에 대한 합의에 도달하는 능력을 포함하여 디자인 프로세스에 참여

하려는 의지

- 프로세스에 충분한 인력과 시간을 투입할 수 있는 능력
- 공급업체 통합 프로세스에 전념할 수 있는 충분한 자원

당연하게도, 이러한 요구사항의 상대적 중요성은 특정 프로젝트와 통합 유형에 따라 다르다. 공급업체가 정해지면 공급업체와의 관계 구축을 위해 노력하는 것이 중요하다. 예를 들어, 기업은 설계 프로세스 초기에 공급업체를 참여시키는 것이 유용하다는 것을 깨달았다. 공급업체를 참여시키는 회사는 설계 개념이 생성된 후에만 공급업체를 참여시키는 회사보다 더 큰 이익을 보여준다. 공급업체와 미래 계획 및 기술을 공유하면 공동의 지속적인 개선 목표와 마찬가지로 이러한 관계를 구축하는 데 도움이 된다. 관계 관리를 전담하는 별도의 조직 그룹 또한 관계를 강화하는 데 유용하다. 이 모든 경우에 구매 회사의 목표는 신뢰할 수 있는 공급업체와 장기적이고 효과적인 관계를 구축하는 것이다. 이는 구매자와 공급업체가 효과적으로 통합되는 목표와 자연스럽게 일치될 것이다.

10.3.3 기술과 공급업체의 '서재'

미시간주립대학교 그룹은 또한 공급업체 통합의 맥락에서 기술과 공급업체의 '서재(bookshelf)'라는 아이디어를 개발했다. 여기에는 관련 신기술 개발을 모니터링하고 해당 기술에 대한 전문 지식을 입증한 공급업체를 따르는 것이 포함된다. 그런 다음 적절한 경우 구매자 회사는 공급업체 설계 팀을 자체 설계 팀과 통합하여 이러한 기술을 신제품에 신속하게 도입할 수 있다. 이는 기업이 신기술의 최첨단에 있는 것의 장점과 단점의 균형을 맞출 수 있게 한다. 한편으로는 경험을 쌓기 위해 기술을 즉시 사용할 필요가 없다. 공급업체는 다른 고객과 함께 이 지식을 개발하고 있다. 반면에 최첨단 기술과 개념의 도입이 늦어질 위험은 줄어든다. 서재 개념은 공급업체 통합의 힘을 보여주는 극적인 예이다.

10.4 대량 맞춤 생산

10.4.1 대량 맞춤 생산이란 무엇인가

Joseph Pine II는 그의 저서 《Mass Customization》에서 점점 더 많은 기업에 중요해지고 있는 개념인 **대량 맞춤 생산**을 소개했다. 이 절에서는 먼저 개념을 살펴본 다음 관련 아이디어를 구현하는 데 물류 및 공급망 네트워크가 어떤 중요한 역할을 하는지 논의한다.

대량 맞춤 생산은 20세기의 두 가지 주요 제조 패러다임인 수공업 생산과 대량 생산에서 발전했다. 대량 생산은 소량의 다양한 제품을 대량으로 효율적으로 생산하는 것을 포함한다. 산업 혁명에 힘입어 경영진이 작업 자동화 및 측정에 최우선순위를 두는 소위 **기계적 회사**(mechanistic firms)가 발달되었다. 엄격하고 기능적으로 정의된 그룹과 업무, 엄격하게 감독되는 직원을 갖춘 매우 관료적인 관리 구조가 일반적이다. 이러한 종류의 조직은 엄격한 통제와 예측 가능성을 가능하게 하여 효율성을 높이는 경향이 있

다. 소수 품목의 품질은 상당히 높을 수 있으며 가격은 상대적으로 낮게 유지될 수 있다. 이는 기업이 일반적으로 가격 경쟁을 벌이고 최근에는 품질 경쟁을 벌이는 일반 상품의 경우 특히 중요하다.

반면, 수공예품 생산에는 고도로 숙련되고 유연한 근로자, 종종 제조 분야의 장인이 참여하며, 이들은 개인적 또는 직업적 기준에 따라 관리되고 독특하고 흥미로운 제품이나 서비스를 만들고자 하는 욕구에 의해 동기 부여된다. 소위 **유기적 조직**(organic organizations)에 속한 이러한 근로자는 일반적으로 견습과 경험을 통해 훈련을 받는다. 조직은 유연하고 지속적으로 변화한다. 이러한 유형의 조직은 고도로 차별화되고 전문화된 제품을 생산할 수 있지만 규제와 통제가 매우 어렵다. 결과적으로 이러한 상품의 품질과 생산 속도는 측정과 재현이 어렵고 일반적으로 제조 비용이 훨씬 더 비싸다.

과거에는 관리자들이 본질적인 장단점을 가지고 이 두 가지 유형의 조직 중에서 결정을 내려야 하는 경우가 많았다. 일부 제품의 경우 저비용, 소품종 전략이 적합한 반면, 다른 제품의 경우에는 고비용, 다양성, 적응력이 뛰어난 전략이 더 효과적이었다. 대량 맞춤 생산의 발전은 이러한 절충안이 항상 필요한 것은 아니라는 것을 보여준다.

대량 맞춤 생산에는 다양한 맞춤형 상품이나 서비스를 저렴한 비용으로 빠르고 효율적으로 제공하는 것이 포함된다. 따라서 이는 위에서 설명한 대량 생산 시스템과 수공예 생산 시스템의 많은 장점을 보유한다. 모든 제품에 적합하지는 않지만(예 : 일반 제품은 차별화로 이익을 얻지 못할 수 있음) 대량 맞춤 생산은 기업에 중요한 경쟁 우위를 제공하고 새로운 비즈니스 모델을 추진하는 데 도움이 된다.

10.4.2 대량 맞춤 생산 작업

Pine은 대량 맞춤 생산 작업의 핵심은 고도로 숙련되고 자율적인 작업자, 프로세스 및 모듈식 단위이므로 관리자가 특정 고객의 요청과 수요를 충족하기 위해 이러한 모듈을 조정하고 재구성할 수 있다고 지적한다.

각 모듈은 지속적으로 기능을 업그레이드하기 위해 노력한다. 모듈의 성공은 작업을 얼마나 효과적이고, 빠르고, 효율적으로 완료하는지, 그리고 기능을 얼마나 잘 확장하는지에 따라 달라진다. 관리자는 이러한 기능이 어떻게 효율적으로 '서로 조화'되는지 결정하는 임무를 맡는다. 따라서 경영진의 성공은 다양한 고객 요청을 충족하기 위해 다양한 방식으로 모듈 간의 연결을 얼마나 효과적으로 개발, 유지하고 창의적으로 결합할 수 있는지, 그리고 다양한 모듈의 개발을 장려하는 작업 환경을 조성하는지에 달려 있다.

각 단위마다 고도로 전문화된 기술을 보유하고 있기 때문에 작업자는 대량 생산 방식으로 전문성과 효율성을 높일 수 있다. 이러한 장치나 모듈은 다양한 방법으로 조립할 수 있으므로 공예품 생산의 차별화가 가능하다. Pine은 이러한 유형의 조직을 **동적 네트워크**(dynamic network)라고 부른다.

대량 맞춤 생산을 성공적으로 구현하기 위해 회사, 더 구체적으로 **서로 다른 모듈을 연결하는 회사 내 시스템**이 보유해야 하는 몇 가지 주요 특성이 있다.

- **순간성** : 모듈과 프로세스는 서로 매우 빠르게 연결되어야 한다. 이를 통해 다양한 고객 요구에 신속하게 대응할 수 있다.
- **저비용성** : 연결은 프로세스에 비용을 거의 추가하지 않아야 한다. 이 속성을 통해 대량 맞춤 생산이 저비용 대안이 될 수 있다.
- **원활함** : 연결과 개별 모듈은 고객에게 보이지 않아야 고객 서비스가 저하되지 않는다.
- **저마찰성** : 네트워크나 모듈 모음은 오버헤드가 거의 없이 형성되어야 한다. 의사소통은 팀 구성에 시간을 들이지 않고 즉각적으로 이루어져야 한다. 이는 다른 많은 유형의 환경에서도 필요하다.

이러한 특성을 갖추면 다양한 고객 요구에 빠르고 효율적으로 대응할 수 있는 역동적이고 유연한 회사를 설계하고 구현하는 것이 가능해진다.

예시 10-9

내셔널 바이시클(National Bicycle)은 일본에서 파나소닉과 내셔널 브랜드 이름으로 자전거를 판매하는 마쓰시타(Matsushita)의 자회사이다. 몇 년 전 경영진은 회사가 다양한 고객 수요를 예측하고 충족할 수 없기 때문에 판매가 허용 가능한 수준에 미치지 못한다는 것을 발견했다. 대량 맞춤 제작을 시작하기 전 해에 전년도 자전거의 20%가 재고로 남아 있었다. 내셔널은 특정 틈새 시장을 겨냥하거나 예측을 개선하려고 노력하는 대신 대량 맞춤화 업체가 되었다.

회사는 도색, 부품 설치 및 튜닝이 제조시설의 다른 '모듈'에 의해 수행될 수 있는 별도의 기능이라는 것에 주목하면서 매우 유연한 자전거 프레임 제조시설을 개발했다. 다음으로, 파나소닉 주문 시스템(Panasonic Order System)이라고 불리는 정교한 고객 맞춤 주문 시스템을 설치했다. 이러한 시스템은 고객의 체중과 체격, 적절한 프레임 치수, 시트 위치, 바 스템의 확장 등을 측정하는 고유한 기계를 포함한다. 고객은 모델의 유형, 색깔 패턴, 다양한 구성 요소를 선택할 수 있다. 딜러의 정보는 즉시 공장으로 보내지며, CAD(computer-aided design) 시스템이 3분 안에 기술적인 세부사항을 생성한다. 정보는 제조가 완료되는 해당 모듈로 자동 전송된다. 자전거는 2주 후에 소비자에게 배송된다.

따라서 생산 프로세스가 원활하고 본질적으로 비용이 들지 않는 방식으로 독립적인 생산 모듈로 분리될 수 있다는 점에 착안하여 정교한 정보 시스템을 설치함으로써, 내셔널 바이시클은 제조 비용을 크게 증가시키지 않고 매출과 고객 만족도를 높일 수 있었다.

10.4.3 대량 맞춤 생산과 공급망 관리

분명한 것은, 이 장과 이전 장들에서 논의한 많은 고급 공급망 관리 방식과 기술은 대량 맞춤 생산을 성공적으로 구현하는 데 필수적이라는 점이다. 네트워크의 구성 요소가 여러 회사에 걸쳐 있는 경우 특히 그러하다.

효과적인 공급망 관리에 매우 중요한 정보 기술은 동적 네트워크에서의 다양한 모듈을 조정하고 고객 요구사항을 충족하는 데에도 매우 중요하다. 위에 나열된 필수 시스템 속성은 효과적인 정보 시스템을 필수적이게 한다. 마찬가지로, 대부분의 동적 네트워크 모듈은 여러 회사에 걸쳐 존재한다. 이에 대량 맞춤 생산에 성공하기 위한 전략적 파트너십과 공급자 통합과 같은 개념이 필수적이다. 마지막으로, 많은 프린터 관련 사례에서 나타나듯이 지연은 대량 맞춤 생산을 구현하는 데 중요한 역할을 할 수 있다. 예를 들어, 제품이 지역 유통센터에 도착할 때까지 지역 차별화를 지연하면 고객 맞춤화가 촉진된다. 다음 예에서 설명하듯이 주문이 접수될 때까지 차별화를 지연하면 고객별 맞춤화가 가능하다.

예시 10-10

델 컴퓨터는 대량 맞춤화를 기반으로 한 고유한 전략을 채택함으로써 전 세계적으로 어떤 컴퓨터 회사보다 더 많은 시스템을 판매하는 등 PC 산업에서 지배적인 기업 중 하나가 되었다. 델은 고객의 주문이 완료될 때까지 고객을 위해 PC를 만들지 않는다. 고객은 고유한 요구사항을 지정할 수 있고, 델은 이러한 요구사항에 맞게 컴퓨터를 만든다. 점점 더 많은 주문이 인터넷을 통해 들어온다. 주문 접수 시스템은 컴퓨터가 신속하게 제조하는 데 필요한 재고를 확보하는 델의 자체 공급망 관리 시스템과 연결된다. 또한 델은 재고를 거의 두지 않는다. 대신에 델의 공급업체는 델의 시설 근처에 창고를 건설했고, 델은 적시에 부품을 주문한다. 이러한 전략을 구현함으로써 델은 고객이 원하는 것을 매우 빠르고 정확하게 고객에게 제공할 수 있었다. 또한 델은 재고 비용이 낮고 급격하게 변화하는 컴퓨터 산업에서 부품 노후화의 위험을 최소화한다. 이러한 방식으로 델은 데스크톱 PC, 노트북, 서버 시장에서 지배적인 기업 중 하나가 되었다.

델은 그들의 목표를 달성하기 위해 우리가 논의한 많은 중요한 개념을 활용했다. 회사는 공급망에서 (웹을 통해) 주문을 받는 것부터 재고를 관리하는 것까지 모든 작업을 수행하는 고급 정보 시스템에 의해 운영된다. 델의 많은 공급업체와 전략적 파트너십이 구축되었다. 델은 새로운 컴퓨터와 네트워크 장치가 호환되도록 하기 위해 일부 주요한 공급업체(예 : 네트워크 장비 공급업체인 3Com)와 공급업체 통합 파트너십을 구축하고 있다. 마지막으로, 델은 대량 맞춤 제작을 달성하기 위해 주문이 접수될 때까지 컴퓨터의 최종 조립을 연기하는 사후 지원 개념을 활용했다.

요약

이 장에서는 제품 설계와 공급망 관리가 상호 작용하는 다양한 방식에 초점을 맞추었다. 먼저, 제품 설계가 물류 비용을 낮추는 데 사용되는 다양한 물류 개념의 설계를 살펴보았다. 효율적인 포장과 보관을 위해 설계된 제품은 명백하게 운송 및 보관 비용이 적게 발생한다. 특정 제조 단계를 병렬적으로 완료할 수 있도록 제품을 설계하면 리드 타임을 단축하고 안전 재고를 줄이며 시장 변화에 대한 대응력을 높일 수 있다. 마지막으로, 표준화는 제품 간 리스크 풀링을 가능하게 하여 재고를 줄이고, 총괄 예측에 포함된 정보를 기업이 보다 효과적으로 사용할 수 있게 한다.

또 다른 중요한 디자인/공급망 상호 작용에는 공급업체를 제품 디자인 및 개발 프로세스에 통합하는 것이다. 공급업체를 개발 프로세스에 통합할 수 있는 다양한 방법을 논의하고 이를 효과적으로 관리하기 위한 가이드라인을 고려했다.

마지막으로, 고급 공급망 관리는 대량 맞춤 생산을 촉진하는 데 도움이 된다. 대량 맞춤 생산은 매우 다양한 맞춤형 상품이나 서비스를 저렴한 비용으로 빠르고 효율적으로 제공하는 것을 포함한다. 이러한 전략은 기업에게 중요한 경쟁 우위를 제공하는 데 명백히 도움이 되며, 마찬가지로 분명히 대량 맞춤 생산이 성공하려면 효과적인 공급망 관리가 필수적이다.

토론 질문

1. 낮은 클록 속도 제품 2개, 중간 클록 속도 제품 2개, 빠른 클록 속도 제품 2개의 목록을 작성하시오.
2. 낮은 클록 속도는 제품 설계 전략에 어떻게 영향을 미치는가? 빠른 클록 속도는 어떠한가?
3. 그림 10-1의 각 박스에 적합한 제품의 예를 드시오.
4. 배송 및 보관 비용을 낮추도록 설계된 제품의 몇 가지 예에 대해 토론하시오.
5. 제품, 모델 및 옵션의 증가는 공급망 관리를 어떻게 더 어렵게 만드는가?
6. 제품 대체의 장점과 단점은 무엇인가?
7. 과도한 부품 표준화로 인해 피해를 받은 제품이나 산업은 무엇인가?
8. 모듈형과 비모듈형 제품 및 공정의 몇 가지 예에 대해 토론하시오.
9. 표준화 전략은 관리자가 수요 변동성과 정확한 예측의 어려움에 대처하는 데 어떻게 도움이 되는가?
10. 공급업체를 제품 개발 프로세스에 통합할 때의 장점과 단점은 무엇인가?
11. 중견 의류 제조업체의 CEO로서 일부 제품에 대한 대량 맞춤화 전략을 고려하고 있다. 어떤 제품이 대량 맞춤 생산에 적합한지 어떻게 결정할 수 있는가?

CHAPTER 11

유연성

이 장을 마치고 나면 다음 문제를 이해할 수 있다.

- 유연성을 어떻게 정의할 것인가?
- 기업은 어떻게 공급망 유연성을 높일 수 있는가?
- 공급망 유연성의 동인은 무엇인가?
- 유연성과 가변성 사이의 관계는 무엇인가?
- 유연성과 비용 간의 절충은 무엇인가?

11.1 개요

당연하게도, 유연성의 필요성은 새로운 것이 아니다. 오늘날 많은 기업의 경영진은 Michael Hammer와 James Champy의 저서 《Reengineering the Corporation》의 영향을 받았다. 이 책의 첫 장에서 저자들은 "적어도 공개적인 자리에서 경영진이 변화하는 시장 상황에 빠르게 적응할 수 있을 만큼 유연한 조직을 원한다고 말하지 않는 기업은 이 나라에 존재하지 않는다."고 말한다. 이 관찰은 오늘날에도 여전히 유효하다!

그렇다면 왜 많은 기업이 끊임없이 변화하는 고객의 기대에 부응하지 못하는 것일까? 왜 공급에 조금이라도 차질이 생기면 막대한 재정적 손실을 입는 경우가 많을까? 아니면 왜 운영상의 문제에 직면했을 때 완전히 무너질까?

이러한 일이 발생하는 이유는 대부분의 기업이 유연성(flexibility)을 이해하지 못하기 때문이다. 이 기업들은 비즈니스에 존재하는 유연성의 정도를 측정하는 방법, 또는 얼마나 많은 (추가) 유연성이 필요한지, 어떤 비용으로 어떻게 달성할 수 있는지, 잠재적 이점은 무엇인지에 대한 이해가 부족하다. 많은 기업 경영진에게 유연성은 민첩성이나 회복탄력성과 같은 또 다른 유행어에 불과하며, 기껏해야 통찰력을 제공하는 유행어로 인식되고 중요한 비즈니스 결정에 사용되지 않는다.

그러나 유연성을 이해하는 기업은 경쟁 우위를 확보하고 비용을 절감하며 대응력을 개선하는 강력한 도구로 유연성을 활용하고 있다. 실제로 토요타의 린 제조, 델의 소비자 직접 판매, 아마존의 효율적인 주문 처리 시스템과 같은 성공한 비즈니스 전략의 핵심은 기업의 비즈니스 모델과 고객 가치 제안에 부합하도록 설계된 유연한 운영에 있다(고객 가치 제안에 대한 논의는 12장 참조).

그렇다면 유연성이란 정확히 무엇일까? 유연성은 운영 및 공급망 비용을 증가시키지 않고 대응 시간을 거의 또는 전혀 지연시키지 않으면서 변화에 대응할 수 있는 능력으로 정의할 수 있다. 여기서 변화란 수요량과 제품 믹스, 상품 가격, 인건비, 환율, 기술, 장비 가용성 또는 시장 상황이나 생산 및 물류 환경의 모든 변화를 의미한다.

이 정의에는 '변화', '비용', '시간'이라는 세 가지 핵심단어가 포함되어 있는데 이는 운영에 의해 영향을 받는 가장 중요한 성과지표인 고객 경험, 운영 비용, 비즈니스 대응시간을 나타낸다. 특히 '변화에 대응할 수 있는 능력'은 업무 중단이 발생하더라도 수요와 공급을 일치시켜 고객 경험에 지장을 주지 않을 수 있어야 한다는 것을 의미한다. 마찬가지로 다른 모든 조건이 동일할 때 유연성이 확보되면 장기적인 운영 비용을 줄이거나 대응 시간을 개선하거나 둘 다 개선하는 데 도움이 된다.

그렇다면 기업은 어떻게 유연성을 확보할 수 있으며 어느 정도의 유연성이 필요할까? 유연성은 공짜로 주어지는 것이 아니기 때문에 두 번째 질문이 특히 중요한데, 일반적으로 유연성의 정도가 높을수록 이를 달성하는 데 더 많은 비용이 소요된다. 따라서 조직은 현재 비즈니스에 존재하는 유연성 수준을 측정하고, 비즈니스에서 가능한 추가 유연성 수준을 파악한 후 마지막으로 각 유연성과 관련된 비용과 이점을 파악하여 최선의 조치를 선택할 수 있는 체계적인 프로세스가 필요하다.

이 장에서는 이와 같은 주제를 다룬다. 우리의 접근방식은 엔지니어링 시스템 접근방식으로 비즈니스에 대한 총체적인 관점에서 제조, 물류, 운송, 제품 디자인을 통합한 학제 간 접근방식이다.

먼저 시스템 설계, 즉 유연성을 지원하는 제조 및 유통망 설계를 통해 유연성을 확보하는 데 초점을 맞춘다. 그리고 시스템 유연성을 지원하는 데 필요한 조직 구조와 비즈니스 프로세스에 대해 논의한다. 그런 다음 단일 생산 라인과 같은 다른 환경에서도 동일한 개념을 적용하여 인력 기술과 프로세스에 집중함으로써 유연성을 달성할 수 있음을 보여준다.

11.2 개념

시스템 설계는 기업의 역량에 가장 큰 영향을 미치며 유연성을 활용할 수 있는 가장 많은 기회를 제공한다. 그렇다면 시스템 유연성을 확보하려면 어떻게 해야 하는가? 기업이 따라야 할 가이드라인은 무엇인가? 이는 다음 두 가지 이유에서 중요한 질문이다. 첫째, 유연성을 구현하는 데는 비용이 많이 든다. 둘째, 생산 장비뿐만 아니라 공장, 창고와 같은 자산과 관련된 경우가 많기 때문에 한번 결정이 내려지면 변경하기가 어렵다.

그림 11-1은 5개의 제조시설과 5개의 제품군이 있는 공급망을 보여준다. 그림 11-1의 왼쪽에 있는

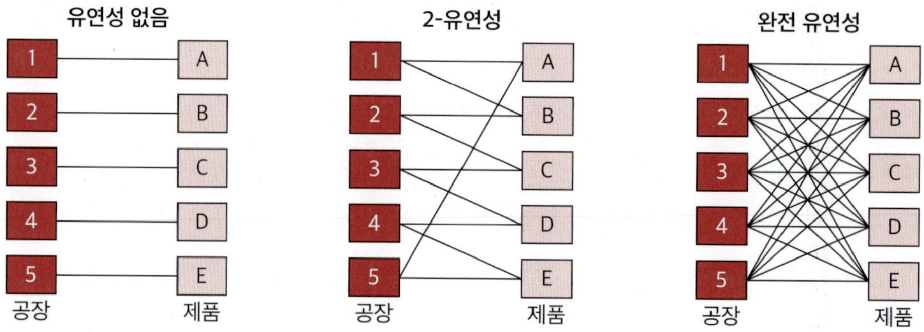

그림 11-1 시스템 디자인을 통한 유연성 달성

시스템 설계는 '유연성 없음' 또는 '전용'이라고도 하며, 각 공장이 하나의 제품군을 담당하는 설계이고 오른쪽의 레이아웃인 '완전 유연성'은 '전체 유연성'이라고도 하며, 각 공장이 모든 제품군을 생산할 수 있는 설계라고 하자.

'유연성 없음' 상태에서는 각 공장이 하나의 제품군을 담당하므로 로트 크기가 크고 작업준비 시간이 없거나 매우 적다. 결과적으로 이 시스템 설계는 제조 비용을 절감한다. 그러나 각 공장이 하나의 제품군에 집중하기 때문에 평균적으로 공장의 위치는 시장 수요에서 멀리 떨어져 있어 운송 비용이 증가한다. 반대로 완전 유연성의 경우는 각 공장이 여러 제품군을 담당하므로 로트 크기가 작고 작업준비 시간이 길기 때문에 제조 비용이 증가하는 대신 가장 가까운 공장에서 시장 수요를 충족할 수 있으므로 운송 비용을 크게 절감할 수 있다.

이 두 가지 극단적인 설계 사이에는 다양한 설계 방식이 존재할 수 있다. 예를 들어, 그림 11-1의 가운데에 있는 2-유연성 전략은 각 공장에서 정확히 두 가지 제품군을 생산할 수 있는 시스템 설계이다. 이러한 설계는 제조 비용은 증가하지만 '유연성 없음' 전략에 비해 운송 비용은 감소한다.

따라서 n-유연성 전략은 각 공장이 n개의 제품군을 생산할 수 있는 전략으로 정의된다. n의 값이 클수록 유연성의 정도가 높아지며, 이에 따라 제조-운송 간 절충점이 달라진다. 유연성이 낮을수록 제조 비용은 감소하지만 운송 비용은 증가하는 경향이 있는 반면, 유연성이 높을수록 제조 비용 대신 운송 비용이 감소한다.

11.3 영향

유연성이 미치는 영향을 설명하기 위해 다음 식음료 산업의 한 제조업체와 관련된 가상의 사례를 살펴보자. 현재 5개의 제품군 각각이 국내 5개 공장 중 한 곳에서 제조되고 있으며, 예측 수요에 대해 90%의 라인 효율을 목표로 생산 능력을 갖추고 있다. 이 프로젝트의 목표는 다음 세 가지이다.

- 공급망에 대한 유연성의 비용상 이점을 파악한다.

- 적절한 유연성 수준을 결정한다.
- 수요가 예측과 다를 경우 유연성이 제공하는 이점을 파악한다.

이를 위해서는 현재 공급망에 대한 정보가 더 필요하다. 인건비는 공장마다 다르며 주로 공장 위치에 따라 달라진다. 공장 위치와 평균 인건비는 다음과 같다.

- 펜실베이니아주 피츠버그　　시간당 $12.33
- 오하이오주 데이턴　　시간당 $10.64
- 텍사스주 애머릴로　　시간당 $10.80
- 네바다주 오마하　　시간당 $12.41
- 캘리포니아주 모데스토　　시간당 $16.27

회사는 볼티모어, 채터누가, 시카고, 댈러스, 디모인, 로스앤젤레스, 새크라멘토, 탬파에 위치한 8개의 유통센터에서 재고를 생산하고 보관한다. 수요는 인구 밀도에 많이 비례하지만 수요의 불확실성이 높기 때문에 마케팅 부서에서는 예측과 함께 수요가 예측과 상당히 다를 수 있다는 것을 보여주는 몇 가지 시나리오를 고려한다. 마지막으로, 인바운드 운송은 대부분 완전 트럭로드 운송업체를 통해 이루어지는 반면에 아웃바운드 운송은 LTL 운송업체와 개인 차량을 통해 이루어진다.

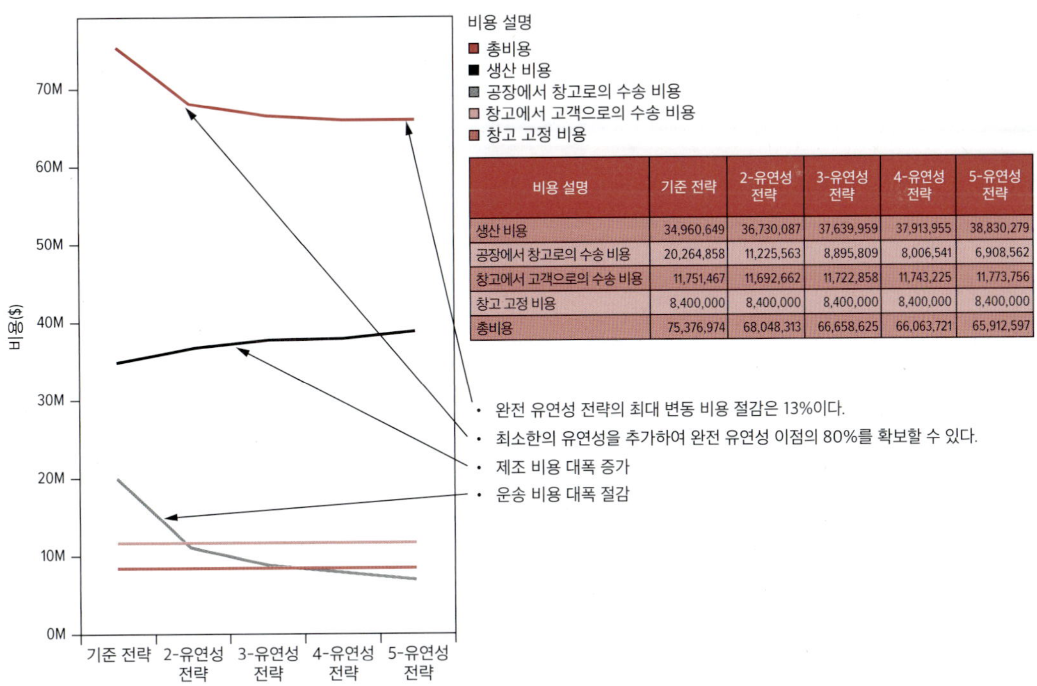

비용 설명	기준 전략	2-유연성 전략	3-유연성 전략	4-유연성 전략	5-유연성 전략
생산 비용	34,960,649	36,730,087	37,639,959	37,913,955	38,830,279
공장에서 창고로의 수송 비용	20,264,858	11,225,563	8,895,809	8,006,541	6,908,562
창고에서 고객으로의 수송 비용	11,751,467	11,692,662	11,722,858	11,743,225	11,773,756
창고 고정 비용	8,400,000	8,400,000	8,400,000	8,400,000	8,400,000
총비용	75,376,974	68,048,313	66,658,625	66,063,721	65,912,597

그림 11-2 총비용 비교

표 11-1 수요량 변화가 시스템 성능에 미치는 영향

	시나리오	만족된 수요	부족분	비용/단위	평균 공장 가동률
수요 시나리오 1	기준 전략	25,520,991	1,505,542	$2.94	91%
	2-유연성 전략	27,026,533	0	$2.75	97%
수요 시나리오 2	기준 전략	25,019,486	1,957,403	$2.99	91%
	2-유연성 전략	26,976,889	0	$2.75	96%
수요 시나리오 3	기준 전략	23,440,773	4,380,684	$2.93	84%
	2-유연성 전략	27,777,777	43,680	$2.79	100%

현재 전략은 제조 비용 절감에 초점을 맞추고 있다. 실제로 대량 생산 제품은 오하이오주 데이턴에 있는 저비용 공장에서 생산하고, 소량 생산 제품은 고비용 제조시설인 모데스토 공장에서 생산하고 있다.

유연성에 대한 투자의 이점을 추정하기 위해 5가지 시스템을 분석한다.

- 전용 제조 전략 : 각 공장이 단일 제품군에 집중하는 기준 전략
- 2 - 유연성 전략 : 각 공장에서 최대 2개의 제품군을 제조할 수 있는 유연성에 대한 최소한의 투자 전략
- 3 - 유연성 전략 : 각 공장에서 최대 3개의 제품군을 제조할 수 있는 유연성 수준 전략
- 4 - 유연성 전략 : 각 공장에서 최대 4개의 제품군을 제조할 수 있는 유연성 수준 전략
- 완전 유연성 전략 : 각 공장에서 5개 제품군을 모두 생산할 수 있는 유연성 수준 전략

그림 11 - 2는 다양한 유연성 수준에 따른 연간 비용을 자세히 비교한 것이다. 유연성 수준이 높아질수록 운송 비용은 감소하는 반면 제조 비용은 증가한다. 유연성이 높아지면 총비용이 감소한다.

또한 완전 유연성 전략은 공급망 비용을 총 13% 절감한다. 2 - 유연성 전략은 완전 유연성 이점의 80%를 차지할 정도로 놀라운 효과를 발휘한다. 이는 유연성의 정도에 따라 총 공급망 비용이 감소하는 한계 수익률을 보이기 때문이다.

유연성에 대한 적은 투자가 총 공급망 비용에 상당한 영향을 미칠 수 있다는 결론을 내릴 수 있다.

이는 매우 고무적인 일이지만, 아쉽게도 이 회사의 예측 정확도는 매우 낮다. 따라서 실제 수요가 예측과 다를 경우 2 - 유연성 전략이 어떻게 작동할지 불확실하다. 비용 측면에서는 2 - 유연성 전략이 효과적일지 모르지만, 예측 대비 수요 변화에 대응하기 위한 도구로는 적합하지 않을 수 있다.

이 문제를 해결하기 위해 예측치보다 높거나 낮은 수요에 대한 공급망 실적의 민감도 분석을 수행한다. 이를 위해 세 가지 시나리오를 고려한다.

- 주요 제품 2개가 25% 성장하고 다른 제품의 수요가 5% 감소하는 경우
- 낮은 판매량 제품에 대한 수요가 35% 성장하고 다른 제품에 대한 수요가 5% 감소하는 경우
- 잠재력이 높은 제품에 대한 수요는 100% 증가하고 다른 모든 제품에 대한 수요는 10% 감소하는 경우

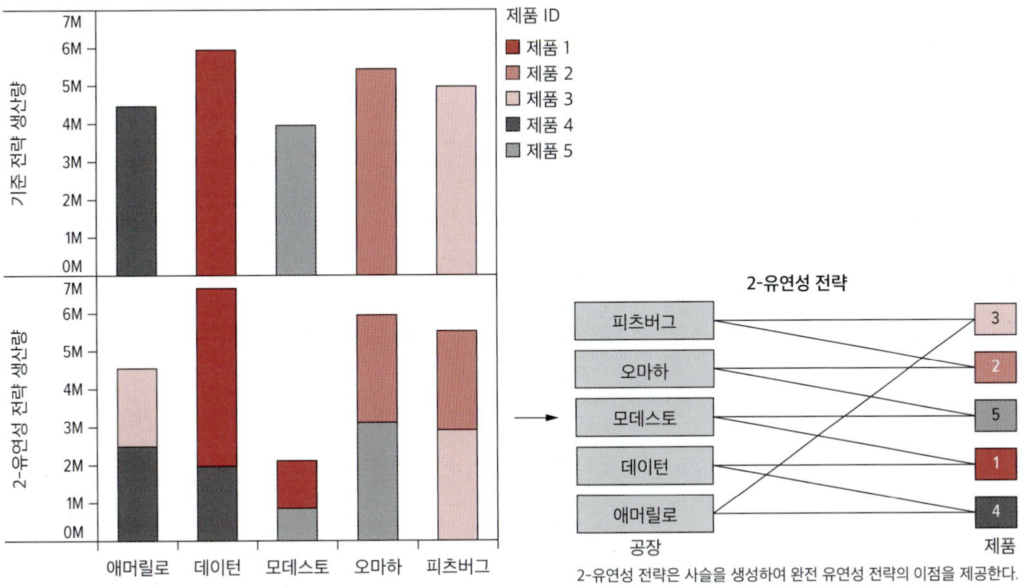

그림 11-3 2-유연성 전략의 효과

표 11-1에는 기준값과 2-유연성(최소 유연성) 전략의 최적 설계에 대한 수요량 변화가 시스템 성능에 미치는 영향이 요약되어 있다. 표에서 볼 수 있듯이 2-유연성 전략은 모든 범주와 모든 수요 시나리오에서 기준 전략보다 성능이 뛰어나다. 예를 들어, 첫 번째 수요 시나리오에서 2-유연성 전략은 더 많은 수요를 충족하고 부족분을 제거하며 단위당 비용을 절감하고 공장 가동률을 크게 높인다.

언뜻 보기에 기준 전략의 경우 부족분은 높지만 일반적으로 공장 가동률이 낮다는 점이 특이하다. 이는 기준 전략과 2-유연성 전략의 총용량은 동일하지만, 기준 전략은 여러 제품군 간에 적절한 용량 할당이 이루어지지 않았기 때문이다.

흥미로운 점은 2-유연성 전략의 설계가 다양한 시나리오와 독립적으로 이루어졌음에도 불구하고 2-유연성 전략이 모든 시나리오에서 기준 전략보다 훨씬 더 나은 성과를 거둘 수 있다는 것이다. 따라서 2-유연성 전략이 왜 그렇게 잘 작동하는지에 대한 더 나은 이해가 필요하며, 이러한 이해가 운영 및 공급망 관리자에게 설계 지침을 제공할 수 있다.

그림 11-3을 참조하여 2-유연성 전략의 성능에 대한 통찰력을 얻을 수 있다. 왼쪽에는 기준 전략(위쪽)과 2-유연성 전략(아래쪽)의 용량 할당이 표시되어 있다. 그림에서 볼 수 있듯이 2-유연성 전략에서는 피츠버그 공장이 제품 2와 3을, 오마하 공장이 제품 2와 5를 담당한다.

그림 11-3의 오른쪽에도 동일한 구조가 그려져 있다. 여기에서 특이한 점은 2-유연성의 설계로 인해 모든 공장과 제품을 직간접적으로 연결하는 사슬이 만들어진 것이다. 공급망이 수요량과 믹스 변화에 효과적으로 대응할 수 있는 것은 바로 이 긴 사슬이 존재하기 때문이다.

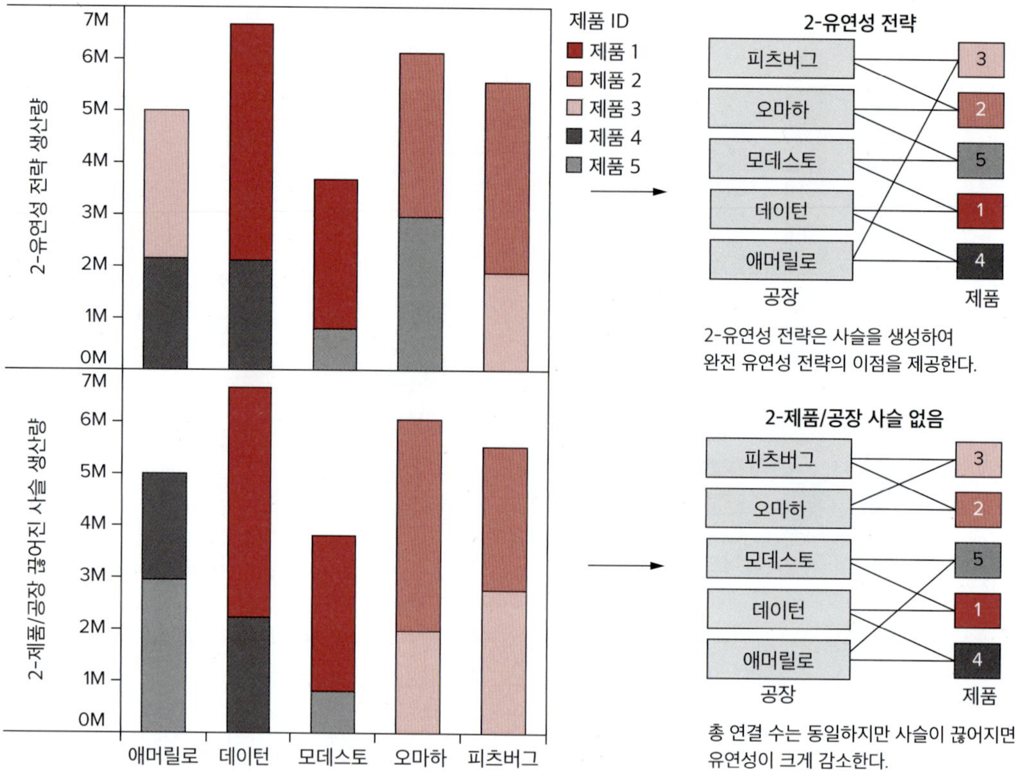

그림 11-4 2개의 2-유연성 전략 : 긴 사슬을 가진 전략과 2개의 작은 사슬을 가진 전략

이 가설을 테스트하기 위해 그림 11-4를 참조하여 두 가지 다른 2-유연성 전략 설계를 비교하자. 위쪽 설계는 앞서 설명한 2-유연성 전략이다. 아래쪽은 각 공장에서 여전히 두 가지 제품군을 생산하지만, 2개의 작은 사슬로 나누어져서 하나의 사슬에는 피츠버그, 오마하, 제품 2 및 3이 포함되고, 두 번째 사슬은 나머지 모든 제품 및 공장을 포함한다. 보다시피, 이 설계에서는 제품-공장 연결 수가 위쪽 설계와 정확히 같지만 위쪽 전략의 하나의 긴 사슬을 아래쪽 전략에서는 2개의 작은 사슬로 나누었다.

표 11-2는 앞서 설명한 세 가지 시나리오 각각에서 두 가지 2-유연성 전략의 효율성을 비교한 것이다. 보다시피 시나리오와 성능 측정값에 따라 긴 사슬을 가진 원래의 2-유연성 전략이 성능 면에서 두 번째 설계와 비슷하거나 더 우수하다.

긴 사슬의 효과를 직관적으로 다음과 같이 설명할 수 있다. 모든 공장이 생산 능력에 따라 가동되고 제품군 3에 대한 수요는 정확히 한 단위 증가한 반면 제품 1에 대한 수요는 같은 양만큼 감소했다고 하자. 그림 11-4의 긴 사슬 설계(상단 설계)에서는 제품 3을 생산하는 공장(피츠버그 및 애머릴로)이 이미 생산 능력대로 생산하고 있을 때 수요가 갑자기 증가하더라도 제조 네트워크는 제품 3에 대한 수요를 충족할 수 있다. 이는 긴 사슬이 다음과 같은 계단식 효과를 내포하고 있기 때문이다. 즉, 제품 1에 대한 수요가 감소하면 데이턴에서 생산되는 제품 4의 양을 늘릴 수 있고, 이는 다시 애머릴로에서 생산되는 제품 4

표 11-2 긴 사슬이 있는 전략과 2개의 짧은 사슬이 있는 전략 비교

	시나리오	만족된 수요	부족분	비용/단위	평균 공장 가동률
수요 시나리오 1	2-유연성 전략	27,026,533	0	$2.75	97%
	2-제품/공장 사슬 없음	27,026,533	0	$2.76	93%
수요 시나리오 2	2-유연성 전략	26,976,889	0	$2.75	96%
	2-제품/공장 사슬 없음	26,022,490	954,399	$2.79	94%
수요 시나리오 3	2-유연성 전략	27,777,777	43,680	$2.75	100%
	2-제품/공장 사슬 없음	24,633,440	3,188,017	$2.66	86%

의 양을 줄여 애머릴로가 제품 3을 1개 더 생산하여 수요를 충족할 수 있다. 그림 11-4의 2개의 짧은 사슬 설계(아래쪽 설계)에서는 제품 1과 제품 3을 연결하는 체인이 없으므로 이 방법이 불가능하다.

위에 언급된 내용을 요약하면 다음과 같다. 사슬은 모두 직간접적으로 연결된 제품 및 공장의 그룹이다. 긴 사슬은 짧은 사슬보다 더 나은 성능을 발휘한다. 특히 유연성 구조를 설계할 때 긴 사슬이 선호되는 이유는 더 많은 공장과 제품을 한데 묶어 짧은 사슬보다 불확실성에 더 효과적으로 대처할 수 있기 때문이다.

11.4 유연한 운영

시스템 유연성에 투자하려면 작은 유연성일지라도 비즈니스 프로세스의 변화, 정보 공유에 대한 투자, 조직 구조에 대한 재고가 병행되어야 한다.

예를 들어, 각 공장이 하나의 제품군에 집중하는 전용 제조 전략을 사용하면 공급망이 분산된 방식으로 작동된다. 각 공장은 완전히 자율적이며, 공장 간 조정이 필요하지 않으므로 이는 시스템 유연성이 아니다. 여기에서는 시스템 성능에 따라 각 공장에 생산 및 원자재를 할당하기 위해 공장들의 상태, 가용성, 재고 및 백로그에 대한 정보를 공유가 필요하다.

이는 **판매 및 운영 계획**(S&OP, Sales and Operation Planning)이라는 중요한 공급망 관리 프로세스를 통해 구현된다. 이는 공급과 수요의 균형을 지속적으로 유지하는 비즈니스 프로세스로 영업, 마케팅, 신제품 출시, 제조 및 유통을 단일 계획을 일반적으로 제품군과 같은 집계된 볼륨 수준에서 통합하는 교차기능을 수행한다.

S&OP 관행은 80년대 중반에 시작되었으며 주로 수요 계획과 분석에 중점을 두었다. 이 프로세스에는 수요 예측과 공급 능력 제약을 비교하고 실현 가능한 실행 계획을 파악하는 월별(또는 분기별) 회의가 포함된다. 대부분의 기업은 수요 계획 소프트웨어와 다양한 ERP, CRM, 제조 시스템에서 수집한 데이터의 스프레드시트 분석을 사용한다.

이 과정에서 시스템 유연성이 중요한 역할을 한다. 실제로 이 프로세스를 통해 회사의 생산 조달 결정이 이루어진다. 기존에 1년에 한 번씩 조달 결정이 업데이트되어 공장 및 사업부에 배포되고 그 실행 여부와 방법은 각 사업부의 재량에 맡기는 정적 전략과는 달리 유연한 공급망에서 기업은 수요, 공급, 다양

표 11-3 1986년경 GM 대 토요타 공장 비교

	GM 매사추세츠주 프레이밍햄 공장	토요타 타카오카 공장
차량당 조립 시간	31	16
차량 100대당 조립 결함	130	45
차량당 조립 공간	8.1	4.8
부속품 재고(평균)	2주	2시간

한 비용 및 비즈니스 제약의 변화를 고려하여 생산 조달 결정을 최적화함으로써 동적인 조달 전략으로 전환한다.

대형 청량음료 제조 및 유통업체인 펩시 보틀링 그룹(PBG, Pepsi Bottling Group)은 이러한 유연한 제조 전략과 그에 따른 S&OP 프로세스를 구현했다. 2005년 초, PBG는 탄산음료에서 비탄산음료로, 캔에서 병으로 소비자 선호도가 변화하는 어려운 도전에 직면했다. 당시 PBG는 제한된 수의 공장에서 새롭게 선호도가 높아진 제품을 생산했기 때문에 수요가 급증하는 시기에는 심각한 서비스 문제가 발생했다.

이 문제를 해결하기 위한 PBG의 놀라운 공급망 변화는 6개월간의 개념 증명으로 시작하여 전체 공급망에 걸쳐 구현되었다. 2년 동안 다음과 같은 변화가 관찰되었다.

- 공급망, 운송, 재무, 영업, 제조 부서가 함께 모여 조달 및 사전 구축 전략을 논의하는 정기 회의 신설
- $2억 100만에서 $1억 9,500만으로 원자재 및 소모품 재고 감소
- 매출 증가에도 불구하고 운송 마일리지 증가율 2% 포인트 감소
- 창고 품절 수준 감소로 1,230만 개의 케이스 추가 판매 가능

다시 말해, 창고 재고 감소는 자본 지출 없이 생산 라인 1.5개를 추가한 것과 같은 효과를 가져왔다.

11.5 프로세스 유연성

이전 절에서 제조 및 유통 네트워크 전반의 활동 조정을 통한 공급망 유연성 달성을 논의했다. 이번 절에서는 시스템 유연성 개념을 단일 생산 라인에 적용하여 인력의 기술과 프로세스에 집중함으로써 유연성을 달성하는 방법을 설명한다.

토요타 생산 시스템의 핵심은 프로세스 설계를 통해 유연성을 확보하는 것이다. 이러한 유형의 생산 시스템은 적시 생산(JIT) 또는 **린 제조**라고도 한다. 토요타 생산 시스템을 이해하기 위해 먼저 자동차 산업을 살펴보자. 1970년대 디트로이트의 3대 자동차 제조 기업은 에어컨과 파워스티어링 같은 편의 기능에 중점을 두었다. 80년대 중반에 시장 장벽이 무너지고 일본 제조 기업들의 실적이 호조를 보이자 90년대에는 품질로, 그 이후에는 제품의 다양성과 유연성으로 전환해야 했다.

토요타의 성공 사례와 자동차 산업을 이해하기 위한 첫 번째 중요한 노력은 MIT 연구 프로젝트였으며, 그 결과는 J. P. Womack, D. T. Jones, D. Roos가 저술한 《The Machine That Changed the

World》라는 책에 요약되어 있다. 이 책에서는 표 11-3에 나와 있는 것처럼 80년대 중반에 토요타와 GM 생산 시스템의 효율성에 상당한 차이가 있었음을 보여준다.

물론 토요타와 디트로이트 빅3의 격차는 지난 몇 년 동안 줄어들고 있지만 여전히 존재한다. 실제로 2008년 하버 보고서에 따르면 토요타 자동차와 크라이슬러는 각각 차량 한 대를 완전히 조립하는 데 평균 30.37시간이 소요되어 생산성 부문에서 업계를 선도했다. 반면, 크라이슬러와 디트로이트의 이웃 기업들은 "의료, 연금, 판매 인센티브에 대한 높은 비용과 더 많은 수의 대리점을 지원하기 때문에" 차량당 수익이 낮아졌다(2008 Harbour Report).

토요타 생산 시스템에서 유연성이 차지하는 중요성과 역할을 이해하기 위해 토요타의 주요 목표를 살펴보자.

- **낭비 제거** : 자재, 재고, 에너지, 운송, 결함, 시간 및 비용
- **지속적인 개선** : 작업준비(시간과 비용) 감소에 대한 지속적인 강조, 품질 개선, 제품 설계 수정, 프로세스 조정
- **사람과 팀워크에 대한 투자** : 직원이 의사결정을 내릴 수 있도록 제조 환경 설계(예 : 문제 발견 시 생산 라인 중단), 문제 해결 능력 배양, 직원이 프로세스 개선을 제안하도록 동기 부여, 직원 교차 훈련을 통해 유연성 제공

이러한 목표는 상호 보완적이다! 예를 들어, 재공품 재고(폐기물)가 적다는 것은 생산 라인의 문제를 덮을 수 있는 '지방(fat)'이 없다는 것을 의미하고 이를 통해 병목 현상, 라인 오류, 결함 및 기타 제조 문제를 즉시 감지하고 문제 해결 능력(인력 및 팀워크)을 키울 수 있다. 동시에 생산 라인 작업자는 프로세스 개선을 제안할 수 있는 최고의 전문가이므로 성능과 제품 품질을 지속적으로 향상할 수 있다. 마찬가지로 토요타 생산 시스템은 품질을 개선하고 재작업을 방지하기 위해(지속적 개선), 생산 공정의 각 단계에서 검사원이 아닌 작업자가 작업 품질을 책임지는 '원천 품질'을 옹호한다(직원 역량 강화).

린 패러다임은 수년 동안 널리 퍼져 있던 대량 생산 방식과는 크게 다르다. 예를 들어, 대량 생산에서는 의사결정이 계층적으로 이루어지고, 재공품 재고는 원활한 생산을 위한 완충 장치이며, 환경 설정, 비용 또는 품질은 개선하기 어려운 제약 조건으로 받아들여진다. 반면 린 패러다임에서는 의사결정이 작업자에게 위임되고, 재고는 줄여야 할 낭비의 원천으로 간주되며, 설정이나 품질 문제와 같은 제약을 제거하기 위해 지속적으로 노력한다.

그렇다면 린 패러다임으로 재공품 재고를 지속적으로 줄인다면 이 접근방식이 어떻게 원활한 생산 일정을 지원할 수 있을까? 린 패러다임을 통해 비용을 절감하고 자원을 더 잘 활용하면서 원활히 생산할 수 있게 하려면 제품이나 구성 요소 간에 많은 전환이 필요하다. 이는 유연성에 대한 끊임없는 집중으로 해결될 수 있다.

재고가 적고, 자원 활용도가 높으며, 폐기물 감소에 지속적으로 집중하는 환경에서 어떻게 유연성을

확보할 수 있을까? 이 질문은 언뜻 보기에 모순처럼 보이지만 이 질문에 대한 토요타의 해답은 린 제조에서 자주 발견되는 세 가지 테마에서 찾을 수 있다.

- 작업준비 비용을 줄이거나 완전히 없앰
- U자형 생산 라인 설계
- 작업자 교차 훈련에 투자

지금까지 논의한 바와 같이 토요타 생산 시스템의 유연성은 생산 라인이 변화에 대응할 수 있는 능력에 초점을 맞추고 있다. 여기에는 다음과 같은 변화가 포함된다.

- 수요량과 믹스
- 가변 처리 시간
- 장비 고장
- 예상치 못한 제품 재작업

다음에서 토요타 생산 시스템의 유연성 수준을 총체적으로 정의하는 세 가지 주제에 대해 설명하고 분석한다.

11.5.1 작업준비 시간과 비용

높은 작업준비 시간과 비용은 규모의 경제를 활용하기 위해 라인에서 더 큰 로트 크기를 생산해야 하므로 더 많은 재고를 야기한다. 이 경우 한 생산 라인에서 다른 제품을 생산하는 시간이 줄어들고 한 제품 생산에서 다른 제품의 생산으로 전환이 어렵게 된다. 결과적으로 높은 작업준비 시간과 비용의 경우 하나의 제품군에 집중하는 전용 제조시설이 더 유리하다. 반대로 작업준비 시간과 비용이 낮거나 아예 없으면 재고가 줄어들고 생산 라인의 유연성과 변화에 대한 대응력이 높아지므로, 많은 생산 관리자가 작업준비 시간과 비용을 줄이기 위한 기술과 프로세스 개발 및 적용에 집중한다.

다양한 린 제조 연구자들이 작업준비 시간과 비용을 줄이는 해답을 제시하고 있다. 구현의 복잡성과 난도가 높아질 때 일반적으로 권장되는 사항은 다음과 같다.

- 작업준비 시간과 비용을 높이는 **유지보수 및 조직 문제를 파악**하고 그 영향을 제거하거나 줄인다.
- **내부와 외부 작업준비 과정을 구분한다.** 내부 작업준비는 기계가 다운되었을 때 발생하는 반면, 외부 작업준비는 기계가 계속 작동 중일 때 미리 완료할 수 있다. 따라서 기계를 멈춰야 하는 외부 작업준비를 식별하고 이러한 작업준비가 미리 또는 동시에 완료되도록 보장하는 프로세스 개발이 필요하다.
- 작업준비 프로세스의 일부이며 일반적으로 상당한 시간이 소요되는 **조정 작업을 제거한다.**
- 작업준비 시간 및 비용 단축을 위해 **제품 설계를 수정한다.**

이러한 방법 중 일부는 다양한 산업 분야에 적용되어 큰 성과를 보이고 있다.

예시 11-1

미국에 본사를 둔 명품 제조 회사가 수행한 한 프로젝트에서 어떤 기계의 표준 공정은 다음과 같았다. 먼저 피스톤을 (자동차) 엔진에 부착하고, 피스톤을 고정하고, 시트를 스캔하고 컴퓨터가 게이지를 보정할 때까지 기다린 다음, 마지막으로 피스톤을 측정한다. 컴퓨터가 게이지를 보정하는 동안 기다리는 것은 분명히 외부 작업준비이므로 다른 활동과 병행하여 수행할 수 있다. 그래서 피스톤을 고정하기 전에 시트 스캐닝을 완성하도록 프로세스를 수정하여 피스톤 고정과 동시에 게이지를 보정할 수 있도록 했다. 이 조치로 공정에서 몇 초가 단축되었고 생산 라인에 큰 영향을 미쳤다.

11.5.2 U자형 생산 라인

U자형 생산 라인에서 기계 또는 공정은 생산 작업이 수행되는 순서에 따라 U자형으로 배치된다. 작업자는 여러 작업 또는 공정을 수행하도록 훈련받으며, 레이아웃은 작업자 간 정보 공유를 촉진하고 유연성을 높일 수 있도록 그림 11-5와 같이 구성된다. 이러한 설계는 작업자에게 다양한 작업에 대한 가시성을 제공하고 생산 속도를 조정하고 문제를 해결할 수 있도록 작업자 간의 협업에 대한 동기를 부여한다. 실제로 U라인의 여러 숙련된 작업자들은 한 팀을 구성하고 이 팀이 성과를 책임지는 조직 단위가 된다.

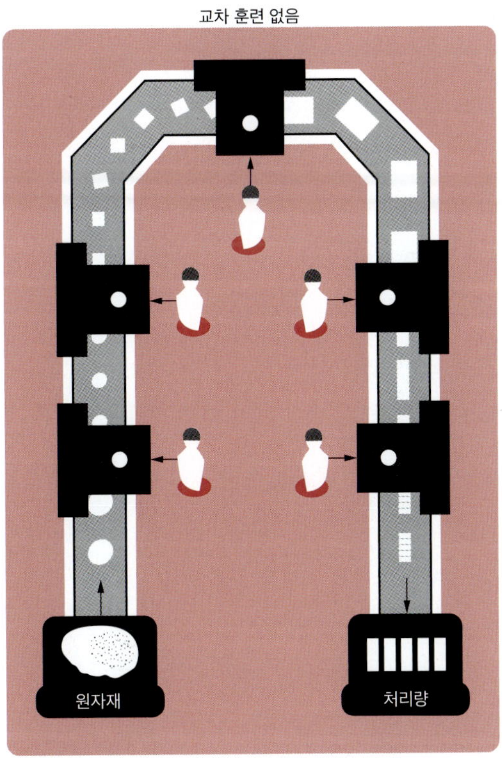

그림 11-5 U자형 생산 라인의 예시

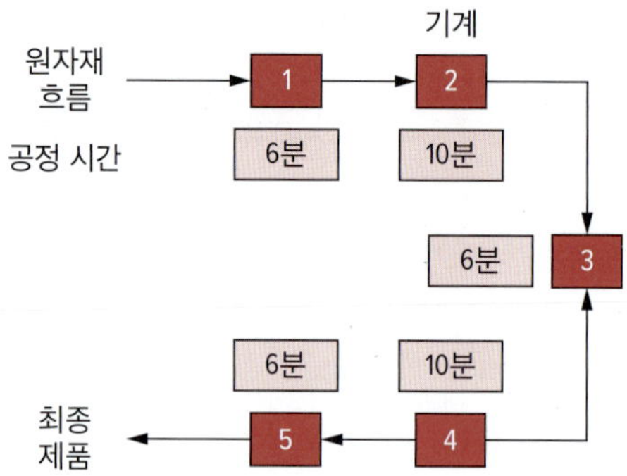

그림 11-6 5개 스테이션 예시

일반적인 U자형 라인은 '풀' 모드로 작동하며, 완제품이 라인에서 당겨질 때만(완제품 수요에 의해 다음 단계로 이동) 라인에 자재가 들어가고 바닥에 문제가 생기면 라인이 멈춘다. 이는 전체 조직이 생산 라인을 책임지기 때문에 문제 해결 능력에 동기를 부여한다. 또한 낮은 수준의 재공품(WIP) 재고를 보장하므로 문제를 보다 신속하게 감지하고 해결할 수 있다.

11.5.3 인력 교차 훈련

U자형 라인 설계에서 작업자 교차 훈련 수준, 즉 작업자가 완료할 수 있는 작업의 수와 유형은 중요한 결정 사항이다. 각 작업자가 모든 프로세스를 수행할 수 있는 완전 숙련 교차 훈련은 달성되고 관리되기 어렵고 필요하지 않을 수도 있다. 반면에 각 작업자가 하나의 공정만 담당하는 비교차 훈련은 공정과 수요의 가변성이 있으면서 한 스테이션에서 여러 작업자가 동시에 작업을 수행할 수 있는 환경에서는 적절하지 않다.

공정 가변성이란 두 가지 유형을 의미한다.

- **기계 가변성(machine variability)** : 동일한 라인에 있는 여러 기계(또는 스테이션)가 동일한 부품에 대해 서로 다른 처리 시간이 필요한 경우
- **작업 가변성(job variability)** : 동일한 기계에서 다른 작업마다 다른 시간이 소요되는 경우

실제로 기계와 작업의 가변성으로 인해 때때로 한 스테이션에 처리해야 할 작업량이 많이 쌓이는 반면 인접한 스테이션에는 작업량이 없어 하위 조립품을 기다리는 경우가 발생한다. 이 경우 교차 훈련을 통해 여러 작업자가 적재된 스테이션 앞에서 작업을 공유할 수 있다면 병렬로 작업할 수 있어 **처리 시간을 단축**할 수 있다. 이는 처리 시간뿐만 아니라 공정 가변성의 관점에서도 중요한데, 같은 스테이션에서 여러 사람이 작업할 수 있다면 해당 스테이션의 **처리 시간 가변성이 줄어든다**.

다음 두 가지 사례는 교차 훈련이 처리 시간과 처리 시간 가변성 모두에 미치는 영향을 보여준다.

사례 I : 기계 가변성 그림 11-6의 작업자 교차 훈련이 없는 생산 라인을 고려하자. 원자재를 생산하는 첫 번째 스테이션을 1번으로 시작하여 완제품을 생산하는 마지막 스테이션을 5번으로 한다. 첫 번째, 세 번째, 마지막 스테이션의 처리 시간은 유닛당 6분이고 두 번째와 네 번째 스테이션에서 유닛을 처리하는 데 정확히 10분이 걸린다고 가정한다. 이 경우 라인은 10분마다 완제품을 생산하고 라인 처리량은 시간당 6단위이다.

이 생산 라인에서 두 번째 스테이션(기계)과 네 번째 스테이션에 2개의 병목 현상이 발생한다. 이 두 스테이션은 다른 스테이션보다 하위 조립 작업을 훨씬 느리게 처리하기 때문에 그 뒤를 따르는 기계에서 작업을 할 수 없는 경우가 발생한다. 즉, 스테이션 3 또는 스테이션 5를 담당하는 작업자는 해당 스테이션에서 작업을 완료한 후 항상 4분 동안 유휴 상태가 된다. 따라서 이 생산 라인은 '균형(balanced)' 상태가 아니라고 할 수 있다.

라인의 균형을 맞춰 처리량을 늘리고 유휴 시간을 줄이는 한 가지 방법으로 한 유닛을 완료하는 데 걸리는 총 처리 시간, 38분(=6+10+6+10+6)을 5개 스테이션에 균등하게 분산하는 것이 있다. 이 경우 각 기계의 처리 시간은 38/5분이며, 라인 처리량은 시간당 7.9개 작업(=60×5/38)으로 증가한다. 이는 라인에서 가능한 최대 성능으로, 현재 라인 처리량인 시간당 6건보다 상당히 높다.

이와 같이 라인 처리량을 늘리고 기계 유휴 시간을 줄이기 위해서 스테이션 간에 처리 시간을 재분배하는 것은 교차 훈련을 통해 가능할 수 있다. 빠른 스테이션의 작업자가 교차 훈련을 받으면 유휴 시간 동안 느린 스테이션의 작업을 도울 수 있으므로 라인 처리량과 기계 활용도를 높일 수 있다.

예를 들어, 스테이션 3과 5에 배정된 작업자가 각각 스테이션 2와 4의 작업을 수행하도록 교차 훈련을 받은 경우 다음과 같은 정책을 활용할 수 있다. 각 고속 스테이션(스테이션 3과 5) 앞에 5개의 하위 조립 작업이 있다고 가정하자. 이 스테이션의 작업자가 이 작업을 완료하는 데 30분이 걸리며, 그 후 인접 스테이션으로 전환하여(즉, 스테이션 5에 배정된 작업자는 스테이션 4로, 스테이션 3에 배정된 작업자는 스테이션 2로 전환) 하나의 작업을 처리한 후 다시 원래 스테이션으로 전환하면 다른 5개의 작업 세트(처음 30분 동안 이전 스테이션에서 처리한 3개의 작업과 병렬로 처리한 추가 2개의 작업)가 준비된다. 이렇게 40분 주기로 이 라인은 5개의 완제품을 생산하면 처리량을 시간당 6개에서 시간당 7.5개로 늘릴 수 있다.

이 예에서 교차 훈련으로 해결된 문제는 당초 서로 다른 스테이션의 처리 시간 차이로 인해 라인의 균형이 맞지 않기 때문에 발생했다. 이 경우 교차 훈련을 통해 스테이션 2와 4의 처리량을 10분당 1개 제품에서 40분당 5개 작업 또는 8분당 1개 작업 생산으로 늘려 라인의 균형을 맞출 수 있다.

또한 라인의 이론상 최대 처리량(시간당 7.9대)을 달성하지 못한 이유는 첫 번째 스테이션이 효과적으로 활용되지 않았기 때문이다. 반면, 다른 4개의 스테이션은 사용률이 동일하게 되어 전체 라인의 효율성이 향상되었다. 이로써 다음 두 가지 중요한 결론을 얻을 수 있다.

첫째, 라인 처리량을 최대화하려면 동일한 작업자 활용도를 달성하여 생산 라인의 균형을 맞춰야 한다. 둘째, 교차 훈련을 적절히 활용하면 작업자 활용도가 균등해질 수 있다.

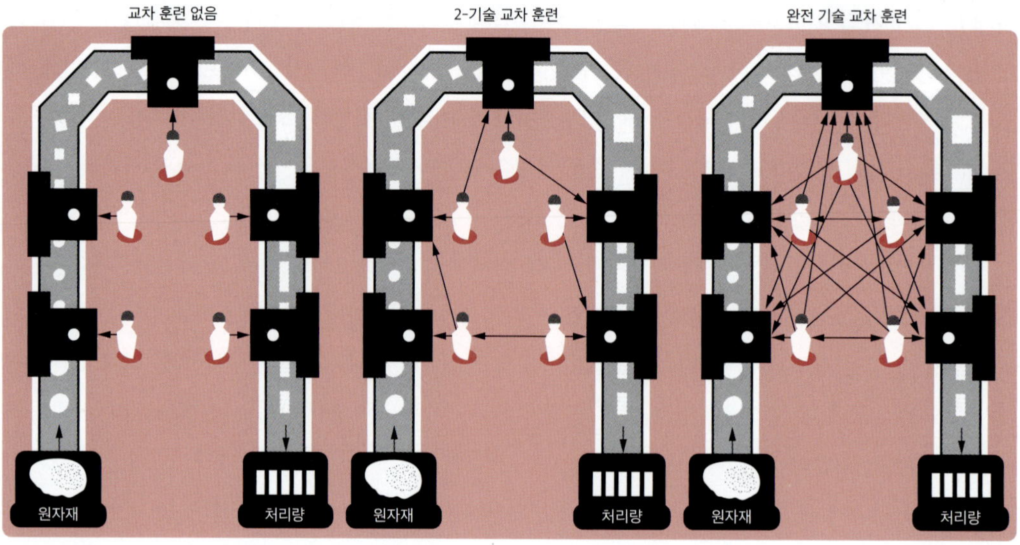

그림 11-7 U자형 생산 라인의 세 가지 다른 설계

그림 11-7은 그림 11-1에 묘사된 공급망 설계와 유사하게 수준에 따른 세 가지 교차 훈련을 보여준다. 11.3절에서 설명한 것과 유사한 결론을 얻을 수 있다. 예를 들어, 두 가지 기술 교차 훈련과 같이 유연성에 대한 적은 투자로 처리량을 늘리고 라인의 제품 흐름을 원활하게 한다. 따라서 낮은 수준의 교차 훈련만으로도 전체 교차 훈련의 이점을 대부분 얻을 수 있다.

사례 II : 작업 가변성 모든 스테이션의 평균 처리 시간이 작업당 10분으로 동일하지만 처리 시간에 약간의 가변성이 있는 경우에도 사례 I과 유사한 방법이 활용될 수 있다. 즉, 동일한 기계의 작업마다 내재된 가변성으로 인해 처리 시간이 다를 수 있다. 이 경우에도 일부 스테이션에는 작업이 쌓이는 반면 다른 스테이션은 유휴 상태일 수 있으므로 교차 훈련을 통해 작업자가 라인의 균형을 맞출 수 있다.

작업 처리 시간에 대한 가변성이 라인 처리량에 미치는 영향은 그림 11-8(Hopp & Spearman, 《Factory Physics》의 유사한 그림을 기반으로 함)에 잘 나타난다. 가로축은 라인 가동률을 세로축은 생

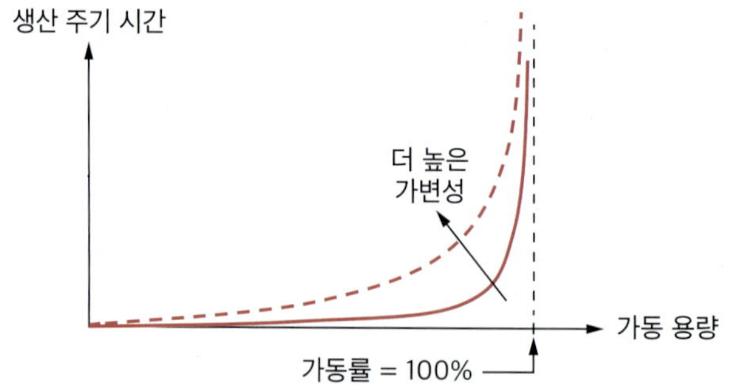

그림 11-8 작업 처리 시간 가변성에 따른 생산 주기 시간과 라인 가동률의 절충

산 주기 시간(즉, 생산 처리량의 역수)을 나타낸다.

가변성 증가의 의미는 다음과 같다.

- 동일한 라인 가동률의 경우 생산 주기 시간이 증가하면 처리량이 감소한다.
- 동일한 주기 시간(또는 처리량)의 경우 가변성이 증가하면 라인 가동률이 증가한다(같은 생산량에 더 많은 가동이 있어야 한다).

따라서 가변성이 생산 라인의 성능을 저하시킨다는 결론을 내릴 수 있다(Hopp & Spearman, 《Factory Physics》 참조).

그림 11-6의 생산 라인으로 돌아가서 작업자 교차 훈련 유무에 따라 기계 가변성이 온라인 성능에 미치는 영향을 테스트했다. 이 실험에서는 그림 11-6의 정보에 따라 각 스테이션의 평균 처리 시간을 유지하면서 각 기계의 가변성을 증가시킨다. 결과는 그림 11-9와 11-10에 요약되어 있다. 그림 11-9에서

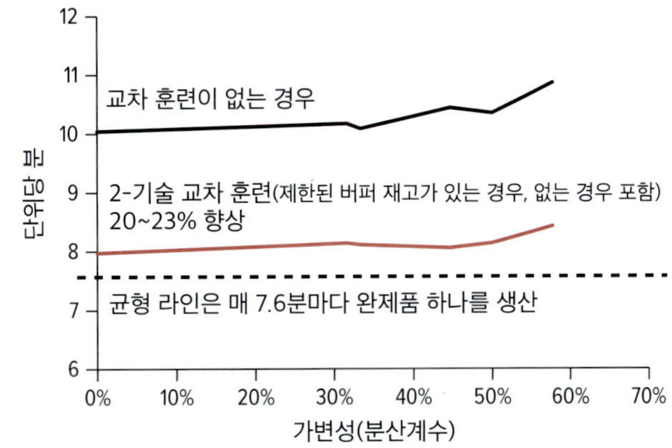

그림 11-9 가변성 함수에 따른 라인 처리량

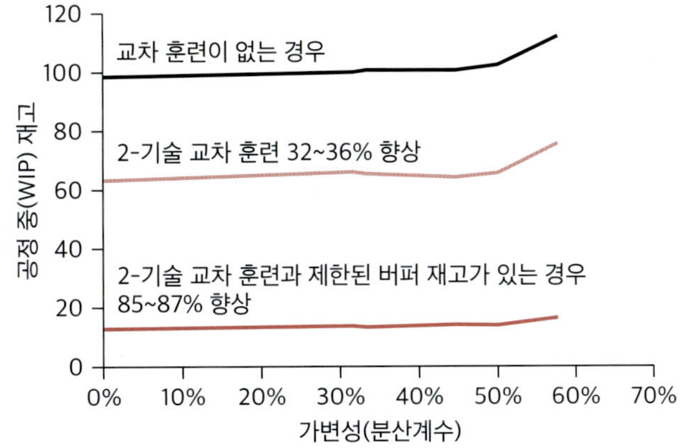

그림 11-10 가변성 함수에 따른 평균 WIP 재고

볼 수 있듯이, 2-기술 교차 훈련은 새로운 완제품의 출시 사이의 평균 시간을 크게 단축하거나 이와 동등하게 라인 처리량을 크게 증가시켰다. 마찬가지로, 그림 11-10에서 볼 수 있듯이 2-기술 교차 훈련은 평균 WIP 재고를 크게 감소시킨다. 교차 훈련이 미치는 영향을 완전히 파악하기 위해 동일한 생산 라인에 각 기계 앞의 WIP 재고를 제한하는 제약 조건을 추가하여 분석한다. 그림 11-9와 11-10을 보면 버퍼 재고를 제한하는 2-기술 교차 훈련이 버퍼 재고를 제한하지 않은 경우와 처리량은 동일하지만 WIP는 현저히 감소한 것을 알 수 있다(그림 11-9, 11-10 참조).

사례 III : 캠퍼 사례 캠퍼(Camper)는 1975년 마요르카에서 오랜 가족 사업을 기반으로 탄생했다. 오늘날 캠퍼는 50여 개국에 300개 이상의 매장과 4,000여 개의 공인 판매점을 보유한 신발 디자인 업계의 세계적인 선도 기업 중 하나이다. 캠퍼 팀은 현재 1,000명 이상의 직원으로 구성되어 있으며, 꿈을 실현한 기업 가치에 전념하고 있다.

이 회사는 공급망 개선을 위해 다중 채널, 다중 카테고리, 다중 국가 시나리오를 활용한 통합 계획을 실행했고 인상적인 결과를 얻었다. 바르셀로나에서 열린 제17회 유럽 공급망 및 물류 서밋 2015에서 캠퍼의 COO Jose Luis Salas는 이에 대한 결과를 발표했다. 그림 11-11은 마요르카의 디자인 팀에서 유럽과 아시아의 공급업체, 그리고 유럽, 중국, 베트남의 제조사를 포함한 현재 캠퍼의 공급망을 보여준다. 이후에는 소매, 전자상거래, 도매, 유통업체의 네 가지 채널을 통해 3개 대륙의 유통업체로 전달된다. 이 공급망은 해결해야 할 다음과 같은 다양한 문제가 있다.

1. 회사는 매 시즌 8가지 사이즈의 700가지 새로운 디자인을 제작하고 있다. 두 시즌에 대해 세 가지 제품

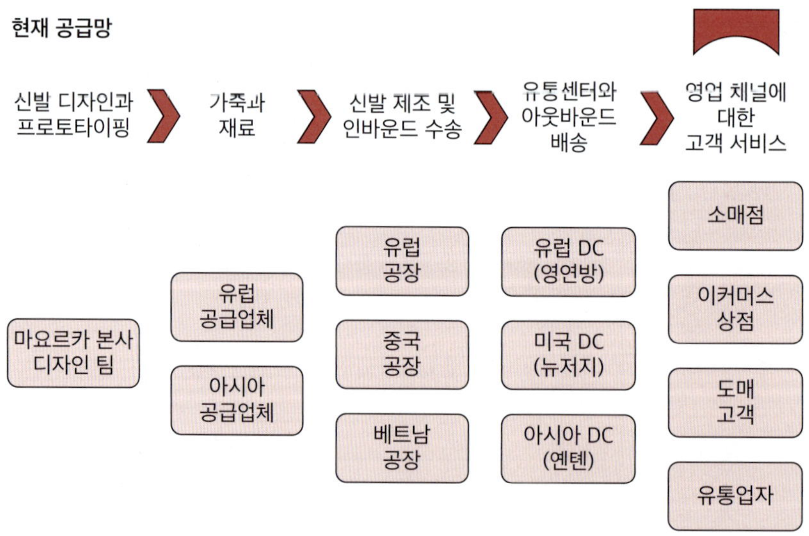

그림 11-11 현재 공급망

흐름이 있으며 이를 프리시즌, 메인 시즌, 리프레시 시즌으로 구분한다. 시즌당 재고 관리 단위(SKU)의 수가 많기 때문에 SKU당 생산 단위 비율이 낮고 예측 변동성이 높다.

2. 프리미엄 품질에 대한 요구를 만족시키기 위해 최고의 가죽 공급업체 및 공장과의 파트너십을 유지해야 한다. 이로 인한 가죽 비용의 증가, 높은 노동 집약적 제조 비용, 브라질, 멕시코, 터키와 같은 일부 국가의 관세로 인해 마진에 대한 압박이 발생하고 있다.
3. 전체 생산 공정은 6개월의 디자인 기간 이후 4~5개월이 소요된다. 여기에는 다음 과정이 포함된다.
    - 툴링(아웃솔, 몰드, 라스트 등) 제작에 60일
    - 가죽 제조에 45일
    - 신발 생산에 45일
    - 해상 운송에 35일
4. 전반적으로 이것이 중견기업의 복잡한 전 세계 공급망이다.

무엇을 할 수 있을까 캠퍼의 COO인 Jose Luis Salas는 MIT에서 David Simchi-Levi의 경영자 프로그램에 참여하면서 두 가지 중요한 개념을 구현하기로 결정했다. 바로 세분화를 통한 2-유연성 제조와 푸시-풀 공급망이다.

2-유연성 제조 한 공장에서 특정 SKU를 모두 생산하면 충분한 생산 능력과 위험 보호 기능을 제공하지 못할 수 있다. 반면 유연성을 극대화하기 위해 모든 공장에서 모든 SKU를 제조하는 것은 엄청나게 복잡하고 비용이 많이 든다. 그러므로 두 곳에서 모든 SKU를 생산하면서 동시에 사슬 구조를 만들면 모든 공장에서 생산하는 것과 거의 동일한 이점을 얻을 수 있다. 캠퍼는 이 개념을 그림 11-12와 같이 구현했

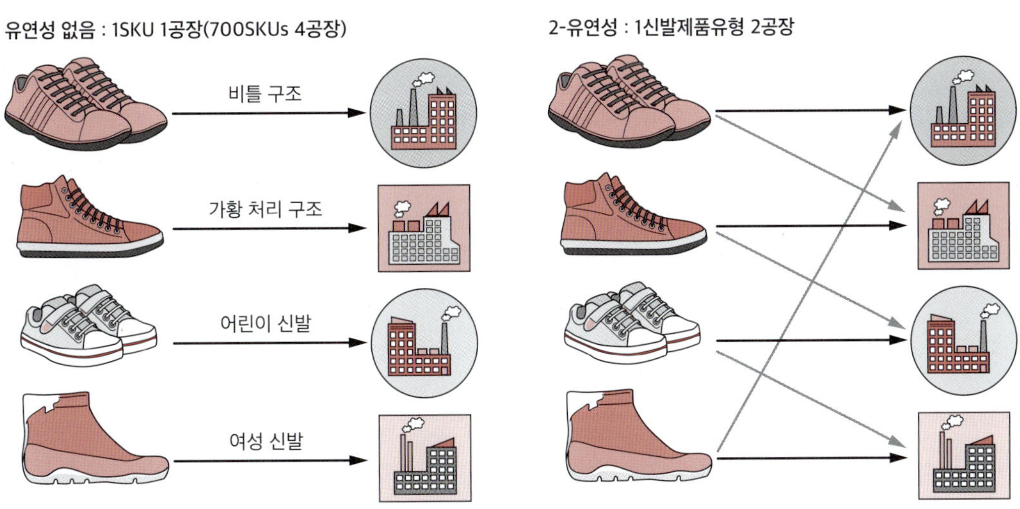

그림 11-12 2-유연성 제조

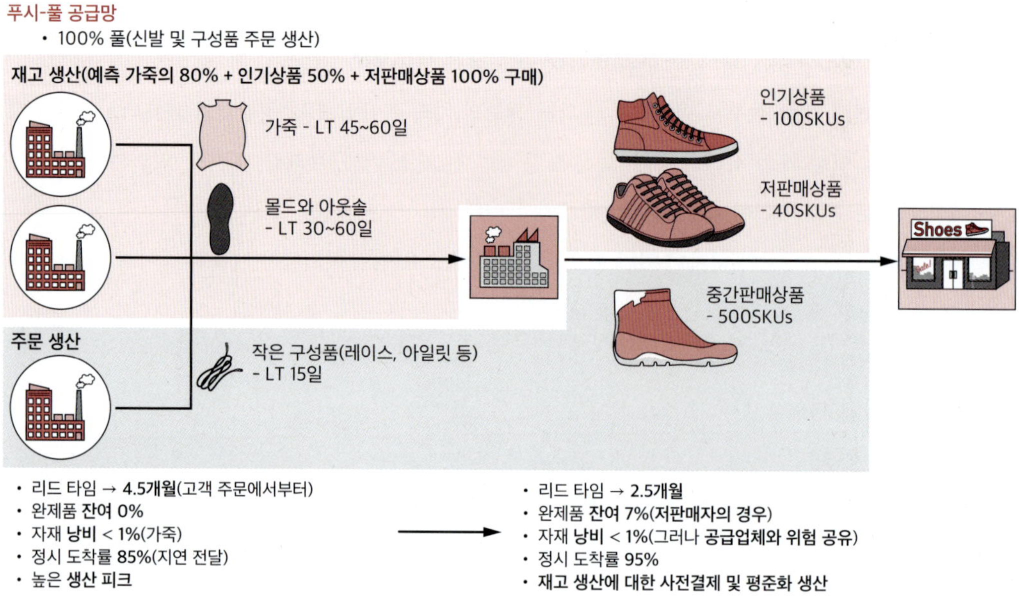

그림 11-13 푸시-풀 공급망

다. 이제 모든 SKU가 두 공장에서 생산되므로 생산량 할당 능력이 향상되고, 위험(재해, 파업, 지연 등)으로부터 보호되며, 협상력이 증가한다.

푸시-풀 공급망과 세분화 푸시-풀 공급망 전략의 역할은 광범위하게 설명되어 있지만, 많은 기업이 과거의 관행을 고수하는 경향이 있으며 다양한 고객 가치에 따른 두 가지 옵션을 적절히 활용하지 못한다. 이 책의 6장과 Simchi-Levi, Clayton, Raven이 델에서 이 개념을 구현한 사례를 설명한 논문에서 푸시-풀 전략을 소개하고 있다.

푸시-풀을 구현하는 방법은 고객 및/또는 제품 세분화를 통해 이루어진다. 캠퍼의 경우(그림 11-13 참조), 인기상품, 중간판매상품, 저판매상품으로 제품을 세분화하고 다양한 제품 및 소모품의 리드 타임도 충분히 고려했다. 이러한 유형의 분석은 일반적으로 재고를 최적으로 배치하고 푸시-풀 경계를 생성하기 위해 다단계 재고 최적화(3장 참조)를 사용한다. 이를 통해 캠퍼의 경우 선결제 및 미판매 재고와 같은 새로운 비용과 서비스 수준 향상(이 사례에서는 85%에서 95%로) 간의 절충점을 정량화할 수 있다.

요약

시스템 설계를 통한 유연성 확보는 높은 수익 창출과 운영상 절충에 대한 깊은 이해를 제공한다. 이렇게 확보한 유연성은 운영 비용, 응답 시간, 서비스 수준, 궁극적으로는 고객 경험 등 여러 측면의 개선을 도모하고 경쟁 우위의 원천이 될 수 있다. 이러한 유형의 혁신은 경영진이 경쟁에서 우위를 점하는 데 도움이 될 수 있다.

프로세스 유연성은 린 제조 또는 적시 생산이라고도 하는 토요타 생산 시스템의 핵심이다. 여기서 유연성은 생산 라인의 인력 활용도를 균등하게 하고 라인 성과를 개선할 수 있는 작업자 교차 훈련을 통해 달성된다. 흥미롭게도 시스템 유연성과 마찬가지로 작업자 교차 훈련에 대한 적은 투자로 전체 기술 교차 훈련이 가지는 거의 모든 이점을 얻을 수 있다.

마지막으로, 이 책은 제조업, 소매업, 유통업에 관한 것이지만 이 장에서 논의한 프로세스 유연성의 개념은 서비스업에도 적용 가능하다. 예를 들어 청구서를 처리하는 은행이나 보험금을 처리하는 보험회사를 생각해 보면 실제로 가변성의 영향, 작업자 활용도의 균등화 필요성, 교차 훈련에 대한 집중(적은 투자)은 모든 서비스 산업에서 따라야 할 보편적인 개념이다.

토론 질문

1. 이 장에서 설명한 유연성 개념을 적용하여 글로벌 시장에서 제조하고 수요를 제공하는 기업이 환율의 불확실성을 어떻게 해결할 수 있는지 설명하시오.
2. 한 기간(예 : 1년)의 공장 생산 능력이 10,000대이고 해당 기간의 각 제품 수요가 평균 10,000, 표준편차 3,300의 IID 정규분포인 5-공장, 5-제품 제조 환경을 고려하자. 그림 11-1의 세 가지 시스템 설계 각각에 대한 예상 매출을 추정해 보시오.

CHAPTER 12

고객 가치

CASE 자라의 고객 가치 제안

자라의 모회사 인디텍스(Inditex, Industria de Diseño Textil, S.A.)는 세계에서 가장 크고 수익성이 높은 패션 소매업체이다. 이 기업은 1975년에 Amancio Ortega에 의해 설립되었으며, 그는 그때까지 패션 제품만 제조하고 있었다. 오늘날 인디텍스는 전 세계에 약 7,300개의 매장을 가지고 있다.

인디텍스의 플래그십 브랜드인 자라는 어린이, 남성 및 여성 의류에 초점을 두고 있다. 현재 자라는 전 세계에 2,200개 이상의 매장을 가지고 있으며, 짧은 수명 주기를 가진 패션 제품과 티셔츠나 남성용 흰 셔츠와 같은 긴 수명 주기를 가진 비패션 제품에 초점을 맞추고 있다. 이들 제품은 각각 전체 매출의 약 40%를 차지한다.

패션 제품은 스페인, 포르투갈, 터키에 있는 약 10개의 제조시설에서 생산되며, 스페인의 3개 유통센터로 제품이 배송된다. 패션 제품 이외의 제품은 아시아의 저비용 국가에서 생산되며, 패션 제품과 마찬가지로 모두 스페인의 3개 유통센터로 배송된다. 제품은 재사용 가능한 RFID 기술로 뒷받침된다. 스페인 내 3개의 유통센터는 각각 하나의 제품 카테고리를 전문으로 한다. 아코루냐(A Coruña)에 있는 유통센터는 남성용, 마드리드에 있는 것은 어린이용, 사라고사에 있는 것은 여성용이다.

자라의 고객 가치 제안은 **합리적인(그렇지만 낮지 않은) 가격**에 **높은 패션 콘텐츠**를 제공하는 것이다. 그 결과, 공급망 전략은 주로 속도에 초점을 맞추고 있다. 이 속도에 대한 초점을 설명하기 위해 자라의 공급망 전략을 갭, H&M, 유니클로와 같은 업계의 전통적인 소매업체들과 비교해 보자.

- **시즌 전 결정** : 시즌이 시작되기 6~8개월 전에 전통적인 소매업체들은 공급업체인 제조사와 그 시즌에 구매할 양의 최소 80%에 대해 약속하지만, 자라는 훨씬 적은 비율인 대략 20%만을 약속한다.
- **제품 디자인** : 전통적인 소매업체들과 달리, 자라에서는 디자이너와 상업적 팀이 합리적인 비용으로 원자재부터 새로운 제품을 개발하기 위해 협력한다. 디자인은 동일한 위치에서 프로토타입으로 전환되고, 상세 디자인은 복사본을 통해 제조업체에게 전송된다.

- **시즌 시작 :** 전통적인 소매업체들은 시즌 동안 판매할 것으로 예상되는 제품 대부분을 매장 가까이 또는 매장에 배치한다. 자라는 시즌 동안 판매될 것으로 믿는 양의 20% 이상을 배치하지 않는다.
- **시즌 중 :** 전통적인 소매업체들은 판매된 양의 최대 20%를 재입고하는 반면, 자라는 주 1회 또는 2회 제조부터 신선하고 때로는 새로 디자인된 제품을 재입고한다.
- **시즌 종료 :** 자라는 매주 또는 격주로 재입고할 수 있는 능력 덕분에 그 소매업체는 생산된 양의 평균 10~15%를 할인하는 반면 전통적인 소매업체들은 생산된 양의 30~40%를 할인한다.
- **할인 규모 :** 자라의 평균 할인율은 경쟁사의 절반 정도이다.
- **시장 대응 시간 :** 자라를 경쟁사와 차별화하는 부분이다. 전통적인 소매업체들은 디자인부터 제품이 매장 선반에 올라가기까지 8~9개월이 걸린다. 자라의 경우 3~5주 사이의 회전율을 가진다.

이러한 놀라운 성과는 어떻게 달성될 수 있는가? 기업 전략의 몇 가지 중요한 특징이 있다.

- **제품 다양성과 희소성 :** 재고를 적게 유지하면 소비자 행동에 영향을 미쳐 할인이 필요 없게 되고, 이는 구매를 독려한다. 중요하게도, 이것은 스페인에서 고객이 평균 17번 자라 매장을 방문하는 반면, 업계에서는 평균 3.5번 방문하는 이유를 설명한다.
- **고객 수요에 대한 가시성 :** 회사는 매장 관리자와 함께 시장 수요에 대해 매일 논의하기 위해 판매, 운영, 제품 디자인, 조달을 하나의 테이블로 모으는 단일 테이블 개념(single-table concept)을 적용한다. 즉, 매장은 약 50개 매장씩 지역별로 나뉜다. 본사에서 그리고 부서별로(예 : 어린이용), 앞서 설명한 기능 영역을 대표하는 4~5명의 사람들이 지속적으로 자신의 영역 내 매장 관리자들과 무슨 트렌드가 보이는지, 제품 디자인에 어떤 변경이 판매를 개선할지, 어떤 제품을 단종시켜야 할지에 대해 논의한다. 이 팀은 또한 POS 데이터를 지속적으로 분석하여 매장 관리자로부터의 통찰력을 데이터 분석으로 보완한다. 이 모든 정보를 바탕으로 팀은 미래 시장 수요를 충족하기 위한 디자인 변경과 생산 수량을 결정자에게 전달한다.
- **작은 묶음 사이즈 :** 지난주의 데이터와 매니저의 통찰에서 얻은 학습을 바탕으로 주 단위로 생산이 이루어지도록 함으로써 재고 및 할인 위험을 줄인다.
- **물류 :** 전 세계 매장은 주 2회 배송을 받으며, 주문부터 매장 배송까지의 소요 시간은 48시간이다. 유럽의 매장은 트럭으로 배송을 받는 반면, 북미 지역의 매장에는 항공으로 제품이 배송된다.
- **현지 의사결정 책임 :** 현지의 니즈에 대해 매장이 책임을 지기 위해 매장 관리자는 제품 구성과 구매 결정을 직접 내린다. 하지만 시즌 초반 매장에서의 포트폴리오 결정은 다르게 이루어진다. 시즌 전 자라는 스페인의 몇몇 매장에서 새로운 스타일을 테스트하고, 이 결과에 기반하여 각기 다른 매장에 제품을 배정하고 포트폴리오를 결정한다. 그래서 시즌 시작 시 모든 자라 매장은 동일한 제품 포트폴리오를 가지게 된다. 하지만 시즌 동안에는 매장 관리자에서 본사로 전해지는 피드백에 따라 변할 수 있다.
- **단순한 IT 인프라 :** 매장 관리자는 새로운 제품을 주문하기 위한 휴대용 장치를 사용한다. 가격 결정은 매일 제출되는 RFID 데이터를 사용하여 중앙집중식으로 이루어진다.

이 장을 마치고 나면 다음 문제를 이해할 수 있다.

- 고객 가치란 무엇이며, 어떻게 측정되는가?
- 공급망을 제품 특성과 판매 전략에 어떻게 맞추는가?
- 정보 기술을 사용하여 공급망에서 고객 가치를 어떻게 향상하는가?
- 공급망 관리는 고객 가치에 어떻게 기여하는가?
- 자라가 패션 제품을 스페인 근처에서 생산하는 반면, 패션 이외의 제품은 아시아에서 생산하는 이유는 무엇인가?
- 자라는 몇 개의 공급망 분류와 전략을 가지고 있는가?

12.1 개요

오늘날 고객 기반(customer-driven) 시장에서 중요한 것은 제품이나 서비스 자체가 아니라, 고객이 기업과의 관계를 인식하는 가치이다. 실제로 지난 몇 년 동안 다수의 기업은 제품과 서비스의 품질뿐만 아니라 현재 고객에 대한 이해, 그들이 이용하는 제품, 서비스에 대한 인상을 포함한 고객 만족도에 중점을 두고 있었다. 고객 가치에 대한 강조는 고객이 특정 제품을 선택하는 이유를 확립하고, 기업의 이미지와 브랜드를 구성하는 제품, 서비스, 무형 자산의 전체 범위를 분석함으로써 한 걸음 더 나아간다. 이것은 사회적 · 환경적 문제에 대한 기업의 입장을 포함한다.

물론 고객 가치에 대한 초점은 회사가 제공하는 것과 고객에 대한 더 넓은 시각을 촉진한다. 고객이 왜 구매하고, 왜 계속해서 구매하며, 왜 떠나는지 이해해야 한다. 고객이 선호하는 것이 무엇이며 어떻게 만족시킬 수 있는가? 어떤 고객이 수익성이 있고 매출 성장 잠재력이 있으며, 어떤 고객이 손실로 이어질 수 있는가?

고객 가치에 대한 가정은 수요를 이끄는 것이 무엇인지 잘 이해하기 위해 신중하게 검토되어야 한다. 몇 가지 예를 들면 다음과 같다.

- 고객은 낮은 가격을 가치 있게 여기는가, 아니면 우수한 고객 지원 서비스를 가치 있게 여기는가?
- 고객은 익일 배송을 선호하는가, 아니면 많은 선택지를 선호하는가?
- 고객은 전문 매장에서 구매하는 것을 선호하는가, 아니면 원스톱 쇼핑 기회를 제공하는 대형 매장에서 구매하는 것을 선호하는가?
- 고객은 유사한 품목으로 구성된 큰 단위의 메뉴를 좋아하는가? 아니면 저가 제품으로 구성된 작은 단위의 메뉴를 선호하는가?

이러한 질문은 모든 비즈니스에서 중요하며, 비즈니스 전략과 성과 측정의 주된 동력이 되어야 한다. 이러한 질문에 대한 답변은 적절한 운영 전략을 결정할 때 더 중요하다.

분명히, 고객이 가격에 대해 가치 있다고 여길 때 적용해야 할 운영 전략은 고객이 다른 가치(예 : 유사한 품목으로 구성된 큰 메뉴)나 서비스와 응답 시간이 중요할 때 적용해야 할 전략과 다르다. 마찬가지로, 고객이 한 곳에서 다 살 수 있는 쇼핑(원스톱 쇼핑)을 가치 있게 여긴다면, 높은 재고 수준을 가지더라도 많은 수의 제품과 옵션을 취급하는 것이 중요할 수 있다. 따라서 공급망은 제품, 판매, 비즈니스 전략을 모두 고려하여야 하며, 그 자체로 경쟁 우위를 제공하고 고객 가치를 증대시킬 수 있다.

이 점을 강조하기 위해, 델의 소비자 직접 상대(direct-to-consumer) 비즈니스 모델과 HP의 소매 전략을 고려해 보자. 델의 비즈니스 모델에서는 고객 경험이 가치 제안이며, 따라서 델은 각 소비자가 다양한 옵션의 큰 메뉴에서 자신의 제품을 구성할 수 있게 하는 주문 조립 전략을 펼친다. 반면에 HP가 사용하는 소매 전략은 제한된 수의 구성에 초점을 맞추지만 경쟁적인 가격 전략을 강조해야 하며, 따라서 비용과 효율성에 초점을 맞춘 공급망에 의해 지원되어야 한다.

다른 예로, 케이마트의 몰락은 일부 비즈니스 가치 제안과 일치하지 않는 공급망 전략 때문이다. 구체적으로, 케이마트의 붕괴는 월마트와 가격 경쟁을 하는 비즈니스 전략과 관련이 있다. 80년대 초부터 월마트의 목표는 고객이 원할 때 원하는 장소에서 상품에 접근할 수 있게 하고 경쟁력 있는 가격을 가능하게 하는 비용 구조를 개발하는 것이었다. 이 목표를 달성하기 위한 핵심은 공급망을 전략의 중심에 두는 것이었다. 실제로 월마트는 크로스도킹 전략을 도입하고, 공급업체와의 전략적 파트너십을 맺고, 공급업체와 긴밀하게 연결되는 정보 기술에 투자함으로써 비용을 낮출 수 있었다. 반면에 케이마트는 수익을 유지하려는 강한 욕구로 인해 공급망 효율성과 정보 기술에 대한 투자를 꺼렸다. 90년대 후반에 이르러 케이마트의 공급망이 월마트만큼 효율적이지 않다는 것이 명확해졌고, 결과적으로 가격 경쟁에서 경쟁할 수 없었다.

델, HP, 월마트, 케이마트의 이야기는 다음과 같은 중요한 교훈을 준다. 기업의 운영 전략은 고객에게 제공하는 가치 제안을 중심으로 이루어져야 한다.

따라서 이 교훈은 기업의 운영 전략에 관한 모든 기업 논점의 핵심이 되어야 한다. 그러므로 적절한 운영 전략을 식별하기 전에 기업이 제공하는 고객 가치 제안을 정의하는 것이 중요하다.

우리는 고객 가치를 **기업이 제공하는 모든 것을 고객이 인식하는 방식**으로 정의한다. 이것은 **제품, 서비스 및 기타 무형 자산**을 포함한다. 고객의 인식은 여러 차원으로 나눌 수 있다.

- 제품 혁신
- 제품 선택과 가용성
- 가격과 브랜드
- 부가가치 서비스
- 관계와 경험

이 목록은 위에서부터 세 항목과 같은 기본적인 것으로 시작하여 항상 중요하지 않을 수 있지만 보다 복잡한 차원으로 이어진다. 그러나 마지막 두 차원은 회사의 제안에 가치와 차별화를 추가하는 독특한 방법을 창출하기 위한 아이디어로 활용될 수 있다.

어떤 고객 가치 차원을 택하느냐에 따라 비즈니스 전략이 정의된다. 이미 우리가 관찰한 바와 같이, 운영은 비즈니스 전략의 중요한 촉진자이다. 따라서 이 장에서는 각 차원과 운영 과제 및 전략에 미치는 영향에 대해 논의하고자 한다.

12.2 제품 혁신

고객 가치에 대한 논의를 제품 혁신으로 시작하는 것은 우연이 아니다. 실제로 고객 요구사항에 맞게 제품을 설계하는 것이 시장에서의 성공 핵심임에 틀림없다. 그러나 제품 특성은 제품 기능과 디자인의 많은 다른 측면을 나타낼 수 있다. 그렇다면 운영 전략에 대한 논의와 관련하여 중요한 특성은 구체적으로 어떤 것들인가?

의류에서 PC, 자동차, 소비재에 이르기까지 다양한 제품에 대한 효과적인 운영 및 공급망 전략을 주의 깊게 관찰하면 놀라운 통찰을 얻는다. **제품 혁신 속도**(product innovation speed, 기술 또는 제품 클록 속도)는 운영 전략에 근본적이고 극적인 영향을 미친다. 이 영향을 이해하기 위해 혁신 속도를 기능적 제품과 혁신적 제품 두 가지 제품 유형과 관련시켜 살펴보고자 한다.

기능적 제품(functional products)은 혁신 속도가 느리고, 제품 다양성이 낮으며, 일반적으로 낮은 이윤 마진을 특징으로 한다. 예로는 우유, 비누, 밀가루 같은 식료품, 자동차 타이어, 기본 사무용품 등이 있다. 반면 **혁신적 제품**(innovative products)은 빠른 기술 혁신 속도와 짧은 제품 수명 주기, 높은 제품 다양성, 상대적으로 높은 마진을 특징으로 한다. 예로는 패션 아이템과 전자 제품이 있다.

물론 동일한 제품이 기능적이면서도 혁신적일 수 있다. 예를 들어, 일반적으로 포장되어 판매되는 식료품뿐만 아니라 장인(artisan)이나 고메 옵션으로 제공되는 경우를 생각해 보라(파스타, 커피, 잼 등). 마찬가지로, 같은 회사, 예를 들어 토미 힐피거(Tommy Hilfiger)는 기능적인 제품(흰색 버튼 다운 셔츠)과 패셔너블한 제품을 함께 생산한다.

제품이나 기술이 자주 변경되는 제품 및 산업(즉, 혁신적인 제품)에 대한 공급망 전략은 혁신 속도가 느린 제품과 근본적으로 달라야 함은 의심할 여지가 없다. 마찬가지로, 제품 디자인 전략과 그것의 공급망 특성과의 관계는 제품 혁신 속도에 따라 달라진다.

표 12-1은 기능적 제품과 혁신적 제품의 특성을 비교한다. 표에서 볼 수 있듯이, 혁신적 제품과 기능적 제품 간의 구분은 예측 정확도, 폐기 위험 또는 판매 손실 비용에 큰 영향을 미치기에 각 경우에 사용되는 공급망 유형에도 큰 영향을 미쳐야 한다. 그러므로 기능적 제품과 혁신적 제품에 따라 일반적으로 다른 공급망 전략이 필요하다.

이 교훈을 이해하는 사람들조차도 때때로 그 유용성에 대해 혼란스러워한다. 첫째, 제품이 혁신적인

표 12-1 기능적 제품 대 혁신적 제품

	기능성	혁신성
제품 다양성	낮음	높음
제품 수명 주기	긺	짧음
수요 예측 정확도	높음	낮음
진부화 리스크	낮음	높음
품절 비용	낮음	높음

제품으로 시작하여 제품 수명 주기가 지나면서 상품화되거나 기능적 제품이 되는 것이 가능하다. 둘째, 많은 제품(예 : PC, 가구, 의류)은 기능적 형태로 제공될 수도 있고 혁신적 형태로 제공될 수도 있다. 마지막으로, 기능적 제품과 혁신적 제품은 기술 혁신 속도의 다양한 정도를 포괄하는 스펙트럼에서 두 가지 극단적인 제품 특성이다. 그렇다면 회사는 이러한 상황에서 무엇을 해야 하는가? 적용해야 할 적절한 제품 디자인, 공급망, 운영 전략은 무엇인가? 이러한 질문은 6장에서 다룬다.

12.3 제품 선택 및 가용성

많은 제품은 다양한 옵션, 스타일, 색상, 모양으로 제공된다. 예를 들면, 자동차의 경우 5가지 스타일, 10가지 다른 외부 색상, 10가지 내부 색상으로 제공되며, 자동 또는 수동 변속기를 선택할 수 있어 총 1,000가지 구성이 가능하다. 일반적으로, 이러한 제품은 시장에서 경쟁하며, 예를 들어 모든 중형차에 대한 총 수요 수준을 예측하는 것은 쉬울 수 있지만, 특정 구성에 대한 수요를 예측하는 것은 어렵다. 이러한 제품 다양화는 따라서 더 높은 재고 수준으로 이어진다.

제품 확산은 판매 채널의 기능이기도 하다. 실제로 많은 온라인 소매업체들은 고객에게 유사한 제품의 수많은 선택지를 제공하는 데 초점을 맞추고 있으며, 동일한 공간에서 경쟁하는 소매업체들은 동일한 제품의 더 작은 부분 집합을 제공한다. 예를 들어, HP가 자사 웹사이트에서 제공하는 수많은 구성과 베스트바이와 같은 전통적인 소매업체를 통해 회사가 판매하는 제품을 생각해 보라.

인터넷의 흥미로운 측면 중 하나는 Chris Anderson이 '롱 테일(long tail)' 현상이라고 언급한 것으로, 온라인 소매를 통해 열린 거의 무한한 공급과 수요의 시장에서 발생한다. 이 시장에서는 물리적 또는 지역적 제한이 없어 소매업자가 카탈로그에서 덜 인기 있는 아이템에 초점을 맞추고 상당한 수익을 창출할 수 있게 한다.

이 현상을 설명하기 위해 500만 권의 책을 판매하는 아마존과 10만 권의 책만 취급하는 반스앤노블을 통해 출판업을 고려해 보자. 이러한 책의 다양성은 아마존에게 엄청난 이점을 제공한다. 아마존 판매량의 30%는 전형적인 소매점에서는 구할 수 없는 책에서 나온다.

이것은 출판업에만 국한된 것이 아니다. 영화 대여 산업을 고려해 보면 넷플릭스는 약 9만 개의 고유 DVD를 보유하고 있는 반면, 전형적인 소매업체는 몇백 개의 타이틀만 제공한다. 흥미롭게도, 넷플릭스

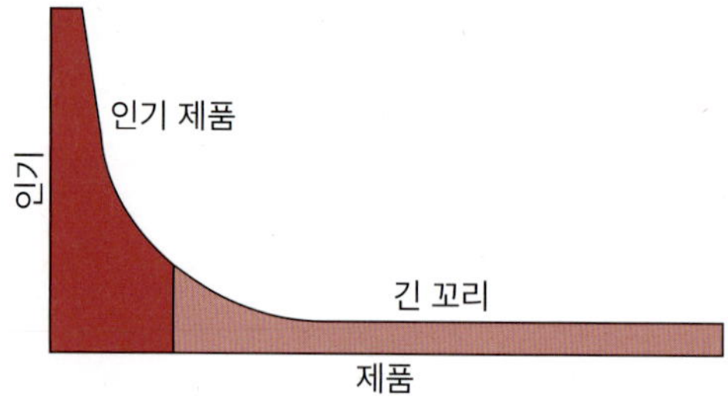

그림 12-1 롱 테일

가 제공하는 타이틀의 95%는 적어도 분기당 한 번은 대여된다.

이것이 바로 롱 테일 현상이며, 그림 12-1에서 설명된다. 아마존과 넷플릭스 같은 회사들은 월마트와 같은 전통적인 소매업체가 취급하지 않는 타이틀로 수익의 1/4에서 절반을 창출한다.

물론 롱 테일 현상은 이익 마진에 대해서는 아무것도 말하지 않는다. 실제로, 전통적인 소매업체가 취급하지 않는 타이틀로 큰 비율의 온라인 수익이 생성되지만, 이러한 재고는 비쌀 수 있다. 제품별 판매량이 낮고, 따라서 예측 정확도가 낮아 높은 안전 재고를 초래하기 때문이다. 마찬가지로, 낮은 판매량은 조달 및 운송 비용에서 규모의 경제를 이용할 수 없음을 의미한다.

오늘날 온라인으로 주문된 제품을 배송하는 데 관련된 공급망 비용은 실제 매장의 공급망 비용보다 대략 3~4배 더 높다. 따라서 채널은 공급망 전략에 큰 영향을 미친다. 실제로 회사가 제품을 온라인에서 판매하는지 전통적인 소매점에서 판매하는지에 따라 공급망의 도전과 기회는 매우 다르며, 이는 표 12-2에서 설명된다.

온라인 소매업체가 전자책, 영화, 노래와 같은 다운로드 가능한 제품을 판매할 때 롱 테일은 매출과 이익 모두를 대표한다.

제품 선택은 물론 제품 가용성과 직접적으로 관련이 있다. 실제로 아마존은 포트폴리오에서 매우 낮은 판매량을 보이는 제품(그림 12-1 꼬리의 맨 오른쪽에 위치)의 재고를 반드시 보유하지는 않는다. 따라서 일부 저판매 제품의 배송 리드 타임은 꽤 길어질 수 있는데, 이는 아마존이 고객 주문을 받은 후에야 제조업체에 제품을 주문하기 때문이다. 그러나 대부분의 제품 컬렉션에서 가용성은 짧은 반응 시간과 함께 아마존 전략의 핵심이다.

표 12-2 전통 소매업 대 온라인 소매업

	소매업체	온라인
제품 다양성	낮음	높음
고객 맞춤화	제한적	높음
예측 정확도	높음	낮음
제품별 수량	높음	낮음

반면에 자라, 삭스 피프스 애비뉴, 니만 마커스와 같은 패션 소매업체들은 다양한 패션 제품을 제공하지만 가용성이 아닌 희소성을 비즈니스 전략에서 강조한다. 즉, 낮은 재고로 운영함으로써 이러한 소매업체는 소비자의 행동을 형성하고 판매 시즌 초반에 구매하도록 동기 부여하며, 할인을 기다리지 않게 한다. 이는 구매에 대한 긴급성을 만들고, 재고를 줄이며, 결국 할인의 필요성을 없애는데(전통적인 소매업체들에게 큰 문젯거리), 이것이 바로 자라가 경쟁업체들과 비교하여 약 80~85%의 제품을 정가로 판매하는 이유이다.

이 비즈니스 전략의 단점은 인기 있는 제품을 더 많이 판매할 수 있다는 잠재적인 이익이다. 이 어려움을 해결하기 위해 자라는 시장 신호 정보를 얻을 수 있을 때까지 생산 또는 심지어 제품 디자인을 지연시킬 수 있도록 시장 진입 속도를 중심으로 한 운영 전략을 취한다. 매장 관리자는 지역 니즈에 반응하기 위해 판매량과 트렌드를 모니터링하고 제품 구성 및 재고 결정을 내린다. 이 인기 있는 스타일과 트렌드에 대한 정보는 제품 디자인과 생산 결정을 안내하는 데 사용된다.

따라서 자라의 제품 디자인부터 제조, 매장 선반에 이르기까지의 시장 진입 시간은 2주에서 5주 사이로, 업계 평균 6개월과 비교해 훨씬 짧다. 이를 통해 자라는 판매 시즌 동안 매장을 재보급할 수 있지만 대부분의 경쟁업체는 시즌 시작 때 한 번만 재보급한다.

마돈나의 스페인에서의 3주짜리 콘서트 투어는 자라의 시장 진입 속도 능력을 보여준다. 자라 덕분에 관객 중 일부는 마돈나가 첫 콘서트에서 선보인 것과 같은 의상을 입고 마지막 쇼에 도착했다. 자라는 3주 안에 제품을 디자인하고, 원단을 조달하고, 제조시설에서 생산하고, 매장에 배송할 수 있었다. 상당히 놀라운 성과이다.

12.4 가격과 브랜드

제품의 가격과 서비스 수준은 고객 가치의 필수적인 부분이다. 가격이 고객이 고려하는 유일한 요소는 아닐 수 있지만, 특정 제품에 대해 받아들일 수 있는 가격 범위가 좁을 수 있다. 예를 들어, 일상용품부터 비교적 복잡한 품목인 컴퓨터까지도 가격에 대한 유연성이 거의 없다. 따라서 기업은 공급망에서의 혁신을 통해 비용 측면의 이점을 달성한다.

공급망 혁신가인 월마트의 성공 이야기는 잘 알려져 있다. 이 장에서 앞서 논의했듯, 그들의 비즈니스 전략은 고객에게 저비용 상품을 제공하여 경쟁사를 밑돌게 함으로써 중심을 이룬다. 또한 '매일 저가격' 전략은 채찍 효과를 줄이는 중요한 도구이다(5장과 6장 참조). 이 정책은 잘못된 시기에 구매할 걱정을 하지 않아도 되는 고객에게 호소하며, 프로모션으로 인한 수요 변동을 계획할 필요가 없는 소매업체와 제조업체에게 호소한다.

제품 가격에 영향을 미치는 중요한 요소는 브랜드이다. 이는 자동차 슈퍼스토어에서 온라인 소매업체에 이르기까지 다양한 소매업에서 사실이다. 예를 들어, 온라인에서 판매되는 책과 CD의 가격을 고려해 보자. 인터넷 판매가 시작될 때인 2000년에 실시된 연구에 따르면 "인터넷상의 소매업체 간에 책의 경우 평균 33%, CD의 경우 25%의 차이가 있는 가격을 발견했다." 더 중요하게는, 가장 낮은 가격을 제공하는 인터넷 소매업체가 반드시 더 많이 판매하는 것은 아니다. 예를 들어, 연구는 북스닷컴(Books.com)이 99%의 경우에서 아마존보다 낮은 가격을 제시했지만, 연구 당시 아마존은 시장의 약 80%를 차지했으며 북스닷컴은 약 2%를 차지했다는 것을 발견했다. 이러한 행동을 설명하는 한 가지 방법은 소비자들이 다양한 인터넷 소매업체에 대해 가지는 신뢰와 브랜딩의 관련 가치를 통해서이다.

흥미롭게도, 인터넷과 인터넷이 소비자 행동에 미치는 영향은 브랜드 이름의 중요성을 증가시켰다. 왜냐하면 브랜드 이름은 구매자의 마음속 품질 보증이기 때문이다. 메르세데스 자동차, 롤렉스 시계, 코치 가방과 같은 브랜드 이름은 고급 품질과 명성을 위해 홍보될 수 있으며, 이러한 아우라가 없는 제품보다 훨씬 높은 가격을 가질 수 있다. 게다가 더 높은 가격 자체가 명성과 인식된 품질의 큰 부분일 수 있다.

브랜드 영향의 또 다른 예는 당일 배송 시장에서 볼 수 있다. 페더럴 익스프레스(Federal Express)가 가장 성공적인 택배 배송업체로 부상한 주요 동력 중 하나는 시장에서 '당일'이라는 단어를 쓰면서 최초로 당일 배송에 집중했기 때문이다. 더 저렴한 대안이 있음에도 불구하고, 고객은 브랜드 이름이 전달하는 신뢰성 있는 인식 때문에 페더럴 익스프레스를 통한 배송에 추가 비용을 지불할 의향이 있는 것이다.

물론 가격 전략과 공급망 전략은 일치해야 한다. 즉, 기업이 가격으로 경쟁할 때의 공급망 전략은 다른 고객 및 비즈니스 가치로 경쟁할 때의 공급망 전략과 달라야 한다. 이 점을 강조하는 방법은 이익 마진에 초점을 맞추는 것이다. 이익 마진이 작을수록, 아마도 매일 저가격 전략이나 운영 비효율로 인해, 공급망에서 비용을 절감하는 데 더 많은 초점을 맞추는 것이 중요하다.

이익 마진의 영향을 더 잘 이해하기 위해 PC 및 소비재 상품(CPG, Consumer Packaged Goods) 산업에서 비용과 수익이 비례하는 두 가지 다른 산업의 7개 회사의 이익 마진을 검토하고자 한다. 회사 목록에는 첫 번째 산업에서 에이서(ACER), 델, 레노버, HP와 두 번째 산업에서 크로락스(Clorox), P&G, 콜게이트(Colgate)가 포함된다. 이 회사들의 2008년 연간 보고서는 두 산업의 이익 마진 사이에 큰 차이를 제시하며, 더욱 놀랍게도 PC 산업의 네 회사 간에 엄청난 이익 마진 차이를 보여준다(표 12-3 참조).

표 12-3 비용 1% 절감 효과를 위해 요구되는 매출 증가율

	2008년 이익 마진	수익 증가(운영 비용 1% 감소당)
에이서	2.94%	34.0%
델	5.69%	17.6%
HP	9.18%	10.9%
레노버	9.8%	10.2%
크로락스	17.22%	5.8%
P&G	20.11%	5.0%
콜게이트	20.91%	4.8%

예를 들어, 2008년에 레노버의 이익 마진은 약 9.8%로 HP의 9.18%, 델의 5.69%, 에이서의 2.94%와 비교되었다. 분명히 운영 비용을 정확히 1% 줄이는 것은 순이익에 직접적으로 반영되었을 것이다. 순이익에 동일한 영향을 주기 위해 더 높은 매출을 통해 달성하려면, 레노버는 수익을 10.2(=0.01/0.098)%포인트, HP는 10.9, 델은 17.6, 에이서는 무려 34%포인트 증가시켜야 할 것이다(표 12-3 참조). 결론은 명확하다! 이익 마진이 작을수록 운영 비용을 줄이는 데 초점을 맞추는 것이 더 중요하다.

12.5 부가가치 서비스

대다수 기업은 공급 과잉 상태이며 많은 제품이 이미 출시된 상황에서 제품 가격만으로 경쟁할 수 없다. 따라서 더 높은 수익성을 제공할 수도 있는 부가가치 제공물로 차별화할 필요가 있다.

지난 몇 년 동안 비즈니스 임원들은 전통적인 공급망에서 추진할 수 있는 비용 절감과 비즈니스 성장에 한계가 있음을 깨달았다. 이러한 기업은 이제 서비스 부문 공급망이 고객에게 가치를 추가하고 공급자에게 수익과 이익을 증가시킬 수 있는 능력에 주목하고 있다.

물론 부가가치 서비스 성장의 중요한 동력은 정보 기술의 상당한 진보에 있다. 이는 혁신적인 기업이 고객과 상호 작용하고, 필요한 서비스에 대한 실시간 정보를 제공하며, 때로는 물리적 제품을 디지털 제품으로 대체할 수 있는 거의 무한한 기회를 제공한다. 이 모든 것은 공급업체와 고객 간의 더 긴밀한 관계를 의미하며, 이는 대부분 조직의 중요한 목표이다.

이러한 관찰은 애버딘 그룹(Aberdeen Group)의 최근 연구와 일치하는데, 이 연구는 많은 산업에서 애프터 서비스와 예비 부품 판매가 기업 수익의 10~40%를 차지하며 재고 비용의 큰 부분을 차지한다는 것을 발견했다. 동일한 그룹은 애프터 서비스와 예비 부품 관리가 미국의 연간 국내총생산(GDP)의 약 8%를 차지한다고 추정하며, 이는 이러한 서비스를 더 잘 관리하고 최적화할 수 있는 큰 기회를 제안한다.

불행히도, 애프터 서비스 공급망 관리는 전통적인 공급망 관리와는 매우 다른 일련의 도전을 제시한다. 표 12-4에서 볼 수 있듯이, 두 공급망은 제품 수와 수요 특성 측면에서 다를 수 있지만, 분명히 다른 목표와 다른 반응 시간에 초점을 맞춘다. 실제로 서비스 공급망의 목표는 기계 가동 시간을 최대화하는 것으로, 일반적으로 매우 짧은 반응 시간(예 : 몇 시간)을 보장함으로써 달성된다. 높은 서비스 수준 또는 채우기 비율은 일반적으로 전통적인 공급망의 목표이다.

11장에서 보았듯이, 유연성은 전통적인 공급망에서도 중요하지만 서비스 부품 공급망에서는 필수적이다. 이는 수요가 간헐적이고 예측할 수 없을 때 높은 기계 가동 시간과 매우 짧은 반응 시간과 같은 요구사항을 충족하기 어렵기 때문이다.

표 12-4 전통적 공급망 대 서비스 공급망

	전통적 공급망	서비스 공급망
제품 다양성	비즈니스 전략에 따름	항상 높음
반응 시간	일 단위	시간 단위
목표	서비스 수준	기계 가동 시간
수요 특성	제품 특성에 따름	산발적이고 예측이 어려움

12.6 관계와 경험

고객 가치의 최종 수준은 회사와 고객 간의 관계 개발을 통한 연결을 의미한다. 이러한 관계는 고객과 판매자 모두로부터 시간 투자를 요구하기 때문에 고객이 다른 제공자로 전환할 가능성을 줄인다.

학습 관계는 기업이 특정 사용자 프로필을 구축하고 이 정보를 활용하여 판매를 증진하고 유지하는 예로서, 고객 가치를 제공하는 관계의 한 예시이다. 맞춤형 정보 서비스를 구축하는 인디비주얼(Individual Inc.)과 데이터베이스를 사용하여 고객에게 다른 서비스와 제품을 제공하는 USAA와 같은 기업이 이러한 유형이다.

아마존닷컴과 같은 일부 인터넷 사이트는 고객의 구매 이력이나 유사한 구매 특성을 가진 고객을 기반으로 한 제안을 통해 새로운 학습 방식을 적용하고 있다. 물론 고객 리뷰와 제안을 제공하는 인터넷 서비스와 관련된 한 가지 문제는 소비자가 제품을 구매하는 웹사이트와 제품에 대한 정보를 받는 웹사이트를 구분할 수 있다는 것이다. 즉, 제안 도구와 고객 리뷰를 제공하는 서비스가 소비자를 그 사이트에서 제품을 구매하도록 설득할 수 있을지는 분명하지 않다. 소비자는 한 사이트에서 정보를 받고 다른 사이트에서 구매를 진행할 수 있다.

델에 의해 도입된 다른 접근방식은 대형 고객을 대상으로 하며 다른 공급업체로의 전환을 어렵게 만들도록 설계되었다. 델은 대기업에 특정 소프트웨어, 태그 및 기타 특별 요구사항이 포함된 맞춤형 PC 구성을 제공한다. 이러한 맞춤형 솔루션은 기업 주문과 관련된 높은 볼륨과 결합하여 개인 소비자에게 서비스를 제공하기 위해 적용된 것과는 다른 공급망 전략을 요구한다. 다른 공급망 전략의 필요성을 설명하기 위해 두 경우에서의 비즈니스 도전을 비교한 표 12-5를 고려해 보자.

고객 관계를 넘어서 일부 기업은 고객에게 독특한 경험을 디자인하고, 홍보하며, 판매하고 있다. 물론

표 12-5 채널 유형 : 기업 고객 대 개인 고객

	기업 고객	개인 고객
제품 다양성	낮음	높음
제품 디자인 목적	고객	시장
수요 예측 정확도	높음	낮음
제품별 수량	높음	낮음
고객 관계	밀접함	느슨함

고객 경험은 회사 웹사이트부터 가격 책정, 제품 품질, 포장, 배송에 이르기까지 회사와 고객 간의 모든 접점을 포함하며, 고객 서비스 및 수리와 업그레이드 같은 애프터 서비스에 이르기까지 모든 것을 포함한다. 어려운 점은 다양한 접점에 대해 책임이 있는 사람들이 다르며, 그들이 고객 경험의 일부임을 깨닫지 못할 수 있으며, 더 나쁜 것은 고객 경험이 무엇을 포함하는지에 대해 다른 해석을 가질 수 있다는 것이다.

물론 좋은 고객 경험을 제공할 수 있는 능력은 고객 관계를 효과적으로 관리하거나 제품을 성공적으로 제조하고 배포하는 능력과 매우 다르다. 이 점을 설명하기 위해 **고객 경험**과 **고객 관계**를 측정하고 관리하는 것을 생각해 보자. 후자는 일반적으로 판매 및 마케팅을 포함한 고객 대면 팀의 책임이지만, 전자는 고객 대면 팀뿐만 아니라 여러 팀이 포함되므로 관리하기 어렵고 측정하기는 더더욱 어렵다. 실제로 기업은 일반적으로 고객 만족도를 측정하지 고객 경험을 측정하지 않는다. 불행히도, 고객 만족도에 대한 정보에서 다양한 접점에서의 마찰의 존재와 고객 경험에 대한 구체적인 통찰을 도출하기 어렵다.

마지막으로, 기업이 경험을 기반으로 소비자를 참여시키고 유도할 때 운영 및 공급망 전략을 조정해야 할 수도 있다. 예를 들어, 아마존의 우수한 고객 경험 및 효과적인 서비스에 대한 명성은 효율적이고 일관되며 신뢰할 수 있는 출하(fulfillment) 전략에 초점을 맞춘 결과이다. 수년 동안 아마존은 다른 소매업체가 자신의 웹사이트를 통해 판매하도록 허용했지만, 낮은 품질과 서비스에 대한 불만이 있었다. 이것은 물론 고객 경험에 영향을 미쳤고 아마존이 출하 전략을 변경하도록 이끌었다. 아마존의 2006년 이니셔티브 '아마존에 의한 출하(Fulfillment by Amazon)'하에서 소매업체는 제품을 아마존 DC로 배송하지만, 포장, 배송, 반품 및 고객 서비스를 포함한 모든 것을 아마존이 책임진다. 따라서 개선된 고객 경험이 더 높은 수준의 공급망 우수성을 요구한다는 결론을 내릴 수 있다.

요약

지난 몇 년 동안 가치 제안과 운영 전략이 불일치하는 많은 기업을 볼 수 있었다. 많은 경우, 이는 운영 및 공급망 전략에 대한 이해 부족의 결과이다. 다른 경우에, 불일치는 기업이 모든 시장 세그먼트에 걸쳐 하나의 공급망 전략을 적용한 결과이다. 기업이 다른 가치 제안을 제공하는 세그먼트는 서로 다른 특성을 가지고 있다.

이 장의 목적은 기업의 제품 특성, 가격 책정, 선택 및 가용성, 경험, 관계를 포함한 가치 제안이 모두 운영 전략에 영향을 미친다는 것을 보여주는 것이었다. 6장에서는 제품 및 시장 특성을 운영 및 공급망 전략과 직접 연결한다.

마지막으로, 고객 가치에 포함되어야 하는 또 다른 차원인 기업의 사회적 책임을 살펴봐야 한다. 이는 주로 탄소 배출, 재활용, 포장, 물과 에너지 보존과 같은 환경 문제와 관련이 있다. 다른 사회적 주제로는 커뮤니티 개발, 안전 기준, 근무 조건이 있다. 14장에서 고객 가치의 이러한 측면에 대한 종합적인 논의를 제공한다.

토론 질문

1. 전통적인 소매업과 온라인 소매업에서 제품 품질과 가격 사이의 균형에 대해 논하시오.
2. 동적 가격 책정 전략과 그것이 이익에 미치는 영향을 고려하자. 동적 가격 책정이 고정 가격 전략보다 중요한 이익상의 이점을 제공하는 이유를 다음과 같은 관점에서 설명하시오.
   a. 생산 용량 감소
   b. 수요 불확실성 증가
   c. 수요 패턴의 계절성 증가
3. 공급망 관리에서의 의사결정이 특정 차원에서 뛰어날 수 있는 능력에 어떻게 영향을 미치는지 다음을 고려하여 논의하시오.
   a. 요구사항 준수
   b. 제품 선택
   c. 가격과 브랜드
   d. 부가가치 서비스
   e. 관계와 경험
4. 다음 기업이 제공하는 주요 고객 가치는 무엇인가?
   a. 스타벅스
   b. 갭
   c. 익스피디아닷컴
5. 인터넷이 가능하게 하는 추가적인 경험 기회는 무엇인가?
6. 아마존닷컴과 같은 비즈니스에서 회사의 성과를 평가하기 위해 어떤 지표를 사용하겠는가? 공급망 관점에서는 어떠한가?

CHAPTER 13

위기 관리

CASE

닛산 자동차 회사 : 운영 회복탄력성 구축

William Schmidt, David Simchi-Levi

2011년 3월 11일, 역대 다섯 번째로 강력한 강도 9.0 규모 지진이 동일본 해역을 강타했다. 높이 40미터가 넘는 쓰나미 파도가 10킬로미터까지 내륙을 덮쳤고, 후쿠시마 다이이치에 위치한 원자력 발전소 내 세 개의 원자로에서 레벨 7의 원자로 노심이 녹아내리는 결과를 초래했다. 이러한 복합적인 재난의 영향으로 25,000명이 넘는 인명이 사망하거나 실종되거나 부상당하는 대단히 충격적인 결과를 불러왔다. 일본 내의 정부, 민간 조직, 회사, 개인, 그리고 전 세계 주변국들은 고통을 나누고 재난을 극복하기 위해 재난구호 팀, 재난물품 공급, 기부를 통해 지원했다. 사실 일본의 재난은 세 가지 재난(지진, 쓰나미, 원자로 비상 상태)이 한꺼번에 발생한 것이었다. 이러한 참사는 지금까지 전례가 없었다.

이 사건은 인도주의적 재난이었을 뿐만 아니라 125,000채의 건물이 파괴되고 16.9조 엔의 경제적 비용을 발생시키며 일본 경제에 무거운 그림자를 드리웠다. 재난 발생 후 몇 주 동안 일본 자동차 공장의 약 80%가 생산 중지되었으며, 미쓰비시 UFJ 모건 스탠리 증권(Mitsubishi UFJ Morgan Stanley Securities)이 추정한 다른 공장들의 가동률은 10% 아래로 떨어졌다. 산업 전반에 걸쳐 2011년 3월과 4월의 생산이 2010년 대비 약 60% 떨어졌고 이는 10월까지 완전히 회복하지 못했다. 2011년 모든 산업의 생산은 여전히 9% 정도 떨어졌다. 일본 밖의 시장들 역시 영향을 받았다. 일본의 대표적 주문자상표부착생산(OEM) 자동차 회사인 토요타(Toyota), 혼다(Honda), 닛산(Nissan)은 외국 시장에 제공하기 위해 그들의 일본 내 생산의 상당히 많은 양을 수출했다(그림 13-1 참조). 일본 내 생산의 하락은 곧바로 수출 시장의 생산 가용률에 영향을 미쳤다. 게다가 해외 생산은 최근 몇 년 동안에만 확장되었고, 생산 부품의 70~80%만이 해외에서 자체적으로 생산되고 20%는 여전히 일본에서 조달되었다. 이러한 이유로 일본 내 공급기지의 붕괴는 전 세계 자동차 회사와 공장에 심각한 영향을 미쳤다.

토요타, 혼다, 닛산 모두 이 재난의 영향을 받았다(표 13-1). 특히 닛산은 6개 공장이 피해를 입었으며, 약 50개의 주요 공급업체들이 제 기능을 못하게 되었

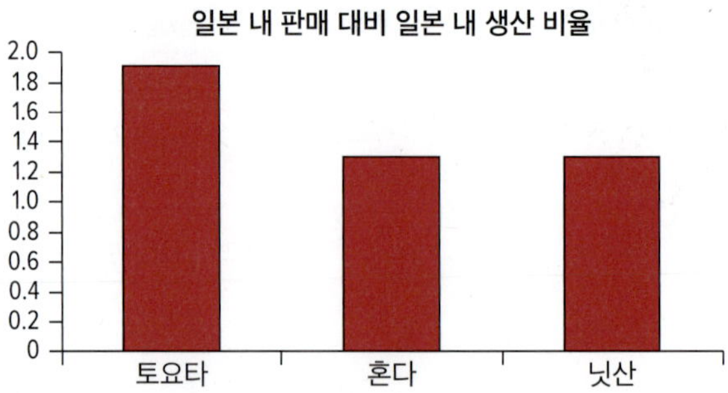

그림 13-1 일부 일본 OEM 제품의 생산 대 판매 비율

출처 : Recreated from data in Dawson, Chester, and Neal E. Boudette. "Too Big in Japan, Toyota Struggles." *The Wall Street Journal*, May 12, 2011.

표 13-1 주요 일본 자동차 OEM 업체의 초기 피해 보고서

기업	피해 상태
닛산 자동차(Nissan Motor)	• 도치기 공장과 이와키의 주조 공장에서 화재가 발생했다. • 도치기 공장, 이와키 공장(엔진), 요코하마 공장(엔진 등), 오파마 공장, 자마 작업장(리튬이온 배터리 등)이 피해를 입었다. • 이와키 공장이 수리되기까지는 시간이 좀 걸릴 것이다.
토요타 자동차(Toyota Motor)	• 이와테 공장(자회사 간토 자동차 공장), 미야기 공장(자회사 중앙자동차), 도호쿠 공장(부품)의 설비가 일부 손상되었다.
혼다 자동차(Honda Motor)	• 도치기현의 시설물이 일부 파손되었다.
마쓰다 자동차(Mazda Motor)	• 직접적인 큰 영향 없음
스즈키 자동차(Suzuki Motor)	• 직접적인 큰 영향 없음

출처 : Recreated based on information in Takahashi, Kohei "Autos and Auto Parts." J.P. Morgan Equity Research, March 22, 2011.

다. 그렇지만 회사는 이러한 충격을 견디도록 준비되어 있었다.

일본 자동차 회사의 역사

1930년대 이전 일본의 국내 자동차 제조 능력은 군 지원 조직, 수공업 모델, 수입 자동차 부품 키트를 제조하는 수준으로 제한되었었다. Aikawa Yoshisuke가 닛산 자동차 회사의 전신인 지도샤 세이조(Jidosha Seizo) 회사를 설립한 1933년에 대량 생산을 향한 산업 태동기가 시작되었다. 비슷한 시기에 Toyoda Kiichirō는 토요다 오토매틱 룸(Toyoda Automatic Loom) 내에 자동차 부서를 설립했다. 이 회사는 이후 토요타 자동차 회사로 성장하게 된다. 2차 세계대전 이전, 정부의 수입 및 외국의 직접 투자를 제한하는 보호무역정책에도 불구하고, 포드(Ford)와 GM의 일본 지사들은 일본 내 자동차 산업을 지배했다. 전쟁이 끝난 후, 닛산과 토요타는 낮은 생산성으로 어려움을 겪으면서, 정부의 대규모 대출 및 한국전쟁 동안 미군의 특별 주문 조합이 없었다면 파산할 위기에 직면했다.

일본 자동차 회사들은 초창기에 미국과 유럽으로부터의 기술 이전에 지나치게 의존했다. 토요타는 자체 연구 및 개발 능력을 공격적으로 발전시켰는데, 이러한 전략은 결국 다른 일본 자동차 제조 회사에도 적용되었다. 일본 자동차 제조 회사들은 초기 혁신자인 토요타와 함께 공정 향상에 집중했다. 1940년대 후반부터 1960년대 초까지 토요타는 미국 자동차 산업에서 흔한 푸시(push) 제조 기술과 다르게 기술을 전환했다. 회사는 버퍼 재고(buffer stocks)를 줄이는 대신 적시생산(just-in-time)의 원칙을 도입했다. 원재료와 공정 재고(work-in-process)를 초기 생산 지점에서 마지막 조립 지점으로까지 밀어내지 않고, 필요시에만 재고를 앞쪽으로 당겨왔다. 부품은 공정 간에 재고로 쌓이지 않고 가능하면 작은 소규모 로트(lots)로 생산되고 전달되었다. 토요타는 빠른 작업준비를 허용하도록 제조장치를 변경했으며 이로써 제조창치는 다른 유형의 작업을 신속히 처리할 수 있게 되었다.

토요타가 제창한 제조 원칙은 일본 내 다른 제조업체와 전 세계에서 다방면으로 도입되었다. 토요타는 토요타 생산 시스템(TPS, Toyota Production System)으로 알려진 이러한 원칙을 개선하고 정형화하는 데 앞장섰다. 토요타 생산 시스템은 제조 공정 전반에 걸쳐 밀접한 조정을 요구했고, 큰 버퍼를 가진 시스템 내에서 인지하지 못하고 지나치는 문제들을 발견하도록 도와주었다. 그러나 토요타 생산 시스템에는 위험요인이 있었다. 만약 어떤 문제점이 정보 또는 재료의 흐름을 방해한다면, 이로 인해 하부의 제조단계들은 멈추게 된다는 것이다.

일본의 자동차 산업은 큰 발전을 보이기 시작했다. 1960년대 후반, 토요타와 닛산의 생산과 수출 모두 급속히 증가했다. 1970년대 후반, 자동차 산업의 수출이 일본 총생산의 50% 이상을 차지했고, 1980년에는 일본이 세계 자동차 생산국 1위인 미국을 제쳤다. 일본 자동차 회사들은 혼다, 토요타, 닛산을 시작으로 미쓰비시(Mitsubishi), 스즈키(Suzuki), 이스즈(Isuzu)가 그 뒤를 이어 북미에 제조공장을 짓기 시작했다. 1985년 9월 G-5 회의에서 만들어진 조약 이후 엔화의 가파른 상승으로 인해 선진국과 개발도상국으로의 해외 생산 확장이 가속화되었다. 일본의 가장 큰 세 회사는 그들의 운영부문을 서로 다른 속도로 글로벌화했는데, 혼다와 닛산의 확장은 토요타보다 훨씬 공격적으로 해외 제조의 발자취를 남겼다.

닛산의 공급망 철학 : 유연성에 중점을 두기

토요타 생산 시스템의 특징인 공급망 통제와는 대조적으로, 닛산은 공급망 조직을 지역화하고 분산화하지만 글로벌 운영에 영향을 미치는 위기가 발생했을 때는 강력한 중앙 통제와 조정이 도입된다. 다양한 관점을 통합하고 유연한 조직을 유지하는 것은 회사 내 중요한 문화적 속성이었다. 회사가 다양성을 받아들이는 방식을 보여주는 하나로서, 닛산의 회사 임원진은 다양한 국적을 대표했다. 그들 대부분은 다른 일본 주문자상표부착생산자(OEM)에 의해서는 공유되지 못하는 해외 운영 및 특징에 대한 풍부한 경험을 가졌다. 닛산은 이러한 다양성을 대규모 글로벌 회사를 경영하는 힘의 원천으로 삼았다. 이것은 경영진이 각국의 시장에 존재하는 고유한 제약과 기회에 대해 직접 경험한 것을 말할 수 있다는 가치를 가졌다.

이러한 유연성에 중점을 두는 방식에 대한 보완으로, 닛산은 경쟁사와는 다른 단순한 생산 라인을 유지했다. 회사는 각 모델 내에서 소수의 SKU에 대해서만 재고 생성 후 조립 생산 방식(build-to-stock)의 생산전략을 도입했다. 나머지 대부분에서는 주문 후 조립생산 방식(build-to-order)을 도입했다. 경영진은 이러한 전략이 회사의 운영을 단순화하도록 도울 뿐 아니라, 상당한 판매 증진에도 실질적 도움이 된다고 믿었다. 회사의 생산, 구매, 그리고 공급망 관리의 SVP

표 13-2 2009~2011년 일부 닛산 재무 자료(단위 : 백만 엔)

	2009	2010	2011
수익	8,436,974	7,517,277	8,773,093
판매상품 원가	7,118,862	6,146,219	7,155,100
총이익	1,318,112	1,371,058	1,617,993
운영비			
판매, 일반 및 관리	1,456,033	1,059,449	1,080,526
영업 수입	(137,921)	311,609	537,467
영업 외 순수입	(34,819)	(103,862)	347
순 특별 이익(손실)	(46,031)	(66,127)	(57,673)
세전이익	(218,771)	141,620	480,141
총소득세	36,938	91,540	132,127
소수 지분에 귀속되는 소득(손실)	(22,000)	7,690	28,793
순이익	(233,709)	42,390	319,221

출처 : Recreated from Nissan 2011 Annual Report.

인 John Martin[1]은 다음과 같이 설명했다.

> 닛산은 재난으로부터 새로 태어난 회사이다. 1999년에 닛산은 Carlos Ghosn이 이끄는 경영회생 팀을 투입한 르노(Renault)에 의해 파산 직전 구제를 받았다. 이러한 재난 감지력이 오늘날까지 조직 내에 지속되고 있다. '재난 정신'은 우리가 2007/2008 글로벌 유동성 재난, 일본 대지진, 그리고 이후 2011년에 발생한 타이 홍수를 극복하는 데 중요한 역할을 했다. 우리의 공급망 철학은 경계와 단일지점 책임감과 함께하는 무한책임 중 하나이다. 이것은 생산공장이 운영될 수 있게 유지시키는 조직의 책임감을 갖게 하는 공급망 관리이다. 이러한 목적과 책임감에 대한 명확성은 재난 회복에 매우 중요한 자신감과 결단을 불러일으킨다.

닛산의 위기 관리

닛산의 위기와 비상 상황에 대한 태도는 매우 벅찬 도전을 극복해 낸 회사의 경험을 통해 생겨났다. 1999년에 회사는 르노와의 제휴를 형성하게 되었을 때에만 해결될 수 있는 심각한 재무위기에 직면했다. 제휴 조건하에서 르노는 닛산의 상장 주식 36.8%를 사들였고 닛산은 재무적으로 인수 가능할 때 르노를 인수하기로 동의했다.[2] 이 거래는 닛산으로 하여금 뿌리 깊은 관행과 편견을 마주하게 했고, 회사의 생존과 궁극적인 성공에 확신을 가져오는 주도적인 조치를 택하게 했다(재무 성과는 표 13-2 참조).

닛산의 위기 관리 철학은 그들의 죽을 뻔한 경험으로부터 태어났다. 그것은 가능한 한 빨리 위기를 확인하고, 적극적으로 위기를 분석하고, 대책을 세우고, 계획한 대책을 적용하는 데 초점을 두고 있다. 회사는 이 네 가지 활동을 책임질 수 있는 전담 위기 관리 기능을

1 재난 당시, John Martin은 일본 내 닛산의 글로벌 공급망 부서의 부회장(CVP)으로 근무하였다.

2 닛산은 결국 르노의 15% 주식을 매수하였다. 르노는 지속적으로 닛산에 있는 그들의 주식을 44.4%까지 높였다.

예시 13-1

닛산 2010 연간 보고서 발췌
위험 관리 척도 및 조치(지진 관련)

닛산은 지진(EQ)을 가장 심각한 재난으로 간주하고 있다. 일본에서는 강도 5 이상 EQ의 경우, 1차 대응 팀(글로벌재난본부 주요 기능별로 구성)이 정보를 수집하고 그 정보를 바탕으로 조치를 결정한다. 필요한 경우 글로벌재난본부와 지역재난본부를 설치하여 직원의 안전과 시설물 피해 상황에 대한 정보를 수집하고 비즈니스 연속성을 위해 노력한다.

동시에 모든 기능에 대한 각 기능별 우선 작업 평가와 같이 공급업체와 관련된 우선 작업을 지속하기 위한 대응 방안을 마련하는 등 비즈니스 연속성 계획(BCP) 개발을 위한 노력이 이루어진다. BCP는 PDCA 주기를 순환하는 과정에서 매년 검토된다.

EQ의 경우 정책과 원칙

1. 인간 생명에 대한 최우선순위(직원 안전 확인 시스템 활용, 일상적으로 휴대하는 지진 대비 카드)
2. 2차 재난 예방(사내 소방 조직, 비축, 재난 정보 제공)
3. 신속한 재난 복구 및 비즈니스 연속성(하드웨어 척도, 긴급 사태 대책 개선, BCP 개발)
4. 지역 사회에 기여(이웃 공동체, 기업, 지방 및 중앙 정부와의 협력/상호 원조)

글로벌재난본부와 지역재난본부는 재난 대비를 위해 대규모 EQ를 가정한 모의훈련을 실시한다. 훈련에서는 이 조직과 긴급 사태 대책의 효율성을 시험하고 개선해야 할 문제를 명확히 한다. 피드백을 바탕으로 긴급 사태 대책이 검토된다.

글로벌재난본부가 설립될 예정인(2009년 8월 설치) 닛산 글로벌 본사 건물은 진동 제어 버팀대 댐퍼(brace damper)에 의한 EQ 저항 구조를 갖추었다. 현장에서 가정된 최대 수준의 EQ에서도 안전이 보장된다.

생산의 세 가지 요소 / 위기 요소	인사/인력	구매한 부품/원자재	시설/장비
자연 재난(EQ)	• 사옥 보강(준공) • EQ 대응 매뉴얼 개발, 대피훈련 실시(연 1회) • 직원 안전 확인 제도 등록률 개선 활동	• EQ 고위기 지역에 위치한 주요 공급업체의 EQ 준비도 평가(FY08) • 웹 기반 피해 보고 시스템 채택 계획(FY10)	• 건물 및 기계 설비 보강(지속적인) • 설비 복구 매뉴얼 개선(FY09)

그림 13-2 자연 재난 관련 닛산의 위기 관리 척도

수립했다. 또한 기업 위기에 대해 의사결정하고, 구체적 위기를 관리하는 '위기 주체'를 지정하고, 진척사항을 이사회에 규칙적으로 보고하는 최고 수준의 위원회가 존재했다. 각 부서는 회사의 조정을 요구하지 않는 위기에 대한 자각과 영향을 최소화하기 위해 권한을 부여받고 예방조치를 취하도록 기대되었다. 닛산은 현재 진행 중인 내진 보강 시설, 비즈니스 연속성 계획(BCP, Business Continuity Planning)의 개선, 재난 시뮬레이션 훈련 같은 활동을 포함하는 연속적 준비 프로세스를 가지고 있다.

닛산은 2011년 지진보다 앞서 지진 비상대응 계획을 잘 갖추었다. 이것은 2010년 연간 보고서에 잘 설명되어 있다(예시 13-1 참조).[3] 닛산의 비상대응 계획의 원칙은 인간 생명에 대한 우선주의, 후속 재난의 예방,

3 비슷한 대응 계획들이 혼다와 토요타에서 수립되어 왔을지 모르지만, 어느 조직도 그 회사들의 연간 리포트에서 그들의 가시성을 제공해 주지 못했다.

빠른 재난 복구와 비즈니스 연속성, 그리고 이웃 공동체, 회사, 정부를 위한 지원을 포함한다. 재난의 여파로 글로벌재난본부(Global Disaster Headquarter)가 지정되었고 이들은 닛산 운영조직과 공급업체들을 위한 직원의 안전, 시설 파괴, 비즈니스 연속성 계획에 대한 정보를 모으고 전달하는 책임을 맡았다. 또한 그 계획에는 조직의 효율성과 만일의 사태에 대비한 계획을 시험하고 개선하기 위해 닛산이 시행하는 모의지진 시뮬레이션 훈련이 요구되었다.

재난에 대한 닛산의 대응

지진과 쓰나미 이후 닛산의 대응 조치는 지진 비상대응 계획에 대한 세부적인 원칙을 고수했다. 재난 발생 즉시, 닛산의 총괄 운영 지휘관이 이끄는 글로벌재난통제본부는 운영조직에 미치는 영향을 평가하고 재난복원 활동을 감독하기 위해 소집되었다. 복구위원회는 글로벌 복구 조치, 특히 전체 공급망을 최적화하는 일을 조정하기 위해 설립되었다.

닛산의 총괄 복구 지휘관인 Colin Dodge는 "(재난이) 우리 비즈니스에 미치는 영향은 모든 분야에서 감지되었다."고 언급했다.

> 닛산의 제조 업무는 사실상 완전히 글로벌화되어 있다. 그리고 일본 내에 있는 공급 조직의 붕괴는 우리의 공급망을 통해 전 세계에 빠르게 퍼져 갔다. 지난 몇 달 동안 닛산은 비즈니스를 하는 모든 지역에 대책을 적용해 왔다.
>
> 예를 들어 우리는 유럽의 경우 영국, 스페인, 러시아에 생산기지를 두고 있는데, 지진 직후 필요 부품에 대한 공급을 확신시킬 수 있는 조치를 취했다. 유럽 지역 팀은 일본에서 만들어지는 부품에 대한 공급정보를 공유하기 위해 일본 측과 긴밀하게 소통했다. 그 깊이와 공유되는 정보의 정확도는 놀라울 정도였다. 이것은 우리가 지역의 생산일정과 일본 내 생산 지점의 상태를 일치시킬 수 있도록 지역의 생산예측을 일관되게 갱신하도록 해주었다.

복구위원회는 재난에 대한 회사의 대응을 조정하는 간단하지만 의미 있는 몇 가지 연습을 강조했다.

1. **정보 공유** : 닛산은 모든 글로벌 지역을 대응 프로세스로 끌어들였다. 경영진은 일본 이외의 운영조직들이 정보를 원할 것이라는 인식은 했지만, 재난 대응 기반을 제공하려는 노력은 하지 않았다. 또한 그들은 그 정보 자체의 필요에 반하여 최적화하려는 하부 회사들에 의해 정보가 이기적으로 사용될 수도 있음을 인지했다. 이러한 두 가지 걱정거리를 설명하기 위해 각 지역은 그들 자신의 정보를 수집하고 문제를 전체적으로 해결하는 데 도움을 주는 2명의 스태프를 일본에 보내줄 것을 요청받았다. 지역 대응 노력을 헛되게 고갈시키는 대신 다른 지역과 공장들은 해결책을 수립하는 데 공헌했다. 이에 더해 지역들은 일본에서 무슨 일이 발생했는지에 대한 가시성을 확보했고 조직이 대응력을 향상하도록 도울 수 있었다.
2. **공급 할당** : 재난 발생 이후 몇 주 그리고 수개월 동안 공급능력에 제약이 생기면서 전체 닛산 운영업체 네트워크에 존재했던 종속업체들에게 부품 할당은 중요했다. 판매, 마케팅, 지역 공급망 관리 기능은 마진이 가장 높은 제품에 중점을 두고 공급업체들을 글로벌하게 할당할 수 있는 방법을 알아내려고 함께 노력했다. 예를 들면, 통합 글로벌 위치 추적 시스템(GPS, Global Positioning System) 단위의 공급은 재난에 의해 제약을 받았다. 닛산은 고객의 수요를

만족시키기 위해 통합 GPS가 요구되는 자동차 모델을 파악하였고 자원을 적절하게 할당시켰다. 마진이 높지 않고, GPS 없이는 고객이 구매할 의향이 없었던 저가 모델들은 이용가능한 GPS를 할당받지 못했다. 이러한 프로세스는 지진 발생 2주 내에 완성되었고 공급 상황이 명확해질 때까지 지속적으로 갱신되었다.

3. **생산 관리** : 닛산은 타깃지점 내에서 생산라인의 속도를 낮추었다. 경영진은 내부의 재고와 회사 네트워크 내의 수송상의 재고를 면밀히 고려했고, 예측된 병목의 생산 상부와 하부 지점의 속도를 늦추었다. 예를 들면, 병목화될 것으로 예측된 운영을 위해 회사는 생산 속도를 늦출 수 있었고 그 결과 고비용의 초과근무를 줄일 수 있었다. 또한 상부의 병목이 해결될 것으로 예상되자 경영진은 다가올 여름의 생산 능력을 해소하기 위해 4월과 5월로 직원들의 휴가 시점을 앞당겼다.

 회사는 공급 대안책을 알아내고 시행하고 적용하기 위해 수송상의 재고에 지불되는 시간을 이용했다. 예를 들면, 일본에서 미국 서부해안까지의 해양 수송 동안의 리드 타임 15일과 테네시와 미시시피에 있는 공장의 부품을 이동하는 데 소요되는 5일은 경영진이 중요 부품을 공급할 수 있는 공급 대안책에 접근하는 방법을 알아내는 데 20일만큼을 가질 수 있다는 것을 의미했다. 그들은 또한 일본 밖으로의 항공화물을 확보할 수 있었다. 이로 인해 중요 부품을 해외로 빠르게 조달할 수 있었고 수송 중 재고를 낮춤으로써 비용을 완화했다.

4. **권한부여 조치** : 닛산은 빠르고 유연한 조치를 강조했다. 경영진은 중앙 지휘부로부터의 장황한 분석 없이 현장에서 의사결정을 할 수 있는 권한을 부여했다. 재난 회복과 관련된 이슈에 대한 중요한 의사결정 프로세스의 속도를 높이기 위해 회사는 한시적으로 지휘 규칙에 대한 그들의 위임 권한을 수정했다. 의사결정은 표면에 드러난 새로운 정보 때문에 반복되었고 회사는 필요시 빠르게 진로를 바로잡을 수 있었다. 닛산의 총괄 운영 경영자인 Toshiyuki Shiga는 다음과 같이 설명했다.

> 우리가 시행한 재난 대응 시뮬레이션은 규칙적으로 우리가 특별히 잘 대응할 수 있게 제공되었다. 주요 재난으로 일어날 잠재적인 상황의 전체 범위를 상상함으로써 그때가 왔을 때 우리는 스스로 즉각적인 조치를 성공적으로 취할 수 있게 되었다.
>
> 재난을 겪는 동안 직원의 안전과 피해를 포함한 세부사항에 대한 최근 상황을 재빠르게 통제할 수 있는 의사결정은 필수적이다. 이를 기반으로 적절한 조치로 대응할 수 있다. 우리는 지진 발생 후 15분 만에 대응 가능한 글로벌재난통제본부를 발족했다. 대응 팀은 즉시 다양한 시설에서 피해 복구를 감독하는 동시에 피해를 수집하고 평가했다.

빅 3 일본 자동차 제조 회사들의 회복

지진 이후 6개월 내에 일본의 모든 자동차 제조 회사의 생산은 예측치 대비 24.3%가 하락했다. 빅 3 일본 자동차 제조 회사는 각자 재난과 관련된 서로 다른 이슈와 싸우고 있었다. 토요타는 그들의 너무 큰 규모와 높은 일본 생산율(수출용 포함) 때문에 심각한 위기에 노출되었다. 닛산은 재난 인접 지역에 몇 개의 공장을 가지고 있었다. 반면, 혼다는 재난 회복이 여전히 더디게 이루어지긴 했지만 대규모로 지역화된 미국 생산 덕분에 부분적으로 보호를 받았다. 혼다는 그들의 생산 문제를 공급망 내 제약사항 탓으로 돌렸다. 그것은 닛산이 그들 스스로 성공적으로 보호받았던 바로 그 문제였다. 닛산의 총괄 재무 경영자인 Joseph Peter는 다음과 같이 언급했다.

> 우리가 지난 3월 11일 재난에 대응했던 대부분의 단계는 전략, 우선순위, 그리고 이미 자리 잡은 계획들이 연속선상에 있었다. 그 한 가지 예가 우리의 제조를 보다 더 균형되게 그리고 대외구매의 영향 범위를 대외판매의 영향 범위로 추구한 지역화 전략이다. 이 영역에 있는 우리의 조치는 2008년 금융위기의 시작일로 거슬로 올라가는데, 그때 우리의 일차 목표는 외국 통화의 이동, 특히 엔화의 절상으로부터 유동성과 비용을 줄이는 것이었다.

앞으로 전진하기

2012년 1월, 닛산은 미국에 지역화된 그들의 자동차 생산을 2015년까지 약 70~90%로 늘린다고 발표했다. 또한 회사는 외국 공장들의 일본산 부품에 대한 의존도를 줄이기 위해 공격적인 타깃을 수립했다. 예를 들어, 회사는 2013년 회계연도 말까지 일본에서 북미로 보낸 부품의 수를 50%까지 줄일 것을 기대하고 있었다. 총괄 재무 경영자 Peter의 말에 따르면, 회사는 또한 그들의 1차 공급자들을 넘어 공급망 내에 존재하는 심각한 의존도를 보다 이해하기 위해 일치단결된 노력을 기울이고 있었다.

> 우리는 역시 지진으로부터 새로운 배움을 얻고 있다. 우리는 부품들, 특히 주요 부품 수준에서 우리의 비즈니스 연속성 계획을 향상하기 위해 그리고 1차 공급자들을 넘어 잠재적인 공급망 위기 집중도를 줄이기 위해 판매 프로세스를 수정하도록 앞으로 전진할 것이다. 우리의 대외구매 전략에 대한 본질적인 전환에 대한 반대에도 불구하고 이러한 일은 진화적인 카이젠(kaizen, 개선) 변화들이다.

재난에 대한 그들의 준비에도 불구하고, 회사의 총괄 운영자인 Shiga가 지적한 것처럼, 닛산은 재앙이 닥친 그다음에 보다 더 보호받기 위해 일해야 했다.

> 여전히 많은 도전이 앞에 놓여 있다. 몇몇 부품 공급업체들은 운영을 아직 회복하지 못하고 있다. 우리의 공급망은 회복을 요구한다. 이러한 경험은 우리의 2차 및 3차 공급업체를 포함한 모든 공급업체를 둘러싼 조치 가능한 비즈니스 연속성 계획(BCP)에 대한 필요성을 가르쳐 주었다. 보다 더 강건한 공급망의 개발과 포괄적인 위기 관리는 우리의 비즈니스를 보다 더 지속가능하게 하는 데 반드시 필요하다.

이 장을 마치고 나면 다음 문제를 이해할 수 있다.

- 공급망이 위기에 노출되는 것을 어떻게 정량화할 것인가?
- 정량화하기 힘든 위기의 원천을 어떻게 다룰 것인가?
- 공급망 위기 관리에서 생존기간(TTS)과 회복기간(TTR)의 역할은 무엇인가?
- 유연성이 공급망 위기 노출을 줄이는 데 어떻게 도움을 줄 수 있는가?

13.1 개요

제조 산업에서 경쟁력을 높이는 것은 공급망 가격을 낮추기 위해 가중된 압박을 유발한다. 회사는 시장의 지위와 경쟁우위를 점유하기 위해 외주, 해외위탁업무, 린 생산과 같은 전략으로 대응하고 있다. 불행히도, 이러한 비용 절감 조치는 공급망 내 위기 관리 비용으로 종종 채택된다.

실제로 현재 유망 산업은 공급망에서 위기 수준 상승에 대한 직접적인 연관성을 갖지 못하는 경향이 있다. 제조업체들의 해외위탁업무와 글로벌화가 계속해서 성장함에 따라 공급망은 지역적으로 더욱 다양해져서 다양한 유형의 인재(manmade disasters)와 자연 재난에 노출되었다. 이와 비슷하게, 낮은 재고 수준에 초점을 맞춘 린 제조업자들에게 하나의 재난은 그들의 비즈니스를 중단되게 만들 수 있다.

현실의 증가하는 대재난의 위협의 존재 속에서 산업은 공급망 위기의 노출을 알아내고, 적절한 위기 완화 조치를 적용하고, 그들이 위기 노출 수준을 정확히 반영한다는 것을 보장해야 한다. 그 결과 상당수의 회사가 공급망 회복탄력성에 관심이 있지만, 불행히도 우리의 경험은 위기를 능동적이고 효과적으로 관리하는 단지 작은 부분에 불과하다.

기업이 직면한 위기 수준의 증가는 공급망 경영진들이 허리케인, 전염병, 지진 혹은 항구 폐쇄 같은 극한의 위기와 예측 실수, 대외구매 문제, 수송수단 고장, 리콜 이슈 같은 운영상의 위기를 체계적으로 설명할 것을 요구한다. 불행히도, 재난이 발생한 이후에 할 수 있는 일은 거의 없다. 따라서 회사는 대재난뿐 아니라 더 일상적인 운영상의 문제에도 더 잘 대응할 수 있도록 그들의 공급망을 계획하는 데 더 주의를 기울여야 한다.

이 장에서는 글로벌 공급망에 내재된 다양한 위기를 조사하고, 위기의 노출을 정량화하는 프레임워크를 개발하고, 이러한 위기를 경감시키는 기술을 확인한다.

13.2 많은 위기의 원천

글로벌 공급망은 국내 공급망에서 직면하는 비슷한 위기뿐만 아니라 본질적으로 더 글로벌한 추가적인 위기에 노출된다. 그림 13-3은 글로벌 회사들이 직면한 다양한 유형의 위기에 관한 불완전한 목록을 제공한다. 자연 재난, 지정학적 사건, 전염병 혹은 테러리스트의 공격은 부품 재고 부족으로 인한 생산 라인의 중단을 야기할 수 있다. 이것은 정확히 9/11 테러리스트 공격의 여파나 글로벌 경제에 미친 최근 COVID-19의 영향으로 인해 몇몇 자동차 제조업체에 일어난 일이었다.

불행히도, 과거의 경험이 거의 없기 때문에 아이슬란드의 화산 분출(2010년 3월), 일본의 지진과 쓰나미(2011년 3월) 혹은 태국의 홍수(2011년 8월) 같은 대재난에 대한 준비를 하기는 어렵다. 이와 비슷하게, 2003년에 발생한 SARS 전염병과 2020년의 전염병은 극동지역에서부터 나머지 전 세계까지 부품과 제품의 흐름을 중단시킬 수 있었지만, 이 역시 데이터 부족 때문에 대비하기가 어려웠다.

전 국방부 비서인 Donald Rumsfeld에 따르면, 우리는 이러한 유형의 위기를 'unknown-

unknown'으로 간주하는데, 발생확률을 수치화하기 어려운 시나리오와 연관된 위기이기 때문이다.

그림 13-3에 있는 다른 스펙트럼에서는 공급자의 수행, 예측의 정확성, 운영상의 문제점과 같은 위기의 원천을 밝힌다. 이들은 수치화할 수 있는 위기 요소이며, 결과적으로 우리는 이러한 위기를 'known-unknown'이라고 간주한다. 예를 들면, 과거 경험의 데이터를 이용하여 회사는 수요 예측의 오차, 기계 고장의 평균 간격, 공급 리드 타임의 성과를 특징짓는다.

물론 그들의 본질적 특성 때문에 'unknown-unknown' 위기는 통제가 불가능하지만, 'known-unknown'은 상대적으로 그나마 더 통제가 가능하다. 양극단 사이에는 어느 정도 통제 가능한 다양한 종류의 위기가 존재한다. 예를 들면, 아래에서 언급하듯, 연료 가격의 유동성과 관련된 위기는 장기 계약을 통해서 통제 가능한 반면, 유동적인 환율은 다양한 헤징 전략을 통해 통제할 수 있다.

이제 조직을 통제하는 수준이 다양한 위기 원천을 가지고 있음을 확인했다. 그러한 원천의 **기대 영향력**(expected impact)을 정량화하는 것은 매우 중요하다. 우리는 '기대 영향력 = (위기가 발생할 확률) × (위기가 발생할 경우 매출이나 이익에 미치는 영향으로 측정되는 비즈니스에 대한 직접적 영향력)'으로 정의했다.

예를 들어, 중국의 정치적 불안정의 영향은 대외구매에 있어 그 지역의 중요 위기 요소로 매우 높을 수 있다. 그러나 정치 문제와 불안정의 확률은 낮아서 기대 영향력은 '중간'이다. 이와는 대조적으로 공산품 가격에 대한 기대 영향력은 상대적으로 높다. 이것은 사실인데, 공산품 가격의 유동성이 높고 바람직하지 못한 방향으로의 가격 변화에 대한 확률이 높기 때문이다. 만약 공산품 가격의 기대되는 영향이 높아진다면, 조달 가격에 미치는 영향이 높아져서 높은 기대 영향력을 가지게 된다.

두 가지 차원—각 위기의 원천을 통제하는 능력과 그 위기의 기대 영향력—은 그림 13-4에 묘사된 직관적 위기 평가 프레임워크로 동기설명된다. 불행히도, 높은 기대 영향력을 가진 통제 가능한 위기의

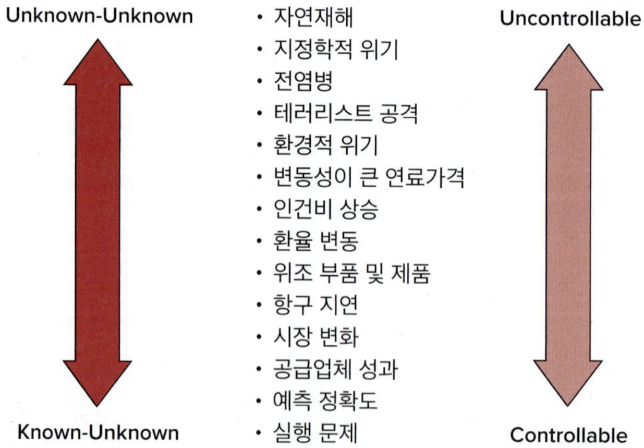

그림 13-3 위기의 원천과 그 특성

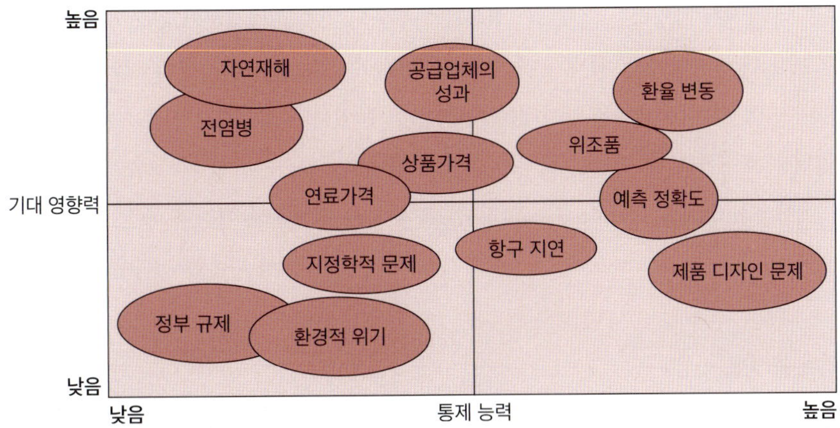

그림 13-4 위기 평가 프레임워크 : 통제 능력 대 기대 영향력

원천은 효과적으로 통제될 수 있고, 그래야만 한다. 동일하게 중요하지만 보다 더 도전적인 것은 통제 불가능한 위기의 원천에 대한 위기 완화 전략을 개발하는 것이다. 통제 가능하든 통제 불가능하든 간에 경영진은 전사적 위기 포트폴리오를 수립해야 한다. 이러한 프레임워크와 유사한 형태로 그들은 그들의 위기 관리 전략들 간의 차이와 도전을 밝혀낼 수 있다.

위기 평가 프레임워크의 보다 밀도 있는 검토는 경영진이 비즈니스 성과에 대한 기대 영향력의 크기에 따라 위기 완화 전략을 개발해야 함을 제안한다. 이것은 비즈니스 목표와 위기 관리 전략의 성과를 일치시킬 필요가 있음을 의미한다. 이것을 성취하는 대부분의 효과적인 방법은 다양한 유형의 위기가 운영과 비즈니스 의사결정으로 통합되어야 함을 확인하는 것이다.

다시 말해, 위기 관리는 조직에서 독립적인 기능이 아닌 회사의 의사결정 프로세스에 내재되어 있어야 한다. 예를 들면, 생산 조달 의사결정은 설계 단계에서 비즈니스 성과 측면에서 공급 중단의 기대 영향력을 고려해야 한다. 따라서 이러한 접근법은 매일매일의 의사결정 프로세스의 일부로서의 위기 평가와 위기 관리를 촉진하는 조직문화를 조성한다.

예시 13-2

멕시코 최대 기업 중 하나인 시멕스(CEMEX)는 건축자재 전문 기업으로 30개국 이상에서 사업을 운영하고 있다. 세계에서 가장 힘든 시장 중 하나에서 경쟁하고 있는 시멕스는 다양한 위기에 직면해 있다. 가격 및 수요 위기를 포함한 운영 위기, 시장 접근성 및 환경 규제 위기를 포함한 시장 위기, 환율 및 에너지 가격 위기를 포함한 세계 시장 위기이다. 시멕스 위기 관리 전략은 다음 두 가지로 특징지어진다. 첫째, 특정 유형의 위기를 회피하는 대신에 수용하는 것이 핵심 역량으로 자리 잡았다. 예를 들어, 이 기업은 현물거래를 통해 상품 가격 위기를 줄이고, 수요와 공급을 더 잘 일치시켜 가치를 높이는 역량을 결집한다. 둘째, 위험 관리는 기업의 문화와 조직 구조에 깊이 내재되어 전략적 또는 전술적 수준에서 뚜렷한 관리 기능으로서 거의 눈에 띄지 않는다. 예를 들어, 전략적으로는 생산 능력 및 조달 계획에 위기 관리를 통합하고, 운영상으로는 시장 전반에서 시멘트를 적극적으로 거래하여 위기를 줄인다. 결과적으로 시멕스는 특히 신흥시장에서의 다양한 위기에 노출되어 있음에도 불구하고 시멘트 및 콘크리트 생산 및 유통에 내재된 위기를 관리하는 데 있어 글로벌 산업 기준에 부합하거나 이를 뛰어넘는 성과를 거두고 있다.

그렇다면 이 장에서 설명하는 (글로벌) 회사가 대부분의 위기를 경감하기 위해 사용할 수 있는 방법은 무엇인가? 보다 더 중요하게는, 회사가 위기에 노출되는 수준과 공급망 전반에서 위기 경감 전략에 대한 투자에 우선순위를 정하는 방법을 알아내는 데 적용할 수 있는 프레임워크가 존재한다. 13.3절에서는 위기 노출 방법을 소개한다. 이 방법은 회사가 공급망 내에 다른 노드(시설)에서 위기에 노출될 수준을 수치화한다. 이어서 unknown-unknown(13.4절)을 다루는 전략뿐만 아니라 중간 단계의 위기(즉, 위기 스펙트럼에서 known-unknown에 가까운 위기 클래스)(13.5절)를 다루는 전략을 고려한다.

13.3 위기 노출 방법

공급망 위기를 관리하는 전통적인 방법은 위기 발생 가능성과 회사의 운영이 붕괴될 수 있는 모든 잠재적인 사건에 대한 영향력의 크기를 아는 데에 달려 있다. 일반적인 공급망 중단—공급자의 비숙련도, 수요 예측 오차, 운송 고장 등—의 경우 이러한 방법은 위기 수준을 수치화하는 과거의 데이터를 이용하면 매우 잘 작동한다.

하지만 이것은 2005년 허리케인 카트리나 같은 대재난, 2003년 사스와 2020년 COVID-19 발생 같은 바이러스성 전염병, 혹은 공장의 화재나 파업 같은 예상치 못한 사건으로 인한 주요 불능과는 다른 이야기이다. 매우 드문 이러한 사건에 대한 과거 데이터는 제한적이거나 존재하지 않기 때문에 그 위기는 전통적인 모델로는 정량화하기가 힘들다. 따라서 많은 회사는 예상치 못한 사건에 적절히 대비하지 못한다. 이것은 재난이 닥쳤을 때 재앙적인 결과를 가져올 수 있고, 설령 빈틈없는 회사일지라도 이 사건 이후에는 혼란을 야기하게 된다. 2011년 후쿠시마 지진과 쓰나미 재난 이후의 토요타를 생각해 보라.

이러한 어려움을 설명하기 위해, 위기 노출(RE, Risk Exposure) 방법은 붕괴의 원인을 파악하기보다는 공급망의 서로 다른 위치(공급업체 공장의 폐쇄 혹은 배송센터의 홍수 피해)에서 잠재적 실패에 대한 영향력에 초점을 맞춘다. 분석의 이러한 유형은 어떤 구체적인 위기 발생의 확률을 결정할 필요성을 없앤다. 이것은 타당한 접근법으로, 그 이유는 붕괴에 대한 경감 정책이 그 원인에 상관없이 동일하게 효과적이기 때문이다. 이러한 모델을 이용하여 회사는, 예를 들어 2주 안으로 어떤 이유로든 고장이 나서 못 쓰게 될 수 있는 주요 공급업체의 시설에 대한 재무적·운영적 영향을 수치화할 수 있다. 그 모델은 쉽고 신속하게 갱신될 수 있다. 이런 특징은 공급망이 변화의 흐름의 연속선상에 있기 때문에 매우 중요하다.

회사 공급망 내 어떤 곳에 발생한 붕괴가 회사의 성과에 어떻게 영향을 미치는지를 결정하기 위해 회사의 생산 관리 시스템, 공급망 관리 시스템, 재무 및 판매 시스템으로부터 데이터를 통합한다. 회사의 데이터는 각 공급 부품별로 회사의 각 공장의 시설과 생산 라인 배치에 사용된다. 이 모델은 공급자 관계의 여러 단계, 자재 명세서 정보, 운영 및 재무 척도, 수송 중 재고와 회사 내 재고 수준, 각 제품의 수요 예측, 회사가 평가를 위해 선택한 성과 척도—예를 들어, 생산 손실량, 수익 손실 혹은 이익 마진 손실—를 통합한다. 회사는 부품 카테고리, 공급업체, 지리상 위치, 또는 생산 라인을 기반으로 개별 부품에서부터 집합체까지 상세 수준에서 전체 공급망 네트워크를 대표한다. 이것은 관리자가 필요할 때에만 더 자세히 조사하고, 붕괴 사건에서 회사가 입은 피해에 영향을 미친, 이전에 밝혀지지 않은 종속성을 확인하도록 허용한다.

RE 모델의 핵심 특징은 회복기간 값(TTR, Time To Recover)이다. 이것은 특정 노드 지점(공급시설, 배송센터, 혹은 수송 허브)에서 최초 시설에 공급망 중단이 발생한 후 기능적으로 완전히 복구되기까지 걸리는 시간을 의미한다. 우리의 모델은 다른 지속기간의 회복기간 값을 근거로 시나리오를 수립함으로써 다른 심각성 수준의 붕괴에 대해 쉽게 설명할 수 있다. 예를 들어, 아래에 매우 자세히 설명하듯이, 포

1) 공급업체
   a. 1차 공급업체명
   b. 공급업체 사이트(도시, 지역, 국가)
2) 이 사이트의 부품
   a. 부품 번호
   b. 부품 설명
   c. 부품 비용
   d. 해당 부품의 연간 생산량 정보
   e. 해당 부품의 재고 정보(공급일수)
   f. 해당 공급업체 사이트에서 총 달러 구매액(연간)
3) 최종 제품
   a. 해당 부품을 사용하는 OEM의 최종 제품(예 : 차량)
   b. 해당 최종 제품에 대한 이윤율
4) 공급업체 사이트에서 OEM 사이트로의 리드 타임
5) TTR 정보(사이트가 처음에 중단된 후 완전한 기능으로 복원되기까지 걸리는 시간)
   a. 공급업체 사이트가 다운되었지만 툴링이 손상되지 않은 경우
   b. 공급업체 사이트가 다운되고 툴링이 손실된 경우
6) 손실 비용
   a. 신속 처리 비용
   b. 초과 근무 비용
   c. 기타
7) 공급업체 및 부품 위기 평가
   a. 단일 소스
   b. 제한된 공급업체
   c. 재무 안정성
   d. 운영 안정성
   e. 기타
8) TTR 정보가 완화 전략과 일치하는지 여부를 평가하는 데 사용되는 해당 공급업체-부품 조합에 대한 완화 전략
   a. 대체 공급업체
   b. 재고
   c. 기타

그림 13-5 공급업체 데이터 및 부품 식별을 위한 설문지

드는 그들 공급망의 단기 및 장기 중단기간에 따른 영향을 분석하기 위해 서로 다른 회복기간 값을 사용했다. 회복기간 값은 과거의 경험을 근거로 혹은 회사의 구매자나 공급자를 통한 설문조사를 통해 개발될 수 있다(그림 13-5 참조). 이러한 값은 모든 노드에 대해 동일할 수도 있고, 아니면 그 하부 노드 전부 또는 하나에서 다를 수도 있다.

이러한 분석은 경과시간 동안 네트워크로부터 하나의 노드를 제거한 후 회복기간 값을 측정함으로써 시행된다. 이 모델은 회사의 타깃 성과 척도에 대한 영향을 최소화하기 위해 어떻게 현존하는 재고를 재할당하고 대체 업체에 공급할지를 결정하고, 회사의 타깃 성과 척도의 관점에서 각 노드에 대한 성능 영향력(Performance Impact)을 생성한다. 예를 들면, 만약 타깃 성과 척도가 수익 감소라고 한다면, 그 모델은 공급 네트워크상 각 노드의 회복기간 값과 연관된 수익 손실을 결정한다. 일반적으로 사용되는 다른 성과척도는 이익 손실과 생산량 손실을 포함한다.

가장 큰 성능 영향력을 나타내는 노드는 1.0의 위기 노출 인덱스(REI, Risk Exposure Index) 점수에 할당된다. 다른 모든 노드와 연관된 REI는 이 참조값을 기반으로 결정된다. 이것은 선택된 성과 척도에 대해 붕괴가 가장 큰 영향력을 미칠 수 있는 노드를 회사가 확인할 수 있게 해준다.

우리 모델의 핵심은 선형 최적화 프로그램을 활용하는 것이다. 선형계획법은 주어진 제약조건에서 지정된 목표를 달성하기 위해 최상의 자원 할당을 찾는 일반적인 기술이다. 우리의 경우 선형계획법의 목표는 수익, 이익 또는 생산 단위에 대한 붕괴의 영향을 최소화하는 것 같은 여러 성과 척도 중 하나일 수 있다. 선형계획법의 제약은 공급망 내 기존 및 대체 공급원, 운송, 완제품 재고, 진행 중인 작업 및 원자재, 생산 종속성을 포함한 회사의 공급망 구조를 나타낸다.

선형계획법은 붕괴된 노드가 회복기간 동안 다운되었을 때 선택된 성과 척도에서 감소를 최소화하는 대응 시스템을 찾아낸다. 예를 들어, 이 프로그램은 재고를 낮추고, 생산을 전환하고, 수송을 신속히 진행하고, 대체 공급원을 이용하고, 제한된 재고와 같이 회사 최종 제품의 하위 부품으로 자원을 할당하는 것을 포함하여 특정 노드에서의 붕괴에 대한 최적의 대응을 결정할지 모른다. 이 노드 중단으로 인한 성과 척도의 감소는 그 노드에 대한 성능 영향력으로 저장된다.

모델은 여러 회사가 동시에 공급처 붕괴를 조절하려고 시도할 때 발생할 수 있는 상호 간 효과를 회사가 고려하도록 허용함으로써 대체 공급처를 설명할 수 있다. 예를 들어, 여러 회사에 공유되는 특정 공급처의 붕괴는 회사가 해당 공급처의 대안을 유치하기 위해 경쟁함으로써 예비 공급처 선택지에 영향을 미칠 수 있다. 계약서에 명시된 사항에 따라 예비 공급처는 다른 회사들보다 특정 회사에 우선권을 가질 수도 있다. 이는 회복기간 값과 성능 영향력에 영향을 미칠지 모른다. 이러한 기업 간 상호 영향력은 재난 발생 시 기업의 취약점을 이해하는 데 매우 중요하지만, 종종 간과된다.

이 접근법은 많은 이익을 제공한다.

- **숨겨진 위기 노출을 알아낸다.** 관리자가 네트워크에서 어떤 노드가 가장 큰 위기 노출을 만들어

내는지 파악하도록 도와준다. 모델은 종종 이전에 감추어졌거나 못 보고 넘어갔던 고위기 영역을 부각시켜 준다. 또한 회사가 영향력을 줄이기 위해 다양한 대안의 비용과 이익을 비교하도록 허용한다.

- **드문 사건에 대한 예측의 필요성을 피한다.** 모델은 원인과는 상관없이 공급 네트워크 내에 발생할지 모르는 어떠한 붕괴에 대해서도 최적의 대응을 결정한다. 회사는 저확률 고위기 사건에 대한 발생 가능성을 계량화하기보다는 가장 중요한 노출을 파악하고 이를 줄이기 위한 위기 관리 전략을 펼치는 데 집중할 수 있다.
- **공급망 종속과 병목을 드러낸다.** 회사는 네트워크의 강건성을 증진할 수 있는 재고와 조달에 대한 의사결정을 위한 분석 역시 이용할 수 있다. 이것은 한 공급업체의 붕괴가 몇몇 회사에 영향을 미치는 경우, 대체 공급원을 유치하기 위한 경쟁 회사들 간 쟁탈전 같은 것을 고려하는 것을 포함한다. 특정 위기에 대한 회사 상호 간 영향은 종종 무시된다. 회사가 다른 회사들에 비해 우선권을 부여하기 위해 예비 공급업체와의 계약이 협상될 수 있고, 이것은 주요 공급업체의 붕괴를 발생시킬 것이다. 이것은 회복기간과 성능 영향력을 줄여줄 것이다.
- **논의와 학습을 촉진한다.** 이러한 방식의 공급망 분석 과정에서는 경영자가 중요 시설에 대한 회

예시 13-3

그림 13-6에서는 첨단 제조업체에 위기 노출 방법을 적용한다. 이 기업은 전 세계에 공급업체를 두고 소수의 조립 시설을 갖추고 있다. 소매업체와 제3자 유통업체를 통해 직접 제품을 판매한다. 그림은 각 노드의 TTR과 각 노드의 중단이 기업에 미치는 재정적 파급력(수익 손실 기준)을 보여준다. TTR 기간 동안 공급망에서 해당 노드를 제거한 후 선형 최적화 프로그램을 실행하여 생성된다. 여기서 TTR은 노드가 초기에 중단된 이후에 완전한 기능으로 복원되기까지 걸리는 시간을 나타낸다.

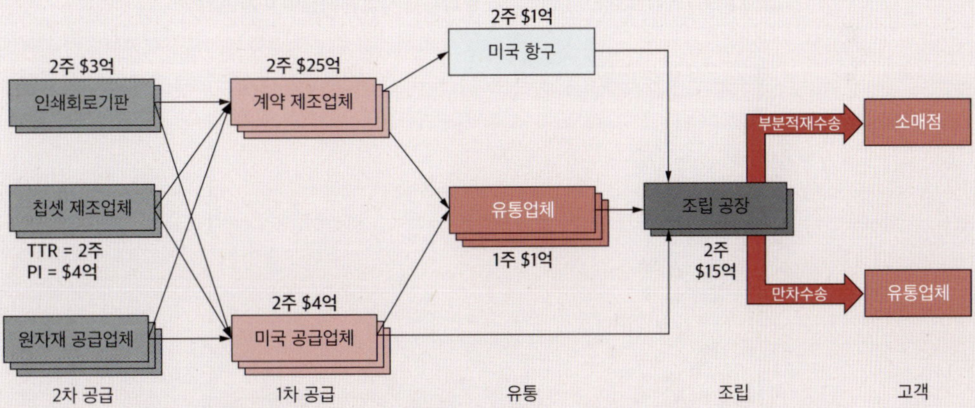

- TTR(Time-To-Recover) : 공급망 중단 후 전체 기능을 복구하는 데 걸리는 시간
- PI(Performance Impact) : TTR 동안 재정적이거나 운영적인 영향. 이 경우 그림은 잃은 수익 손실의 영향을 보여준다.

그림 13-6 첨단 제조업체의 위기 노출 분석

복기간 값의 허용 수준에 대한 공급업체 및 내부 그룹과의 논의에 참여하고, 재난 복구시간을 줄이기 위한 모범 프로세스에 대한 통찰력을 공유한다. 그 결과 붕괴의 파급력은 최소화된다.

13.3.1 포드 자동차 회사

포드의 공급망 중단에 대한 노출을 분석하기 위해 두 가지 시나리오하에 우리의 방법을 사용했다. 첫 번째는 공급업체의 생산시설이 2주 동안 붕괴되는 것이다. 두 번째는 8주 동안 생산시설의 운영을 멈추고 공급업체의 공구가 교체되는 것이다.

포드는 복잡한 자재 명세서 구조, 공정 재고, 그리고 다중 생산 라인을 공유하는 부품으로 인한 긴 리드 타임을 가진 몇몇 공급자로부터 다단계 공급 네트워크를 가진다. 위기 노출 모델은 만약 그들이 붕괴되었을 경우 공급업체 측의 약 61%가 포드의 이익에 영향을 미치지 못함을 보여준다. 이와는 대조적으로

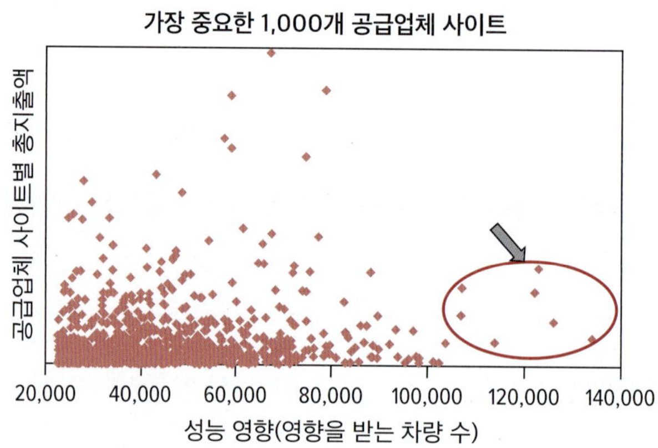

그림 13-7 공급망 중단이 생산량과 공급업체 시설별 지출에 미치는 영향

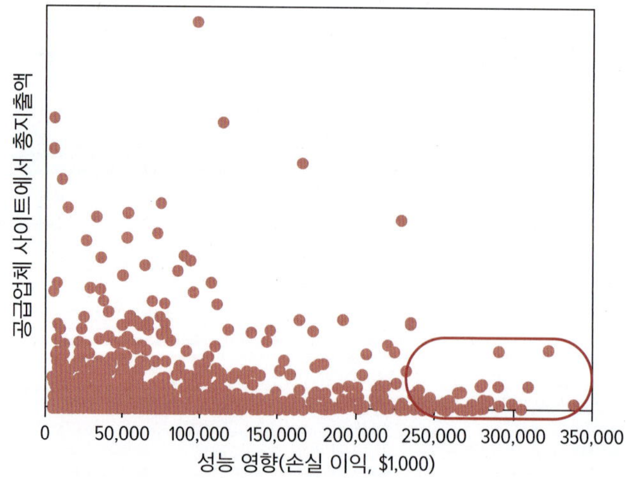

그림 13-8 공급망 중단이 이익과 공급업체 시설별 지출에 미치는 영향

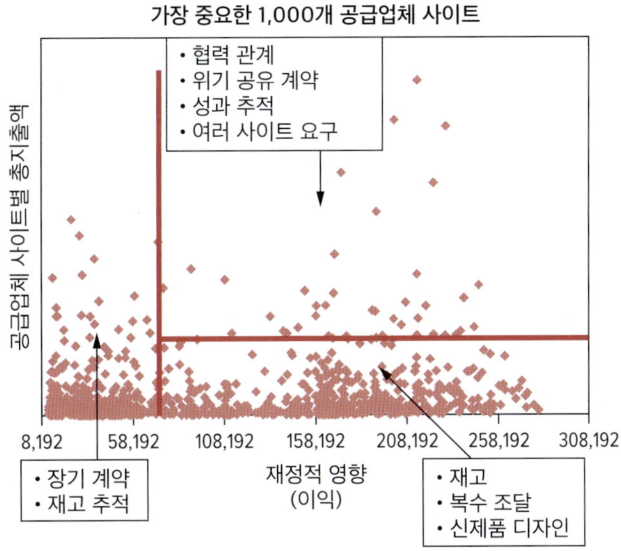

그림 13-9 공급업체 세분화별 경감 전략 요약

공급업체 측의 약 2%는 그들이 붕괴되었을 때 포드의 이익에 매우 큰 영향을 가한다. 가장 큰 피해의 원인이 되는 붕괴를 야기하는 측은 포드의 구매가 상대적으로 소규모인 공급업체인데 이는 포드 경영자들에게는 매우 놀라운 사실이었다. 사실 소규모 공급업체들 대부분은 이전에 회사의 위기 관리자들이 고위기 노출 공급업체로 밝혀내지 못한 곳이었다. 포드의 가장 중요한 공급업체 1,000곳에 대해 공급업체 붕괴가 생산량 손실에 미치는 영향(그림 13-7)과 이익 손실에 미치는 영향(그림 13-8)을 참고하라.

이러한 모델을 이용하여 포드는 특별한 위기 관리 관심을 갖지 않는(짧은 회복기간 값과 낮은 재정 영향력) 공급업체들과 보다 철저한 붕괴 완화 계획을 보증하는 공급업체를 밝혀낼 수 있었다. 이러한 분석의 결과는 포드가 고위기 요인을 해소하고 위기 경감 전략에 더 나은 우선순위를 매길 수 있는 대안적 단계를 평가할 수 있도록 했다. 예를 들어, 경영자는 특정 공급업체와 관련된 위기노출지수(REI) 점수가 공급업체가 보유하고 있는 재고량에 매우 민감하다는 것을 알았다. 이 때문에 포드는 공급업체와 관련된 재고를 일일 단위로 자세히 모니터링할 수 있는 체계를 갖추었다. 공급업체 세분화에 의한 위기 경감 전략을 요약한 그림 13-9를 참고하라.

2012년 3월, 자동차 산업이 나일론 12라고 불리는 특수합성수지의 부족으로 정지되었다. 나일론 12는 연료탱크, 브레이크 부품, 좌석 직물을 제조하는 데 사용되었다. 핵심 공급업체인 에보닉(Evonik)은 독일 마를(Marl)에 있는 공장에서 엄청난 폭발 사고를 겪었다. 에보닉은 생산을 재개하기까지 6개월이 걸렸다. 그 기간 동안 포드의 하부 생산시설과 다른 주요 자동차 제조업체들은 심각하게 붕괴되었다. 포드 경영자들이 이러한 붕괴 전에 위기 노출 프레임워크를 사용했다면 위기 노출과 관련 생산 병목을 감지했을 것이며, 에보닉과 적극적으로 협력하여 2015년에 생산을 시작한 싱가포르 내 신규 공장을 전산망으로 가져올 계획을 신속하게 추진했을 것이다.

다른 대부분의 회사들의 경우와 마찬가지로, 포드의 공급망은 점진적으로 글로벌화되고 복잡해지고 확장되었다. 이것은 포드가 인지하고 관리해야 하는 실패의 더 많은 잠재 요인들을 도입하는 효과를 가지게 되었다. 위기 노출 모델을 이용하여 포드는 공급망 노출을 신속히 정량화하고 공급 중단 발생이 미치는 영향력을 경감하는 효과적인 전략을 알아낼 수 있다.

이러한 유형의 프로젝트에서 한 가지 중요한 어려움은 신뢰할 수 있는 회복기간 값을 수집하는 것이다. 그림 13-5는 실시된 온라인 조사에 대한 정보와 공급업체로부터 수집된 정보의 유형을 제공한다. 문제는 공급업체가 온라인 조사에 응답할 때 너무 낙관적이어서 더 짧은 회복기간 정보를 제공할 수 있다는 것이다. 따라서 회복기간 값 정보에 민감한 이러한 공급업체를 밝혀내는 어려움이 있다. 즉, 회복기간의 작은 오류가 성능 영향력에 큰 차이를 만들 수 있기 때문에 회사는 회복기간 데이터를 더 면밀히 검증해야 한다.

이러한 목적을 달성하기 위해 우리는 공급망 내의 각 노드와 관련된 생존기간 값(TTS, Time-to-Survive)의 개념을 소개한다. 우리는 특정 노드가 공급망에서 제거된 이후 공급이 현재의 노드 없이 수요를 맞출 수 있는 가장 최장시간을 특정 노드의 생존기간 값으로 정의한다. 파이프라인이 재고로 가득 차 있기 때문에 생존기간 값을 알아내는 것은 쉽지 않다. 그러나 핵심은 회복기간 값 정보와는 독립적이라는 것이다. 그림 13-10은 포드의 모든 1차 공급업체에 대한 회복기간 값을 설명한다. 그림에서 보듯, 많은 공급업체들은 몇 주 동안 긴 생존기간 값과 연관되어 있고, 해당 업체에 대한 정확한 회복기간 값 정보를 얻는 것은 덜 중요하다. 그러나 수백 개의 공급업체는 생존기간 값이 매우 짧아서 기껏해야 하루나 이틀 정도이다. 이러한 공급업체의 회복기간 값은 주의해서 분석해야 한다.

13.4 unknown-unknown에 대한 관리

회사가 unknown-unknown 위기를 다루기 위해 이용할 수 있는 전략이 있는가? 불행히도, 회사의 수년간의 이익을 완전히 없애버릴 뿐 아니라 특정 지역이나 시장에서 철수하도록 만드는 대재난을 일으키는 위기가 존재한다.

이 절에서는 공급망 위기, 특히 unknown-unknown 위기를 관리하는 다음 세 가지 방법에 대해 알아본다.

1. 공급 능력 중복
2. 위기 감지 및 대응 속도
3. 유연 공급망 공동체

아래에서 설명하겠지만, 이러한 방법의 효과적인 사용은 공급망이 한 가지 불행으로부터 회복할 수 있

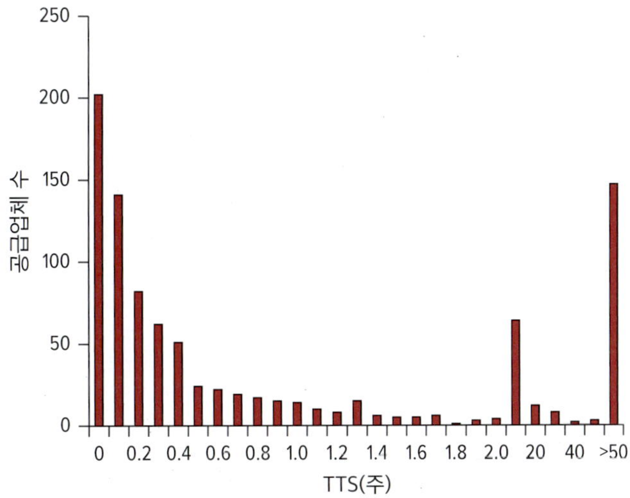

그림 13-10 포드의 1차 공급업체 전체의 생존기간 값(TTS)

도록 허용하며, 이를 소위 **회복탄력적인 공급망**(resilient supply chain)이라 부른다. 이러한 개개의 방법은 서로 다른 공급망 차원에 초점을 맞춘다. 공급 능력의 중복은 디자인 단계에서 수립된다. 위기 감지 및 대응 속도는 정확하고 제시간에 필요한 정보를 요구한다. 마지막으로 유연 공급망 공동체는 유연성을 포용하고, 동일한 목표를 지향하며 일하고, 재무적 이득에서 이익을 얻는 파트너를 요구한다.

13.4.1 공급 능력 중복

위기 관리의 핵심 도전은 중요 상승 비용을 발생시키지 않는 예측하지 못한 사건—unknown-unknown—에 대해 효과적으로 대응할 수 있는 공급망을 디자인하는 것이다. 이것은 공급망 비용의 상충관계를 주의 깊게 분석함으로써 완성할 수 있으며, 적절한 수준의 중복은 공급망에 내재되어 있다.

위의 예시는 특별한 비용의 증가 없이 중복을 만들고 위기를 경감시키는 총 공급망 비용의 중요한 특

예시 13-4

2001년, 미국에 본사를 둔 포장 소비재 제품(CPG, Consumer Packaged Goods) 기업은 전 세계에 약 40개의 제조 공장을 갖춘 글로벌 공급망을 보유하고 있다. 그들이 제조하는 생활용품에 대한 수요는 여러 국가에서 이루어졌다. 회사는 유기적으로 그리고 인수를 통해 성장했다. 경영진은 제조 네트워크를 합리적으로 개선하고 비생산적인 제조 공장을 폐쇄해야 할 때임을 깨달았다. 초기 분석에 따르면 회사는 기존 제조 공장 중 17곳을 폐쇄하고 23개 공장을 가동함으로써 전 세계 시장 수요를 충족하면서 연간 약 $4,000만의 비용을 절감할 수 있는 것으로 나타났다.

불행하게도, 이 새로운 린 공급망 디자인은 두 가지 중요한 약점을 가지고 있었다. 첫째, 새로운 설계는 북미나 유럽에 공장이 없어 주요 시장으로의 공급 리드 타임을 길고 불안정하게 만들었다. 이러한 리드 타임에는 재고 수준의 상당한 증가가 요구된다. 더 중요한 것은 아시아와 라틴 아메리카에 남아 있는 제조 공장이 완전히 활용되었기 때문에, 예를 들어 전염병이나 지정학적 문제로 인해 이들 국가로부터의 공급 중단은 전 세계 많은 시장의 충족을 불가능하게 만든다는 것이다. 그렇다면 어떻게 공급망을 설계하고 전염병이나 지정학적 문제와 같은 위기의 원천을 고려할 수 있을까? 이는 정량화하기 어려운 위기 원천이다.

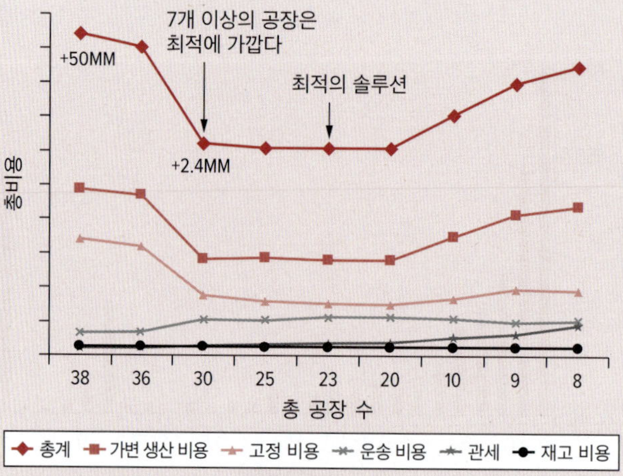

그림 13-11 공급망 설계의 비용 상충관계

기업이 취한 접근방식은 비용 상충관계를 분석하는 것이었다. 이러한 절충안은 그림 13-11에 설명되어 있으며, 가로축은 열려 있는 공장의 수를 나타내고 세로축은 가변 생산 비용, 고정 비용, 운송, 관세 및 재고 비용을 포함한 다양한 비용 구성 요소를 보여준다. 가장 위쪽에 있는 선은 총비용(여러 비용 구성 요소의 합)이다. 그림에서 볼 수 있듯, 17개의 공장을 폐쇄하고 23개를 개방하면 공급망 비용이 최소화된다. 그러나 총비용 함수는 최적 전략을 중심으로 매우 균일한 것을 봐야 한다. 실제로 개방형 공장을 23개에서 30개로 늘리면 총 공급망 비용이 $250만 미만으로 증가하는 동시에 중복성도 많이 증가한다. 따라서 전염병이나 지정학적 문제와 관련된 위기를 정량화할 수는 없지만, 공급망 비용을 크게 늘리지 않고 중복성에 투자함으로써 공급망 붕괴에 대비할 수 있다.

징을 설명한다. 공급망 비용은 최적 전략 주위에서 항상 완만해지기 때문에 이것은 사실이다.

이것은 많은 전략이 존재한다는 것을 의미한다. 많은 전략의 총 공급망 비용은 저비용 전략에 가깝다. 그러나 이러한 전략 중 몇몇은 위기 경감 측면에서 보다 더 효과적이다. 이러한 특성의 이점을 가지는 것은 회사가 적절히 상충되는 목적인 비용 감소와 위기 관리 사이에 균형을 찾을 수 있도록 허용한다.

이러한 특성은 탄소 배출 감소에 초점을 맞출 때도 적용될 수 있다. 다시 말해, 만약 배출권거래제와 같은 환경 규제가 고려된다면, 회사는 이런 재산의 이득을 가져올 수 있고 비록 탄소 배출 한도를 넘기지 않았음에도 비용이 최적에 가까워지는 전략을 선택할 수 있다. 이것과 다른 녹색성장 전략은 14장에서 분석한다.

13.4.2 위기 감지 및 대응 속도

다음의 예시는 위기 감지와 대응에 대한 속도가 회사가 예상하지 않은 공급망 문제를 극복하기 위해 얼마나 도움을 줄 수 있는지를 설명한다. 이 사례는 어떻게 위기 감지에 실패하는지를 설명하는데, 이로써 공급망 변화에 대한 대응은 회사가 어쩔 수 없이 특정 시장에서 철수하도록 할 수 있다.

전반적인 관점에서 위 사례를 들기 위해서는 2001년 이전에 노키아와 에릭슨의 전략을 검토하는 것이

예시 13-5

2000년, 뉴멕시코주 앨버커키에 있는 필립스 반도체 공장(Philips' Semiconductor Factory)은 휴대전화에 사용되는 여러 유형의 무선주파수 칩을 제공했다. 주요 고객으로는 에릭슨(Ericsson)과 노키아(Nokia) 같은 OEM이 있었다. 2000년 3월 17일 금요일 오후 8시, 낙뢰 형태의 재난이 필립스 반도체 공장을 덮쳤다. 불, 연기 및 화재 진압 과정에서 사용된 물로 거의 모든 실리콘 재고가 파괴되었다. 그 결과 공장은 몇 달간 가동을 중단했다. 화재 발생 3일 후, 노키아는 앨버커키 공장에서 들어오는 주문이 지연되고 있음을 감지했다. 초기 접촉에서 필립스는 공장이 1주일만 폐쇄될 것으로 예상한다고 전했다. 최악의 상황을 두려워한 노키아는 엔지니어를 뉴멕시코로 파견하여 피해 상황을 평가하기로 결정했다. 엔지니어들이 공장에 접근하지 못하자 노키아는 경고 신호를 보내고 공장에서 들어오는 주문을 모니터링하는 빈도를 매주에서 매일로 늘렸다. 화재 발생 2주 후인 3월 31일, 필립스는 노키아에 몇 달 동안의 주문이 중단될 것임을 확정했다.

이 소식에 대한 노키아의 반응은 결정적이었다. 노키아는 다른 공급업체의 칩을 사용할 수 있도록 제품 디자인을 변경했다. 이 공급업체들은 5일의 리드 타임을 약속했다. 불행하게도 이것만으로는 충분하지 않았다. 필립스가 제공하는 다섯 가지 부품 중 하나는 다른 공급업체에서 조달할 수 없는 것이었다. 그래서 노키아는 중국과 네덜란드에 있는 두 곳의 필립스 공장에서 이 부품을 제공하도록 필립스를 설득했다.

에릭슨의 경험은 상당히 달랐다. 필립스가 사건 발생 3일 후 에릭슨에 화재 사실을 알렸음에도 불구하고 이 소식이 고위 경영진에 도달하기까지 약 4주가 걸렸다. 더 중요한 것은 에릭슨이 화재 발생 후 5주 만에 상황의 심각성을 깨달았다는 것이다. 그때는 이미 대체 칩 공급이 노키아에 의해 확보된 뒤였다. 에릭슨에 미친 파급력은 엄청났다. 약 $4억에 이르는 잠재적인 매출 손실이 발생했으며, 일부 손실은 보험으로 보상되었다. 이것은 부품 부족, 잘못된 제품 조합, 마케팅 문제와 같은 다른 문제와 함께 2000년에 에릭슨 휴대 전화 부문에 $16억 8,000의 손실을 야기했으며, 이에 따라 기업은 휴대전화 시장에서 철수해야 했다.

적절할 것으로 생각된다. 수년간 노키아는 제품 디자인을 통한 공급망의 유연성을 제공하는 전략인 모듈 제품 설계에 집중했다. 관련 내용은 10장에서 다룬다. 특히 조달 유연성, 공급자 간 빠른 전환 능력은 노키아의 전략에서 중요한 부분이다. 에릭슨의 전략은 모든 것이 비용 절감에 관한 내용이다. 90년대 이후로 에릭슨은 단일 공급자 전략을 도입했다. 이 전략은 공급망 관련 비용을 줄이고 공급망을 간소화하기 위해 대체 공급자들을 제거했다.

결과는 분명하다. 공급망 비용 절감이 어떤 수준의 유연성도 유지할 수 없는 사업 전략을 정당화할 수는 없다. 그 대신, 회사는 유연성에 대한 투자가 필요할 것이고 그렇지 않으면 나중에 그들은 이에 대한 대가를 치르게 될 것이다.

13.4.3 유연 공급망 공동체

의심할 여지 없이, 유연 공급망 공동체는 효과적으로 적용할 수 있는 가장 어려운 위기 관리 방법이다. 이것은 모든 공급망 파트너에게 같은 문화, 동일한 목표를 향한 직무, 재무적 이득으로부터의 이익을 공유할 것을 요구한다. 진정 이것은 갑작스러운 재앙에 보다 잘 대응하기 위해 변화시키고 재조직화하는 공급망 파트너들의 공동체를 만들어낸다. 다음의 예는 강력한 방식으로 유연 공급망 공동체의 영향력을 설명한다.

예시 13-6

1997년, 아이신 세이키(Aisin Seiki)는 토요타 일본이 사용하는 브레이크 유체 프로포셔닝 밸브(P밸브)의 98%를 독점 공급했다. P밸브는 저렴하지만(개당 약 $7) 모든 자동차 조립에서 중요한 요소이다. 만약 공급이 중단된다면 토요타의 생산 라인을 멈춰야 했다. 1997년 2월 1일 토요일, 다른 토요타 공급업체가 위치한 카리야(Kariya) 산업 지역에 있는 아이신의 주요 공장에서 화재가 발생하여 생산이 중단되는 일이 벌어졌다. 초기 피해 평가에 따르면, 생산을 다시 시작하는 데는 2주가 걸리며, 완전한 복구에는 6개월이 소요될 것으로 예상되었다.

이 상황은 매우 심각했다. 토요타는 많은 수요가 예상되는 시즌을 앞두고 있었으며, 공장은 최대 용량으로 가동되어 하루에 약 15,500대의 차량을 생산했다. 토요타 생산 시스템의 JIT(Just- in-Time) 원칙에 따라 토요타에는 2~3일 분량의 재고만 있었고 공장이 완전히 멈추기까지 여유는 단 며칠뿐이었다.

사고가 발생한 직후 토요타는 공급업체들의 도움을 받아 P밸브의 전체 공급망을 재구성하는 복구를 시작했다. 밸브 도면이 토요타의 모든 공급업체에 배포되었고, 아이신과 토요타의 엔지니어들이 공급업체의 시설과 프린터 및 재봉틀 제조업체인 브라더(Brother)와 같은 주변 회사로 재배치되었다. 기존 기계는 아이신과 토요타의 사양에 따라 밸브를 제작하도록 조정되었으며, 현물 시장에서 새 기계를 구입했다. P밸브에 대한 경험이 거의 없는 회사들이 며칠 만에 부품을 제조하여 아이신으로 배송했고, 그곳에서 부품을 조립하고 검사한 후 토요타로 배송했다. 전체 약 200개의 토요타 공급업체가 아이신 화재의 파급력을 최소화하고 토요타 생산 라인을 최대한 빨리 복구하기 위해 협력하고 있었다.

그림 13-12는 이 위기 동안 생산과 재고의 변화를 보여준다. 공장은 겨우 3일간만 완전히 멈추었고, 1주일 내로 전체 생산이 복구되었다. 이 사고 초기에 아이신에는 78억 엔($650만), 토요타에는 1,600억 엔($13억)의 손실이 발생했다. 그러나 추가 근무와 연장 근무를 통해 피해는 300억 엔($2억 5,000만)으로 줄어든 것으로 추정된다. 또한 토요타는 공급업체들의 협력에 대한 감사의 표시로 $1억에 상응하는 선물을 제공했다.

위의 예시는 자율적으로 조직된 토요타의 공급업체들이 어떻게 핵심 부품 공급에서의 갑작스런 붕괴를 해결하는지를 설명한다. 그러나 이것은 세 가지 중요한 질문을 제기한다. 단일 공급 전략이 핵심 부품을 공급하는 데 적절한가? 설령 단일 공급 전략이 적절하다고 하더라도 토요타가 저가이지만 핵심 부품에 대한 대규모 재고를 보유하지 않을 수 있는가? 갑작스런 공급망 붕괴로부터 빨리 회복할 수 있는 어떤 근본적인 메커니즘이 토요타의 공급망 내에 존재하는가?

토요타의 생산 통제 총괄 매니저인 Kiyoshi Kinoshita에 따르면, 재고를 거의 보유하지 않는 단일 공급업체는 계산된 위기가 있었다. 토요타의 단일 공급은 공급업체인 아이신이 P밸브 생산에서 규모의 경제를 달성하게 하고, 토요타가 매우 낮은 가격하에서 고품질을 제공하게끔 한다.

세 번째 질문은 T. Nishiguchi와 A. Beaudet의 논문 "Case Study : The Toyota Group and the Aisin Fire"에서 상세히 논의된다. 그들은 공급망 능력을 이해하는 새로운 환경에 적응하는 데 가장 큰 핵심은 토요타와 그 공급업체들이 독실하게 따르는 적시생산(JIT) 혹은 린(lean) 철학이라는 것을 관찰했다. 사실 적시생산의 근본은 공정 재고(WIP, Work-In-Process)의 양을 상대적으로 낮은 수준에서 통제하는 것이다. 이러한 공정 재고의 낮은 수준은 고품질과 생산 라인에서의 빠른 문제 발견을 촉진한다. 세부적으로 적시생산에서 모든 작업자는 어떤 문제를 해결하기 위한 생산 라인의 일시정지에 대한 권한을 가지고 있다. 이것은 낮은 수준의 재고를 가진 적시생산이 문제해결능력을 높일 수 있음을 의미한다. 이 책 11장과 Hopp와 Spearman의 책, 《Factory Physics》를 참고하라.

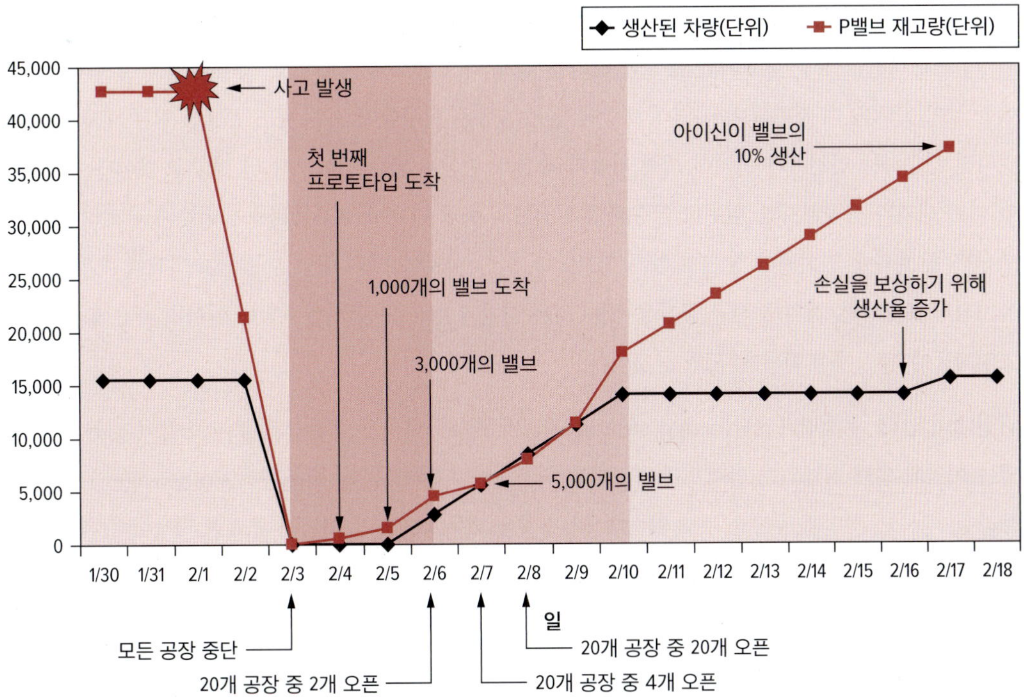

그림 13-12 차량 생산 및 P밸브 재고 수준

이것은 토요타 공급망의 빠른 적응 능력에 필수적인 품질이다. 일단 토요타는 아이신 화재가 문제라는 것을 알았을 때 자사의 생산 라인뿐만 아니라 전체 공급망을 정지시켰다. 이러한 전체 공급망 정지는 공급망 파트너들이 어려움을 다룰 수 있도록 해주었다.

앞선 두 사례연구는 9장 9.4절에 소개된 공급 위기 프레임워크를 지지함을 관찰하라. 사실 P밸브와 무선주파수 칩은 그것의 붕괴가 심각한 재무적 파괴를 가져다주는 저가 부품이다. 따라서 재고, 이중 조달, 유연성을 고려해야만 한다. 제품 디자인 유연성은 필립스 반도체 공장 화재에 의해 일어난 공급망 붕괴로부터 노키아가 얼마나 빨리 회복될 수 있는지를 말해 주는 반면에, 프로세스 유연성은 토요타가 주요 붕괴 이후에 P밸브의 공급을 빨리 재시작할 수 있게 했다.

13.5 글로벌 위기 관리

이제 글로벌 공급망에 의한 다른 위기에 대한 우리의 관심을 전환해야 한다. 그러한 위험은 그림 13-3에 밝힌 중간 정도의 위기이며 어느 정도 정량화되고 통제될 수 있다. Bruce Kogut는 글로벌 공급망이 글로벌 위기를 설명하는 데 적용할 수 있는 세 가지 전략인 어림짐작 전략, 위험대비 전략, 유연 전략을 제안했다.

어림짐작 전략 어림짐작 전략(speculative strategy)을 이용하면 회사는 단일 시나리오에 내기를 거는데, 이 시나리오는 종종 실현되면 굉장한 결과를 낳게 되지만, 그렇지 않으면 암울한 결과를 낳게 된다. 예를 들어, 1970년대 후반과 1980년대 초반에 일본 자동차 회사들이 모든 제조 공장을 일본 내에 운영했었다면 상승하는 인건비가 이익에 대한 환율과 생산성 향상에 의한 상쇄보다 더 많았을 것이다. 잠깐 동안 이런 내기가 성공했지만, 인건비 상승과 호의적이지 못한 환율이 제조업체를 어려움에 빠트리면서 제조 공장을 해외에 건설해야 할 필요성이 생겨났다. 물론 이것이 일본 내의 모든 제조업체에 호의적으로 유지되지 못했다면, 해외에 신규 공장을 짓는 것은 시간과 비용이 많이 소요되는 일이기 때문에 일본 제조업체들이 '내기에서 이기게' 되었을 것이다.

위험대비 전략 위험대비 전략(hedge strategy)을 이용하면 회사는 공급망 일부의 손실이 다른 부분을 얻는 이익에 의해 상쇄되는 방식으로 공급망을 디자인한다. 예를 들면, 폭스바겐(Volkswagen)은 미국, 브라질, 멕시코, 독일에 공장을 두고 있는데, 이 지역은 모두 폭스바겐 제품의 중요한 시장이다. 거시경제 조건에 따라 어떤 공장은 다른 공장에 비해 여러 경우에 더욱 이익이 될지 모른다. 위험대비 전략은 디자인에 의해 몇몇 지역에서는 성공함과 동시에 다른 지역에서는 성공하지 못한다.

유연 전략 유연 전략(flexible strategy)을 적절히 적용하면 회사가 다른 시나리오의 이익을 가져올 수 있게 해준다. 전형적으로, 유연 전략은 다른 나라에 **이중 조달**(dual sourcing) 및 **중복 제조 능력**(redundant manufacturing capacity)을 가지도록 디자인된다. 게다가 제품이 최소 비용으로 경제적 조건의 수요에 따라 지역에서 지역으로 이동할 수 있도록 공장은 유연하게 디자인된다. 이것은 시스템 디자인을 통해 유연성을 획득하는 것으로 정확히 11장에서 다루는 내용이다.

글로벌 위기를 관리하기 위한 회사의 능력 가운데 유연 공급망의 영향력은 다음 예시에서 잘 설명된다.

예시 13-7

의류 산업의 한 제조업체는 미국 플로리다, 중국, 프랑스, 멕시코, 필리핀, 폴란드 등에 6개의 공장을 갖춘 글로벌 네트워크를 보유하고 있다. 각 공장은 하나의 제품군을 전담하고 있으며 생산 능력은 예상 수요를 기준으로 라인 이용률이 90%가 되도록 설계되었다. 이 회사는 전 세계 100개 이상의 다양한 시장에서 제품을 판매한다.

의류 업계에서 흔히 볼 수 있듯이 생산 조달 결정은 90년대 후반에 이루어졌으며 지난 10년 동안 바뀌지 않았다. 이 전략은 각 공장이 한 제품군을 담당하도록 하는 전용 생산 전략을 채택하여 제조 비용을 줄이는 데 초점을 맞추었다. 실제로 총수요의 약 20%를 차지하는 대용량 제품군은 중국에서, 수요의 약 14%를 차지하는 소량 제품군은 고비용 공장인 프랑스에서 생산됐다.

이 전략은 상당한 시간 동안 꽤 효과적이었다. 그러나 최근 주요 유통업체로부터 비용 절감에 대한 압박이 심해졌다. 이 압박은 최악의 시기에 나타났다! 개발도상국의 인건비는 크게 상승했으며, 일부 분석가들은 중국의 제조업 노동 비용이 2003년부터 2008년 사이에 무려 140%나 증가했다고 추정한다. 천천히 하지만 확실하게, 5년 전에는 잘 작동했던 생산 조달 전략이 더 이상 효과적이지 않았다. 더욱 혼란스러운 점은 인건비가 어디로 향하고 있으며 유가 변동성이 매우 심각해짐에 따라 해상 운송 비용이 얼마나 더 상승할지를 추정하는 것이었다. 무언가를 해야 한다는 것은 명확했지만, 무엇을 해야 할지 확신하는 사람은 아무도 없었다.

과제를 맡은 기획 팀은 새로운 전략이 무엇이든 6개국 간의 임금 및 생산성 차이를 고려해야 한다는 점을 재빠르게

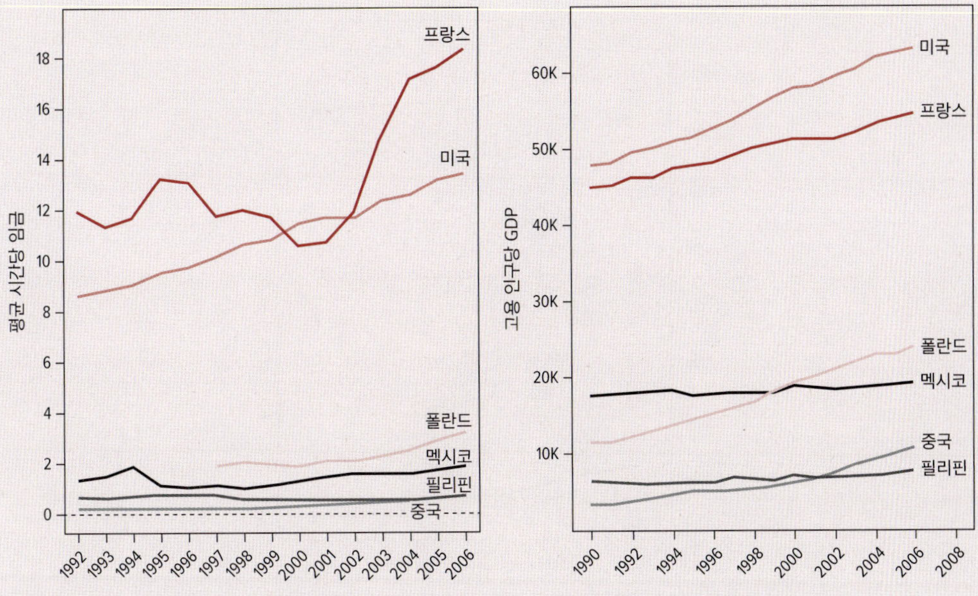

그림 13-13 임금 및 생산성 분석

인식했다. 이 데이터는 그림 13-13에 나와 있으며, 지난 15년간 각 국가의 평균 시간당 임금과 고용 인구당 GDP를 보여준다. 그림에서 보듯, 프랑스의 임금은 미국의 임금에 비해 증가했지만, 생산성은 미국과 비교해 감소했다. 중국의 생산성은 최근 몇 년간 증가하여 이제 필리핀보다 더 생산성이 높은 반면, 폴란드는 멕시코보다 생산성이 높지만 비싸다.

여러 국가 간의 임금과 생산성 차이를 정확하게 파악하기 위해 6개 제조 지역의 단위당 예상 생산 비용을 비교하는 지수를 만들었다. 이 지수는 미국을 100의 기준 수준으로 사용한다. 이 지수는 표 13-3에 나와 있다. 이 표를 보면 인건비가 가장 비싼 국가는 프랑스이고, 가장 저렴한 국가는 중국이다. 그러나 미국은 중국보다 물가가 4배 더 비싼 반면에 멕시코와 폴란드는 중국보다 2배 미만으로 더 비싸다. 이는 미국의 인건비가 중국보다 최소 10배 이상 비싸다고 말하는 대중 매체에서 일반적으로 인용하는 수치와는 반대이다. 실제로 임금과 생산성을 결합하면 폴란드, 멕시코, 중국과 같은 국가 간의 생산 비용 격차가 훨씬 작아진다는 것을 알 수 있다.

이 데이터와 다른 데이터를 사용하여 기획 팀은 다양한 옵션을 분석하기 시작했다. 비용이 저렴한 국가에서 더 많은 용량에 투자하는 것은 노동 비용, 더 중요하게는 요구 자본의 증가 때문에 그중 하나가 아니었다. 외주도 옵션이 아니었다. 그러나 유연성은 상당한 자본을 요구하지 않고, 가용 자원에 의존하며, 인건비, 유가 및 수요의 변동성에 대한 완화 전략을 제공하므로 현실적이고 매력적인 선택지였다(자세한 내용은 11장 참조). 그러나 얼마나 많은 유연성이 필요하며 어디에 적용할지에 대해서는 논쟁의 여지가 있었다.

이러한 문제를 해결하고 이 글로벌 네트워크의 유연성에 대한 투자의 이점을 추정하기 위해 기획 팀은 6가지 시스템 설계 전략을 분석했다.

표 13-3 임금과 생산성에 따른 단위당 노동 비용

국가	단위 지수당 비용
프랑스	137
미국	100
폴란드	53
중국	27
필리핀	42
멕시코	41

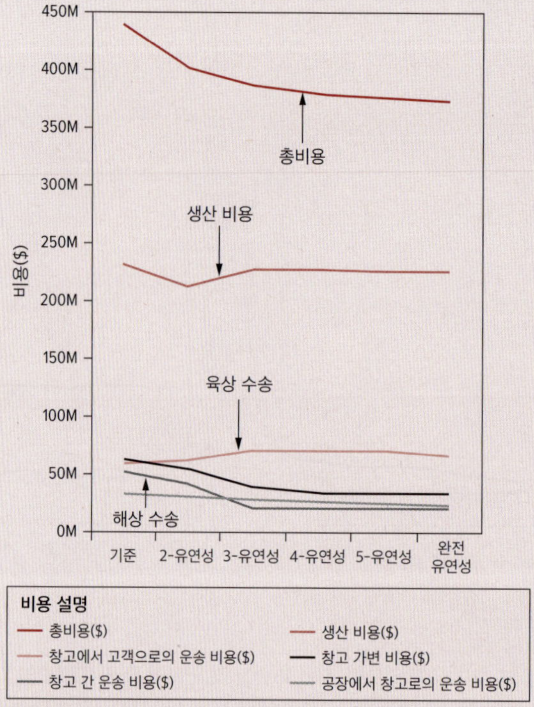

그림 13-14 비용 비교

- 기준 사례 : 각 공장은 단일 제품군에 중점을 둔다.
- 2-유연성 : 각 공장은 최대 2개의 제품군을 생산할 수 있다.
- 3-유연성 : 각 공장은 최대 3개의 제품군을 생산할 수 있다.
- 4-유연성 : 각 공장은 최대 4개의 제품군을 생산할 수 있다.
- 5-유연성 : 각 공장은 최대 5개의 제품군을 생산할 수 있다.
- 완전 유연성 : 각 공장은 6개 제품군을 모두 생산할 수 있다.

그림 13-14는 다양한 전략이 각각의 관련 공급망 비용에 미치는 영향력을 보여준다. 보다시피, 점점 더 많은 유연성에 투자함으로써 더 많은 수요가 현지 공장에서 공급되기 때문에 해양 운송이 줄어들고 육상 운송이 증가한다. 기업이 더 많은 유연성에 투자함에 따라 생산 비용은 먼저 감소한 다음 증가한다. 이는 2-유연성에 대한 투자가 초기에 프랑스에서의 생산을 이전하여 생산 비용을 절감할 것이기 때문이다. 기업이 더 많은 유연성에 투자함에 따라 규모의 경제 손실로 생산 비용이 증가한다. 완전 유연성을 통해 총 공급망 비용을 15% 절감할 수 있다. 그러나 2-유연성에 투자하는 것만으로도 공급망에서 완전 유연성의 비용 절감의 60%를 제공한다. 즉, 2-유연성은 기준에 비해 공급망 비용을 9% 절감한다.

중국과 폴란드의 임금 상승과 높은 환율 변동은 시장 변화에 대응할 수 있는 새로운 디자인인 2-유연성의 능력을 이해하기 위한 추가적인 민감도 분석을 불러왔다. 예를 들어, 2010년 인건비 증가 전망은 중국에서는 약 20%, 폴란드에서는 10%였다. 예상대로 2-유연성은 이 시나리오에서 전용 생산 전략을 넘어서며 인건비 상승에 따른 비용 증가율을 15% 감소시켰다.

* 이 사례는 2008년에 여러 기업의 경험을 바탕으로 구성된 것이다.

앞의 예시는 관리상에서 종종 간과되는 세 가지 중요한 관찰을 유도한다. 첫째, 빈번한 재방문, 재평가, 또는 운영상 의사결정을 단순히 변경해야 할 필요성이 있다. 빠른 클록 속도로 계속해서 변화하는 환경에 살고 있고, 몇 년 전에는 매력적이고 효과적이었던 의사결정이 지금은 적절하지 않을 수 있다. 둘째, 생산 조달 결정은 순수하게 원자재나 인건비에 기반하지 말아야 한다. 생산성은 분석에서 중요한 역할을 한다. 이것만으로는 부족하다. 고위 관리부서는 교통 비용과 재고 비용을 고려한 총 공급망 비용을 이용한 다양한 조달 결정의 영향력을 고려해야 한다. 마지막으로, 유가, 환율, 그리고 노동 비용에 대한 불확실성을 감안한 고객의 수요와 같은 변동성 수준은 11장에서 논의했듯이 적어도 소규모의 유연성에 대한 투자를 지지한다.

요약

이 장에 소개된 위기보다 더 많은 인재와 자연재해에 대한 위기가 존재한다. 하지만 여기에 소개된 원칙—"운영상의 그리고 비즈니스상의 의사결정에서의 통합적인 위기"(13.2절과 예시 13-2), "위기가 기대하지 않은 장소에 감추어져 있다"(13.3절), "공급망 비용은 항상 최적의 전략 주위에서 완만하다"(13.4.1절과 예시 13-4), "지금 투자하고 나중에 지불하라. 회사는 유연성에 투자할 필요가 있다. 그렇지 않으면 나중에 대가를 치르게 될 것이다"(13.4.2절), "위험 감지와 대응 속도"(13.4.2절), "유연 공급망 공동체"(13.4.3절과 예시 13-6)—은 회사가 많은 위기, 특히 unknown-unknown의 원천을 경감시킬 수 있는 보편적인 원칙들이다. 물론 회사가 이러한 원칙을 채택하는 것이 항상 모든 위기의 원천을 극복할 수 있을 것이라고는 보장하지 못한다. 하지만 이러한 원칙은 위기 극복의 성공 가능성을 상당히 높여준다.

토의 질문

1. 이러한 공급망 각각이 회사에 적절한 선택이 될 수 있는 상황을 논의하시오.
   a. 국제 배송 시스템
   b. 국제 공급업체
   c. 해외 제조
   d. 완전 통합 글로벌 공급망
2. 공급망에 손상을 입힐 수 있는 unknown-unknown의 최근 사례를 논의하시오. 다음의 각 전략이 어떻게 위기를 낮추어줄지 자세히 설명하시오.
   a. 중복에 투자한다.
   b. 위기 감지와 대응 속도를 향상한다.
   c. 조정적인 공급망 공동체를 만든다.

3. 글로벌 전략을 막 추진하려고 하는 소규모 전자 부품 제조 회사의 최고경영자(CEO)라고 가정하자. 어림짐작 전략, 위험대비 전략, 유연 전략 중 어느 것을 선호하겠는가? 만약 대규모 전자 부품 제조 회사의 최고경영자라면 위 질문에 어떻게 답하겠는가?
4. 지역 제품과 글로벌 제품의 몇몇 예에 대해 논의하시오. 지역 또는 글로벌 제품이 되는 데 보다 적합한 제품 특징은 무엇인가?
5. 지역 베이커리의 경영자라고 가정하자. 회사가 다음의 각 국가에 위치해 있는 경우 직면하게 될 이슈를 대조하시오.
   a. 벨기에
   b. 러시아
   c. 싱가포르
   d. 캐나다
   e. 아르헨티나
   f. 나이지리아
6. 그림 13-10을 참고하여 회사가 발견한 위험한 공급업체가 어디이고 비용 절감 기회는 어디에 있는지 알아낼 수 있는가?

닛산 자동차 회사 : 운영 회복탄력성 구축 사례에 대한 토론 질문

1. 이 사례는 특히 유익한 닛산의 대응의 몇 가지 측면을 확인한다. 이러한 조치의 잠재적 비용과 이익을 알아내기 위해 이 사례에 제시된 몇 가지 사항을 확장하시오.
2. 이 밖에 닛산이 재난에 대해 무엇을 준비하고 대응할 수 있었는가? 자신의 제안에 따른 비용과 이익을 분명히 설명하시오.
3. 닛산이 그들의 공급망 붕괴의 위기를 평가하기 위해 무엇을 할 수 있었는가?
4. 닛산의 제품 라인 전략이 어떻게 재난에 대응하고 회복하는 데 도움을 주거나 해를 입혔는가?
5. 2012년에 발표한 운영상의 변화는 닛산의 미래 붕괴에 대한 노출에 어떻게 영향을 미치겠는가? 정상 상태 운영에 어떤 영향을 미치겠는가? 경영진은 어떤 절충안을 만들고 있으며 그 이유는 무엇인가?

CASE

통신 산업의 공급망 회복탄력성

Ann van Delft는 MBA를 취득한 후 첫 번째 컨설팅 프로젝트를 시작하고자 했다. 그녀는 2,000만 명 이상의 고객을 보유한 미국의 대규모 무선인터넷서비스 제공업체(ISP, Internet Service Provider)인 텔코(TelCo)의 공급망 위험을 평가하고, 네트워크 인프라 공급망에 대한 위기 관리 전략을 제안하는 일을 담당했다.

텔코는 최근 장비 고장과 예비 부품 부족으로 인해 여러 차례 중단을 겪었고, 이로 인해 일부 고객을 경쟁 업체에게 빼앗겼다. 더 중요한 것은 브랜드에 타격을 입힐 위험이 있다는 것이었다. 고위 경영진은 더 많은 중단으로 인해 고객 이탈이 더욱 심각해지고 신규 고객을 확보하지 못하게 될 것을 우려했다. Ann의 임무는 상황을 평가하고 신속하게 해결책을 찾는 것이었다.

네트워크 장비 중단은 공급망의 다양한 수준에서 발생할 수 있지만(그림 13-15), Ann의 역할은 CAS(Customer Access Switches, 고객 접속 스위치)[4]에 사용되는 부품 공급망에 중점을 두었다(그림 13-16). 스위치에는 배전반, 전원 공급 장치, 커넥터, 가용성 스위치를 포함한 수십 개의 부품이 들어 있다.

과거에 위기 관리 전략은 가장 비싼 구성 요소에 초점을 맞추는 경향이 있었다. 그러나 Ann은 공급망의 모든 부분, 심지어 값싼 부품에서도 중단이 발생할 수 있다는 것을 깨달았다. 그녀는 보잉이 드림라이너(Dreamliner) 787 항공기의 잠금장치 부품 부족으로 심각한 지연을 경험했던 일을 떠올렸다. 분명한 건 고객의 공급망 위험을 식별하려면 단순한 경험적 접근을 넘어 보다 분석적인 접근방식을 채택해야 했다.

상황 평가

Ann은 텔코의 CAS 부품 공급망에 중단을 야기할 수 있는 모든 잠재적인 원인을 파악하는 것부터 시작했다. 사무실 화이트보드에 그녀가 파악한 원인을 썼고 목록은 끝이 없어 보였다. 허리케인과 같은 악천후부터 테러리스트 공격, 원자재 부족, 공급업체 파산, 유지보수 직원 파업, IT 가동 중단까지 범위도 다양했다. 그 다음으로는 다양한 발생 가능성의 우선순위를 정해야 했다. 그런데 어떤 기준을 사용해야 할까? 중단을 야기할 수 있는 잠재적 이유 중 상당수는 확률이 낮은 사건, 즉 '검은 백조'였다.

실패하지 않기 위해 그녀는 손에 넣을 수 있는 모든 역사적 데이터를 수집하고 예측 시장을 분석하여 이러한 사건의 가능성을 평가했다. 이것은 좋은 실행 계획처럼 보이지만, 단지 추정치일 뿐이었고 가능성의 정확도에도 확신이 없었다. 게다가 텔코의 모든 부품 공급망에서 중단이 발생할 수 있었는데, 그녀는 이를 거의 인지하지 못했다.

그녀는 더 깊이 탐구하여 가능한 프레임워크를 찾았다. 최근 HBR 논문에서는 이러한 'unknown-unknown'에 대한 공급망 위험을 관리하는 새로운 프

4 CAS는 이더넷 네트워크와 같은 컴퓨터 네트워크의 장치를 패킷 스위칭을 통해 연결하여 데이터를 수신, 처리 및 대상 장치로 전달하는 네트워크 장비이다.

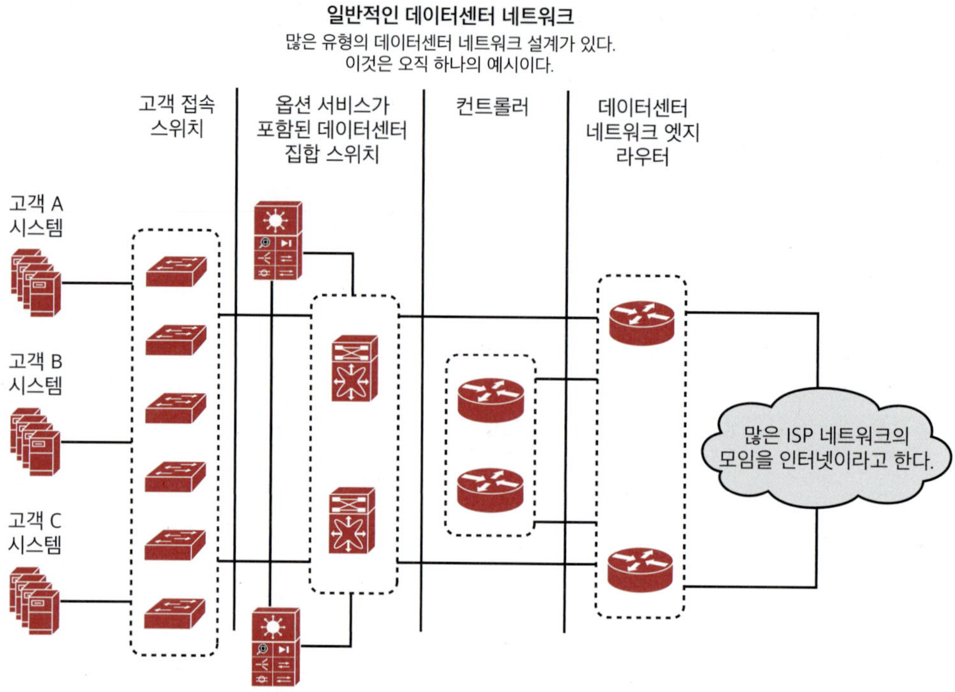

그림 13-15 데이터센터 네트워크

출처 : http://akioz.com/isp-network-architecture/isp-network-architecture-on-architecture-with-regard-to-networks-how-do-you-know-who-is-qualified-5/.

그림 13-16 네트워크 스위치

출처 : https://www.cisco.com/c/en/us/products/switches/campus-lan-switches-access/index.html. Courtesy of Cisco Systems, Inc. Unauthorized use not permitted.

레임워크를 제안했다. 비록 전통적인 위험 관리 접근 방식은 '예상된 불확실성'에는 효과적이었지만, '예상하지 못한 불확실성'에는 적합하지 않다. 새로운 프레임워크는 문제를 전환할 것을 제안했다. 즉, 중단의 원인을 식별하는 대신 결과에 집중하는 것이다. 따라서 Ann은 부품 부족이 고객에 대한 텔코의 서비스에 미치는 영향, 특히 일부 부품이 다른 부품보다 더 중요한지 여부를 조사했다. 그녀는 마침내 출발점을 찾았다.

Ann은 부품을 '중요'한 것으로 정의하는 세 가지 조건을 작성했다.

- 해당 부품이 부족하면 시스템이 완전히 종료된다.
- 사용 가능한 다른 공급업체가 없다.
- 시스템 종료는 많은 고객에게 영향을 미칠 수 있다.

중요한 부품이 식별되면, 그녀는 공급망을 자세히 분석하고 각각에 대해 중단기간 또는 '회복기간(TTR)'을 평가할 수 있었다. 또한 이러한 중단에 대한 텔코의 현재 '대비' 수준을 평가해야 했다. 텔코는 정기적인 보전과 신규 프로젝트를 대비하기 위해 일부 재고를 유지하여 중요한 부품 공급업체에서 공급할 부품이 부족한 경우 이러한 기능이 한동안 지속될 수 있도록 했다. 그녀는 각 중요 부품의 '생존기간(TTS)'을 평가해야 했다. 부품의 생존기간이 회복기간보다 긴 경우 텔코는 잠재적인 중단을 처리하기 위한 프로세스를 갖추고 있으므로 실제 위험은 없다. 하지만 생존기간이 회복기간보다 짧은 경우 텔코는 둘 사이의 차이만큼 중단에 노출된다. 이 경우 Ann은 특정 부품의 더 많은 재고 확보, 추가 공급업체 확인, 필요한 경우 부품을 생산할 제조 역량 구축 등의 위험 완화 전략을 권해야 한다.

CAS 자재 명세서

각 CAS는 각각의 자체 자재 명세서가 있는 네 가지 가능한 기술 구성 요소 중 하나에 의존했다. 텔코가 조달한 부품 중 일부는 하나의 기술 구성 요소에만 사용되었지만 다른 부품은 네 가지 기술 구성 요소 모두에 사용되었다. 텔코는 27개의 주요 부품을 조달해야 한다. 각 부품은 잠재적인 중단 가능성이 있는 자체 공급망을 갖추었다. 어느 한 부품의 부족은 텔코의 운영 및 시장 확장 계획에 영향을 미칠 수 있었다.

Ann은 제품 디자인 팀과의 회의 후 텔코에서 사용하는 부품과 구성 요소별 해당 부품의 사용 여부를 정리했다(표 13-4). 예를 들어, 아날로그 회로 ABN002 부품 한 단위는 구성 요소 1, 2, 3에 사용되었지만, 구성 요소 4에는 필요가 없다. 따라서 ABN002 부품 공급망의 중단은 구성 요소 1, 2, 3에 의존하는 CAS에 영향을 미칠 수 있지만 구성 요소 4에 의존하는 CAS에는 영향을 미칠 수 없다.

부품은 비용과 시스템 중요성 면에서 차이가 있었다. 표 13-5에는 각 부품의 주요 공급업체, 부품 비용 및 시스템에 대한 부품의 중요도가 정리되어 있다. 비용은 센트(예 : JKI798)에서 수백 달러(예 : RVN493)까지 다양하다. 부품의 중요도 범위는 1(가장 중요)부터 4(가장 덜 중요)까지이며 기능성과 가용성을 기준으로 평가된다. 일부 부품(예 : Front Panel ZVY568)은 시스템 작동에 필수적이지 않았으므로 해당 부품이 부족하더라도 시스템 중단이 발생하지는 않는다. 다른 것들은 작동하는 데 중요하지만 표준이었다. 만약 선호하는 공급업체에 부품이 부족하다면, 여러 대체 공급업체를 촉박하게 이용할 수 있었다. 가장 중요한 부품은 고장이 나면 시스템 중단을 유발하고 대체 공급업체가 거의 없는 부품이었다.

시장 커버리지

텔코는 미국 내 다른 지역의 5개 시장에서 2,000만 명 이상의 고객에게 서비스를 제공했다. 퓨즈, 배전반, 전원 공급 장치 등 다양한 부품을 사용하는 여러 기술을 바탕으로 데이터센터, 무선 셀 타워 및 스위치 위치를 운영하며, 각 부품은 각각의 다단계 공급망을 통해 다양한 공급업체에서 공급받는다. 현재 운영 중인 네트워크에 추가로 텔코는 네트워크 커버리지를 확장하고 있었다.

일부 시장은 특정 부품의 공급망 중단에 더 취약했다. 예를 들면, 부품 YTH478이 시장 3과 4에서 사용되는 구성 요소 4에만 필요하다면, 부품 YTH478의 공급망 중단은 해당 시장을 중단시킬 수 있지만 시장 1, 2, 5에는 영향을 미치지 않을 것이다.

한 시장 내의 모든 CAS가 같은 수의 고객에게 서비스를 제공한다고 가정하면, 구성 요소 4가 사용하는 부품의 공급망 중단은 시장 3의 고객 중 4/513=0.8%의 고객과 시장 4의 고객 중 7/71=9.9%의 고객에게만 영향을 미칠 것이다.

Ann은 텔코의 마케팅 팀과 대화한 후 각 시장의 크기를 결정했다(표 13-7 참고). 시장 3이 규모가 가장 크기 때문에 시장 3의 CAS 구성 요소에 사용되는 부품의 공급망 중단은 가장 많은 고객에게 영향을 미칠 것이다.

표 13-4 각 구성 요소에 필요한 부품 수

부품 식별번호	부품명	구성 요소 1	구성 요소 2	구성 요소 3	구성 요소 4
ABN002	Analog circuit	1	1	1	0
ABX001	Analog display	1	1	1	0
BBR474	Back-Up Receiver	1	0	0	0
BLY283	Battery unit	0	1	0	0
BNT172	Switch Board	1	1	1	1
FBT937	SB1	6	0	0	6
GHY456	Grounding unit	1	1	1	1
JKI768	Connector J768	2	0	3	2
JKI984	Connector J984	0	3	0	0
JKI990	Connector J990	3	0	0	0
KJU879	Circuit Breaker	1	0	1	0
KTY476	Fusible Switch	1	0	0	0
MBR034	Fuse unit	1	1	1	1
MNA923	SB3	0	0	6	0
NDH563	Pad mount Transformer	1	1	1	0
NMU839	Bus Material	2	0	1	0
PFR934	Power Filter Unit	1	0	1	0
PRT847	Power supply Unit	1	1	1	1
RTV213	Power Distribution Panel	1	1	1	1
RVN493	Receiver	1	1	1	1
TTN332	Timer unit	1	1	1	1
TYN932	Transmitter	1	1	1	1
YRE374	SB2	0	6	6	0
YTH478	Adjuster 478	0	0	0	2
YTH789	Adjuster 789	2	0	2	0
YTH934	Adjuster 934	0	2	0	0
ZVY568	Front Panel	1	1	1	1

게다가 텔코는 각 시장에서 커버리지를 확장하고 있다. 표 13-8은 전체 5개의 시장 전역에 현재 구축된 CAS 기술 구성 요소와 향후 4개월 내에 구축 예정인 CAS 기술 구성 요소를 정리한 것이다.

부품 재고와 사용률

텔코는 각 부품에 대해 특정 재고 수준을 보유하고 주기적으로(5~10주 간격) 몇 주의 리드 타임을 지닌 공급업체에 주문하여 재고를 보충했다. 텔코는 또한 차후 몇 달 동안 구축할 새로운 CAS를 위한 부품에 대해 특별 재고를 보유했다.

텔코는 현재 보전 작업을 위한 부품 재고와 신규 프로젝트를 위한 부품 재고로 구분된 재고를 보유했다. 구체적으로 보전 작업용 재고는 지역 시설이나 운영 시설 근처에 보관된 반면에 신규 프로젝트를 위한 재고는 공급업체의 물류센터에 위탁되었다.

따라서 텔코의 공급업체 중 한 곳에서 부품이 부족하면 텔코는 '생존기간'을 갖게 된다. 이는 현재 운영이나 확장 프로젝트에 대한 중단을 지연시킬 시간이다. 예를 들어, 현재 보전 작업이나 신규 프로젝트를 위한 특정 부품의 2주치 재고를 보유했다면 부족이 2주 이상 지속되지 않는 한 이것은 영향을 미치지 않을 것이다.

텔코의 현재 재고 관리 정책(즉, 재고 검토 빈도, 공급업체의 리드 타임, 서비스 수준)을 기반으로 현재 운

표 13-5 부품의 공급업체, 비용, 중요도

부품 식별번호	부품명	공급업체	비용($)	중요도(1=최고, 4=최저)
ABN002	Analog circuit	S1	56.00	2
ABX001	Analog display	S1	158.00	3
BBR474	Back-Up Receiver	S22	125.00	3
BLY283	Battery unit	S13	15.00	2
BNT172	Switch Board	S6	99.00	1
FBT937	SB1	S15	45.00	3
GHY456	Grounding unit	S2	3.00	1
JKI768	Connector J768	S5	0.10	3
JKI984	Connector J984	S5	0.20	1
JKI990	Connector J990	S5	0.10	3
KJU879	Circuit Breaker	S3	44.00	2
KTY476	Fusible Switch	S10	1.00	2
MBR034	Fuse unit	S9	0.10	1
MNA923	SB3	S17	35.00	3
NDH563	Pad mount Transformer	S8	85.00	2
NMU839	Bus Material	S11	0.10	2
PFR934	Power Filter Unit	S4	17.00	2
PRT847	Power supply Unit	S7	7.00	1
RTV213	Power Distribution Panel	S12	10.00	2
RVN493	Receiver	S21	235.00	1
TTN332	Timer unit	S14	12.00	1
TYN932	Transmitter	S20	245.00	1
YRE374	SB2	S16	44.00	3
YTH478	Adjuster 478	S18	0.01	4
YTH789	Adjuster 789	S18	0.01	4
YTH934	Adjuster 934	S18	0.01	4
ZVY568	Front Panel	S19	25.00	3

표 13-6 시장당 구성 요소 수

	시장당 구성 요소				
	구성 요소 1	구성 요소 2	구성 요소 3	구성 요소 4	계
시장 1	86	33	2	0	*121*
시장 2	19	6	0	0	*25*
시장 3	356	142	11	4	*513*
시장 4	42	21	1	7	*71*
시장 5	37	18	7	0	*62*
계	*540*	*220*	*21*	*11*	

표 13-7 시장당 고객 수

	고객 수
시장 1	4,569,895
시장 2	1,254,896
시장 3	11,254,263
시장 4	2,548,986
시장 5	2,456,896

영 및 신규 프로젝트에 대한 각 부품의 평균 재고 수준을 추정했다(표 13-9). 공급 부족으로 인한 중단이 발생할 경우, Ann은 현재 운영 및 신규 프로젝트에서 부품을 '교차로 사용'할 수 있도록 이러한 재고를 풀링할 것을 제안할 것이다. 그러나 그녀의 재고 풀링 전략은 먼저 텔코 경영진의 승인을 받아야 했다.

신규 프로젝트와 관련된 부품의 평균 필요량은 자재 명세서(표 13-4)와 신규 프로젝트 개발 예측서(표 13-8)에서 얻을 수 있다. 예를 들어, 구성 요소 1, 2, 3에 부품 ABN002 한 단위가 필요하다(표 13-4). 다음 4개월 동안 구성 요소 1은 평균 74.5단위, 구성 요소 2는 평균 34.5단위, 구성 요소 3은 평균 35.5단위가 개발되었으므로(표 13-8), 평균적으로 매월 74.5+34.5+35.5=144.5단위의 ABN002가 필요하다.

현재 보전 작업과 관련된 부품의 필요량은 주로 배포된 시스템의 불량 부품을 교체하는 데 사용되었다. 일부 부품의 경우 교체 비율은 역사적 데이터에서 측정되었다(표 13-9의 5열 참조). 예를 들어, 모든 시장에서 불량 부품을 교체하는 데 필요한 부품 ABN002의 양은 주당 평균 23단위로 계산되었다. 수요율이 측정되지 않은 일부 부품의 경우 교체 비율은 표 13-9의 6열에 표시된 부품의 평균 고장 시간(MTTF, Mean Time To Failure)을 사용하여 추정되었다. 예를 들어, 부품 ABN002의 MTTF는 12,000시간으로, 이는 대략적으로 12,000/(7 days/week×24 hours/week)=71주에 해당한다. 이에 부품은 71주마다 교체해야 한다. 해당 부품의 한 단위는 구성 요소 1, 2, 3에서 사용되며(표 13-4 참고) 운영에 있어 540개의 구성 요소 1, 220개의 구성 요소 2, 21개의 구성 요소 3이 사용된다. 즉, 540+220+21=781단위의 부품 ABN002이 사용된다. 따라서 MTTF 지표를 사용하면 교체 비율은 781단위/71주=10.9단위/주로, 주당 10.9단위이다. 제조업체가 추정한 MTTF 지표가 실제 환경과 다를 수 있기에 예측치와 실제 수요(측정된 경우)에 차이가 있을 수 있다.

표 13-8 배포된 구성 요소와 신규 프로젝트에 대한 예측

		향후 몇 달 동안의 예측				
	현재 배포됨	1개월	2개월	3개월	4개월	평균
구성 요소 1	540	82	72	69	75	*74.5*
구성 요소 2	220	23	22	45	48	*34.5*
구성 요소 3	21	54	34	32	22	*35.5*
구성 요소 4	11	4	7	8	8	*6.75*

표 13-9 부품 재고, 교체율, 평균 고장 시간

부품 식별번호	부품명	평균 재고 수준 (여분)	평균 재고 수준 (신규 프로젝트)	주당 교체율 (아는 경우)	이론상 평균 고장 시간 (시간)
ABN002	Analog circuit	65	214	23	12,000
ABX001	Analog display	45	88	52	5,000
BBR474	Back-Up Receiver	22	75	-	53,000
BLY283	Battery unit	12	435	-	21,300
BNT172	Switch Board	123	765	75	10,000
FBT937	SB1	124	765	5	45,900
GHY456	Grounding unit	234	243	-	10,000
JKI768	Connector J768	54	111	-	10,000
JKI984	Connector J984	23	311	-	10,000
JKI990	Connector J990	432	122	-	17,000
KJU879	Circuit Breaker	654	532	-	5,000
KTY476	Fusible Switch	457	324	-	10,000
MBR034	Fuse unit	112	353	45	10,000
MNA923	SB3	128	214	-	12,000
NDH563	Pad mount Transformer	553	235	-	10,000
NMU839	Bus Material	22	642	-	10,000
PFR934	Power Filter Unit	34	125	-	14,000
PRT847	Power supply Unit	555	252	-	10,000
RTV213	Power Distribution Panel	12	124	-	15,000
RVN493	Receiver	546	234	23	43,000
TTN332	Timer unit	432	1234	12	123,000
TYN932	Transmitter	231	654	24	12,000
YRE374	SB2	759	213	-	23,000
YTH478	Adjuster 478	534	765	-	12,000
YTH789	Adjuster 789	345	658	-	54,200
YTH934	Adjuster 934	864	235	-	23,400
ZVY568	Front Panel	523	123	4	42,300

실행 계획

Ann은 그녀의 워크북에 포함된 많은 표를 스크롤하면서 자신이 수집한 데이터 양에 깊은 인상을 받았다. 특히 여러 가지 중단의 원인에 대한 주관적이고 불완전했던 초기 추정과 비교하면 더욱 인상적이었다. 이제 그녀는 이 데이터를 이해해야 했다.

각 부품의 공급망을 탐색하는 것은 실현 불가능했다. CAS만으로도 수십 개의 다양한 공급망이 있을 것이며, 텔코의 네트워크 장비는 CAS와 유사한 여러 설비로 구성되어 있었다. 그녀의 우선순위는 중단이 중대한 영향을 미칠 수 있는 부품에 있었으며, 그녀에겐 조직과 엄밀한 체계가 필요했다.

먼저, 시스템 관점에서 가장 중요한 부품에 중점을 두었다(표 13-5). 둘째로, 각 부품에 중단이 발생할 경우 영향을 미칠 것으로 예상되는 고객 수를 추정하고 가장 많은 고객에게 영향을 미치는 부품에 중점을 두었다. 셋째로, 텔코의 평균 재고 수준에 기반한 각 부품의 '생존기간(TTS)'을 추정하고 가장 짧은 시간을 가진 부품에 중점을 둘 것이다. 마지막으로, 부품의 공급망을 분석하고 공급업체의 '회복기간(TTR)'(즉, 부품 공급망에서 한 공급업체가 중단에서 복구까지 얼마나 걸리는지)을 평가해야 했다.

그녀는 퓨즈 유닛(MBR034)의 공급망을 그렸다(그림 13-17 참조). 이 공급망은 다양한 조달을 포함했다(예 : Stage 3C는 정규 공급업체가 중단되면 대체 공급업체를 사용할 수 있다). 그들의 운영을 평가한 뒤에 정규 공급업체가 주요 중단(예 : 재고만 소실된 화재)에서 회복하는 데 12주가 걸리지만 대체 공급업체는 9주가 걸릴 것으로 판단했다. 만약 이러한 중단이 발생한다면 텔코는 9주 동안의 재고를 보유하고 있을까? 이러한 중단에 대비해 텔코는 더 많은 재고를 보유해야 할까?

비록 Ann은 이러한 중단의 발생 가능성을 추정하는 것을 포기했지만, 여전히 더 많은 재고를 보유하는 데 발생하는 비용과 이익을 평가할 수 있었다. 자본 비용이 20%이고 중단기간 동안 영향을 받는 모든 고객의 평균 수익(ARPU, Average Revenue Per User)의 손실이 주당 $200이라고 가정했을 때, 그녀는 가장 중요한 부품에 대해 더 많은 재고를 보유할 근거를 찾을 수 있을까?

에필로그

Ann은 제시한 행동 계획이 공급망의 두 번째, 세 번째, 심지어 더 높은 단계에서 가장 중요한 부품과 공급업체를 확인하는 데 가장 적합하다 확신했지만, 이는 평균 지출과 같은 텔코의 전통적인 공급업체 중요도 평가방식과 상충할 수도 있음을 우려했다. 어쩌면 그녀의 분석은 텔코에게 조달 전략(구매 대 제조, 단일 조달 대 다중 조달)을 평가하는 새로운 시각을 제공할 수 있을 것이다. 그녀의 조달 권장사항이 현재 관행과 너무 동떨어진다면 경영진의 반발에 직면할 수도 있을까?

그녀는 잠재적 중단의 원인을 찾지도, 중단 가능성을 추정하지도 못했기 때문에 더 많은 반발을

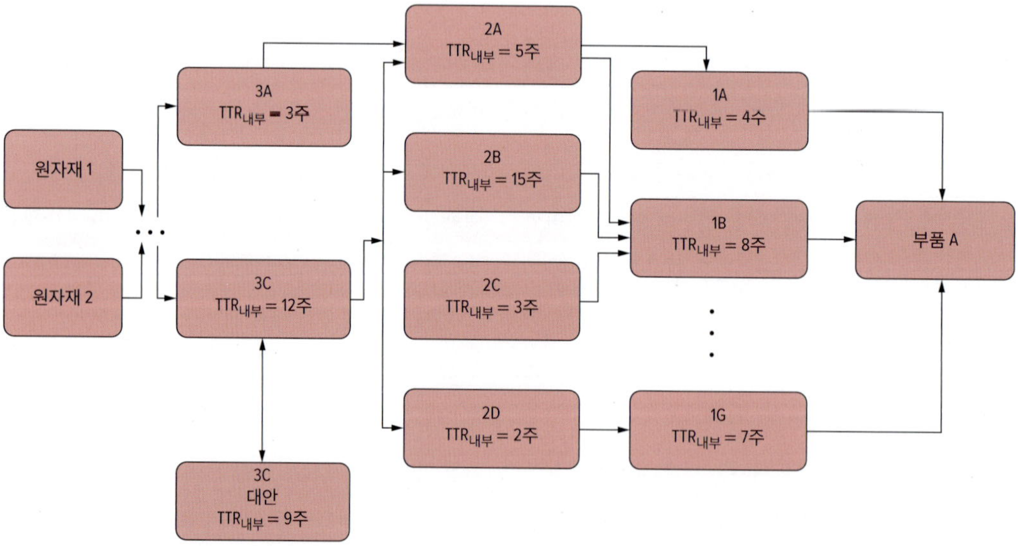

그림 13-17 일반적인 부품 공급망

일으킬 수 있다. 이러한 관리 기법은 전통적인 위기 관리 관행을 벗어나는 중요한 출발점이기 때문에 그녀의 접근방식이 unknown-unknowns 위험을 다루는 가장 적합한 전략임을 설득하고자 노력해야 한다.

사례 토론 질문

1. 처음 5개 부품(ABN002, ABX001, BBR474, BLY283, BNT172)에 초점을 두고 텔코의 공급망을 부품, 구성 요소, 시장 단계와 대응시키시오.
2. 다양한 CAS 기술 구성 요소에서 서로 다른 부품의 사용과 현재 각 시장에 배포된 구성 요소의 유형과 수를 고려하여 각 특정 부품의 중단으로 인해 영향을 받는 고객의 수를 평가하시오.
3. (i) 기술적 관점에서 가장 중요한 부품과 (ii) 그것이 부족할 경우 가장 많은 고객에게 영향을 미칠 수 있는 부품을 식별하시오.
4. 각 부품에 대하여 현재 운영에 의한 수요율(수요율이 측정되지 않았다면 MTTF 지표 사용)과 향후 프로젝트 개발로 인한 수요율을 추정하시오. 평균 재고 수준을 기반으로 각 부품에 대한 '생존기간(TTS)'을 추정하시오(즉, 텔코가 부품 공급업체에 공급중단현상이 발생하더라도 중단 없이 현재 운영 및 계획된 프로젝트 개발을 계속할 수 있는 기간).
5. 공급망에서 가장 중요하다고 식별한 부품이 그림 13-17에 그려져 있다고 가정하자. 12주 동안 텔코의 현재 공급업체에게 영향을 미칠 수 있는 Stage 3C의 중단은 어떤 영향을 미치는가? 이 중단은 9주 동안 대체 공급업체에게 어떤 영향을 미치는가? 텔코는 몇 주 동안 운영이 중단되는가? 얼마나 많은 고객이 영향을 받는가? 재고 보유율이 20%이고 중단에 영향을 받을 수 있는 사용자당 평균 수익(ARPU)이 수납 $200이라고 가정하자. 텔코는 해당 부품의 재고를 더 많이 보유해야 하는가?

CHAPTER 14

지속가능한 공급망

CASE

이케아가 '순환형' 운영을 구축하기 위해 공급망을 겨냥하다

조립 설명서 없이 이케아(IKEA) 테이블을 조립해 보라. 곧 문제에 직면하게 될 것이다. 너트와 볼트는 다양한 모양과 크기로 제공되지만, 어떻게 끼워 넣어야 할지가 명확하지 않을 때가 많다. 성공적인 조립을 위해서는 조립 설명서(비전)가 필요하다. 최선의 의도라도 한 번의 실수가 모든 것을 망칠 수 있기 때문에 하나라도 빠트리지 않도록 조심해야 한다.

이러한 이해와 '많은 사람을 위한' 접근성 및 경제성에 대한 노력으로 이 가구 소매업체는 지난 10년 동안 최고의 자리에 오를 수 있었다. 그러나 이케아의 경우 최고가 되는 것보다 비즈니스에 필요한 자원을 내일부터 당장 이용할 수 있는 것이 더 중요하다. 그래서 올해 이케아는 사용 설명서를 새로운 차원으로 끌어올려 자체적인 '순환형' 공급망을 위한 로드맵을 개발했다.

지속가능성 문제

오늘날 환경을 생각하는 소비자들에게 브랜드 인지도를 높이려는 거의 모든 다국적 기업은 연례 또는 반기별로 지속가능성 보고서를 발간하고 있다.

이러한 보고서는 일반적으로 사내 및 공급망 전체에서 기후 발자국을 줄이기 위해 회사들이 취하고 있는 조치에 대해 설명하고 있다. 그러나 수년간의 보고서, 감사 및 (때때로 놓친) 목표를 달성한 후에도 '지속가능한' 가치 사슬의 정의는 여전히 모호하다. 이케아의 자체 기후 발자국을 살펴보면 이 문제가 잘 드러난다.

이케아는 49개국에서 403개의 매장을 운영하고 있으며, 이를 지원하는 인터 이케아 그룹(Inter IKEA Group)은 전 세계 약 1,000개의 공급업체의 도움을 받아 40개의 공장에서 9,500개의 다양한 제품을 생산하고 있다. 하지만 아래 차트는 이케아가 관리하는 사업장의 총 기후 발자국이 총배출량의 30%에 불과하다는 것을 보여준다.

2017년 한 해 동안 이케아의 전체 공급망은 전 세계 총 온실가스 배출량의 약 0.1%에 해당하는 2,600만 톤의 이산화탄소를 배출했다. 이케아 그룹이 2020년까지 내부 배출량을 0으로 만들더라도 여전히 상당한 양의 온실가스 배출과 연관되어 있을 수 있다.

공급망 전반의 에너지 효율성 향상

이케아 그룹이 온실가스 배출에 직접적인 책임이 없다고 해서 이 문제를 해결하기 위해 아무것도 할 수 없다는 의미는 아니다. "세상은 변화하고 있고, 이케아 비즈니스도 그에 따라 변화하고 있다." Torbjörn Lööf, 인터 이케아 그룹 CEO는 회계연도 17 지속가능성 요약 보고서에서 이렇게 말했다.

이 보고서는 이케아 그룹 내 제품군, 공급 및 생산 부문을 포함하도록 사업부를 개편한 지 1년 만에 작성되었다. 공급망과 운영을 한 지붕 아래 중앙집중화함으로써 아케아는 지속가능성 목표와 이니셔티브를 더 잘 감독할 수 있게 되었다.

이케아는 다음을 염두에 두고 설계되고 생산되는 공급망을 순환공급망이라고 설명한다. Lööf는 "이 새로운 체계는 전체 이케아 프랜차이즈 시스템과 가치 사슬에 걸쳐 우리의 지속가능성 목표를 명확히 하고 통합하는 데 도움이 될 것이다."라고 말했다.

이러한 목표에는 다음이 포함된다.

- 조직 내 책임감 있는 조달 관행 확립
- 공급업체가 모범 사례를 공유할 수 있도록 지원

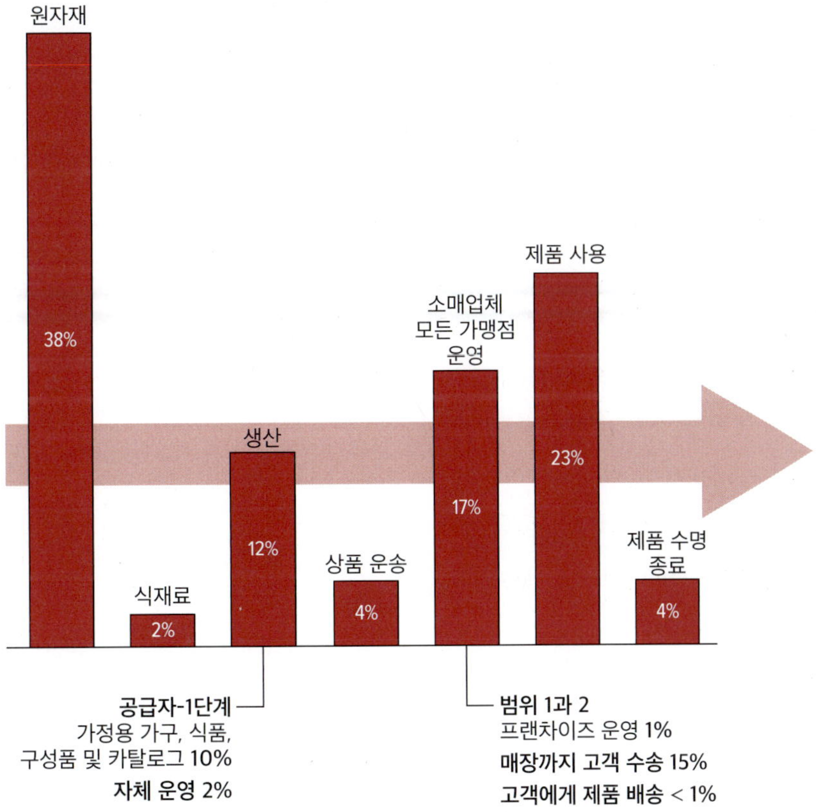

그림 14-1 2017년 이케아 가치 사슬의 각 단계별 기후 발자국

출처 : Inter IKEA Sustainability Summary Report FY17, https://preview.thenewsmarket.com /Previews/IKEA/DocumentAssets/502623.pdf.

폐기물 계층 구조

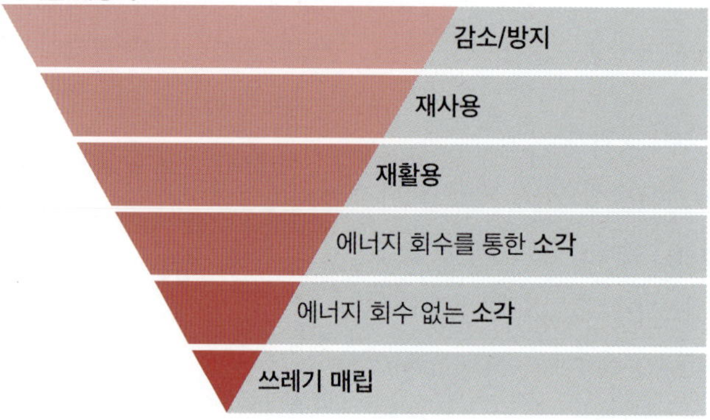

그림 14-2 이케아는 가치사슬 전반에서 낭비의 최소화를 목표로 한다.

출처 : Inter IKEA Sustainability Summary Report FY17, https://preview.thenewsmarket.com /Previews/IKEA/DocumentAssets/502623.pdf.

- 사업장 내 물 효율성 및 재생 에너지 사용 확대
- 운송 수단에서 화석 연료를 대체 에너지로 교체

이 이니셔티브는 지속가능성의 한 축인 자원을 더 적게, 더 효율적으로 사용하고, 가능한 경우 업계 파트너와 협력하여 공급을 갱신하는 것을 목표로 한다. "임업은 우리가 일하는 방식을 보여주는 한 가지 예이다." 라고 인터 이케아 그룹의 이케아 제품군 및 공급 부문 지속가능성 매니저인 Lena Pripp-Kovac은 보고서에서 밝혔다. "우리가 사용하는 목재의 100%를 더 지속가능한 재료(FSC 및 재활용 재료)로부터 공급받겠다는 우리의 약속은 이케아 사업뿐만 아니라 산업 전반에 걸친 변화를 요구한다."고 하면서 "이케아 임업 팀은 인증된 목재의 공급을 늘려야 하는데, 현재 공급량이 충분하지 않다."고 덧붙였다.

하지만 2018년 이케아의 진정한 변화는 '순환형' 사업을 시작하는 것이 될 것이다.

폐기물을 넘어서 : 순환공급망

"우리의 야망은 순환형 비즈니스가 되는 것이다. 이제 막 이 여정을 시작했지만, 이미 이케아 제품군에서 확인할 수 있는 진전을 이루고 있다."고 Pripp-Kovac은 말한다. 이케아가 설명하는 순환공급망은 모든 제품이 다음 용도를 염두에 두고 설계되고 생산되는 공급망이다. 이렇게 함으로써 회사는 제품을 '폐기물'로 취급하는 관념을 버리고 생산에 필요한 귀중한 자원으로 취급할 수 있다.

보고서에 따르면 "처음부터 모든 제품을 용도 변경, 수리, 재사용, 재판매, 재활용할 수 있도록 설계하여 폐기물을 최대한 적게 발생시키는 것"이라고 말한다. 이러한 전략에는 고객이 이사하는 과정에서 분실된 너트나 볼트에 대해 예비 부품 보증을 시행하는 것도 포함된다. 또는 제품을 생산할 때 재생 가능하거나 재활용된 재료만 사용하는 것도 있을 수 있다.

"소재 선택과 제품 설계 및 제작 방식도 중요하지만, 우리가 하는 모든 일의 중심에는 사람이 있다."고 덧붙이면서 Pripp-Kovac은 다음과 같이 썼다. "이 새로운 야망을 달성하려면 단순한 약속을 넘어 전체 공급망에 혁신과 협업의 정신이 확산되어야 한다."

"우리 스스로 도전하고 혼자서 달성할 수 있는 것

보다 더 큰 야망과 약속을 설정해야만 더 큰 긍정적인 영향을 미칠 수 있다."고 말하면서 이렇게 덧붙였다. "2018년에 발표될 업데이트된 이케아의 지속가능성 전략은 바로 그 목표를 달성하기 위해 만들어졌다."

이 장을 마치고 나면 다음 문제를 이해할 수 있다.

- 기업의 사회적 책임을 어떻게 정의할 것인가?
- 기업은 지속가능성에 어떻게 접근할 수 있는가?
- 탄소 발자국을 개선할 수 있는 가장 좋은 기회는 무엇인가?
- 시작할 가장 좋은 방법은 무엇인가?
- 지속가능성과 비용 사이의 절충은 무엇인가?

14.1 개요

2006년, 뉴질랜드의 세계적인 유제품 수출업체인 폰테라(Fonterra)는 현지 시장에서 심각한 경쟁에 직면했다. 영국에서 현지 생산업체들은 푸드 마일이 높은 유제품(영국에서 수천 마일 떨어진 곳에서 생산된 제품)이 현지 농산물보다 지구 온난화에 훨씬 더 많이 기여한다고 주장하는 광고를 내보냈다. 예를 들어, 영국에 본사를 둔 데어리 크레스트(Dairy Crest)는 현지에서 생산된 제품과 녹슨 배를 타고 영국까지 수천 마일을 이동하는 폰테라의 브랜드 앵커(Anchor) 버터의 이미지를 비교하는 광고 캠페인을 시작하면서 푸드 마일 개념에 대한 소비자 인식이 높아지고 있다는 점을 강조했다.

폰테라는 이 문제에 대해 과학적이고 총체적인 접근방식을 취했다. 첫째, 유제품 공급망에서 배출되는 온실가스 대부분이 농업 단계에서 발생한다는 사실을 입증했다. 둘째, 독립적인 연구에 따르면 뉴질랜드 농부들은 독일 생산자보다 양고기를 생산하는 데 에너지를 덜 사용했으며, 또 다른 연구에서는 뉴질랜드에서 우유를 생산하여 영국으로 유제품을 운송하는 것이, 영국에서 직접 우유를 생산하는 것보다 에너지 소비량과 탄소 온실가스 발생량 모두 50% 더 적다는 사실을 밝혀냈다.

또 다른 예로, 세탁 세제도 최근 들어 치열한 경쟁의 대상이 되고 있다. 놀랍게도 경쟁의 핵심은 가격이 아니다! 어떤 제품이 가장 환경 친화적인지를 두고 경쟁하고 있다. 유니레버(Unilever)와 프록터앤드갬블과 같은 주요 소비재 제조업체들은 더 저렴하고 지속가능한 새로운 농축 세탁 세제를 출시했다. 새로운 세제는 기존 제품보다 물 사용량이 64% 더 적고, 병이 더 가벼워져 배송이 더 쉽고 효율적이다. 월마트와 타깃은 소비자가 돈을 절약하는 것이 지구를 구하는 것과 연결되는 광고를 내보내고 있다. 월마트는 한 걸음 더 나아가 자사의 농축 제품이 포장 폐기물을 줄인다는 점을 광고에서 강조했는데, 이는 전통적으로 '매일 저렴한 가격'과 폭넓은 선택에 초점을 맞춘 마케팅을 해온 회사로서는 주목할 만한 트렌드이다.

두 이야기를 관통하는 한 가지 주제는 소비자들이 지구 온난화와 같은 사회적 책임에 관심이 많기 때문에 한 브랜드에서 다른 브랜드로 전환할 수 있다고 관련 기업들이 믿고 있다는 것이다. 실제로 최근 설문조사에 따르면 대다수의 소비자가 탄소 배출량을 줄이는 제품이나 서비스를 제공하는 업체로 전환할 의향이 있는 것으로 나타났다. 물론 '어떤 대가를 치르고?'라는 정보가 빠진 것은 사실이다. 그러나 근본적인 메시지는 다른 모든 조건이 동일하다고 가정할 때 대부분의 소비자가 친환경 제품을 선호한다는 것이다. 월마트 사례에서 시사하는 두 번째 주제는 항상 그런 것은 아니지만 때때로 친환경 관행이 효율성과 비용 절감으로 이어진다는 것이다. 실제로 농축 세탁 세제는 물을 절약하고 운송에 더 효율적이다.

하지만 항상 그런 것은 아니다. 친환경적인 성과를 달성하기 위해 비용을 감수해야 하는 어려운 절충이 발생하는 경우가 많다. 비즈니스 경영진이 직면한 과제는 '좋은 일을 하는 것'과 '잘하는 것'이 일치하는 기회를 식별하고 활용하는 것이다. 그리고 이 두 가지가 일치하지 않는 경우, 비즈니스에 피해를 주지 않으면서도 친환경 공급망을 실현하는 전략을 적용하거나, 더 나아가 성과를 개선하는 전략을 적용해야 한다.

물론 '착한 일'은 환경 문제에만 국한되지 않는다. 1867년 스위스에 설립된 작은 회사에서 세계 최대 식품 회사 중 하나로 성장한 네슬레(Nestlé)를 생각해 보자. 네슬레의 초기 사업 성장 모델은 대규모 농가와 우유 가공 시설, 그리고 제품을 효율적으로 생산하고 현지 시장에 유통할 수 있는 방법을 포함하는 우유 지구를 세우는 것이었다. 여기에 농부들에게 최고의 농업 관행에 대한 기술 지원을 더하면 성공의 메뉴가 완성된다.

따라서 1961년 네슬레가 인도에 진출했을 때 동일한 접근방식을 적용한 것은 놀라운 일이 아니었다. 네슬레는 펀자브주 모가에 최초의 우유 가공 시설을 세우고 우유 생산성과 품질 향상을 위한 기술 지원과 교육을 제공했다. 그러나 빈곤한 이 지역에는 선진국에서 잘 작동하는 방식보다 더 많은 지원이 필요했다. 그래서 네슬레는 모가에 우유 집하장과 냉장 센터를 설립하고, 농장에 냉각 탱크를 설치했으며, 농장에서 우유를 픽업하여 유가공 시설로 배송할 수 있는 운송 수단을 제공했다. 이와 동시에 네슬레는 동물용 의약품을 공급하고, 무엇보다도 마을 여성들이 좋은 낙농 관행을 배울 수 있도록 도왔다.

이 프로그램을 통해 1961년 180명이었던 프레이머(framer)는 2005년 95,000명으로, 같은 기간 동안 집유 센터는 4개에서 1,700개로 증가했다. 이 프로그램은 농부들뿐만 아니라 농촌 지역사회 전체에 고용, 고소득, 더 높은 생활 수준을 제공했다. 이 비즈니스 모델은 '자선'이 아니라 네슬레가 고유한 공급망을 구축하고 어려운 시장에서 새로운 수익원을 창출할 수 있게 해주었다.

그렇다면 네슬레의 사례는 기업의 사회적 책임의 사례일까, 아니면 건전한 비즈니스 결정일까? 이 장에서는 둘 다라고 주장한다. 기업의 사회적 책임과 환경적 책임이 기업의 문화와 비즈니스 비전에 내재되어 있어 별개의 목표처럼 눈에 잘 띄지 않을 때 기업은 사회적 · 환경적 혜택을 제공할 수 있다.

우리는 기업의 사회적 책임이 실질적인 비즈니스 기회와 가치를 창출할 수 있다는 결론을 내렸다.

이 장의 출발점은 기업의 사회적 책임과 기업의 이미지 및 브랜드 사이의 연관성이다. 여기에 더해서 우리는 사회적 책임이 새롭고 지속가능한 제품을 통해 새로운 수익원을 창출하거나, 특히 개발도상국에 새로운 시장이 진출하여 새로운 수익원을 창출할 수 있는 가장 중요한 기회라고 주장한다.

그런 다음 제품을 생산하고 배송하는 동안 탄소 배출량을 줄이는 데 초점을 맞추고, 환경과 운영 문제를 현명하게 결합함으로써 기업이 효율성을 높이고 기업과 사회 모두를 위한 가치를 창출할 수 있음을 보여준다.

14.2 기업의 사회적 책임

기업의 사회적 책임은 흔히 '기업이 사회적 · 환경적 행동을 통해 사회에 긍정적인 영향을 미치기 위해 비즈니스를 관리하는 방식'으로 정의된다. 이 정의는 매우 일반적이다. 이는 사회적 차원의 핵심 요소인 지역사회 개발, 안전 기준, 근로 조건과 환경적 차원의 핵심 요소인 공급망 탈탄소화, 폐기물 관리, 에너지 및 수자원 보존을 의미한다. 얼마 전까지만 해도 기업의 사회적 책임은 기업의 이미지와 브랜드의 한 요소로 간주되었다. 공급이 넘쳐나고 많은 제품이 서로 대체 가능한 상품으로 여겨지던 경제 상황에서 기업이 경쟁사와 차별화할 수 있는 수단이었다.

오늘날 사회적 책임은 브랜드화보다 더 중요한 단계로 나아간다. 이는 기업이 순수한 자선 활동이나 단순한 현지 및 국제법 준수에서 가치를 창출하는 건전한 비즈니스 투자로 변화하는 것을 의미한다. 이러한 가치는 효율성 향상과 이에 따른 비용 절감은 물론 새로운 시장과 혁신적인 신제품에 대한 접근을 통한 추가 수익원을 통해 달성된다.

예를 들어, 아프리카에서 운영 중인 코카콜라의 수동 유통센터 프로그램을 생각해 보자. 이 이니셔티브는 현지 기업가들이 독립적으로 소유하고 저렴한 비용으로 수동으로 운영되는 유통센터(DC)를 설립할 수 있도록 자금을 지원한다. 각 DC는 트럭 배송이 효과적이지 않거나 효율적이지 않고 매장에서 더 작고 빈번한 제품 배송을 요구하여 기존 유통 채널이 적용하기 어려운 소규모 신흥 소매 시장에 서비스를 제공한다. 이 비즈니스 모델을 통해 코카콜라는 동아프리카 전역에서 매출과 판매량을 늘릴 수 있었다. 예를 들어, 에티오피아와 탄자니아에서 코카콜라는 제품의 80%를 이러한 DC를 통해 유통하고 있으며, 이는 일자리를 창출하고 가치를 창출하는 비즈니스 모델이다.

기업의 사회적 책임에 대한 접근방식은 위험 관리에 대한 접근방식과 유사하다(13장 참조). 우리는 비즈니스 의사결정을 두 가지 차원에 따라 매핑한다. 비즈니스에 대한 기대 효과와 환경적 가치와 사회적 가치를 모두 포함한 사회에 대한 기대 효과이다. 그림 14-3은 이러한 차원에 따라 비즈니스 의사결정을 분류한 것이다.

박스 A는 비즈니스에 좋은 것과 사회에 좋은 것 사이에 상충되는 영역을 말한다. 탄소 배출을 증가시키거나, 교통 체증을 유발하거나, 천연자원을 오염시키거나, 물이나 에너지처럼 한정된 자원을 소비할 수 있는 운송, 물류, 제조와 같은 운영 및 공급망 핵심 활동이 좋은 예가 될 수 있다. 바로 이 부분에서 공공

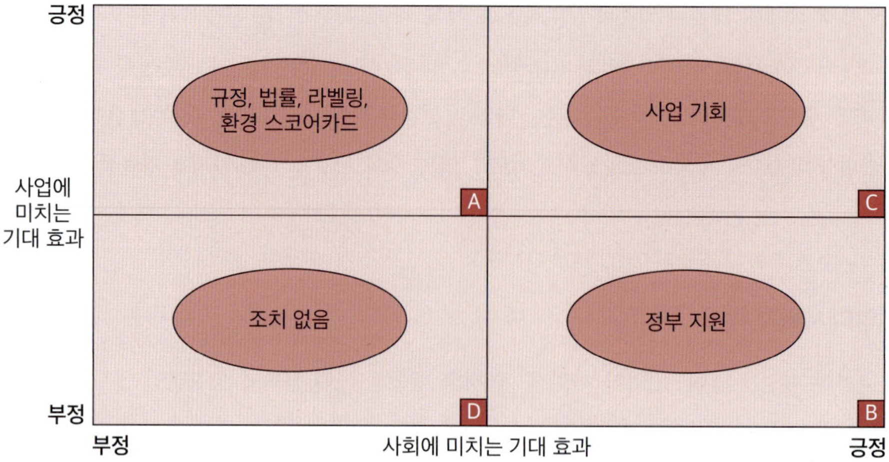

그림 14-3 기업의 사회적 책임 프레임워크

정책이 중요한 역할을 한다. 실제로 제조업체, 배송업체, 유통업체 등 환경오염을 유발하는 업체는 환경에 영향을 미치지만 자신의 행동으로 인한 직접적인 결과에 직면하지는 않는다. 공공정책의 역할은 오염원에게 비용 구조를 부과하여 그들의 활동이 사회와 환경에 미치는 영향을 고려하도록 강제하는 것이다.

정부나 거래 파트너가 부과하는 소비자 제품 라벨링이 영향을 미칠 수 있는 부분이기도 하다. 일본 정부와 영국 유통업체 테스코(TESCO)는 제품의 생산 및 배송과 관련된 배출량을 측정하는 탄소 라벨링을 도입했다. 소비자는 탄소 배출에 관심이 있으며, 소비자의 구매 선택을 통해 제조업체의 행동을 변화시킬 수 있다는 가정하에 도입되었다.

마지막으로, 소매업체가 부과하는 환경 스코어카드가 중요한 역할을 한다. 예를 들어, 2005년 10월 월마트의 CEO인 Lee Scott은 에너지 사용, 폐기물 및 온실가스 배출을 줄이기 위한 환경 계획을 발표했다. 월마트의 목표는 공급업체의 공급망을 포함한 전체 공급망에서 2014년까지 온실가스 배출량을 20% 줄이는 것이었다. 이를 위해 2008년 초부터 온실가스 배출량, 운송 큐브 활용도, 재활용 콘텐츠, 재생 에너지 등을 포함한 환경 스코어카드를 통해 공급업체의 성과를 평가하고 있다.

박스 B는 비즈니스 결정이 사회나 환경에는 도움이 될 수 있지만 비즈니스에는 도움이 되지 않는 상황을 말한다. 비즈니스 행동을 변화시키는 것을 목표로 하는 정부 인센티브가 변화를 가져올 수 있는 경우이다. 기업이 (제조) 인프라, 친환경 기술, 근로자 교육 및 직업 훈련에 투자하도록 동기를 부여하기 위해 주 또는 (개발도상) 국가에서 제공하는 세금 인센티브를 생각해 보자.

박스 C는 인센티브나 규제가 필요하지 않은 상황을 나타낸다. 기업은 이러한 투자를 통해 경제적 가치를 창출하는 동시에 사회에 상당한 긍정적인 영향을 미칠 수 있기 때문에 투자한다. 코카콜라와 네슬레의 사례가 여기에 속한다.

박스 B와 박스 C가 직접적으로 연관되어 있음을 주목하자. 박스 B와 관련된 정부 인센티브는 사회적 편익을 보완하는 비즈니스 편익을 제공하도록 설계되어야 한다. 이는 정부 인센티브의 역할이 박스 B의 특성을 가진 의사결정을 내리는 기업이 마치 박스 C에 있는 것처럼 행동하도록 동기를 부여하는 것임을 의미한다.

기업의 관점에서 볼 때 박스 A는 **운영 개선**(operational improvements)에 관한 것이다. 즉, 측정, 모범 사례 및 규정 준수에 중점을 둔다. 예를 들어, 앞서 설명한 월마트의 지속가능성 이니셔티브는 캐나다의 3PL 공급업체가 노바스코샤와 프린스에드워드 아일랜드의 10개 매장으로 제품을 배송하는 방식을 도로에서 철도로 변경하여 탄소 배출량을 2,600톤 줄이도록 동기를 부여했다. 또한 이 3PL 공급업체는 20대의 트럭 발전기를 전기로 전환하여 약 10,000갤런의 연료를 절약했다.

박스 A의 초점인 운영 개선은 박스 B 및 박스 C와 관련된 기회인 **비즈니스 혁신**(business innovations)과는 다르다. 여기서 목표는 단순한 규정 준수나 모범 사례가 아닌 경제적 · 사회적 이익을 결합한 새로운 가치 제안을 창출하는 것이다. 예를 들어 개발도상국의 새로운 시장 부문에 대한 투자, 친환경적인 새로운 제품 도입, 선진국의 빈곤층을 위한 새로운 서비스 등이 여기에 속한다.

예를 들어, 드럭스토어의 대명사인 월그린(Walgreens)의 건강 및 웰니스 사업부는 300개가 넘는 월그린 매장에서 주 7일, 저렴한 비용으로 방문 진료 서비스를 제공하고 있으며, 소매 클리닉을 2,200개로 늘릴 계획이다. 소매 클리닉에서는 일반적인 건강 문제에 대한 진단과 처방을 제공하고 적절한 경우 전문의에게 의뢰한다. 그렇다면 월그린은 왜 보험에 가입하지 않은 사람들을 위한 저렴한 의료 서비스에 투자하는 것일까? 일종의 자선 활동인가? 전혀 아니다! 월그린의 최고 재무 책임자 Wade Miquelon은 "결국 사람들이 월그린에 대한 충성도가 높아지는 것"이라고 말한다. 데이터에 따르면 소매 클리닉 환자의 최대 30%가 월그린의 신규 고객이 되기 때문에 클리닉은 월그린 매장의 큰 비즈니스를 주도한다.

비즈니스와 사회적 이익이 모호한 경우 성공하기 위해 경영진이 따라야 할 네 가지 단계는 다음과 같다.

- 기회 식별하기 – 이 단계에서는 비즈니스와 사회적 혜택을 모두 제공하는 기회를 나열하고 순위를 매긴다. 물론 박스 B의 경우, 정부의 인센티브가 중요한 역할을 하는데, 어려운 상황에서 비즈니스 기회를 창출하기 때문이다.
- 엄격하고 체계적으로 분석하기 – 여기서는 노동력, 인프라, 천연자원, 지역 산업 등 가용 자원과 경쟁, 시장 규모, 필요한 투자, 세금 영향에 중점을 둔다.
- 성공을 위한 성과 측정 기준 수립하기
- 실행하기 – 소규모로 시작하여 모니터링 및 검토, 모범 사례 수립, 마지막으로 다른 지역, 제품 또는 서비스로 지식을 이전하여 규모를 확장한다.

따라서 기업의 사회적 책임에 대한 비즈니스 혁신을 위한 우리의 접근방식은 다른 비즈니스 투자에 대해 취해야 할 접근방식과 다르지 않다. 기업의 사회적 책임이 성공하려면 기업이 위험 관리에 취하는 접근방식과 유사한 접근방식이 필요하다. 기업의 핵심 가치, 조직 구조, 문화에 사회적 책임이 내재화되어야 한다. 이를 위해 경영진은 운영 개선과 관련된 의사결정과 진정한 사회적 · 경제적 가치를 창출하는 새로운 비즈니스 혁신을 구분해야 한다.

하지만 사회적 책임을 위한 비즈니스 혁신에는 고유한 특징이 있다. 첫째, 기업은 당장의 주주 이익에 집중하기보다 장기적인 관점을 가져야 한다. 둘째, 비즈니스 가치와 사회적 가치를 구분할 수 없을 정도로 통합해야 한다. 그리고 가장 중요한 것은 사회적 책임을 위한 비즈니스 혁신을 위해서는 기존의 비즈니스 모델에서 벗어나 조직의 장벽을 제거하고 기존과는 다른 인센티브 및 보상 시스템을 개발해야 한다는 점이다.

앞서 설명한 사례는 이러한 특성을 강조한다. 동아프리카에서 코카콜라는 기존의 DC를 새로운 유형의 DC로 대체하여 새로운 시장을 확보했으며, 이를 통해 빈곤층 가정을 빈곤에서 벗어나게 했다. 네슬레는 인도 모가의 지역사회를 지원하는, 일반적으로 네슬레가 제공하지 않는 서비스를 추가하여 새로운 수익원을 개발했다. 월그린의 사례도 매우 유사하다. 월그린의 사례에서 인상적인 점은 고도로 발달된 시장인 미국에서, 그것도 큰 도전 과제인 의료 문제를 해결하려고 노력하고 있다는 점이다. 마지막으로, 프록터앤드갬블과 유니레버는 제품 설계와 운영 사이의 조직적 경계를 없애 물을 절약하고, 폐기물을 줄이고, 운송을 개선하는 새로운 기술을 개발했다.

14.3 공급망 배출량 감축

공급망과 물류 운영에서 발생하는 탄소 발자국을 줄이는 것이 국제적 또는 국가적 의제로 떠오르면서 기업 경영진의 중요한 우선순위가 되었다.

다음 세 가지 요인이 이러한 관심을 불러일으킨다. 첫째, 각국 정부가 규정 준수를 강제하기 위해 일방적인 입법 조치를 취하는 경우가 늘고 있다. 교토 의정서는 탄소 배출에 대한 다소 느슨한 국가별 목표를 설정했지만, 유럽연합의 배출권거래제(EU ETS)는 주로 유럽에서 배출 허용량을 강력하게 규제하는 데 앞장서고 있다. 둘째, 경영진은 공급망, 특히 운송 및 유통 부문의 비효율성을 높은 탄소 발자국과 연결한다. 운송 시스템이 효율적일수록 탄소 배출량이 줄어들고 그 반대의 경우 탄소 배출량이 증가한다고 판단한다. 물론 이 연결고리에는 유가가 숨어 있는데, 유가가 높을수록 경영진은 운송 효율을 개선하고 탄소 배출을 줄이는 데 더 집중하게 된다.

마지막으로, 폰테라와 월마트의 사례에서 알 수 있듯이 소비자의 관심은 새로운 제품과 서비스에 대한 실질적인 요구로 이어지기 시작했다. 이러한 압력은 소비자뿐만 아니라 직원, 거래 파트너, 정부에서도 느끼고 있으며, 이들은 기업이 '친환경'을 향한 가시적인 조치를 취할 것을 요구하고 있다. 이러한 압력으로 인해 비즈니스 의제에서 탄소 발자국 이슈가 확대되고 있다.

농업, 제조, 물류 산업이 이산화탄소 배출에 기여하는 비중이 점점 커지고 있다. 예를 들어 물류는 인

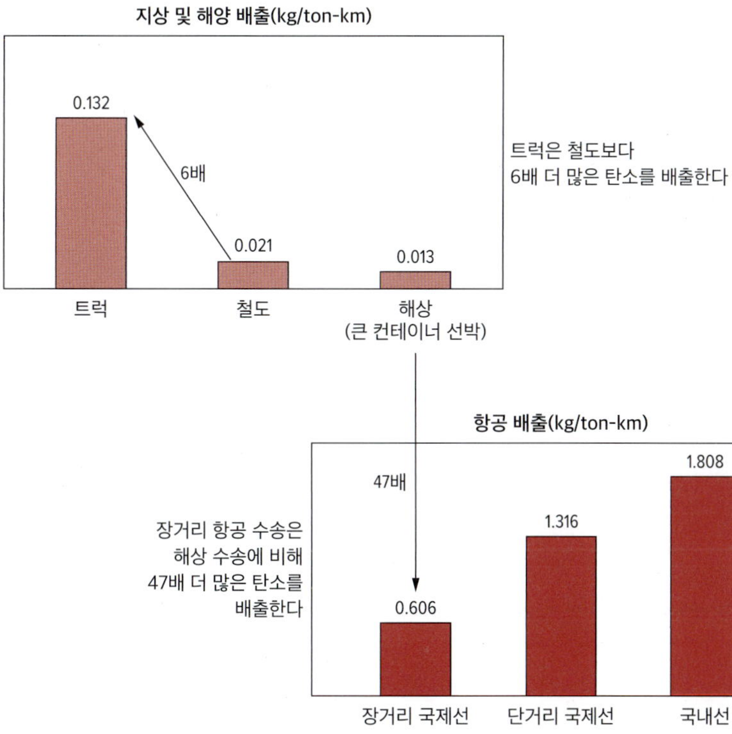

그림 14-4 운송 수단별 배출 효율성

간 활동으로 인해 발생하는 총 온실가스 배출량의 약 5.5%를 차지하며, 이 중 89%가 운송에서, 나머지는 창고와 유통 시설에서 발생한다. 다른 예로 제조업은 전체 온실가스 배출량의 약 18%를 차지한다.

운송 부문에서 연간 대기로 배출되는 이산화탄소의 절반 이상이 도로 운송에서 발생하고, 20%는 해상 운송, 나머지는 철도 및 항공 운송에서 발생한다. 물론 운송 수단마다 배출 효율이 다른데, 2008년 영국 교통부의 온실가스 환산계수 지침에 따른 데이터를 기반으로 한 그림 14-4에서 볼 수 있듯이 트럭은 철도보다 탄소 배출량이 6배, 장거리 항공은 해상보다 47배 더 높은 배출량을 기록한다.

물류는 제품 수명 주기 동안 발생하는 온실가스의 원인 중 하나이지만 가장 큰 원인은 아니다. 일반적인 소비재 제품의 탄소 발자국은 원자재(39%), 제조(29%), 포장(14%), 유통 및 물류(12%), 폐기물 및 재활용(3%), 기타 활동으로 나뉜다.

흔한 오해 중에 하나는 현지에서 생산된 농산물이 해외 제조 및 재배지에서 운송된 농산물보다 탄소 발자국이 더 적을 것이라고 생각하는 것이다. 이는 뉴욕에서 판매되는 와인 한 병의 탄소 발자국을 분석해 보면 잘 알 수 있다. 프랑스 루아르 밸리에서 생산되는 일반적인 와인 한 병은 캘리포니아 나파 밸리에서 생산되는 와인보다 이산화탄소 발생량이 45% 더 적다(그림 14-5 참조). 그 이유는 프랑스산 와인은 대부분 바다를 통해 운송되는 반면, 캘리포니아산 와인은 트럭으로 운송되기 때문이다. 두 수송 수단은 탄소 효율성이 크게 다르다.

마찬가지로, '착한 일'을 하려는 기업이 저지르는 실수는 물류 탄소 발자국을 줄이는 데에만 집중하는 것이다. 지금까지의 논의에 따르면 이러한 노력은 변화를 가져올 수 있지만 더 큰 기회를 놓칠 수 있다. 폰테라의 사례에서 알 수 있듯이 다른 공급망 탄소 발생 활동과의 관계를 이해하지 않고 물류에만 집중하면 탄소 배출량을 줄이기는커녕 오히려 더 많이 배출할 수 있다.

요약하면, **공급망에 대한 총체적인 관점은 제품 및 기업의 탄소 배출량을 측정하고 최적화하는 데 중요하다.**

이 통찰로부터 기업 발자국과 제품 발자국이라는 서로 관련된 두 가지 개념을 얻을 수 있다. 전자는 모든 공급망 활동 및 모든 제품과 관련된 탄소 배출량을 집계하는 데 중점을 두는 반면, 후자는 제품의 원자재, 제조 및 유통 활동에 따라 개별 제품에 탄소 발자국을 할당하는 방법이다.

그렇다면 탄소 발자국을 줄이기 위해 기업이 무엇을 해야 할까? 기업 및 제품의 탄소 발자국을 효과적으로 줄일 수 있는 6가지 기회는 다음과 같고 이러한 기회는 산업 분야와 제품 특성에 상관없이 유효하다.

처음 세 가지는 (1) 공급망 재구성, (2) 운송 수단 최적화, (3) 효율적인 포장으로 쉽게 사용할 수 있으며, 식음료부터 제약, 하이테크, 소매업에 이르기까지 다양한 산업 분야의 기업들이 성공적으로 적용하고 있다.

나머지 세 가지 기회인 (4) 재활용 및 폐기물 방지, (5) 지속가능성을 위한 제품 디자인, (6) 새로운 청정 기술은 탄소 배출량을 줄이는 데 큰 영향을 미칠 수 있지만 장기적인 계획과 상당한 노력이 필요하다.

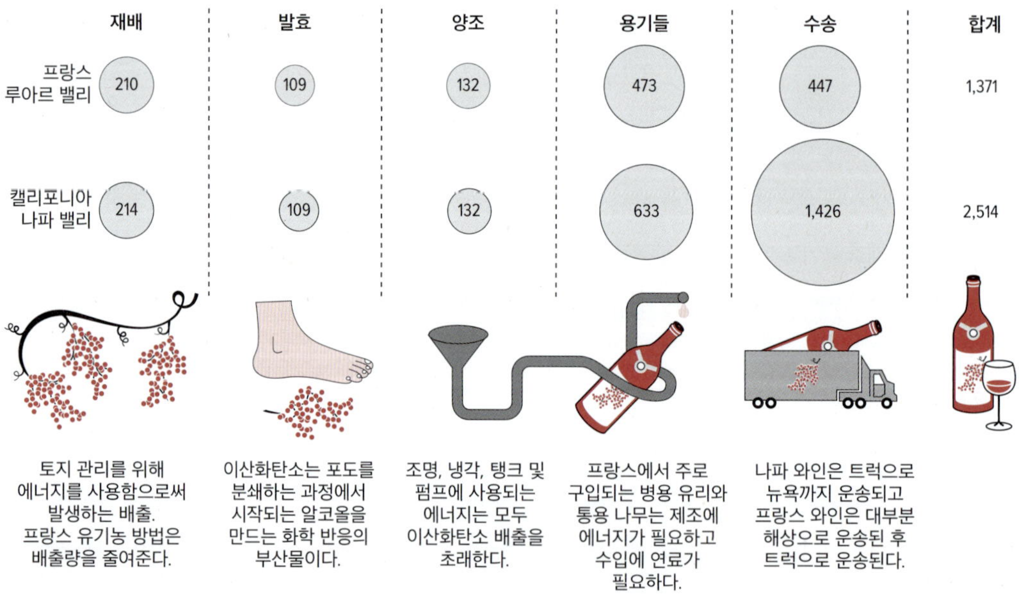

그림 14-5 뉴욕에서 판매되는 (가상의) 와인에 대한 탄소 발자국

출처: E. Rosenthal, "Environmental Cost of Shipping Groceries around the World," *New York Times*, April 26, 2008.

14.3.1 단기 기회

공급망 탄소 발자국을 측정하고 줄이려면 모든 공급망 활동과 그에 따른 탄소 배출 수준을 총체적으로 파악하고 매핑하는 공급망 재구성부터 시작해야 한다. 여기에는 공급망 전반의 원자재, 공장, 생산, 충전 및 포장, 유통 및 운송과 관련된 탄소 발자국이 포함된다.

물론 분석에 필요한 데이터를 수집하려면 (1) 연료 유형별 탄소 배출량, (2) 운송 수단별 평균 연비, (3) 위치별 전기 배출량(주와 국가마다 석탄, 디젤, 전력망 전기, 천연가스, 원자력 등 서로 다른 발전 기술을 사용함), (4) 건물 특성별 전기 소비량(건물 규모, 근로자 수, 주요 활동, 건축 연도 등), (5) 제조 공정별 전기 소비 및 배출량에 대한 정보가 필요한데 이를 모두 수집하는 것은 어려운 일이다.

이는 대부분의 기업이 일반적으로 보유하지 않는 방대한 양의 데이터이다. 이 데이터는 탄소 계산기를 제공하는 소프트웨어 공급업체, 세계자원연구소와 같은 공공 기관 또는 여러 정부 기관 등 다양한 원천으로부터 제공될 수 있다. 앞으로는 ERP 시스템에 이러한 정보가 데이터베이스의 일부로 포함되어 사용자가 제품 원가 계산서, 제조, 물류 및 운송 활동을 탄소 배출량과 연결하여 탄소 발자국을 추정할 수 있게 될 것이다. 이 경우, 탄소 발자국은 IT에서 생성하는 또 다른 핵심 성과 지표(KPI)가 될 것이다.

공급망의 다양한 비용 구성 요소, 서비스 요구사항, 탄소 배출량을 파악하면 비용, 서비스, 탄소 발자국 간의 균형을 맞추는 최적의 공급망 구성을 결정할 수 있다. 이를 위해 13장, 13.4.1절에서 보았던 공급망 비용은 최적의 전략 주변에서 항상 비슷하다는 점을 상기하자(비슷한 비용을 야기하는 전략이 다수 존재). 이는 네트워크 전략을 선택할 때 총 공급망 비용이 최적 전략에 근접하면서도 탄소 발자국 관점에서 매력적인 전략을 선택할 수 있다는 것을 의미한다.

이는 (가상의) 미국 사무용 가구 제조업체의 다양한 비용 구성 요소와 공급망 탄소 발자국을 보여주는 그림 14-6에 잘 설명되어 있다. 이 데이터는 DC의 수에 따른 함수로 표시되어 있다. '현재 설계'는 기존 2개의 DC에 해당하며, '최적 설계'는 2개의 DC를 추가하여 공급망 비용을 3% 절감하고 고객과의 평균 거리를 45% 줄인다. 마지막으로 '녹색 설계'는 DC가 6개인 공급망 디자인으로, 비용은 최적 비용과 거의 동일하며 '현재 설계'와 비교하여 고객과의 평균 거리는 56%, 탄소 발자국은 33% 감소시킨다.

DC가 6개인 디자인이 DC가 그보다 적은 디자인보다 더 친환경적인 이유는 다음과 같다. DC 수가 증가하면 아웃바운드 운송은 감소하고(소비자와의 평균 거리가 감소하기 때문에) 인바운드 운송은 증가한다. 이 회사의 경우 아웃바운드 운송은 트럭으로, 인바운드 운송은 탄소 발자국 관점에서 더 효율적인 운송 수단인 철도를 주로 이용하기 때문에 온실가스 배출이 줄어든다. 물론 운송은 공급망 탄소 발자국의 한 가지 측면일 뿐 DC의 수가 증가한다는 것은 탄소 발자국 증가를 의미하기도 한다. 즉, DC 수의 증가는 더 많은 저장 공간을 의미하며, 유통 시설에서 더 많은 에너지가 소비되는 것을 의미한다. 그러나 그림에서 볼 수 있듯이 기업이 2개의 DC에서 6개의 DC 구성으로 전환하면 탄소 발자국의 순 감소 효과를 얻을 수 있다.

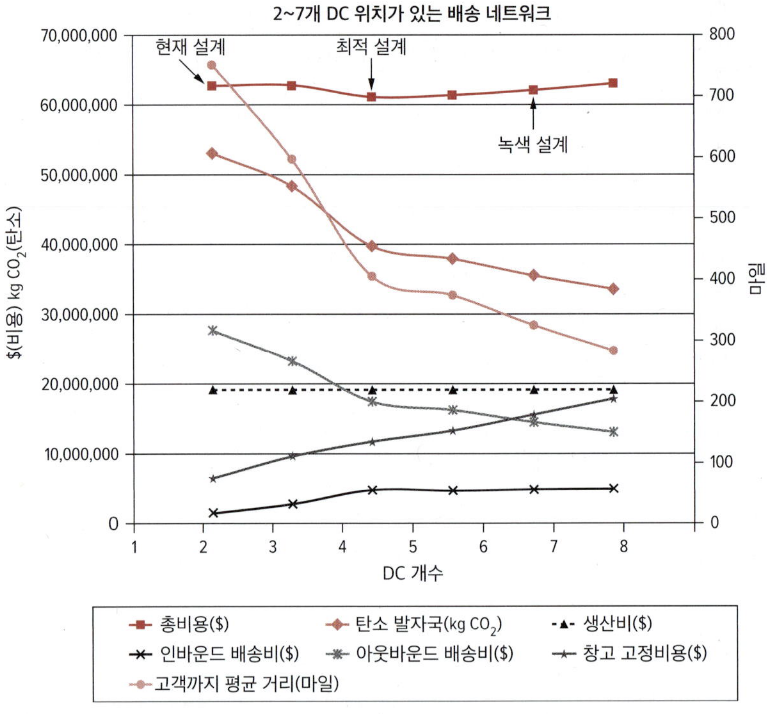

그림 14-6 DC 수, 비용, 서비스, 탄소 발자국 간 절충 곡선

탄소 발자국을 줄일 수 있는 또 다른 기회는 비용, 시간, 배출량의 균형을 맞추기 위해 운송 수단을 신중하게 선택하는 것이다. 이 기회를 설명하기 위해 미국 동부 해안의 매장에서 판매하기 위해 아시아에서 제품을 소싱하는 소매업체의 예를 보자. 얼마 전까지만 해도 유통 전략은 서해안의 항구로 배를 타고 동해안의 도시로 트럭으로 배송하는 간단한 방식이었다. 유가가 저렴하고 탄소 발자국이 물류 관리자의 레이더망에 잡히지 않았을 때는 이 전략이 적절했다. 그러나 2008년부터 유가가 상승 추세를 보이고 해상 운송과 트럭 운송의 배출 효율성과 운송 비용에 큰 차이가 나면서 많은 기업이 다른 전략을 선택하고 있다. 파나마 운하를 통해 동부 연안의 항구까지 운송하고 거기에서 최종 목적지까지 운송하는 것이 더 저렴하고 친환경적인 유통 전략이 된 것이다.

마지막으로, 탄소 발자국을 즉시 줄일 수 있는 기회는 운송 용량의 활용도를 높이는 효율적인 포장에서 찾을 수 있다. 효율적인 포장은 종종 더 나은 적재 혼합 또는 새로운 포장을 통해 이루어진다. 최근까지 포장은 운송 효율성이나 폐기물 및 재활용 재료에 미치는 영향에 대해 거의 고려하지 않은 채 뒷전으로 밀려났다. 유가가 저렴하고 지속가능성에 대한 소비자의 관심이 높지 않았던 시절에는 마케팅 역할 외에 포장에 관심을 기울이는 사람이 없었다. 오늘날 포장은 운송 비용, 탄소 배출 및 폐기물을 줄이기 위한 싸움의 최전선에 서 있다.

14.3.2 장기 기회

재활용과 폐기물 방지를 통해 탄소 발자국을 줄이려면 장기적인 계획이 필요하다. 재활용 및 폐기물 방지는 제품 수명 주기 중 제품 제조 단계와 제품 단종 단계의 두 가지 단계에서 탄소 배출을 줄인다. 가장 중요한 영향은 단연 수명이 다한 단계에서 발생한다. 실제로 소각이나 매립을 통해 폐기물을 처리하려면 막대한 에너지 투입이 필요하다. 따라서 폐기물 방지는 에너지를 절약하고 온실가스 배출을 줄이는 반면 재활용은 원료를 절약하여 제조와 관련된 탄소 배출을 줄인다. 또한 채굴, 벌목, 석유 추출로 인한 환경 파괴와 수질 오염도 줄일 수 있다.

이러한 모든 이유로 제품 수명 주기를 늘리면 탄소 배출량도 줄일 수 있다. 이를 위해서는 제품 설계 전략에 대한 재점검이 필요하다.

이를 위해 10장에서 소개한 제품 설계 접근법, 즉 개발 체인과 공급망 간의 상호 작용에 초점을 맞춘 접근법을 채택한다. 우리의 접근방식은 제품 설계 단계에서 다양한 설계 대안이 수명 주기 비용과 품질에 미치는 영향을 고려해야 한다는 것을 시사한다.

지속가능성을 위한 디자인을 고려할 때도 마찬가지이다. 실제로 환경 운동가들 사이에서는 제품이 환경에 미치는 영향의 80% 이상이 제품 설계 단계에서 결정된다는 인식이 일반적이다. 따라서 제품 디자인 단계에서는 환경주의자들이 디자인에 대한 세 가지 'R' 접근법이라고 부르는 것, 즉 '감소(Reduce)', '재사용(Reuse)', '재활용(Recycle)'에 중점을 두어야 한다. 환경에 미치는 영향을 최소화할 수 있는 가장 좋은 기회는 사용되는 재료의 양을 '줄이는 것'이고, 두 번째는 재료를 '재사용하는 것'이며, 이 계층 구조의 마지막 기회는 '재활용하는 것'이다.

따라서 설계 단계에서는 수명을 포함한 제품 수명 주기도 고려해야 하며, 이를 통해 재활용 재료의 사용을 늘리고 폐기물을 줄이며 운송 능력의 활용도를 높이는 설계 전략을 수립할 수 있다. 마찬가지로 조달 결정 시에도 특정 구성 요소와 관련된 탄소 배출량을 고려해야 한다. 마지막으로, 적절한 경우 소비자가 에너지 소비를 모니터링하고 줄이는 데 도움이 되는 디자인 전략도 포함된다.

이러한 접근방식을 보여주는 한 가지 예로 친환경 원칙을 디자인 가이드라인에 통합하여 지속가능한 소재를 사용하고 폐기물을 줄인 제품을 개발하는 나이키(Nike)의 프로그램을 들 수 있다. 이 이니셔티브는 나이키의 페가수스 25 러닝화가 이전 버전보다 소재를 1.4온스 더 적게 사용하고, 환경 친화적인 고무와 재활용 소재를 사용하도록 영향을 미쳤다.

마지막으로, 새로운 청정 기술을 통해 탄소 발자국을 줄일 수 있는 기회도 간과해서는 안 된다. 여기에는 에너지 소비와 그에 따른 탄소 발자국을 줄이기 위한 보다 효율적인 운송 기술과 새로운 에너지 효율적 건물도 포함된다.

14.3.3 분석

탄소 발자국을 줄이는 다양한 기회는 표 14-1에 요약되어 있으며, 기업의 탄소 발자국에 미치는 영향, 기

표 14-1 각각의 탄소 감축 기회와 연관된 영향, 기간, 노력 수준

기회	영향	기간	노력
공급망 재구성	중간-높음	중간	중간
운송 수단 최적화	중간	즉시	낮음
효율적인 포장	낮음-중간	즉시-중간	낮음-중간
재활용과 폐기물 방지	중간	장기	높음
제품 디자인	높음	장기	높음
새로운 청정 기술	높음	장기	높음

간, 영향을 달성하는 데 필요한 노력의 세 가지 측면에 따라 평가된다. 예를 들어, 새로운 청정 기술과 새로운 제품 디자인은 영향력은 크지만 환경적 이점을 실현하는 데 상당한 시간과 자원이 필요하다. 재활용과 폐기물 방지는 비슷한 특성을 가지고 있지만 탄소 발자국 감소에 미치는 잠재적 영향은 더 작다.

효율적인 포장이 새로운 제품 및 포장 재설계를 통해 달성되는지 아니면 단순한 적재량 혼합을 통해 달성되는지에 따라 그 영향, 노력, 기간은 달라진다. 마지막으로, 공급망 재구성 및 이와 밀접한 관련이 있는 운송 수단 최적화는 탄소 발자국을 줄이는 데 상당한 영향을 미칠 수 있지만 투입되는 노력과 시간은 경우에 따라 다를 수 있다. 특히 공급망 재구성은 새로운 네트워크 구조에 따라 상당한 노력이 필요하고 달성하는 데 시간이 걸릴 수 있다. 예를 들어, 제조시설의 위치를 오프쇼어링(해외 기지)에서 니어쇼어링(이웃 국가)으로 옮기는 데는 오랜 시간이 걸리고 많은 자원이 필요할 수 있다. 반면에 일부 데이터 센터를 폐쇄하고 다른 데이터 센터를 개설하는 것은 시간과 노력이 덜 요구된다.

물론 기업 및 제품의 탄소 발자국을 줄이기 위한 구체적인 전략은 회사마다 다를 수 있다. 하지만 성공적인 지속가능성 전략에는 몇 가지 원칙이 공통적으로 적용된다.

첫째, 제품 설계와 공급망 탄소 발자국 모두에 대해 총체적인 관점을 가져야 한다. 이는 지금까지 논의한 것 외에도 폐기물을 줄이고, 재활용률을 높이며, 운송 효율성을 개선하기 위한 공급망 파트너 전반에 걸친 이니셔티브(주장이 되는 위치에서 이끌거나 지도할 수 있는 권리)를 의미한다.

둘째, 탄소 배출량을 획기적으로 줄일 수 있는 단일 기회는 존재하지 않으므로 제품 설계부터 운송 효율성, 공급망 설계에 이르기까지 모든 기회를 아우르는 이니셔티브 포트폴리오가 필요하다. 마찬가지로 11장 11.5절에서 논의한 바와 같이 린 제조의 맥락에서 사람들이 친환경 기회를 주도하고 실행할 수 있도록 지원하는 '지속적인 개선'이 필요하다.

셋째, 지속가능성 전략은 지속적인 개선 과정이며 일부 기회의 특성상 지속가능성 전략의 모든 이점을 실현하는 데 시간이 걸린다. 효과적인 전략은 장기적으로 환경적 가치와 비즈니스 가치를 모두 달성할 수 있는 전략이다.

요약

기업의 사회적 책임은 자선이나 자선 활동의 한 형태이거나 단순한 규정 준수처럼 보일 수 있지만, 사실과는 거리가 멀다고 할 수 있다. 공급이 넘쳐나고 많은 제품이 서로 대체 가능한 상품으로 여겨지는 경제 환경에서 사회적 책임은 새로운 수익원, 추가적인 효율성, 고유한 브랜딩을 위한 기회를 제공한다. 이러한 기회를 현실화하려면 기업의 사회적 책임이 기업의 비즈니스 비전의 일부가 되어야 한다. "존경받고 신뢰할 수 있는 식품, 영양, 건강 및 웰빙 기업"을 비즈니스 비전으로 삼는 네슬레의 인도 사례나 "지속가능한 지역사회를 구축하고 지원함으로써 변화를 만드는 책임 있는 시민이 되자"를 비즈니스 비전으로 삼고 있는 코카콜라의 동아프리카 사례에서 이를 잘 보여준다.

토론 질문

1. 이 책을 개정하는 동안 코로나 바이러스 전염병이 일상생활을 방해하고 있다. 이러한 혼란이 탄소 배출에 미치는 영향은 무엇인가? 이러한 영향의 원인은 무엇인가?
2. 기업은 공급망 리스크 관리 전략을 지속가능성 전략과 연계해야 하는가? 만약 그렇다면 어떻게 해야 하는가?
3. 식품 소매업체의 음식물 쓰레기를 줄이려고 한다고 가정하자. 무엇이 낭비를 유발하고, 낭비를 줄이기 위해 어떤 조치를 취해야 하는지를 어떻게 파악할 수 있는가?

CHAPTER 15

스마트 가격 책정

CASE 루랄라

루랄라(Rue La La)는 소매업체가 풍부한 데이터를 활용해 어떻게 매일 가격 책정(pricing)을 최적화하는지를 보여주는 예이다. 루랄라는 디자이너 의류 및 액세서리를 기간 한정 할인('깜짝 세일')해 판매하는 온라인 패션 판매 업체이다. 고객이 루랄라의 웹사이트(www.ruelala.com)를 방문하면 여러 '이벤트', 즉 성향이 비슷한 판매 가능 제품('스타일')의 컬렉션을 확인할 수 있다. 이벤트는 1~4일 동안 진행되며, 각 이벤트 하단의 타이머를 통해 이벤드가 종료되기까지의 잔여시간을 고객에게 알려준다. 루랄라와 같은 깜짝 세일 비즈니스는 제한된 시간과 한정 수량으로 파격적인 할인 혜택을 제공함으로써 제품의 긴박감과 희소성을 조성하려 한다.

루랄라의 주요 도전 과제 중 하나는 매출의 대부분을 차지하는, 이전에 판매한 적이 없는 제품['처음으로 노출된(first exposure)' 제품]의 가격 책정과 수요 예측이다. 그림 15-1은 루랄라의 상위 5개 부서에서 처음으로 노출된 제품의 판매율(판매된 재고의 비율) 분포를 나타낸 히스토그램이다. 예를 들어, 부서 1에서 처음으로 고객에게 노출될 품목 중 51%는 이벤트 종료 전에 매진되고, 10%는 재고의 25% 미만이 판매된다. 기밀 유지를 위해 부서 이름과 데이터는 모두 익명화, 비식별화 등의 처리를 했다.

처음으로 노출된 품목의 상당수가 판매 기간이 끝나기 전에 매진된다. 이러한 제품은 가격을 인상해도 높은 판매율을 달성할 수 있을 것이다. 반면 처음으로 노출된 어떤 제품들은 판매 기간이 끝나도 총수량의 절반 이상이 판매되지 않는다. 이는 이러한 제품의 가격이 너무 높았을 수 있음을 시사한다. 이러한 기술적 분석(descriptive analytics)의 사용은 가격 책정 의사결정 지원 도구를 개발할 동기가 되었으며, 이를 통해 루랄라는 처음으로 노출된 제품 판매 수익 극대화를 위해 데이터를 활용할 수 있게 되었다.

연구 팀은 MIT와 협력하며 두 가지 접근방식을 취했다. 첫 번째는 고객에게 처음 노출된 스타일별 수요 예측 모델을 개발하는 것으로 시작하고, 그다음 수익 극대화를 위해 이 수요 예측 데이터를 가격 최적화 모델의 입력으로 사용하는 것이다. 수요 예측 모델을 구축할 때 직면한 가장 큰 두 가지 도전 과제는 품

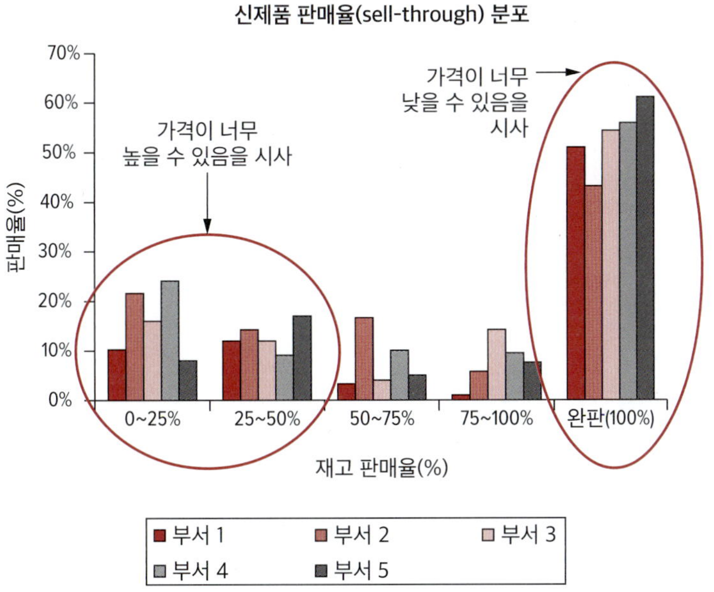

그림 15-1 부서별 1차 노출 판매율 분포

절로 인한 매출 손실액 추정과 과거 판매 데이터가 없는 스타일에 대한 수요 예측이었다. 연구 팀은 군집화(clustering)와 머신러닝 기법을 사용하여 이러한 문제를 해결하고 미래 수요를 예측했다. (직관적이지만 비모수적 회귀 모델인) 회귀 트리(regression trees)가 수요를 가장 잘 예측할 수 있는 모델임을 입증하였다.

연구 팀은 이후 회귀 트리의 수요 예측을 입력으로 사용하여 첫 노출 스타일에 대한 수익을 극대화하기 위한 가격 최적화 모델을 개발했다. 이때 연구 팀이 직면한 가장 큰 어려움은 노출된 각 제품별 수요가 경쟁 제품의 가격에 따라 달라진다는 것이었다. 이로 인해 각 제품에 대해 개별적으로 가격 최적화 문제를 풀 수 없다는 점과 가격 최적화 문제의 변수가 기하급수적으로 늘어난다는 점이 문제가 되었다. 게다가 회귀 트리의 비모수적 구조는 문제의 난도를 더 높였다. 결론적으로, 연구 팀은 가격 최적화 문제를 새롭게 재구성하여 루랄라가 다음 날 판매를 위해 매일 가격을 최적화할 수 있는 효율적인 알고리즘을 개발할 수 있었다.

가격 최적화 알고리즘을 구현하기 위해 연구 팀은 루랄라에 완전히 자동화된 가격 책정 의사결정 지원 도구를 개발하여 구현했다. 이 도구는 매일 자동으로 실행되어 다음 날부터 시작되는 이벤트에 대해 판매자에게 가격 추천 정보를 제공한다. 전체 가격 책정 의사결정 지원 도구는 그림 15-2의 구조도에서 확인할 수 있다.

이 도구의 효과를 추정하기 위해 연구 팀은 루랄라가 특히 관심을 가졌던 다음 두 가지 질문, 즉 (1) 도구에서 가격 인상을 권장할 경우 수요가 감소하는지와 (2) 가격 인상이 매출에 어떤 영향을 미치는지에 대해 알아보기 위해 2014년 1월 중순부터 5월까지 약 6,000개의 스타일에 대한 현장 실험을 실시했다.

현장 실험에서 연구 팀은 가격 책정 의사결정 지원 도구의 제안에 따른 가격 인상은 수요에 부정적인 영향을 미치지 않는다는 귀무가설(null hypothesis)을

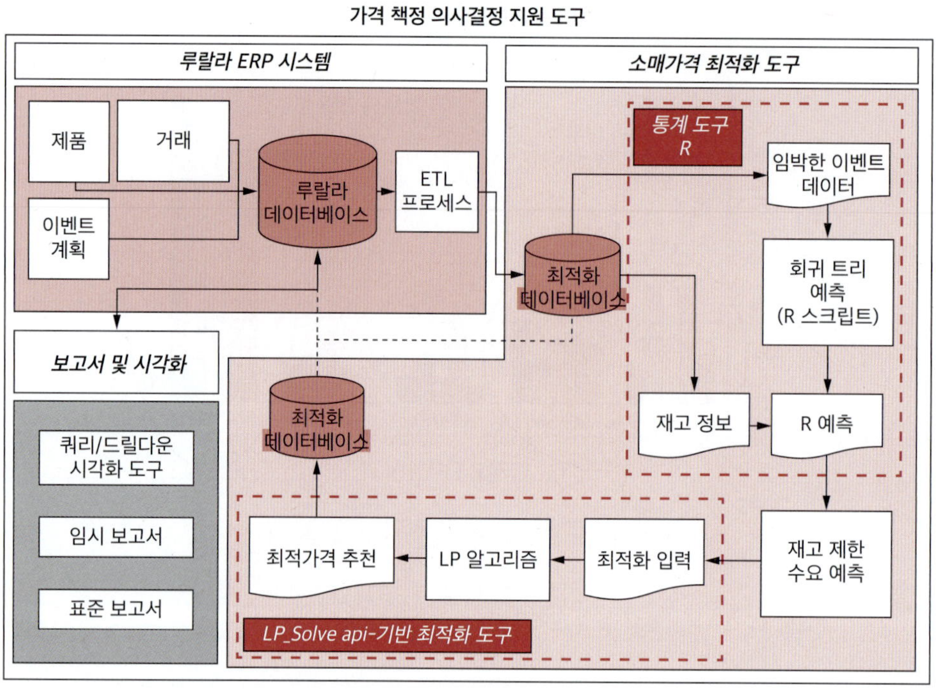

그림 15-2 가격 책정 의사결정 지원 도구 구조

검증하기 위해 통계적 도구(Wilcoxon rank-sum test)를 적용했다. 다양한 가격대의 제품에 대해 해당 테스트를 수행한 결과, 가격 인상이 매우 낮은 가격대의 제품($50 미만)에 대해서만 수요에 부정적인 영향을 미치는 것으로 나타났다. 그림 15-3처럼 가격별로 카테고리를 정렬하면 카테고리 A는 가장 낮은 가격의 제품을, 카테고리 E는 가장 높은 가격의 제품을 나타낸다. 실험군에는 가격 책정 의사결정 지원 도구의 제안에 따라 가

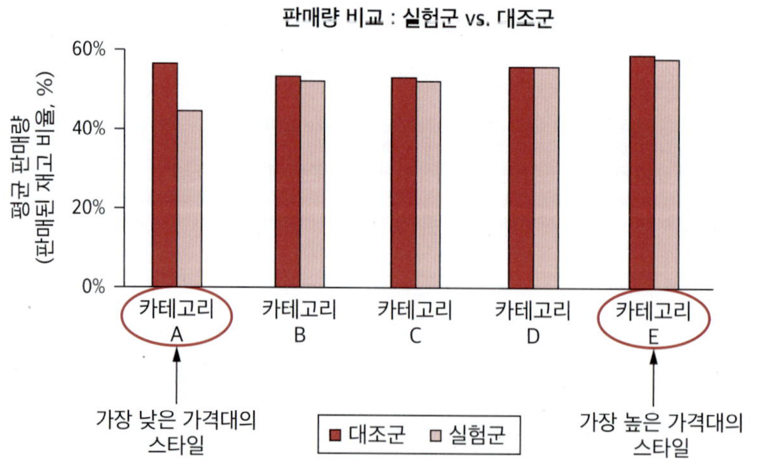

그림 15-3 판매량에 미치는 영향

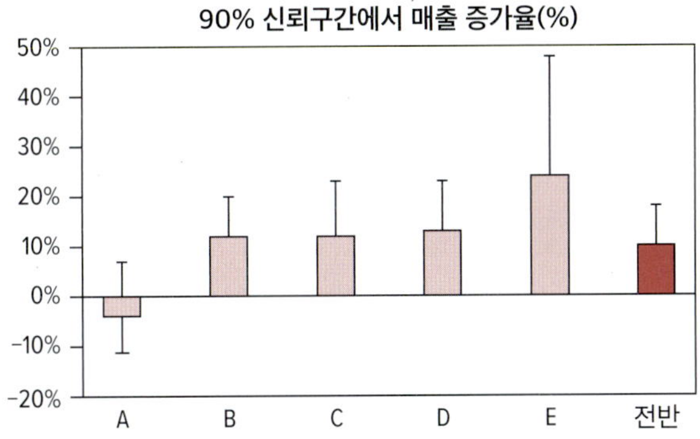

그림 15-4 매출에 미치는 영향

격이 인상된 제품이, 대조군에는 가격이 변경되지 않은 (기존 가격이 유지된) 제품이 포함되어 있다.

또한 연구 팀은 각 가격대의 제품에 대한 이 도구의 재정적 영향을 정량화했는데, 전체적으로는 약 10%의 매출 증가 효과가 있는 것으로 나타났다. 자세한 내용은 그림 15-4에서 확인할 수 있다.

MIT와 루랄라의 협업은 머신러닝(예측 분석)과 최적화(처방적 분석)를 가격 책정 의사결정 지원 도구에 결합하는 것이 루랄라의 매출에 큰 재정적 효과를 가져왔다는 것을 보여준다. 이는 가격 최적화에 대한 새로운 접근방식으로 소매업 및 기타 산업에 혁신을 가져왔다.

이 장을 마치고 나면 다음 질문에 답할 수 있다.

- 디지털화, 분석, 자동화와 같은 새로운 트렌드가 루랄라와 같은 기업을 어떻게 변화시키고 있는가?
- 루랄라는 가격 책정 의사결정 시 머신러닝의 이점을 어떻게 누릴 수 있었는가?
- 일부 기업이 고객별로 차별화하기 위한 맞춤형 가격 책정을 적용하는 방법과 그렇게 하는 이유는 무엇인가?
- 항공사 수익 경영의 성공으로부터 기업이 얻을 수 있는 교훈은 무엇인가?
- 동적 가격 책정이 기업의 비즈니스 성과를 개선하는 데 어떻게 도움이 될 수 있는가?
- 이러한 맞춤형 및 동적 가격 책정과 관련된 위험은 무엇인가?
- 기업은 동일한 제품에 대해 고객마다 다른 금액을 지불할 의향이 있다는 사실을 어떻게 활용할 수 있는가?
- 제조업체는 리베이트를 제공함으로써 무엇을 달성하려 하는가? 모든 리베이트가 상환되는 경우에도 여전히 제조업체는 리베이트를 제공할 가치가 있는가? 유통업체의 경우에는 어떠한가?

15.1 개요

그간 우리는 최종 고객의 수요 및 수요 가변성에 대처하는 다양한 접근방식을 다루어 왔지만, 항상 수요가 기업의 통제 범위를 벗어난다고 암묵적으로 가정해 왔다. 하지만 현실은 그렇지 않다. 광고, 디스플레이, 프로모션은 모두 수요 수준을 어느 정도 변화시킬 수 있다. 가장 중요한 점은 가격 책정이 수요에 영향을 미치는 중요한 도구라는 점이다. 실제로 진보적인 기업들은 수요 수준을 관리함으로써 공급망을 효과적으로 관리하기 위해 가격 책정을 주요 수단으로 활용한다.

델(Dell)만큼 가격 책정 전략이 효과적인 공급망 관리에 미치는 영향을 강조하는 기업은 없다. 델 웹사이트에서는 개인 소비자, 중소기업, 대기업, 연방 정부, 교육 또는 의료 서비스 제공업체 등 구매 주체에 따라 동일 제품을 다른 가격으로 판매한다. 또한 한 시장에서 동일 제품의 가격은 고정된 것이 아니라 시간이 지남에 따라 빠르게 변할 수 있으며, 어느 날은 상대적으로 저렴했던 상품이 다음 날은 상대적으로 비싸질 수 있다. 정교한 가격 책정 전략을 사용하는 것은 델만이 아니다.

- 항공사는 이제 항공료뿐만 아니라 우선 탑승, 차량 렌털, 호텔 예약과 같은 부가 상품에 대해서도 고객마다 다른 가격을 적용하는 맞춤형 가격 책정을 사용하고 있다.
- 델은 수요에 따라 가격을 조정할 수 있는 소프트웨어에 투자했다.
- 그루폰(Groupon) 및 기타 온라인 유통업체는 가격에 대한 수요 민감도를 그때그때 학습함으로써 가격을 최적화한다.
- 니콘(Nikon) 쿨픽스 디지털 카메라의 특정 모델은 소매점이나 온라인 매장에서 약 $600에 판매되고 있다. 그러나 제조업체는 카메라 구매처와 관계없이 $100의 리베이트를 제공한다. 마찬가지로 샤프(Sharp) 디지털 캠코더의 특정 모델은 소매점이나 온라인 매장에서 약 $500에 판매된다. 샤프 또한 제품 구매처에 관계없이 고객에게 $100의 리베이트를 제공한다.
- 보이스 캐스케이드 오피스 프로덕트(Boise Cascade Office Products)는 많은 제품을 온라인으로 판매한다. 보이스 캐스케이드는 온라인에서 가장 자주 주문되는 12,000개 품목의 가격이 매일 변경될 수 있다고 안내한다.

이러한 사실은 다양한 의문을 불러일으킨다. 이 회사들은 무엇을 하는 것일까? 델은 왜 소비자마다, 구매 시각마다 다른 가격을 책정할까? 델이 아닌 다른 회사도 이런 전략으로 성공할 수 있을까? 우편 리베이트(mail-in rebate)의 영향은 무엇인가? 따지고 보면 니콘과 샤프는 소비자에게 쿠폰을 우편으로 보내 달라고 요청하는 대신 소매업체에게 판매하는 도매가격을 낮춰야 하지 않을까? 기존의 정가제(정찰제)로 판매하는 정책의 문제점은 무엇일까? 가격을 동적으로 변경하지 않고도 이를 개선할 수 있을까?

이러한 기업을 면밀히 검토해 보면 한 가지 공통점, 즉 항공, 호텔, 렌터카 업계에서 최초로 개척한 스마트한 가격 책정 또는 수익 경영 기법을 사용하여 이익을 높이려고 한다는 점을 발견할 수 있다. 항공업계의 경우 수익 경영으로 인해 수익이 크게 증가했으며, 아메리칸 항공(American Airlines)은 수익 경영으로 연간 $10억의 추가 수익이 발생한다고 추정한다. 실제로 수익 경영과 항공 스케줄 계획 시스템의 사용이 아니었다면 아메리칸 항공은 1990년대에 단 1년만 이윤을 남겼을 것이다. 오늘날 항공사들은 위에서 살펴본 바와 같이 항공 요금뿐만 아니라 다양한 부가 상품에 스마트 가격 책정을 적용하고 있다.

15.2 가격과 수요

모든 조건이 동일하다면 일반적으로 제품 가격 하락 시 수요는 상승한다. 이 규칙에는 예외가 있지만(예 : 소비자가 가격을 품질에 대한 신호로 간주하는 경우), 이러한 예외는 극히 드물다. 물론 특정 제품은 특성에 따라 가격 변화에 다소 민감할 수 있지만, 일반적으로 가격이 상승하면 수요가 감소하는 '하향 경사 수요 곡선'이라는 특성은 거의 항상 유지된다. 이는 제품에 대한 최적의 가격을 결정할 때 흥미로운 문제를 야기한다. 가격이 내려갈수록 수요가 증가하고 수익이 수요와 가격의 곱인 경우 특정 제품에 대한 최적 가격은 얼마인가? 일반적으로 이것은 풀기 어려운 문제이다. 판매되는 각 제품의 가격과 수요 간의 관계를 파악하고 이를 활용해야 각 제품에 대한 최적 가격을 결정할 수 있다. 여기에는 많은 복잡성이 수반된다. 예컨대 방대한 양의 데이터를 분석해야 할 수도 있고, 가격-수요 관계에서 경쟁사의 행동을 포착해야 할 수도 있다. 그러나 이러한 어려움에도 불구하고 많은 기업이 최소한 이 관계를 근사하고 있다. 아래 예시에서는 이 관계를 알고 있다고 가정하고 최적의 가격을 결정한다.

예시 15-1

한 소매업체가 단일 제품을 판매한다고 가정해 보자. 경영진은 과거 경험을 바탕으로 수요(D)와 가격(p) 사이의 관계를 선형 함수 $D = 1{,}000 - 0.5p$로 추정한다. 즉, 가격이 $1,600일 때 수요는 200개인 반면, 가격이 $1,200일 때는 수요가 400개로 증가한다. 수익은 가격에 해당 가격의 수요를 곱한 값이다. 따라서 다양한 가격 수준에서 수익을 계산할 수 있으며 계산 결과는 표 15-1과 같다.

표 15-1 예시 15-1의 가격 VS 수익

가격(p)	수요(D)	수익($)
$250	875	$218,750
500	750	375,000
750	625	468,750
1,000	500	500,000
1,250	375	468,750
1,500	250	375,000

따라서 제품의 가격이 $1,000인 경우 수익은 $1,000 × 500 = $500,000으로 최대가 된다. 그림 15-5는 수요-가격 곡선을 나타내며, 색칠된 영역은 총수익을 나타낸다.

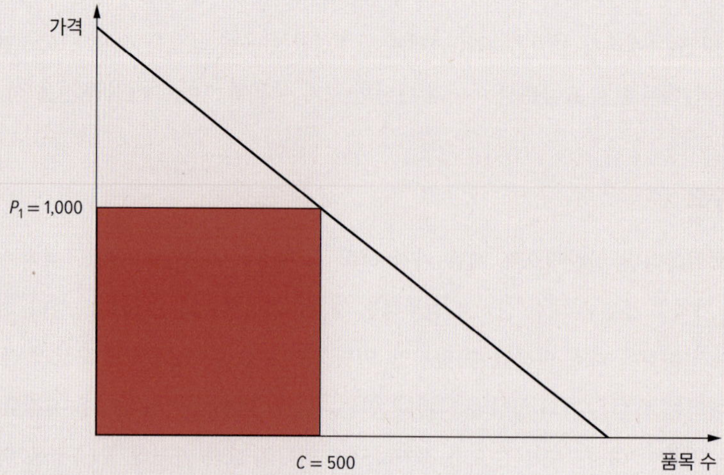

그림 15-5 예시 15-1의 수요-가격 곡선

예시 15-1은 여러 가지 흥미로운 질문을 제기한다. 기업은 어떻게 수요-가격 관계를 결정할 수 있는가? 제품 간 판매량 침식(cannibalization) — 다른 제품의 가격 책정으로 인해 특정 제품의 판매량이 감소하는 현상 — 이 기업의 가격 책정 전략에 미치는 영향은 무엇인가? 지속적으로 변화하는 환경에서 기업은 어떻게 가격을 최적화할 수 있는가? 마지막으로, 방대한 데이터와 빠르고 저렴한 컴퓨팅 성능이 제공하는 새로운 기회를 기업이 활용할 수 있는 방법은 무엇인가? 이와 관련된 주제는 다음 절에서 살펴본다.

15.3 가격 최적화의 새로운 영역

소매업체는 가격 최적화 모델을 적용하여 매출, 마진, 시장 점유율을 개선해야 하는 상당한 압박에 직면해 있다. 가격 최적화 모델은 다양한 가격 수준에서 수요가 어떻게 변화하는지를 계산한 다음, 해당 데이터를 비용 및 재고 수준에 대한 정보와 결합하여 매출과 이익을 개선할 수 있는 가격을 추천하는 수학적 모델이다. 이러한 모델은 한동안 사용되어 왔지만 지금 달라진 점은 무엇일까? 세 가지 중요한 변화가 확인된다.

- 데이터 : 웹사이트 트래픽, 소비자의 구매/불매 결정, 경쟁사의 가격 전략 등 내부 및 외부 실시간 데이터의 가용성
- 분석 : 머신러닝의 발전과 접근 용이성(R, 파이썬)으로 인해 소비자 행동과 선호도를 즉시 학습하고 수요-가격 관계에 대한 효과적인 추정치를 생성하는 시스템 개발이 가능해짐
- 자동화 : 컴퓨팅 속도의 향상으로 동일한 소매업체에서 판매하는 수백 개의 경쟁 제품 가격을 실시간으로 최적화할 수 있음

보스턴에 본사를 둔 깜짝 세일 소매업체 루랄라, 온라인 마켓 업체 그루폰, 라틴 아메리카 최대 온라인 소매업체 B2W(B2W Digital)에서의 적용 사례를 보여줌으로써 이러한 새로운 기회를 활용한다.

이 모든 예는 데이터가 항상 가용하고 가격을 동적으로 변경할 수 있는 온라인 비즈니스 사례이지만, 유사한 방법이 오프라인 소매점에서도 프로모션 가격 책정, 신제품 소개, 제품 구성 최적화(assortment optimization) 등의 응용분야에 적용되고 있다.

15.3.1 도전 과제와 접근 방안

소매업체는 여태껏 지금처럼 복잡하고 경쟁이 치열한 환경에 처한 적이 없었다. 오프라인 매장과 온라인 판매를 포함하는 다채널 유통, 더욱 높아지며 변화하는 고객의 기대치, 짧은 판매 기간, 동일한 시장에서 경쟁하는 수많은 제품 등은 소매업체들이 직면한 과제 중 일부에 불과하다. 이러한 기업은 이미 적자를 기록하고 있어 비용을 절감할 여지가 거의 없다. 따라서 마진이 줄어들고 있는 상황에서 소매업체는 보다 기술적으로 진보된 가격 최적화를 통해 매출을 늘리고 마진을 개선할 수 있는 기회를 갖게 된다.

안타깝게도 이러한 가격 최적화는 매우 복잡해질 수 있다. 소비자가 각기 다른 제품을 얼마나 가치 있게 여기는지 파악해야 하며, 방대한 양의 데이터를 분석하고 경쟁업체의 행동을 이해해야 한다. 데이터 자체도 문제가 될 수 있다. 실제로 가격을 최적화하려면 수요 곡선, 즉 수요와 가격 간의 관계에 대한 정보가 필요하다. 그러나 사용 가능한 데이터는 일반적으로 판매 정보를 나타내며, 재고 수량이 한정적인 경우 재고가 소진된 기간 동안의 판매 손실로 인해 고객 수요가 과소평가될 수 있다. 마지막으로, 특정 제품, 특히 고급 패션 제품의 경우 수요-가격 관계가 반드시 선형적인 것은 아니며, 이 경우 가격은 품질을 나타내는 지표이므로 특정 범위 내에서 가격과 수요는 비례한다.

가격 최적화는 때로는 매우 위험할 수 있다! 실제로 많은 온라인 판매자에게 주기적 가격 변경이나 가격 실험은 부정적인 고객 반응이나 시장 혼란에 대한 두려움으로 인해 적절하지 않다. 동시에 가격을 인상하면 매출과 마진은 증가할 수 있지만 시장 점유율은 감소할 수 있다.

가격을 자주 변경하고 실험하는 것이 적절하지 않다면 소매업체는 매출, 마진 및 시장 점유율을 극대화하기 위해 무엇을 해야 할까? 이 세 목표치를 동시에 높이면서 가격을 최적화하는 것이 가능할까? 가격 변화가 시장 점유율에 미치는 영향을 어떻게 측정할 수 있을까? 이러한 질문은 보스턴에 본사를 둔 반짝 세일 소매업체인 루랄라와 온라인 마켓 업체인 그루폰 등 몇몇 온라인 판매업체가 집중한 주제이다.

이러한 과제를 해결하기 위해 세 가지 기술, 즉 수요 예측, 학습, 가격 최적화에 대해 소개한다. 수요 예측은 다른 제품의 과거 판매량을 바탕으로 이전에 판매된 적이 없는 제품에 대한 초기 수요-가격 관계를 생성하는 것이다. 여기서 초기 예측값 생성을 위해 회귀 트리 또는 랜덤 포레스트와 같은 머신러닝 기술이 적용된다. 학습은 고객의 구매/불매 결정을 관측하고 해당 정보를 바탕으로 수요-가격 곡선을 업데이트하는 것이다. 마지막으로 가격 최적화는 소매업체가 판매하는 모든 경쟁 제품에 대한 가격을 동시에 책정하는 것으로, 제품 간 판매량 침식이 회사 수익에 미치는 영향도 고려한다.

중요한 점은 모든 회사가 위에서 설명한 세 가지 구성 요소(기술)를 필요로 하거나 적용할 수 있는 것은 아니라는 점이다. 예를 들어, 루랄라 가격 책정 프로젝트에서는 회사가 판매 중에 가격을 변경하고 싶지 않았기 때문에 수요 예측과 가격 최적화에 중점을 두었다. 그루폰의 경우, 신뢰할 수 있는 수요 예측을 생성하는 것이 어렵다는 것을 신속하게 깨달았기 때문에 수요-가격 곡선에 대해 실시간으로 학습하는 데 집중했고, 충분히 학습한 후 가격 최적화로 전환했다.

사용된 방법론을 설명하기 위해 우선 수요 예측 및 가격 최적화가 불러온 혁신과 영향을 강조하는 루랄라 사례를 소개한다. 이후 효과적인 예측 생성의 어려움과 학습 및 최적화의 영향을 강조하는 그루폰 사례를 이어서 설명한다.

15.3.2 루랄라의 예측 및 가격 최적화

이 장 도입부에서 살펴본 온라인 패션업체 루랄라의 사례를 떠올려 보자. 루랄라의 주요 도전 과제 중 하나는 매출의 대부분을 차지하는, 이전에 판매한 적이 없는 제품('첫 노출' 제품)에 대한 가격 책정 및 수요 예측이다. 루랄라는 첫 노출 제품에 대해 판매 기간 동안의 가격 변경에는 관심이 없었기 때문에, 고객의 온라인상 행동으로부터 학습하는 것은 선택 사항이 아니었다. 따라서 두 가지 방식으로 접근했는데, 첫 노출 제품에 대한 수요 예측 모델 개발부터 시작했다. 그런 다음 이 수익을 극대화하기 위해 수요 예측 모델을 가격 최적화 모델의 입력으로 사용했다. 수요 예측 모델 구축의 두 가지 가장 큰 과제는 품절로 인한 매출 손실 추정과 과거 판매 데이터가 없는 제품에 대한 수요 예측이었다.

첫 번째 과제를 해결하기 위해 과거 판매 데이터를 두 그룹으로 나누었다. 그룹 1에는 판매 기간 중 품절되지 않은 모든 제품-이벤트 조합이 포함되고, 그룹 2에는 품절된 제품-이벤트 조합이 포함된다. 품

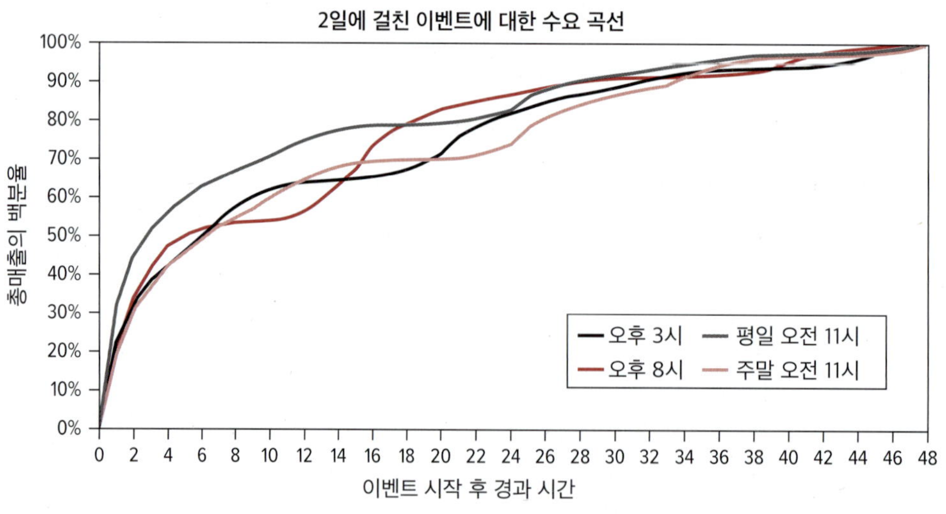

그림 15-6 2일 이벤트에 대한 수요 곡선

절된 제품의 매출 손실은 품절되지 않은 제품의 판매 데이터를 사용해 추정한다.

이를 위해 두 그룹의 각 제품-이벤트 조합에 대해 이벤트의 매 시간마다 발생하는 매출 비율을 계산했다. 이렇게 하면 이벤트의 첫 k시간 동안에 발생하는 매출 비율의 경험적 분포, 즉 수요 곡선을 생성할 수 있다. 그런 다음 유사한 구조를 가진 모든 수요 곡선을 찾는 군집화 기법을 적용하여 그룹 1의 모든 수요 곡선을 몇 개의 구별 가능하고 해석 가능한 곡선으로 통합하고, 그림 15-6과 같이 네 개의 서로 다른 곡선을 생성했다.

그림 15-6에서 볼 수 있듯이, 품절되지 않은 제품(그룹 1)의 다양한 제품-이벤트 조합은 오후 3시에 시작하는 모든 이벤트, 오후 8시에 시작하는 이벤트, 오전 11시에 시작하는 평일 이벤트, 오전 11시에 시작하는 주말 이벤트 등 총 네 개의 곡선으로 설명할 수 있다.

따라서 품절되어 그룹 2에 속하는 모든 제품-이벤트 조합에 대해 시작 시간을 기준으로 네 가지 곡선 중 어떤 곡선이 적절한지 선별할 수 있다. 이 품목이 품절된 시간을 알고 있으므로 그룹 1의 해당 수요 곡선을 기반으로 이 제품의 총수요를 즉각적으로 추정할 수 있다. 예를 들어, 그룹 2의 한 제품이 오후 3시에 시작된 이벤트와 연관되어 있고 10시간 후에 품절되었다고 가정해 보자. 오후 3시와 관련된 그림 15-6상의 곡선은 총판매량의 60%가 10시간 이내에 발생함을 나타낸다. 따라서 이 품목의 총수요는 초기 재고를 0.6으로 나눈 값으로 추정할 수 있다.

군집화 기법을 적용하여 품절된 제품에 대한 예측 수요를 생성하면 미래 수요를 예측할 준비는 끝났다. 머신러닝 기법인 회귀 트리는 수요를 가장 잘 예측하는 것으로 입증되었다.

회귀 트리는 규칙을 모두 따를 경우 예측이 생성되는 규칙의 모음이다. 그림 15-7은 회귀 트리의 예시이다. 맨 위부터 시작하여 제품 가격이 100보다 작으면 왼쪽으로 이동하고, 그렇지 않으면 오른쪽으로 이동하여 트리를 탐색한다. 예를 들어, 100보다 작은 가격을 고려하고 있어 왼쪽으로 이동한다고 가정해 보자. 왼쪽으로 이동하면 다음 규칙은 해당 제품의 가격을 루랄라에서 판매하는 모든 경쟁 제품의 평균 가격과 비교하는 것이다. 둘 사이의 비율이 0.8보다 작으면 다시 왼쪽으로 이동하고 회귀 트리는 이 경우 수요가 50개라고 예측한다.

회귀 트리의 효과에는 두 가지 이유가 있다. 첫 번째는 과거에 판매된 모든 제품을 성공적으로 분할하고 현재(신규) 제품의 수요를 예측하는 데 관련된 제품만 사용할 수 있기 때문이다. 두 번째는 전통적인

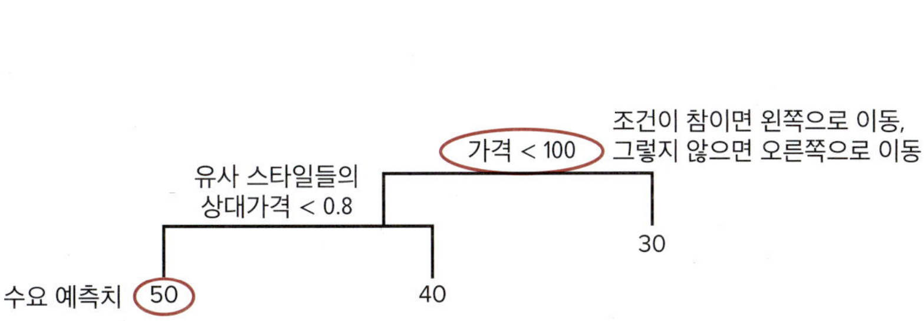

그림 15-7 회귀 트리 예시

선형 회귀 기법에서는 볼 수 없는 비단조적인(nonmonotonic) 가격-수요 관계를 허용한다는 점인데, 이는 가격이 품질에 대한 신호로 간주될 수 있는 많은 패션 및 고급 제품에서 매우 중요한 특성이다.

이후 회귀 트리의 수요 예측을 입력값으로 사용하여, 첫 노출 제품의 수익을 극대화하기 위한 가격 최적화 모델을 생성한다. 이 경우 가장 큰 어려움은 각 스타일별 수요가 경쟁 스타일의 가격에 따라 달라지기 때문에 각 스타일에 대해 개별적으로 가격 최적화 문제를 푸는 것을 어렵게 만들고 가격 최적화 문제의 의사결정 변수가 기하급수적으로 늘어난다는 점이다. 게다가 회귀 트리의 독특한 구조는 문제 해결을 더욱 어렵게 한다. 가격 최적화 모델은 이 장의 범위를 벗어나며 Johnson, Lee, Simchi-Levi가 저술한 《Analytics for an Online Retailer : Demand Forecasting and Price Optimization》에 설명되어 있다.

루랄라에서 가격 최적화가 구현되었고, 이 시스템은 매일 자동으로 실행되어 다음 날부터 시작되는 이벤트에 대한 가격 추천을 판매자에게 제공한다. 전체적인 재정적 효과로는 약 10%의 매출 증가를 들 수 있으며, 자세한 내용은 이 장 서두에 있는 사례를 참고한다.

15.3.3 그루폰에서의 학습 및 가격 최적화

일일 특가 상품을 판매하는 대형 전자상거래 플랫폼인 그루폰은 구독자들에게 지역 판매자의 상품을 할인된 가격으로 제공한다. 그루폰은 2015년 2분기까지 전 세계 500개 이상의 도시에서 약 4,900만 명의 활성 고객을 보유하고 있으며, 전 세계적으로 51만 건 이상의 활성 거래를 진행했다.

예를 들어, 그림 15-8은 그루폰 웹사이트의 현지 레스토랑 특가판매(deal)를 보여준다. 이 특가판매는 그루폰을 통해 $17에 구매하여 현지 레스토랑에서 $30에 교환할 수 있다. 고객이 선지불한 금액($17)을 '예약'이라고 한다. 예약금은 그루폰과 현지 판매자에게 분배되며, 예를 들어 그루폰이 $7을 가지고 현지 판매자는 $10을 받는다.

이 회사는 매일 수천 개의 새로운 특가판매를 제공하며, 이러한 특가는 며칠에서 몇 주에 이르는 짧은 기한을 가지고 있다. 방대한 제품 포트폴리오와 짧은 기한의 조합은 수요 예측이 매우 어렵다는 것을 의미한다. 물론 문제는 가격을 최적화하기 위해서는 효과적인 수요 예측 모델이 필요하지만, 안타깝게도 이러한 예측 모델을 개발하는 것이 불가능하다는 점이다.

위 문제를 해결하기 위해 회사 웹사이트에서 상품을 출시할 때 여러 예측을 생성한다. 예측은 루랄라의 경우처럼 주어진 범위 내의 모든 가격에 대한 수요 예측을 명시하는 수요-가격 관계를 말한다. 이 접근방식의 기본적인 아이디어는 복수개의 수요 함수를 생성하여 실제 수요-가격 관계가 이러한 수요 함수 중 하나에 의해 잘 근사되게끔 하는 것이다. 물론 판매 프로세스가 시작되면 여러 예측 중 어떤 수요 함수가 소비자 행동을 포착하는 데 가장 적합한지 아무도 알 수 없다.

이를 위해 학습과 최적화의 2단계 프로세스를 적용한다. 웹사이트에서 제품이 판매되는 시점인 제품 수명 주기를 두 구간으로 나누고, 첫 번째 기간은 학습, 두 번째 기간은 가격 최적화에 사용한다.

상품이 그루폰 웹사이트에 소개되면 초기에는 학습 가격을 적용하고 고객의 구매/불매 결정을 관찰한

그림 15-8 그루폰 온라인 일일 특가
© Edamame Japanese Restaurant

다. 학습 기간이 끝나면 제품의 판매량을 알 수 있으므로 그루폰에서 사용한 학습 가격에서 이 수준의 판매량에 가장 근접한 수요 예측을 하는 수요 함수를 파악할 수 있다. 이것이 우리가 사용할 최종 수요-가격 함수이며, 최적화 기간 동안 이 수요-가격 함수를 기반으로 가격을 최적화한다.

이 알고리즘의 장단점은 명백하다. 오랜 시간 동안 학습하면(학습 기간이 길면) 실제 수요 함수를 잘 이해할 수 있지만 최적화를 위한 시간이 거의 남지 않는다. 반대로 단기간만 학습하면 고객 수요를 대략적으로 파악할 수 있지만 최종적으로 최적화된 가격을 오랜 기간 사용할 수 있다.

이 접근방식을 처음 구현할 때는 모든 신규 특가거래에 대해 약 10개의 수요 함수를 생성했다. 하지만 그루폰은 이것만으로는 충분하지 않다는 것을 금방 파악했고, 최종적으로는 모든 신규 거래에 대해 약 100개의 수요 함수를 생성했다. 이러한 수요 함수는 새로운 상품 카테고리, 상품이 판매되는 도시나 지역, 거래에 고려되는 가격 범위 및 할인 등과 연관되어 있다.

최종 구현 과정에서 그루폰은 학습 및 최적화 접근방식에 몇 가지 비즈니스 제약을 적용했다. 첫째, 학습 가격은 그루폰과 지역 판매자 간에 협상되며 알고리즘에 의해 결정될 수 없다. 둘째, 그루폰은 학습 기간이 끝날 때 5~30% 범위 내에서만 가격 인하를 허용했다. 즉, 알고리즘이 가격 인상이나 5% 미만의 가격 인하를 권장하는 경우 가격은 변경되지 않는다. 마찬가지로 알고리즘이 30%보다 큰 가격 인하를 권장하는 경우 가격 인하 폭은 30%로 제한된다. 마지막으로 지역 판매자는 고정된 몫을 받게 된다. 예를 들어, 그림 15-8의 레스토랑 특가판매에서 할인 전에는 해당 거래가 $17에 판매되고 지역 판매자는 $10을 받는다. 학습 기간 종료 시 알고리즘이 가격을 $15로 낮추도록 권장하는 경우, 지역 판매자는 여전히 $10을 받고 그루폰은 $7 대신 $5를 받는다. 즉, 지역 판매자는 가격 인하로 인해 제품에 대한 트래픽이 증가

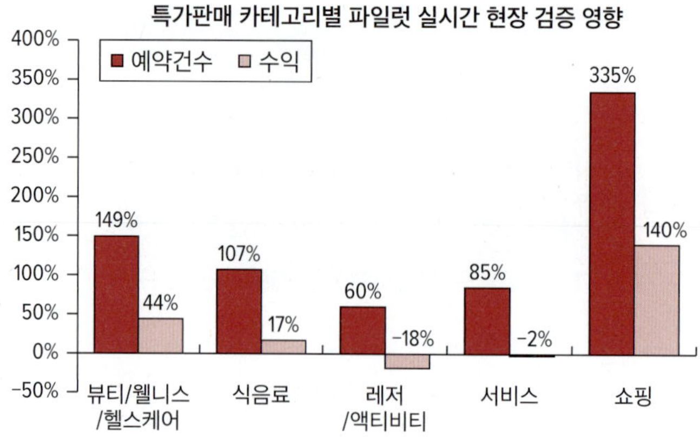

그림 15-9 현장 검증 : 특가판매 카테고리별 영향

하면서 판매된 모든 거래에 대해 동일한 대금을 받기 때문에 항상 가격 인하로 인해 이익을 얻을 수 있다. 문제는 그루폰이다. 거래당 수익은 감소하지만 한편으로는 더 많은 상품을 판매할 수도 있다. 따라서 할인의 실질적 효과가 얼마인지를 파악하는 것이 중요하다.

현장 검증에는 뷰티, 식음료, 액티비티, 서비스, 쇼핑 등 5개 상품 카테고리에서 1,295개의 특가판매건이 사용되었다. 두 가지 성과지표가 중요하게 사용되었다. 하나는 고객이 그루폰에 지불한 총금액, 즉 예약금액으로 이는 그루폰의 시장 점유율과 직접적인 관련이 있다. 다른 하나는 지역 판매자에게 금액을 분배한 후 그루폰이 가진 금액의 비율, 즉 매출이다. 각 상품 카테고리에 대해 가격 변경 전후의 평균 예약건수와 매출을 비교했다. 학습 가격은 고정 가격 전략과 동일한 방식으로 결정되므로 가격 변경 전의 예약 및 수익은 고정 가격 전략의 성과를 나타낸다. 새 가격 책정 알고리즘을 사용하여 특가판매를 테스트했지만 알고리즘이 가격 인하를 권장하지 않는 경우, 해당 판매건은 선택된 1,295개의 판매건수에 포함되지 않는다.

그림 15-9는 카테고리별 가격 변경 후 예약 및 매출의 평균 증가율을 나타낸다. 5개 카테고리 중 뷰티, 식음료, 쇼핑 카테고리는 수익이 크게 증가했고, 서비스 카테고리는 수익 변화는 거의 없었지만 예약이 크게 증가했으며, 액티비티 카테고리는 수익이 감소한 것으로 나타났다. 전체적으로 예약은 116%, 수익은 21.7% 증가했다.

현장 검증 결과를 추가로 분석한 결과, 가격 할인은 일별 예약건수가 더 적은 특가판매일수록 더 큰 영향을 미치는 것으로 나타났다. 모든 카테고리에서 하루 예약건수가 중앙값보다 적은 특가판매의 경우 수익이 평균 116% 증가한 반면, 하루 예약건수가 중앙값보다 많은 특가판매의 증가율은 14%에 불과했다. 쇼핑 카테고리의 일평균 예약건수가 식음료 카테고리의 일평균 예약의 약 1/10에 불과하기 때문에 쇼핑 카테고리의 예약건수와 수익이 크게 증가한 것으로 보인다.

액티비티 카테고리의 일평균 예약건수가 뷰티 카테고리와 거의 동일한 수준임에도 불구하고 새로운 가격 책정 알고리즘은 액티비티 카테고리에 대해 저조한 성과를 보였다. 액티비티 고객 수요에 대한 일부 정보가 현재 수요 모델에 포함되지 않은 것으로 추정된다. 예를 들어, 이 카테고리의 경우 주말/휴일 효과가 현재 추정되는 것보다 훨씬 더 크거나 아마도 휴일 효과가 실제 휴일 며칠 전에 발생하는 것일 수 있다.

15.4 가격 할인

물론 위의 예시에서는 수요가 가격의 확정적(deterministic) 함수라고 가정했지만, 실제로는 그렇지 않은 경우가 많다. 대부분의 경우 수요는 불확실하며, 2장에서 설명한 것처럼 미래 수요 예측을 기반으로 재고 수준을 설정해야 한다. 이는 때때로 판매 시즌이 끝날 때 재고가 남아 있을 수 있음을 의미한다. 따라서 기업에서는 이러한 초과 재고를 처리하기 위해 **가격 할인**(markdown) 또는 **세일**(sale)을 자주 사용한다. 가격 할인 개념을 이해하려면 수요를 약간 다른 방식으로 바라볼 필요가 있다. 가격 상승 시 감소하는 총수요가 아닌 총수요를 구성하는 개별 고객을 기준으로 생각해 보자. 각 고객은 제품에 대해 최대로 지불할 의사가 있는 가격을 가지고 있으며, 이를 **유보가격**(reservation price)이라 한다.

예시 15-2

이전 예시에서 살펴보았던 동일한 제품에서 수요(D)와 가격(p) 사이의 관계가 선형 함수 $D = 1{,}000 - 0.5p$(그림 15-5 참조)와 같이 주어진다고 가정하자. 가격이 $1,200일 때 400개의 상품이 판매된다는 것을 이미 살펴보았다. 즉, 400명의 고객이 $1,200 또는 그 이상의 유보가격을 가지고 있으며, 판매가격이 유보가격보다 낮으면 그 고객은 구매를 할 것이다. 마찬가지로 가격이 $600인 경우 그림 15-10에 표시된 것과 같이 700개에 대한 수요가 발생한다. 즉, 유보가격이 $600 또는 그 이상인 고객 수는 700명임을 의미한다.

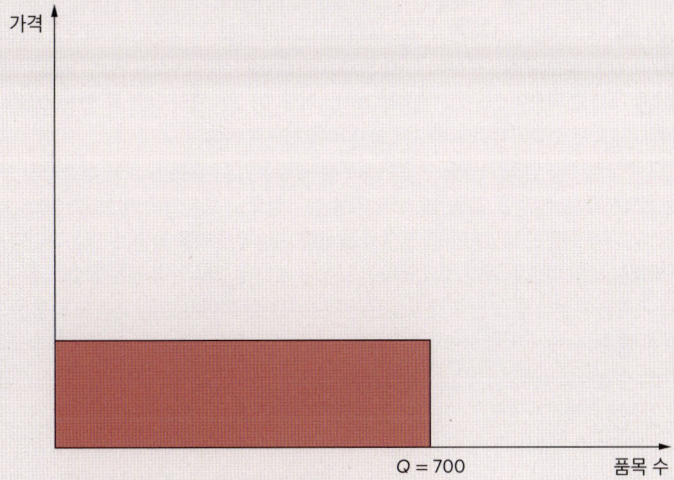

그림 15-10 가격 $600에서의 수요

명백히 가격을 낮출수록 해당 가격 이상의 유보가격을 가진 고객 수가 늘어난다. 따라서 가격 할인 또는 세일의 개념은 유보가격이 실제 가격보다 낮지만 판매가격보다 높은 고객에게 제품을 판매하는 것을 말한다. 전통적으로 소매업체는 가격 할인을 피하려고 노력했다. Robert Philips는 "많은 소매업체는 가격 할인을 구매, 가격 책정 또는 마케팅에서 실수가 있었다는 증거로 간주했다"고 지적했다. 실제로 저가격(낮은 유보가격) 고객은 선호도나 수익성은 떨어지지만 과잉 재고를 처리하는 데는 유용하다고 여겨졌다.

15.5 가격 차별화

우리는 가격 할인이 과잉 재고 절감에 도움이 된다는 것을 확인했다. 그러나 진보적인 유통업체들은 다음과 같은 중요한 사실에 주목했다. 많은 경우 일부 고객은 세일이나 프로모션 가격으로만 구매하려는 반면, 다른 고객은 프로모션을 기다리지 않고 원래 가격으로 구매한다. 예를 들어, 패션업계에서는 패션에 매우 민감한 고객이 존재한다. 이러한 고객은 판매 시즌이 시작될 때 구매하기를 열망하며 유행하는 제품을 먼저 구매하기 위해 더 많은 비용을 지불할 의향이 있다. 다른 고객은 가치에 민감하다. 이러한 고객은 판매 시즌이 끝날 때까지 기다릴 의향이 있으며 유행에 민감한 고객과 같은 높은 가격을 지불하는 것을 원치 않는다. 이렇게 각기 다른 고객에게 그에 따른 다른 가격을 부과하면 매출을 향상할 수 있다. 고객 세그먼트별 다른 가격을 부과하는 이러한 관행을 **가격 차별화**(price differentiation)라 한다. 다음 예시를 보자.

예시 15-3

이전 예시에서 설명한 제품에서 수요(D)와 가격(p) 사이의 관계는 선형 함수 $D=1{,}000-0.5p$로 주어진다. 앞서 제품 가격이 $1,000 수준일 때 수익은 $1,000×500=$500,000이며, 이는 언뜻 보기에 가장 좋은 가격 전략으로 보인다. 그림 15-5는 이 경우의 수요-가격 곡선을 나타내며, 색칠된 영역은 총수익을 나타낸다. 가격이 $1,000일 때 수익이 극대화되어 언뜻 보기에는 이것이 최상의 가격 전략으로 보인다. 그러나 수요-가격 곡선에 따르면 이 소매업체는 더 높은 가격을 지불할 의향이 있는 많은 고객으로부터 단지 $1,000만을 청구한다는 것을 알 수 있었다. 실제로 500명의 고객 중 제품당 $1,600을 지불할 의향이 있는 고객은 약 200명이고, 이 200명의 고객 중 $1,800을 지불할 의향이 있는 고객은 약 100명이다. 이 모든 고객에게 동일가격인 $1,000을 청구한 것이다.

이 간단한 분석은 모든 고객에게 단일 가격을 책정함으로써 경영진이 더 많은 수익을 실현하지 못하고 있음을 보여준다. 실제로 더 실현되지 못한 수익은 그림 15-5의 위쪽 삼각형으로 표시되며 이는 (2,000−1,000)×500/2=$250,000이다. 따라서 다음 질문은 경영진이 이 금액을 활용해 어떻게 수익을 늘릴 수 있는가이다.

이를 위해 차등 가격 책정 또는 맞춤형 가격 책정 전략이 포함된 보다 정교한 가격 책정 전략을 생각해 보자. 차등 가격 책정에서는 더 높은 가격을 지불할 수 있는 고객과 낮은 가격만 지불할 의향이 있는 고객 등 다양한 고객 세그먼트에 맞게 가격을 책정한다. 예를 들어, 회사가 $1,600과 $1,000의 두 가지 가격을 도입하는 2단계 가격 전략을 살펴보자.

가격이 $1,600일 때의 수요가 200개인 반면, 가격이 $1,000일 때의 수요는 500개이고, 이 중 200명의 고객이 더 높은 가격을 지불한다는 사실에 주목하자. 따라서 이 경우 총수익은 1,600×200+1,000×(500−200)=$620,000이다.

따라서 이 전략을 사용하면, 이 회사는 창출하지 못한 수익의 약 50%인 $120,000의 추가 수익을 얻을 수 있다. 이 회사는 여기서 매출을 더 늘릴 수 있을까? 3단계 가격 책정 전략을 사용하면 더 큰 성과를 거둘 수 있다. 실제로 이 회사가 $1,800, $1,600, $1,000의 세 가지 가격 등급을 도입하는 전략을 생각해 보자. $1,800의 가격에는 100개의 수요, $1,600의 가격에는 200개의 수요가 있고, 이 중 100명의 고객이 더 높은 가격을 지불한다. 마지막으로 $1,000의 가격에는 500개의 수요가 있고, 이 중 200명의 고객이 더 높은 가격을 지불할 의향이 있다. 따라서 총수익은 $1,800×100+$1,600×(200−100)+$1,000×(500−200)=$640,000으로, 2단계 가격 책정 전략에 비해 $20,000이 추가로 증가한다. 그림 15-11은 이러한 가격 책정 방식을 설명한다.

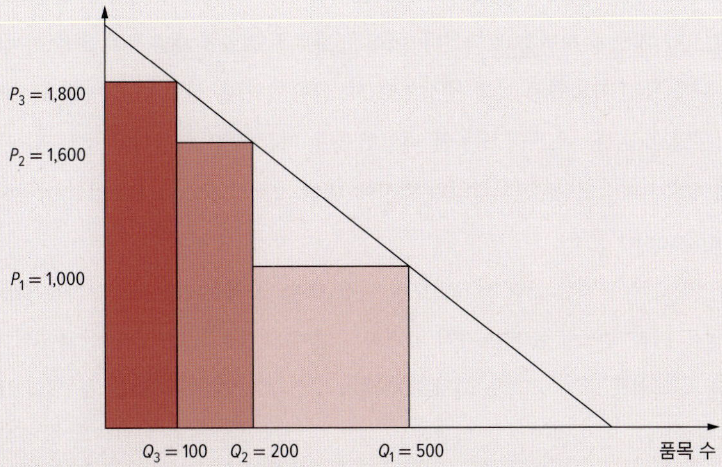

그림 15-11 3단계 가격 책정 전략

물론 "어떻게 하면 회사가 고객별로 다른 가격을 성공적으로 부과할 수 있을까?"라는 중요한 질문이 남아 있다. 15.7절에서는 이 질문에 대해 자세히 설명한다. 다음 절에서는 항공, 호텔, 렌터카 업계의 전통적인 수익 경영 맥락에서 이 질문에 대해 구체적으로 살펴보고, 다른 업계의 관리자들이 가격 책정을 중요한 도구로 활용하도록 동기를 부여한 성공 사례를 살펴본다.

15.6 수익 경영

수익 경영(revenue management) 기법은 최근 몇 년 동안 수익성을 개선하려는 기업들로부터 큰 관심을 받아왔다. 시장 수요에 영향을 미치기 위해 가격 책정 및 재고 전략을 통합한 이 기법은 기업에게 수익성을 개선할 수 있는 통제력을 제공한다. 수익 경영은 '적절한 재고 단위를 적절한 유형의 고객에게, 적절한 시기에, 적절한 가격으로 판매하는 것'이라 설명할 수 있다.

앞서 살펴본 바와 같이 수익 경영 기법은 전통적으로 항공, 호텔, 렌터카 업계에 적용되어 왔다. 이러한 적용 사례의 몇 가지 공통된 특징은 다음과 같다.

1. 부패하기 쉬운 제품, 즉 특정 날짜가 지나면 기한이 만료되거나 쓸모가 없어지는 제품
2. 변동하는 수요
3. 고정된 시스템 용량
4. 가격이나 서비스 시간에 대한 민감도 등을 기준으로 시장 세분화가 가능
5. 사전 판매가 가능한 제품

이러한 접근방식은 1980년대 아메리칸 항공에 의해 개척되었다. 항공 규제 완화 이후 기존 항공사들

은 신생 항공사, 특히 피플익스프레스(PeopleExpress)와 같은 항공사와 새롭게 경쟁하게 되었다. 항공사들은 처음으로 요금 경쟁에 직면하게 되었다. 이러한 새로운 위협에 대응하기 위해 아메리칸 항공은 수익 경영 기법에 눈을 돌려 차별화된 가격 책정으로 '더 많은 수익을 실현하는' 방법을 사용했다. 이 기법은 큰 성공을 거두었고, 피플익스프레스는 곧 폐업했으며, 다른 주요 항공사와 호텔 및 렌터카 회사에서도 이 기법을 채택하기 시작했다(수익 경영의 역사에 대한 자세한 내용은 R.L. Philips의 《Pricing and Revenue Optimization》 참조).

일반적으로 수익 경영은 특정 산업 세그먼트의 특정 제품 및 가격대를 타기팅하는 것을 포함한다. 즉, 항공사 수익 경영은 이전 절에서 설명한 가격 차별화 구현에 중점을 둔다. 항공 산업에서 가격 차별화, 즉 항공사 수익 경영의 핵심은 항공 승객을 레저 여행객과 비즈니스 여행객이라는 두 개의 세그먼트로 분류하는 것이다. 레저 여행객은 일반적으로 가격에는 매우 민감하지만 여행 기간에는 일반적으로 민감하지 않다. 또한 환불 불가한 항공권을 사전에 예약할 의향도 있을 수 있다. 반면, 비즈니스 여행객은 가격에는 특별히 민감하지 않은 대신 여행 기간에 매우 민감하다. 마찬가지로 비즈니스 여행객은 필요에 따라 여행 계획을 조정할 수 있는 높은 유연성이 필요하지만, 일반적으로 레저 여행객은 그러한 수준의 유연성이 필요하지 않다. 이는 그림 15-12에 제시된 바와 같이 Duadel과 Vialle가 고객을 차별화하기 위해 개발한 프레임워크를 시사한다.

그런 다음 항공사는 다양한 고객에게 가격, 시간, 유연성 측면에서 상이한 항공권을 제공하기 위해 노력한다. 다시 말해, 항공사는 비즈니스 여행객이 그림 15-12의 좌측 상단 영역에서 우측 하단 영역으로 이동하지 못하도록 '울타리를 치게' 된다. 이는 주말간 체류와 조기 예약을 요구함으로써 실현할 수 있다. 물론 운임 등급 수가 많을수록 서로 다른 시장 세그먼트 사이에 더 많은 울타리를 쳐야 한다.

이러한 구분이 이루어지면 수익 경영 전략은 각 유형의 표(ticket)를 몇 개 제공할지, 가격은 얼마로

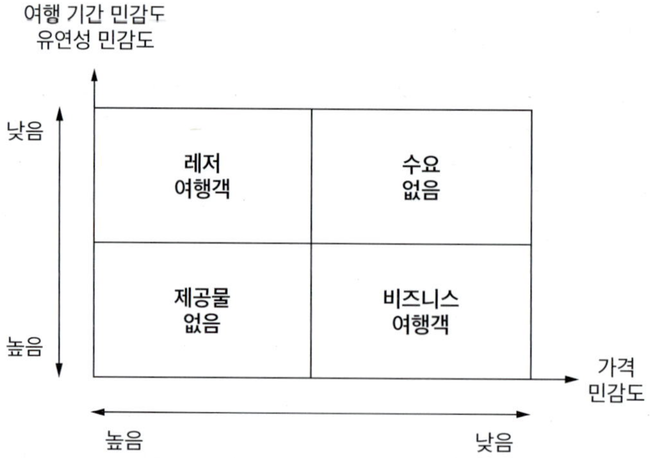

그림 15-12 항공 산업에서의 고객 차별화

책정해야 하는지를 결정하는 데 중점을 둔다. 역사적인 이유로 이러한 결정은 두 부분으로 나뉜다. 항공사들은 1960년대부터 전산 예약 시스템을 사용하며 항공편 예약을 진행해 왔다. 수익 경영이 도입될 당시에는 이러한 비교적 유연하지 않은 시스템과 함께 사용할 수 있도록 설계되었다.

이를 가능하게 하기 위해 항공사의 수익 경영에는 다음 두 가지 핵심 단계가 존재한다.

1. **시장 세분화**(market segmentation) : 특정 시간과 항공편(출발지-목적지 조합)에 대해 서로 다른 세분화된 시장을 타기팅하기 위해 서로 다른 상품을 설계하고 가격을 책정한다. 예를 들어, 환불 불가 또는 항공편 출발 21일 전까지만 구매할 수 있는 상품 등 다양한 제약 사항이 있다.
2. **예약 관리**(booking control) : 상품과 가격이 주어졌을 때 예약 관리 시스템은 일반적으로 낮은 운임 등급에 할당할 수 있는 좌석 수를 제한하여 운임 등급에 할당되는 좌석 수를 조정한다.

상품 옵션을 설계하고 예약을 관리하는 것은 정교한 알고리즘과 기술이 필요한 매우 어려운 문제이다. 하지만 기본 개념은 매우 단순하다. 각 좌석 등급의 한계수익(marginal revenue)이 동일하도록 좌석을 각 운임 등급에 할당하는 것이다.

예시 15-4

항공사가 한 항공편에 두 가지 유형의 좌석을 할당하는 간단한 예를 생각해 보자. 레저 요금은 항공권당 $100, 비즈니스 요금은 항공권당 $250이며 비행기의 총좌석은 80석이다. 항공사는 레저 요금으로 제공되는 좌석 수 전부를 판매할 수 있다고 가정하지만, 비즈니스 요금은 불확실성이 존재하며 그림 15-13에 표시된 수요 분포를 따른다고 가정한다.

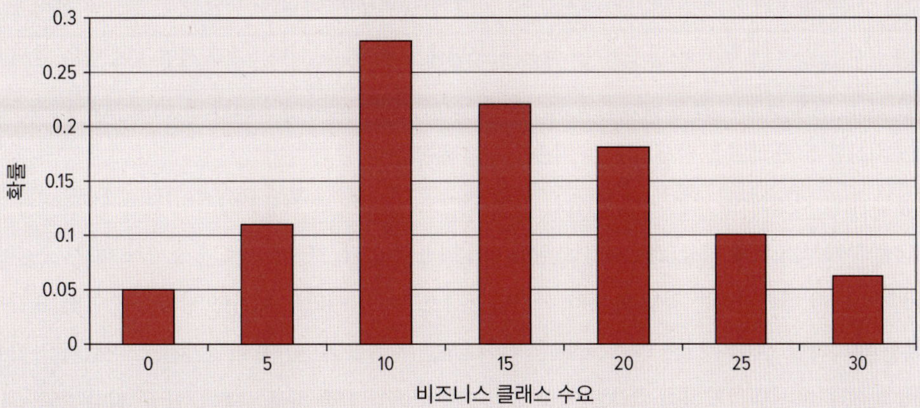

그림 15-13 예시 15-4의 수요 분포

이 수요 분포를 기반으로 할당된 좌석 수에 대한 기대 수익을 (2장에서 재고 가치를 계산하는 것과 유사한 방식으로) 결정할 수 있고, 그림 15-14에서 검은색으로 표시된 것처럼 예상 한계수익(좌석 한 개를 추가로 할당할 때 발생하는 수익)도 계산할 수 있다. 예상대로 이 한계수익은 레저 요금에 할당된 좌석 수가 증가함에 따라 감소한다. 레저 등급 좌석과 관련된 한계수익은 그림 15-14에서 갈색으로 표시되어 있다. 이 좌석에 대한 수요는 무제한이므로 한계수익은 일정하다. 18석을 할당했을 때 두 제품의 한계수익이 같다. 따라서 비즈니스 클래스에 18석을 할당해야 한다.

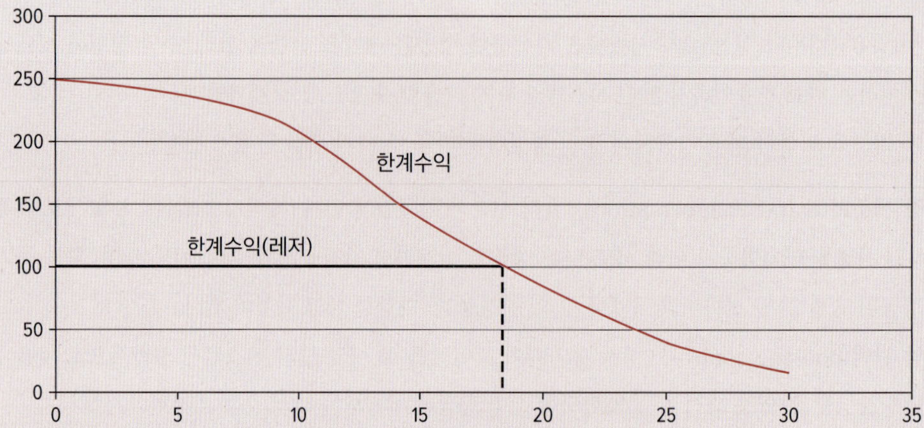

그림 15-14 예시 15-4에서 레저 등급과 비즈니스 등급의 한계 수익

물론 실제 항공사의 수익 경영 문제는 다양한 항공권 등급, 다양한 등급의 계층 구조, 더 복잡한 수요 정보로 인해 훨씬 더 어렵다. 그럼에도 불구하고 운임 등급 간의 한계수익을 일치시키는 기본 개념은 이러한 시스템의 핵심이다.

많은 수익 경영 시스템이 직면한 또 다른 문제는 **네트워크 관리**이다. 일반적인 항공사 네트워크에서 항공편의 특정 구간은 여러 개의 최종 출발지-목적지 쌍에 포함될 수 있다. 예를 들어, 샌프란시스코에서 시카고로 가는 항공편 구간은 샌프란시스코-시카고 항공편뿐만 아니라 샌프란시스코-피츠버그 항공편, 샌프란시스코-디트로이트 항공편 등 여러 항공편에 포함될 수 있다. 수익 경영 시스템은 앞서 논의한 다른 모든 문제 외에도 특정 항공편에 좌석을 할당하여 이를 고려해야 한다. 이는 문제를 더욱 어렵게 만들고, 이러한 문제 해결을 위해 정교한 기술을 사용해야 한다.

항공사 수익 경영의 또 다른 주요 이슈는 가격 민감도가 낮은 고객(유보가격이 높은 고객)에게 더 많은 요금을 부과하기 위해 차등 요금제에 초점을 맞췄다는 점이다. 마찬가지로 항공사가 책정하는 가격이 시간이 지나면서 달라진다는 점도 중요하다. 샌프란시스코에서 시카고로 가는 항공편은 어떤 요일과 시간대에는 비싸지만 수요가 적은 다른 요일과 시간대에는 저렴할 수 있다. 마찬가지로, 비행기 좌석이 다 차지 않은 경우 항공사는 시간이 지나면서 해당 항공편에 더 저렴한 좌석 수를 늘릴 수 있다. 가격 책정의 이러한 동적인 특성은 항공편의 수용 능력을 최대한 활용하는 데 유용하다.

15.7 스마트 가격 책정

이전 절에서 설명한 수익 경영 접근방식은 항공사에서 매우 성공적이었다. 실제로 피플익스프레스의 CEO는 피플익스프레스의 몰락을 아메리칸 항공의 수익 경영 탓으로 돌렸다. 수익 경영 방식은 많은 비즈니스 리더들의 관심을 받았고, 이들은 회사의 수익성을 높이기 위해 가격 조정의 가치와 수요를 고려하기 시작했다. 항공사 수익 경영의 구체적인 기법과 도구가 산업과 상황에 따라 반드시 적용되는 것은 아니지만, 수익 경영의 기본 원칙과 개념 중 상당수는 어느 정도 적용이 가능하다.

실제로 델, 니콘, 샤프, 보이스 캐스케이드의 가격 책정 전략에는 한 가지 공통점이 있다. 가격을 고객 수요에 영향을 미치는 도구로 사용하여 수익 경영 기법의 기본 원칙을 각자의 산업에 적용한다는 것이다.

항공사의 수익 경영과 마찬가지로, 다양한 기업은 고객별로 가격을 부과하는 차등 가격 책정(differential pricing)과 시간에 따라 가격을 변경하는 동적 가격 책정(dynamic pricing)이라는 서로 다르지만 연관된 두 가지 기본 접근방식을 채택하고 있다.

15.7.1 차등 가격 책정

이 장의 서두에서 설명한 바와 같이 모든 고객에게 단일 가격을 부과하면 제품에 대해 더 높은 가격을 지불할 의사가 있는 고객은 결국 더 낮은 가격을 지불하게 된다. 따라서 차등 가격 책정의 목적은 가격 민감도에 따라 고객별로 다른 가격을 부과하는 것이다. 델은 개인 소비자, 중소기업, 대기업, 정부 기관, 의료 서비스 제공업체를 구분하여 이를 실행한다. 물론 이렇게 하는 것이 종종 어려운 경우가 많다. Robert Philips는 그의 저서 《Pricing and Revenue Optimization》에서 동일하거나 유사한 제품에 대해 서로 다른 가격을 책정하는 몇 가지 전략을 제시한다.

그룹 가격 책정(또는 그룹 구매) 특정 고객층에게 할인을 제공하는 관행은 많은 업계에서 매우 일반적이다. 식당의 저녁식사 경로우대 할인, 대학교의 소프트웨어 구매 비용 할인, 영화관 학생 할인, 술집의 '레이디스 나이트'(무료 또는 할인가격으로 음료를 즐길 수 있는 여성 대상 특별 이벤트)는 모두 그룹 가격 책정(group pricing)의 예이다. 물론 이러한 유형의 할인은 그룹 구성원과 가격 민감도 사이에 상관관계가 있는 그룹에만 유효하다. 그룹 가격 책정은 최근 특히 신흥 시장의 많은 온라인 판매업체뿐만 아니라 그루폰과 같은 회사에서도 대중화되고 있다. 이 경우 그룹 가격 책정은 제품 구매를 약속한 고객 수의 증가에 따라 단가를 낮추는 것을 의미한다. 핵심 아이디어는 인터넷을 통해 사람들을 한데 모아 소매업체가 공급업체와 더 나은 공급 가격을 협상할 수 있도록 함으로써 최종 고객의 구매가격을 낮추는 것이다.

채널 가격 책정 채널 가격 책정(channel pricing)이란 동일한 제품을 여러 채널에서 판매할 때 서로 다른 가격을 책정하는 전략이다. 예를 들어, 많은 회사가 웹사이트와 소매점에서 특정 제품을 서로 다른 가격으로 판매한다. 항공사는 웹사이트나 여행사를 통해 서로 다른 가격으로 항공권을 판매할 수 있다. 다시 말하지만, 이는 서로 다른 채널을 사용하는 고객의 가격 민감도가 다른 경우에만 유효하다.

지역적 가격 책정 이는 지역(장소)마다 서로 다른 가격 민감도를 활용하는 전략이다. 예를 들어, 맥주는 술집보다 스포츠 경기장에서 훨씬 더 비싸지만 야구 경기장에서는 맥주가 잘 판매된다. 마찬가지로, 많은 슈퍼마켓은 위치에 따라 가격을 다르게 책정하고, 브랜드 소매업체는 상대적으로 접근성이 불편한 위치에서 확연히 낮은 가격으로 아웃렛 몰을 운영한다.

시간기반 차별화 시간에 따라 비슷한 제품의 가격 책정을 차별화할 수 있다. 예를 들어 아마존닷컴은 배송 시간에 따라 다른 요금을 부과한다. 이러한 배송 가격 차이는 아마존의 원가와는 별개로 가격에 민감한 고객과 배송 시간에 더 민감한 고객을 세분화하기 위한 기법일 가능성이 높다. 마찬가지로 델은 수리를 완료하는 데 걸리는 시간(예 : 익일 또는 1주일 이내)에 따라 수리 계약별로 서로 다른 가격을 부과한다.

제품 버전 관리 동일한 제품에 대해 차등 가격을 제공할 수 없는 경우, 가격 민감도가 다른 고객을 구분하기 위해 약간씩 다른 제품을 제공하는 것이 일반적이다. 이는 브랜딩의 형태를 취할 수 있다. 예를 들어, 한 유명 식료품 체인에서는 우유를 고급 브랜드와 가격에 민감한 고객을 위한 저가 브랜드의 두 가지 브랜드로 판매하고 있다. 고객은 두 브랜드의 우유 팩에 들어 있는 우유가 완전히 동일함에도 불구하고 두 종류의 우유를 모두 구매한다. 마찬가지로, 전국적으로 유명한 브랜드 제조업체도 자체 브랜드 또는 일반 브랜드로 소비자에게 제품을 판매할 수 있다. 제조업체는 제품 라인을 만들어 제품의 원가 차이가 실제 가격 차이보다 훨씬 적더라도 저급 제품과 고급 제품을 판매할 수 있다. 가전 제품 및 전자 제품 제조업체는 상위 제품군에 속하는 제품에 추가 기능을 넣어서 관련 제품군을 형성하는 경우가 많다. 고가 구매자는 저가 제품보다 가격이 훨씬 비쌀 수 있음에도 불구하고 고가 제품을 구매하려는 경향이 있다.

쿠폰과 리베이트 많은 기업에서는 시간이나 유연성을 중시하는 고객과 쿠폰을 사용하거나 리베이트 양식을 제출하여 더 낮은 가격을 지불하려 기꺼이 시간을 투자하는 고객을 구분하고자 쿠폰(coupon)과 리베이트(rebates)를 사용한다. 소매업체와 제조업체는 웹사이트, 신문 또는 잡지를 통해 쿠폰을 제공하고 판매 시점에 우편 리베이트를 제공한다고 광고한다. 예를 들어, 샤프와 니콘은 가격에 대한 민감도에 따라 고객을 차별화하기 위해 우편 리베이트를 사용한다. 리베이트를 받으려면 고객이 쿠폰을 작성하여 제조업체에 우편으로 보내야 하는 등 구매 프로세스에 상당한 장애물을 추가하는 방식으로 이루어진다. 여기에는 더 높은 가격을 지불할 의향이 있는 고객은 대부분 쿠폰을 보내지 않을 것이라는 가정이 깔려 있다. 물론 이 가정에 따른 문제는 기존 수익 경영 기법과 달리 우편 리베이트에는 더 높은 가격을 지불할 의사와 능력이 있는 고객의 할인청구를 막을 수단이 없다는 점이다. 따라서 우편 리베이트는 보다 상세한 분석이 필요하다.

- 리베이트가 없는 경우, 각 소매업체는 이익을 극대화하기 위해 가격과 제조업체로의 주문 수량을 결정한다. 소매업체의 상충관계(trade-off)는 분명하다. 가격이 높을수록 수요는 감소한다. 따라서 소매업체는 기대 이익을 극대화할 수 있는 가격과 주문량을 결정해야 한다. 반면 제조업체는 소매업체가 가능한 한 많은 양을 주문하기를 원한다. 제조업체의 이익은 고객이 지불하는 가격이 아니라 도매가격에 비례한다.
- 우편 리베이트를 통해 제조업체는 고객 수요에 영향을 미치고 소매업체로 하여금 주문량을 늘릴 수 있는 인센티브를 제공한다. 실제로 리베이트를 도입하면 (일부) 고객이 소매업체에게 지불하는

유효가격이 낮아져 소매업체는 수요의 증가를 경험하게 된다. 따라서 소매업체의 이익 또한 증가한다. 물론 수요가 증가하면 소매업체는 제조업체에 더 많은 제품을 주문해야 한다. 적절한 리베이트 선택은 리베이트를 보상하는 것 이상으로 주문 수량을 증가시키고 이는 결국 제조업체의 기대이익의 증가를 의미하게 된다.

- 그렇다면 제조업체들이 리베이트 대신 단순히 도매가 할인을 제공하지 않는 이유는 무엇일까?

  다양한 답변이 나올 수 있다. 첫째, 리베이트 전략은 모든 소비자가 쿠폰을 제조업체에 우편으로 보내지 않는다는 장점이 있다. 둘째, 제조업체가 단순히 도매가만 인하하면 유통업체는 할인 혜택을 고객에게 전가하지 않을 수 있다. 마지막으로, 가장 중요한 것은 유통업체가 할인된 도매가를 사용하여 가격 및 주문량 결정을 최적화하고 모든 소비자가 리베이트를 우편으로 보내더라도 제조업체로서는 우편 리베이트 전략이 더 나은 전략이라는 점이다. 즉, 제조업체의 이익이 도매가 할인보다 더 많이 증가한다. 이 문제를 이해하기 위해 소매업체가 두 가지 전략, 즉 우편 리베이트 전략과 도매가 할인 전략에 따라 동일한 수량을 주문한다고 가정하자. 주문량이 실제 수요보다 작은 경우와 주문량이 실제 수요보다 큰 경우, 두 가지 상황을 고려해 보자. 주문량이 실제 수요보다 작은 경우, 두 전략은 제조업체에 정확히 동일한 이익을 제공한다.(왜 그럴까?) 반면에 주문량이 수요보다 크면 리베이트가 포함된 제조업체의 이익이 도매가 할인에 따른 이익보다 더 크다.(이 또한 왜 그럴까?)

15.7.2 동적 가격 책정

15.3절에서는 가격에 대한 고객 민감도를 더욱 잘 파악하여 고정 가격 정책을 최적화하는 방법에 대해 설명했다. 15.3.2절에서 다룬 루랄라의 사례는 유사한 제품의 과거 데이터를 사용하여 고객 민감도를 파악하는 방법을 설명한다. 15.3.3절의 그루폰 사례는 가격 실험을 통해 동일한 목표를 달성하는 방법을 다루었다.

동적 가격 책정, 즉 고객 유형 간의 명시적 구분 없이 시간에 따라 가격을 변경하는 방식은 오래전부터 사용되어 왔으며 전통적으로 초과재고를 없애는 것이 목적이었다. 예를 들어, 패션의류 소매업체는 재고를 줄이기 위해 시즌 후반에 모든 고객에게 동일하게 적용되는 할인을 제공한다.

그러나 기업이 과잉재고 제거가 아니더라도 주기적으로 세일을 실시하는 것이 종종 합리적일 때가 많다. 예를 들어, 자키(Jockey) 브랜드 속옷은 수년 동안 동일한 스타일을 유지함에도 6개월마다 할인판매를 진행한다. 제조업체는 왜 이런 전략을 실시하는 것일까? 앞서 설명한 가격 할인(markdown) 경우와 마찬가지로, 이는 유보가격이 높은 고객과 낮은 고객을 구분하기 위한 전략이다. 유보가격이 높은 고객은 새 속옷이 필요하다고 판단되면 매장에 가서 속옷을 구매한다. 반면 유보가격이 낮은 고객은 세일을 기다린다.

다음은 인터넷 시대에 온라인 유통업체가 동적 가격 책정을 매우 자주 적용하고 그 결과가 매우 인상적이라는 것을 보여준다.

예시 15-5

라틴 아메리카에서 가장 큰 온라인 판매업체인 B2W(B2W Digital)는 1999년에 설립되어 아마존, 월마트와 같은 기업과 경쟁하고 있다. 이 회사에는 네 개의 온라인 브랜드인 Americanas.com, Submarino, Shoptime, SouBarato를 보유하고 있으며, 40개 이상의 제품 카테고리를 제공한다. 이 예시에서 설명하는 동적 가격 책정 알고리즘은 TV 채널인 Shoptime을 제외한 모든 브랜드를 대상으로 실행되었다.

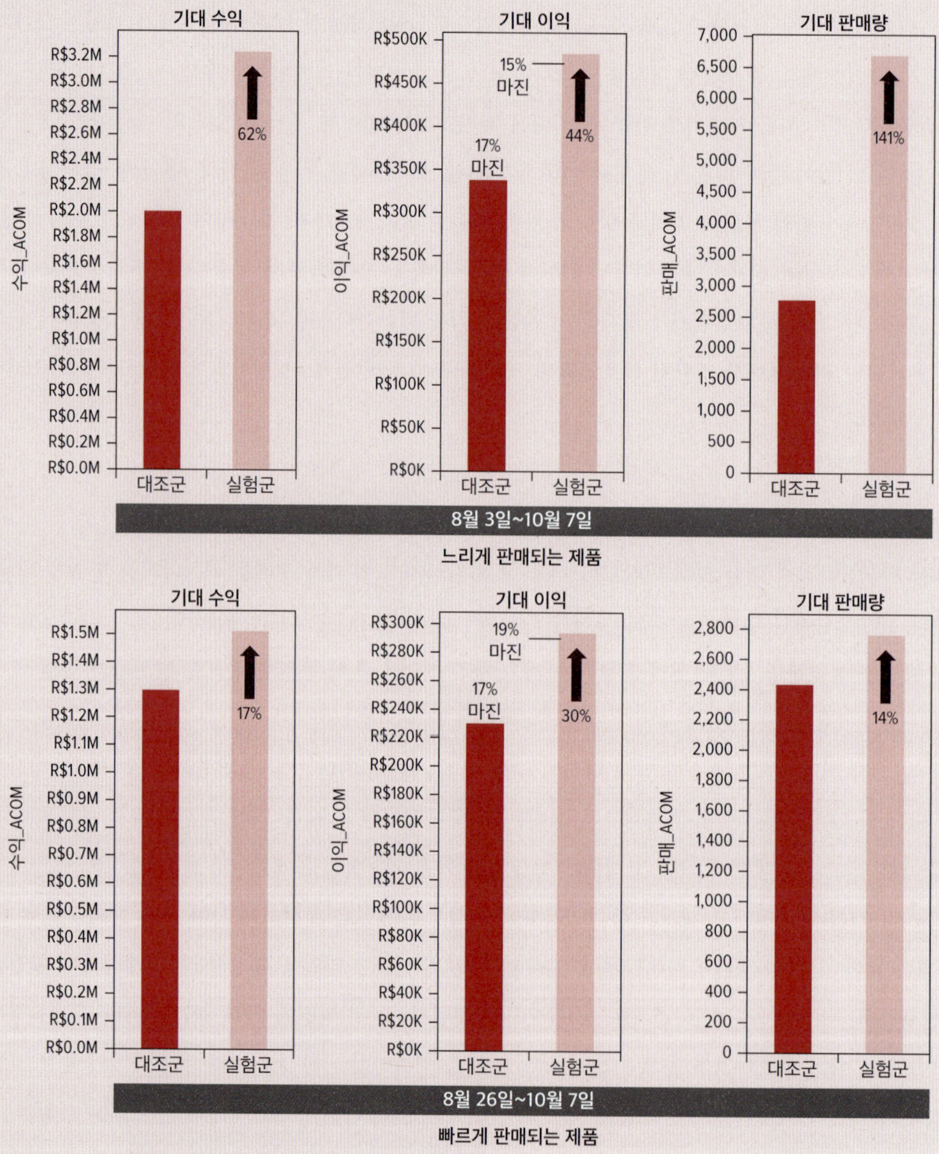

그림 15-15 매출, 이익 및 판매량에 미치는 영향

B2W가 제공하는 풍부한 제품 포트폴리오, 제품 판매 데이터에 대한 접근성, 하루 동안 여러 번 가격을 조정할 수 있는 기능은 수요 예측, 학습, 가격 최적화를 결합할 수 있는 특별한 기회를 제공했다. 첫 번째 단계에서 연구 팀은 내부 및 외부 데이터를 고려하여 모든 제품에 대한 수요 예측을 생성한다. 내부 데이터에는 사이트 트래픽, 가격, 할인, 광고 지출, B2W 웹사이트에서 제공되는 경쟁 제품 및 그 가격이 포함된다. 외부 데이터에는 경쟁사 가격, 경쟁사의 광고 캠페인, 기상 조건 등이 포함된다. 루랄라의 경우와 마찬가지로 회귀 트리(엄밀히 말하자면 회귀 트리의 더 정교한 버전인 랜덤 포레스트 기법) 기법이 수요-가격 관계를 예측하는 데 가장 적합한 것으로 나타났다.

두 번째 단계는 학습이다. 몇 시간마다 웹사이트 트래픽, B2W 제품에 대한 수요 또는 경쟁사 행동 변화를 관찰하고 회귀 트리를 업데이트하여 현재 시장 상황을 더 잘 나타낼 수 있도록 한다. 마지막으로 같은 시장에서 서로 경쟁하는 B2W의 모든 제품에 대해 가격 최적화를 적용했다.

2016년 8월, B2W는 가격 책정 도구를 실제 사업에 적용했다. 이 도구는 지난 몇 시간 동안의 상황 변화(B2W 웹사이트 트래픽, 경쟁사 가격, B2W 판매량 등)를 매번 학습하고 수요 예측을 업데이트할 때마다 하루에 몇 차례씩 실행된다. 학습 과정을 통해 생성된 새로운 예측은 가격 최적화 모델에서 사용된다. 이 과정에서 결정된 모든 가격은 사람의 개입 없이 웹사이트로 직접 전달된다. 구동 과정에서 B2W는 매출, 마진, 판매량으로부터 추정된 시장 점유율이라는 세 가지 성과 지표에 중점을 두었다.

동적 가격 책정이 세 가지 성과 지표에 미치는 영향을 파악하기 위해 저가 제품, 빠르게 판매되는 제품, 프리미엄 제품이라는 세 카테고리에 집중했다. 각 제품 카테고리는 B2W 판매자가 기존의 가격 책정 전략을 적용한 대조군과 새로운 기술이 B2W 웹사이트에 직접 가격을 책정하는 실험군으로 구분되었다. 그림 15-15는 동적 가격 책정이 저가 제품과 빠르게 판매되는 제품, 두 가지 제품 카테고리에 미치는 영향을 나타낸다. 옅은색 막대는 실험군의 성과를 나타내고 짙은색은 대조군과 연관되어 있다.

그림에서 확인할 수 있듯 동적 가격 책정의 효과는 상당히 인상적이다. 저가 제품의 경우 매출은 66%, 이익은 44% 증가했으며 시장 점유율의 지표인 판매량은 141% 증가했다. 빠르게 판매되는 제품의 결과는 그다지 인상적이지 않지만 매출 17%, 수익 30%, 판매량 30% 증가로 여전히 강한 모습이다.

프리미엄 제품은 가격 최적화의 중요성을 이해할 기회를 제공했다. 실제로 가격 최적화를 적용하지 않았을 때 실험군의 매출은 대조군에 비해 264%, 수익은 416%, 판매량은 216% 감소했다. 그러나 최적화 엔진을 적용하면 실험군의 매출과 수익, 판매량은 대조군에 비해 각각 471%, 366%, 391% 증가했다.

몇 달 동안 진행된 현장 검증이 끝날 무렵, B2W는 새로운 기술이 매출, 수익, 시장 점유율을 개선했을 뿐만 아니라 판매되는 제품의 폭에도 영향을 미쳤다고 보고했다. 즉, 실험군이 대조군보다 더 많은 고유 제품을 판매하고 있었다는 것이다. 이를 통해 B2W는 시장에서 '모든 제품에 대해 매일 더 나은 가격을 제공하는 회사'로 자리매김할 수 있었다.

물론 5장에서 살펴본 것처럼 동적 가격 책정은 공급망 관리를 더 어렵게 만들 수 있다. 따라서 수익을 극대화하기 위해 합리적으로 정기세일 시기를 결정하는 것이 핵심 과제이다. 고객이 상품의 구매 가능성에 높은 가치를 두고 예산이 허락하는 즉시 구매하려는 경향이 있다면 빈번한 세일이 수익 극대화에 도움이 될 수 있다. 고객이 상품의 구매 가능성에 높은 가치를 부여할 수 있는 고급 백화점에서 이러한 전략을 사용하는 경향이 있다. 그러나 월마트와 같은 할인점은 고객이 가격이 저렴해질 때를 기다리는 경향이 있기 때문에 가격을 항상 낮게 유지하는 전략을 사용할 수 있다.

최근의 또 다른 스마트 가격 책정(smart pricing)의 흐름은 이러한 동적 전략을 제조 환경에 적용하여 수요와 공급을 더 잘 일치시키는 도구로서 가격을 사용한다. 이러한 전략은 가격에 민감한 고객과 민감하지 않은 고객을 구분하는 데 초점을 맞추지 않고, 대신 공급망의 상황 변화에 따른 시기별로 총수요 조정에 주력한다. 예를 들어, 시스템 전체의 생산 능력이 높거나 많은 양의 운송 능력이 가용한 기간에는 수요 수준을 높이는 것이 수익성을 높일 수 있지만, 재고 수준이나 생산 능력이 낮은 기간에는 수요를 낮추게끔 가격을 조정하는 것이 합리적일 수 있다. 마찬가지로 계절적 수요가 일반적인 제품의 경우, 수요가 적은 기간에는 가격을 낮추는 것이 효과적인 공급망 운영 측면에서 합리적일 수 있다.

물론 이러한 총수요 조정을 위해서는 공급망 전방에 위치한, 가격 결정을 내리는 경영진이 공급망 후방(공급업체 재고까지)뿐만 아니라 자체 생산 스케줄에 대해서도 완벽한 가시성을 확보해야 한다.

동적 가격 책정 전략을 고려할 때 주요 과제는 이 전략이 (최상의) 고정 가격 전략에 비해 상당한 이익상 이점을 제공하는 조건을 파악하는 것이다.

- **가용 용량(available capacity)** : 다른 모든 조건이 동일하다고 가정할 때, 평균 수요 대비 생산 능력이 낮을수록 동적 가격 책정을 통해 얻을 수 있는 이익이 커진다.
- **수요 가변성(demand variability)** : 수요 불확실성의 정도, 즉 수요 불확실성의 변동계수가 커질수록 동적 가격 책정의 이점이 증가한다.
- **수요 패턴의 계절성(seasonality in demand pattern)** : 수요 계절성 수준이 증가함에 따라 동적 가격 책정의 이점이 증가한다.
- **계획 기간의 길이(length of the planning horizon)** : 계획 기간이 길수록 동적 가격 책정의 이점은 줄어든다.

전반적인 연구 결과에 따르면 데이터와 모델 가정에 따라 동적 가격 책정을 통해 이익을 2~10% 증가시킬 수 있는 것으로 나타났다. 동적 가격 책정으로 인한 이익의 증가는 소매업과 컴퓨터 산업과 같이 이익률이 낮은 산업에서 매우 큰 영향을 미친다.

15.8 전략적 소비자 행동의 영향

전략적 소비자 행동은 소비자들이 가격 할인을 기대하며 구매를 미루는 현상을 의미한다. 이 주제는 Coase의 초기 연구(1972)를 시작으로 문헌에서 광범위하게 논의되어 왔다(또한 최근 《Computers and Operations Research》 리뷰 참조). 이러한 고객의 행동은 직관적이다. 고객이 할인을 받을 때까지 구매를 미루면 회사의 이익이 감소할 수 있다. 물론 이러한 직관에는 다소 오해의 소지가 있을 수 있다. 실제로 초기 가격으로 제품을 판매한 후 어느 시점에 제품을 할인하는 기업을 생각해 보자. 할인을 기대하는 전략적 소비자들이 기다리므로 전략적 소비자당 매출은 감소할 수 있다. 그러나 할인 가격하에서는 초기 가격을 지불하지 않으려는 더 많은 고객이 제품을 구매할 수도 있다. 따라서 이 전략의 실질적 효과는 불명확하며, 실제로 전략적 행동을 고려하더라도 초기 가격을 고정하는 전략에 비해 수익이 증가할 수 있다.

핵심은 전체 소비자 중 전략적 소비자의 비율이다! 전략적 소비자의 비율이 높을수록 기업의 가격 결정에 전략적 소비자 행동을 반영하는 것이 더욱 중요하다. 그렇다면 많은 고객이 할인을 기대하며 구매를 미루는 상황에 처한 기업이 의사결정 과정에서 고객의 전략적 행동을 어떻게 하면 완화할 수 있을까? 두 가지 전략을 고려할 수 있다.

- **대기 시간과 가격(wait time and price)** : 15.6절의 항공사 수익 경영과 유사하게, 기업은 할인을 진행할 시간을 지연시키고 가격을 최적화하여 울타리를 구축함으로써 이러한 지연과 낮은 할인의 조합이 전략적 소비자 행동을 억제하도록 할 수 있다.
- **재고(inventory)** : 제품 희소성에 초점을 맞춰 소비자가 할인을 기다리지 않고 빠르게 구매할 동기를 부여한다. 이것이 바로 12장에서 설명한 자라의 전략이다.

15.9 인터넷의 영향

위에서 언급한 바와 같이, 1980년대 중반 항공업계의 수익 경영 성공은 많은 업계 관리자들이 스마트 가격 책정에 집중하는 것의 가치를 탐구하도록 동기를 부여했으며, 이러한 관심은 계속 커지고 있다. 인터넷과 전자상거래의 발달로 스마트 가격 책정의 다양한 기법과 접근방식을 훨씬 더 실용적으로 적용할 수 있게 된 것이 그 이유 중 하나이다.

- **메뉴 비용(menu cost)** : 소매업체가 게시된 가격을 변경할 때 발생하는 비용인 메뉴 비용은 오프라인보다 인터넷에서 훨씬 저렴하다. 따라서 델과 보이스 캐스케이드와 같은 온라인 판매자들은 매일 가격을 업데이트할 수 있다. 과거에는 많은 회사들이 연간 카탈로그를 발행했는데, 이때가 가격을 변경할 수 있는 유일한 기회였다.
- **구매자 탐색 가격 하락(lower buyer search price)** : 구매자가 상품을 탐색할 때 발생하는 비용인 구매자 탐색 가격이 낮아지면 판매자 간의 경쟁을 유발하여 이들이 스마트 가격 책정에 집중하게 한다. 규제 완화와 피플익스프레스가 항공사들로 하여금 수익 경영에 집중하게 만든 것과 마찬가지로, 이러한 경쟁 심화는 스마트 가격 책정 적용에 상당한 진전을 가져오고 있다.
- **가시성(visibility)** : 공급망 후방에 대한 가시성을 확보하면 가격, 재고 및 생산 의사결정을 조율하는 것이 가능하다. 정보가 공급망 관리의 발전을 촉진한 것과 마찬가지로 스마트 가격 책정의 성장도 촉진하고 있다.
- **고객 세분화(customer segmentation)** : 구매자의 과거 데이터를 이용한 고객 세분화는 인터넷에서는 가능하지만 기존 매장에서는 매우 어렵다. 소비자가 개인 계정으로 아마존닷컴에 접속하면 아마존닷컴의 컴퓨터는 소비자의 이전 구매 이력을 모두 파악하여 수익을 극대화할 수 있는 맞춤형 구매 제안을 할 수 있다.
- **테스트 기능(testing capability)** : 낮은 메뉴 비용 때문에 인터넷을 통해 온라인상에서 가격 책정 전략을 실시간으로 테스트할 수 있다. Baker, Marn, Zawada의 제안대로 온라인 판매자는 소규모

사이트 방문자 그룹을 대상으로 높은 가격을 테스트하고 해당 데이터를 사용하여 가격 책정 전략을 결정할 수 있다.

15.10 주의사항

몇 가지 주의할 점이 있다. 현명한 가격 책정 전략을 사용하려 할 때 고객을 불공정하게 대우하는 것처럼 보이지 않도록 조심해야 하며, 이는 몇몇 기업의 최근 사례를 통해서도 확인할 수 있다.

- 《The Washington Post》에 보도된 바와 같이, 아마존은 고객의 인구통계나 심지어는 그들이 사용하는 브라우저에 따라 동일한 DVD에 대해 다른 금액을 지불하는 가격 책정 전략을 실험했다.

  "아마존은 충성도가 높은 고객이 얼마를 지불할지 알아내려고 했다."고 고메즈 어드바이저(Gomez Advisors)의 소매업 분석가인 Barrett Ladd는 말했다. "그리고 고객은 그 사실을 알아챘다." 특히 디브이디토크닷컴(DVDTalk.com) 방문자 중 상당수는 우수 고객의 가격이 더 높은 것 같다는 사실에 불만을 표시했다. 아이디가 Deep Sleep인 한 사용자는 "아마존의 단골 고객은 충성도가 높고 일부 품목에 대해 3~5%의 추가 요금이 부과되는 것을 신경 쓰지 않거나 눈치채지 못하기 때문에 아마존은 이들에게 약간 더 높은 가격을 부과할 수 있다고 생각한 것 같다."고 썼다.

  고객은 이러한 전략에 부정적이었고 아마존은 가격 책정 테스트를 중단했다. 실제로 공정성에 대한 인식은 가격 책정 전략을 사용할 때 매우 중요한 문제이다. 고객은 다른 고객이 동시에 또는 다른 시간에 더 나은 거래를 했다는 사실에 마음이 상할 수 있다.
- 코카콜라(Coca-Cola)의 전 회장이었던 Doug Ivester는 외부 온도에 따라 가격을 달리하는 동적 가격 책정 전략을 고려했다. 그는 콜라 한 캔이 추운 날보다 더운 날에 더 가치가 있기 때문에 외부 온도를 측정하여 온도가 올라가면 가격이 올라가는 탄산음료 기계를 개발 중이라고 발표했다. 이러한 가격 책정 전략에 대한 고객의 불만 때문에 Doug Ivester가 코카콜라를 떠났다는 소문이 있다.
- 프라이스라인(Priceline)이나 샌프란시스코에 본사를 둔 핫와이어닷컴(Hotwire.com) 같은 온라인 사이트는 막판에 팔리지 않은 좌석과 호텔 객실을 불투명한 요금으로 판매한다. 즉, 여행업체는 어떤 항공사나 호텔이 항공권이나 객실을 판매하는지 밝히지 않고 미판매 항공권과 객실을 대폭 할인된 가격에 제공함으로써 손실을 줄일 수 있다. 이는 항공사와 호텔이 직접 홍보하는 공시 요금을 '보호'한다. 불투명한 요금은 식료품점에서 브랜드 이름이 붙어 있는 동일한 상품보다 훨씬 저렴하게 판매되는 식료품점 자체 브랜드 상품과 같다. 그러나 불투명한 요금은 부수적인 수입원이기 때문에 적절한 균형을 찾는 것이 까다로울 수 있다. 불안정한 경제 상황에서 많은 공시요금이 불투명한 요금과 비슷할 때 프라이스라인과 핫와이어닷컴 사이트로 고객을 유치하기가 더 어렵다.

요약

최근 진취적인 공급망 관리자들은 수요는 통제할 수 없는 것이 아니라는 사실에 주목하기 시작했다. 실제로 가격 책정과 프로모션은 수요에 영향을 미칠 수 있다. 전통적으로 패션 소매업체들은 판매 시즌 막판에 과잉재고를 처분하기 위해 가격 인하를 사용해 왔다. 1980년대 중반부터 항공사 경영진은 수요 조절을 위해 보다 정교한 접근방식을 사용하기 시작했다. 이러한 접근방식을 통칭하여 수익 경영이라 하며, 여기에는 두 가지 목표가 있다. 첫째는 수요를 차별화하여 더 높은 가격을 지불할 의사가 있는 고객이 그렇게 하도록 유도함으로써 수익을 극대화하는 것이다. 둘째는 가격 책정을 통해 총수요를 조정하여 가용 용량과 수요가 이익을 극대화하는 방향으로 일치될 수 있도록 하는 것이다.

항공업계에서 수익 경영의 광범위한 성공에 영감을 받은 많은 업계의 관리자들이 스마트 가격 책정에 집중하는 것의 가치를 탐구하기 시작했다. 경영자들은 공급망의 수요와 공급을 효과적으로 일치시키기 위해 차등 가격 책정 및 동적 가격 설정을 위한 다양한 기법을 사용하고 있다. 많은 경우 인터넷과 전자상거래는 스마트 가격 책정을 더욱 효과적으로 만들어주며, 이러한 판매 채널이 성장함에 따라 효과적인 가격 책정에 대한 관심도 지속적으로 증가하고 있다. 물론 스마트 가격 책정에 위험이 없는 것은 아니다. 고객이 불공정한 대우를 받았다고 느끼면 스마트 가격 책정 기법이 궁극적으로 비즈니스에 타격을 줄 수 있다.

토론 질문

1. 단일 품목을 판매하는 한 소매업체가 있다고 가정하자. 경영진은 과거 경험을 바탕으로 수요(D)와 가격(p) 사이의 관계를 선형 함수 $D=\$2{,}000-0.6p$로 추정했다. 상품 가격이 얼마일 때 소매업체의 수익이 극대화될까? 소매업체가 두 개의 서로 다른 가격을 책정할 수 있다면 어떨까? 이 경우 이익이 증가하는 가격의 집합을 찾을 수 있을까?
2. 다음 각 항목의 구체적인 예를 찾고 각 사례에서 회사가 얻을 수 있는 이점을 설명하시오.
   a. 그룹 가격 책정
   b. 채널 가격 책정
   c. 지역적 가격 책정
   d. 시간기반 차별화
   e. 제품 버전 관리
   f. 쿠폰과 리베이트
3. 이 장에서는 항공 산업에서 수익 경영의 성공에 대해 논의했다. 그렇다면 왜 그렇게 많은 항공사가 재정적 어려움을 겪는 것일까?

4. 동적 가격 책정 전략과 이들이 수익에 미치는 영향을 생각해 보자. 동적 가격 책정이 (최상의) 고정 가격 전략에 비해 다음 문제에 대해 상당한 수익 이점을 제공하는 이유를 설명하시오.
    a. 가용 용량 감소
    b. 수요 불확실성 증가
    c. 수요 패턴의 계절성 증가
5. 정기적인 세일이 합리적일 수 있는 회사 두 곳과 항상 상품 가격을 낮게 유지하는 전략이 더 합리적일 수 있는 회사 두 곳을 각각 찾고 각 선택에 대해 설명하시오.
6. 소매업체의 가격 인하를 소매업체의 주문 실수로 간주하는 것이 반드시 옳지 않은 이유에 대해 논의하시오.
7. 자전거 소매점을 생각해 보자. 이 소매업체가 가격을 낮추고 높이는 것이 합리적인 시기는 언제인가? 왜 그런가?
8. 코카콜라가 외부 온도에 따라 가격을 동적으로 변경하려던 전략을 생각해 보자. 이 전략의 장점과 단점은 무엇인가? 코카콜라가 이 전략을 채택하기로 결정했다면, 소비자의 반발을 극복하는 가장 좋은 방법은 무엇일까?

CASE

리베이트 대란

아, 연말 쇼핑 시즌이다. 산타클로스, 순록, 그리고 리베이트 지옥. 요즘은 성가신 우편 리베이트가 도처에 널려 있다. 쇼핑객들은 $10 또는 $100을 받기 위해 모든 서류를 수집하고, 양식을 작성하고, 우편으로 보내는 것을 싫어한다. 하지만 리베이트가 소비자에게 아무리 성가신 것이라도 미국의 소매업체와 제조업체는 리베이트를 좋아한다.

PC의 강자 델부터 전국적인 체인점인 서킷시티(Circuit City)와 오피스맥스(OfficeMax), 라이트 에이드(Rite Aid) 약국에서 판매하는 리스테린(Listerine) 구강 청결제에 이르기까지 리베이트가 확산되고 있다. 시장조사기관 NPD 그룹(NPD Group)에 따르면 현재 모든 컴퓨터 장비의 거의 1/3이 리베이트와 함께 판매되고 있으며, 디지털 카메라, 캠코더, LCD TV의 20% 이상이 그렇다.

리베이트 업계에서 30년 경력의 베테랑인 Hal Stinchfield에 따르면 매년 약 $4억의 리베이트가 제공된다고 한다. 총액면가는 $60억에 달한다고 추정한다. 사무용품 소매업체 스테이플스(Staples)는 자사와 공급업체들이 매주 $350만의 리베이트를 지급한다고 말한다.

무질서에 대한 세금

리베이트가 이렇게 성행하는 이유는 무엇일까? 컨설팅 회사인 베리쿠르(Vericours)의 이사 Peter S. Kastner는 소비자가 리베이트를 신청하지 않거나 신청이 거부되어 전체 리베이트의 40%가 상환되지 않는다고 추정한다. 이는 소매업체와 공급업체가 매년 $20억 이상의 추가 수익을 올린다는 의미로 해석할 수 있다. 리베이트는 소비자가 제품의 할인된 가격에 집중한 후 정가로 구매하도록 유도하는 역할을 한다. 컨설팅 회사 애버딘 그룹(Aberdeen Group)의 소매업 연구 책임자인 Paula Rosenblum은 "리베이트의 핵심은 100% 상환에 미치지 못하는 금액은 공짜 돈이라는 점"이라고 말한다.

기업의 수익에 미치는 영향은 놀라울 정도로 클 수 있다. 티보(TiVo)의 예를 보자. 이 회사는 1분기 손실을 작년 같은 기간의 $910만에서 $85만 7,000으로 급격히 줄임으로써 월스트리트를 놀라게 했다. 여기에는 한 가지 이유가 있는데, 티보의 신규 가입자 10만 4,000명 중 약 5만 명이 우편 리베이트 혜택을 받지 않아 예상 리베이트 비용이 $500만 감소했기 때문이다. 티보는 일반적으로 크리스마스 쇼핑 시즌에는 소비자들이 너무 분주해서 제때 리베이트를 신청하지 못할 수 있어 일반적으로 리베이트 신청률이 낮다고 주장한다.

소매업체와 공급업체에게 발생하는 이 엄청난 혜택은 부분적으로 인간의 본성 덕분이다. 많은 소비자가 너무 게으르거나, 건망증이 있거나, 바빠서 리베이트를 신청하지 못한다. 어쩌면 무질서한 사람들에 대한 세금이라고 할 수 있겠다. 다른 사람들은 50센트, $50, 심지어 $200을 번거롭게 돌려받을 가치가 없다고 생각한다.

"깜짝 놀랐다"

그러나 많은 소비자와 주 및 연방 당국은 기업이 상환율을 낮추기 위한 규칙을 설계한다고 의심한다. 이들은 기업이 복잡한 규정, 1주일에 불과한 신청 기간, 반복적인 영수증 사본 요청, 수표 발송의 오랜 지연 등을 통해 소비자가 돈을 찾으려는 시도조차 하지 못하도록 방해한다고 주장한다. 수표가 도착해도 스팸 메일처럼 보여서 쓰레기통에 버려지는 경우도 있다.

이러한 장애물도 Chuck Gleason을 막지는 못했다. 리베이트 중독자인 그는 하이테크 및 전자기기 구매 시 수십 건의 리베이트를 받아왔다. 하지만 그는 리베이트를 받는 일이 때때로 자신을 미치게 만든다고 말한다.

예를 들어, 2004년 11월 7일, 57세의 포틀랜드(오리건) 금속 재활용 회사의 운영 책임자인 Gleason은 $300에 티보 디지털 비디오 레코더를 구입했다. 티보는 만약 Gleason이 영수증과 상자에 있는 범용 제품코드를 우편으로 보내고 최소 30일 동안 티보 구독을 유지하면 6~8주 후에 $100의 리베이트가 지급될 것이라고 약속했다.

Gleason은 바로 다음 날 서류를 제출했지만 아무 일도 일어나지 않았다. 2월까지 몇 차례의 후속 조치에도 불구하고 여전히 $100을 돌려받지 못하자 그는 주 및 연방 공무원에게 불만을 제기하겠다고 협박했다. 하지만 티보의 리베이트 담당 업체인 파라고(Parago)는 그를 더욱 분노하게 만들었다. "귀하의 문제는 추가 조사가 필요하기 때문에 귀하의 이메일을 특별 팀으로 전달했습니다"라는 고객 서비스 상담원 Sophie의 이메일이 도착했기 때문이다.

마침내 수표는 DVR을 구입한 지 14주가 넘은 3월 29일에 도착했다. "깜짝 놀랐다."고 Gleason은 말했다.

'파손'과 '미끄러짐'

티보 관계자는 개인 정보 보호를 이유로 이 사건에 대한 논의를 거부했다. 그러나 회사는 불편을 끼쳐드려 죄송하다며 최근 tivo.com에서 인쇄 가능한 가입 양식을 제공하여 필기 오류를 줄이도록 리베이트 절차를 변경했다고 밝혔다. 파라고는 또한 이 사건에 대한 논의를 거부했지만 매년 처리하는 수천만 건의 리베이트 중 오류가 발생하는 경우는 드물다고 언급했다.

실제로 리베이트를 제공하는 리베이트 처리업체와 기업은 리베이트를 의도적으로 거부하려는 게 아니라고 주장하고 있으며, 미네소타주 오로노에 있는 컨설팅 회사인 프로모션 마케팅 인사이트의 최고 경영자인 Stinchfield는 이러한 움직임이 '브랜드 자살'과 비슷하다고 말한다. 오히려 기업은 이 규칙이 사기를 막기 위한 것이라고 말한다. 리베이트 처리업체는 사기 발생 규모에 대한 추정치를 제공하지 않지만, 미국 최대 리베이트 처리업체인 영 아메리카(Young America Corp.)는 현재 가짜 리베이트를 제출한 것으로 의심되는 1만 개의 주소를 모니터링하고 있다고 말한다.

리베이트를 받지 않는 구매자를 찾는 과정에서 특별한 업계 용어가 생겨났다. 리베이트를 신청하지 않는 소비자의 구매를 '파손(breakage)'이라고 한다. 예를 들어 일부 휴대폰에 대해 100% 리베이트를 지급하는 휴대폰 회사는 수익을 창출하기 위해 부분적으로 '파손'에 의존한다. 현금화되지 않는 리베이트 수표를 '미끄러짐 (slippage)'이라고 한다.

불만사항 급증

뉴욕주 뉴로셸에 있는 한 처리업체인 TCA 풀필먼트 서비스(TCA Fulfillment Services)는 몇 년 전에 기업 고객을 위한 '리베이트 상환 가이드'를 발행했다. 여기에는 $100 제품에 $10 리베이트의 경우 10%, $200 제품에 $50 리베이트의 경우 35%에 불과한 낮은 환급률을 예로 들며 기업이 TCA를 고용한 후 기대할 수 있는 낮은 환급률에 대해 언급했다. "다른 처리업체를 고용하는 경우 이러한 리베이트 비율에 20%를 더하시오."라고 차트에 나와 있다.

텍사스주 루이스빌에 본사를 둔 파라고는 지난해 12월 TCA의 고객 목록을 구입했지만 이 가이드를 부인한다. 고객이 회사에 판매 데이터를 제공하지 않기 때문에 현재 요율을 추정할 수 없다고 말한다. TCA의 설립자인 Frank Giordano는 여러 차례의 전화와 견해를 요청하는 서신에 응답하지 않았다.

프록터앤갬블 같은 소비자 제품 제조업체는 1970년대에 제품에 실제로 가격을 표시하지 않고도 소액 할인을 광고할 수 있는 멋진 방법으로 리베이트를 개척했다. 90년대에는 컴퓨터 제조업체와 가전 제품 회사들이 구식이 되기 전에 PC, 휴대폰, TV 일체를 옮기는 방법으로 리베이트를 제시하면서 그 인기가 치솟았다. 리베이트의 가치도 몇 달러에서 $100 이상으로 급증했다.

더 많은 기업이 리베이트를 제공하고 소비자가 부담해야 하는 금액이 늘어나면서 불반노 급증했다. 2001년 964건에서 작년에는 3,641건으로 3배나 증가했다. 하지만 처리 담당자들은 처리해야 하는 방대한 클레임에 비하면 그 숫자는 여전히 미미한 수준이라고 말한다.

규제 조사

David S. Bookbinder는 많은 불만을 제기한다. 40세의 컴퓨터 기술자인 그는 매년 100건 이상의 우편 리베이트를 청구한다. 매사추세츠주 리비어에서 컴퓨터 수리 업체인 토털PC서포트(Total PC Support)를 운영하는 그는 이러한 거래로 자신과 고객이 $2,500을 절약할 수 있다고 말한다. 8주 동안 기다린 후 그는 보통 고객 서비스 번호로 전화를 걸어 수표를 찾는다. 담당자가 서류 처리가 잘못되었다고 주장하거나 시간을 더 달라고 요청하면 그는 자동으로 거래개선협회(BBB), 연방거래위원회(FTC) 및 주 법무장관에게 불만을 제기한다.

규제 당국은 업계에 대한 조사를 강화하고 있다. 지난 10월, Eliot Spitzer 뉴욕 법무장관은 삼성전자 미국 법인과 소송을 합의했다. 삼성전자는 아파트 건물에 거주한다는 이유로 리베이트 지급을 거부당한 소비자 4,100명에게 $20만을 지급하기로 합의했다. Spitzer 의원실에 따르면 삼성의 리베이트 프로그램은 주소당 리베이트를 한 번만 허용했고, 신청서에는 아파트 호수를 기재할 수 있는 칸이 없었다. 삼성은 답변 요청에 응답하지 않았다.

한편, 코네티컷주에서는 리베이트 이후에만 가격을 표시하는 광고, 즉 주에서 금지된 마케팅 방식에 대해 당국이 조사하고 있다. Richard Blumenthal 법무장관은 해당 소매업체의 이름을 공개하지 않았다. 그는 "소비자가 리베이트를 받기 위해 무리수를 두거나 비논리적이거나 자의적인 이유로 리베이트를 거부당하는 경우, 이는 우리 조사에 기름을 붓는 것"이라고 말한다.

"인센티브 없음"

일부 규제 당국은 새로운 전술을 사용하고 있다. 11월 7일, 매사추세츠주 당국은 영 아메리카를 상대로 $4,300만의 현금화되지 않은 리베이트 수표를 감사에 제출할 것을 요구하는 소송을 제기했다. 미네소타주 영 아메리카에 본사를 둔 이 회사는 고객에게 낮은 수수료를 부과하는 대가로 1995년부터 2002년 중반까지 이 금액을 보관했다고 밝혔다. 매사추세츠 공무원들은 현금화되지 않은 수표를 보관하는 것이 합법적인 상환 청구를 거부하는 인센티브가 될 수 있다고 생각한다. 매사추세츠주 재무장관 Timothy P. Cahill은 "이것은 마치 오래된 미끼와 스위치 같다."고 말한다.

영 아메리카가 반격하고 있다. 《Bloomberg Businessweek》의 질문에 대한 서면 답변에서 Roger D. Andersen CEO는 회사의 정책을 지지하며 소매업체와 공급업체가 현금화되지 않은 수표를 보관하는 것을 선호하는 경우가 있다고 말한다. 덕분에 영 아메리카는 수표를 돌려보낸 다음 고객으로부터 수수료를 회수하지 않아도 된다.

"영 아메리카는 제출된 수표가 유효하든 유효하지 않든 동일한 수수료를 받는다."고 말하며 그가 덧붙였다. "우리는 부도율을 높일 인센티브가 없다."

통일된 규정

우편 리베이트에 대한 반발로 인해 일부 기업은 리베이트를 중단하고 있다. 베스트바이(Best Buy)는 2년 안에 리베이트를 단계적으로 폐지할 계획이다. 스테이플스에서는 우편 리베이트가 수년 동안 고객 불만사항 1위였다고 영업 및 머천다이징 디렉터인 Jim Sherlock은 말한다. 그래서 1년 전, 매사추세츠주 프레이밍햄에 있는 이 회사는 고객이 리베이트를 신청하고 진행 상황을 추적하는 데 사용하는 EasyRebates라는 온라인 시스템으로 전환했다.

스테이플스는 리베이트 지급 대기시간이 약 10주에서 4주로 단축되었고, 리베이트 불만도 25% 감소했다고 말한다. '파손'도 10% 정도 감소했지만, 미청구 리베이트의 감소는 사기 방지 기능이 향상되어 상쇄되었다고 말한다.

처리업체도 시스템을 정비하고 있다. 구체적인 수치는 공개하지 않지만 파라고는 컴퓨터 기술에 '수천만 달러'를 투자했다고 말한다. 이제 고객 서비스 상담원이 아닌 컴퓨터가 대부분의 클레임을 검증한다. 그런 다음 소비자는 이메일 업데이트를 받고 RebatesHQ.com과 같은 웹사이트를 확인하여 클레임을 모니터링할 수 있다. 파라고의 최고 재무 책임자 Juli C. Spottiswood는 이전에는 리베이트 업데이트를 받는 것이 "큰 블랙홀"이었다고 말한다.

수십억 달러가 걸려 있는 리베이트에 대한 통일된 규칙을 정하려는 움직임은 격렬한 반응을 불러일으켰다. 작년에 캘리포니아주 상원의원 Liz Figueroa는 기업이 고객에게 최소 30일의 리베이트 신청 기간을 부여하고, 신청서를 받은 후 60일 내에 수표를 우편으로 발송하며, 리베이트 지급을 표준화하도록 하는 법안을 발의했다.

"규제가 필요하다"

거대 통신사인 SBC 커뮤니케이션즈(SBC Communications)와 티모바일(T-Mobile), 그리고 캘리포니아 제조업체 및 기술 협회(California Manufacturers & Technology Assn.)는 발빠르게 움직였다. 이들은 Figueroa의 법안이 리베이트에 필요한 증명을 줄임으로써 비용을 높이고 사기를 증진할 것이라고 주장했다. 캘리포니아주 하원과 상원을 통과한 이 법안은 Arnold Schwarzenneger 주지사에 의해 거부권을 행사당했다.

현재 민주당 소속인 Figueroa 주지사는 1월에 이 법안의 재도입 여부를 검토하고 있다. "이것은 규제가 필요한 분야다."라고 그녀는 주장한다.

단속과 개혁 노력에도 불구하고 리베이트 상환은 결코 쉽지 않을 것이다. "완벽한 세상이라면 소비자는 우편 리베이트가 사라지기를 바랄 것"이라며 NPD의 산업 분석 담당 이사인 Stephen Baker가 덧붙였다. "하지만 소비자들은 가능한 한 최고의 가격을 원한다. 이 두 가지는 근본적으로 상충되는 측면이 있다."

사례 토론 질문

1. 이 사례에서는 제조업체들이 도매가격을 낮추는 대신 리베이트를 제공하려는 이유 한 가지를 설명한다. 이를 맞춤형 가격 책정의 예로 볼 수 있는 이유를 설명하시오.
2. 모든 리베이트가 상환되더라도 제조업체가 도매가격을 낮추지 않고 리베이트를 제공하려는 이유는 무엇인가?
3. 소니(Sony)나 파나소닉(Panasonic) 같은 베스트바이의 대형 공급업체가 아닌 베스트바이가 리베이트 폐지를 고려하는 이유는 무엇이라고 생각하는가?

CHAPTER 16

정보 기술과 비즈니스 프로세스

CASE 공급망 소용돌이

5년 전 월풀(Whirlpool)은 글로벌 공급망을 개선하기 위한 노력을 시작했다. 그 결과 많은 개선점이 보였지만 아직 끝나지 않았다.

2000년에 월풀의 공급망은 파괴되었다. 실제로 당시 그곳의 한 관리자가 미국의 주요 가전 제품 제조사 네 곳 중 월풀의 배송 성능이 다섯 번째라고 농담할 정도였다.

공급망 프로젝트 디렉터인 J. B. Hoyt는 "우리는 재고가 넘치거나 부족한 현상을 겪었고, 잘못된 재고를 보유한다든가, 적당한 재고가 잘못된 장소에 있는 등의 다양한 문제를 겪었다."고 말했다. 그러던 어느 날 그는 판매 부사장에게서 공급망 실적이 다소 떨어져도 좋으니 현재와 같이 생산 및 배송 계획이 좋은 상태와 나쁜 상태를 오가는 것보다 더 일관성을 유지하라는 지시를 받았다.

이에 2001년에 미시간주 벤튼 하버에 위치한 월풀은 전 세계적으로 여러 프로젝트를 통한 공급망 시스템의 대대적인 개선 작업에 착수했다. 이 메타프로젝트는 현재도 진행 중이며, 아직 배포되지 않은 여러 시스템과 해결해야 할 몇 가지 주요 기술적 문제들이 남아 있다. 하지만 월풀의 관리자들은 고객 서비스 향상과 공급망 비용 감소를 비롯한 지금까지의 성공으로부터 남은 시스템 작업을 추진하는 데 필요한 심리적 및 재정적 동력을 얻고 있다고 말한다.

월풀의 CIO인 Esat Sezer는 2000년까지 회사가 기업 인수와 지리적 확장을 통해 성장했으나, 스프레드시트와 수동 시스템으로 누덕누덕 이어진 오래된 시스템들이 폭발적으로 복잡해지는 상황을 감당할 수 없었다고 말하며, "우리의 공급망은 우리에게 경쟁적인 불리함으로 변하고 있었다."고 덧붙였다. 제품이 올바른 장소에 올바른 시간에 있을 확률을 의미하는 '가용성(availability)'은 용납할 수 없을 정도로 낮은 83%에 불과했으며, 이는 재고가 전반적으로 많은 상태에서도 마찬가지였다.

Sezer에 따르면, 회사 내에서 개발된 공급 시스템은 원시적이었다. 이 시스템들은 1999년에 설치된 회사의 SAP 및 기업 자원 계획 시스템이나 기존의 생산 스케줄링 시스템과 잘 통합되어 있지 않았으며, 주요 도매 고객이나 부품 및 재료 공급업체의 시스템과도 통합되어 있지 않았다. Sezer는 "우리가 만든 계획이 현실과 연결되지 않았다."고 말했다.

Sezer는 특히 공급망 시스템이 세밀하지 않고, 우선순위와 제약 조건을 잘 조절하지 못했으며, 오로지 느리고 번거로운 수동적인 방법으로만 대처했다고 지적한다. 종종 한 위치에서 단일 제품 라인을 최적화하는 것처럼 지역적인 최적화만 달성했으나 전체 공급망에 대한 최적화를 진행하지는 못했다.

2000년에 월풀이 북미 공급망에 사용하고 있던 방식은 다음과 같다.

- 1980년대 중반에 개발되어 수년간 광범위하게 수정된 자체 제작 생산 스케줄링 시스템인 월풀 제조 관리 시스템(WMCS, Whirlpool Manufacturing Control System)
- 1999년에 설치되어 회계 및 주문 처리와 같은 트랜잭션 처리 애플리케이션에 사용된 SAP AG의 R/3 기업 자원 계획 시스템
- 1997년에 설치되어 수요 예측에 사용된 i2 테크놀로지사의 수요 플래너(현재 수요 매니저)
- 월풀을 위해 1980년대에 맞춤 개발된 배포 계획 시스템으로, ILOG사의 최적화 소프트웨어

그다음 2001년에 월풀은 고급 계획 및 스케줄링(APS, Advanced Planning and Scheduling) 시스템을 도입하기 시작했다. 이 시스템은 i2의 공급망 통합 및 최적화 도구 모음을 포함하고 있었으며, 주 스케줄링, 배포 계획 및 재고 계획을 위한 '공급망 플래너'로 구성되어 있었다. 이 세 가지 모듈은 월풀의 공급망 문제 해결을 위한 핵심이었으며, 2001년과 2002년 사이에 세 단계에 걸쳐 구현되었다.

2002년 중반에 월풀은 i2의 TradeMatrix 협력적 계획, 예측 및 보충(CPFR, Collaborative Planning, Forecasting and Replenishment) 시스템을 설치했다. 이것은 웹 기반 협업 도구로, 월풀과 주요 무역 파트너인 시어스로벅앤드컴퍼니(Sears, Roebuck and Co.), 로우스(Lowe's Cos.), 베스트 바이의 판매 예측을 공유하고 결합하는 데 사용되었다.

공급업체와의 웹 기반 협업을 위한 구성 요소의 출시는 SAP의 '재고 협업 허브'를 기반으로 하며, 현재 시작 단계에 있다. 그리고 월풀은 여전히 오래된 WMCS를 생산 일정 계획에 사용하고 있지만 이를 SAP의 '생산 계획' 모듈로 교체할 계획이다.

시스템 개편의 효과

모두가 말하길, 공급망 개편은 $130억 규모의 회사인 월풀에게 엄청난 성공이었다. CPFR은 예측 오류를 절반으로 줄였다. APS는 북미 지역의 제품 가용성을 83%에서 93%로 높였고(현재 97%) 완제품 재고를 20% 이상 줄였으며, 운송 및 창고 비용에서 5%를 절감했다. 월풀은 프로젝트 비용에 대해서는 언급을 거부했다.

월풀의 관리자들은 이러한 프로젝트 성공에 대한 공을 IT 부서와 사업 부문 간의 긴밀한 파트너십에 돌린다. Hoyt는 IT 부서가 "이게 당신이 찾던 도구입니다."라고 하지 않은 것이 처음이라고 말했다. 사업 부문이 원하는 기능인 x, y, z 모두 IT 부서에 전달했고 함께 요구사항 분석을 수행했다.

월풀은 북미에서 모든 기업 자원 계획 및 공급망 시스템을 SAP로 완전히 표준화하는 것을 고려했지만, 회사의 가용성과 재고 문제를 해결하는 데 필요한 핵심 부분인 APS 시스템에 대해서는 최종적으로 i2가 선택되었다. "많은 논의가 있었지만, 긴 논쟁과 사업 요구사항에 대한 토론 끝에 우리는 북미에서 i2 도구 세

트를 선택하기로 결정했다."고 Hoyt는 말한다.

하지만 i2는 비즈니스 부문이 원하는 세밀한 최적화, 제약 기반 계획, 우선순위 설정을 처리하는 데 SAP보다 더 능숙한 것으로 보였지만, IT 관점에서는 이상적이지 않았다. APS 시스템은 SAP 전체 공급망 시스템보다 더 많은 비용이 들었으며 IT 부서의 예산은 약 $1억 9천만밖에 되지 않았다. 이는 APS 시스템이 통합이 덜 되어 있고, 시스템 인터페이스가 더 많으며 내부에서 유지해야 할 더 많은 기술이 필요했기 때문이다. 게다가 IT 부서는 i2의 재정 상태 악화에 대해 우려하고 있었다.

월풀은 이미 IBM AIX 애플리케이션 서버와 zSeries 메인프레임 데이터베이스 서버를 공급망 시스템에 표준화했으며, 벤턴 하버에 위치한 단일 데이터센터에 전 세계 운영 시스템을 모두 구축했다. 이제 남은 것은 소프트웨어를 표준화하는 것이었다.

그래서 2001년, CIO를 통해 월풀의 임원 위원회로부터 공급망 현대화는 앞으로 완전히 SAP를 기반으로 진행될 것이라는 지시가 내려왔다. 특히 2003년 유럽과 라틴 아메리카를 위해 계획된 새로운 시스템은 성능이 더 좋지만 비용이 많이 드는 북미 i2 기반의 APS 시스템 대신 SAP의 Advanced Planner와 Optimizer를 사용하기로 했다. 그리고 공급업체 및 무역 파트너와의 웹 협업을 위해 북미의 TradeMatrix CPFR 대신 SAP의 NetWeaver를 사용하기로 했다.

월풀의 수석 공급망 분석가인 Vivek Mehta는 SAP가 i2의 최적화 능력을 따라잡을 수 있지만, 한편으로는 i2의 재정 상태가 걱정된다고 말한다. "우리가 i2에서 상호 작용했던 10명의 사람들 중 일부는 이제 떠났다."고 말하며 연속성이 부족한 것을 지적했다.

"우리는 IT 조직이 모든 것을 SAP로 밀고 가고 있는 반면, 사업 부문은 가치가 있다고 판단되는 것은 무엇이든 추구하는 상태에 있다."고 Mehta는 말한다. "사업 부문이 이제 최적의 계획, 높은 서비스 수준, 낮은 재고에 익숙해졌기 때문에 그것을 해치는 새로운 시스템을 가져오면 사업 부문은 절대로 그것을 받아들이지 않을 것이다." Sezer는 월풀이 아마도 i2를 SAP로 교체할 것이라고 하나 서두르진 않을 것이라고 말한다. "그 투자로부터 수익을 얻은 후에 플랫폼 결정을 내리고 싶다."고 그는 말한다. Sezer는 월풀이 IBM과 SAP를 '전략적 파트너'로 표준화한 이래 4년 동안 평균적으로 수익은 매년 $10억 증가하고 IT 비용은 매년 6% 감소했다고 말한다. 또한 세 회사가 모두 참여하는 여러 공동 개발 프로젝트가 진행 중이라고 한다. 하지만 현재로서는 SAP와 i2의 조합이 월풀에게 잘 맞으며, 몇 년 전의 도구들보다 훨씬 나은 성능을 보여준다. Sezer는 회사의 공급망이 이제 경쟁 우위를 가지고 있다고 말한다. "전 세계적으로 모든 운영 플랫폼을 관리할 수 있는 것은, 오늘날 우리 경쟁사 중 누구도 갖고 있지 않은 것으로 알고 있다."며 그는 자부한다.

이 계획이 2004년경에 실행된 이후, 월풀 전략의 핵심은 동일하게 유지되었지만, 이후의 기술 변화로 새로운 관심사가 생겼다.

이러한 변화 중 하나는 SAP의 EWM을 사용하여 창고 관리 시스템(WMS, Warehouse Management Systems)을 표준화하는 것이다. 이는 작업 교차 진행, 크로스 도킹, 음성 피킹 등의 기능을 강화하여 전자상거래를 위한 드롭 시핑(drop shipping) 같은 새로운 프로세스를 가능하게 한다. 유통센터(DC, Distribution Center) 내부의 노동력 부족은 DC를 위한 자율 유도 차량 및 자동 저장 시스템에 대한 투자를 촉진했다.

이 장을 마치고 나면 다음 질문에 답할 수 있다.

- 비즈니스 프로세스 변화가 IT 구현에 미치는 영향은 무엇인가?
- 공급망 관리의 관점에서 IT의 목표는 무엇인가?
- 공급망 관리의 목표를 달성하기 위해 필요한 IT 구성 요소는 무엇인가?
- 공급망 구성 요소 시스템은 무엇이며, 어떻게 접근해야 하는가?
- 의사결정 지원 시스템은 무엇이며, 어떻게 공급망 관리를 지원하는가?
- 의사결정 지원 시스템을 선택할 때 사용해야 하는 기준은 무엇인가?
- 최상의 시스템 선택을 주도하는 요인은 무엇인가?

16.1 개요

정보 기술(IT, Information Technology)은 효과적인 공급망 관리의 중요한 촉진제로, 일반적으로 전체 기업과 그 너머를 아우르며, 한쪽 끝에는 공급업체, 다른 쪽 끝에는 고객을 포함한다. 따라서 공급망을 위한 IT에 대한 논의는 개별 회사 내부의 시스템뿐만 아니라 여러 회사와 개인 간의 정보 전달을 촉진하는 외부 시스템도 포함할 것이다.

3장에서 학습했듯이, 실제로 비용과 리드 타임을 줄이고 서비스 수준을 높이는 공급망 전략을 적용할 때 관련 정보의 적시성과 가용성이 중요하다. 또한 점점 더 많은 회사가 차별화 전략의 일환으로 고객과의 강력한 장기적 관계를 발전시키기 위해 가치를 더한 IT 기반 서비스를 제공하고 있다. 물론 한 번이라도 업계 내 한 회사가 이러한 종류의 서비스를 제공하게 되면 다른 회사들 역시 매우 빠른 속도로 갖추어 나간다.

우리 IT 논의의 주요 주제이자 이 장의 첫 번째 절은 비즈니스 프로세스(BP, Business Process) 변경과 IT 개선을 결합하는 것의 중요성이다. MIT, PRTM, SAP의 중대한 연구는 IT 전략, 탄탄한 비즈니스 프로세스, 공급망 성과 간에 강력한 연관성이 있다고 제안한다.

이것은 '영업 및 운영 계획'이라는 중요한 공급망 프로세스에 대한 논의로 보완되며, 이 프로세스를 더욱 효과적으로 작동시키는 데 도움이 될 수 있는 IT 솔루션의 종류를 다룬다.

17장에서는 표준, 인프라, 전자상거래와 관련된 기술 문제를 더 자세히 다룰 것이다. 이 장에서는 공급망 IT의 기본 목표와 공급망 관리와 관련된 특정 시스템 구성 요소를 검토할 것이다. 의사결정 지원 및 비즈니스 인텔리전스 기술을 탐구하고 이것이 공급망 계획과 어떻게 관련되는지 살펴볼 것이다. 마지막으로, 현재 시스템이나 IT 상황에 공급망 기능을 통합하고 의사결정을 내리는 방법을 분석하는 여러 방법에 대해 논의할 것이다.

16.2 비즈니스 프로세스의 중요성

MIT, PRTM, SAP의 개척적인 연구와 월풀 사례 연구에 등장한 많은 일화는 IT 전략, 탄탄한 비즈니스 프로세스, 공급망 성과 간의 연결고리가 있음을 보여주었다. 하지만 이 연구가 나오기 전까지는 이 연결고리를 확립할 명확한 증거가 별로 없었다. 이 연구에서 저자들은 약 75개 다른 공급망에서 나온 데이터를 사용해 주로 비즈니스 프로세스에 투자하는 회사들이 IT에만 투자하고 적절한 비즈니스 프로세스가 없는 회사보다 더 성과가 좋다고 주장했다. 실제로 데이터는 적절한 비즈니스 프로세스 없이 기술에만 투자하는 것이 손실을 초래할 수 있다는 것을 보여주었다.

구체적으로, 이 연구의 목적은 비즈니스 프로세스의 성숙도, IT 인프라에 대한 투자 금액, 공급망 성과 간에 직접적인 상관관계가 있는지를 찾는 것이었다. 이러한 문제를 해결하기 위해 다음과 같은 두 가지 도전 과제가 있었다.

- 공급망 효율성을 특징짓는 지표를 식별하는 것
- 비즈니스 프로세스의 성숙도 수준과 회사가 사용하는 정보 기술을 특징짓는 지표를 개발하는 것

물론 공급망 성과를 측정하는 것은 상대적으로 쉽다. 실제로 지난 몇 년 동안 많은 회사들이 주요 성과 지표(KPIs, Key Performance Indicators)를 사용하여 공급망에서 기회와 어려움을 식별했다. 사실 이것이 최근 개발된 많은 벤치마킹 방법론의 주된 동기였는데, 예를 들어 공급망 협의회(Supply Chain Council)에 의해 개발된 공급망 운영 참조(SCOR, Supply-Chain Operations Reference) 모델이 있다.

불행히도, 비즈니스 프로세스의 성숙도 수준이나 회사가 가지고 있는 정보 기술 인프라를 측정하는 것은 훨씬 더 어렵다. 그러나 실제적인 어려움은 회사 비즈니스의 여러 부분이 각각 다른 성숙도 수준에 있을 수 있다는 사실이다. 실제로 비즈니스 내 같은 분야에서도 비즈니스 프로세스의 성숙도와 정보 기술이 서로 잘 보완되지 않아 균형이 맞지 않을 수 있다. 따라서 저자들은 두 세트의 질문을 개발했다. 하나는 비즈니스 성숙도 수준을 특징짓는 것이고, 두 번째는 정보 기술의 성숙도 수준을 특징짓는 것이다.

회사 비즈니스 프로세스의 전반적인 성숙도 수준은 SCOR 모델을 기반으로 하며 네 가지 범주는 다음과 같다.

레벨 1 : 단절된 프로세스 이 레벨에서 회사는 많은 독립적인 프로세스가 확산되어 있다는 특징을 가지고 있다. 회사는 기능적으로 조직되어 있으며 서로 아예 통합되어 있지 않거나 그 정도가 낮다. 이 때문에 공급망 계획은 일반적으로 각 분야에서 독립적으로 수행된다. 이 레벨의 특징은 다음과 같다.

- 기능적(silo, 정보의 저장 창고) 전략
- 명확하고 일관성 있는 공급망 관리 프로세스의 부족
- 성과 지표가 없거나, 회사 목표와 일치하지 않는 성과 지표를 가짐

레벨 II : 내부 통합 이 레벨에서 회사는 기능적으로 조직되어 있으며, 서로 통합되어 있다. 결정은 영업, 제조, 물류와 같은 주요 부서의 통합을 통해 이루어진다. 공통의 예측 결과가 조직 전체에 적용된다. 이 레벨의 특징은 다음과 같다.

- 정보의 통합으로 재고를 줄이고 효율성을 향상
- 전체 조직에서 따르는 문서화된 프로세스가 존재
- 부서별로 사용되는 주요 측정 지표가 존재

레벨 III : 기업 내 통합 및 제한적인 외부 통합 이 레벨에서 회사는 기능 간 조직화되어 있다. 이 단계의 조직은 주요 공급업체와 고객을 의사결정 과정에 참여시킨다. 이 레벨의 특징은 다음과 같다.

- 내부 공급망 전반에 걸쳐 최적화된 의사결정을 도출
- 모든 관련 내부 조직이 참여하는 정교한 프로세스가 존재
- 주요 공급업체 및 고객이 공급망 계획에 포함

레벨 IV : 다기업 통합 이 레벨의 조직은 다기업 프로세스를 적용하고, 공통의 비즈니스 목표를 공유하며, 공급업체와 고객의 비즈니스 환경에 대한 광범위한 지식을 가지고 있다. 협력은 거래 파트너를 연결하고 그들이 하나의 가상 기업으로 운영될 수 있게 한다. 이 단계의 특징은 다음과 같다.

- 전체 공급망에 걸쳐 협력
- 내부 및 외부의 협력적 공급망 관리는 주요 서비스 및 재무 목표에 중점을 둠
- 공급망 결과를 회사 목표와 직접 연결하는 지표를 사용

비즈니스 프로세스의 다양한 레벨은 해당하는 정보 기술 인프라에 의해 지원되어야 한다. 다음은 연구에서 적용된 IT 시스템의 네 가지 다른 범주이다.

- **레벨 I** : 배치 프로세스, 독립적인 시스템, 조직 전체의 중복된 데이터. 의사결정을 위한 데이터의 스프레드시트 및 수동 조작에 초점을 둔다.
- **레벨 II** : 공급망 전체에서 공유되는 데이터. 공급망 전체의 데이터를 적용하는 계획 도구를 사용하여 결정을 내린다. 예를 들어, 수요 계획 모듈이 전문 지식, 고급 알고리즘 및 통계 방법을 적용한다.
- **레벨 III** : 내부 데이터의 완전한 가시성. 주요 공급업체와 고객은 이러한 데이터 중 일부에 접근할 수 있다. 예를 들어, 예측이 주요 공급업체와 공유된다. 데이터뿐만 아니라 프로세스도 공급망 전체에서 공유된다.
- **레벨 IV** : 데이터와 프로세스가 내 · 외부적으로 공유된다.

공급망 성과와 비즈니스 프로세스 및 IT 인프라의 성숙도 간의 연결고리를 특징짓기 위해 연구 팀은 2002~2003년에 전 세계 60개 회사로부터 75개의 각기 다른 공급망에 대한 자세하고 은밀한 정보를 수

집하고 분석했다.

연구 팀은 공급망 계획 프로세스 및 시스템에 중점을 둔 설문지를 통해 데이터를 수집했다. 팀은 SCOR 모델을 적용하여 공급망 비즈니스 프로세스의 현재 상태를 평가했다. 이 모델에서는 7가지 계획 영역이 평가되었다.

- **전략적 계획** : 네트워크 설계, 재고 위치, 제조 전략
- **수요 계획** : 수요 예측 및 프로모션 계획
- **공급 계획** : 공급망 전반에 걸친 제조, 재고, 운송 활동의 조정
- **수요-공급 균형** : 공급업체의 능력과 고객 수요 간의 균형 고려. 가격 및 프로모션 활동은 공급과 수요를 더 잘 맞추기 위해 체계적으로 적용됨
- **조달 계획** : 재료 및 상품 소싱(sourcing) 전략
- **제조 계획** : 단일 사이트 대 기업 전체 전략
- **배송 계획** : 예측, 사용 가능한 용량, 실시간 재고 및 제조 정보에 기반한 고객 약속

각 계획 영역에 대해 팀은 이전 절에서 정의된 성숙도 수준에 따라 시스템과 프로세스를 식별했다. 구체적으로, 팀은 75개 공급망에서 수집된 데이터를 사용하여 7개 차원 각각에서 프로세스와 시스템의 성숙도를 결정했다. 따라서 공급망 비즈니스 프로세스의 성숙도는 각 차원에 대한 7개 점수의 평균으로 결정된다. 그 결과, 공급망의 비즈니스 프로세스 성숙도 수준은 1~4 사이의 숫자로 결정되며, 공급망의 시스템 성숙도도 같은 방식으로 결정된다.

우리는 비즈니스 프로세스(시스템)의 성숙도 수준이 최소 2점 이상인 회사를 성숙한 비즈니스 프로세스(시스템)를 가진 회사로 간주한다. 마지막으로, 상위 20%의 IT 공급망 성숙도를 가진 시스템을 최고 수준의 시스템(BICS, Best-In-Class Systems)으로 정의한다. 물론 이 모든 공급망이 성숙한 비즈니스 프로세스를 가지는 것은 아니다.

이러한 정의와 실증 연구를 기반으로 얻은 결과는 다음과 같다.

- **성숙한 비즈니스 프로세스를 가진 회사는 더 낮은 재고 수준을 갖는다.** 그림 16-1은 성숙한 비즈니스 프로세스를 가진 회사가 재고 공급 일수, 현금 대 현금 주기 시간, 수익의 백분율로 측정된 재고 운반 비용 및 총 폐기 비용을 크게 줄였음을 보인다. 예를 들어, 프로세스가 성숙하고 시스템 성능이 우수한 회사들, 즉 프로세스 성숙도가 높은 BICS 회사들은 재고 운반 비용을 35%까지 줄일 수 있었다. 이것은 다음과 같은 두 번째 주요 발견으로 이어진다.
- **특정 영역에서의 개선은 IT 투자를 요구한다.** 재고 충족률(fill rate) 수준을 고려해 보자(그림 16-2 참조). 주문 생산(MTO, Make-To-Order) 및 조립맞춤생산(CTO, Configure-To-Order) 방식의 회사에는 재고 충족률이 적용되지 않으므로 계획 생산(MTS, Make-To-Stock) 회사의 결과만 표시한 것에 주의하라. 이는 IT 인프라가 재고 충족률 측면에서 엄청난 경쟁 우위를

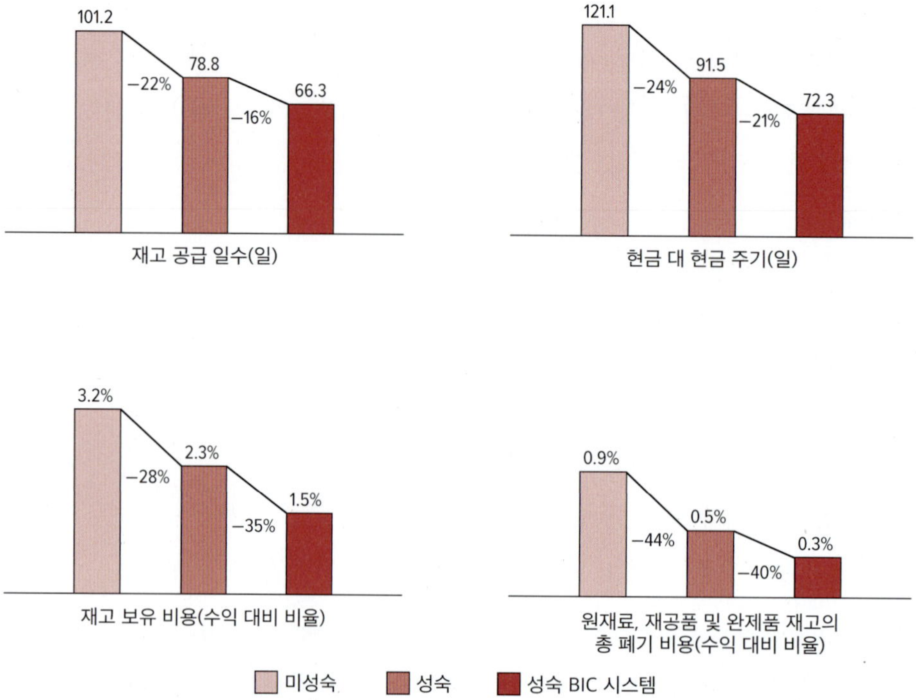

그림 16-1 성숙한 프로세스를 거친 기업은 재고 성과를 향상했으며 BICS 기업은 더욱 나은 성과를 보인다

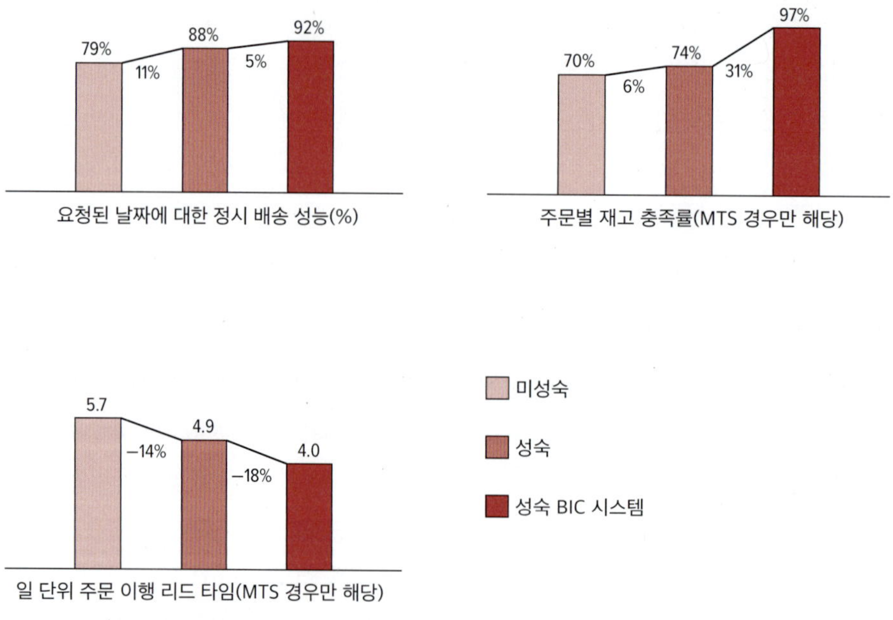

그림 16-2 정시 배송, 재고 충족률, 주문 이행 리드 타임

제공한다는 것을 의미한다. 이 발견에 대한 더 나은 통찰을 얻기 위해 연구 참가자인 글로벌 장난감 제조업체를 고려해 보자. 이 회사는 사업이 성수기인 4분기 동안 분당 수천 건의 주문을 처리해야 한다. 각 주문은 올바른 창고에 할당되어야 하며, 제품 대체도 고려되어야 한다. 이러한 조건은 적절한 재고 충족률 수준을 유지하기 위해 IT 인프라에 상당한 투자를 요구한다.

- **성숙한 프로세스를 가진 BICS 회사는 뛰어난 재무 성과를 달성한다.** 이 연구의 중요한 발견 중 하나는 시스템과 프로세스에 동시에 투자하는 것의 중요성을 강조한다. 실제로 그림 16-3은 성숙한 비즈니스 프로세스와 최고 수준의 IT 시스템을 가진 회사들이 평균적으로 14%의 순이익을 기록했는데, 이는 시장 평균 8%보다 높은 것으로, 75% 더 높은 수익성을 가짐을 나타낸다.
- **IT 인프라에만 투자하는 것은 상당한 비효율을 초래한다.** 연구의 놀라운 발견 중 하나는 IT 인프라에만 투자하고 비즈니스 지원 프로세스에는 투자하지 않은 회사들이 상당한 비효율을 겪고 있다는 것이었다(그림 16-4 참조). 그림에 나타나듯이, IT 성숙도가 높은 상위 20%의 회사인 BICS 회사가 프로세스가 미성숙할 경우 재고 공급 일수가 더 높고, 재고 운반 비용이 더 높으며, IT 인프라에 투자하지 않은 프로세스 미성숙 회사보다 낮은 이익을 기록했다. 예를 들어, 비즈니스 프로세스가 미성숙한 BICS 회사는 재고 공급 일수가 26% 더 높고, 재고 운반 비용이 28% 더 높으며, 평균 이익이 7% 더 낮다. 결론적으로, 비즈니스 프로세스에 대한 지원 없이 IT 시스템만 구현하는 것은 돈 낭비임을 시사한다.
- **IT 투자의 우선순위는 목표에 따라 달라진다.** IT 투자에 대해 자주 묻는 질문은 다양한 IT 기술이 주문 이행 리드 타임, 재고 수준, 현금 대 현금 주기 시간과 같은 각기 다른 성과 기준에 미치는 영

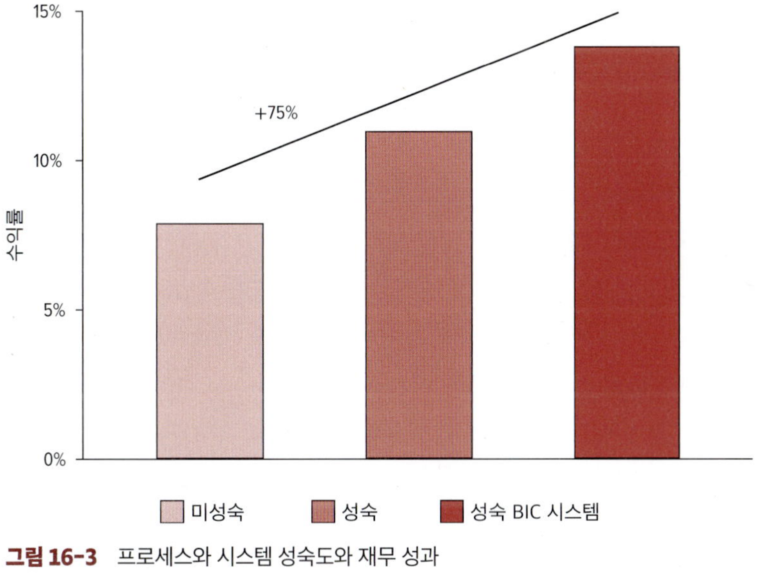

그림 16-3 프로세스와 시스템 성숙도와 재무 성과

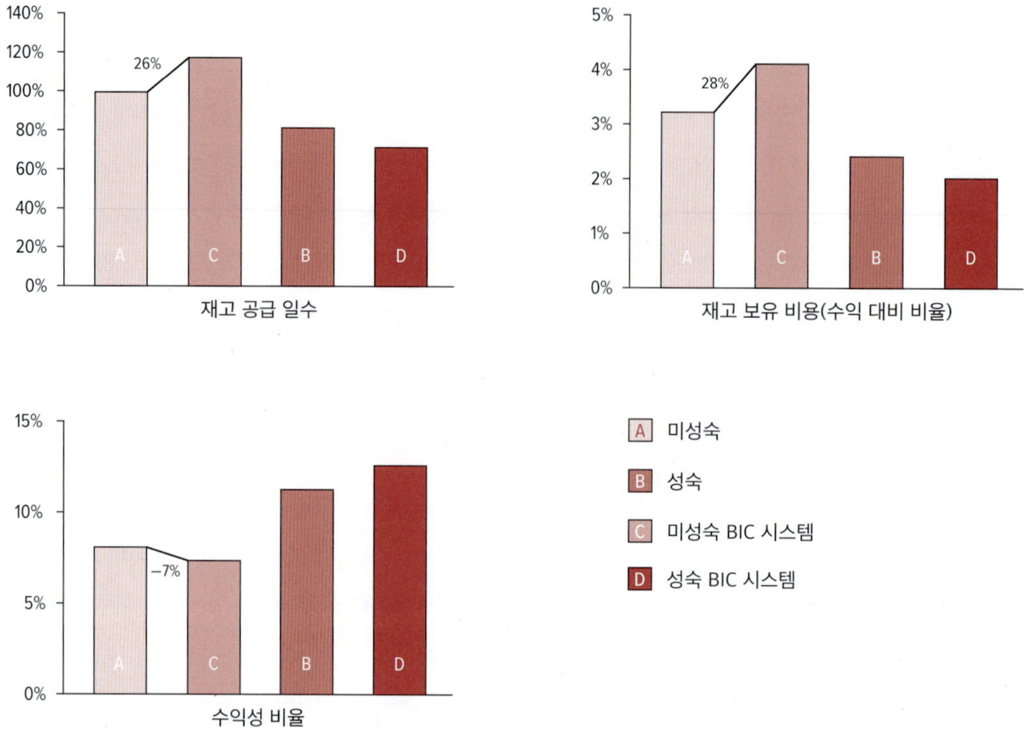

그림 16-4 IT 인프라 투자의 영향

향은 무엇인지에 대한 것이다. 흥미롭게도, 결과는 수요 계획 프로세스를 지원하는 회사들이 그것에 해당하는 소프트웨어 모듈인 수요 계획 모듈에 지원했을 때 주문 이행 리드 타임을 47% 단축하고 현금 대 현금 주기 시간을 49% 줄였음을 보여주었다. 재고 수준에 대한 영향은 재고 일수로 측정했는데 이는 상당히 미미하며, 10% 미만의 감소를 보여준다. 반면에 IT 시스템으로 공급 계획 프로세스를 지원하는 것은 재고(재고 일수)를 약 40% 줄인다는 것을 발견했다.

이전 분석은 그림 16-5에 잘 요약되어 있다. 세로축은 비즈니스 프로세스의 성숙도 수준에 대한 정보를 제공하며, 가로축은 IT 시스템의 성숙도 수준에 대한 정보를 제공한다. 다음 내용은 그림 16-5의 상자들이 무엇을 나타내는지에 대한 논의이다.

상자 A는 비즈니스 프로세스와 IT 시스템이 미성숙한 회사(또는 공급망)를 나타낸다. 연구에 따르면 이러한 공급망은 평균 이하의 비즈니스 성과를 보인다. 이는 높은 재고 수준, 높은 현금 대 현금 주기 시간, 낮은 수익성 등을 몇 가지 예로 들 수 있다.

상자 B는 비즈니스 프로세스가 성숙하고 IT 시스템이 미성숙한 공급망을 나타낸다. 이 범주에 속하는 회사는 프로세스나 시스템에 투자하지 않은 회사보다 훨씬 더 나은 성과를 보이지만, 여전히 많은 부분을 놓치고 있다. 구체적으로, 연구에 따르면 이러한 공급망은 IT에 대한 투자를 통해 우수성 단계를 거쳐 성숙한 시스템으로 전환함으로써 평균적으로 수익의 27%를 증가시킬 수 있다. 물론 IT에 대한 이러한 투자는 비즈니스 프로세스의 조정을 필요로 할 수 있다.

상자 C는 시스템과 프로세스가 성숙한 공급망을 나타낸다. 이러한 공급망은 운영 성능에서 상당한 개선을 누린다. 더 중요하게는, 공급망 리더, 즉 프로세스가 성숙하고 IT 성숙도 상위 20%에 속하는 BICS 공급망은 다른 회사들에 비해 75% 더 높은 이익을 누린다. 실로 놀라운 성과다!

마지막으로, 상자 D는 IT 시스템은 성숙하지만 프로세스가 미성숙한 공급망을 나타낸다. 놀랍게도, 연구는 이러한 회사가 시스템과 프로세스가 미성숙한 회사들보다 더 나쁜 성과를 보인다는 것을 밝혀냈다. 물론 이는 더 신중한 분석을 요구한다. 일반적으로 다른 모든 조건이 동일하다면, 회사 IT 시스템의 성숙도 수준이 높을수록 공급망 성과 역시 향상될 것으로 기대할 수 있으나 연구는 이것이 사실이 아니라고 제안한다.

이 이분법에 대한 여러 가지 설명이 있다. 첫째, IT 인프라는 일반적으로 상당한 투자와 비싼 지원 인력을 동반한다. 동시에 IT는 정보만 제공한다. 정보를 지식과 의사결정으로 효과적으로 전환하는 프로세스가 없다면 공급망은 이 방대한 양의 데이터에 대해 효율적이지 못한 전략으로 대응할 수밖에 없게 된다.

월풀 사례 연구는 프로젝트의 성공이 IT 부서와 비즈니스 부문 간의 긴밀한 파트너십 덕분임을 이야기한다. 실제로 월풀 공급망 프로젝트 디렉터인 Hoyt에 따르면, IT 커뮤니티가 "이게 당신이 찾던 도구입니다."라고 말하지 않은 것은 처음이었다. 사업 부문이 원하는 기능인 x, y, z 모두 IT 부서에 전달하여 함께 요구사항 분석을 수행했다.

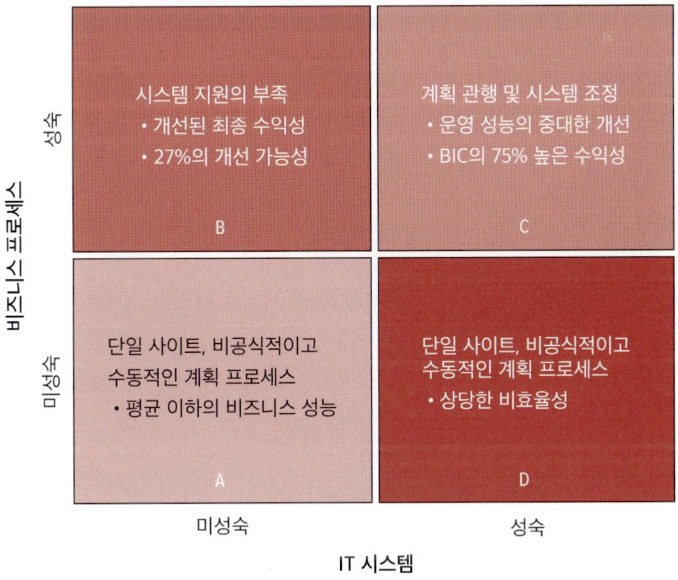

그림 16-5 프로세스 및 시스템과 운영 및 재무 성과의 연결성

이제 업계는 비즈니스 프로세스와 IT를 결합하는 것의 중요성을 모두 인식했다. 15장에서는 서비스 지향 아키텍처(SOA, Service-Oriented Architecture)라고 불리는 새로운 인프라와 소프트웨어 기술과 이와 관련된 비즈니스 프로세스 관리(BPM, Business Process Management) 기술에 대해서 자세히 논의한다. 이 기술은 IT 설계와 비즈니스 프로세스의 더 나은 통합을 가능하게 하고 해당 목적을 위한 로드맵과 기술 솔루션을 제공한다.

16.3 공급망 IT의 목표

공급망을 위한 IT의 어려움과 기회에 대한 다른 관점은 IT가 공급망 관리와 고유의 요구사항과 관련하여 원하는 몇 가지 목표를 고려하는 것이다. 일부 회사와 산업은 현재 이러한 목표를 달성하기에는 아직 멀었지만, 다른 일부는 이미 많은 목표를 달성하기 위한 길을 잘 가고 있다. 정보를 활용하기 위해서는 정보를 수집하고, 접근하고, 분석하며, 협업 목적으로 공유할 수 있는 능력을 가져야 한다. 이러한 분야에서 공급망 관리 시스템의 목표는 다음과 같다.

- 제품의 생산부터 배송 또는 구매 지점까지 모든 정보를 수집하고, 관련된 모든 당사자에게 완전한 가시성을 제공한다.
- 시스템 내의 모든 데이터에 **진실의 단일 원천**으로부터 접근한다.
- 전체 공급망 정보를 기반으로 활동을 분석, 계획하고, 절충안을 통한 결정을 내린다.
- 공급망 파트너와 협력한다. 이전 장에서 보았듯이, 회사는 협력을 통해 불확실성을 관리할 수 있다. 예로서, 정보 공유를 통해 궁극적으로 전역 최적화를 달성할 수 있다.

공급망에서 IT의 주요 목표는 생산 지점을 배송 또는 구매 지점과 원활하게 연결하는 것이다. 이 아이디어는 제품의 물리적 경로를 따라가는 정보 트레일을 가지는 것으로, 때때로 디지털 트윈 또는 공급망 가시성이라고 불린다. 이를 통해 실제 데이터를 기반으로 계획을 세우고, 추적하며, 리드 타임을 추정할 수 있다. 제품의 위치 및 가용성에 관심이 있는 모든 당사자는 이 정보에 접근할 수 있어야 한다. 그림

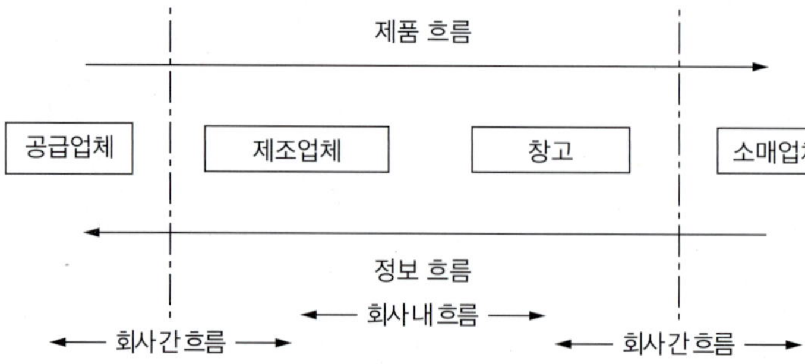

그림 16-6 공급망 내 정보 및 상품의 흐름

16-6에서 볼 수 있듯이, 정보와 제품은 공급업체로부터 제조업체로, 제조업체의 내부 유통 시스템을 통하며, 소매업체로 흐른다.

아래에서 각 목표에 대해 논의한다.

정보 수집 분명히 소매업체는 주문 상태를 알아야 하며, 공급업체는 제조업체로부터 들어오는 주문을 예측할 수 있어야 한다. 이는 다른 회사의 정보 시스템뿐만 아니라 회사 내의 기능 및 지리적 위치에 따른 데이터에 대한 접근을 포함한다. 게다가 참여자들은 자신의 용어로 데이터를 볼 필요가 있다. 즉, 면화 공급업체가 큐팁스(Q-Tips) 면봉에 대한 수요를 보고 있다면, 그것을 소비된 면화의 파운드로 변환할 필요가 있다. 따라서 재료 명세서와 같은 변환 테이블이 시스템 전체에 필요하다.

제품 및 자재 상태에 대한 정보의 가용성은 지능적인 공급망 결정을 내릴 수 있는 기반을 제공한다. 또한 공급망 전반에 걸쳐 제품을 추적하는 것만으로는 충분하지 않으며 이러한 움직임의 함의를 다양한 시스템에 경고할 필요도 있다. 배송에 지연이 발생하여 생산 일정에 영향을 미칠 경우, 해당 시스템에 통보해야 하므로 적절한 조정을 할 수 있도록 스케줄을 지연하거나 대체 자원을 찾아야 한다. 이 목표는 회사 및 산업 간에 제품 식별(예 : 바코드)의 표준화를 요구한다. 예를 들어, 페더럴 익스프레스의 경우 회사에서 처리하는 모든 패키지에 대한 지속적인 위치 정보를 제공하는 추적 시스템을 구현했으며, 이 정보를 내부적으로뿐만 아니라 고객에게도 제공한다. 이것을 추적 기능(track and trace)이라고 부른다. 최근 몇 년 동안 사물 인터넷에 대한 논의가 활발해졌는데, 이것은 때때로 배송 및 제품 추적에서의 무선 주파수 식별(RFID)을 의미하지만, 다양한 장치로부터의 데이터 사용 및 해당 데이터를 기존 또는 새로운 비즈니스 솔루션에 통합하는 것도 포함한다. RFID는 17장에서 설명할 것처럼 이보다 더 복잡한 전체의 일부이다.

데이터 접근 여기에서는 단일 접점(진실의 순간이라고도 함)이라는 중요한 개념을 소개한다. 목표는 고객에게 제공되거나 내부적으로 필요한 모든 사용 가능한 정보가 한 번에 접근될 수 있고, 사용된 조회 방식(예 : 전화, 팩스, 인터넷, 키오스크)이나 누가 조회를 하든 상관없이 일관성을 유지하는 것이다. 이 요구사항은 고객의 질문을 만족시키기 위해 한 회사 내에 다양한 위치에서 접근 가능해야 하며, 경우에 따라서는 여러 회사에 걸쳐 있을 수 있다는 사실에 의해 복잡성이 높다는 특징을 가진다. 많은 회사에서 정보 시스템은 그들이 회사 내에서 수행하는 기능에 따라 독립된 섬처럼 되어 있다. 고객 서비스는 한 시스템을 사용하고, 회계는 다른 시스템을 사용하는 반면, 제조 및 유통 시스템은 완전히 분리되어 있다(그림 16-7 참조). 때때로 시스템 간에 접근해야 할 중요한 정보의 일부가 전송될 수 있지만, 전송이 실시간으로 이루어지지 않으면 시스템은 결코 정확히 같은 데이터를 가지고 있을 수 없다. 고객 서비스 담당자가 주문을 받을 때 배송 상태 정보를 제공하지 못할 수도 있고, 공장이 현재 미결 주문에 대해 문의하지 못할 수도 있다. 이상적으로, 특정 데이터를 사용해야 하는 모든 사람은 어떤 인터페이스 장치를 통해서도 동일한 실시간 데이터에 접근할 수 있어야 한다(그림 16-8 참조).

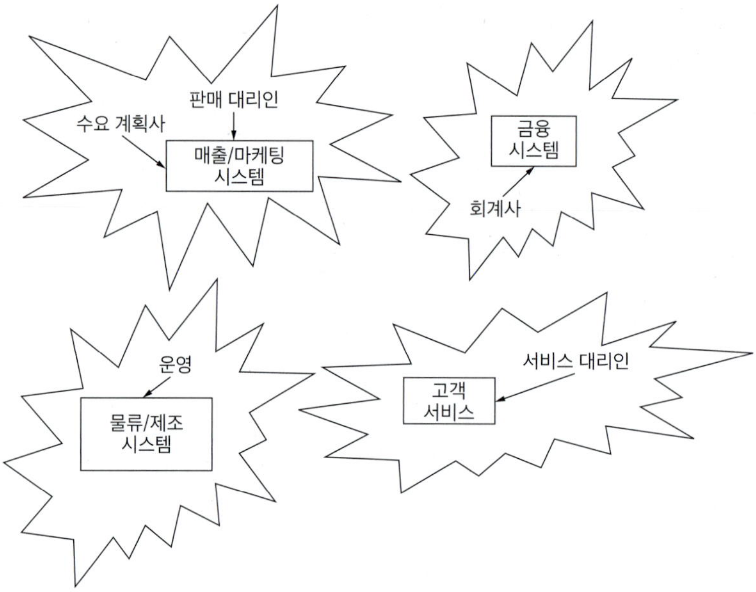

그림 16-7 현재의 정보 시스템

단일 접점에 의존하는 맥락에서 흥미로운 발전은 블록체인 기술이 중앙 청산소를 통해 유지되던 원장 유지 방식에 어떤 영향을 미치는지에 대한 것이다. 많은 조직이 블록체인을 사용하여 소유권 이전 및 권한 기록과 활동 로그를 기록함으로써 사업 간 그리고 국경을 넘는 상품 및 서비스의 흐름을 추적하는 방법을 탐색하고 있다. 단일 회사가 통제하지 않는 이 분산 시스템의 근본적인 장점은 필연적으로 일치하지 않아도 되는 개인 및 기관 간의 공개 및 책임 문제를 해결한다는 것이다.

공급망 데이터를 기반으로 한 분석 세 번째 목표는 데이터를 분석하는 것과 관련이 있으며, 특히 전 세계 공급망을 고려하는 방식으로 이루어져야 한다. 또한 정보 시스템은 제품을 생산, 조립, 창고에 보관 및

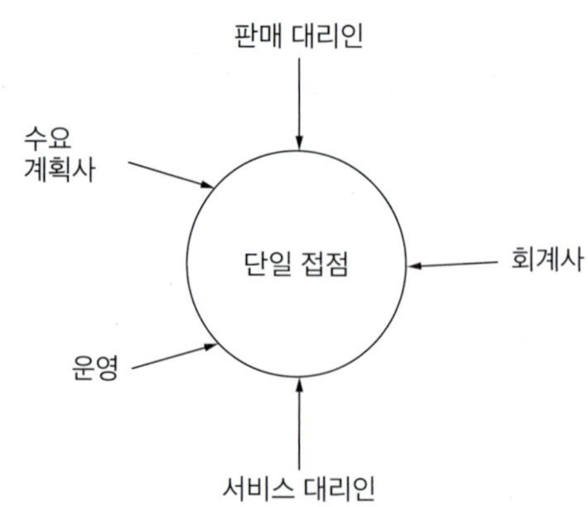

그림 16-8 정보 시스템의 새로운 세대

배포하는 가장 효율적인 방법, 즉 공급망을 가장 잘 운영하는 방법을 찾는 데 활용되어야 한다. 이는 고객 주문을 충족하는 방법에 관한 운영 결정부터, 어떤 창고에 어떤 제품을 재고로 두어야 할지, 향후 3개월 동안의 생산 계획이 무엇이어야 할지에 관한 전술 결정, 창고를 어디에 위치시킬지, 어떤 제품을 개발하고 생산할지에 관한 전략 결정 등을 포함한다. 이를 용이하게 하기 위해 시스템은 공급망 전략의 변화에 맞출 수 있는 유연성을 가져야 한다. 이러한 유연성을 달성하기 위해서는 시스템의 변경 가능성이 높아야 하며 새로운 표준이 개발되어야 한다. 이러한 문제에 대해 아래에서 자세히 논의할 것이다.

데이터를 분석할 필요성은 많은 산업에서 변화의 속도가 증가하고 인터넷에서의 다양한 센서 및 활동(예 : 경쟁사 가격)으로부터 오는 새로운 데이터(종종 빅 데이터라고 불림)로 인해 더욱 중요해졌다. 전통적으로, 분석은 일반적으로 현장에서 사용 가능한 소프트웨어나 엑셀 스프레드시트를 통해 이루어졌다. 맞춤형 솔루션 개발은 느리고 번거로웠으며, 개발 툴을 사용자가 사용할 수 있게끔 전달하는 것 역시 IT 부서에 의존하고 있었다.

분석을 가능하게 하는 주요한 두 가지 발전은 다음과 같다. 첫째, R과 파이썬 같은 새로운 개발 언어를 사용하는 기계 학습(인공 지능으로도 불림)의 증가는 강력한 내장 기능을 제공했다. 둘째, 아마존 웹 서비스, 마이크로소프트 애저, 그리고 다른 클라우드 제공업체들을 통해 클라우드 컴퓨팅을 쉽게 배포할 수 있다. 이것은 대용량 데이터, 저렴한 메모리, 확장 가능한 컴퓨팅 파워에 대한 접근을 가능하게 하여 큰 분석 모델을 실행할 수 있는 능력을 제공한다.

공급망 파트너와의 협력 공급망 파트너와 협력할 수 있는 능력은 회사의 성공에 필수적이다. 실제로 1장에서 본 것처럼, 공급망 관리의 중요한 목표 중 하나는 순차적으로 진행되던 프로세스를 전역 최적화된 결과로 대체하는 것이다. 이는 IT 시스템의 정교한 조정뿐만 아니라 비즈니스 프로세스의 통합도 요구한다. 공급망 역할에 따라 회사는 고객의 조달 시스템과 통합하거나 자체 공급업체를 자체 시스템이나 협력 플랫폼에 연결하도록 요구받을 수 있다. 예를 들어, 협력적 예측은 소비재 산업에서 시작되었으며, 공급업체 통합은 제품과 물류 조정이 요구되는 아웃소싱이 이루어지는 하이테크 산업에서 더 일반적이다.

최근 몇 년 동안 협력에 공급망 시스템의 초점이 맞추어졌다. 공급업체와 효과적으로 연결하고 작업할 수 있는 능력은 공급업체 관계 관리(SRM, Supplier Relationship Management)라고 불리는 새로운 시스템을 개발하게끔 했다. 또한 90년대 후반 인터넷 붐 시절에 개발된 다양한 거래소가 사적 또는 공공의 협력 플랫폼으로 변모하고 있다. 공급망의 다른 쪽 끝에서 고객 관계 관리(CRM, Customer Relationship Management) 시스템은 고객의 요구를 더 잘 이해하고 접촉하기 위해 진화하고 있다. 공급업체와 벤더 간 협력을 위한 전문적인 공급망 표준인 협력적 계획, 예측 및 보충(CPFR) 시스템은 17장에서 자세히 설명한다.

위에서 언급했듯이, 클라우드 서비스는 회사 간 협력을 용이하게 만들었으며 이를 지원하는 소프트웨어는 사용하기 쉽고 접근성이 높아졌다. 블록체인은 추적 기능을 혁신하고 사물 인터넷과의 연결을 통해 추가적인 기회를 제공할 것으로 예상된다.

공급망 관리의 네 가지 목표는 모두 동시에 달성될 필요는 없으며 반드시 서로 의존적인 것은 아니다. 그들은 병렬적으로 타기팅될 수 있으며, 중요도는 산업, 회사 규모, 내부 우선순위, 투자 수익(ROI, Return on Investment) 고려사항에 따라 달라질 수 있다. 예를 들어, 은행은 단일 접점 능력 없이는 생존할 수 없으며, 배송 회사는 정교한 추적 시스템이 필수적이며, 하이테크 제조업체는 생산 계획 시스템 없이는 생존할 수 없다.

대부분의 회사는 기업 자원 계획 시스템을 수립했으며, 이는 전형적인 단계이다.

1. **사용자 친화적인 플랫폼에서 다양한 시스템을 통합함으로써 즉각적인 이득을 본다.**
2. **'진실의 단일 원천'을 통해 실시간 데이터 가시성의 이점과 결정 지원력이 증가한다.** 대시보드화는 이 단계의 특징이지만 실제로 실행 가능한 데이터를 생성하는 단계에 불과하다. 대시보드를 넘어서는 경보 인프라, 루틴 결정 자동화 등의 잠재력이 있다.
3. **소위 지능형 앱을 통한 더 민첩하고 개방적인 플랫폼을 통해 새로운 비즈니스 기회를 달성한다**(고객 중심 앱, 공급업체 포털 개방, 제품을 소비 가능한 서비스로 전환 등). 두 번째 단계에서 데이터 분석 및 적용 경험이 증가함에 따라 새로운 시장을 추구한다.

다음 소매 사례 연구는 정보 기술을 사용하여 이러한 목표를 달성하는 방법을 잘 보여준다.

CASE 세븐일레븐의 기술 요령

텍사스 록월에 있는 세븐일레븐(7-Eleven) 매장의 냉장 창고 앞에서 매장 관리자 Sherry Neal은 금요일 아침 일상적이지만 사실 아주 중요한 결정을 두고 고민 중이었다. 다음 날을 대비해 치킨 샐러드 샌드위치를 몇 개나 주문할 것인가?

이 결정을 내리기 위해 Neal은 정보로 가득 찬 화려한 스크린의 새로운 경량 무선 태블릿을 들고 있었다. 그녀는 유통기한이 당일까지인 샌드위치 2개와 다음날까지인 샌드위치 6개가 남아 있는 것을 확인했다. 이 장치의 내장 키보드를 사용해 재고 정보를 전자 양식에 기록했다.

같은 화면에서 그녀는 국립기상청이 다음 5일 동안 따뜻하고 맑은 날씨를 예보하고 있는 것을 보았다. 1979년부터 세븐일레븐 직원으로서 고객의 행동을 관찰해 온 Neal은 좋은 날씨가 다가오는 주말에 장사가 잘될 것임을 뜻한다는 것을 알고 있었다. 화면의 다른 부분은 그녀의 매장이 지난 4주간 토요일에 판매한 치킨 샐러드 샌드위치의 수를 알려주었다.

화면은 또한 최근 며칠 동안 인기가 늘고 있는 샌드

위치들이 매진되고 있음을 보여주는 정보도 제공했다.

"더 공격적으로 주문해야겠어."라고 판단한 그녀는 장치를 사용하여 샌드위치를 4개 더 주문했고, 금요일에 6개, 토요일에 또 다른 6개가 판매될 것으로 예측했다. 주문을 매장의 백오피스 서버로 무선 전송한 다음, 기업 네트워크와 데이터 센터를 거쳐, 최종적으로 세븐일레븐의 신선음식 유통업체로 보냈다. 그곳에서 샌드위치가 만들어져 트럭에 실리고 자정 무렵 매장에 배달되었다.

혁신적인 기술 덕분에 세계 최대 편의점 체인인 세븐일레븐은 오늘, 어제, 지난주, 지난달, 지난해 북미 지역 5,800개 매장에서 판매된 치킨 샐러드 샌드위치의 정확한 수량을 알고 있다. 더 나아가 각 매장에서 내일 판매할 아이템의 수를 높은 정확도로 예측할 수 있으며, 매장에서 판매되는 약 2,500개 제품에 대해서도 마찬가지다.

지난 10년 동안 세븐일레븐이 기술에 투자한 수억 달러가 효과를 보이고 있다. 이익을 내고 있는 이 회사의 주식은 2003년 초 $6 미만에서 거래되었던 것이 $30 이상으로 치솟았으며, 35분기 연속 동일 매장 매출 증가를 기록했고 지난해에는 $122억의 수익을 보고했다.

세븐일레븐이 항상 번창한 것은 아니다. 1980년대 후반에는 석유 정제업체 싯고(Citgo)의 부적절한 인수와 시기적으로 잘못된 레버리지 매수가 1987년 10월 주식 시장 붕괴로 악화되면서 어려움을 겪었다. 1991년에 일본의 라이선시인 이토 요카도가 회사의 최대 주주가 되어 전체 회사와 소매 접근방식을 공유했을 때 기회가 찾아왔다.

상품별 관리

일본 세븐일레븐에서 큰 성공을 거둔 이토 요카도의 혁신적인 수요 사슬 접근방식은 '상품별 관리(tanpin kanri, 단품관리)'로 알려져 있으며, 카테고리별 관리와는 대조적이다. 전통적인 소매에서는 음료가 어떻게 판매되는지에 중점을 둔다. 상품별 관리에서는 특정 음료, 예를 들어 닥터 페퍼가 어떻게 판매되는지에 중점을 둔다. 이 아이디어는 고객의 구매 선호도의 미세한 부분에 주목하여 그들이 매장에서 계속 보유할 제품을 결정하게 하고, 궁극적으로 개발할 제품을 결정하게 하는 것이다.

일본에서 이 전략은 세븐일레븐 매장을 특히 유행하는 간식과 신선한 음식을 찾는 쇼핑 핫 스폿으로 만들었다. 북미에서는 고객이 1주일에 몇 번 세븐일레븐 매장을 방문할 수 있지만, 일본에서는 아침, 점심, 저녁, 간식을 위해 하루에 여러 번 방문한다. 종종 새로운 맛을 찾는 고객을 위해 맛있는 신규 푸드 상품을 제공하는 것이 일본과 북미에서 고객이 계속 돌아오게 하는 열쇠이다.

상품별 관리와 북미에서의 소매업체 주도에서 정보를 수집, 분석, 배포하는 데 기술은 중요한 역할을 한다. 세븐일레븐이 1994년 북미 매장에 소매업체 주도를 도입하기 전에는 회사가 매장에서 어떤 제품을 판매하는지 정확히 알 방법이 없었다. 회사는 공급업체로부터 구입한 제품만 알고 있었다.

"공급업체들은 몇 개의 제품을 매장에 진열할지 결정하곤 했다."고 1978년부터 세븐일레븐에 근무하고 있는 홍보 담당자 Margaret Chabris가 회상한다. 결정은 제조업체의 최선의 이익에 따라 이루어졌지, 반드시 고객의 최선의 이익에 따라 이루어진 것은 아니었다.

세븐일레븐의 최고 정보 책임자이자 정보 시스템 부사장인 Keith Morrow는 더 명확하게 말한다. "공급업체와 벤더로부터 매대를 되찾는 것은 우리로 하여금 자동화와 기술에 대해 더 의존적이게 만들었다. 매장에서 주문을 하기 위해 실행 가능한 정보가 필요하다. 그렇지 않으면 우리는 공급업체로부터 단순히 주문을 받는 사람이 될 뿐이다."

오늘날 소매업체 주도 전략은 세븐일레븐의 모든 기술의 기초가 되고 있다. "우리의 철학은 매장 내에 무엇이 있어야 할지에 대한 결정은 실시간으로 매장 내부의 사람들이 진실의 순간에 가장 잘 내릴 수 있다는 것이다."라고 2001년 초에 회사에 합류한 Morrow가 말한다. "정보는 고객이 매장에 들어오는 순간, 그들이 일상적으로 하루하루, 분 단위로 하는 일에 기반하여 매장과 수요 곡선을 형성한다. 이는 어떤 타기팅 그룹이나 마케팅 연구, 비과학적인 추측에 근거한 것이 아니다."

고객이 원하는 것

편의점 사업에서 끊임없이 변화하는 고객의 취향에 빠르게 대응하는 능력은 매우 중요하다. "고객은 자신이 원하는 것을 아는 매장에 보상을 줄 것이다."라고 미국 편의점 협회의 Jeff Lenard가 말한다. 그는 애완동물 매장, 장난감 매장, 약국, 비디오 대여점, 심지어 소비자 전자 제품 매장까지 많은 종류의 매장이 최근 몇 년 동안 차가운 음료와 간식을 판매하기 시작하면서 편의점 고객을 위한 경쟁이 심화되었다고 지적한다.

"지난 몇 년 동안 세븐일레븐은 기술을 사용하여 고객에게 서비스를 제공하는 데 있어 리더이자 혁신가였다. 고객이 진정 원하는 것은 눈으로 보지 못하는 것일 수도 있지만, 고객이 무엇을 원하는지 매장이 더 잘 알기 때문에 준비할 수 있다."고 그는 말한다.

골드만 삭스의 분석가 John Heinbockel은 "고객 선호에 대한 정보를 수집하고 이를 주문과 상품 배치 전략에 사용하는 것에 있어서 세븐일레븐은 경쟁 업체들보다 훨씬 앞서 있다."고 말한다. 이어서 그는 "다른 편의점 체인들은 지난 몇 년 동안에야 막 판매시점관리 시스템(POS, Point-of-Sale)을 달성했다. 그들은 세븐일레븐이 지난 10년 동안 하루하루, 매장별, 항목별로 가지고 있는 데이터의 깊이와 질을 갖추지 못했다."고 덧붙인다. 이러한 데이터 분석 능력은 세븐일레븐이 고객의 요구에 보다 빠르고 정확하게 대응하고 시장의 변화에 효과적으로 적응할 수 있는 기반이 되고 있다.

NEC의 모바일 운영 터미널(MOT, Mobile Operations Terminal)이 Neal이 치킨 샐러드 샌드위치를 주문하는 데 도움을 준 것은, 세븐일레븐이 올해 매장에 설치하는 두 가지 새로운 무선 도구 중 하나이다. 이 도구는 재고를 파악하고, 새 제품을 주문하는 데 걸리는 시간과 노동을 줄이기 위한 것이다. 다른 하나는 심벌 테크놀로지스(Symbol Technologies)의 MC3000 핸디형 컬러 스캐너로, 배달 트럭에서 내린 모든 항목에 대한 데이터를 수집하는 데 사용된다. 두 장치 모두 표준 마이크로소프트 윈도우 CE 운영 체제를 사용하며, 모두 Microsoft.Net에서 실행된다.

모바일 운영 터미널은 과거 세븐일레븐 매장 관리자들이 사용했던 재고 및 주문 방법과는 매우 다르다. 자동화 부족으로 인해 종종 발생하는 절박함과 열정의 혼합을 보여주는 이러한 방법은 스프링 노트에서 색인표를 떼어내고, 수작업으로 정보를 색상별로 코딩하며, 냉동된 샌드위치와 유통기한을 추적하고, 급한 경우에는 본사 경영진의 지시에 따라 현장에서 샌드위치를 만드는 것을 포함한다.

최근 업그레이드된 것은 무선 도구뿐만이 아니

다. 지난해 세븐일레븐은 기술에 $9,300만을 지출했다. 미국 내 5,300개 매장에는 새로운 프로리언트(ProLiant) 서버가 HP로부터 설치되었고, 무선 근거리 통신망(LAN)과 컴퓨터 기반 교육을 위한 소프트웨어가 도입되었다. 회사는 또한 신선 식품을 위한 소프트웨어 주문 시스템을 도입했는데, 이는 세븐일레븐에게 빠르게 성장하고 점점 더 중요해지는 제품 범주이다.

세븐일레븐 매장에 설치된 새로운 기술은 윈도우 기반의 독점 시스템인 소매 정보 시스템(RIS, Retail Information System)에서 작동하며, 이는 1990년대 중반부터 개발됐다. 이 시스템은 각 매장이 고객에게 맞춤형 제품 구성을 제공할 수 있도록 신속한 판매 데이터를 제공함으로써 소매업체 계획 전략을 지원한다. 이때 RIS는 매장 운영자가 어떤 항목이 잘 팔리고 어떤 항목이 팔리지 않는지를 파악할 수 있게 도와줌으로써 인기 있는 제품과 새로운 항목을 위한 공간을 마련할 수 있도록 한다. RIS는 또한 제품 도입 후 24시간 이내의 판매 데이터를 제공하여 평가할 수 있게 지원함으로써 신제품 도입에 따르는 위험을 줄여준다.

데이터 공유

세븐일레븐은 앤호이저부시(Anheuser-Busch), 크래프트 푸드(Kraft Foods), 펩시코(PepsiCo)와 같은 주요 공급업체들과 함께 7-Exchange라는 파트너십 프로그램을 통해 일부 데이터 분석을 공유하고 있다. 카테고리 관리를 위한 7-Exchange 데이터 시스템은 공급업체들이 보안 웹사이트를 통해 접근할 수 있으며, 새로운 제품이나 새로운 포장을 이끌어낼 수 있는 통찰력을 제공할 수 있다.

"음료 패키지 크기에 대한 소비자 행동에서 중요한 변화를 발견했을 때 앤호이저부시와 협력했다."고 Morrow는 회상하며 말한다. "분석을 통해 우리는 고객이 집으로 가져가는 멀티팩 맥주나 음료보다 캔 하나의 크기가 큰 제품을 더 선호한다는 것을 알았다."

이 사례 연구는 주요 음료 기업들이 멀티팩을 줄이고 단일 캔의 크기를 늘리는 데 도움을 주었다.

7-Exchange 시스템에서 나오는 정보는 참여 기업들에게 놓칠 수 있는 잠재적 기회에 대해 경고할 수도 있다. 최근에 크래프트 푸드는 일부 세븐일레븐 매장이 나비스코(Nabisco)의 인기 있는 새로운 3온스 Big Bag 라인의 오레오와 기타 쿠키 및 크래커를 다른 매장들만큼 널리 취급하지 않고 있다는 것을 알았다.

"우리는 현장 그룹에 연락해 매장 관리자들과 이야기하고 Big Bag 라인이 다른 곳에서 얼마나 잘 팔리고 있는지 보여주도록 했다."고 크래프트 푸드의 국내 회계 관리자 Randy Watkins가 말한다. "구매 여부는 매장 관리자가 결정하지만, 우리가 생각하는 좋은 소매업체 주도의 결정을 내릴 수 있도록 그들에게 정보를 제공했다."

또한 세븐일레븐의 기술은 소규모 공급업체에게 문을 열었다. 대부분의 큰 공급업체들은 전통적인 전자 데이터 교환 기반 전송을 통해 편의점 체인과 정보를 교환하지만, 소규모 공급업체들은 회사와 소통하기 위해 웹 벤더 터미널이라는 웹 포털을 사용한다. Morrow에 의하면 인터넷 기반 시스템의 장점은 EDI가 없는 수천 개의 소규모 공급업체들이 매장에서 주문을 받을 수 있게 하여 특정 지역의 아이템을 구매할 수 있게 한다. 예를 들면, 이번 여름에 맨해튼에 개장한 매장의 파니니 그릴 샌드위치와 셀프 서비스 에스프레소와 같은 것을 취급할 수 있게 한다는 것이다.

기술은 세븐일레븐이 '마이크로 마케팅'을 할 수 있

게 해준다고 Lenard는 말한다. "댈러스에서 효과가 있는 것이 뉴욕이나 캘리포니아의 고객에게는 효과가 없을 수 있다. 따라서 기술을 사용하여 각 매장과 각 고객군이 필요로 하는 것을 정확히 타기팅하는 것이 중요하다."

시행 착오

세븐일레븐의 모든 기술 도입이 성공한 것은 아니다. 많은 사람들은 월마트와 홈디포 같은 대형 매장이 점점 더 많이 제공하는 셀프 서비스 체크아웃이 편의점 고객에게 어필할 것으로 예상했다. 그러나 Morrow에 의하면 오직 4% 미만의 고객이 매장 직원보다 기계와 대화하는 것을 선호한다는 것을 발견했다.

이는 미국 내 세븐일레븐 매장 1,000개 이상에 설치된 ATM과 유사한 가상 상거래, 또는 v-com 키오스크의 인기 상승과 대조적이다. "수표를 현금화하는 것과 같은 서비스에서는 사람들의 인식이 좀 다를 수 있다."고 Morrow는 설명한다. "사람들은 기계와 금융 거래를 하는 것을 선호한다. 왜냐하면 그것이 더 안전하고 사적이기 때문이다. v-com을 사용하면 우편환을 받거나 누구에게 돈을 주는지에 대해 사람과 이야기할 필요가 없다."

아직 세븐일레븐이 받아들이지 않은 또 다른 기술은 재고 추적을 위해 항목에 태그를 붙이는 RFID이다. 월마트와 같은 다른 큰 소매업체들은 재고 관리를 위해 RFID를 사용하지만, Morrow는 이것이 아직 편의점의 항목별 비즈니스에 적합하지 않다고 생각한다.

"상품 수준에서 RFID의 비용과 신뢰성은 엄두를 못 낼 정도이며, 앞으로 몇 년 동안은 그럴 것이다."라고 그는 말한다. "2달러짜리 샌드위치에 50센트짜리 태그를 붙이는 것은 말이 되지 않는다."

그러나 RFID는 세븐일레븐 매장에서 비접촉식 결제 수락에 사용되고 있다. 이 기술은 2026년 초까지 모든 미국 매장에 설치될 예정이다. 최근 도입하려는 기술은 세븐일레븐 고객이 구매할 때 RFID 칩이 내장된 신용카드를 전용 스캐너 근처에 대면 신용카드를 단말기에 접촉하지 않고도 결제할 수 있게 한다.

세븐일레븐에서 성공한 기술 혁신은 종종 실행 가능성과 고객 반응을 테스트하기 위한 광범위한 파일럿 프로그램의 결과이다. 예를 들어, 세븐일레븐은 1998년에 가상 상거래 실험을 시작했다. 올해 회사가 배치하고 있는 무선 장치도 예외는 아니다. 텍사스 록월의 파일럿 프로그램에서 매장 관리자 Neal은 15개월 동안 스캐너와 MOT의 다양한 버전을 사용했다. 그녀는 최근에 받은 완성된 제품에 만족하는 것 같다. 그리고 새로운 시스템으로 '내가 원하는 것을 정확히 주문할 수 있다'는 새로운 권한에 만족하는 것 같다. 그리고 그것이 바로 세븐일레븐이 원하는 것이다.

이 사례는 위에서 설명한 네 가지 목표를 잘 달성하는 방법을 보여준다.

- 세븐일레븐은 지난 10년간 매장별, 항목별, 일별로 데이터를 수집했으며, 다른 소매업체들은 최선의 경우에만 매출 데이터를 수집하고 있다.
- 모바일 운영 터미널은 컬러 스크린의 경량 무선 태블릿으로 매장 내 항목 정보에 접근하고 재고 변화를 기록할 수 있게 해준다. 이를 통해 시스템 전체에서 동일한 정보에 접근할 수 있다.
- 매장에 설치된 소매 정보 시스템은 적시에 판매 데이터를 제공하여 각 매장이 고객에게 맞는 제품 구성을 조정할 수 있게 해준다. 또한 매장 운영자가 어떤 항목이 잘 팔리고 어떤 항목이 팔리지 않는지

파악할 수 있게 해서 인기 있는 제품과 새로운 항목을 위한 공간을 만들 수 있게 해준다. 또한 신제품 도입과 관련된 위험을 줄여주며, 제품 도입 후 24시간 이내에 평가를 위한 판매 데이터를 제공한다.

- 마지막으로, 7-Exchange라는 프로그램을 통한 세븐일레븐의 데이터 분석 공유를 통해 공급업체와의 협력이 가능하다. 카테고리 관리를 위한 7-Exchange 데이터 시스템은 공급업체들이 보안 웹사이트를 통해 접근할 수 있으며, 새로운 제품이나 새로운 포장을 이끌어낼 수 있는 통찰력을 제공할 수 있다.

16.4 공급망 관리 시스템 구성 요소

기업 자원 계획 시스템(ERP)이 해결하려고 하는 인프라와 접근 문제는 모든 비즈니스 기능을 통합하여 기업을 더 효율적으로 만든다. 그러나 이러한 시스템은 무엇을, 어디서, 언제, 누구를 위해 제작해야 하는지에 대한 근본적인 질문에 대한 답을 제공하지는 않는다. 이러한 역할은 다양한 분석 도구, 예를 들어 의사결정 지원 시스템(DSS, Decision-Support Systems)을 사용하는 인간 계획자들에 의해 수행된다.

의사결정 지원 시스템은 사용자가 자체 분석을 수행하는 스프레드시트에서부터 다양한 분야의 전문가 지식을 참고하여 가능한 대안을 탐색할 수 있는 전문가 시스템에 이르기까지 다양하다. 특정 상황에 적합한 의사결정 지원 시스템은 문제의 성격, 계획 수행 기간, 내려야 할 결정의 유형에 따라 달라진다. 또한 다양한 종류의 데이터를 분석할 수 있는 문제 특정적이지 않은 일반적인 도구와 특정 애플리케이션에 맞춰진 종종 더 비싼 시스템 사이의 절충이 자주 있을 수 있다.

공급망 관리를 구성하는 다양한 분야에서 의사결정 지원 시스템은 3장에서 논의된 네트워크 계획과 같은 전략적 문제부터 창고 및 제조시설에 제품 할당과 같은 전술적 문제, 생산 스케줄링, 배송 모드 선택 및 차량 운행 경로 결정(routing)과 같은 일상적인 운영 문제에 이르기까지 다양한 문제를 해결하는 데 사용된다. 이러한 많은 시스템의 고유한 크기와 복잡성으로 인해 효과적인 의사결정을 위한 의사결정 지원 시스템이 필수적이다.

다양한 회사와 산업이 사용하는 의사결정 지원 시스템은 제조 특성, 수요 변동, 운송 비용 및 재고 비용을 포함한 다양한 요인에 따라 달라진다. 예를 들어, 회사의 주요 비용이 운송인 경우, 첫 번째 의사결정 지원 시스템 구현 요소는 차량 경로 시스템 또는 네트워크 설계일 수 있다. 반면, 수요의 높은 변동성과 제품 간 전환 시 설정이 필요한 복잡한 제조 공정이 있는 경우에는 수요 계획 및 생산 일정 계획 시스템이 가장 긴급할 수 있다.

일반적으로, 전략적 · 전술적 · 운영적 수준을 지원하는 다양한 시스템이 있다. 일부 공급망 구성 요소는 주로 한 수준을 지원하는 반면, 다른 구성 요소는 정의와 사용 방법에 따라 하나 이상의 수준을 지원할 수 있다.

16.4.1 의사결정 지원 시스템

의사결정 지원 시스템을 성공적으로 사용하기 위해서는 적절한 성과 지표를 선택해야 한다. 예를 들어, 총비용을 줄이는 것이 목표일 수 있지만, 경우에 따라 고객 서비스 수준을 향상하는 것이 더 중요할 수 있다. 의사결정 지원 시스템 인터페이스는 사용자가 다양한 목표의 상대적 중요도를 선택할 수 있게 해 준다.

데이터가 수집되면 분석되어 제시되어야 한다. 의사결정 지원 시스템과 특정 결정에 따라 데이터를 분석하는 방법은 매우 다양할 수 있다. 의사결정자가 의사결정 지원 시스템이 데이터를 어떻게 분석하는지 이해하는 것은 의사결정 지원 시스템의 권고사항의 타당성과 정확성을 평가하는 데 중요하다. 어떤 분석이 가장 적절한지 결정하는 것은 의사결정자에게 달려 있다.

데이터를 분석하는 두 가지 주요 방법이 있다. 첫 번째는 기업 자원 계획 및 기타 시스템에서 추출된 데이터에 대해 일반적인 비즈니스 분석 도구를 사용하는 것이다. 이러한 시스템은 일반적으로 다음과 같은 기술을 사용한다.

질의 종종 방대한 양의 데이터로 인해 수동 분석이 어려울 수 있다. "캘리포니아에서 우리가 서비스하는 고객은 몇 명인가?" 또는 "특정 제품을 주로 구매한 고객 수는 주별로 얼마인가?"와 같은 구체적인 질문을 통해 의사결정을 쉽게 할 수 있다. 이것을 기술적 분석이라고 하며 "과거에 무슨 일이 있었는가?"라는 질문에 답하는 데 도움이 된다.

통계 분석 때로는 질문만으로는 부족하다. 이 경우, 데이터의 추세와 패턴을 파악하기 위해 통계적 기법이 사용될 수 있다. 예를 들어, 창고의 평균 재고, 경로의 평균 정류장 수와 길이, 고객 수요의 변동성 같은 통계 데이터는 의사결정자에게 유용할 수 있다. 이것을 진단적 분석이라고 하며 "왜 그런 일이 발생했는가?"라는 질문에 답하는 데 도움이 된다.

기계 학습 기계 학습은 과거 데이터에 기반한 패턴 인식과 예측을 가능하게 하는 기술이다. 따라서 이것은 예측 분석으로 간주되며 "앞으로 무슨 일이 일어날 것인가?"라는 질문에 답한다. 기계 학습에는 두 가지 유형이 있다.

- **회귀 분석** : 이는 값이 실수인 경우에 사용된다. 예를 들어, 제품의 가격을 책정하거나 집을 시장에 내놓을 때, 기계 학습 알고리즘은 이전 판매로부터 학습하여 이 정보를 바탕으로 제품 가격을 예측할 수 있다.
- **분류** : 이는 값이 이산적인 경우에 사용된다(예 : 특정 프로그램의 수락 여부, 특정 질병의 여부 등). 기계 학습 알고리즘은 다시 이전 사례를 살펴보고 도출하려는 값이 특정 그룹 내에 있을지 없을지를 예측한다.

기계 학습의 유형을 나누는 또 다른 기준은 프로세스 유형이다.

- **감독 학습** : 이는 결괏값이 포함된 데이터를 바탕으로 한다. 특정 가격이나 결론과 함께 특성 목록을 제공하고 이를 사용하여 새로운 경우를 예측하는 것이다. 이는 일반적으로 가격 예측에 사용되지만 추천 시스템 엔진, 문자 및 얼굴 인식에도 사용될 수 있다.
- **비감독 학습** : 이는 명확한 결론을 염두에 두지 않은 데이터를 바탕으로 한다. 알고리즘은 데이터만을 기반으로 상관관계를 찾아낸다. 이는 데이터 마이닝에 사용되며 최근 몇 년 동안 데이터 전문가로 하여금 결과의 의미를 파악하는 데 도움이 되는 시각화를 사용하여 더욱 정교해졌다. 이 유형의 프로세스는 사기 탐지, 유전학 분석, 금융 등에 응용된다.

기계 학습의 몇 가지 예로는 수요 및 가격 예측, 문자 또는 얼굴 인식, 의료 진단, 사기 탐지, 트렌딩 뉴스와 같은 주제 탐지 등이 있다. 기계 학습이 인기 있는 이유는 대량의 데이터가 존재하기 때문이며, 그중 일부는 큰 데이터이고 일부는 비수치적 데이터이다. 또한 파이썬과 R과 같이 쉽게 사용하고 배포할 수 있는 새로운 프로그래밍 언어와 클라우드 컴퓨팅을 통한 거의 무한한 컴퓨팅 리소스에 대한 접근성이 있기 때문이다. 따라서 기계 학습은 많은 분야의 문제를 해결하는 데 널리 사용되고 있다.

데이터를 분석하는 두 번째 방법은 해결해야 할 특정 문제에 따라 데이터를 표시하고 보고하는 전문화된 인터페이스를 제공하는 의사결정 지원 시스템을 사용하는 것이다. 예를 들어, 지리 정보 시스템과 시나리오 관리를 사용하는 인터페이스에 대한 예시는 그림 16-9를 참조할 수 있다. 이러한 의사결정 지원 시스템은 해결하고 있는 문제에 대한 특정 내장 지식을 가진 분석 도구를 사용한다. 이러한 문제는 보통 복잡하기 때문에 의사결정 지원 시스템은 문제 지식을 사용하여 효율적인 해결책을 찾는다.

이러한 시스템은 일반적으로 다음 유형의 분석을 사용한다.

계산기 간단한 의사결정 지원 도구는 회계 비용과 같은 특수 계산을 용이하게 할 수 있다. 많은 경우, 단순한 계산 이상이 필요하지 않을 수 있는데, 특히 변화가 예측 가능하고 평가하기 쉬운 경우에 그렇다. 이는 예측이나 재고 관리의 경우나 일부 제품 유형의 경우 그럴 수 있으나, 다른 제품들은 더 복잡한 도구가 필요할 수 있다.

시뮬레이션 모든 비즈니스 프로세스에는 무작위 요소가 있다. 판매는 이 값이나 저 값일 수 있다. 기계가 고장 날 수도 있고, 그렇지 않을 수도 있다. 종종 이러한 무작위 또는 확률적 문제 요소는 분석을 매우 어렵게 만든다. 이러한 경우에는 **시뮬레이션**을 효과적인 의사결정 도구로 자주 사용한다. 시뮬레이션에서는 컴퓨터상에서 프로세스의 모델을 생성한다. 모델의 각 무작위 요소(예 : 판매, 고장)는 확률 분포로 지정된다. 모델이 '실행'될 때, 컴퓨터는 프로세스를 수행하며 시뮬레이션을 진행한다. 무작위 사건이 발생할 때마다 컴퓨터는 지정된 확률 분포를 사용하여 무작위로 값을 '결정'한다.

예를 들어, 생산 라인의 시뮬레이션 모델을 고려해 보자. 컴퓨터가 모델을 실행함에 따라 일련의 결정이 내려진다. 기계 1에서 작업하는 데 얼마나 걸리는가? 기계 2에서는? 기계 3에서 작업 4가 처리되는 동안 기계 3이 고장 나는가? 모델이 실행되는 동안 통계 데이터(예 : 이용률, 완료 시간)가 수집되고 분석된

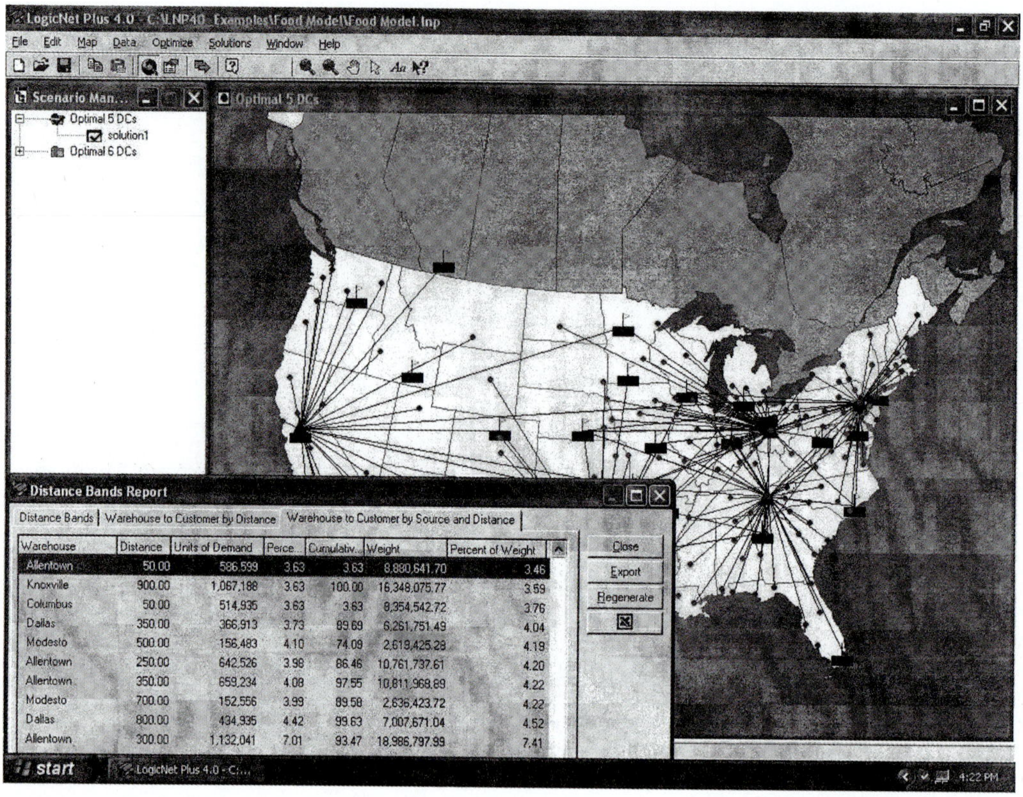

그림 16-9 공급망 관리를 위한 전형적인 지리 정보 시스템 인터페이스

출처 : IBM Corporation

다. 이것이 무작위 모델이기 때문에 모델을 실행할 때마다 결과가 다를 수 있다. 통계 기술은 모델의 평균 결과와 이 결과의 변동성을 결정하는 데 사용된다. 또한 입력 매개변수를 변화시켜 다른 모델 또는 다른 결정과의 결과를 비교할 수 있다. 예를 들어, 동일한 시뮬레이션된 고객 수요를 활용하여 다양한 분포 시스템을 비교할 수 있다. 시뮬레이션은 종종 해석적으로 분석하기 어려운 매우 복잡한 시스템을 이해하는 데 유용한 도구이다.

인공 지능(AI) 기계 학습, 인공 지능(AI), 인지 컴퓨팅이라는 용어는 공급망과 운영의 다양한 측면에 적용될 수 있는 고급 능력을 설명하기 위해 경쟁하고 있다. 우리는 이러한 용어를 구분하려고 시도할 것이지만, 모두 같은 유형의 데이터 처리를 가리키며 종종 상호 교환적으로 사용된다.

AI는 일반적으로 스스로 학습하고, 추론하고, 행동할 수 있는 기계를 의미한다. 새로운 상황에 직면했을 때 인간과 동물이 할 수 있는 것과 같은 방식으로 스스로 결정을 내릴 수 있다. 현재로서는 AI의 대다수 진보와 응용이 기계 학습이라고 불리는 알고리즘 카테고리를 가리킨다. 이러한 알고리즘은 대량의 데이터에서 패턴을 찾기 위해 통계를 사용한다. 그런 다음 이러한 패턴을 사용하여 넷플릭스에서 좋아할 만한 쇼나 MRI에 기반한 암 진단과 같은 것에 대한 예측을 한다. 《Prediction Machines : The Simple Economics of Artificial Intelligence》에서 세 명의 저명한 경제학자 Ajay Agrawal, Joshua Gans, Avi Goldfarb는 AI의 부상을 예측 비용의 감소로 재해석한다. AI를 통한 예측이 저렴한 것은 특별하고 명확한 잠재력을 의미한다. 왜냐하면 예측은 불확실성하에서 결정을 내릴 때의 핵심 요소이며, 이는 공급망 실무자들이 매우 익숙한 것이기 때문이다.

기계 학습은 연구자, 데이터 과학자, 엔지니어와 분석가들이 데이터를 기반으로 학습하고 예측을 수행할 수 있는 알고리즘을 구축할 수 있게 해준다. 특정한 규칙 또는 지침을 따르기보다 알고리즘은 대량의 데이터에서 패턴을 찾는 방법을 훈련받는다. 딥러닝은 이 아이디어를 더 발전시켜 **인공 신경망**(artificial neural network)이라고 불리는 계층 구조가 가진 알고리즘을 통해 정보를 처리하는데, 이는 인간 뇌의 생물학적 신경망에서 영감을 받았다.

예측(AI)과 처방(확률론적 및 결정론적 최적화)의 통합은 **지능적** 또는 **인지 시스템**(intelligent or cognitive systems)으로 불린다. 이러한 시스템은 AI와 유사하지만 일반적으로 더 처방의 목적을 가지고 있는 것이 특징이다. 이러한 시스템은 단지 무엇이 일어날지 예측하는 것만이 아니라 무엇을 할지 결정하는 데도 도움을 줄 수 있다. 예를 들어, 가격 최적화에서 기계 학습과 최적화를 사용하면 강력한 예측에 기반한 최적의 해결책을 제공할 수 있으며, 동시에 이익 극대화 또는 프로모션 예산과 같은 제약 조건 설정과 같은 목표를 최적화한다.

또 다른 예는 다양한 출처(날씨, 경로, 예측)에서 데이터를 수집하고 AI와 계획 매개변수를 사용하여 이 정보에 기반한 행동을 권장하는 운송 시스템이다.

공급망 관리에서 AI를 적용할 수 있는 기회는 많다. 몇 가지 예는 다음과 같다.

- 계획 : AI는 항상 더 나은 계획과 실행에 필요한 개선된 예측을 제공한다.
- 위험 : AI는 회사가 위험을 식별하고 완화하는 데 도움을 준다. 예를 들어, IBM 스털링 공급망 인사이트(Sterling Supply Chain Insights)는 날씨와 자연 재해를 추적하고 이것이 공급망에 미칠 영향을 예측하도록 설계되었다.
- 사물 인터넷 : AI는 스마트 센서와 장치가 생성하는 데이터에서 패턴을 식별하고 이상을 감지하는 데 도움을 준다. AI는 종종 예측 유지 보수 및 운영 효율성을 위해 사용된다.
- 로보틱스 : 제조 현장, 창고, 운송에 이르기까지 AI는 노동 집약적이고 위험한 작업을 자동화할 수 있는 기회를 확장했다. 예를 들어, 지능형 로봇 정렬과 같은 작업이 있다. 운송 분야에서 중요한 응용 분야는 자율주행 트럭이다.
- 시각적 처리 : 스캐너 이미지, 드론 이미지를 처리하고, 중요한 검사에서 손상이나 결함을 찾는 능력을 제공한다.

전문가 시스템도 인공 지능의 범주에 속한다. 이러한 시스템은 전문가의 지식을 데이터베이스에 담아 문제를 해결하는 데 사용한다. 전문가 시스템은 일반적으로 규칙 세트로 표현되는 방대한 지식 데이터베이스에 의존한다. 문제 해결 과정은 규칙을 적용하고 그 결과가 어떻게 도달되었는지 설명할 수 있는 결론을 도출하는 과정을 포함한다. 의사결정 지원 시스템의 맥락에서 이러한 종류의 전문가 시스템은 인간 의사결정자가 시간이나 전문 지식이 부족하여 인식하지 못할 대안적 해결책을 제안할 수 있다. 물류 실무에서는 광범위하게 사용되지 않지만 전문가적인 추론을 포착하고 설명하는 능력 때문에 중요한 역할을 한다.

AI 솔루션의 대부분을 구성하는 기계 학습에서 알고리즘은 외부적으로는 설계 요구사항을 충족하나 내부적으로는 작동 방식이 알려지지 않은 밀봉된 블랙박스의 형태를 띤다. AI 화이트박스 모델 및 알고리즘의 분류는 그들의 **해석 가능성**을 나타내며, 이를 **설명 가능한 AI**(XAI, Explainable AI)라고도 한다. XAI에는 두 가지 유형이 있다. 첫 번째 유형은 데이터를 더 잘 이해하는 데 도움이 되는 설명이다. 두 번째 유형의 설명은 모델을 더 잘 이해하는 데 도움이 된다.

XAI의 필요성은 AI의 다음과 같은 문제를 해결하는 데 필요하다.

1. 편향 : 시스템은 종종 데이터가 충분히 포괄적이지 않기 때문에 의도하지 않게 편향을 가질 수 있다. 모델이 어떻게 훈련되는지에 대한 더 많은 투명성과 이를 개선하기 위한 아이디어가 요구되고 있다. 예를 들어, 이미지 시스템이 백인이 아닌 얼굴을 인식하는 데 어려움을 겪는 것이다.
2. 취약성 : 알고리즘 내 인코딩된 세계관에 대한 윤곽이 보이지 않기 때문에 인간과 유사할 정도로 유창한 시스템이 단어 하나만 변경되더라도 갑자기 예기치 않게 횡설수설하는 결과로 성능이 떨어질 수 있다. 이는 잘못 학습된 중요 변수로 인해 발생한다. 시스템은 심지어 가장 신중하게 큐레이팅된 데이터에도 문제를 일으킬 수 있다. 이는 기계가 훈련 데이터의 잘못된 결과물의 예측력을 학습하는 동안 그것을 만든 인간 창조자들이 이를 간과할 때 발생한다. 예를 들어, 기계 학습 모델이 눈 덮인 배경에서 늑대를 식별하는 방법을 배울 때 모델이 실제로 늑대를 식별하는 것이 아니라 눈 덮인 배경을 늑대의 특징으로 잘못 학습하는 경우가 있다.
3. 의료 진단이나 대출 승인 결정과 같은 중요한 결정을 내리는 AI 애플리케이션의 경우 전문가가 특정 결과의 원인을 이해해야 한다. 모든 AI 애플리케이션에 필요한 것은 아니지만, 자율주행 차량 사고 원인 분석과 같이 사후에 필요한 경우가 있다.

현재 가장 발전된 형태의 설명 가능한 인공지능(XAI)은 문맥의 지식을 포함하는 블랙박스 프로세스이다. 이 프로세스는 특정 문제와 관련된 데이터를 사용하여 AI 결과를 분석하고 결과를 이끄는 속성이 무엇인지 결정한다. 즉, XAI는 AI 모델이 내린 결정이 어떤 데이터와 변수에 기반하고 있는지 이해하는 데 도움을 준다. 다른 분석 애플리케이션에서는 이를 민감도 분석(sensitivity analysis)이라고 부른다. 장점은 알고리즘을 일일히 뜯어보지 않고도 사용자가 작동 방식을 더 잘 이해할 수 있다는 것이다.

이러한 유형의 XAI를 위한 몇 가지 오픈 소스 옵션이 있다.

1. LIME(Local Interpretable Model-agnostic Explanations)은 모델에 구애되지 않으면서 기본 모델의 동작을 학습하기 위해 입력값을 변경하고 예측이 어떻게 변하는지 보는 방법이다. 이는 해석 가능성 측면에서 이점이 있는데, 사람들이 이해할 수 있는 구성 요소(예 : 단어 또는 이미지의 일부)를 변경하여 입력을 바꿀 수 있기 때문이다. 이는 모델이 훨씬 더 복잡한 구성 요소(예 : 단어 임베딩)를 특징으로 사용하더라도 마찬가지이다.
2. 구글(Google)은 해석 가능성을 강조하고 실무자들이 이해하기 쉬우면서도 대표적이고 회복력 있는 AI 솔루션을 구축할 수 있도록 하는 데 있어 초기 리더이다. 작년에 구글은 텐서플로(TensorFlow) 모델의 인터랙티브 시각화와 탐색을 제공하는 What-If 툴을 공개했다. 이를 통해 개발자들은 모델이 훈련 데이터를 어떻게 해석했는지, 주어진 입력에 미묘한 변화가 결과를 분류하는 데 어떤 영향을 미치는지 탐색할 수 있으며, 이는 모델의 견고성에 대한 통찰력을 제공한다.
3. 마이크로소프트의 인터프리트ML(InterpretML)은 설명 가능한 부스팅 머신(일반화된 가산 모델에 대한 개선)을 포함한 다양한 이해 가능한 모델을 구현한다. 그중에는 블랙박스 모델의 동작 또는 개별 예측에 대해 설명하는 방법 또한 포함된다. 다양한 이해 가능성 방법에 쉽게 접근할 수 있게 함으로써 개발자들은 서로 다른 방법으로 생성된 설명을 비교하고 대조할 수 있으며, 자신의 필요에 가장 잘 맞는 방법을 선택할 수 있다. 이러한 비교는 데이터 과학자들이 방법 간의 일관성을 확인함으로써 설명을 얼마나 신뢰할 수 있는지 이해하는 데 도움이 될 수 있다.

그러나 이러한 블랙박스 XAI가 생성하는 임시 또는 사후 설명은 단지 정당화된 결과로 비춰질 수 있으며, 실제 의사결정 과정의 진실을 포착하지 못할 수 있다. 설명 가능한 AI(XAI)는 스스로 설명할 수 있는 AI가 아니라 개발자에 의한 설계 결정이다. 이는 AI가 설계 과정의 일부로 필요한 설명을 충분히 투명하게 제공할 수 있을 정도로 개발되어야 함을 의미한다.

XAI를 달성할 수 없다는 주장도 있다. 인간도 복잡하고 이해할 수 없는 의사결정 과정을 사용하곤 한다. 이러한 과정은 스스로 설명할 수 없을 수 있다. 또는 해결하고자 하는 문제가 너무 복잡하고 비선형적이어서 블랙박스 모델이 불가피할 수도 있다. 더 간단한 모델을 사용하면 설명 가능해지나 성능이 떨어지는 타협이 있을 수 있으며 이는 바람직하지 않을 수 있다.

그러나 AI의 주요 배포자 중 하나인 DARPA는 이를 AI 개발의 다음 단계로 보고 있다. 설명 가능한 AI(XAI) 프로그램은 다음과 같은 목표를 가진 기계 학습 기술 모음을 만들려고 한다.

- 학습 성능(예측 정확도)을 높은 수준으로 유지하면서 더 설명 가능한 모델을 생산한다.
- 인간 사용자가 인공 지능 파트너의 새로운 세대를 이해하고, 적절히 신뢰하며, 효과적으로 관리할 수 있게 한다.

이 비전은 새로운 기계 학습 시스템이 그들의 논리를 설명하고, 강점과 약점을 특징짓고, 미래에 어떻게 행동할지에 대한 이해를 전달할 수 있는 능력을 가질 것이다. 이 목표를 달성하기 위한 전략은 더욱더 설명 가능한 모델을 생산할 수 있는 새로운 또는 수정된 기계 학습 기술을 개발하는 것이다. 이러한 모델은 사용자에게 이해하기 쉽고 유용한 설명을 제공할 수 있는 최신의 인간-컴퓨터 인터페이스 기술과 결합될 것이다.

DARPA의 목표는 AI 시스템의 세 번째 파동을 일으키는 것이다. 이는 기계가 운영하는 환경과 맥락을 이해하고, 시간이 지남에 따라 실제 현상을 특징짓는 기본 설명 모델을 구축하는 것을 의미한다. 이것이 어떻게 달성될지는 명확하지 않지만, 이 혁신적인 분야에 많은 투자가 이루어지고 있다.

수학적 모델과 알고리즘 운영 연구 분야의 수학적 도구는 문제에 대한 잠재적 해결책을 결정하기 위해 데이터에 적용될 수 있다. 예를 들어, 이러한 도구는 새 창고의 최적 위치 세트, 트럭이 이동할 효율적인 경로, 소매점의 효과적인 재고 정책을 생성할 수 있다. 따라서 이러한 도구는 "어떻게 실현할 것인가?"라는 질문에 답하는 처방적 분석이라고 불린다. 이 알고리즘은 두 가지 범주로 나뉜다.

- 정확한 알고리즘 : 특정 문제에 대해 이 알고리즘은 수학적으로 '최적해'를 찾는다. 일반적으로 이러한 최적화 알고리즘은 실행하는 데 오랜 시간이 걸릴 수 있으며, 특히 문제가 복잡한 경우 더욱 그렇다. 많은 경우에 최적해나 최선의 해를 찾는 것이 불가능하다. 다른 경우에는 가능할 수 있지만 그만한 노력을 기울일 가치가 없을 수도 있다. 이는 이러한 알고리즘에 대한 입력 데이터가 종종 근사치로 처리되거나 집계되기 때문에 발생한다. 따라서 근사 문제에 대한 정확한 해는 근사 문제에 대한 근사 해보다 가치가 없을 수 있다.
- 휴리스틱 : 이것은 문제에 대한 좋지만 반드시 최적은 아닌 해를 제공하는 알고리즘이다. 휴리스틱은 일반적으로 정확한 알고리즘보다 훨씬 빠르게 실행된다. 대부분의 의사결정 지원 시스템은 휴리스틱을 사용하는 수학적 알고리즘을 사용한다. 좋은 휴리스틱은 최적해와 매우 가까운 해를 신속하게 제공한다. 휴리스틱은 종종 해의 품질과 속도 사이의 절충을 포함한다. 이때 휴리스틱이 해를 제공하는 것뿐만 아니라 휴리스틱 방법으로 도출된 해가 최적해와 얼마나 떨어져 있는지에 대한 추정치를 제공하는 경우가 종종 유용하다.

실제로 사용되는 분석 도구는 일반적으로 위에서 설명한 많은 도구의 혼합이다. 거의 모든 의사결정 지원 시스템은 여러 도구의 조합을 사용하며, 많은 경우 스프레드시트와 같은 일반적인 도구를 사용하여 추가 분석을 허용한다. 또한 위에서 언급한 도구 중 일부는 일반적인 도구(예 : 스프레드시트)에 내장될 수 있다.

특정 의사결정 지원 시스템에 대해 적절한 분석 도구를 결정하는 데는 여러 요소가 있다. 이러한 요소에는 다음이 포함된다.

- 고려되는 문제 유형
- 해의 정확도 요구사항 – 굳이 최적해를 찾아야 할 필요가 없을 수도 있음

표 16-1 응용 프로그램 및 분석 도구

문제	사용된 도구
마케팅	질의, 통계, 데이터 마이닝
운행 경로 결정	휴리스틱, 정확한 알고리즘
생산 일정 계획	시뮬레이션, 휴리스틱, 배차 규칙
물류 네트워크 재구성	시뮬레이션, 휴리스틱, 정확한 알고리즘
모드 선택	휴리스틱, 정확한 알고리즘

- 문제의 복잡성 – 어떤 도구는 매우 복잡한 문제에 적합하지 않을 수 있고, 다른 도구는 비교적 간단한 문제에는 과할 수 있음
- 정량화 가능한 출력 측정치 수와 유형
- 의사결정 지원 시스템의 필요 속도 – 예를 들어, 리드 타임 견적과 차량 운행 경로 결정과 같은 운영 시스템에서는 속도가 필수적일 수 있음
- 의사결정자의 목표 또는 목표의 수 – 예를 들어, 트럭 운행 경로 결정을 위한 의사결정 지원 시스템은 최소한의 차량 수와 최소한의 총 이동 거리로 해결책을 찾아야 할 필요가 있음

표 16-1은 일부 문제와 그에 적합한 분석 도구를 보여준다.

16.4.2 공급망 우수성을 위한 IT

이 절에서는 공급망 우수성을 위해 필요한 주요 IT 기능과 그들 간의 관계를 설명한다. 이 기능은 그림 16-10에 설명되어 있으며, 네 가지 계층으로 구분된다.

1. **전략적 네트워크 설계**(strategic network design)는 계획자들이 창고 및/또는 공장의 최적의 수, 위치, 크기를 선택하게 하며, 최적의 조달 전략, 즉 어떤 공장/공급업체가 어떤 제품을 생산해야 하는지를 결정하고, 최상의 유통 채널, 즉 어떤 창고가 어떤 고객에게 서비스를 제공해야 하는지를 결정한다. 목표는 조달, 생산, 운송, 창고, 재고 비용을 포함한 총비용을 최소화하며, 시설 수와 서비스 수준 간의 최적의 균형을 찾는 것이다. 이 시스템의 계획 시간 범위는 일반적으로 몇 달에서 몇 년까지이며 집계된 데이터와 장기 예측을 사용한다.
2. **전술적 계획**(tactical planning)은 몇 주 또는 몇 달과 같은 짧은 계획 기간 동안 자원 배분을 결정한다. 이 시스템은 다음을 포함한다.
   - **공급망 마스터 계획**은 생산, 유통 전략, 보관 요구사항을 효율적으로 조정하여 공급망 자원을 할당하고 이익을 극대화하거나 시스템 전체 비용을 최소화한다. 이를 통해 기업은 계절성, 프로모션, 제한된 용량에 대비해 미리 계획을 세울 수 있다.
   - **재고 계획**은 안전 재고의 최적량과 공급망 내에서 재고를 어떻게 최적으로 위치시킬지를 결정한다.

   전략적 네트워크 설계와 전술적 계획은 함께 3장에서 설명된 네트워크 계획 과정을 나타낸다. 이러

한 경우에는 모두 최적화가 적용되어 효과적인 전략을 생성한다.

3. **운영 계획**(operational planning) 시스템은 단기 계획을 위한 조달, 생산, 유통, 재고, 운송의 효율성을 가능하게 한다. 계획 시간 범위는 일반적으로 일일에서 주간까지이며, 초점은 한 기능에 맞춰져 있다. 즉, 각 시스템은 예를 들어 생산과 같은 한 기능에만 초점을 맞춘다. 따라서 이러한 시스템은 다른 기능과의 통합 부족, 분석의 상세 수준, 짧은 계획 시간 범위로 인해 최적화된 해결책이 아닌 실행 가능한 전략에 초점을 맞춘다. 운영 계획 시스템에는 네 가지 구성 요소가 있다.

- **수요 계획**은 다양한 역사적 정보 및 기타 관련 정보를 기반으로 수요 예측을 생성한다. 또한 사용자가 프로모션, 신제품 도입 및 기타 비즈니스 계획의 영향을 분석할 수 있게 한다. 사용되는 방법은 주로 통계 분석이다.
- **생산 일정 계획**은 공급망 마스터 계획 또는 수요 예측에 기반하여 상세한 생산 일정을 생성한다. 사용되는 방법은 모든 생산 제약 조건을 충족하는 제약 기반의 실행 가능성 분석이다.
- **재고 관리**는 평균 수요, 수요 변동성 및 원자재 리드 타임을 기반으로 공급망 내 다양한 시설의 재고 계획을 생성한다. 사용되는 방법은 통계적이고 계산적이다.
- **운송 계획**은 노선의 운송 가능성, 비용 및 고객 배송 일정을 기반으로 운송 경로 및 일정을 생성한

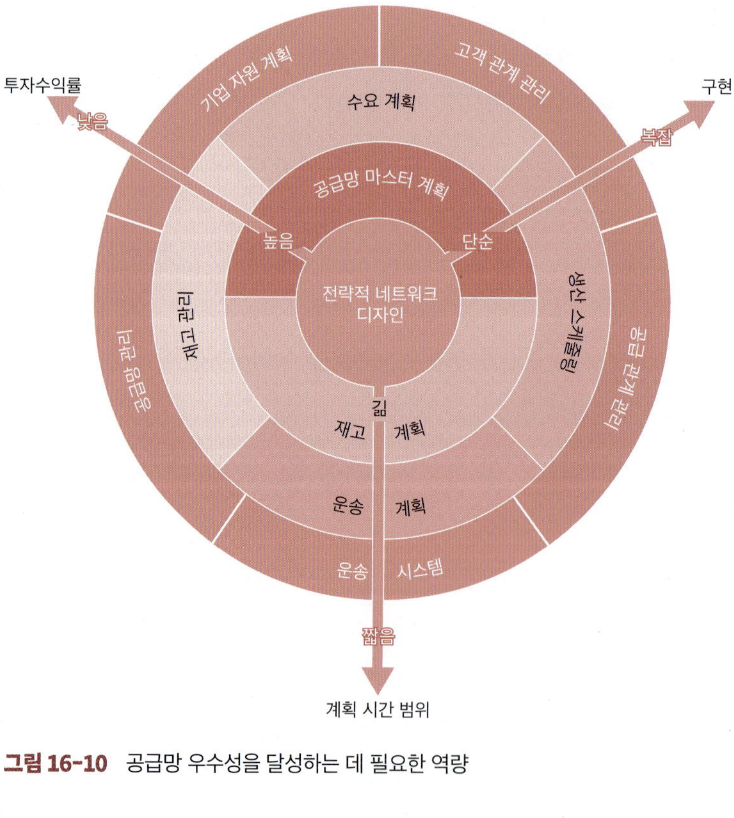

그림 16-10 공급망 우수성을 달성하는 데 필요한 역량

다. 운송 계획 옵션이 다양하므로 이 시스템은 차량 계획, 운송 모드 선택에서 운행 경로 결정 및 유통 계획에 이르기까지 다양할 수 있다.

운영 계획의 성격상 사용되는 방법은 대부분 휴리스틱이다.

4. **운영 실행**(operational execution) 시스템은 데이터, 거래 처리, 사용자 접근 및 회사 운영을 위한 인프라를 제공한다. 이 시스템은 사용자와 사건에 의해 지속적으로 업데이트되고 있어 실시간으로 운영된다는 의미에서 실시간 경향이 있다. 이 시스템은 다음과 같은 다섯 가지 구성 요소를 포함한다.

    - **기업 자원 계획**은 전통적으로 제조, 인적 자원 및 재무를 아우르지만 이제는 대부분 기업의 IT 인프라의 중추가 되고 있다. 이 시스템은 우리가 논의하는 다른 구성 요소에 의해 커버되는 새로운 기능을 포함하도록 확장되고 있다. 또한 웹 기반 접근 및 서비스를 제공하고 다른 구성 요소와 개방적으로 통합하고 있다.
    - **고객 관계 관리**는 고객과의 상호 작용을 업데이트하고 추적하는 시스템을 포함한다. 이러한 시스템은 주문 추적 및 기타 백엔드 시스템과 연결되어 고객과 그들을 돕고자 하는 서비스 대표에게 더 나은 정보를 제공한다.
    - **공급업체 관계 관리**는 조달, 거래 교환뿐만 아니라 협력 활동을 위한 공급업체와의 인터페이스를 제공한다.
    - **공급망 관리 시스템**은 공장 및 창고의 유통 활동을 추적하고 성과 측정 기준에 따라 예외사항을 추적하는 이벤트 관리를 제공한다. 또한 현재 공급망 상태를 기반으로 한 리드 타임 견적을 제공한다. 이는 약속가능재고(ATP, Available-To-Promise) 또는 약속가능여부(CTP, Capable-To-Promise)로 불린다.
    - **운송 시스템**은 운송 중인 상품의 내부 및 외부 접근 및 추적을 제공한다. 이 수준에서는 일정 수준의 운행 경로 결정 및 계획 능력이 있을 수 있지만 운송 계획 시스템에 비해 범위와 시간 면에서 더 작은 규모일 것이다.

그림 16-10은 다양한 기능 계층 간의 차이를 보여준다.

- 전략적 네트워크 설계의 **계획 시간 범위**(planning horizon)는 운영 시스템보다 훨씬 길다. 실제로 기업은 시설에 대해 몇 년에 걸쳐 장기 투자를 한다. 반면, 공급망 마스터 계획은 몇 달에서 1년에 걸친 전략을 개발한다. 마지막으로, 운영 시스템은 며칠에서 몇 주에 이르는 매우 짧은 시간 범위를 가진다.
- 전략적 시스템의 **투자 수익률**(return on investment)은 대규모 자본 투자와 주요 유통 결정에 영향을 미치기 때문에 매우 높을 수 있다. 일반적으로 기업은 전략적 네트워크 설계 구현으로 인해 5~15%의 비용 절감을 보고한다. 반면 운영 계획 및 실행은 상당한 비용 영향을 미칠 수 있지만 훨

씬 더 큰 투자가 필요하며 이득은 훨씬 작을 수 있다.

- 전략적 네트워크 설계의 **구현 복잡성**(implementation complexity)은 사용되는 도구와 적용되는 프로세스가 다른 시스템이나 프로세스와 통합할 필요가 없기 때문에 높지 않다. 마찬가지로, 전략적 네트워크 설계는 실시간 업데이트가 필요 없으며 회사 내 소수의 사람들만이 이와 상호 작용한다. 반면에 운영 시스템은 구현 및 통합이 매우 어렵고 실시간 데이터와 광범위한 훈련이 필요하다고 알려져 있다.

16.5 판매 및 운영 계획

위에서 설명된 일부 개념은 판매 및 운영 계획(S&OP, Sales and Operation Planning)이라는 중요한 공급망 관리 과정을 통해 설명될 수 있다. 판매 및 운영 계획은 지속적으로 공급과 수요를 균형 잡는 비즈니스 과정이다. 이 과정은 판매, 마케팅, 신제품 출시, 제조, 유통을 단일 계획으로 통합하며, 일반적으로 제품군과 같은 집계량을 포함한다. 판매 및 운영 계획의 실무는 1980년대 중반에 시작되어 주로 수요 계획과 분석에 초점을 맞추고 있다. 이 과정은 일반적으로 월간 회의를 포함하며, 여기서 수요 예측과 공급 능력 제약사항이 비교되고 실행 가능한 계획이 식별된다. 대부분의 회사는 수요 계획 소프트웨어와 다양한 기업 자원 계획, CRM, 제조 시스템에서 수집된 데이터의 스프레드시트 분석을 사용한다.

CASE 아드트란의 판매 및 운영 계획(S&OP) '진화'

아드트란(Adtran)은 앨라배마주 헌츠빌에 본사를 둔 $5억 규모의 통신 산업용 부품 디자이너이자 제조업체이다. 이 회사의 사례는 재고 증가와 고객 만족도 감소가 변화를 요구하는 수준에 이르렀을 때, 근본적인 변화를 이끄는 위기 또는 '깨어남'의 순간을 종종 경험하는 전형적인 사례였다. 이 상황은 주로 회사가 직면한 복잡한 환경에 의해 주도되었다. 그런 환경을 초래한 요소는 짧은 제품 수명 주기, 예측하기 어려운 제품, 많은 엔지니어링 변경 사항, 긴 공급업체 리드 타임과 함께 짧은 주문 배송 주기, 수요를 '형성'할 수 있는 능력이 거의 또는 전혀 없다는 것이었다. 50% 미만의 예측 정확도와 결합된 이러한 상황이 "바닥 라인에 타격을 주는 '완벽한 폭풍'을 만들었다."고 Dadmum은 말했다.

특히 다양한 '침묵의 벽'이 정보 흐름을 제한하는 것이 골칫거리였다. 예를 들어, 예측이 빗나간 이유에 대한 정보가 거의 또는 전혀 없었다. Dadmum은 "왜 예측을 놓쳤나요?"라고 물으면 "고객이 주문하지 않았기 때문에."라는 대답을 들었다고 했다. 하지만 왜 주문하지 않은지에 대한 대답은 몰랐다.

공급 측면과 마케팅, 공급 및 판매 측면과 엔지니어링 사이에도 침묵의 벽이 있었다. "오직 엔지니어링만이 새로운 제품 도입과 관련하여 어떤 날짜에 맞출지 정확히 알고 있었다. 종종 실제 일정을 반영하지 않는 공급 역량과 수익 계획을 구축했다."고 Dadmum은 지적했다.

이러한 상황에 직면하여 Dadmum은 결과를 개선하기 위한 여러 가지 시도를 추진하는 데 도움을 주었다. 여기에는 공급, 판매, 마케팅 및 엔지니어링 전반에 걸친 다기능 팀을 구성하여 문제를 살펴보고, 새로운 공급망 기술에 투자하고, 궁극적으로 효과적인 판매 및 운영 계획 과정을 시작하는 것이 포함되었다.

일부 중요한 조치가 있었다. 먼저, 동의를 얻기 위해 아드트란은 벤더(i2)와의 협력을 통해 수요 계획 도구를 사용하여 지난 2~3년 동안 회사의 상위 20개 SKU에 대한 예측 결과를 사후 테스트했다. 놀라운 통찰력은 다음과 같았다. 20개 SKU 중 18개에 대한 예측 결과가 역사 등에 기반한 것이 예측 도구로부터의 결과보다 나았다는 것이다. 이 관찰 결과는 경영진 및 다른 이해 관계자들로부터 빠르게 관심과 지지를 얻었다.

아드트란은 또한 외부 컨설턴트를 도입하여 해당 분야에서 최고의 관행에 대한 벤치마킹을 진행했다. 이것도 아드트란 경영진에게 그들의 운영 방식이 업계 선도 수준에 미치지 않는다는 것을 보여주는 데 도움이 되었다. Dadmum은 "이것은 깨어나야 할 시점임을 가리켰다."고 언급했다.

Dadmum은 또한 조직에 새로운 수요 계획 도구에서 나오는 개선된 기본 예측이 도움이 될 것이지만 충분하지 않다고 조직을 설득했다. "그것은 여전히 후방거울 시점이다. 앞으로 다가올 커브와 출구 램프를 보기 위해 판매, 마케팅 및 엔지니어링으로부터 추가 정보가 필요하다."고 그는 말했다.

아드트란에서의 판매 및 운영 계획 '진화'는 세 단계로 설계되었다.

1단계(완료)

- 공급 용량과 제약을 더 잘 이해하기 위한 공급 측 기술 구현
- 수요 계획 기술 구현
- 진정으로 합의된 예측과 통합된 재무 계획을 개발하는 목표로 통합된 판매 및 운영 계획 프로세스 착수
- 각 부문의 '프로세스 캡틴' 할당, 현재는 판매/마케팅에서 요구됨
- 실제 판매 및 운영 계획 회의 전에 데이터를 검토하고 문제를 해결하며 다른 필요한 정보를 식별하기 위한 사전 회의를 가지며, 주요 회의는 계획 구축에 초점을 맞출 수 있도록 함
- '예외 관리'에 초점 맞추기

2단계(진행 중)

- 예측과 실제 결과의 상세 보기를 제공하고 지원 정보로 빠르고 자세히 조사할 수 있는 온라인 판매 및 운영 계획 '대시보드' 사용
- 예측과 계획이 언제 어떻게 잘못되었는지 식별하는 것에 초점 맞추기
- 프로세스와 기술 측면에서 '침묵의 벽'을 더 줄이기

3단계(계획 중)

- 특히 예측이 부정확한 이유를 자세한 고객 수준에서 배우려고 할 때 더 진정한 근본 원인 분석이 용이해진다.

Dadmum은 판매 및 운영 계획 성공을 달성하는

데 실제로 중요한 것은 "시작할 때부터 마지막을 명확히 하는 것"이라고 지적하며 "마지막에 무엇을 원하는지 정의하는 것이 정말 중요하다. 이것은 생각만큼 쉽지 않다."고 말했다.

다른 교훈

- 어떤 변화도 없으면 일부 고통이 있을 것이다. 경영진과 동료들 앞에서 부족한 프로세스와 결과가 드러날 준비를 한다.
- 조기 증거 포인트를 개발하여 시범 모드에서 참여를 유도한다.
- "나는 그것이 완성되는 것을 봤다."고 말할 수 있도록 벤치마킹한다.
- 외부 전문가/컨설턴트를 활용한다. 만약 이것이 회사 입장에서 새로운 영역이라면 이미 그 길을 걸어본 다른 사람들과 파트너십을 맺는다.
- 자신 외에도 다른 내부 챔피언을 개발하기 위해 열심히 노력한다.
- 성공을 축하한다. 한 플래너가 72%의 가장 높은 정확도에 도달했을 때 그들은 팀 전체 회식을 가졌다.

Dadmum은 다음과 같이 덧붙였다. "우리는 공급 측면에서와 같은 수준의 세부사항과 통찰력으로 그 상황의 수요 측면을 자세히 조사할 수 있어야 한다."

아드트란 사례 연구는 현재 판매 및 운영 계획 관행의 전형적인 예로, 수요 계획에 중점을 두고, 판매 및 마케팅 정보를 예측에 사용하며, 생산 능력과 수요 간 균형 잡는 회의를 가지는 것이 특징이다.

분명히 아드트란 사례에서 설명된 판매 및 운영 계획 프로세스의 성공 수준을 달성하는 것은 상당히 도전적이다. 그럼에도 불구하고 이 프로세스는 최적화, 재고 고려사항, '만약에' 기능을 포함하지 않으며, 대부분 스프레드시트 분석을 통해 수행되었기 때문에 기업 자원 계획/APS 솔루션과 연결되어 있지 않다. 그러

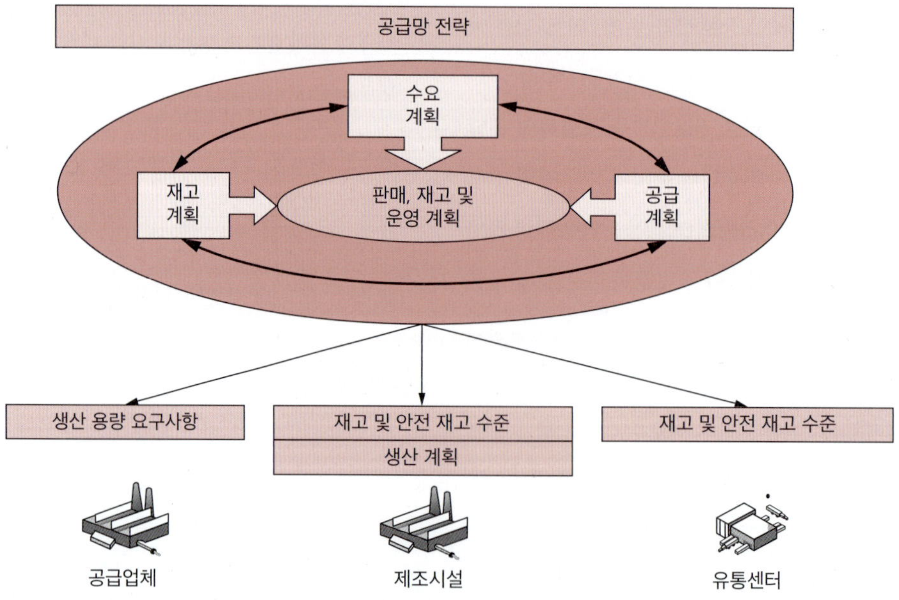

그림 16-11 발전된 판매 및 운영 계획 프로세스

나 대부분의 경우 데이터가 너무 복잡하고 스프레드시트에서 분석할 옵션이 너무 많으며, 기업 자원 계획 시스템과 통합되어 반복 가능하며 가시적인 프로세스를 만들 필요가 있다. 따라서 프로세스를 지원하기 위해 IT를 사용할 기회가 남아 있다.

최근에 판매 및 운영 계획의 새로운 단계가 등장했다. 이 단계에서 판매 및 운영 계획은 데이터 통합을 용이하게 하고 최적화할 수 있는 능력을 제공하는 새로운 기술 플랫폼에 의해 지원된다. 이것은 단순히 예측에만 초점을 맞추지 않는다. 그림 16-11은 $50억 규모의 제조 회사가 어떻게 판매 및 운영 계획 시스템을 바라보고 있는지와 어떻게 SAP 구현을 통해 시스템을 제공하고 있는지를 보여준다. 핵심은 다양한 활동을 판매 및 운영 계획 프로세스에 통합하는 것이다. 첫 번째 요소는 제품 프로파일링 및 예측을 위한 전통적인 수요 계획이다. 두 번째는 내부 및 외부 용량 확인을 위한 공급 계획이다. 세 번째 요소는 전체 재고 목표를 결정하고 안전 재고 최적화 및 서비스 수준 최적화를 수행하는 재고 계획이다. 판매 및 운영 계획은 공급과 수요의 정렬 및 방향 설정에 초점을 맞추고 있다.

이러한 프로세스를 통합하는 것은 많은 기업이 가지고 있는 어려움이며, 17장에서 논의되는 비즈니스 프로세스 관리와 복합 애플리케이션을 위한 새로운 기술이 기업의 능력에 영향을 미칠 것이다.

16.6 공급망 정보 기술 통합

모든 정보 기술(IT) 요소는 어떻게 결합되는가? 공급망 관리는 매우 복잡해서 우리가 제기한 문제에 대한 간단하거나 저렴한 해결책은 없다. 많은 기업은 특정 IT 혁신을 도입하는 것이 상당한 투자 수익률에 대한 확신이 없기 때문에 비용 효과적이지 않다고 생각한다. 화물 운송 회사들은 고객이 그렇게 상세한 정보를 원하지 않기 때문에 정교한 추적 시스템을 구매하지 않는다. 창고 관리자는 RFID 기술이 너무 비싸기 때문에 투자하지 않는다.

핵심은 각 요소가 기업에 기여할 수 있는 것을 분석하고, 그 후에 회사의 특정 요구와 산업의 요구에 따라 투자를 계획하는 것이다. 그러나 전체 솔루션은 종종 부분의 산술적 합보다 크다는 점을 명심해야 한다. 즉, 창고 관리 시스템과 운송 관리 시스템의 설치는 고객 서비스 성능에 대단한 효과를 낼 수 있다.

회사는 내부 프로세스를 자동화할지 또는 일부 업계 관례에 동의할지 결정해야 한다. 이는 일반적으로 주요 벤더(예 : SAP 및 Oracle)로부터 기업 자원 계획 시스템을 투자할 때 발생한다. 점점 더 많은 기업이 주문 입력, 요구사항, 재료 목록 등과 같은 정보를 공유하고 공동 계획에 참여함에 따라 이 정보를 공유하는 표준 접근방식이 모든 사람의 비즈니스 비용을 낮출 것으로 기대된다. 공급망 관리에서는 아직 단일 표준이 등장하지 않았으며, 각 기업 자원 계획 벤더는 계속해서 사실상의 자체 표준을 설정하고 있다.

다음 절에서는 기업 자원 계획 및 의사결정 지원 시스템의 구현에 대해 논의한다. 구현에서의 우선순위는 무엇인가? 회사는 무엇에 먼저 투자해야 하는가? 마지막으로, '최상의' 단일 벤더 패키지 딜레마를 비교하고 이 장의 사례연구를 통해 딜레마를 설명할 것이다.

표 16-2 공급망의 기업 자원 계획 시스템과 의사결정 지원 시스템

구현 이슈	기업 자원 계획 시스템(ERP)	의사결정 지원 시스템(DSS)
기간	18~48개월	6~12개월
가치	운영적	전략적, 전술적, 운영적
투자 수익률 회수 기간	2~5년	1년
사용자	모든 최종 사용자	소그룹
훈련 난이도	단순	복잡

16.6.1 기업 자원 계획과 의사결정 지원 시스템의 구현

공급망 통합을 지원하는 시스템의 구현은 인프라와 의사결정 지원 시스템을 포함한다. 일반적으로 인프라의 일부인 기업 자원 계획 시스템(ERP)은 많은 면에서 공급망 의사결정 지원 시스템(DSS)과 다르다. 표 16-2는 다양한 구현 이슈에 기반하여 기업 자원 계획와 의사결정 지원 시스템을 비교한다.

회사가 어떤 시스템을 구현하고 언제 구현할지 결정하는 전략은 무엇인가? 16.3절에서 설명된 공급망 관리를 위한 IT 목표는 회사가 먼저 기업 자원 계획 시스템을 설치해야 데이터가 접근 가능하고 완전해질 것을 제안한다. 그 후에야 회사는 다양한 의사결정 지원 시스템 도구를 사용하여 전체 공급망 프로세스의 분석을 시작할 수 있다. 이것이 이상적일 수 있지만, 현실적으로는 공급망 효율성을 달성하기 위해 필요한 데이터는 이미 존재한다. 단일 접근이 쉬운 데이터베이스에 있지 않을 수 있지만, 기업 자원 계획 시스템 설치를 기다리는 비용에 비해 데이터베이스를 구성하는 데 걸리는 시간적인 비용이 더 낮을 수 있다.

이러한 이슈는 표 16-2에서 설명된다. 기업 자원 계획 구현은 일반적으로 의사결정 지원 시스템의 구현보다 훨씬 오래 걸린다. 기업에 대한 기업 자원 계획 시스템의 가치는 처음 두 목표인 가시성과 단일 접점과 관련되어 있으며, 이는 개선된 운영을 의미할 수 있지만, 의사결정 지원 시스템은 전략적 및 전술적 계획 수행 능력에도 영향을 미친다. 이는 의사결정 지원 시스템 프로젝트가 훨씬 더 나은 투자 수익률을 가진다는 것을 의미한다. 마지막으로, 의사결정 지원 시스템을 설치하는 것은 일반적으로 더 저렴하고 구현하기 쉬우며 기업 자원 계획 시스템이 고도로 훈련되지 않은 다수의 사용자에게 영향을 미치는 것에 반해 의사결정 지원 시스템은 더 적은 수의 고도로 훈련된 사용자에게 영향을 미친다.

실제로 이 장 도입부에 나온 월풀 사례에서 볼 수 있듯이, 회사는 의사결정 지원 시스템의 구현을 진행하기 위해 반드시 기업 자원 계획 구현을 기다리지 않는다. 실제로 많은 경우에 더 즉각적이고 관찰 가능

표 16-3 의사결정 지원 시스템 구현 시 우선순위

산업	의사결정 지원 시스템
음료 유통업체	네트워크 및 운송
컴퓨터 제조업체	수요 및 제조
소비자 제품	수요 및 유통
의류	수요, 생산/제조 용량 및 유통

한 수익을 제공하는 의사결정 지원 시스템을 먼저 배치하는 것이 합리적이다. 물론 회사는 프로젝트 순서와 한 번에 다룰 프로젝트의 수를 결정하기 전에 자금과 인적 자원을 검토한다.

구현되는 의사결정 지원 시스템의 유형은 산업과 비즈니스에 미치는 잠재적 영향에 따라 다르다. 표 16-3에는 다양한 산업의 예시가 포함되어 있다. 유통 비용이 주요 비용 요소인 음료 산업에서는 복잡한 제조 프로세스를 가지고 유통 비용이 제품 비용의 일부에 불과한 컴퓨터 제조업체와 다른 우선순위가 있다. 따라서 후자의 경우 제조업체는 비싼 배송 솔루션을 활용할 수 있다.

16.6.2 '동종 최고' vs 단일 벤더 기업 자원 계획 솔루션

공급망의 IT 솔루션은 경쟁 우위를 달성하기 위해 통합되어야 하는 여러 부분으로 구성되어 있다. 여기에는 인프라(기업 자원 계획)와 의사결정을 지원하는 다양한 시스템(의사결정 지원 시스템)이 포함된다. 두 가지 극단적인 접근법이 있다. 첫 번째는 기업 자원 계획과 공급망 의사결정 지원 시스템을 하나의 벤더로부터 전체 솔루션으로 구매하는 것이고, 두 번째는 '동종 최고의' 솔루션을 구축하는 것으로, 각 범주에서 가장 적합한 솔루션을 각각의 해당 벤더로부터 구매하여 회사의 각 기능에 더 잘 맞는 시스템을 생산하는 것이다. 동종 최고의 솔루션은 더 복잡하며 구현하는 데 오래 걸리지만, 장기적인 유연성을 제공하고 회사 문제에 대한 더 나은 솔루션을 제공할 수 있는 투자일 수 있다. 물론 구현 기간이 길어지면 솔루션이 최종적으로 덜 유용해질 수 있고, IT 직원 및 프로젝트에 대한 열정을 유지하는 데 어려움을 겪을 수 있다. 많은 회사는 주요 기업 자원 계획 공급업체를 두고 해당 업체가 제공할 수 없거나 회사에 적합하지 않은 기능은 동종 최고 또는 내부 시스템을 통해 제공받는 잠정적인 접근방식을 선택한다.

마지막으로, 여전히 내부적으로 독자적인 소프트웨어 개발을 선호하는 회사(예 : 월마트)도 있다. 이것은 아마도 전문 IT 부서를 보유하고 있고 이미 회사에 적합한 시스템을 가진 매우 큰 회사에는 의미가 있을 것이다. 최근에는 17장에서 논의하는 새로운 기술의 등장으로 인해 비즈니스 중심 개발과 통합이 더 쉬워지면서 기업 자원 계획 벤더에 대한 의존보다는 내부적 또는 소프트웨어 통합에 집중하는 전망이 이어질 수 있다.

표 16-4는 이러한 기업 자원 계획 대 동종 최고 접근법의 장단점을 요약한다.

표 16-4 '동종 최고' 대 단일 공급업체 및 독점

구현 이슈	동종 최고	단일 공급업체	독점
기간	2~4년	12~24개월	알 수 없음
비용	높음	낮음	기업마다 다름
유연성	높음	낮음	가장 높음
복잡성	높음	낮음	가장 높음
솔루션 품질	높음	낮음	불확실함
기업 적합도	높음	낮음	가장 높음
직원 훈련 기간	길	짧음	가장 짧음

요약

공급망 관리 IT의 성공은 비즈니스에 가장 효과적인 방식으로 비즈니스 프로세스와 새로운 기술을 결합하는 데 달려 있다. 우리는 비즈니스 프로세스와 기술을 모두 적용하는 기업이 경쟁업체보다 우수한 성과를 보인다는 증거를 제시한다.

IT의 네 가지 주요 목표를 확인했다.

1. 생산부터 배송 지점까지 각 제품에 대한 정보의 가용성
2. 단일 원천을 통한 데이터 접근
3. 전체 공급망 정보를 기반으로 한 의사결정
4. 공급망 파트너들과의 협업

이 네 가지 주요 목표는 어떻게 달성되는가? 더 중요하게, 이러한 목표를 달성하는 것이 물류 관리자에게 어떤 영향을 미치는가?

첫째, 프로세스, 커뮤니케이션, 데이터, 인터페이스의 표준화는 기본 인프라를 구현하는 데 더 비용이 낮고 더 쉬운 방법을 제공한다. IT 인프라는 모든 규모의 회사에게 더 접근 가능해졌으며, 미래에는 거의 회사 간에 매끄럽게 작동할 것이다. 이를 통해 공급망의 모든 수준에서 IT에 대한 접근과 시스템 통합이 가능해질 것이며, 따라서 각 수준에서 제품에 대한 정보와 추적이 더 많아질 것이다. 사물 인터넷과 블록체인을 중심으로 구현된 새로운 기술은 제품이 공급망을 통해 태그되고 추적될 수 있게 할 것이며, 페더럴익스프레스 소포를 찾는 것처럼 위치를 쉽게 파악할 수 있을 것이다.

둘째, 다양한 형태의 데이터 표시 및 접근이 시스템에 통합되고 있으며 별도의 특별 지식 없이도 사용 가능하다. 이로 인해 시스템 인터페이스를 더 직관적이고 현재 진행 중인 작업과 더 높은 연관성이 있게끔 설계가 가능하다.

셋째, 다양한 시스템이 상호 작용하여 현재의 경계를 흐리게 만들 것이다. 클라우드 기반 웹 서비스는 통합을 쉽게 하며, 결과적으로 조직의 다양한 수준에서 다양한 사람들에 의해 '동종 최고'로 구매된 시스템이 더 잘 통합되고 공통 인터페이스를 사용하게 될 것이다. 마찬가지로, 회사의 기업 시스템에 특수 기능을 제공할 수 있는 애플리케이션의 확산이 있을 것이다. 세 번째 목표는 더 정교하고 실시간 데이터에 의존하며 상호 운용 가능한 의사결정 지원 시스템과 지능형 에이전트의 개발을 통해 달성될 것이다.

마지막으로, 전자상거래는 우리가 일하고, 상호 작용하고, 비즈니스하는 방식을 변화시키고 있다. 전자상거래는 의미 있는 데이터 비교, 오류 검사 및 수정 기능을 수행하는 트랜잭션을 따르는 비즈니스와 정부에 대한 인터페이스를 제공한다. 이는 정부, 교육, 민간 데이터베이스에 존재하는 데이터에 접근할 수 있게 하며, 이 데이터를 수정하거나 정정할 수 있는 능력을 제공한다. 민간(및 공공) 전자시장은 이제 구매자가 공급업체를 자신의 정보 시스템에 통합할 수 있도록 한다.

미래에는 기업이 기본 프로세스를 수행하는 것을 넘어 정보를 다른 애플리케이션에 전달할 수 있게

되면서 기업 간 거래가 확장될 것이다. 공급망 관리와 같이 복잡한 프로세스에서 자체 기능을 수행할 뿐만 아니라 시스템의 다른 부분에 경고하는 것은 우리가 제시한 네 가지 목표를 충족하는 데 특히 유익할 것이다.

이러한 주제는 17장에서 자세히 다룬다.

전 IBM CEO인 Lou Gerstner의 말을 인용하며 이 장을 마무리한다. "정보 기술의 성과는 새로운 경제를 창출하거나 새로운 행동 모델 또는 산업 모델을 창출하는 데 있지 않고 거래와 프로세스를 더 효과적이고 효율적으로 만드는 데 있다. 도구, 그것도 아주 강력한 도구를 가지고 '내 공급망을 어떻게 더 효과적이고 효율적으로 만들 수 있을까, 내 구매 프로세스를 어떻게 더 효율적으로 만들 수 있을까, 내부 직원들의 커뮤니케이션을 어떻게 더 효과적이고 효율적으로 만들 수 있을까, 그리고 정부로서 어떻게 관계자들에게 더 효율적이고 효과적인 서비스를 제공할 수 있을까?'에 답하는 것이다."

토론 질문

1. 공급망이 직면한 주요 어려움 중 IT의 도움을 받을 수 있는 부분은 무엇인가?
2. 비즈니스 프로세스가 공급망 관리 IT에 미치는 영향은 무엇인가?
3. 확장된 AI의 사용이 공급망 IT에 어떤 영향을 미치겠는가?
4. 다음에 따라 공급망 우수성을 달성하기 위해 필요한 능력을 비교하시오(그림 16-10 참조).
   a. 의사결정 초점
   b. 데이터 집계 수준
   c. 구현 시간
   d. 분석에 관여하는 사용자 수

CHAPTER 17

기술 표준

CASE

센트라테크 시스템즈 (CTS) 현장 기술자의 생산성 50% 증대

센트라테크 시스템즈(Centratech Systems, 이하 CTS)는 다양한 센서와 계량기를 위한 무선 원격 모니터링 시스템을 전문으로 하는 호주 회사이다. 이 회사는 2009년 호주의 경제가 불확실하던 시기에 설립되었으며, 처음에는 지속적으로 물이 부족하고 전기 요금이 상승하는 시기에 물 관리와 관개에 중점을 두었다. CTS는 '한 명의 현장 기술자와 한 대의 트럭'으로 시작한 작은 회사였지만, 물 관리 모니터링과 제어, 펌프 관리와 제어, 공간 및 경기장 조명, 전기 모니터링과 제어 등을 포함하는 솔루션을 제공하는 글로벌 팀으로 성장했다. 연간 매출은 $400만 이상이다.

어려움

호주는 크고, 인구가 넓게 분포되어 있는 나라이다. 물리적으로는 미 대륙과 비슷한 크기이지만 인구 면에서는 텍사스와 비슷한 수준이다. CTS는 고객의 직접 요청에 따라 제품과 서비스를 개발하기 때문에 호주의 지방 정부가 주요 고객이다. 원격 모니터링 없이 기술자는 수도 펌프와 전기 미터와 같은 물리적 장치로 이동하며, 이러한 장치를 유지 보수해야 한다. 따라서 운전하는 시간을 크게 줄이면 비용이 크게 절감될 것이다.

처음부터 CTS의 비전과 고객의 수요는 종종 CTS가 사용 가능한 레거시 하드웨어와 제조 협력업체로부터 제공받을 수 있는 기술과 스킬 세트보다 앞서 있었다. 이것은 CTS에게 어려움으로 작용했다.

CTS가 운영되던 처음 몇 년간은 비슷한 서비스를 제공하는 경쟁업체가 많지 않았다. 그러나 최근에는 몇몇 IT 중심 기업이 시장에 진입했다. CTS의 경영 이사 Richard Freedman에 따르면 "CTS의 경쟁 우위는 95%의 경쟁업체처럼 기존 시장을 혼란스럽게 만들려는 IT 전문가로 시작하지 않았다는 점이다. 우리는 현장에서 시작했으며 현장에서 어떻게 일이 일어나는지 이해한다. 우리는 고객에게 우리의 서비스가 필요하다고 설득하는 것이 아닌 고객과 함께 여정을 떠나고 있다."

그럼에도 불구하고 CTS는 장치와 시스템을 현대화해야 한다는 요구를 받고 있었다. 현장 기술자들은 넓은 지역을 담당하고 있었는데, 지방 자치 단체는 현장 기술자들이 먼 거리에 있는 장치를 원격으로 모니터링할 수 있는 방법을 원했다. 지방 자치 단체는 또한 현장 기술자들이 자체 트럭에 탑재된 전문 모니터링 장비 없이도 이 작업을 수행할 수 있기를 원했다.

기존의 레거시 장치에는 두 가지 주요 단점이 있었다. 첫째로, 레거시 장치는 복잡했다. 펌프, 미터, 센서 및 필터를 다루는 각각의 기술자는 일대일 훈련을 6시간 동안 받아야 했다. 둘째로, 시스템은 비용이 많이 들었다. 시스템은 자치 단체 사무실의 중앙 시스템과 통신하도록 설계되었고, 따라서 이러한 중앙 시스템을 보유한 큰 자치 단체만 사용할 수 있었다. 이러한 요소는 CTS의 비즈니스 파트너를 멜버른시와 같은 큰 단체로 제한했다. 일대일 훈련에 소요되는 시간으로 인해 CTS가 시스템을 사용할 수 있는 시간에도 제한이 생겼다.

CTS의 성공은 CTS가 홍보하는 장치와 시스템을 완벽하게 발전시키는 데 달려 있었다. 이러한 장치는 중앙 시스템의 제어 패널과 수백만 개의 메시지를 교환하고 있었다. 이러한 메시지의 양은 서버의 철저한 제어와 관리를 필요로 했고, 이는 CTS 엔지니어들이 혁신을 위해 사용 가능한 시간에 제한을 주었다. CTS는 점점 복잡해지는 장치 네트워크를 유지하기 위해 복잡성을 크게 줄일 수 있는 방법이 필요했다.

왜 아마존 웹 서버인가

CTS는 처음에 자체 서버를 사용했지만, 구성의 복잡성 때문에 너무 많은 시간을 소모하게 된다는 사실을 발견했다. 그들은 이것이 성장을 막고 있다는 사실을 깨달았으며, 서버 기능을 대신 처리할 클라우드 제공업체를 찾기 시작했다. 또한 CTS의 고객은 스마트폰과 태블릿을 사용하여 인터넷을 통해 관개 시스템을 제어할 수 있는 자체 클라우드 제공업체를 찾고 있었다.

여러 클라우드 제공업체를 검토한 CTS는 2011년에 아마존 웹 서비스(AWS, Amazon Web Services)와 접촉했다. CTS는 아마존 엘라스틱 컴퓨트 클라우드(Amazon EC2, Amazon Elastic Compute Cloud)를 사용하여 모니터링과 제어 소프트웨어를 호스팅하기 시작했다. 백엔드 코딩과 서버 유지 관리의 주요 부분을 AWS에 아웃소싱함으로써 CTS는 스태프 편성을 유지하면서도 사업을 지속할 수 있었다.

2016년 말에 아마존 CTS 계정 관리자는 회사의 사용 패턴에 변화가 있음을 알아챘다. 이로 인해 CTS와 함께 그들의 고민과 성장 계획에 대한 대화가 이루어졌다. 이 대화로 인해 아마존은 CTS의 핵심 비즈니스가 사물 인터넷(IoT)이라는 사실을 알 수 있었다. 따라서 계정 관리자는 CTS를 AWS IoT 플랫폼에 소개했다. AWS와 AWS 솔루션 아키텍트의 안내하에 CTS는 전기 및 물 관리 응용 프로그램을 위한 새로운 유형의 IoT 활성화 모니터링 장치를 구매하고 설치했다. 이러한 새로운 장치는 기존에 CTS에서 사용 중인 장치보다 더 작고 가벼웠다.

뿐만 아니라 이러한 장치는 처리량의 많은 부분을 클라우드로 넘김으로써 현장에서 더 적은 작업을 수행하게 하여 운영을 보다 간단하게 만들어준다. 또한 현장 유지 관리가 덜 요구되며, 결함이 발생하는 경우에도 교체가 더 쉬워진다. 레거시 시스템에서 시스템에 동시에 접속할 수 있는 사용자 수에 제한이 있었던 것과 다르게, 클라우드 인터페이스를 갖춘 새로운 장치는 이러한 제한이 없었다.

계정 관리자는 또한 CTS를 최근에 IoT 전문가를 고용한 AWS 파트너 네트워크(APN, AWS Partner Network) 고급 컨설팅 파트너인 폴러세븐(PolarSeven)에 소개했다. 폴러세븐은 CTS 엔지니어들이 장치를 보다 적은 비용과 시간으로 원격 제어할 수 있는 방법을 개발하는 데 도움을 주었다. "폴러세븐과 우리의 AWS 솔루션 아키텍트는 CTS의 기술적 이해 수준을 가지고 있지는 않았지만 우리의 언어로 말하고 설명하는 데 아주 능숙했으며, 이로써 우리 팀은 접근 가능한 기술에 대해 새로운 아이디어를 내는 데 보다 자신감을 얻게 되었다."고 Freedman은 말한다.

혜택

이러한 최신 장치로 인해 Freedman은 "모든 생각이 클라우드에서 이루어지며 현장에서는 거의 이루어지지 않는다."고 말했다. 그 결과 CTS 기술자들은 IoT가 가능한 스마트폰을 사용하여 더 많은 장치를 원격으로 서비스할 수 있으며, 물리적인 장치로 이동하는 시간이 줄어들어 매일 더 많은 고객을 서비스할 수 있게 되었다. 이로써 CTS 기술자들은 IoT를 도입한 후 2년 만에 생산성을 50% 높일 수 있었다. "이는 특히 세계적으로도 임금이 높은 편에 속하는 호주에서 소규모 비즈니스를 운영하는 데 큰 장점이다."라고 Freedman은 말했다.

IoT 장치는 노동 비용을 줄였을 뿐 아니라 이전 제품의 2/3 정도로 비용을 절감했다. 이는 그들의 비용 구조에 중요한 변화를 주었다. 낮아진 자본 비용은 더 많은 고객이 CTS와 협력할 수 있게 하여 그들의 영향력을 확장했다. CTS는 비용과 시간 제약 때문에 이전에 그 서비스를 사용하기 주저했던 소규모 지방 자치단체 및 농업 고객을 낮아진 노동 비용과 자본 비용으로 인해 고객으로 유치할 수 있었다.

AWS IoT가 관리되는 서비스이기 때문에 CTS는 서버 및 인프라 관리를 외부에 아웃소싱하면서 혁신과 핵심 역량에 집중할 수 있게 되었다.

2017년에 CTS는 Field Mouse라는 기기를 출시했으며 이를 미래의 주력 제품으로 보고 있다. 이 기기는 시립 운동장과 공원 등의 현장 조명 시스템을 여러 사용자가 제어할 수 있도록 하는 것으로 시작했다. 이 제품은 그들의 다른 제품 및 서비스와는 달리 물과 에너지 제어 시스템을 중심으로 한 것이 아니었다. Field Mouse는 이후 확장되어 물 관리 응용 프로그램 및 보안 게이트를 제어할 수 있을 뿐만 아니라 기타 여러 분야에서 사용되었다. CTS 웹 사이트에 따르면, "Field Mouse는 디지털 입력에 의해 활성화/비활성화될 수 있는 현장 장치를 제어할 수 있다." Field Mouse는 다양한 제조업체에서 나온 레거시 하드웨어를 동일한 Field Mouse 인터페이스를 사용하여 통합 제어할 수 있는 능력을 갖추고 있다.

직관적인 컨트롤 덕분에 교육 시간도 6시간에서 1시간으로 줄어들었다. 이로써 CTS는 비즈니스를 홍보하는 데 사용할 수 있는 시간을 확보할 수 있었다. 그들은 현재 대규모 개발에 이 기술을 활용하기 위해 상업 파트너들과 협상 중에 있다.

IoT 환경의 향상된 보안 기능은 잠재 고객에게 주요한 판매 포인트가 되고 있다. IoT 장치가 연결하는 방식과 관련된 암호화와 인증은 공공 부문 고객에게 CTS가 제공하는 솔루션에 대한 신뢰를 제공한다. 공공 인프라를 모니터링하고 제어하기 위해 자치 단체에서 사용하는 장치는 해킹 및 기타 외부 위협에 특히 취약하기 때문에 보안은 자치 단체에게 매우 중요하다.

Freedman은 "AWS와 함께 일하는 것은 우리의 비즈니스를 바꾸어 놓았다."고 말하며 다음과 같이 덧붙였다. "우리가 새로운 기술과 일하는 방식을 자체적으로도 찾을 수 있었겠지만, 만약 AWS가 없었다면 우리는 경쟁에 뒤처져 다른 업체들을 따라잡기에 바빴을 것이다."

이 장을 마치고 나면 다음 질문에 답할 수 있다.

- 기술 표준은 공급망 관리의 개선에 어떤 영향을 미치는가?
- 중요한 표준과 기술 동향은 무엇인가?
- 비즈니스 프로세스 관리는 웹 서비스 기술과 어떤 관련이 있는가?
- 사물 인터넷(IoT)은 무엇이며, 공급망 성능에 어떤 영향을 미치는가?

17.1 개요

이 장의 목적은 효과적인 공급망 관리에 중요한 IT 관련 표준, 새로운 플랫폼 및 다른 진화하는 기술 표준을 검토하는 것이다. 기술 표준은 앞의 사례연구에서 볼 수 있듯이 기술 요구사항이 동적이고 개별 기업을 초월한 성격을 지니고 있기에 공급망 관리에서 중요하다.

지난 몇 년 동안 IT 세계와 관련 기술에서 중요한 변화가 있었으며, 이는 공급망 관리에 큰 영향을 미치게 되었다. 이러한 변화에는 클라우드 컴퓨팅 서비스로의 이동, 기계 학습(인공 지능)의 확대 사용, 블록체인의 개발 등이 있다. 또한 IoT의 확장 구현과 무선 주파수 식별(RFID, Radio Frequency IDentification) 태그의 사용이 있다.

동시에 시장이 몇몇 대규모 개체로 통합되면서 IT 시장의 지형이 상당히 많이 바뀌었다. 이러한 대규모 개체는 인프라 플랫폼을 위한 표준을 설정하고 가능한 많은 개발자들과 협력함으로써 시장 내 지배적인 개체가 되고, 이로써 통합과 채택의 용이함을 얻고자 한다.

마지막으로 인터넷은 시스템 설계에 새로운 접근방식을 만들도록 했다. 이러한 접근방식 중에서 가장 주목할 만한 것은 서비스 지향 아키텍처(SOA)이다. SOA는 정의된 표준을 기반으로 서로 통신하는 독립적인 서비스 모음이며, 동시에 클라우드 컴퓨팅 서비스의 기반이다. 이러한 서비스는 일반적으로 비즈니스 프로세스 관리(BPM) 또는 워크플로와 결합된다. 이때 워크플로란 기업이 작업 절차를 최적화하고 조정하기 위해 수행하는 활동을 나타낸다.

16장에서 설명한 바와 같이 인프라 및 표준 결정은 IT 전략의 가장 중요한 구성 요소 중 일부이다. 이 장에서는 표준과 인프라 구조의 세부 정보에 대해 검토하고, 특히 현재의 추적 및 보충 활동의 기초를 형성하는 공급망 특화 표준 중 현대 플랫폼에 중점을 둔다.

17.2 IT 표준

IT 표준을 향한 추세는 강하고 계속 성장하고 있다. 몇몇 이슈는 물류 및 공급망 관리에 국한되어 있지만, 대부분의 발전은 다양한 산업 및 응용 분야 전반에 걸쳐 발생하고 있다. IT 분야는 다음의 이유로 인해 높은 수준의 표준화로 발전이 이루어지고 있다.

- **시장 지배력** : 기업 사용자는 시스템 개발 및 유지 비용을 줄이기 위해 표준이 필요하다.
- **상호 연결성** : 다른 시스템을 연결하고 네트워크 작업의 필요가 표준 개발을 촉진한다.
- **새로운 소프트웨어 모델** : 인터넷은 새로운 개발 및 배포 특성을 가진 소프트웨어의 필요성을 만들었다.
- **규모의 경제** : 표준은 시스템 구성 요소, 개발, 통합 및 유지 관리의 가격을 감소시킨다.

지난 50년 동안 IT 표준화는 그림 17-1에서 볼 수 있듯이 네 가지 주요 단계를 거쳤다.

- **독점형** : 80년대 초까지 컴퓨터 개발은 대부분 전용 시스템을 포함했으며, 키펀치 및 독립된 처리 능력이 없는 단말기를 통해 접속되는 메인프레임 컴퓨터가 주로 사용되었다. 개인 네트워크나 물리적 매체 등을 제외하면 시스템 간 통신이 거의 없었다.
- **독립형** : 80년대 초에 등장한 IBM 개인용 컴퓨터(PC, Personal Computer) 소프트웨어 및 하드웨어는 최초의 표준 플랫폼이 되었으며, 윈텔(Wintel)이라고 불린 마이크로소프트 윈도우와 인텔 표준이었다. 이로써 보다 확장된 사용자 기반을 갖추고 응용 프로그램의 확장이 가능한 시장이 형성되었다. 통신 표준도 주로 로컬 네트워크용으로 개발되었다. 그중 이더넷과 IBM 토큰 링이 선두에서 경쟁했다. 비즈니스 네트워크의 경우 일부 표준이 개발되었지만 대부분 파일 전송을 위해 개인 네트워크가 사용되었다. 이 당시에 등장한 전자 데이터 교환(EDI, Electronic Data Interchange)은 공통 거래 형식으로, 종이로 처리되던 데이터를 전자적으로 전송할 수 있게 했다. PC의 인기로 인하여 클라이언트/서버가 개발되었으며, PC의 능력과 표준을 비즈니스 시스템에 통합하고 PC 컴퓨팅 능력을 적용하여 더 정교한 클라이언트 통제 인터페이스를 만들었다.

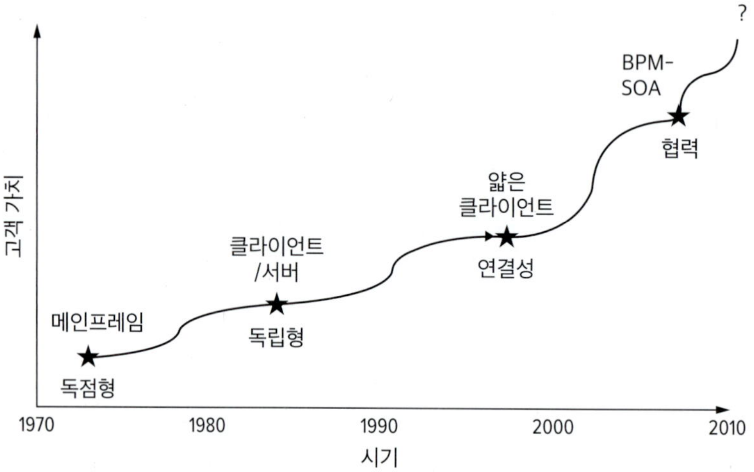

그림 17-1 소프트웨어 표준과 다음 변곡점

출처 : Inspired by Plattner, H. "Design and Innovations in Enterprise Applications." Presented at the MIT Forum for Supply Chain Innovation, September 2006.

- **연결성** : 인터넷은 지역 네트워크를 넘어 통신과 디스플레이 표준을 제공했다. 90년대 초 미국 정부에서 개발되어 주로 연구 기관에서 사용되던 인터넷의 개발은 표준 및 접근 가능한 인터페이스를 만들고 이후 대학, 개인 및 산업으로 확산되었다. 또 다른 이점은 기업 내부에서만 존재하던 통신 형태를 넘어 다른 기업 간 작동 가능한 통신 형태로의 발전이었는데, 이는 전화 통화와 같이 보편화하도록 발전했다. 가장 발견하기 쉬운 예시로 전자 메일이 있고, 개인과 기업 간의 파일 및 정보 전송 또한 인터넷으로 인해 상당히 단순화되었다. 인터넷은 이후 쇼핑, 입찰, 거래 및 발송 추적부터 기업 간 예측, 운송 및 기타 활동에 이르기까지 전자상거래의 확장에도 영향을 주었다.

  이와 동시에 2000년 문제(Y2K)로 인해 많은 기업이 기존 시스템을 클라이언트/서버 기반 기업 자원 계획(ERP, Enterprise Resource Planning) 시스템으로 교체했으며, 이는 기업 IT의 척추 역할을 했다. ERP 시스템의 첫 세대는 주로 재무 및 인사 응용 프로그램에 중점을 두었다. 이후에는 생산 및 유통과 같은 영역에서 추가 기능을 제공했다. 나중에 ERP 공급업체는 널리 사용되는 공급망 기능을 추가했다.

- **협력** : 표준의 다음 단계는 협력, 그중에서도 기업 간 더 정교한 형태의 커뮤니케이션을 다루었다. 이 단계를 지원하기 위한 기술은 서비스와 워크플로를 중심으로 구축되었다. 모든 주요 소프트웨어 회사들이 이 개념을 지원하며 구현을 위한 플랫폼을 개발하기 위해 경쟁하고 있다.

  협력이라는 새로운 단계는 ERP 시스템과 서비스 및 워크플로 기술을 제공할 수 있는 기능의 중요성을 증가시켰다. 17.4절에서 이 주제에 대해 더 자세히 알아볼 것이다.

  새롭게 떠오르는 협력의 원천은 사물 인터넷과 블록체인이다. 사물 인터넷 기술은 제품과 자원의 발전된 추적 능력을 제공하며, 블록체인은 신뢰성 있는 추적을 가능하게 하는 잠재적인 방법을 제공한다.

17.3 정보 기술 인프라

정보 기술 인프라는 어떤 시스템 구현의 성공 또는 실패에 있어 중요한 요소이다. 정보 기술 인프라는 데이터 수집, 거래, 시스템 접근, 통신을 위한 기반을 형성한다. 정보 기술 인프라는 일반적으로 다음과 같은 구성 요소로 이루어져 있다.

- 인터페이스/프레젠테이션 장치
- 통신
- 데이터베이스
- 시스템 아키텍처

17.3.1 인터페이스 장치

개인용 컴퓨터, 음성 메일, 단말기, 인터넷 장치, 바코드 스캐너, 태블릿, 휴대 전화는 가장 일반적인 인터페이스 장치이다. 정보 기술의 주요 트렌드 중 하나는 시간, 장소에 상관없이 동일한 접근 능력이며, 인터페이스 장치는 이 분야에서 주요한 역할을 한다. 인터넷 브라우저는 정보 접근을 위한 인터페이스로 빠르게 성장하고 있지만, 여전히 윈도우와 비교해 그래픽 데이터 표시에 있어 정교함이 떨어진다. 또한 개인 정보 단말기, 전화와 같은 다른 장치도 사용자 시스템 접근 장치로서 경쟁하고 있다. 공급망 관리는 효율적인 운영을 위해 참가자에게 정보 제공을 위한 제품 추적 표준 방법을 요구한다. 예를 들어, 판매 시점 정보를 기록하는 것은 특히 공급업체가 판매자 관리 재고(VMI, Vendor-Managed Inventory)의 경우처럼 이러한 정보에 접근 가능할 때 중요하다.

UCC(The Uniform Code Council)에서는 1973년에 바코드 시스템인 범용 상품 코드(UPC, Universal Product Code)를 만들었으며, 제품에 대한 정보를 스캔하고 기록하는 데 널리 사용되었다. 바코드 리더기와 무선 주파수(RF) 태그와 같은 자동 데이터 수집 인터페이스는 표준화되어 흔히 사용된다. 제품이나 포장에 부착된 RF 태그는 대형 창고에서 물품을 찾을 때 사용된다. 이 기술은 무선 통신 장치 및 GPS 기능과 함께 태그가 달린 화물을 운송 중에 추적할 때 사용된다. RFID 태그로 대표되는 최근의 혁신은 결국 UPC를 대체할 것이며, 이에 대해서는 17.5절에서 자세히 알아본다.

17.3.2 시스템 구성

시스템 구성은 구성 요소인 데이터베이스, 인터페이스 장치, 그리고 통신이 어떻게 구성되는지를 포괄하는 개념이다. 이 주제를 17.3절에 포함시킨 이유는 통신 네트워크의 설계와 시스템의 선택이 이러한 시스템의 구현에 따라 달라지기 때문이다.

레거시 시스템은 주로 메인프레임이나 미니컴퓨터를 사용한 부서별 솔루션으로 발전했으며, 이러한 시스템은 '덤(dumb)' 단말기를 통해 접속했다(그림 17-2 참조). 초기에 PC는 회사의 주요 시스템과 별도로 워드 프로세싱이나 스프레드시트와 같은 응용 프로그램을 위해 사용되었다. 이후 사무실의 PC는 근

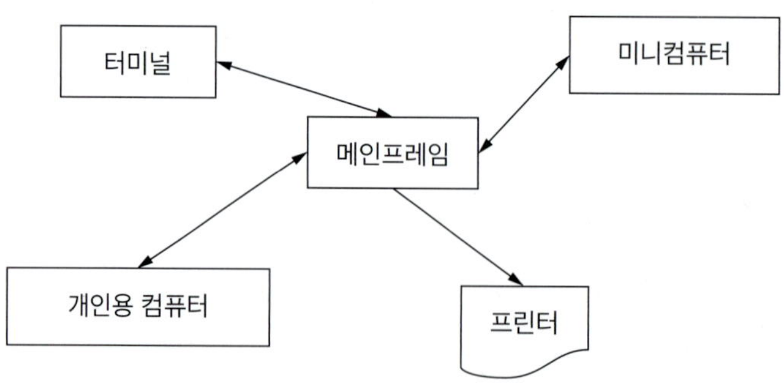

그림 17-2 레거시 시스템 아키텍처

거리 통신망(LANs, Local Area Networks)을 통해 연결되어 이용자가 파일, 이메일, 기타 응용 프로그램을 공유할 수 있게 되었다. 이러한 네트워크는 회사 내 다른 사무실을 연결하는 광역 네트워크(WANs, Wide Area Networks)로 확장되었다. 마침내 PC의 컴퓨팅 능력과 사용자 친화적인 그래픽 인터페이스를 활용하기 위해 새로운 시스템이 개발되었다. 이러한 시스템에서는 일반적으로 PC를 '클라이언트'라고 하며 주요 프로세서를 '서버'라고 한다. **클라이언트/서버 컴퓨팅**은 분산 처리의 한 형태로, 일부 프로세스가 다수 사용자를 위해 중앙에서 수행되고 다른 프로세스는 사용자의 PC에서 로컬로 수행된다.

대부분의 현재 시스템 디자인은 클라이언트/서버 구조를 포함한다(그림 17-3 참조). 그러나 클라이언트의 성능과 가격, 서버의 수와 유형, 기타 디자인 매개변수는 시스템마다 크게 다를 수 있다. 서버의 예로는 사용자로부터 구조화된 질의 언어(SQL, Structured Query Language) 요청을 허용하는 데이터베이스 서버, 거래 처리 모니터, 디렉터리/보안 서버, 통신 서버 등이 있다.

인터넷은 클라이언트/서버의 한 형태로, 로컬 PC 브라우저가 서버에서 검색한 하이퍼텍스트 마크업 언어(HTML, Hypertext Markup Language) 페이지와 자바 애플릿(작은 응용 프로그램)을 처리한다. 클라이언트/서버 모델은 이제 웹 브라우저가 웹 서버에 연결된 클라이언트인 웹 중심 모델로 진화하고 있다.

클라이언트/서버 개념의 강점은 특화된 서버 간에 기능을 분배하는 데 있으며, 새로운 모듈과 기능을 추가하는 것이 보다 용이하다. 단점은 서버 간 탐색 과정과 네트워크 내에서 데이터가 올바르게 처리되고 업데이트되는지 확인하는 과정이 복잡해진다는 것이다. 클라이언트/서버 시스템의 구현은 표준화로 가는 경향에도 힘을 실어주고 있는데, 이는 각 서버가 네트워크를 통해 작업과 프로세스를 통신할 수 있어야 하기 때문이다. 이 기능을 **상호 운용성**(interoperability)이라고 하며, 두 시스템이 설계의 일부로 내장된 정교한 방식으로 상호 작용할 수 있는 능력을 의미한다. 시스템 간의 많은 인터페이스는 서로 다른 파일 형식과 통신 체계를 사용하기 때문에 파일 전송이나 기타 임시 체계를 통해 생성된다. 시스템 내 작업 운영을 위한 일반적인 표준이 생성된다면, 이러한 인터페이스를 수행하고 완전한 데이터 및 프로세스 공유 인터페이스 메커니즘을 제공하는 도구로서의 역할을 할 것이다.

서버와 클라이언트 사이에 위치한 응용 프로그램을 통틀어 '미들웨어'라고 부르며, '클라이언트/서버'

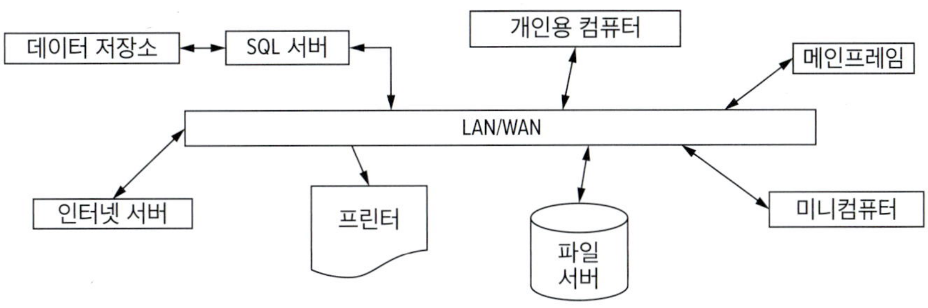

그림 17-3 클라이언트/서버 시스템 아키텍처

에서 슬래시(/)를 의미한다. 이러한 미들웨어는 일반적으로 다른 시스템 구성, 통신 프로토콜, 하드웨어 아키텍처 등 사이의 통신을 용이하게 하는 도구이다. 서버, 클라이언트 또는 미들웨어에 위치한 응용 프로그램은 구체적인 구현에 따라 달라진다. 이것은 현재 많은 클라이언트/서버 디자이너들이 선호하는 세 계층 아키텍처(three-tiered architecture) 모델이다.

미들웨어는 공급망 시스템의 구현에서 중요할 수 있으며, 이는 많은 경우에 계획을 위한 정보가 회사 내 여러 위치와 형식에 존재하기 때문이다. 적합한 미들웨어는 데이터를 수집하고 다양한 계획 도구에서 사용할 수 있는 형식으로 포맷팅하는 데 사용될 수 있다. 이는 현재 많은 공급망 응용 프로그램이 구현되는 방식이다. 예를 들어, 통신 회사는 장거리와 무선 같은 회사의 다양한 서비스에 대한 청구 정보를 각기 다른 시스템에 저장할 수 있다. 이 경우 고객 서비스 대표자는 고객이 여러 서비스를 구입한 경우 고객의 청구서를 여러 장소에서 검색해야 할 수 있다. 미들웨어는 이러한 상황에서 데이터베이스를 검토하여 정보를 조합하는 기능을 수행할 것이다. 이러한 유형의 프로세스가 회사 간 인터넷을 통해 적용되는 경우, 이를 기업 응용 프로그램 통합(EAI, Enterprise Application Integration)이라고 한다.

시스템 인프라의 발전된 세대는 기업 간 상호 연결성 및 협업 플랫폼을 제공하려 하고 있다. 이를 실현하기 위한 기술은 서비스 지향 아키텍처(SOA) 또는 웹 서비스라고 불리며, 이에 대한 자세한 내용은 17.4절에서 상세히 다룰 것이다.

17.3.3 전자 비즈니스

전자 비즈니스(e-business)는 물리적인 프로세스를 전자적인 것으로 대체하고 고객 및 공급업체와의 협업을 위한 새로운 모델을 만드는 것이다. 전자 비즈니스는 다른 회사 간의 상호 작용뿐만 아니라 회사 내에서 개인 간의 상호 작용을 용이하게 할 수 있다. 예로는 인터넷을 통한 구매, 거래, 주문 추적, 이메일 등이 있다. 전자상거래(e-commerce)는 인터넷을 통한 온라인 서비스를 통해 제품을 구매하거나 판매하는 활동이다.

전자 비즈니스는 기업용 개인 네트워크(예 : WAN) 및 대학 및 정부 기관의 공용 네트워크에서 상당 기간 동안 사용되었다. 인터넷 표준의 수용은 전자 비즈니스의 빠른 도입에 도움을 주었으며, 특히 개인 구매자와 기업 간, 그리고 기업 간 전자 비즈니스 채택을 가속화했다. 인터넷의 사용은 초기에 마케팅 자료를 전시하는 것에서 사용자 상태, 추적 조회 및 제품 구매를 허용하는 것으로 확장되었다. 또한 회사는 사용자들이 제품과 관련된 문제를 해결하기 위해 데이터베이스에 접근할 수 있도록 하여 회사의 판매 이후 서비스 비용을 절약한다.

회사는 외부적으로(**엑스트라넷** 및 **거래소**)뿐만 아니라 내부적으로(**사내망**)도 인터넷 표준을 사용한다. 인터넷, 사내망, 엑스트라넷의 차이점은 주로 시스템에 액세스를 허용하는 사용자에 있다. 사내망은 사용자 지정 인터페이스를 개발하지 않고도 내부 응용 프로그램을 구현할 수 있게 하며 하드웨어 유형 및 특수 다이얼 인(dial-in) 절차와 호환되지 않는 경우를 방지할 수 있다. 인터넷 애플리케이션은 일반적으로 무제한 액세스를 허용하지만, 엑스트라넷은 회사 외부의 파트너와 고객에게 특정 응용 프로그램과 데이터에 대한 제한적인 액세스만 허용한다. 인터넷 표준은 최근 몇 년 동안 정보 교환 또는 거래를 위한 개인 및 공공 거래소를 만드는 데 사용되었다.

인터넷을 회사 내부적으로 사용하는 데 있어 주요 개념 중 하나는 포털 또는 대시보드이다. 포털은 직원이 단일 데스크톱으로 작업을 수행하기 위해 필요한 모든 응용 프로그램 및 정보 소스를 웹 브라우저를 통해 집합하여 제공한다. 이 능력은 직원의 생산성을 높일 수 있을 뿐 아니라 회사 내부 혹은 외부의 사람과 상호 작용하는 과정을 간단하게 만든다. 포털은 구조화된 그리고 구조화되지 않은 데이터 소스에 대한 통합 기술을 포함하는데, 여기에는 데이터베이스, 자바 클래스, 웹 서비스, XML이 포함된다. 점점 더 많은 조직이 기업용 포털 프레임워크를 배포하기 시작하면서 포털을 구축하고 유지하는 데 드는 시간과 비용을 줄이는 방법을 찾고 있다. 최종 사용자가 콘텐츠를 집계하고 더 많은 정보 원본에 보다 빠르게 액세스할 수 있는 능력이 포털을 성공적으로 구축하고 유지하는 데 중요하다.

전자 비즈니스는 웹 브라우징과 같은 일방향 통신에서부터 개인 데이터 검색, 온라인 구매, 은행 계좌 관리와 같은 직접 데이터베이스 액세스에 이르기까지 다양한 수준의 정교함을 가질 수 있다. 보다 발전된 응용 분야에서는 전자 데이터 교환(EDI)을 일반적으로 사용하며, 최근에는 데이터 교환을 위한 XML 기반 프로세스를 사용하기도 한다. XML은 특정 산업의 용어 문제를 다루지 않는 일반 표준이다. 이러한 문제는 첨단기술 기업 협회인 RosettaNet을 통해 처리되고 있다. 이 협회는 자신들이 전자 비즈니스에서 고대 이집트의 3개 상형문자 번역을 가능하게 했던 로제타 스톤의 역할을 한다고 보고 있다. RosettaNet 기반 계획은 제조업체와 공급업체 간의 온라인 비즈니스 협업을 위한 유연한 표준을 생산하기 위한 것이다. RosettaNet은 여러 데이터 거래를 처리하기 위한 사전과 파트너 인터페이스 프로세스를 정의한다. 이것은 일부 첨단기술 공급업체에 의해 사용되고 있지만 구현 비용이 높은 것으로 밝혀졌다. 이 표준이 널리 채택되고 이를 지원하는 시스템을 제공하는 공급업체들이 있는 경우 이러한 상황이 바뀔 수 있을 것이다.

마지막으로, 프로세스를 전자적으로 공유할 수 있는 능력은 특히 공급망 관리에 적용할 수 있다. 프로세스를 공유하는 응용 프로그램의 예는 협력적 계획, 예측 및 보충(CPFR, Collaborative Planning, Forecasting, and Replenishment) 시스템으로, 이는 결합 예측을 통합함으로써 판매자 관리 재고와 지속적 보충을 향상하는 웹 기반 표준이다. CPFR에서 각 당사자는 판매 추세, 예정 프로모션 및 예측을 포함한 과거 판매 동향 및 지원 데이터를 전자 교환한다. 이로써 참가자들은 예측치의 차이에 중점을 두어 공동의 예측을 조정할 수 있다. 당사자들은 차이가 생긴 원인을 찾아 공동 및 개선된 수치를 도출하려고 한다. 5장에서 강조한 것처럼, 다중 예측은 공급망 적용 과정에서 매우 값비싼 효과를 얻을 수 있다. 실제로 공급망 파트너 간의 예측치 공유는 채찍 효과를 줄여 재고 수준을 크게 감소시킬 수 있다. 이를 위해서 시스템은 데이터 검증을 허용하고 조정의 표준 방식을 보장하도록 설계되어야 한다.

협력적 계획, 예측 및 보충은 소매업자, 제조업자 및 솔루션 제공업체로 구성된 자발적 산업 간 상업 표준 협회(VICS, Voluntary Interindustry Commerce Standards Association) 위원회에 의해 개발되었다. 이 그룹은 공급망의 다양한 바이어/셀러 기능을 따라 협업할 수 있는 비즈니스 프로세스 집합을 개발했다. 위원회에 따르면 그들의 임무는 공동 관리 프로세스와 정보 공유를 통해 바이어와 셀러 간 협력 관계를 생성하는 것이다. 수요 및 공급 측면의 프로세스를 통합함으로써 CPFR은 효율성을 향상하고 매출을 증가시키며, 고정 자산과 운영 자금을 줄이고 소비자 요구를 충족하면서 전체 공급망 재고를 감소시킬 것이다.

VICS 위원회는 CPFR 자발적 가이드라인을 설명하고 CPFR을 구현하는 것과 관련된 비즈니스 프로세스, 지원 기술 및 변화 관리 문제를 다루기 위해 개발되었다. CPFR 가이드라인은 1998년 6월에 VICS 이사회 승인을 받았다. 위원회는 1999년 11월에 CPFR 파트너십을 구현하는 방법을 설명하는 CPFR 로드맵을 게시했다. 이 로드맵에는 다음과 같은 9단계가 포함된다.

1. 관계에 대한 가이드라인 개발
2. 공동 비즈니스 계획 개발
3. 판매 예측 생성
4. 판매 예측의 예외 항목 식별
5. 예외 항목에 대한 협력
6. 주문 예측 생성
7. 주문 예측의 예외 항목 식별
8. 예외 항목에 대한 해결/협력
9. 주문 생성

예시 17-1

헨켈(Henkel)은 전 세계적으로 57,000명 이상의 직원을 보유하고 110억 유로 이상의 매출을 기록한 거대 독일 기업이다. 헨켈은 세제, 화장품, 접착제 등을 포함한 1만여 가지 이상의 제품을 생산한다. 에로스키(Eroski)는 매년 40억 유로 이상의 매출을 올리는 스페인의 일류 식품 소매업체이다. 에로스키는 헨켈의 주요한 스페인 고객 중 하나이다. 1998년 12월, 두 회사는 에로스키 매장에서 판매되는 헨켈 제품에서 발생한 고객 서비스 및 품절 문제를 해결하기 위해 협력적 계획, 예측 및 보충(CPFR)을 수행하기로 결정했다. 초기에는 세제에 초점을 맞추었으며, 고객 서비스를 개선하고 손실 매출을 줄이며 순환율을 높이는 것이 목표였다. 두 회사는 상업적으로 이용 가능한 소프트웨어를 사용하여 비즈니스 및 프로모션 계획, 판매 예측에 대한 협력을 진행했다. 이 프로세스는 1999년 12월에 시작되었으며, 예측 품질의 현저한 향상이 이루어졌다. 프로세스 시작 전에는 판매 예측의 절반 이상이 50% 이상의 평균 오차율을 보인 반면, 프로세스를 시작하고 몇 달 후에는 예측의 75% 이상이 20% 미만의 오차를 보였다. 품절 수준에서도 유사한 개선이 보였다. 두 회사 간의 CPFR 구현 과제 중 하나는 과거에 예측 프로세스에 참여하지 않았던 비즈니스 조직을 참여시키는 것이었다. 예를 들어, 헨켈의 고객 서비스 직원은 에로스키의 판매 예측자와 밀접한 협력 관계를 맺어야 했다. 초기의 어색함이 극복된 이후로는 이 프로세스의 이점이 빠르게 실현되었다. 예측은 에로스키의 개별 소매 지점 내에서의 역학과 해당 지점에서 프로모션의 영향에 대한 지식, 헨켈 제품의 개별 제품과 제품 판매에 영향을 미치는 외부 요인에 대한 지식을 결합하여 개발할 수 있었다.

17.4 웹 서비스와 비즈니스 프로세스

2010년대 초반에는 서비스 지향 아키텍처(SOA)가 채택되어 미들웨어를 배포하고 IBM 웹스피어 및 오라클 웹로직과 같은 도구를 사용하여 자바로 애플리케이션을 작성했다. 하드웨어 기반의 전달 제어가 사용되어 응용 프로그램을 가속화하고 웹에서 확장시켰으며, 가상 머신은 컴퓨팅 리소스를 더 잘 활용할 수 있도록 도와주는 환상적인 혁신이었다.

클라우드 인프라가 주류가 된 후에는 컴퓨터 리소스와 저장소 네트워크가 갑자기 매우 낮은 비용으로 이용 가능해지고, 물리적 하드웨어를 구입하거나 자체 서버를 구축하지 않아도 될 만큼 편리해졌다. 어떤 앱 개발자든 클라우드 컴퓨팅 리소스에서 실행되는 애플리케이션을 쉽고 저렴하게 만들 수 있었다. 이로써 풀스택(full-stack) 애플리케이션을 개발하고 이를 마케팅하는 회사를 창업하는 개발자들이 대폭적으로 유입되었다.

또 다른 중요한 요인은 오픈 소스 소프트웨어(OSS, Open Source Software)였다. 오픈 소스는 소프트웨어와 거의 동시에 등장했지만 수십 년 동안의 상업용 소프트웨어 시대에서 가장자리에 머물렀다. 클라우드와 함께 오픈 소스는 번성하고 보편화되었으며, 단순히 운영 체제에 머무르지 않고 데이터베이스로까지 확장되었다. 오픈 소스 데이터베이스의 예로는 SQL 데이터베이스, 인메모리 데이터베이스, 관계형 데이터베이스 등이 있다. 이로 인해 미들웨어, 애플리케이션 서버, 프레임워크, 하이퍼바이저, 자동화 도구 및 오케스트레이션 플랫폼을 위한 오픈 소스 도구가 등장하기 시작했다. 이제는 텐서플로와 같은 인공 지능 및 기계 학습 도구도 오픈 소스로 사용이 가능하다. 오픈 소스 도구만으로도 완전한 스택을 가진 애플리케이션을 구축할 수 있게 되었다.

마이크로서비스는 완전하고 복잡한 애플리케이션을 API를 통해 연결된 연속적인 서비스로 나누는 것이다. 이 접근법은 서로 다른 팀이 다른 속도로 움직이도록 허용하면서 서로에게 영향을 미치지 않도록 한다. 또한 소프트웨어 요소 사이에 표준화된 통신을 촉진하고 리소스의 재사용성을 촉진한다.

SOA는 대형 공급업체에 의해 제공되는 비즈니스 프로세스 관리(BPM)에 의해 보완되었다. 마이크로서비스 유형의 애플리케이션도 프로세스 관리가 필요하지만 일반적으로 더 가벼운 형태로 제공되며 워크플로라고 불린다.

17.4.1 서비스 지향 아키텍처(SOA)

서비스 지향 아키텍처(SOA)는 '비즈니스 프로세스 조율을 위해 다양한 소프트웨어 패키지에서 제공되는 서비스를 관리하기 위한 표준 기반 접근방식으로, 유연한 재사용과 재구성을 제공하는 방식'으로 정의된다. SOA의 중요성은 모든 주요 비즈니스 소프트웨어 공급업체가 개발 도구와 플랫폼의 기반이 되는 아키텍처로 채택하고 있으며 시스템 통합 업체도 사용하고 있다는 데 있다. SOA는 다음과 같은 세 가지 주요 부문에 기여한다.

1. **SOA 기반 통합** : 통합은 기존에는 점대점 또는 기업 응용 프로그램 통합(EAI)을 사용하여 수행되었다. 이러한 종류의 통합은 유지 관리가 어렵고 별도의 인프라가 필요한 독점적 기술을 사용한다. SOA 기반 통합은 유지 관리가 훨씬 간단하고 표준 및 비즈니스 프로세스 실행 언어를 사용하기 때문에 배우기가 쉽다.
2. **복합 애플리케이션 개발** : 비즈니스 프로세스 관리(BPM)를 사용하여 애플리케이션 개발에 대한 상향식 접근방식을 사용하고, 재사용 가능하며 내장 통합(서비스)을 갖춘 준비된 구성 요소를 사용하여 쉽게 사용하며 관리할 수 있다.
3. **레거시 응용 프로그램 현대화** : 많은 IT 부서가 메인프레임 또는 기타 레거시 애플리케이션의 유지 보수에 예산의 70~80%를 사용한다. SOA를 사용하면 회사는 비즈니스 프로세스를 정의하고 비즈니스 로직을 애플리케이션에서 분리할 수 있다.

17.4.2 SOA와 BPM

SOA는 BPM과 강력하게 연결되어 있으며, 16장에서 설명한 것처럼 비즈니스 프로세스를 정의하고 개선하는 능력은 IT 투자의 성공에 필수적이다. BPM은 비즈니스 사용자가 종단 간 프로세스를 정의하고 성능 목표를 식별하고 관리하는 데 필요한 규율과 도구를 제공한다. BPM의 뿌리는 워크플로에 있지만 프로세스의 종단 간 특성, 높은 가시성 및 변경 사항을 반영하는 내장 지원 때문에 몇 가지 중요한 차이가 있다. BPM은 SOA를 필요로 하지는 않지만, 기업 서비스에 더 쉽게 액세스할 수 있는 경우 더 나은 성능을 발휘할 수 있다. BPM 시스템은 일반적으로 프로세스를 정의하고 서비스를 연결하기 위한 그래픽

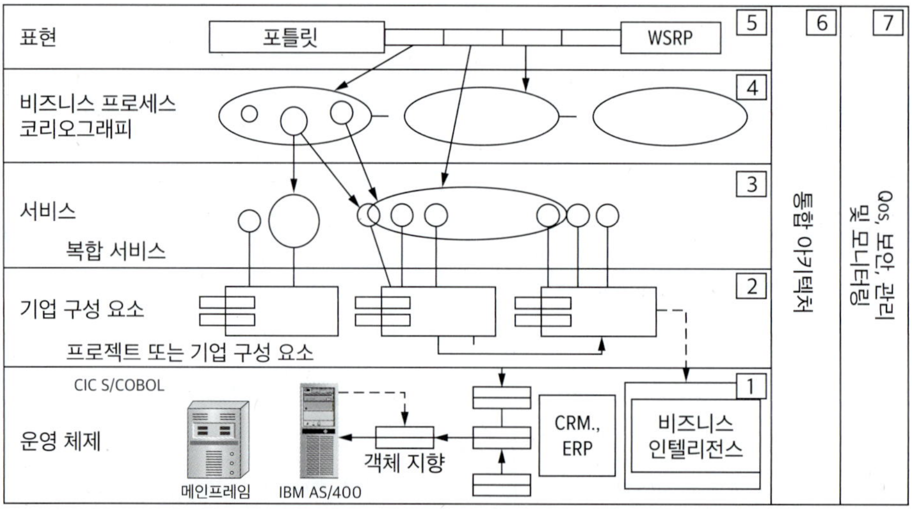

그림 17-4 SOA 계층

출처 : www-128.ibm.com/developrworks/webservices/library/ws-soa-design1.

인터페이스를 제공한다. BPM과 일반적으로 함께 배포되는 기술 중 하나는 비즈니스 규칙 관리 시스템(BRMS, Business Rules Management Systems)이다. 이를 통해 비즈니스 사용자는 규칙을 관리하고 프로세스에 연결할 수 있다.

SOA와 BPM은 비즈니스 프로세스 도구가 애플리케이션을 설계하기 위해 비즈니스 서비스 또는 복합체를 사용하는 계층화 접근방식을 사용하도록 한다. 하위 수준은 조율, 구현 서비스 및 실제 애플리케이션을 제공하며, 자세한 내용은 그림 17-4에서 볼 수 있다.

인터페이스가 플랫폼에 독립적이기 때문에 이론적으로 어떤 기기, 어떤 플랫폼 또는 어떤 운영 체제에서든 사용하는 코딩 언어에 상관없이 클라이언트가 서비스에 액세스하거나 사용할 수 있다. 이러한 서비스의 집합은 네트워크 저장소에 있으며 서로 통신할 수 있다. 서비스의 몇 가지 예는 결제 주문 처리, 환율 계산과 업데이트, 사용자 인증 및 지도에 주소 표시와 같은 특정 비즈니스 기능이다.

4개의 주요 소프트웨어 업체는 각각 SOA를 채택하고 비즈니스 프로세스 플랫폼에 관련된 전략을 정했다. 표 17-1에서는 4개 주요 소프트웨어 업체의 접근방식을 요약한다. 이는 전략, 복합 플랫폼, 저장소, 생태계라는 기준에 따라 정의되었다.

17.4.3 마이크로서비스

마이크로서비스는 복잡한 전체 서비스를 API를 통해 연결된 연속적인 서비스로 나누는 것이다. 이 접근방식은 서로 영향을 미치지 않고 각기 다른 팀이 서로 다른 속도로 작업할 수 있도록 한다. 또한 소프트웨어 요소 간 표준화된 통신을 지원하고 자원의 재사용을 요구한다.

그 밖의 이점은 다음과 같다.

- 낮은 학습 곡선
- 병목 현상의 확장 가능성(필요한 서비스에 더 많은 리소스 제공)
- 빠른 사용자 수용 테스트

표 17-1 주요 소프트웨어 회사의 SOA 전략

판매자	SOA 전략	복합 플랫폼	저장소	생태계
IBM	애플리케이션을 위한 플랫폼에 집중, 맞춤형이면서 독립적인 소프트웨어 판매자	IBM SOA 프레임워크	Web Sphere 레지스트리	Partner World Industry Networks
마이크로소프트	현재 애플리케이션을 위한 플랫폼과 서비스 인터페이스에 집중	NET 프레임워크 + WinFX + Biztalk 서버	없음	NET 파트너 프로그램
오라클	Fusion 플랫폼	Oracle Fusion 미들웨어	Fusion 아키텍처의 일부	일반 파트너 프로그램
SAP	NetWeaver 플랫폼상의 기업 서비스	NetWeaver 복합 애플리케이션	NetWeaver 아키텍처의 일부	NetWeaver 파트너 프로그램

출처: Adapted from Genovese, Y.; S. Hayward; J. Thompson; D.M. Smith; and D.W.Cearley. "BPP Changes Infrastructure and the Business Application Vendor Landscape." Gartner Report, September 28, 2006.

- 더 나은 비즈니스 협력
- 마이크로서비스와 SOA를 어떻게 비교할 수 있을까?
- 일반적으로 마이크로서비스는 개별 분산 시스템인 반면 SOA는 대규모이다.
- 마이크로서비스는 SOA에서 전반적인 비즈니스 변혁을 다루는 것과 달리 빠른 배포를 제공한다.
- 마이크로서비스는 전문화되며 SOA는 여러 시스템에 걸쳐 넓은 범위를 다룬다.

웹 서비스에 대한 초점은 이러한 배포 유형을 지원하기 위한 새로운 기술 개발을 이끌었다.

- 컨테이너 이미지는 코드, 실행 환경, 시스템 도구, 시스템 라이브러리, 설정을 실행하기 위해 필요한 모든 것을 포함하는 가벼우면서 독립형으로 실행 가능한 소프트웨어 패키지이다. 리눅스와 윈도우 기반 앱 모두에 사용 가능하며, 컨테이너화된 소프트웨어는 환경에 관계없이 항상 동일하게 실행된다. 컨테이너는 소프트웨어를 주변 환경에서 격리시키며, 개발 환경과 스테이징 환경 사이의 차이 및 동일한 인프라에서 다른 소프트웨어를 실행하는 팀 간 충돌 등의 상황을 줄이는 데 도움이 된다. 예시로는 도커와 레지스트리가 있다.
- 오케스트레이션 플랫폼은 컨테이너화된 애플리케이션의 배포, 확장 및 관리를 자동화한다. 예로는 도커 스웜(Docker Swarm)과 쿠버네티스(Kubernetes)가 있다.
- 서비스 메시 소프트웨어 층은 마이크로서비스 간 통신을 분리하는 것으로, TCP 스택과 유사한 기능을 수행한다. 마이크로서비스는 메시 서비스하고만 통신하며 메시 서비스는 마이크로서비스의 신경계 역할을 한다.

예시 17-2

밸런스 리워즈 분석

월그린즈 밸런스 리워즈(Walgreens Balance® Rewards) 프로그램은 2014년에 시작되었다. 이 프로그램은 타사 앱을 월그린즈 고객 데이터에 연결시키고 고객이 다양한 활동(걷기, 달리기 등)에 대한 월그린즈 리워드 포인트를 받는다. 수백만 명의 사용자를 보유한 이 서비스는 매우 성공적이었으며, 애플 앱 스토어에서 별 5개 평가를 받았다.

밸런스 리워즈를 통해 월그린즈는 로열티 시스템에서 작동 중인 모든 '요소'를 단순화하고자 했다. 이전 아키텍처를 폐기하고 사용자가 타사 애플리케이션을 통해 로그인할 수 있도록 했다. 또한 개발자들이 API를 사용해 제3자 애플리케이션 내에서 발생하는 활동 데이터에 대해 POST 요청을 할 수 있도록 했다. 결과적으로 연결을 허용한 고객은 보상 포인트를 받는다.

최종 결과는 이랬다. 어떤 고객이 걸음 수 측정 앱을 월그린즈 계정에 연결하면 그 고객은 걷거나 뛸 때 보상 포인트를 획득한다. 이는 고객에게 건강한 삶을 장려하고 월그린즈 고객임을 보상하는 동시에, 브랜드에는 고객과 파트너 모두에게 더 나은 경험을 제공하고 월그린즈를 다른 기업의 제품 및 온라인 경험으로 확장해 준다.

핵심은 앱의 전체 고객 경험이 풍부하더라도 개별 서비스는 '작은' 것이다. 걸음 데이터를 보낸다. 혈당 또는 혈압 데이터를 보낸다. 그리고 (나에게) 보상을 제공한다. 이것이 월그린즈가 마이크로서비스를 구축하는 방법이다.

17.5 블록체인

블록체인은 안전한 분산형 장부 기술로, 모든 거래에 대한 동일한 기록을 모든 사용자가 가지고 있기 때문에 한 인스턴스를 조작하는 것이 불가능하다. 이 기술의 기반에 깔린 암호학은 에이전트가 자산을 안전하게 교환하면서 거래가 이루어진 후에도 블록체인이 변경 불가능한 기록으로 남아 있도록 보장한다.

블록체인은 다단계 및 파트너가 필요한 거래에 대한 '진실의 단일 지점'을 제공한다. 이 기술은 서류 작업을 없애고 거래를 가속화하면서 신뢰할 수 있는 영구적인 기록을 제공할 수 있다. 블록체인은 또한 물품의 소유권을 저장하고 이전하며 추적하는 데 사용할 수 있으므로 자연스럽게 공급망 관리(SCM)에 적합한 기술이다.

블록체인의 작동 방식은 다음과 같다.

1. 모든 회원은 공유 데이터베이스의 사본을 가지고 있다. 한 회원이 다른 회원에게 자산을 보내고자 할 때 거래를 나타내는 데이터 '블록'이 생성된다.
2. 이 블록은 그룹과 공유되지만 암호학적으로는 비공개 상태를 유지한다. 네트워크는 이 블록을 인식하며, 이는 그 블록의 비밀 디지털 서명이 공개 서명과 연결되어 있기 때문이다.
3. 블록이 확인되면 모든 회원은 해당 블록을 자신의 데이터베이스 사본에 추가한다.
4. 복잡한 수학 연산을 통해 데이터베이스 사본 간의 합의가 이루어지며, 이를 통해 조작을 방지한다.

거래가 발생할 때마다 공용키 암호화를 통해 디지털 서명이 이루어진다. 공용키는 메시지에 서명하고 암호화하는 데 사용할 수 있으며, 메시지를 해독할 수 있는 것은 해당 메시지의 수신자뿐이다. 공용키는 신원과 거래를 인증하는 데도 사용된다. 즉, 블록체인 거래가 변경되지 않았음을 확인하기 위해 사용된다. 거래를 처리하기 위해 보내는 사람이 전달할 자산을 소유하고 있으며 두 번 거래되지 않을 것임을 확인받는다. 이것이 블록체인이 자산의 소유권과 이전 확인을 허용하는 방법이다.

이중 지출을 방지하기 위해 블록체인은 여러 노드에 거래 승인 및 처리를 요청한다. 승인 과정은 암호 문제를 해결하는 데 필요한 컴퓨터 전력 때문에 어려움이 발생한다. 새로운 블록은 이전 블록과 연결되어 이전 거래로 돌아가는 것이 불가능해진다. 새로운 거래가 있는 경우 다른 노드에도 알려야 하며, 이를 통해 모든 노드가 동기화되어 서로 충돌하지 않을 것이 보장된다. 블록체인은 분산된 사본을 조정하여 모두 동일한 정보를 가지도록 업데이트되고, 이것이 합의 프로세스이다.

블록체인의 가장 큰 장점 중 하나는 모든 당사자 사이에 존재하는 분산 시스템이어서 중개인(중개업자)에게 수수료를 지불할 필요가 없으며 시간과 갈등을 절약할 수 있다는 점이다. 1994년에 법학자이자 암호학자인 Nick Szabo는 분산 장부를 스마트 계약, 자체 실행 계약, 블록체인 계약 또는 디지털 계약으로 사용할 수 있다는 것을 알게 되었다. 이 형식에서 계약은 컴퓨터 코드로 변환되어 시스템에 저장되고 복제되며, 블록체인을 실행하는 컴퓨터 네트워크에 의해 감독된다. 이로 인해 돈을 송금하고 제품이나 서비스를 받는 등 장부에 대한 피드백이 이루어진다.

17.5.1 이점

블록체인은 여러 당사자 간의 거래를 관리하는 새로운 방법을 제공한다. 블록체인이 제공하는 주요 이점은 다음과 같다.

- 투명성 : 블록체인 네트워크에 입력된 데이터는 모든 세부 정보가 통째로 내장되기에 공개적인 것으로 간주된다. 사용자는 자신만의 비트코인 주소를 가질 수 있으며 누구나 해당 주소가 어떤 내용을 포함하고 있는지 볼 수 있지만 그것이 어떤 사용자의 것임을 알 필요가 없다. 다른 당사자들에게 변경 사항을 알리지 않고는 어떤 정보도 변경할 수 없다. 또한 모든 블록이 안전성과 정당성을 검증한 후 요청된 변경 사항을 승인해야 하기 때문에 투명성을 보장한다. 공급망에서 이는 다양한 계층 간 거래에 참여하는 모든 당사자에게 엔드투엔드(end-to-end) 가시성을 제공한다.
- 변경 불가능성 : 중앙집중식 데이터베이스는 손상될 수 있으며 정보의 정확성을 유지하기 위해 제3자에 대한 신뢰가 필요하다. 블록체인 기반 프로세스는 지속적으로 정보를 업데이트하여 장부를 계속 이동시킨다. 블록체인에 저장된 정보를 변경하는 것이 어려워진다.

이러한 이점으로 인해 블록체인 기술은 다음과 같은 혜택을 제공한다.

1. 중개인 불필요 : 기존의 거래 방식에서는 대부분의 거래에 두 당사자와 그들과 협력하는 중개인이 관여한다. 이 중개인은 모든 거래에 신뢰를 추가해야 하지만 그들이 수행한 작업에 대한 높은 수수료도 추가로 발생한다. 블록체인 사용의 이점 중 하나는 중개인을 없앨 수 있으면서 필요한 신뢰를 유지할 수 있다는 점이다. 이를 통해 양 당사자가 많은 비용을 절약할 수 있다.
2. 사용자 권한 부여 : 블록체인 기술을 활용하면 사용자는 자신이 수행하는 모든 거래를 제어할 수 있다. 또한 모든 상호 작용에서 정보가 안전하게 보호되는 것을 확인받을 수 있다. 이로써 사람들은 자신의 세부 정보가 노출될 염려 없이 필요한 거래를 수행하게 될 것이다.
3. 프로세스 무결성 : 블록체인 기술로 모든 명령은 정확하게 주어진 대로 실행된다. 따라서 프로세스는 더 이상 제3자를 필요로 하지 않고, P2P(peer-to-peer) 거래는 중앙 기관을 필요로 하지 않게 된다. 이를 통해 외부 간섭이 최소화되거나 없어질 수 있다.
4. 보안 강화 : 블록체인 기술은 데이터를 네트워크 전체에 분산 저장하므로 데이터 보관에 대한 위험이 적다. 일반적인 사용자 이름/암호 시스템과는 달리 블록체인 기술은 데이터를 보호하기 위해 암호화를 사용하며, 데이터베이스에 입력된 거래는 변경할 수 없다. 이로써 블록체인의 모든 기록이 쉽게 추적 가능하다. 일부 변경은 가능하지만 이를 수행하기 위해서는 동시에 네트워크의 절반 이상을 제어해야 한다.
5. 신뢰할 만한 거래 : 블록체인 기술은 신뢰도가 쌓이지 않은 사람들과 거래하기를 원하는 사람들에게 이상적이다. 서로 계약을 체결하려는 두 사람은 중앙 당사자 없이 공유 데이터가 있는 단일 장부를 통해 상호 작용할 수 있다.

6. 데이터의 안전한 저장 : 블록체인의 탈중앙화 데이터베이스 기능으로 단일 사건으로 데이터를 분실할 수 없다. 예를 들어, 자연 재해로 인해 전체 데이터베이스가 제거되고 모든 정보 인프라가 파괴되는 경우는 발생하지 않는다. 이는 각각의 계정으로 들어가려는 모든 사람을 신뢰할 수 있도록 도와주는 블록체인 기반 기술이다. 블록체인 설정 이후 해당 사용자는 빠르게 해킹될 수 있는 암호 및 기타 사항에 대해 걱정할 필요 없이 모든 응용 프로그램과 즉시 연결될 수 있게 된다.

17.5.2 어려움

블록체인은 많은 장점을 가지고 있지만 몇 가지 심각한 어려움도 가지고 있다.

1. 프라이버시 : 블록체인은 데이터를 지우기 어렵기 때문에 개인 정보 보호 규정을 준수하기 어려울 수 있다. 이에 추가로 관련된 기술의 노후화 및 비효율성 문제도 있다.
2. 표준화 : 블록체인 기술은 다양한 통합 문제에 직면하고 있다. 예를 들어, 금융 기관은 서로 다른 목적을 위해 여러 블록체인이 필요할 수 있다. 따라서 이러한 기관은 블록체인뿐만 아니라 기존 응용 프로그램과도 함께 작동할 수 있도록 액세스 레이어를 만들어야 한다.
3. 효율성 : 정보의 복사본을 다수 유지하는 것은 더 많은 저장 공간을 필요로 한다. 경우에 따라 비트코인에 내장된 기능인 거래를 승인하는 경우 많은 에너지가 필요할 수 있다.
4. 관리 기관 : 블록체인은 시스템을 제어하고 조작하기 위한 관리 기관이 필요하다. 이는 프로세스가 원활하게 진행되고 누구에 의해 유지 관리가 진행되고 있는지 이해하기 위함이다.

17.5.3 응용

현존하는 블록체인의 적용 방식은 크게 두 가지 유형으로 구분된다. 하나는 암호화폐 네트워크(비트코인 등)를 위한 것으로 주로 기업과 소비자 간 거래(B2C, Business to Consumer)를 대상으로 하며, 다른 하나는 독립적인 당사자 간의 물품 추적을 위해 주로 사용되는 사설 기업 간 거래(B2B, Business to Business) 네트워크를 위한 것이다.

은행 계좌가 없는 사람들을 대상으로 하는 페이스북(Facebook)의 리브라 코인과 같은 하이브리드 적용 방식도 존재한다. 리브라는 기존 통화에 연동되어 있으며, 블록체인이 사용하는 모든 사람에게 분산되어 있는 비트코인과는 달리 리브라는 리브라 협회에서 관리된다.

블록체인의 비즈니스 구현 영역에서는 큰 발전과 채택이 이루어지고 있다. 예를 들어, 머스크(Maersk)와 IBM의 TradeLens 블록체인 기반 플랫폼이 여러 이해 관계자를 대상으로 하는 글로벌 출하물 관리에서 사용되며, 싱가포르의 운송 통합 플랫폼(TRIP, Transport Integrated Platform)은 서로 다른 물류 이해 관계자를 연결하고 있다. 비즈니스 구현은 기존의 공개적인 블록체인과 다른데, 허가를 받은 당사자가 누구인지 알려져 있기 때문에 신뢰 문제가 비교적 덜 중요하다. 따라서 거래 승인 메커니즘이 훨씬 더 간단하고 비용도 적게 든다.

앞에서 언급한 주요 이슈에 의해 블록체인 기술은 아직 대규모 보급을 위한 준비가 이루어지지 않았다. 이는 분산형 공개 블록체인 네트워크로, 스마트 계약 기능을 통해 분산형 앱을 구축하는 역할을 하는 이더리움(Ethereum)과 같은 주요 플랫폼 이슈와도 관련이 있다. 이러한 우려사항은 주로 확장성, 상호운용성 및 전반적인 사용 편의성에 중점을 두고 있다.

이더리움의 확장성 문제는 이더리움 네트워크의 모든 참가자가 모든 거래를 검증하고 동시에 합의를 실행해야 한다는 사실에서 발생한다. 게다가 기밀성과 프라이버시가 추가된 거래는 거래의 무결성을 보장하기 위해 수행되어야 하는 완벽한 조치 때문에 공개 블록체인에서 실행할 수 없다.

블록체인이 기업 응용 프로그램에 부적합하다고 여겨졌기 때문에 IBM, 인텔 및 기타 회사의 지원을 받는 리눅스 재단에서 호스팅되는 오픈 소스 협력 프로젝트인 하이퍼레저(Hyperledger)가 만들어지게 되었다. 하이퍼레저는 이더리움과 같은 도구나 플랫폼이 아니며 기업 솔루션 개발을 위한 여러 플랫폼을 포함하는 우산 전략이다. 하이퍼레저와 이더리움 간의 주요 차이점은 주로 B2B 대 B2C에 초점을 맞추고 있다는 것이다.

이는 블록체인 구현의 다른 측면에 중점을 둔다는 것을 의미한다.

- 하이퍼레저는 참여자가 알려지지 않으며 비공개 및 허가형 네트워크를 지원하는 반면, 이더리움은 참여자가 알려지며 내장 암호화폐인 이더(Ether)를 사용하여 투명한 공개 및 비공개 네트워크를 지원한다.
- 기본 합의 메커니즘에 차이가 있다. 하이퍼레저는 플러그 가능한 합의 알고리즘을 제공하며 채굴이 필요하지 않지만, 이더리움은 채굴을 통해 합의에 도달한다.
- 또한 프로그래밍 언어에서도 차이를 보인다. 하이퍼레저의 체인 코드는 Golang으로 작성되고, 이더리움의 스마트 계약은 Solidity로 작성된다.

하이퍼레저는 이더리움의 확장성 문제를 빠르고 쉬운 합의 도달 방식 및 내장된 개인 정보 보호 옵션을 통해 피해 간다. 두 조직은 또한 엔터프라이즈 이더리움 얼라이언스(Enterprise Ethereum Alliance)와 하이퍼레저를 통해 글로벌 블록체인 비즈니스 생태계를 발전시키기 위해 협력하고 있다. 그러나 비즈니스 표준 측면에서 보면 각각 IBM(Fabric)과 인텔(Sawtooth)이 도입한 하이퍼레저 프레임워크의 경쟁이 있는 것으로 보인다.

하이퍼레저 패브릭(Hyperledger Fabric)은 모듈화 아키텍처로, 애플리케이션 또는 솔루션의 개발을 위한 기반이 되기 위해 만들어진 블록체인 프레임워크이다. 패브릭은 합의 및 회원 서비스와 같은 구성 요소를 플러그 앤드 플레이 방식으로 사용할 수 있도록 한다. 패브릭은 스마트 계약인 '체인코드(chaincode)'를 호스팅하기 위해 컨테이너 기술을 활용하며, 이는 시스템의 응용 프로그램 논리로 구성된다. 패브릭은 초기에 디지털 에셋(Digital Asset)과 IBM에 의해 진행된 프로젝트였다. 월마트는 이를 사용하여 미국 점포에서 판매되는 망고를 추적하는 한편 중국 점포에서 판매되는 돼지고기를 추적하는 두 가지 사례 연구를 진행했다. 이것은 IBM의 식품 신뢰 네트워크의 기초가 되었다.

하이퍼레저 소투스(Hyperledger Sawtooth)는 분산 장부를 구축, 배포 및 실행하기 위한 모듈화 플랫폼이다. 분산 원장은 중앙 권한이나 실행 없이 관리되는 자산 소유권과 같은 디지털 기록을 제공한다. 하나의 사례 연구에서는 해산물을 추적하는 데 사용되는 방법에 대해 설명하고 있으며, 미국 슈퍼마켓 체인인 타깃(Target)은 초기에 인텔이 기여한 하이퍼레저 소투스를 사용하여 공급망용 블록체인을 개발하고 있는 것으로 알려져 있다.

패브릭과 소투스의 차이점은 다음과 같다.

- **권한** : 소투스는 권한이 있는 경우와 없는 경우의 블록체인 구현을 모두 지원하며, 패브릭은 권한이 있는 블록체인 구현만 지원한다.
- **개인 정보 보호** : 패브릭은 일부 데이터를 참가자에게 선택적으로 비공개로 유지할 수 있도록 허용하지만, 소투스는 모든 데이터에 대한 피어 액세스를 허용한다.
- **합의 알고리즘** : 소투스는 랜덤 대기 시간을 기반으로 블록을 자르기 위한 리더를 선출하는, 인텔의 소프트웨어 가드 익스텐션(SGX, Software Guard Extensions)을 기반으로 한 PoET(Proof of Elapsed Time)를 사용한다. 전통적인 작업 증명보다 에너지 효율적인 방식을 채택하여 대규모 네트워크로의 확장을 가능하게 한다. 패브릭은 트랜잭션을 블록으로 정렬하기 위해 플러그 가능한 합의 알고리즘을 지원한다. Kafka 지원은 버전 v1.0부터 가능하며 Raft 및 BFT 구현도 개발 중에 있다.
- **트랜잭션 흐름** : 소투스는 주문-실행-커밋의 전통적인 블록체인 흐름을 지원한다. 패브릭은 초기에 일부 피어에서 트랜잭션을 실행하고 실행-주문-커밋 모델을 따르는 고유한 인증 모델을 지원한다. 필요한 승인자 집합은 계약 수준 또는 데이터 수준에서 정의할 수 있다. 이 접근방식은 확장성을 향상하고 계약 코드의 비결정성을 방지하며, 일부 수행자 집합 간에 비공개로 트랜잭션을 실행할 수 있게 한다.

현재 개발 중인 몇 가지 다른 하이퍼레저 프로젝트가 있으며, 그중 일부는 다음과 같다.

- Burrow는 하이퍼레저 네트워크에서 이더리움 스마트 계약을 실행하는 데 사용되고 있다. 이는 하이퍼레저와 이더리움의 기술을 통합하여 스마트 계약을 실행하고 관리하는 데 도움이 된다.
- Iroha는 블록체인을 활용하여 모바일 애플리케이션 최적화에 사용되고 있다. Iroha는 블록체인을 통해 데이터의 안전한 저장 및 전달을 지원하여 모바일 애플리케이션의 효율성을 높이는 데 도움이 된다.
- Indy는 비즈니스를 위한 분산 신원 데이터베이스 서비스로 사용되고 있다. 이 프로젝트는 신원 관리 및 인증에 중점을 두며, 기업 및 개인의 신원을 안전하게 관리하고 인증하는 데 도움이 된다.

블록체인 기술의 활용은 빠르게 확대되고 있으며, 비즈니스 및 소비자 응용 프로그램 분야에서 확장되고 있다. 많은 기업과 개발자들이 이를 배포하기 위해 필요한 인프라를 개발하고 있으며, 비즈니스 간(B2B) 응용 프로그램을 위한 하이퍼레저와 기업과 소비자 간(B2C) 응용 프로그램을 위한 이더리움과 같은 오픈 소스 커뮤니티에 기여하고 있다. 이로써 블록체인 기술의 수용성을 높이기 위해 필요한 일부 기초 작업 및 확장 가능한 솔루션과 상호 운용 가능한 도구를 제공하여 기업과 개발자들이 이 기술을 적용할 수 있는 기반을 마련하고 있다.

17.5.4 공급망에서 블록체인의 응용

제품을 여러 계층과 당사자 간에 추적해야 하는 공급망에서 블록체인은 사용되기 쉬운 기술이다. 많은 기업이 이미 블록체인 기술을 실험하고 있다. 이러한 프로젝트는 여전히 큰 기업에서 진행 중인 전반적인 추적 작업의 일부에 불과하지만, 블록체인은 조직 내에서뿐만 아니라 산업 간에도 빠르게 확장되고 있다.

일부 예를 들면 다음과 같다.

1. 월마트와 IBM의 협력 : 월마트와 9개의 기업은 식품 공급망에서 제품 추적에 사용되는 블록체인을 출시하기 위해 IBM과 협력했다. 2016년부터 진행된 이 프로젝트는 2017년 8월에 제품 실험을 시작했다. Food Trust 블록체인에는 네슬레(Nestlé SA), 돌 푸드(Dole Food Co.), 드리스콜스(Driscoll's Inc.), 골든스테이트푸드(Golden State Foods), 크로거(Kroger Co.), 맥코믹 앤 컴퍼니(McCormick and Co.), 맥레인(McLane Co.), 타이슨 푸드(Tyson Foods Inc.), 유니레버 NV(Unilever NV) 등의 기업이 참여하고 있다. 이 시스템에서는 네슬레의 통조림 호박, 드리스콜스의 딸기, 타이슨의 닭다리 등 약 100만 개의 항목 데이터를 저장하고 있다.
2. IBM과 체인야드의 협력 : IBM은 체인야드(Chainyard)와 협력하여 블록체인 기반 Trust Your Supplier 네트워크를 시작했다. IBM은 글로벌 500대 기업(앤호이저부시 인베브, 글락소스미스클라인, 레노버, 노키아, 슈나이더 일렉트릭, 보다폰이 창립 멤버로 참여)과 협력하여 구매자와 공급업체의 검증 및 입점을 자동화하기 위한 네트워크를 출시했다.
3. 머스크와 IBM의 협력 : 국제 해운 업체 머스크는 IBM 기술을 사용하여 배송용 컨테이너를 추적하고, 이를 빠르고 쉽게 이동시키고 통관 절차를 간소화하고 있다.
4. 에버레저 : 2014년 4월에 창립한 기업인 에버레저(Everledger)는 전 세계 모든 공인 다이아몬드에 대한 블록체인 기반 레지스트리를 만들기 위해 시작되었다. 현재 220만 개의 다이아몬드 데이터가 등록되어 있으며, 매달 약 10만 개의 다이아몬드 데이터를 추가하고 있다. 에버레저는 각 다이아몬드의 '물리적 복제가 불가능한 특징'을 포함한 40가지 다른 측정치를 기록하고 있으며, 이를 통해 다이아몬드가 땅에서 채굴된 날부터 소비자가 구매한 날까지의 여정을 추적할 수 있다. 광부부터 연마공, 소매업체까지 이러한 과정에 참여하는 모든 참가자는 에버레저 블록체인 네트워크의 완전한 데이터베이스 사본을 유지한다.

5. TE-FOOD : TE-FOOD는 세계에서 가장 크고 성공적인 식품 추적 솔루션 중 하나이다. 이들은 블록체인을 활용하여 분산 장부 기반 시스템이 오프체인 제품에 대한 확장성과 가치를 크게 향상할 것이라 믿는다. 2016년에 베트남/헝가리를 기반으로 시작한 TE-FOOD의 농장에서 식품 서비스는 실시간으로 운영 중이며, 6,000개 이상의 비즈니스 고객을 대상으로 하루에 40만 건의 거래를 처리하며 3,000만 명 이상의 사람들에게 서비스를 제공하고 있다. TE-FOOD는 식품 안전성을 개선하고 부패를 방지하며, 공정한 거래를 지원하고 식품 공급망, 소비자 및 관련 당국 간의 신뢰 구축을 목표한다.
6. SAP는 블록체인을 통해 종이로 제작된 팔레트 관리와 관련된 혼란에 대처하기 위한 실험을 진행하고 있다. 어떤 데이터, 예를 들어 팔레트 유형이나 위치, 이러한 정보 중 어떤 것이 블록체인에 저장되어야 하는지와 이러한 데이터를 어떻게 최적으로 활용할 수 있는지에 대한 평가가 현재 진행 중에 있다. 미래에는 운전자, 창고 작업자, 사무 작업자 및 기타 관련자가 스마트폰, 태블릿, 데스크톱 PC에서 사용할 수 있는 응용 프로그램에 액세스할 수 있을 것이다. 입력된 데이터는 SAP Cloud Platform Blockchain을 통해 블록체인에 기록되거나 해당 참가자의 별도 액세스 지점을 통해 기록되고 다시 읽을 수 있다. 이 프로젝트는 팔레트 티켓 시나리오를 구현하기 위해 멀티체인 프로토콜을 활용하고 있으며, 이 프로토콜은 낮은 복잡성, 소유 비용, 높은 성능 및 견고한 기능을 제공하고 다양한 인프라 구조에 쉽게 분산할 수 있는 능력을 갖추고 있다. 팔레트 데이터 관리를 위해 이 실험 프로젝트는 '비공개 허가형 블록체인'을 활용하고 있으며 참가자들끼리 서로 알고 있고 이후에도 알려져야 한다. 이 협회 블록체인에서는 사전에 공동으로 정의된 지배 계약이 다른 참가자들의 입장 및 협력을 규제한다.
7. 복잡한 탄소 크레딧을 회계 처리하는 것, 특히 제품이 전체 공급망을 통해 어떤 영향을 미치는지 측정하는 것은 어려운 과제였다. 베리디움(Veridium), IBM, 스텔라(Stellar)는 이 문제를 해결하기 위해 협력했다. 탄소 크레딧에 디지털 토큰을 부여하고 회계 처리를 용이하게 만들기 위한 디지털 토큰을 생성하는 방식으로 협력이 진행되었다. 또한 디지털 토큰은 블록체인상에서 구매하고 판매할 수 있다.

17.6 사물 인터넷(IoT)

IoT는 인터넷에 연결되어 데이터를 수집하고 공유하는 전 세계 수십억 개의 물리적 장치를 가리킨다. 이러한 장치는 저렴한 프로세서와 무선 네트워크 덕분에 알약에서 비행기까지 모든 것을 IoT의 일부로 변환할 수 있다. 이를 통해 기존에는 독립적 처리 능력이 없던 장치에 디지털 지능 수준을 추가하며 인간 개입 없이도 통신이 가능하여 디지털과 물리적 세계를 통합한다.

기본 물품에 센서와 지능을 추가하는 아이디어는 1980년대와 1990년대에 논의되었지만, 초기 프로젝트(인터넷에 연결된 자동판매기 같은)를 제외하고는 기술이 마련되지 않아 진행이 더딘 시기가 있었다.

수십억 개의 장치를 연결하면서도 비용 효율성을 잃지 않기 위해서는 폐기 가능한 저렴한 프로세서가 필요했다. 저전력 칩으로 무선 통신이 가능한 RFID 태그의 도입은 이 문제를 일부 해결해 주었으며, 고속 브로드밴드 인터넷, 셀룰러, 무선 네트워킹의 증가하는 가용성도 한몫했다. 또한 모든 장치에 대해 충분한 IP 주소를 제공하는 IPv6의 도입도 IoT가 확장될 수 있도록 만들어주었다. Kevin Ashton은 1999년에 '사물 인터넷(Internet of Things)'이라는 구호를 만들었지만, 기술이 그 비전을 따라잡기까지는 10년 이상의 시간이 걸렸다.

비싼 장비에 RFID 태그를 추가하여 그 위치를 추적하는 것은 IoT가 사용된 최초의 분야 중 하나였다. 이후로 센서와 인터넷 연결을 물건에 추가하는 비용은 계속해서 내려갔고, 일부 전문가들은 이러한 기본 기능에 들어가는 비용이 언젠가는 10센트 정도밖에 되지 않을 것으로 예측했다. 만약 RFID 단가가 10센트로 떨어진다면 거의 모든 것을 인터넷에 연결할 수 있게 만들 수 있을 것이다.

초기의 IoT는 기기 간 통신(M2M, Machine-To-Machine)으로도 알려지며 비즈니스와 제조업에서 가장 흥미로운 기술 중 하나였다. 지금은 가정과 사무실을 가득 채우는 것에 중점을 두고 있으며, 따라서 모든 사람과 연관된 기술로 바뀌어가고 있다.

17.6.1 블록체인과 사물 인터넷(IoT)

IoT 응용은 분산된 특성을 갖기 때문에 블록체인과 같은 분산 장부 기술이 기기 간 직접 통신하는 방식에 도움을 줄 수 있다(장부를 보유하고 각 기기에 대한 정보와 함께 기기 간 통신과 태그된 상품의 상태 추적).

블록체인은 거래와의 상호 작용을 포함하는 응용 프로그램의 기반으로 설계되었다. 스마트 계약(특정 조건이 충족될 때 자동으로 실행되는 계약으로, 상품의 조건이나 환경 조건과 관련된 조건을 포함) 또는 특정 IoT 프로세스를 지원하는 다른 스마트 응용 프로그램이 포함될 수 있다. 이러한 방식으로 블록체인 기술은 IoT 기술과 함께 제대로 작동할 뿐만 아니라 IoT의 기능과 비용 효율성도 향상할 수 있다.

IBM 블록체인은 이미 (비공개) 블록체인을 인공 지능 기반 IoT로 확장하는 것을 허용한다. 산업과 다양한 IoT 응용 분야에서 인공 지능, IoT 및 블록체인의 조합은 매우 흥미로울 것이다. 블록체인을 활용하면 복잡하고 값비싼 중앙집중식 IT 인프라를 설정하지 않고도 파트너 간 비즈니스 프로세스를 자동화하는 새로운 방법을 제공할 수 있다. 블록체인이 제공하는 데이터 보호는 파트너들이 제공된 정보를 믿을 수 있음을 알게 됨으로써 위반 사안의 신속한 해결, 파트너와의 업무 관계 강화, 향상된 효율성을 낳을 수 있다.

17.6.2 무선 주파수 식별(RFID)

무선 주파수 식별(RFID)은 무선 신호를 방출하는 태그와 무선 신호를 수신하는 리더 장치로 구성된 기술이다. 태그는 활성 상태 또는 수동 상태일 수 있으며, 열람자에 의해 쿼리를 받을 경우 응답하거나 정보를 전송할 수 있다. 태그는 읽기 전용 또는 읽기/쓰기이며, 일회용이거나 재사용 가능하다. 이러한 태그는 공급망에서 특정 항목을 식별하는 고유 번호인 전자 제품 코드(EPC, Electronic Product Code)를 읽는 데 사용될 수 있으며, 조립 라인을 따라 작업을 안내하거나 환경 변화를 모니터링하고 정보를 기록할 수도 있다. RFID가 광범위하게 채택되기 위한 필수 구성 요소 중 하나는 EPCglobal 네트워크로, 이를 통해 공급망 어디에서나 RFID 데이터에 암호로 보호되는 액세스가 가능해진다.

RFID의 확산과 완전한 구현은 많은 시간을 필요로 하며, EPCglobal 네트워크는 아직 표준으로 승인되지 않은 상태이다. 태그에 대한 공통 국제 표준, 태그 스캐닝 정확성과 관련된 기술 문제, 태그 비용 감소 등의 여러 가지 과제가 남아 있다. 예를 들어, 산업 분석가에 따르면 태그의 신뢰성은 80% 정도의 성공률을 보인다고 한다. 어떤 경우에는 안테나가 태그에서 분리되기도 하며, 태그가 그대로 있더라도 태그 리더가 항상 제대로 작동하지 않을 수도 있다. 또한 금속이나 액체를 통과해 태그를 읽는 데 문제가 발생하고, 나일론 컨베이어 벨트로 인한 간섭 문제가 있을 수 있다. 미해결된 RFID 관련 문제 중에는 개인 정보 보호와 관련된 정책 문제도 있다.

기업이 RFID 응용 프로그램 관련 실험을 시작하도록 하는 두 가지 중요한 요인이 있다. 하나는 주요 유통업체 및 구매 기관의 요구이며, 다른 하나는 기술을 구현함으로써 얻을 수 있는 즉각적인 이점이다.

구매 기관의 요구 중 가장 유명한 것은 2003년 월마트의 CIO였던 Linda Dillman이 상위 100개 공급업체에게 내린 것으로, 이 지침에 따르면 모든 케이스와 팔레트는 18개월 이내에 RFID 태그를 부착해야 했다. 나머지 공급업체들도 2006년 말까지 동일한 작업을 수행해야 했다. 그러나 예상한 대로 RFID 기술은 비교적 새로운 기술이었으며, 그다지 잘 작동하지 않았다. 또한 태그는 공급업체에 유용한 데이터를 제공하지 않았으며, 이미 효율적인 유통센터와 창고에는 별다른 도움이 되지 않았다. 월마트에서 광고와 사업화에 기울인 노력으로 얻은 정보가 쓸모없어지는 것을 보고, P&G를 포함한 몇몇 기업은 RFID 태그 사용을 철회했다. 결국 2009년 초에 이 프로젝트는 중단되었다.

그 후 어떤 일이 발생했을까 월마트 지침과 관련된 부정적인 보도에도 불구하고, RFID 기술은 공급망에서 지속적으로 발전해 왔다. 또한 RFID는 전 세계의 사물을 인터넷을 통해 연결하여 데이터를 보내고 받는 것을 목표로 하는 IoT 기반의 새로운 세계에서 중요한 핵심 기술이다.

많은 기업은 RFID 도입을 위한 노력을 계속해 왔다. 막스 앤 스펜서(Marks and Spencer)는 2003년에 첫 번째 의류 추적 실험을 시작한 초기 채택자 중 하나였다. 회사는 실험을 확장하고 그 당시에는 미성숙한 상태에 있던 수동형 UHF RFID 시스템을 개선하기 위해 솔루션 제공업체와 협력했다. 막스 앤 스펜서는 의류뿐만 아니라 이후에 음식을 제외한 모든 상품에 RFID를 배포한 최초의 대형 소매업체 중 하나가 되었다.

메이시스(Macy's)는 RFID를 주요 기술적 이점으로 간주하고 있다. 기업 전체에서의 RFID 도입은 품절 상품을 더 잘 보충하고 제품 가용성을 높이며 매출 잠재력을 극대화하는 데 도움이 되었다. 또한 판매 지점에서 재고 부족 상품을 빠르고 정확하게 보충하기 위해 주기적으로 스캔을 통해 필요한 상품을 확인하는 것에 의미 있는 개선을 보여주었다. 이는 핸드백, 여행 가방, 남성 의류와 같이 판매 효율이 높은 상품에 가장 성공적으로 적용되었다.

소매업에서는 의류 태깅을 위해 RFID가 가장 우선적으로 채택되고 있으며, 이것만으로도 2017년에 87억 개의 RFID 라벨이 필요할 것으로 예상되었다. 2017년에는 의류 시장의 전체 시장 규모(TAM, Total Addressable Market)의 약 20% 미만에 RFID가 보급되어 여전히 발전할 여지가 높다고 볼 수 있다. 오번대학교의 2016년 RFID 채택 현황 조사에 따르면 조사된 의류 소매업체의 96%가 RFID를 도입할 계획이라고 답했다.

일반적으로 RFID 기술의 사용은 창고에서 상점으로 이동하여 재고 가용성, 제품 추적 및 도난 방지와 같은 더 많은 이점을 제공해 줄 수 있는 곳으로 이동했다. 또한 고객 선호도에 대한 향상된 이해 등 새로운 응용 분야도 있다. 예를 들어, 남성 의류 브랜드인 언턱잇(UNTUCKit)은 뉴욕 5번가에 있는 상점에서 샘플 셔츠의 피팅 시간을 추적하는 RFID 기반 솔루션을 실험하고 있다. 이 시스템은 샘플 셔츠가 피팅된 시기를 모니터링하며 사이즈가 맞는 경우와 구매 정보를 모니터링한다.

이러한 발전을 주도한 몇 가지 중요 요인은 다음과 같다.

1. RFID의 성능 및 비용 개선 : 현재의 RFID 기술은 성능이 크게 향상되었으며, 태그 비용이 감소하고 핸드헬드 스캐너, 고정 포털, 안테나와 같은 지원 소프트웨어 및 하드웨어도 개선되었다. 초기 2000년대에는 개당 50~75센트였던 RFID 태그의 가격이 현재는 3~8센트 정도이다.
2. 옴니채널 공급망의 부상 : 더 많은 상점이 보상 프로그램, 온라인 주문 및 상점 프런트를 배송센터로 활용하는 옴니채널 접근을 통해 소비자를 공급망에 연결하고 있다. 따라서 RFID 태그에 대한 수요가 계속해서 증가할 것이며, RFID 사용으로 인해 더 빠른 배송 속도를 달성하여 매출이 40% 증가할 것으로 예상된다.
3. 입증된 결과 : 오번대학교 RFID 연구소와 GS1 US®의 연구에 따르면, EPC가 활성화된 RFID를 사용하여 재고 관리를 최적화하고 제품 출하를 조정하는 브랜드 소유자와 소매업체는 99.9%의 주문 정확도를 달성할 수 있다고 한다. 제품 수준의 RFID 기술을 사용하면 소매업체는 품절을 줄이고 분실 탐지율을 개선하고, 매출 마진을 향상하고 반품을 신속하게 처리할 수 있다. 5개의 주요 소매업체와 8개의 브랜드 소유자로부터 100만 개 이상의 제품을 측정한 이 연구에서는 RFID가 사용되지 않은 경우 브랜드에서 소매업체 파트너로 발송된 주문의 69%가 데이터 오류를 포함하고 있음을 발견했다.

소매업체와 공급업체 간의 향상된 신뢰와 보다 효과적인 의사소통을 관련된 이점의 하나로 꼽을 수 있다.

이러한 흥미로운 발전은 이미 RFID 기술과 서비스에 대한 빠르게 성장하며 번창하는 시장을 만들었다. 많은 기업은 RFID의 다양한 응용 프로그램을 실험하고 있으며, 월마트와 세계 최대 조달 기관인 미국방부(DoD, Department of Defense)와 같은 산업 거물들의 지침을 준수하기 위한 준비를 하고 있다. 이러한 응용 프로그램에는 RFID를 사용하여 생산 공정을 개선하고 유통센터에서 SKU를 관리하며 제품이나 컨테이너를 추적하는 것이 포함된다. IDTechEx에 따르면, 2019년에는 RFID의 총 시장 가치가 $116억이며, 2022년에는 $130억으로 상승할 것으로 예상되었다. 패시브 및 액티브 RFID의 태그, 리더 및 소프트웨어/서비스를 포함하여 RFID 라벨, 카드, 키 고리 및 기타 모든 형태의 RFID 관련 사항이 포함된다.

현재 대부분의 응용 프로그램은 RFID의 이점이 명확하고 구현이 비교적 쉬운 '4개의 벽' 안에서 이루어진다. 물론 하나의 시설을 넘어서 효율성을 어떻게 달성할 수 있는지에 대한 의문이 있다. 즉, RFID 기술을 사용하여 공급망의 효율성을 향상하는 방법은 무엇인지에 대한 궁금증이 존재한다. 공급망 분석가와 기술 전문가들은 주로 RFID가 공급망에서 프로세스 가속화와 더 나은 가시성을 통해 공급망 효율성을 높일 것이라고 말한다. 물론 이러한 아이디어를 부정하지는 않지만, 다소 의미가 모호한 면이 있다. 가시성과 프로세스 가속화는 분명 공급망이 더 나은 대응을 할 수 있게 해주지만, 이를 가능하게 하는 비즈니스 프로세스는 무엇인가? 이러한 프로세스는 분명 공급망 복잡성뿐만 아니라 규모의 경제, 변동성 및 불확실성을 고려해야 한다. 실제로 16장에서 알아본 것처럼, 기술과 비즈니스 프로세스의 결합이 이루어져야만 공급망 내에서 개선을 달성할 수 있다.

따라서 이 절의 목표는 RFID를 사용하여 공급망 성능을 향상하기 위한 프레임워크와 프로세스를 제안하는 것이다. 향후 분석에서는 RFID가 판매 시점 데이터에 비해 제공하는 이점과 공급망 협력, 기술 비용 및 기술을 누가 지불하는지와 관련된 문제에 중점을 둘 것이다.

17.6.3 RFID와 판매 시점(POS) 데이터

소매업체와 공급업체가 수요를 예측하는 데 일반적으로 사용하는 데이터는 판매 시점(POS) 데이터이다. 판매 시점 데이터는 현금 출납기에서 가져오며, 실제로 판매된 것에 대해 측정한다. 이 데이터는 수요 예측을 위해 많은 수요 계획 방법에서 사용되는 과거 데이터이다. 불행하게도 판매 시점 데이터는 재고 부족으로 인한 매출 손실 때문에 실제 수요를 정확하게 측정할 수 없다.

실제로 판매점에서 놓치는 판매 건수가 많으며, 제품이 잘못 놓이거나 구매자가 찾을 수 없는 위치에 놓이는 경우 이로 인한 매출 손실이 추가적으로 발생한다. 판매점 재고 부족은 보수적으로 예측하는 경우 매출의 7% 정도로 추정되지만, 그 실제 가치를 확실하게 알 수는 없다. Raman, Dehoratius, Ton은 매장 및 물류센터(DC) 수준에서 고객이 제품을 매장에서 찾지 못하게 만드는 여러 문제를 문서화했다. 기존 문제 중 상당수는 스캐닝 오류, 저장소에서 선반으로 이동되지 않은 제품, 물류센터에서의 잘못된 제품 수령 및 매장에서 확인되지 않은 제품과 관련이 있다. 다양한 품목, 협소한 저장 공간 및 높은 재고량으로는 높은 정확도를 유지하면서 보충하기가 어렵다. 이로 인해 잘못된 SKU 및 물리적 재고 수준과 정보 시스템 재고 기록 간의 차이가 심각한 결과를 초래할 수 있다.

이는 RFID를 도입하려는 입장에서는 큰 기회이다. 예를 들어, 월마트의 지침을 준수하는 기업은 기존의 판매 시점 데이터보다 훨씬 자세한 정보를 받게 될 것이다. 이 정보에는 다음과 같은 이벤트가 포함된다.

- 월마트 물류센터 도착
- 물류센터 출발
- 매장 도착
- 매장 창고 출발(판매대 도착)
- 케이스(또는 태그) 파기

이러한 추가적인 정보는 다음과 같은 이점을 제공할 수 있다.

- 과잉, 부족 및 손상 청구 관리를 보다 잘 통제하고 공급업체, 운송업체, 월마트 간 책임 할당이 용이
- 제품 회수가 수월
- 데이터를 활용하여 공급업체와 월마트 간 협력을 통해 프로세스 개선 가능

그러나 RFID가 제공하는 정보의 진정한 이점은 판매 시점 데이터보다는 **매출 손실을 정량화**할 수 있다는 데 있다. 소매업체가 판매된 제품, 재고 상황, 선반이 비어 있는 경우에 대해 **인지**하고 있기 때문에 **실제 판매와 손실 매출**을 기반으로 만족시킨 수요를 계산할 수 있을 것이다. 이러한 분석에는 새로 들어온 정보를 활용하기 위한 새로운 통계 및 예측 기술이 필요할 것이다.

17.6.4 비즈니스 혜택

RFID 구현은 데이터 수집 과정의 정확도와 속도를 모두 향상한다. 정확도는 스캐닝 오류의 감소 및 도난, 이탈 방지, 상품의 손상을 효과적으로 추적하기 위한 유통기한의 개선을 통해 달성된다. 속도는 처리량 감소, 다중 개체 스캔을 통한 시설 내 재고 수 파악 간소화 등과 관련이 있다. 이러한 변화는 새로운 프로세스와 결합되어 공급망을 가속화하고 공급망 효율성을 얻게 될 것이다.

RFID를 적용함으로써 가장 큰 혜택을 얻을 것으로 예상되는 집단은 소매업체이다. A.T. Kearney의 연구에 따르면 소매업체는 다음 세 가지 주요 영역에서 이점을 얻을 수 있다.

1. **재고 감소** : 일회성으로 총 시스템 재고의 약 5%에 해당하는 현금이 절감될 것이다. 이는 주문 주기 시간 단축과 향상된 예측을 통해 달성된다. 주문 주기 시간 단축은 주기적 재고 및 안전 재고를 줄이며, 더 나은 예측은 안전 재고를 줄이게 된다.
2. **매장 및 창고 노동력 감소** : 매년 매장과 창고의 유지 관리에 사용되는 노동 비용이 7.5% 감소한다.
3. **품절 감소** : 재고 부족 상품이 줄고 도난이 줄어들어 1달러당 7센트의 이익을 얻게 된다.

전반적으로 판매점 내에서 벽에서 벽으로 전달되는 RFID 시스템을 갖추고 실시간 정보가 기업 데이터베이스로 전달되는 경우, 구현 비용을 고려할 때 매출 1달러당 32센트를 절약할 수 있다.

RFID를 회사 내에 구현하는 데 드는 비용에 대한 추정은 회사에 어려움을 안겨주고 있다. 또한 이 비

용은 제조업체와 소매업체 간에도 큰 차이가 있다. RFID를 구현하는 데 예상되는 직접 비용은 다음과 같다.

- **태깅 :** 제조업체 입장에서 태깅은 반복되는 비용이다. RFID 태그를 판매하는 대부분의 회사는 태그 가격을 정해두지 않는데, 이는 가격이 주문량, 태그의 메모리 크기, 태그의 포장(예 : 플라스틱 케이스에 포장되었는지 또는 라벨에 내장되었는지)에 따라 결정되기 때문이다. 일반적으로 96비트 EPC 태그의 가격은 20~40센트이다. 또한 열 전도와 같은 특수한 요구사항에 따라 추가적인 비용이 발생할 수 있다. 태깅은 제조 과정 중에 수행되므로 태그가 필요하지 않은 고객에게 배송하는 상자를 포함한 모든 상자에 태그를 사용한다. 따라서 매년 2,000만 개의 상자를 배송하는 회사 기준에서 태깅에 드는 비용은 1년에 $400만 정도이며, 이 수치는 시간이 지날수록 점차 감소할 것이다.
- **리더 :** 주로 소매업체와 제조업체 측에서 발생하는 고정 비용이다. 대규모 소매업체의 물류센터에서 리더와 관련한 비용은 $40만 정도로 추정되며, 각 매장에 대해서는 $10만 정도로 추정된다. 유일한 가변 비용은 하드웨어 및 소프트웨어 유지 관리 비용이다.
- **정보 시스템 :** RFID에서 제공하는 실시간, 항목 수준의 정보를 처리할 수 있도록 정보 시스템의 학습이 이루어진다면 장기적인 혜택이 나타날 것이다.

제조업체는 비즈니스 유형에 따라 RFID를 통해 혜택을 받을 수 있다. 내부 구현상에서의 즉각적인 이점은 다음과 같다.

1. **재고 가시성 :** 보유 시설 내에서 재고의 추적 기능 향상
2. **노동력 효율성 :** 카운팅 주기, 바코드 스캐닝, 수동 기록 감소
3. **완벽한 실행 :** 분실 감소, 물류센터 및 트럭 활용도 향상, 제품 추적 향상

장기적인 관점에서 제조업체와 소매업체는 채찍 효과(공급망에서 상위로 갈수록 변동성이 증가하는 현상, 자세한 내용은 5장 참조)의 감소를 통해 혜택을 얻을 것이다. 실제로 5장에서 언급한 것과 같이 RFID가 제공하는 공급망 전체에서의 완전한 가시성은 공급망의 변동성을 감소시킬 것이다. 이는 재고 수준을 감소시킬 뿐만 아니라 제조 및 운송 자원 등을 보다 잘 활용할 수 있도록 할 것이다. 이와 함께 채찍 효과의 감소는 소매업체에게도 혜택을 제공하여 서비스 수준을 향상할 것이다. 소매업체의 품절 감소로 인해 제조업체도 간접적인 이익을 얻을 것이다. 품절의 50% 감소는 공급업체 수익의 5% 증가로 이어질 것이다.

실제로 제조업체 입장에서는 의약품, 잡화와 같은 높은 가격의 제품을 소량 판매할 때 RFID가 제공하는 혜택이 상당하다. 반면 식품, 식료품과 같은 저가 상품을 대량 생산하는 제조업체에게는 RFID의 혜택이 비교적 불명확하다. 이는 다음 두 가지 이유 때문이다.

1. 이러한 산업은 이미 다양한 기술과 프로세스를 통한 효율적인 공급망을 구축하고 있다.

2. 이러한 산업에서의 불확실성은 비교적 작으며 수요는 예측 가능한 수준이다.

그러므로 **저가 상품을 대량 생산하는 제조업체들은** 기술이 성숙기에 다다르고 태그 가격이 상당히 낮아지기 전까지는 **케이스와 팔레트 수준에서만 RFID를 도입할 것으로 예상된다.** 이는 상점에서의 절도 방지 및 고객의 장바구니 읽기와 같은 RFID의 혜택이 실현되기까지는 시간이 걸릴 것을 의미한다.

그러나 케이스 수준의 구현으로도 많은 혜택을 얻을 수 있다. 질레트(Gillette)에서 RFID 구현을 통해 기대하고 있는 비즈니스 혜택은 다음과 같다.

1. 팔레트 터치 포인트 수 감소를 통한 향상된 효율성과 절감된 노동 비용
2. 수동 케이스 및 팔레트 스캔 제거
3. 수동 케이스 카운팅 제거
4. 라벨 인쇄 및 적용 줄이기
5. 출하 전 주문 확인에 소요되는 시간 단축
6. 주문 정확도 향상
7. 유실된 제품에 대한 소매업자와의 협상 감소
8. 물류센터, 창고 및 운송 중의 손실 감소
9. 수요 예측력 향상
10. 전반적인 재고 수준 감소
11. 제품의 구비 수준 향상
12. 고객 서비스 수준 향상

1~8번 항목은 물리적 구현에서 나오는 혜택이며 새로운 비즈니스 프로세스 개발을 필요로 하지 않는다. 그러나 9~12번 항목은 공급망 조정 및 새로운 공급망 프로세스를 필요로 하며, 실현을 위해서는 추가 작업이 필요하다.

17.6.5 공급망 효율성

RFID 시스템을 통해 전체 공급망에서 수신된 정보는 재고 및 이동 중인 제품 상태에 대한 실시간 가시성을 제공한다. 이로 인해 얻은 정보를 활용하는 재고, 운송 및 보충 시스템의 성능을 향상할 수 있다.

리드 타임이 없고 용량 제한이 없으며 경제적 이익이 없는 이상적인 공급망에서는 RFID 기술이 모든 수요에 대한 즉각적인 공급 반응을 이끌어낼 것이다. 이러한 이상적인 공급망에서는 생산 및 운송 로트가 단위 크기이며, 각 시설의 상태를 기반으로 공급망이 관리된다. 특히 이러한 환경에서 고객이 제품을 선반에서 가져가면 물류센터(DC)가 제품을 소매점에 발송하고, 이로 인해 한 단위의 제품에 대해 추가적인 생산이 일어난다.

이는 정확히 **린 생산**(lean manufacturing)의 개념으로, 각 제조시설이 풀(pull) 기반 전략에 의해

하류 시설에서의 수요에 반응하며, 푸시(push) 기반 전략에서 예측을 하는 것이 아니다. 따라서 이상적인 공급망에서 RFID 기술이 주는 주요 이점은 린 생산 전략과 관련된 혜택을 누릴 수 있다는 것이다.

물론 현실 세계의 공급망에서 모든 수요에 일일이 대응하는 것은 간단하지 않다. 먼저 수요는 물류센터에서 보충될 수도 있고, 인근 매장에서 이전될 수도 있으며, 제조시설에서 긴급 발송을 통해 충족되는 옵션도 존재한다. 이러한 대안은 공급망을 보다 효과적으로 관리하는 데 도움을 주며, 공급망 복잡성이 증가함에 따라 그 난도가 증가한다. 더 중요한 것은 제조 및 운송 과정에서 발생하는 준비 시간과 비용, 긴 리드 타임, 그리고 규모의 경제가 공급망 내에 존재하여 각각의 수요에 대응하는 것이 오히려 실용적이지 않다는 점이다.

따라서 RFID가 실시간 데이터를 제공한다 하더라도 모든 사건에 실시간으로 일일이 대응하는 것이 항상 최선의 선택은 아니다. 특히나 RFID 기술은 순수한 풀 전략을 구현할 수 있다는 것을 의미하지 않는다. 그렇다면 과연 공급망은 RFID 데이터를 사용하면서 어떻게 규모의 경제와 리드 타임을 고려할 수 있을까? 답은 RFID 기술이 요구하는 풀 공급망과 규모의 경제 및 리드 타임에 필요한 푸시 전략 간의 적절한 균형을 제공할 수 있는 하이브리드 형식의 실행 시스템에 있다.

요약

표준의 발전은 공급망 성능 향상에 중요한 역할을 한다. 90년대에는 인터넷의 발전이 공급망 변화의 주요 요인이었다. RFID 기술은 공급망 내 추적의 중요한 기본 요소이다. 향후 10년간 주요한 새로운 표준은 블록체인이 될 것으로 예상되며, 이미 공급망 내 많은 분야에서 적용됨을 볼 수 있었다.

인터넷의 발전과 블록체인의 발전 간에는 많은 유사점이 존재한다. 정보는 전 세계를 순식간에 이동하지만, 국가 간 결제와 자산의 이동은 매우 느리고 비싸며, 신뢰도가 떨어진다. 블록체인 기술은 주식, 투표, 마일리지 포인트, 유가증권, 지적 재산, 음악, 과학적 발견 등 누군가에게 가치 있는 모든 자산의 자유로운 교환을 가능하게 할 것으로 예상된다.

블록체인과 인터넷의 성장을 비교해 봄으로써 블록체인의 잠재력과 성장 과정에 대해 알아볼 수 있다. 《The Truth about Blockchain》에서 저자들은 "블록체인은 기초 기술이다. 이는 우리의 경제 및 사회 체계에 새로운 기초를 만들어낼 수 있는 잠재력이 있다는 것을 의미한다. 그러나 그 거대한 영향력과는 별개로, 블록체인이 우리의 경제 및 사회 인프라로 스며들기까지는 수십 년이 걸릴 것이다. 기술 및 기관과 관련된 변화의 물결이 점차 탄력을 받음에 따라 블록체인의 채택 과정은 급격하지는 않지만 점진적이고 안정적으로 자리를 잡을 것이다."라고 말했다.

토론 질문

1. 사물 인터넷(IoT)이 공급망 관리에 가져온 영향은 무엇인가? 그중에서도 운송회사가 IoT를 사용하여 서비스를 향상하거나 새로운 서비스를 제공할 수 있는 방법은 무엇인가?

2. 글로벌 공급망을 유지하는 데 있어 표준은 왜 중요한가?
3. 프로모션 과정에서 RFID를 활용함으로써 얻을 수 있는 장점에는 어떤 것이 있는가?
4. 모든 아이템에 태그가 부착되어 있는 미래의 공급망은 어떤 모습일 것으로 예상되는가?
5. 블록체인을 구현함으로써 발생할 수 있는 공급망 내 신뢰 관련 이슈에는 어떤 것이 있는가? 블록체인 구현을 통해 어떤 유형의 공급망이 영향을 받을 수 있는가?

찾아보기

ㄱ

가격 차별화 418
가시성 448
경제적 로트 크기 결정 모델 52
공급망 배출량 감축 396
공급망 운영 441
공급망 유연성 31
공급망 주 계획 119
공급망 파트너 448
기능적 제품 297
기대 영향력 360
기업 자원 계획 시스템(ERP) 457

ㄴ

네트워크 설계 92

ㄷ

대량 맞춤 생산 313
동시 및 병렬 처리 302
동적 네트워크 314

ㄹ

리드 타임 단축 170
리스크 풀링 72
린 생산 504

ㅁ

모듈러 제조 공정 303
모듈러 제품 303
무선 주파수 식별(RFID) 498
물류 디자인 299

ㅂ

변동성 감소 170
부품 표준화 304
불확실성 감소 169
블록체인 491
비즈니스 프로세스 440
비즈니스 프로세스 관리(BPM) 488

ㅅ

사회적 책임 393
생존기간 값(TTS) 368
서비스 지향 아키텍처 487
선구매 계약 154
소매업자-공급업자 파트너십 249
수익 경영 419
수익 공유 계약 145
순환 공급망 390
시계열 방법 83
시스템 485
시장 조사법 83
신문판매원 모델 62
신속 보충 249

ㅇ

아웃소싱 277
어림짐작 전략 374
역물류 232
연속재고검토 정책 64
예측 및 보충 485
완전 유연성 전략 322
요구 계획 40
용량 예약 계약 154
운영 계획 466
운영 실행 467
원가 분담 계약 151
위기 노출(RE) 362
위기 노출 인덱스(REI) 364
위험대비 전략 374
유연 또는 옵션 계약 155
유연성 319
유연 전략 374
유연한 운영 325
유통업체 통합(DI) 256
의사결정 지원 시스템(DSS) 457
이중 조달 374
인과관계 방법 84
인하우스 제조 269

ㅈ

자원 할당 118
작업 가변성 332
장기 계약 155
재고 포지셔닝 108
재고회전율 81
전략적 네트워크 설계 465
전략적 제휴 242
전략적 파트너십 170
전문가 예측 기법 82
전술적 계획 465
전역 최적화 19
전용 제조 전략 322
전자 비즈니스 484
전체 공급망 정보 448
정기재고검토 정책 68
정보 기술 440
정보 기술 인프라 481
제조 공정 표준화 304
제품 개발 체인 18

제품 표준화 306
제품 혁신 342
조달 표준화 306
중복 제조 능력 374
지속가능성 전략 391
지속적 보충 249
진실의 단일 원천 448

ㅊ

채찍 효과 162
채찍 효과의 측정 165
최고 수준의 시스템 443

ㅋ

크로스도킹 225
클라이언트/서버 구조 483
클록 속도 297

ㅍ

판매 리베이트 계약 146
판매 및 운영 계획 468
판매자 관리 재고(VMI) 250
판매자 관리 재고 보충(VMR) 250
포트폴리오 계약 156
푸시 시스템 199
푸시-풀 경계 201, 308
푸시-풀 시스템 199
풀 시스템 199
프로세스 유연성 326

ㅎ

하향 대체품 306
혁신적 제품 297
현물 구매 156
현지화 309
협력적 계획 485
환매 계약 144
환적 231
회복기간 값(TTR) 363

기타

3자 물류(3PL) 244
IT 표준 479
QF(수량 유연성) 계약 146

A

advance purchase contract 154

B

buy-back contract 144

C

capacity reservation contract 154
clockspeed 297
concurrent and parallel processing 302
continuous replenishment 249
cost-sharing contract 151

D

distributor integration(DI) 256
downward substitution 306
dual sourcing 374
dynamic network 314

E

economic lot size model 52

F

flexible strategy 374
functional products 297

H

hedge strategy 374

I

innovative products 297
IoT 497

K

known-unknown 360

L

lean manufacturing 504
localization 309
long-term contract 155

M

materials requirement planning 40
modular process 303
modular product 303

O

option contract 155

P

part standardization 304
portfolio contract 156
price differentiation 418
process standardization 304
procurement standardization 306
product standardization 306
push-pull boundary 308

Q

quantity-flexibility contract 146

R

rapid replenishment 249
redundant manufacturing capacity 374
retailer-supplier partnership(RSP) 249
revenue-sharing contract 145
risk exposure(RE) 362
risk exposure index(REI) 364

S

sales rebate contract 146
speculative strategy 374
spot purchase 156

T

third-party logistics 244
time to recover(TTR) 363
time-to-survive(TTS) 368

U

unknown-unknown 360

V

vendor-managed inventory(VMI) 250
vendor-managed replenishment(VMR) 250